Ihre Arbeitshilfen zum Download:

Die folgenden Arbeitshilfen stehen für Sie zum Download bereit:

- Nationale und internationale Management-Studien
- Anbieterverzeichnis Bildungs- und Beratungsleistungen

Den Link sowie Ihren Zugangscode finden Sie am Buchende.

HR-Trends 2020

Karlheinz Schwuchow, Joachim Gutmann

HR-Trends 2020

Agilität, Arbeit 4.0, Analytics, Talentmanagement

1. Auflage

Haufe Group
Freiburg · München · Stuttgart

Bibliografische Information der Deutschen Nationalbibliothek

Die Deutsche Nationalbibliothek verzeichnet diese Publikation in der Deutschen Nationalbibliografie; detaillierte bibliografische Daten sind im Internet über http://dnb.dnb.de abrufbar.

Print:	ISBN 978-3-648-13259-3	Bestell-Nr. 14097-0001
ePub:	ISBN 978-3-648-13260-9	Bestell-Nr. 14097-0100
ePDF:	ISBN 978-3-648-13261-6	Bestell-Nr. 14097-0150

Karlheinz Schwuchow, Joachim Gutmann (Hrsg.)
HR-Trends 2020
1. Auflage, Oktober 2019

© 2019 Haufe-Lexware GmbH & Co. KG, Freiburg
www.haufe.de
info@haufe.de

Bildnachweis (Cover): © sacitarios, Shutterstock

Produktmanagement: Jürgen Fischer
Copy Editing: Satz & Zeichen, Karin Lochmann, 91054 Buckenhof

Dieses Werk einschließlich aller seiner Teile ist urheberrechtlich geschützt. Alle Rechte, insbesondere die der Vervielfältigung, des auszugsweisen Nachdrucks, der Übersetzung und der Einspeicherung und Verarbeitung in elektronischen Systemen, vorbehalten. Alle Angaben/ Daten nach bestem Wissen, jedoch ohne Gewähr für Vollständigkeit und Richtigkeit.

Aus Gründen der besseren Lesbarkeit wird in diesem Werk ausschließlich die männliche Form verwendet. Sie bezieht sich auf Personen jederlei Geschlechts.

Inhaltsverzeichnis

Geleitwort 11
Vorwort der Herausgeber 15

HR-Agilität: Führung und Transformation 19
Einleitung 21
Agiles Personalmanagement für agile Organisationen 25
    Prof. Dr. Stephan Kaiser, Universität der Bundeswehr, München
Die zukunftsfähige Organisation 35
    Dr. Rebecca Ray, The Conference Board, New York (USA)
    Marion Devine, The Conference Board, Brüssel (Belgien)
Digitaler Wandel – Erfolgsfaktor Unternehmenskultur 47
    Jens Wagner, Dr. Carola Haas, Robert Bosch GmbH, Stuttgart
Digitalisierung bedeutet Humanisierung 57
    Oliver Burkhard, thyssenkrupp AG, Essen
Mitarbeiter als Mitgestalter der kulturellen Transformation 65
    Dr. Thomas Tita, Merck KGaA, Darmstadt
Transformationsreise vom Wollen zum Wirken 75
    Bianca Nunnemann, LMV Versicherung a. G., Münster
    Jan Oßenbrink, Eigenland GmbH, Haltern am See
Transformation bei der Schweizerischen Post – ein Expeditionsbericht 86
    Nadia Eggmann, Hanneke Gerritsen, Dr. Carole Rentsch,
    Peter Weishaupt, Die Schweizerische Post, Bern (Schweiz)
Digitales Personalmanagement in der Praxis 97
    Alexander Michalski, Katharina Pfeuffer, ZF Friedrichshafen AG, Passau
Führung neu denken 109
    Dr. Bernd Blessin, VPV Versicherungen, Stuttgart
Transformation der Unternehmenskultur im Zeitalter der Digitalisierung 119
    Prof. Dr. Markus H. Dahm, Clemens Holst, Lisa-Marie Schmitz, IBM
    Deutschland GmbH, Ehningen
Agile Transformation als Frage von Kultur und Kompetenz 132
    Dr. Uwe Klein, PA Consulting Group GmbH, Frankfurt am Main
    Prof. Dr. Manfred Mühlfelder, SRH Fernhochschule, Riedlingen
Literaturtipps 143
Internetlinks 149
Studien 150

Inhaltsverzeichnis

HR-Arbeit 4.0: New Work & Innovative Organisation 153
Einleitung 155
New Leadership: Führungsformen der Zukunft 159
    Prof. Dr. Heike Bruch, Universität St. Gallen (Schweiz)
    Dr. Sandra Berenbold, Dr. Christina Block, energy factory St. Gallen AG,
    St. Gallen (Schweiz)
Selbstorganisation – Erfahrungen aus der Praxis 169
    Anne Grobe, comdirect bank AG, Quickborn
Agilität ist machbar – ein Werkstattbericht 179
    René Chassein, Pfalzwerke AG, Ludwigshafen
    Marc Munschau, Pfalzwerke Netz AG, Ludwigshafen
Tasks & Teams: Agilität in einem Traditionsunternehmen 190
    Dr. Bernadette Tillmanns-Estorf, B. Braun Melsungen AG, Melsungen
Transformation und Kulturwandel kann die große Chance für HR sein 199
    Daniel Ullrich, innogy SE, Essen
Der Weg zum Hochleistungsteam 208
    Dr. Philipp Männle, Landesregierung Schleswig-Holstein, Kiel
Diversity Management in der Arbeitswelt 4.0 218
    Karlheinz Löw, AOK Hessen, Bad Homburg
Leadershift: Die Triade der Führungsentwicklung 228
    Prof. Dr. Karlheinz Schwuchow, Hochschule Bremen
Literaturtipps 239
Internetlinks 245
Studien 246

HR-Analytics: Künstliche Intelligenz & Digitale Technologien 249
Einleitung 251
Learning Analytics zur Unterstützung des lebenslangen Lernens 255
    Prof. Dr. Dirk Ifenthaler, Universität Mannheim
Von Mensch und Maschine – wie die Digitalisierung HR verändert 264
    Marina Klein, Accenture, Kronberg i. Ts.
Smart Data im Personalwesen: People Analytics 273
    Susanne Auer, Lufthansa Group, Frankfurt am Main
    Florian Fleischmann, HRForecast, Bremen
Künstliche Intelligenz: Probieren, lernen, machen 282
    Udo Fichtner, Plansee Group, Reutte (Österreich)
    Steffen Fischer, ifm electronic GmbH, Essen
    Anja Michael, Avira Operations GmbH & Co. KG, Tettnang
    Prof. Dr. Anne-Katrin Neyer, Martin-Luther-Universität Halle-Wittenberg
Predictive People Analytics mit Business Impact 291
    Oliver Kasper, Daniel Swarovski Corporation AG, Männedorf (Schweiz)
Künstliche Intelligenz in der Personalauswahl 303
    Dirk Stoltenberg, Oetiker Group, Horgen (Schweiz)
Mit Künstlicher Intelligenz schneller, besser und fairer rekrutieren 313
    Ivan Evdokimov, L'Oréal Deutschland GmbH, Düsseldorf
Die Bedeutung von Datenqualität für Predictive Analytics 321
    Carsten Bertling, Henkel AG & Co., KGaA, Düsseldorf
Effizienteres Lernen durch Learning Analytics 330
    Sylvio Ruedian, Prof. Dr. Niels Pinkwart, Humboldt-Universität zu Berlin
Literaturtipps 340
Internetlinks 345
Studien 346

Inhaltsverzeichnis

HR-Prozesse: Talentmanagement & Neues Lernen 349
Einleitung 351
Der Talent-Klima-Index: In welche Richtung entwickelt sich der Arbeitsmarkt? 355
    Prof. Dr. Klaus P. Stulle, Hochschule Fresenius, Köln
Strategisches Workforce Management in der digitalen Transformation 367
    Claudia de Andrés-Gayón, Dr. Kathrin Krömer, Natascha Golz,
    Caroline Schwarte, Deutsche Bahn AG, Berlin
    Dr. Kai Berendes, Dynaplan AG, St. Gallen (Schweiz)
Konstruktive Unruhestifter – Talententwicklung bei AXA 377
    Dr. Sina Fäckeler, AXA Group Operations, Paris (Frankreich)
    Matthias Hoppenrath, AXA Konzern AG, Köln
    Marcus Pierk, Unternehmensberatung macc GmbH, Bonn
Latente Potenziale für die agile Transformation entdecken 388
    Hans-Peter Kleitsch, MTU Aero Engines AG, München
Der digitale CRM-Ansatz im Recruiting 397
    Nicole Goodfellow, Martin König, Infineon Technologies AG, München
Mensch und Maschine in der Personalgewinnung 406
    Dr. Florian Mezger, Nadine Hobler, Carl Zeiss AG, Oberkochen
Die Rolle des Menschen bei der Digitalisierung im Personalwesen 416
    Barbara Wittmann, LinkedIn, München
Die Personalentwicklung dynamikrobuster Unternehmen 426
    Philipp Simanek, Organeers GmbH, Bremen
    Annegret Reich, Wenke Trebeljahr, Fond of GmbH, Köln
s.mile – Wie Coaching Entwicklung erleichtert 437
    Tina Deutsch, Haufe Advisory GmbH, Wien (Österreich)
    Mario Kestler, Haufe Akademie GmbH & Co. KG, Freiburg
Digitalisierung, Lernumgebung und betriebliche Qualifizierung im Kontext
    technologischer Veränderungen 446
    Jan Balcke, Airbus Operations GmbH, Hamburg
Mit Nudging eine lernfreundliche Organisationskultur gestalten 455
    Dr. Nicole Behringer, Daimler Mobility AG, Stuttgart
Literaturtipps 465
Internetlinks 471
Studien 472

Stichwortverzeichnis 475

Geleitwort

Dorothee Bär,
MdB, Staatsministerin
bei der Bundeskanzlerin
und Beauftragte
der Bundesregierung
für Digitalisierung

Auch HR wächst mit ihren (neuen) Aufgaben

Die Arbeitswelt verändert sich. Das ist nicht neu und das hat sie schon immer getan. Aber zwei Aspekte, die man in der heutigen Entwicklung feststellen kann, sind vielleicht doch außergewöhnlich: Arbeit verändert sich schneller und vor allem: Sie verändert sich umfassender als jemals zuvor.

Nicht nur, dass alte Berufe verschwinden und neue entstehen. Es verändern sich Aufgaben, Abläufe und Prozesse innerhalb der Berufsfelder und Unternehmen und das an ganz vielen Stellen mehr oder weniger gleichzeitig.

Auf der einen Seite finden Automatisierungen statt und bisher menschliche Tätigkeiten werden von Technologie übernommen. Auf der anderen Seite bieten sich völlig neue Möglichkeiten, eingefahrene Prozesse aufzubrechen und Mitarbeiter durch neue Beteiligungs- und Kollaborationselemente teilhaben zu lassen. Der Input wird vielseitiger und es entwickelt sich ein neues kreatives und produktives Selbstbewusstsein an den Arbeitsplätzen.

Wo heute »gehobelt« wird, da fallen andere Späne als früher: Es fällt eine riesige Zahl von Daten an, die verarbeitet werden und die ebenso geschützt werden müssen, wie die Mitarbeiter selbst.

Digitalisierung bedeutet auch eine Veränderung von gesellschaftlichen Grundeinstellungen. Gerade für Frauen bieten sich Möglichkeiten, die bei jedem Unternehmen, das zukunftsfähig werden oder bleiben möchte, dringend ganz oben auf die Agenda der HR-Abteilungen stellen sollten. Gehaltstransparenz und die Gleichstellung der Geschlechter müssen in einer digitalen Arbeitswelt nachvollziehbar und so selbstverständlich sein wie flexible Arbeitszeitmodelle für Familien. Das gilt für Mütter ebenso wie für Väter.

Über solche Selbstverständlichkeiten sollte man heute eigentlich schon gar nicht mehr nachdenken müssen ebenso wie über die Tatsache, dass Fachkräfte von heute, vor allem aber die von morgen, eine Welt ohne digitale Anwendungen nicht mehr kennen. Man wird sie nicht mehr davon überzeugen müssen, Technologie in ihrem Arbeitsalltag anzunehmen oder als selbstverständlich zu akzeptieren.

Aber dennoch gilt, was immer galt: Schule, Hochschule und Ausbildung sind unter anderem dazu da, auf das (Arbeits-)leben vorzubereiten. Grundsätzliche Affinität muss zu umfassender Kompetenz weiterentwickelt werden.

Dazu gehört es nicht nur, die Schulen entsprechend auszustatten – der Digitalpakt der Bundesregierung geht hier in die richtige Richtung – sondern es geht auch darum, auch hier an der oben erwähnten Grundeinstellung zu arbeiten. Unsere Bildungsinstitutionen müssen sich dahingehend neu justieren, dass nicht nur die Werkzeuge digital sind, sondern das gesamte Lernumfeld. Tablets sind schick, ändern aber nichts an pädagogischen Konzepten und an der Gestaltung von Lehrplänen. Da muss viel mehr geschehen: Open-Educational-Resources-Modelle, neue Lernwelten, neue Wege und Methoden, sich Wissen anzueignen, all das darf nicht nur im privaten Umfeld der Schüler eine Rolle spielen (denn das tut es längst), sondern muss fest verankert sein im Schulalltag.

Am Ende einer Schullaufbahn, egal welche Schulform man auch nimmt, muss also ein Mensch stehen, der digitale Kompetenz nicht nur »on top« aufweist und unter »sonstige Fähigkeiten« verbucht, sondern als selbstverständliche Eigenschaft, die heute in den meisten Unternehmen auch als solche gesehen wird. Nur so gelingt ein gelungener Berufsstart.

Auf der anderen Seite müssen Unternehmen als Arbeitgeber sich heute mehr denn je darauf einlassen, dass Mitarbeiter nicht mehr nur ausführend sind, sondern von den vielen Partizipations-, Mitgestaltungs- und Mitbestimmungsrechten auch Gebrauch machen möchten.

Noch nie war die Chance größer, sich einzubringen, gemeinsam Ideen zu entwickeln, Prozesse zu vereinfachen und Kommunikationsstrukturen aufzubrechen und neu zu gestalten. Und nie war es einfacher, verschiedene Menschen mit unterschiedlichen Interessen und Hintergründen zusammenzubringen, damit sie gemeinsam an einer Idee, einer Herausforderung oder einem bestimmten Problem arbeiten können. Flexible und neue Arbeitsmodelle schließen nichts und niemanden mehr aus, sondern integrieren Menschen, Perspektiven, Gedanken und Einschätzungen, die für das Gesamtergebnis wesentlich sind. Expertise ist keine Frage der richtigen Zeit am richtigen Ort mehr, sondern lediglich eine Frage der offenen Tür.

HR in einer digitalen Arbeitswelt impliziert auch die entsprechenden Kompetenzen und das Bewusstsein um den erweiterten Grad an Verantwortung auf Seiten des Unternehmens. Dazu gehört ein sensibler Umgang mit den persönlichen Daten der Mitarbeiter ebenso wie die Bereitschaft, sich von alten Strukturen, Hierarchieleitern und Auswahlprozessen zu verabschieden.

Es müssen Weiterbildungsangebote ermöglicht werden, damit Menschen mit den technischen Entwicklungen mitwachsen können. Und es müssen digital gestützte Automatisierungen von Arbeitsvorgängen dort – und nur dort – eingesetzt werden, wo sie sinnvoll sind und Kapazitäten schaffen, die gezielt an besseren Stellen helfen können.

HR also hat die Aufgabe, die besten, spannendsten, kreativsten und manchmal vielleicht auch die originellsten Menschen zu gewinnen und das Selbstbewusstsein dieser Menschen nicht zu verformen, auf dass sie in das Unternehmen passen, sondern zu nutzen und weiterentwickeln zu lassen, auf das sich auch das eigene Unternehmen weiterentwickelt. Nie war HR spannender!

Dorothee Bär

Vorwort der Herausgeber

 Prof. Dr. Karlheinz Schwuchow, Center for International Management Studies, Hochschule Bremen

 Joachim Gutmann, CLC Glücksburg Consulting AG, Hamburg

HR-TRENDS 2020: Agilität, Arbeit 4.0, Analytics & Prozesse

Wie gelingt die digitale Transformation und welchen Herausforderungen muss sich die HR-Funktion stellen, will sie zum Agenten des Wandels werden? Welche Rolle wird die Künstliche Intelligenz (KI) künftig spielen, wie wird sie die Personalarbeit verändern? Und was müssen Unternehmen heute beachten, um die Mitarbeiter für morgen zu gewinnen und zu binden?

Die Fragen sind ebenso vielfältig wie die Antworten. Häufig sind es Schlagworte, die die aktuelle Diskussion bestimmen und schnell weite Verbreitung finden. Einer umfassenden und tiefergehenden Analyse halten sie dann aber oftmals nicht stand, da es an theoretischer Substanz und praktischer Evidenz fehlt. Vor diesem Hintergrund ist es auch in der durch Volatilität, Unsicherheit, Komplexität und Ambiguität bestimmten heutigen VUKA-Welt geboten, die spontane Forderung nach mehr Agilität einmal zurückzustellen und vor die Aktion die Reflexion zu setzen. Die Verknüpfung von Analyse und Intuition eröffnet dann oftmals neue Perspektiven und Handlungsoptionen.

Diese zu vermitteln, ist Ziel des vorliegenden Buches »HR-TRENDS 2020«. In insgesamt 39 Einzelbeiträgen stellen 67 Autorinnen und Autoren aus Unternehmenspraxis, Wissenschaft und Beratung die Erfahrungen aus ihrer beruflichen Tätigkeit vor, aus 31 Unternehmen unterschiedlichster Größe und Branchen sowie aktuellen Beratungs- und Forschungsprojekten. Dabei werden bewusst nicht nur Erfolge präsentiert, sondern auch noch offene Fragen angesprochen sowie mögliche Fehleinschätzungen und Irrtümer thematisiert. Schwerpunktmäßig befasst sich die diesjährige, 29. Ausgabe unseres Jahrbuches mit den Bereichen Agilität, Arbeit 4.0, Analytics sowie HR-Prozesse.

Im thematischen Fokus stehen die Themenfelder Führung und Transformation, New Work und Innovative Organisation, Künstliche Intelligenz und Digitale Technologien sowie Talentmanagement und Neues Lernen.

Dabei werden die Anforderungen an ein agiles Personalmanagement und die mit der digitalen Transformation verbundenen Herausforderungen für Führungskräfte und HR aufgezeigt. Die Rolle der Unternehmenskultur im digitalen Wandel ist ebenso ein Thema wie die der Mitarbeiter als Mitgestalter im Transformationsprozess und die Faktoren erfolgreicher Kulturveränderung. Es werden Zukunftsbilder entwickelt und umgesetzt, es wird eine Neuausrichtung der Personal- und Organisationsentwicklung als agile Reise vorgenommen und die Grenzen eines digitalen Personalmanagement werden betrachtet.

Neue Formen der Arbeitsorganisation, die damit verbundenen Implikationen für Führung und Zusammenarbeit und für die Mitarbeiterentwicklung sind Gegenstand der weiteren Ausführungen. Ferner Ansätze zur Organisationsentwicklung, die Möglichkeiten und Grenzen der Selbstorganisation sowie die Entwicklung von Hochleistungsteams und Führungsfähigkeit auf allen Unternehmensebenen. Dies beinhaltet die Organisationsentwicklung im Mitarbeiterdialog ebenso wie den Umgang mit Diversität in der Arbeitswelt 4.0.

Der Einsatz von künstlicher Intelligenz im Personalmanagement, der Weg von Big Data zu Smart Data und die Nutzung analytischer Verfahren in den für die Personalarbeit relevanten Bereichen werden ebenfalls thematisiert. Hier geht es um Perspektiven, aber auch Probleme datengestützter Mitarbeiterrekrutierung und -entwicklung. Und es geht um die Nutzung und Verknüpfung der jeweils spezifischen Fähigkeiten von Mensch und Maschine sowie um die Anforderungen an nachhaltige Analyseverfahren.

Die Diskussion aktueller Trends im Talentmanagement sowie neuer Wege der Mitarbeiterentwicklung beschließt das Buch. In beiden Bereichen gewinnt die Digitalisierung zunehmend an Bedeutung, sei es bei der Identifikation potenzieller Mitarbeiter im Rahmen des Active Sourcing oder bei der Schaffung neuer Lernumgebungen. Die Mitarbeiterrekrutierung neu aufstellen, verborgene Potenziale entdecken und wirksame Anreize setzen, lauten die Herausforderungen.

Wie in den vergangenen Jahren können wir auch in diesem Jahr nicht alle für die Personalarbeit relevanten aktuellen Trends thematisieren. Hierzu verweisen wir auf die Vorjahresausgaben dieses Buches mit jeweils anderen Schwerpunktsetzungen. Wir sind jedoch zuversichtlich, auch mit »HR-TRENDS 2020« wieder bewährte betriebliche Best Practices und relevante Next Practices ebenso wie praxisrelevante Forschung zu vermitteln, ergänzt durch Verweise auf aktuelle Literatur sowie weiterführende Internetlinks und Adressen. Dabei verknüpfen wir Print und Online ebenso miteinander wie redaktionelle Beiträge und weiterführende Ressourcen. Denn zum Buch gehört die Website http://mybook.haufe.de, auf der die Leser 116 aktuelle nationale und internationale Managementstudien finden.

Ergänzend hierzu sind regelmäßige HR-Fachkonferenzen sowie HR-Roundtables seit einiger Zeit ein fester Bestandteil unseres Buchkonzeptes. Die Möglichkeit zum Dialog besteht u. a. am 20. Februar 2020 in Nürnberg und am 19. März 2020 in Bremen (https://www.hr-trends-tagung.de/).

Im Fokus dieses Gesamtangebotes steht stets der Nutzen für unsere Leser in ihrer täglichen Arbeit und darüber hinaus. Als Herausgeber hoffen wir, auch mit »HR-TRENDS 2020« wiederum innovative und relevante Denkanstöße sowie konkrete Handlungshilfen zu vermitteln und so einen Beitrag zur Wissensvernetzung zu leisten. Wir freuen uns über ein Feedback und Anregungen zur weiteren Entwicklung dieses Buches und laden herzlich zum Dialog ein – auch im Hinblick auf die kommende, dann 30. Ausgabe dieses Jahrbuches.

Danken möchten wir in diesem Zusammenhang allen Autorinnen und Autoren, die durch ihr Engagement trotz der wiederum sehr engen terminlichen Vorgaben das rechtzeitige Erscheinen erst ermöglicht haben, insbesondere unserer Korrektorin Doreen Rinke sowie den verantwortlichen Mitarbeitern der Haufe Group, Heiner Huss, Jürgen Fischer und Sandra Schönthaler.

Karlheinz Schwuchow   Joachim Gutmann

Hinweise zu den Herausgebern

Prof. Dr. Karlheinz Schwuchow

Prof. Dr. Karlheinz Schwuchow ist seit 1999 Inhaber der Professur für Internationales Management an der Hochschule Bremen und leitet das CIMS Center for International Management Studies. Nach dem BWL-Studium und einem MBA-Studium in den USA arbeitete er von 1985 bis 1991 am USW Universitätsseminar der Wirtschaft, Schloss Gracht. Anschließend war er in der Management- und Strategieberatung tätig und baute als Gründungsgeschäftsführer das Center for Financial Studies in Frankfurt/Main auf. Von 2001 bis 2004 war Professor Schwuchow Geschäftsführer der GISMA Business School in Hannover, 2010/2011 Dean der LIMAK Austrian Business School in Linz.

Kontaktdaten:
Hochschule Bremen, Center for International Management Studies, Werderstraße 73, 28199 Bremen, Tel.: +49 (0)421 59 05 42 06, Mail: karlheinz.schwuchow@hs-bremen.de, Internet: www.cims.hs-bremen.de

Joachim Gutmann

Joachim Gutmann begann seine berufliche Tätigkeit als Abteilungsleiter Betreuungsdienste/Öffentlichkeitsarbeit im Studentenwerk Berlin (1975–1979) und ging anschließend als Geschäftsführer zum World University Service nach Bonn (1980–1982). Von 1983 bis 1989 arbeitete er als freier Journalist in Bonn. 1990 wechselte er als leitender Redakteur zum Handelsblatt nach Düsseldorf. Von 1993 bis 1999 war er als Leiter Unternehmenskommunikation bei Kienbaum Consultants International tätig. Von 2000 bis 2014 war er Vorstand, derzeit ist er Senior Consultant bei der GLC Glücksburg Consulting AG.

Kontaktdaten:
GLC Glücksburg Consulting AG, Albert-Einstein-Ring 5, 22761 Hamburg, Tel.: +49 (0)172 91 14 49 2, Mail: jgutmann@glc-group.com, Internet: www.glc-group.com

HR-AGILITÄT: Führung und Transformation

Einleitung

Traditionelle Führungslogiken basieren in der Regel auf Hierarchie und Seniorität als Entscheidungsprinzipien. Bei einem umfassenden Kulturwandel in Richtung Agilität, wie er sich gegenwärtig abzeichnet, ist genau hier eine Veränderung der Grundhaltung erforderlich. Dabei sind sowohl die Führungskräfte als auch die Geführten gefragt. Sie müssen ihr Verhältnis zueinander komplett überdenken und neu regeln.

Die Unternehmen erkennen heute zunehmend, dass sie auf wachsende Komplexität und das ständig zunehmende Innovationstempo in Folge der Digitalisierung nicht nur mit marginalen Anpassungen reagieren können. Organisationen, die in einer volatilen Arbeitswelt wettbewerbsfähig bleiben wollen, müssen alle existierenden Arbeitsprozesse einer Neubewertung und umfassenden Neuorganisation unterziehen.

Dieser Prozess der »digitalen Transformation« erfasst alle Bereiche von Wirtschaft und Gesellschaft in evolutionärer Weise: von der industriellen Fertigung über die Dienstleistung bis zur Verwaltung, von der Bildung über die Politik bis zu den verschiedenen Arbeits- und Lebenswelten. Die Dynamiken der Transformationen erzeugen dabei nicht nur mehrschichtige Wandlungsvorgänge und Wandlungswahrnehmungen, sondern sie verhalten sich zueinander zudem ungleichzeitig. Oft genug ist der technologische Wandel der Protagonist, der fällige soziale Wandel sein Epigone. Angesichts der Tiefe und der Geschwindigkeit des Wandels sowie der Wucht seiner Auswirkungen ist eine vertrauensbasierte, transparente und verlässliche Kultur des Aushandelns und Experimentierens unabdingbar, aber nicht immer in ausreichendem Maße vorhanden.

Hohe Veränderungsdynamiken stellen neue Anforderungen an eine flexible Arbeitsweise und schlagen unmittelbar auf die Arbeitsbedingungen der Menschen im Betrieb durch. In der Art und Weise, wie Unternehmen diese digitale Transformation im Sinne des Betriebs und der Beschäftigten gestalten, wird sich entscheiden, was gute Arbeit im digitalen Zeitalter ausmacht. Herausforderungen sind dabei speziell:
- die Entgrenzung der Arbeit durch die Flexibilisierung von Arbeitszeit- und Arbeitsort,
- die Entwertung von formalen Qualifikationen durch sich rasch ändernde Anforderungsprofile,
- die Ablösung hierarchiegeprägter Arbeitsorganisation durch agile Formen der Zusammenarbeit und
- die Transparenz des Arbeitsverhaltens der Beschäftigten durch digitale Arbeitsprozesse.

Dieser schnelle, komplexe und disruptive Wandel der Arbeitswelt bringt vor allem für Führungskräfte neue Herausforderungen mit sich. Ziele, Visionen, Arbeitskonzepte, die heute noch gelten, können morgen obsolet sein. Entscheidungen müssen schnell getroffen und oftmals ebenso schnell revidiert werden. In einer Welt voller Unwägbarkeiten und steigender Komplexität bedarf es eines nie dagewesenen Maßes an Anpassungsfähigkeit und eines neuen Rollenverständnisses von Managern und Mitarbeitern.

Wer die betriebliche Gegenwart klug, effizient, human und erfolgreich gestalten will, muss sich die Frage stellen, wie das Profil seines Betriebes in wenigen Jahren aussehen soll und welche organisatorischen und technischen Handlungsschritte sich aus dem wahrscheinlichen Zukunftsszenario für die aktuellen Innovationsentscheidungen herleiten lassen. Für die Beantwortung dieser Frage und für die Umsetzung der dabei gewonnenen Erkenntnisse werden das Fach- und Sachwissen sowie vor allem – auf gleicher Augenhöhe – das intuitive Erfahrungswissen von Führungskräften und Beschäftigten kooperativ benötigt. Und sie müssen zugleich einen Ausgleich finden zwischen dem Interesse des Arbeitgebers an einem atmenden und anpassungsfähigen Betrieb auf der einen und der Wunsch der Beschäftigten nach einer verlässlichen Erwerbstätigkeit auf der anderen Seite.

Eine mögliche Lösung für diese Spannungssituation heißt: agile Führung. Die Führungskraft gibt die Rolle des einsamen Entscheiders auf und trifft Entscheidungen gemeinsam mit dem Team. Sie agiert als Moderator und Mentor, der berät und koordiniert. Sie greift nicht in das operative Geschäft ein, sondern vertraut der Selbstorganisationsfähigkeit ihres Teams. Hierarchieebenen werden eingeebnet, Weisung und Kontrolle wird zugunsten von Diskussion und gemeinsamer Verantwortung aufgegeben.

Beides ist eine logische Konsequenz aus der Arbeitswelt 4.0. Doch die Umstellung auf das agile Führungsmodell setzt bei allen Beteiligten einen erheblichen Veränderungswillen voraus. Denn die Einführung der neuen Methoden geht mit massiven Eingriffen in die Organisation und das Selbstverständnis von Führungskräften einher. Verantwortlichkeiten werden weg vom Vorgesetzten hin zu den Mitarbeitern verlagert, Mitarbeitergespräche werden agil und situativ. Gesprächspartner und -zyklen wechseln individuell. Mitarbeiter können sich Kompetenzen zuweisen und gegenseitig einschätzen. Teams stellen sich selbst zusammen und bestimmen ihre Vorgehensweise.

Hier ist das Personalmanagement gefragt – und zwar in seiner ureigenen Aufgabe als Möglichmacher. Es kann Instrumente bereitstellen und mit fachlicher Kompetenz begleiten oder sich diese extern und vorübergehend beschaffen. Es muss intensiv mit allen Beteiligten kommunizieren und immer wieder Brücken bauen für die eigentlichen Träger des Personalmanagements – die Führungskräfte. Diese müssen in ein neues Rollenverständnis begleitet und entsprechend gecoacht werden, auch durch externe Spezialisten. Der digitale Umgang mit Technologien und Strukturen, die eine aktive Beteiligung aller an sämtlichen HR-Prozessen ermöglichen, will ebenfalls gelernt sein.

Die Umstellung auf agile Organisationsformen ist kein Selbstläufer. Sie bedarf einer feinfühligen Steuerung. Wenn Unternehmen diesen Prozess zu schnell in Angriff nehmen, laufen sie Gefahr, sich selbst und ihre Kultur zu zerstören. Wenn sie zu langsam agieren, steigt das Risiko, hinter den Erwartungen der Kunden zurückzufallen.

Die folgenden Beiträge zeigen auf, wie Unternehmen und insbesondere das Personalmanagement die Transformation und die neuen Anforderungen an Führung bewältigen:

- Prof. Dr. Stephan Kaiser, Universität der Bundeswehr München, beschreibt die Aufgaben eines agilen Personalmanagement für agile Organisationen.
- Dr. Rebecca Ray, The Conference Board, New York, und Marion Devine, The Conference Board, Brüssel, charakterisieren die zukunftsfähige Organisation.
- Jens Wagner und Dr. Carola Haas, beide Robert Bosch GmbH, Stuttgart, stellen die Unternehmenskultur bei Bosch als Erfolgsfaktor im Digitalen Wandel vor.
- Oliver Burkhard, Arbeitsdirektor und Personalvorstand bei der thyssenkrupp AG, Essen, meint: Digitalisierung bedeutet Humanisierung.
- Bianca Nunnemann, LVM Versicherung a. G.., Münster, und Jan Oßenbrink, Managing Director, Eigenland GmbH, Haltern am See, treten eine Transformationsreise vom Wollen zum Wirken an.
- Dr. Thomas Tita, Merck KGaA, Darmstadt, sieht Mitarbeiter als Mitgestalter der kulturellen Transformation.
- Nadia Eggmann, Hanneke Gerritsen, Dr. Carole Rentsch und Peter Weishaupt, alle beschäftigt bei der Schweizerischen Post in Bern, legen einen Expeditionsbericht über PE/OE-Transformation bei der Schweizerischen Post vor.
- Alexander Michalski und Katharina Pfeuffer, beide ZF Friedrichshafen AG Industrietechnik in Passau, beschreiben die Anforderungen an Digitales Personalmanagement in der Praxis.
- Dr. Bernd Blessin, CCO, VPV Lebensversicherungs-AG in Stuttgart, fordert Führung neu zu denken.
- Prof. Dr. Markus H. Dahm und Clemens Holst, beide IBM Services GmbH in Ehningen, und Lisa-Marie Schmitz, duale Studentin bei der IBM Deutschland GmbH in Ehningen, stellen ein Konzept zur Transformation der Unternehmenskultur im Zeitalter der Digitalisierung vor.
- Dr. Uwe Klein, PA Consulting Group GmbH, Frankfurt am Main, und Prof. Dr. Manfred Mühlfelder, SRH Fernhochschule – The Mobile University, Riedlingen, betrachten agile Transformation als Frage von Kultur und Kompetenz.

Agile Führung, digitale Transformation und die Rolle des Personalmanagement finden auch ihren Niederschlag in der aktuellen Fachliteratur. Besonders hervorgehoben sei dabei die Veröffentlichung von Prof. Dr. Marius Leibold und Prof. Dr. Sven C. Voelpel, die in ihrem Buch »Digital Rebirth: Wie sich intelligente Unternehmen neu erfinden« Möglichkeiten und Wege einer über die digitale Transformation hinausgehenden Neuaufstellung von Organisationen beschreiben. Ferner die Publikation von Prof. Dr. Armin Trost »Neue Personalstrategien zwischen Stabilität und Agilität«, die vielfältige Impulse für die strategische Personalarbeit der Zukunft beinhaltet. Der von Dr. Michael Lang und Stefan Scherber herausgegebene Sammelband »Der Weg zum agilen Unternehmen« vermittelt in 15 Einzelbeiträgen einen kompakten, aber umfassenden und praxisnahen Überblick zum Thema Agilität.

Verweise auf weitere Bücher zum Thema, Internetlinks sowie zahlreiche Studien, die im Serviceteil zum Download zur Verfügung stehen, finden Sie am Ende dieses Kapitels.

Dabei gibt u. a. die Globale Human Capital Trendstudie der Unternehmensberatung Deloitte einen umfassenden Überblick über aktuelle HR-Trends, wobei im Mittelpunkt die Entwicklung von Unternehmen zu sozialen Organisationen steht, die Stakeholder-Interessen und Umweltaspekten ein stärkeres Gewicht einräumen. Die vielfältigen Aspekte der Führung in der digitalen Arbeitswelt beleuchtet die Studie »Digital Leadership – Führung in der digitalen Transformation« des Fraunhofer Instituts für Arbeitswirtschaft und Organisation. Kienbaum und die Deutsche Gesellschaft für Personalführung erörtern in »All Agile-HR?« auf der Grundlage eines entsprechenden Rahmenmodells den Reifegrad der HR-Funktion in der agilen Transformation und zeigen bereits vorhandene Stärken und weitere Entwicklungsbedarfe auf.

Joachim Gutmann

Agiles Personalmanagement für agile Organisationen

Prof. Dr. Stephan Kaiser,
Universität der Bundeswehr München, München

Personalmanagement in agilen Organisationen ist nicht nur gefordert, die organisationale Agilität zu unterstützen, sondern sollte auf unterschiedlichen Ebenen selbst Eigenschaften der Agilität aufweisen. Ein Mehrebenen-Modell zeigt, wie sich organisationale Agilität durch das Personalmanagement fördern lässt und wie sich die Ideen agiler Organisation auf das Personalmanagement und dessen Praktiken selbst übertragen lassen. Vom Personalmanagement erfordert dies Innovation und systematisches Vorgehen, aber auch eine realistische Sichtweise jenseits reiner Rhetorik.

Einleitung

Organisationale Agilität lässt sich als die Fähigkeit einer Organisation beschreiben, die Volatilität der relevanten Märkte zu antizipieren, zu verstehen und so zu beantworten, dass kompetitive Vorteile entstehen (Saha et al., 2017). Wie es auch andere Konzepte bereits beschrieben haben, sollen agile Organisationen aufmerksam hinsichtlich der Veränderung von Rahmenbedingungen sein, eine hohe Reaktionsfähigkeit aufweisen sowie dann auch tatsächlich handeln (Sambamurthy et al., 2003). Organisationale Agilität lässt sich vor diesem Hintergrund als Weg und Befähigung

---

Lessons Learned

- Die zunehmende Agilität verändert die Organisationen in vielerlei Hinsicht und führt zu einer Mehrdimensionalität.
- Auch klassische personalwirtschaftliche Fragestellungen sind von den Dimensionen der agilen Organisation betroffen.
- HR muss sich in seinen Funktionen und Praktiken auf Veränderungen in Richtung agile Organisation einstellen.
- Es muss einerseits selbst organisationale Agilität aufweisen und anderseits die Agilität der Organisation unterstützen
- Da organisationale Agilität nicht in Reinform umgesetzt wird, muss HR parallel die klassische Personalarbeit fortsetzen und neue Ansätze für agiles Arbeiten entwerfen.

verstehen, mit komplexen und dynamischen Umfeldern – in der Praxis zurzeit oft als VUCA-Welt (volatility/Volatilität, uncertainty/Unsicherheit, complexity/Komplexität, ambiguity/Mehrdeutigkeit) bezeichnet – umzugehen. Die agile Organisation ist hingegen das Produkt und Ergebnis der organisationalen Agilität.

Die Idee der organisationalen Agilität greift damit ohne Frage historisch deutlich ältere Denkansätze, wie zum Beispiel die flexible Organisation, die fluide Organisation, die lernende Organisation oder auch das Konzept der Dynamic Capabilities auf. Man könnte mithin behaupten, dass der Begriff der agilen Organisation nicht wirklich neu ist und lediglich bekannte Managementkonzepte als neue Mode wieder auf den Markt bringt. Gleichwohl scheint der Begriff der agilen Organisation einen sehr umfassenden Blick auf die Beweglichkeit von Organisationen zu werfen, der so in der breiten Flexibilitätsdebatte nur in Ansätzen angelegt war. Agilität hat somit das Potenzial, ein sogenanntes Umbrella-Konstrukt (Hirsch/Levin, 1999) zu werden, unter dessen Schirm sich unterschiedliche Facetten einer unternehmenspraktischen Herausforderung versammeln und sortieren können.

So scheint man sich in der aktuellen, vor allem auch in der Unternehmenspraxis und -beratung geführten Diskussion zum Thema agile Organisation weitgehend einig zu sein, dass die zunehmende Agilität die betroffenen Organisationen in vielerlei Hinsicht verändert. Als Resultat ist von einer Mehrdimensionalität der agilen Organisation auszugehen, wie sich beispielhaft illustrieren lässt:

- Organisationale Strukturen werden vernetzter und Prozesse werden beschleunigt. Neben traditionellen hierarchischen Strukturen entstehen parallel agile Projektstrukturen, in denen nach agilen Konzepten, wie zum Beispiel Scrum, iterativ und kundenorientiert gearbeitet wird.
- Die Führungsorganisation und Entscheidungsgremien werden partizipativer und demokratischer gestaltet, bei gleichzeitigem Versuch, Entscheidungs- und Bearbeitungsgeschwindigkeiten zu erhöhen.
- Die Vernetzung und die Kommunikation über Technologien und in virtuellen Welten nehmen zu. Dies geschieht sowohl in vertikaler als auch horizontaler Richtung, also hierarchie- und abteilungsübergreifend.
- Die in der Unternehmenskultur verankerten Werte und das Mindset von Mitarbeitern und Führungskräften passen sich neuen Arbeitspraktiken der Selbstorganisation und der Kundenorientierung an. Ebenso werden von Mitarbeitern und Führungskräften neue Fähigkeiten verlangt.
- Die Infrastruktur, die Architektur und die räumliche Gestaltung von Arbeitsplätzen richten sich an neuen agilen Arbeitspraktiken aus.

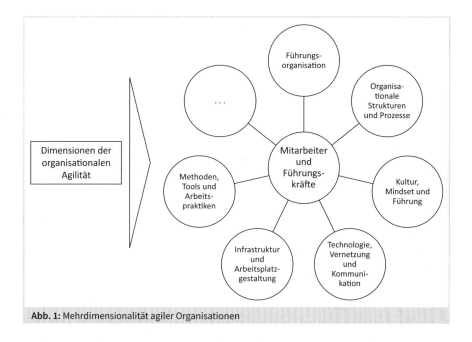

Abb. 1: Mehrdimensionalität agiler Organisationen

Die Dimensionen der agilen Organisation weisen durch ihre inhaltliche Prägung bereits darauf hin, dass klassische personalwirtschaftliche Fragestellungen betroffen sind. Dies wiederum ist ein Indiz dafür, dass Personalmanagement sich in seinen Funktionen und Praktiken auf Veränderungen in Richtung agile Organisation einstellen muss. Allerdings ist es aufgrund der Mehrdimensionalität nicht trivial, die Auswirkungen des Konzepts der agilen Organisation auf das Personalmanagement abzuleiten. Deshalb müssen die Zusammenhänge systematisch betrachtet werden. Hierzu zählt zudem die Erkenntnis, dass auch die Organisation des Personalmanagements selbst – einem Stimmigkeitsgedanken folgend – agil sein sollte. Und dies wiederum entlang der diversen Dimensionen, die agile Organisationen ausmachen.

Zusammenhänge zwischen agiler Organisation und agilem Personalmanagement

Personalstrategien werden in der Regel von der Unternehmensstrategie abgeleitet. Man spricht hier von einer sogenannten derivativen Strategiebildung (Ringlstetter/ Kaiser, 2008). Gleichzeitig wissen wir, dass organisationale Strukturen der Strategie des Unternehmens im Regelfall folgen sollten, was unter dem geflügelten Wort »structure follows strategy« thematisiert wird. Beides zusammenführend ist es nachvollziehbar, dass es einen wechselseitigen Zusammenhang gibt: Das Personalmanagement in einer agilen Organisation sollte einerseits selbst organisationale Agilität

aufweisen und anderseits die Agilität der Organisation unterstützen. Es geht also zum einen um die
- Übertragung der Ideen agiler Organisation auf das Personalmanagement und dessen Praktiken selbst, sowie zum anderen um die
- inhaltliche Unterstützung von organisationaler Agilität durch das Personalmanagement.

Der Zusammenhang zwischen agiler Organisation und agilem Personal weist aber nicht nur die skizzierten Wechselwirkungen auf, sondern auch unterschiedliche Ebenen, auf denen sich die Idee der organisationalen Agilität niederschlägt:
- Auf der Mikro- oder Individualebene stehen Mitarbeiter und Führungskräfte mit Kompetenzen und Werthaltungen, die ein agiles Arbeiten in agilen Organisationen prinzipiell ermöglichen.
- Auf der Mesoebene sind die agilen Praktiken des Arbeitens verortet. Gemeint sind hier vor allem agile Methoden und Tools der Projektarbeit, die beispielsweise unter den Begriffen Scrum, Lean Startup oder Design Thinking Einzug in Unternehmen gefunden haben.
- Auf der Makroebene, der Ebene der Gesamtorganisation, bedeutet Agilität insbesondere eine Flexibilisierung von organisationalen Strukturen und Geschäftsmodellen, welche aktuellen Bedürfnissen der Organisation und der Kunden folgen.

Eine nicht zu unterschätzende, zusätzliche Komplexität ergibt sich dadurch, dass sich organisationale Agilität in der Praxis meist nicht in Reinform umsetzen lässt. Vielmehr ist zu beobachten, dass Agilität nur ansatzweise und partiell vorhanden ist. Ein gutes Beispiel ist hierfür die Forderung von Kotter nach einem zweiten, agilen Betriebssystem der Organisation. Dieses ergänzt die hierarchische Organisation um eine agile, durch Initiativen und Projekte geprägte, sekundäre Organisationsstruktur, in der Mitarbeiter sich parallel zu ihrer Linienfunktion je nach Motivation beteiligen sollen (Kotter, 2014). Für das Personalmanagement bedeutet das hinsichtlich der Förderung von Agilität in Organisationen, dass Beidhändigkeit notwendig ist. Es ist sowohl die bisherige Personalarbeit fortzusetzen und andererseits sind neue Ansätze für agiles Arbeiten zu entwerfen und mit dem bisherigen Personalmanagement stimmig zu kombinieren.

Ansatzpunkte für agiles Personalmanagement

Personalmanagement für agile Organisationen hat die Zielsetzung, zum richtigen Zeitpunkt die richtige Person für eine konkrete organisatorische Anforderung und Aufgabe zur Verfügung zu stellen. Das Personalmanagement von agilen Organisationen unterscheidet sich hinsichtlich der Zielsetzung somit zunächst nicht vom klassischen Personalmanagement. Allerdings sind die organisatorischen Anforderungen und Aufgaben in agilen Organisationen neu. Dies beginnt mit der Formulierung von grundsätzlichen Anforderungen an Mitarbeiter und Führungskräfte, die in agilen Organisationen arbeiten. Hierzu stellten Dyer und Shafer (1998) bereits vor zwanzig Jahren folgenden, sehr ambitionierten Katalog gewünschter Eigenschaften und Kompetenzen auf:

- Mitarbeiter sollen geschäftsorientiert sein, das heißt visionär, zukunftsorientiert, Zusammenhänge erkennend, kundenorientiert, das Geschäft verstehend und ergebnisorientiert.
- Sie sollen zudem fokussiert, also in der Lage sein, Prioritäten zu setzen und Lösungen zu erarbeiten.
- Mitarbeiter sollen organisatorisch versiert und experimentierfreudig sein, schnell lernen und neues Wissen als Teamplayer anwenden.
- Sie sollen anpassungsfähig und einfühlsam sein, mit sich selbst im Reinen, mit Mehrdeutigkeit umgehen, Paradoxien aushalten können sowie generell eine hohe Belastbarkeit aufweisen.
- Wichtig ist zudem eine Orientierung an den Werten des Unternehmens, so dass das individuelle Verhalten gleichsam instinktiv mit den Zielen des Unternehmens im Einklang steht.

Im Rahmen der Personalauswahl sind folglich eignungsdiagnostische Instrumente zu entwickeln, mit deren Hilfe die Selektion »agil«-fähiger Mitarbeiter und Führungskräfte gelingt. Dies ist insbesondere deshalb wichtig, da agiles Arbeiten auch zu einer deutlichen Überforderung der Mitarbeiter führen kann, wenn diese dafür mental und bezüglich ihrer Fähigkeiten nicht geeignet sind.

In agilen Organisationen verändern sich – beispielsweise aufgrund der Abflachung von Hierarchien – zudem die Karrieremodelle und Entwicklungsmöglichkeiten für Mitarbeiter. Bisherige Systeme der vertikal ausgerichteten Führungs- und Fachlaufbahnen scheinen in agilen und flexibilisierten Strukturen überholt zu sein. Stärker projektbasierte Karrieren kombiniert mit demokratischen Instrumenten, wie der Wahl und auch Abwahl von Führungskräften, müssen deshalb durch das Personalmanagement vorgesehen werden. In Verbindung damit steht auch eine Veränderung der fachlichen Entwicklung von Mitarbeitern, denn das berufliche Lernen und die Weiterbildung lassen sich nicht mehr ohne weiteres langfristig planen. An die Stelle von organisierter Weiterbildung treten lernförderliche Arbeitswelten für arbeitsimmanentes Lernen und ein online und ad hoc ermöglichtes Lernen nach individuellem Bedarf.

Darüber hinaus sind Systeme der Leistungsbeurteilung so zu modifizieren, dass sie zu den neuen Formen der fluiden Arbeit in agilen Strukturen der Organisation passen. Dabei lassen sich etablierte Anreizsysteme und Zielvereinbarungen nicht beibehalten. Für die agile Arbeit müssten diese konsequenterweise überdacht werden und aufgrund der Vernetzung der Arbeit weniger individualisiert, sondern stärker kollektiv ausgestaltet werden. Zielvereinbarungen auf Jahresebene sind in kurzlebigen agilen Projektzyklen wenig geeignet. Auswirkungen hat dies wiederum auf bestehende Vergütungsstrukturen, die Gültigkeit von Eingruppierungen etc.

Die Felder der Personaleinsatzplanung und der Stellenbesetzung werden in einigen Bereichen, wie zum Beispiel der Montage in der industriellen Fertigung, unverändert bleiben. In agilen Strukturen, in denen Personaleinsatz ad hoc auf Zuruf und selbstorganisatorisch gestaltet werden soll, muss sich das Personalmanagement jedoch von etablierten Instrumenten verabschieden. Dies führt zu einer zunehmenden Komplexität der Personalplanung, da unterschiedliche Systeme vorgehalten werden müssen und zumindest ein System hochgradig individualisiert, selbstorganisatorisch und flexibel ausgestaltet sein muss.

Agile Organisationen sind ferner durch eine Öffnung für neue Beschäftigungsformen gekennzeichnet, wodurch es zu einer funktionalen und numerischen Flexibilisierung der Personalausstattung kommt. Dadurch treten weitere Themen in den Vordergrund. So ist beispielsweise zu beantworten, welche Instrumente des Personalmanagements für die neuen Beschäftigungsformen geeignet sind und welche nicht (Kaiser et. al., 2013):

- Wie können Unternehmen Solo-Selbstständige und Click-Worker motivieren, die zwar ihrem Status nach extern sind, aber vor Ort oder in virtuellen Räumen ihre Leistung erbringen und in die betrieblichen Leistungsprozesse unmittelbar eingebunden sind?
- Wie lässt sich die Karriere der neuen Beschäftigten (mit)planen, wie ihre Weiterbildung?

Darüber hinaus ist zu beachten, dass auch agile Organisationen Momente der Stabilität und Identität erfordern. Die Bindung von qualifizierten Mitarbeitern wird trotz aller Agilität weiterhin einen strategischen Erfolgsfaktor darstellen. Es ist deshalb nicht im Interesse des Unternehmens, das Personal als strategische Ressource vollständig zu flexibilisieren. Elemente der Bindung, der Identifikation mit dem Unternehmen und seinen Produkten werden weiterhin wichtig sein. Grundsätzlich muss das Unternehmen auch als agile Organisation ein stabiler, attraktiver und verlässlicher Arbeitgeber sein.

Organisation des agilen Personalmanagements

Aufgrund des oben skizzierten Stimmigkeitsgedankens sollte ein Personalmanagement für agile Organisationen auch selbst Merkmale einer agilen Organisation aufweisen. Hierzu gehört nach dem Mehrebenen-Modell (Abb. 2), dass Personaler ein agiles Mindset aufweisen, Kompetenzen für agiles Arbeiten besitzen und auch im Personalmanagement selbst agile Methoden angewandt werden. Jenseits dessen stellt die Agilität aber auch spezifische Herausforderungen an die Organisation des Personalmanagements auf der Makroebene. Die Personalarbeit wird damit selbst zum Objekt der zunehmenden Agilität in Organisationen. Gleichzeitig ist das Personalmanagement aber gefordert, bestehende und funktionierende Prozesse und Personalpraktiken weiter zu optimieren, da häufig nur Teile der Organisation tatsächlich agilen Organisationsmustern folgen.

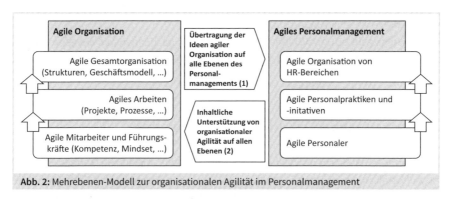

Abb. 2: Mehrebenen-Modell zur organisationalen Agilität im Personalmanagement

Das Personalmanagement befindet sich folglich in einer Situation, in der es beidhändig agieren muss. Es muss einerseits Agilität zulassen und innovative Personalpraktiken einführen, andererseits muss es bestehende Maßnahmen des Personalmanagements bewahren und optimieren. In der Forschung spricht man in diesem Zusammenhang von Ambidextrie, ein zentrales Konzept des strategischen Lernens in und von Organisationen. Hierbei geht es darum, zwei Formen des organisationalen Lernens, der Exploration neuen Wissens (hier agiles Personalmanagement) und der Exploitation bestehender Routinen (hier klassisches Personalmanagement) gerecht zu werden. Beide Aktivitäten lassen sich als zentrale Faktoren langfristiger Wettbewerbsfähigkeit betrachten.

Durch gelungene Beidhändigkeit wäre es möglich, dass sich das Personalmanagement durch die gleichzeitige Kopplung von Flexibilität, Innovation und neuen Kompetenzen auf der einen und Stabilität, Effizienz und Ausschöpfung bestehender Kompetenzen auf der anderen Seite schrittweise verändern und an die agile Organisation anpassen kann. Hierfür sind jedoch strukturelle Maßnahmen notwendig, durch die im Personalmanagement eine strukturelle und räumliche Trennung der exploitativen (bestehendes Personalmanagement für die klassische Organisation) und explorativen Tätigkeiten (innovatives Personalmanagement für die agile Organisation) stattfindet. Konkret hieße das, dass auch im Personalmanagement im Sinne Kotters (2014) ein zweites Betriebssystem etabliert wird, das als eine Art agiler Forschungs- und Entwicklungsbereich innovative Personalpraktiken für die agile Organisation vorantreibt, und dies mit agilen Methoden und Tools.

Folglich ist es für die eigene Agilität des Personalmanagements zielführend, eine permanente agile Innovationsstruktur zu schaffen, die zeitlich variierend mit ausreichend Personalkapazitäten und Budgets ausgestattet ist und sich als agiles zweites Betriebssystems des Personalmanagements versteht. Die entstehenden Strukturen sind zudem in zweierlei Hinsicht zu öffnen:

- Erstens geht es um die Öffnung dieser Strukturen nach außen, um Trends in der agilen Arbeitswelt frühzeitig zu erkennen. Dies gelingt durch Beobachtungen von Trends auf Kongressen, in Medien, Verbänden oder durch eigene Zukunftsforschung zu Personalthemen und Arbeitswelt.
- Zweitens geht es um die Öffnung der Strukturen nach innen in die eigene Organisation, um Bedarfe bei Mitarbeitern und Führungskräften, die agil arbeiten, zu identifizieren.

Ausblick: Machbarkeit, Rhetorik und Realität

Viele Unternehmen sehen sich vor der Herausforderung, die eigene Organisation agiler zu gestalten. Agiles Personalmanagement für agile Organisationen scheint für die Unternehmenspraxis jedoch kein einfaches Unterfangen zu sein. Im Gegenteil: Die große Anzahl an betroffenen Dimensionen, die Berücksichtigung mehrerer Ebenen und zahllose Wechselwirkungen zwischen den Dimensionen auf allen Ebenen machen agiles Personalmanagement zu einem äußerst komplexen Vorhaben. Vor diesem Hintergrund liegt ein systematischer, schrittweiser und reflektierter Umgang mit Agilität nahe, um sie im Personalmanagement erfolgreich zu entwickeln.

1. Zunächst ist die Frage zu beantworten, welche Dimensionen und Themen der organisationalen Agilität für das Personalmanagement tatsächlich von Bedeutung sind? Diese lassen sich in einem Atlas der Agilität abbilden, um einen Überblick zu betroffenen Themen der Agilität zu erhalten.
2. Hilfreich ist es, in einem zweiten Schritt abzuschätzen, wo das Personalmanagement im Hinblick auf die eigene organisationale Agilität steht. Ein sich daraus ergebender Agilitätsindex hilft dabei, die unternehmensspezifische Ausgangslage zur Agilität im Personalmanagement und gegebenenfalls auch darüber hinaus zu bestimmen.
3. Auf Basis der Bestandsanalyse können Entscheidungen getroffen werden, welches Ausmaß an Agilität im Personalmanagement in welchen Dimensionen und Themen erreicht werden soll. Ein daraus resultierender Agilitätskompass gibt dem Personalmanagement eine Vorstellung darüber, welche Ziele für das Management der eigenen Agilität gelten sollen.
4. Darauf aufbauend lässt sich die Frage angehen und beantworten, wie das gewünschte Ausmaß an Agilität im Personalmanagement erreicht werden soll. Erst eine solche konkrete Agilitätsagenda ermöglicht die Ableitung von Personalma-

nagementmaßnahmen und -instrumenten für eine Veränderung in Richtung Agilität (siehe Abb. 3).

Welche Dimensionen der Agilität sind für das Personalmanagement wichtig?	**Atlas der Agilität** für einen Überblick zu Dimensionen der Agilität in der Personalarbeit
Wie lässt sich die Agilität in ihren Dimensionen messen?	**Agilitätsindex** zur Bestimmung der unternehmensspezifischen Ausgangslage
Welches Ausmaß an Agilität soll in den unterschiedlichen Dimensionen erreicht werden?	**Agilitätskompass** als ein Zielvorstellung für das Management von Agilität
Wie lässt sich dieses Ausmaß an Agilität in den ausgewählten Dimensionen erreichen?	**Agilitätsagenda** als konkreter Maßnahmenkatalog für eine Veränderung in Richtung Agilität

Abb. 3: Agilität im Personalmanagement systematisch entwickeln

Jenseits dieses systematischen Vorgehens, das in sich die Illusion der einfachen Machbarkeit von Agilität trägt, ist auch auf die Differenz zwischen Rhetorik und Realität hinzuweisen. Das Propagieren von Agilität geht an vielen Stellen über die organisationale Realität hinaus. Keinesfalls können alle Mitarbeiter die auch hier skizzierten Anforderungen an agiles Arbeiten jederzeit erfüllen. Zudem sind viele Ideen einer Demokratisierung der Organisation und der Abschaffung von Hierarchie durch agile Strukturen aus theoretischer Sicht nicht gedeckt. Im Gegenteil: Gerade auf Ebene der agilen Methoden wird verstärkt regelkonformes Verhalten gefordert, was klassische Ideen der Partizipation konterkariert und neue Formen der Überwachung und Steuerung von Mitarbeitern erzeugt. Auch hier haben Personalmanager die Aufgabe, sehr detailliert auf die Ausgestaltung agiler Arbeit zu sehen und zum Zwecke der Motivation und Bindung von Mitarbeitern realistische Annahmen zu treffen.

Literatur

Dyer, L.; Shafer, R. A. (1998): From human resource strategy to organizational effectiveness: Lessons from research on organizational agility. CAHRS Working Paper Series, 125.

Hirsch, P. M.; Levin, D. Z. (1999): Umbrella advocates versus validity police: A life-cycle model. Organization Science, 10 (2), 199–212.

Kaiser, S.; Süß, S.; Winter, S. (2013): Human Resource Management of a Highly Qualified External Workforce (Editorial). Journal for Business Economics, 83 (8), 831–835.

Kaiser, S.; Kozica, A.; Loscher, G. (2019, im Druck): Zukunftsfähiges Personalmanagement für agile Organisationen. In: Sackmann, S.: Führung und ihre Herausforderungen. Neue

Führungskontexte erfolgreich meistern und zukunftsfähig agieren. Springer Gabler, Wiesbaden.

Kotter, J. P. (2014): Accelerate: building strategic agility for a faster-moving world. Harvard Business Review Press, Boston.

Ringlstetter, M.; Kaiser, S. (2008): Humanressourcen-Management. Oldenbourg, München.

Saha, N.; Gregar, A.; Sáha, P. (2017): Organizational agility and HRM strategy: Do they really enhance firms' competitiveness? International Journal of Organizational Leadership, 6 (3), 323–334.

Sambamurthy, V.; Bharadwaj, A.; Grover, V. (2003): Shaping agility through digital options: Reconceptualizing the role of information technology in contemporary firms. MIS quarterly, 27 (2), 237–263.

Hinweise zum Autor

Prof. Dr. Stephan Kaiser

Prof. Dr. Kaiser ist seit 2009 Inhaber des Lehrstuhls für ABWL, insb. Personalmanagement und Organisation an der Universität der Bundeswehr München. Er wurde an der Kath. Universität Eichstätt-Ingolstadt promoviert und habilitiert. Seine Forschungs- und Publikationsschwerpunkte liegen in den Bereichen Personalmanagement, Organisation und Unternehmensführung. Seit 2018 ist er Vorsitzender der wissenschaftlichen Kommission Personal im Verband der Hochschullehrer der Betriebswirtschaft e. V. Zudem organisiert er den jährlich stattfindenden »Dialog Personalmanagement« und leitet das »Zentrum für Forschung und Praxis zukunftsfähiger Unternehmensführung e. V.«

Kontaktdaten:
Lehrstuhl für ABWL, insb. Personalmanagement und Organisation, Universität der Bundeswehr München, Werner-Heisenberg-Weg 39, 85577 Neubiberg, Tel.: +49 (0)89 60 04 44 05, Mail: Stephan.Kaiser@unibw.de, Internet: www.unibw.de/personalmanagement

Die zukunftsfähige Organisation

Dr. Rebecca Ray, Executive Vice President, The Conference Board, New York (USA)

Marion Devine, Senior Human Capital Researcher, The Conference Board, Brüssel (Belgien)

Die Ergebnisse unserer Challenge-Umfrage unter Unternehmensvorständen im letzten Jahr haben gezeigt, dass sich Unternehmen mitten in der Anpassung an das digitale Wirtschaftssystem befinden. Die diesjährige globale Umfrage bot Führungskräften die Möglichkeit, über die digitalen Störfaktoren hinauszublicken und zu überlegen, wohin sie diese Transformation führt. Der Beitrag zeigt auf, wie das erfolgreiche Unternehmen im Jahr 2025 aussehen wird und was das für die Bereiche Führung und Talente bedeutet?

Wie sieht die Realität wirklich aus?

1.426 Vorstände, darunter 815 Chief Executive Officers (CEOs) rund um den Globus, skizzieren ein Unternehmen, das Kunden in den Mittelpunkt stellt, mit agilen, veränderlichen Projektteams arbeitet und das schwer erreichbare Gleichgewicht zwischen kurzfristiger Agilität und langfristiger Vision herstellt. In dieser Zukunft sind Führungskräfte sehr engagiert vielseitig. Sie spielen eine wichtige Rolle bei Aufbau und Aufrechterhaltung motivierender Unternehmenskulturen, die Talente anziehen und binden. Der Informationsfluss erfolgt frei und transparent über flachere, vernetzte Strukturen. Die interne und externe Zusammenarbeit wird durch eine integrative Kul-

---

Lessons Learned

- Viele Unternehmen haben eine klare Vision von einer zukunftsfähigen Organisation, die kundenorientiert, agil und integrativ ist.
- Interne organisatorische Einschränkungen sowie externe Bedrohungen und Störfaktoren könnten diese Vision jedoch zunichtemachen.
- Der Mangel an talentierten Mitarbeitern und Führungskräften ist eine der größten Bedrohungen.
- Führungskräfte sind für Aufbau und Aufrechterhaltung motivierender Unternehmenskulturen verantwortlich, die Talente anziehen und binden.
- Neue Tools zur Förderung von kontinuierlichem Lernen und Talentmobilität ermöglichen, motivierende und integrative Arbeitsplätze aufzubauen.

tur ermöglicht, die das Zugehörigkeitsgefühl der Mitarbeiter fördert und ihnen die Möglichkeit zu kontinuierlichem Lernen bietet (Mitchel et al., 2019).

Unternehmen sind jedoch weit davon entfernt, diese Zukunft zu erreichen. Auf die Frage nach ihren kurzfristigen Sorgen antworten CEOs, sie seien sehr besorgt über die Herausforderung, ihre Talentpipeline zu einer Zeit aufzubauen, in der Geschäftsmodelle durch bahnbrechende Technologien gekippt werden. Die Gewinnung und Bindung von Spitzentalenten hat oberste interne Priorität, dicht gefolgt von der Entwicklung von Führungskräften der nächsten Generation als drittwichtigstes Anliegen (siehe Abb. 1).

Stressors ahead: **recession risk and trade threats; finding talent and creating new business models**

What are the top issues that will require your greatest attention in 2019 in relation to the external environment and internally within your organization? (Percentage of CEOs citing the issue among their top 3 concerns)

EXTERNAL			INTERNAL	
Recession risk	44.4%	1	Attraction and retention of top talent	61.7%
Threats to global trade systems	38.7	2	Creating new business models because of disruptive technologies	52.2
Global political instability	37.8	3	Developing Next Gen leaders	41.2
New competitors	29.0	4	Better alignment of compensation and incentives with business performance	27.0
Declining trust in political and policy institutions	27.8	5	Reduction of baseline costs	21.5

N = 795, CEO responses only
Source: The Conference Board - C-Suite Challenge 2019

Abb. 1: Externe und interne Problemfelder 2019

Das gleiche Maß an Besorgnis hinsichtlich Talenten wurde auch in einer globalen Umfrage unter mehr als 25.000 Führungskräften und 2.500 HR-Experten in 2.488 Unternehmen deutlich, die vom Conference Board in Zusammenarbeit mit Ernst & Young (EY) und der Talent Management Beratung DDI durchgeführt wurde (2018). Nur 35 Prozent der HR-Experten bewerteten die Stärke der »Führungsersatzbank« ihres Unternehmens – also die Fähigkeit, kritische Führungspositionen in den nächsten drei Jahren zu besetzen – als ausreichend. Im Durchschnitt könnten nur 43 Prozent der Stellen sofort mit einem internen Kandidaten besetzt werden.

Eine noch schwierigere Herausforderung, die durch die C-Suite Challenge ans Tageslicht kam, ist die Suche nach Personen, die agil und innovativ sind und schnell auf Störfaktoren reagieren können. Die CEOs unserer C-Suite Challenge sehen die größten Hindernisse für Innovationen im täglichen Leistungsdruck, gefolgt von einem Mangel an Talenten und Fähigkeiten. Sie sehen diesen Mangel an Talenten als eines der wenigen Innovationshemmnisse, bei dem bis 2025 keine Verbesserung, sondern eine Verschlechterung in Sicht ist.

Mit welchen Personalstrategien bauen Unternehmen zukunftsfähige Organisationen auf (siehe Abb. 2)? Die fünf besten Strategien sind nach Auffassung der im Rahmen der C-Suite Challenge befragten europäischen CEOs:
1. Führungskräften Verantwortung übertragen, mit denen motivierende Unternehmenskulturen aufgebaut und aufrechterhalten werden können, um so Talente zu gewinnen und zu binden.
2. Agile, veränderliche Projektteams, deren Mitglieder je nach benötigten Fähigkeiten wechseln.
3. Mehr Transparenz und stärkerer Informationsaustausch auf allen Unternehmensebenen.
4. Flexiblere Strukturen und Netzwerke.
5. Fähigkeit, die in Teams geleistete Arbeit effektiv bewerten und anerkennen zu können.

Looking out to 2025, which of the following will be hallmarks of a successful company's approach to managing human capital?

SUCCESS FACTORS	CEOs Overall	US	Europe	Japan	China	Latin America
Holding leaders accountable for building/maintaining engaging cultures to attract and retain talent	1	2	1	1	1	2
Holding leaders accountable for building/maintaining engaging cultures to drive business impact	2	1	6	6	4	5
Greater transparency and information sharing at all organizational levels	3	5	3	2	5	6
Agile, fluid project teams that add or shed members as their capabilities are needed	4	6	2	5	3	4
More flexible structures and networks	5	4	4	4	7	1

Abb. 2: Personalstrategien

Agile Teams am Beispiel der ING Group

CEOs mit Sitz in Europa stuften agile Teams als zweitwichtigste Strategie ein, während agile Teams bei Führungskräften im Bereich Personal in allen Regionen die wichtigste Strategie darstellen. Auch bei den größten Unternehmen der Umfrage (mit einem Umsatz von über fünf Milliarden US-Dollar) lagen flexible Strukturen und agile Teams unter den Top-3-Strategien.

Für diese Befragten beruht der zukünftige Erfolg darauf, althergebrachte Grenzen, Silo-Denken und Hierarchien zugunsten flexibler interner und externer Netzwerke und funktionsübergreifender Teams aufzugeben, die unter Einsatz agiler Methoden schnell auf veränderte Kundenbedürfnisse und -erwartungen reagieren. Unsere

Untersuchung weist darauf hin, dass viele Unternehmen mit agilen Teams experimentieren, jedoch noch nicht den Sprung wagen, einige oder all ihre Geschäftsmodelle komplett neu zu gestalten. Die ING Group ist eines der ersten europäischen Unternehmen, das eine umfassende agile Transformation verfolgt (Young, 2018). Vor rund drei Jahren hat die Bank eine unternehmensweite digitale Plattform ins Leben gerufen und in zwei Geschäftsbereichen (Delivery und Client Services) agile Strukturen eingeführt.

HR spielte bei der Transformation eine wichtige Rolle. Sie unterstützte das Führungsteam der Bank dabei, die neue Vision und Kommunikationsstrategie zu entwickeln, um die Mitarbeiter von den dringend notwendigen Veränderungen und dem Nutzen einer agilen Arbeitsweise zu überzeugen. Im Anschluss an die Kommunikationskampagne nahmen die Mitarbeiter an einem dreitägigen Schulungsprogramm teil, in dessen Rahmen sie die Arbeit in einem Team unter Anwendung agiler Methoden aus erster Hand kennenlernen konnten.

HR hat die Personal- und Stellenstruktur in Delivery und Client Services mit neuen Positionen wie Agile Coaches, Product Owners, Chapter Leads und Tribe Leader mit abgestimmten Schulungs- und Lernprogrammen neu gestaltet. Jeder Mitarbeiter in Delivery und Client Services musste kündigen, ein detailliertes Profil seiner Fähigkeiten und Erfahrungen erstellen und sich für die Tätigkeit im neuen agilen Unternehmen bewerben. Die Profil- und Leistungsdaten wurden in ein Tool eingegeben, das die Kandidaten mithilfe eines Algorithmus mit den neuen Talentanforderungen abglich. Führungskräfte und HR haben die Ergebnisse überprüft und die endgültige Entscheidung über die Einstellung getroffen. Etwa zwölf Prozent der Kandidaten wurden freigesetzt.

HR wurde (neben der IT-, Risk-, Finanzabteilung und dem Einkauf) als eigenständige Abteilung beibehalten, wird jedoch auch agiler gestaltet. Bisher hatte die Bank 50 HR-Partner, die jeweils ein Portfolio interner Kunden betreuten. Diese Partner werden auf zehn reduziert, während die anderen in einer Einsatzgruppe arbeiten werden, die als »High-Impact-Team« bezeichnet wird, um spezifische Projekte zu unterstützen. Nach Abschluss eines Projekts werden sie in einem anderem Projekt eingesetzt, wodurch sie eine flexible, schnell einsetzbare HR-Ressource darstellen.

Talente müssen mobil sein
Es ist wichtig, dass sich Talente und Fähigkeiten in einer vernetzten, teamorientierten und veränderlichen Organisation dorthin begeben, wo sie gebraucht werden. Unsere Untersuchung zeigt, dass die Mobilität von Talenten eine wichtige strategische Fähigkeit für jede zukunftsfähige Organisation darstellt (Erickson et al., 2019). So hat sich beispielsweise ein in Frankreich ansässiges globales Unternehmen, das in über 70 Ländern mit 150.000 Mitarbeitern tätig ist, der Mobilität von Talenten ver-

schrieben und ermutigt Mitarbeiter zu lernen und zu experimentieren, indem sie flexibel in verschiedensten temporären Teams und Projekten arbeiten.

Dieses globale Unternehmen ging den Weg, sich vor der Annahme agiler Strukturen auf den kulturellen Wandel zu konzentrieren. Das Führungsteam legte als globale Priorität für 2018 fest, zu einer Kultur überzugehen, die »kollektive Agilität« unterstützt. Um dieses Konzept zu definieren, hat das globale HR-Team eine »Koalition für den Wandel« aus 500 Führungskräften zusammengestellt, die 45 verschiedene Leitungsgremien vertreten. Über mehrere Monate führten sie Debatten darüber, was für sie kollektive Agilität in Bezug auf Denkweise, Führungsverhalten und Arbeitsweise bedeutet. Sie ermittelten sechs kulturelle Schlüsselprinzipien, mithilfe derer sich Agilität in einfache Dinge, die Mitarbeiter im täglichen Leben umsetzen können, herunterbrechen lässt. Einige davon stellten eine Herausforderung für ihre hierarchische und expertenbasierte Kultur dar – weiter zu lernen und neugierig zu bleiben, Dinge einfach zu halten sowie »ausprobieren, machen und lernen«.

Sichere Bereiche schaffen
Der Übergang zum agilen Arbeiten wurde in kleinen Schritten vollzogen, indem die Möglichkeiten für Mitarbeiter ausgeweitet wurden, vorübergehend in funktionsübergreifenden Projekten zu arbeiten. Das Unternehmen hat erkannt, dass in einer risikoscheuen Kultur »sichere Bereiche« geschaffen werden müssen, in denen Mitarbeiter experimentieren und bei Bedarf scheitern dürfen. Das globale Unternehmen investierte in mehrere interne digitale Plattformen, um Mitarbeitern unterschiedliche Arbeitsweisen zu ermöglichen:
- Durch das Delta-Portal können Mitarbeiter in temporären funktionsübergreifenden Arbeitsgruppen arbeiten.
- Das Projekt Alpha fördert Innovationen mit rund 80 laufenden Projekten zur Entwicklung neuer Produkte und Dienstleistungen.
- Das PACE-Projekt basiert auf agilen Methoden, wobei verschiedene Teams Kundenerfahrungen neu gestalten, um die Markteinführung neuer digitaler Produkte und Dienstleistungen zu beschleunigen.

Vor kurzem hat dieses Unternehmen die Plattform My Mobility für Talentmobilität auf den Markt gebracht. Mitarbeiter können freiwillig zunächst ihre Interessen und Wünsche, auch ihren Wunsch nach geografischen Veränderungen, in ein digitales Tool namens About Me eingeben. Weltweite Stellenangebote werden zunächst intern in My Mobility veröffentlicht. Durch den Abgleich der Stellenanforderungen mit den Mitarbeiterprofilen in About Me findet das System passende offene Positionen für Mitarbeiter und zeigt dem Interessenten potenziell geeignete Stellen direkt an.

Talentmobilität und kontinuierliches Lernen sind entscheidend für die kollektive Agilität. Wenn man Mitarbeiter jahrelang in der gleichen Position arbeiten lässt, entwickeln sie nicht die passenden Fähigkeiten. Sie verfügen über Fachkenntnisse für eine Position, die in der Zukunft vielleicht nicht mehr existiert. Eine Priorität der HR-Strategie 2020 besteht darin, eine lernende Organisation zu werden. Ein HR-Beratungsteam hat im vergangenen Jahr Vollzeit an einer Strategie zur Weiterbildung von Mitarbeitern gearbeitet. Das globale Unternehmen hat nun die für die Zukunft wichtigsten digitalen, verhaltensbezogenen und geschäftlichen Fähigkeiten für all seine Geschäftsfelder ermittelt. About Me ist jetzt mit einer Entwicklungsplattform verbunden, die maßgeschneidertes Lernen ermöglicht.

Andere internationale Unternehmen auf dem Weg zu mehr Agilität tätigen ähnlich große Investitionen in neue Lerntechnologien. Diese Tools dienen dazu, Lerninhalte aus zahlreichen Quellen bereitzustellen, und ermöglichen ein stark personalisiertes und flexibles Just-in-time-Lernen. Dazu zählen

- Künstliche Intelligenz-Systeme, die Inhalte für einzelne Personen empfehlen oder anpassen, und
- Experience-APIs (Application Programming Interfaces), die Daten über die Erfahrungen eines Mitarbeiters on- und offline sammeln, und vieles mehr.

Unsere Untersuchung (Popiela et al., 2019) zeigt, dass Lerntechnologien eine Fülle von unschätzbaren Daten liefern, die Lernen, individuelles Verhalten und Geschäftsergebnisse in Beziehung setzen können – allerdings befinden sich Unternehmen bei der Entwicklung ihrer Fähigkeiten in der Lernanalytik erst in einem Frühstadium.

Engagierte und vielseitige Führungskräfte

Die diesjährige C-Suite Challenge bekräftigt erneut, wie wichtig es ist, Führungskräfte für Aufbau und Aufrechterhaltung motivierender Unternehmenskulturen verantwortlich zu machen, die Talente anziehen und binden. Die Aussagen der C-Suite deuten darauf hin, dass Führungskräfte zunehmend damit betraut werden, veränderliche, agile Teams durch bahnbrechende Veränderungen, insbesondere die digitale und agile Transformation, zu führen.

Unsere verschiedenen Studien über die sich verändernde Art der Führung zeigen, dass effektive Führung ein komplexes Zusammenspiel von Fähigkeiten, Verhalten und Denkweise ist. Digitale Führungskräfte benötigen beispielsweise Neugier und die Fähigkeit, ständig weiter zu lernen (Young, 2019). Es ist wichtig, dass digitale Führungskräfte funktionelle Befangenheiten überwinden, indem sie unternehmensorientiert denken. Sie benötigen eine Mischung aus digitalen und betriebswirtschaftlichen Kenntnissen. Es reicht nicht mehr aus, die Trends im Technologiebereich nur zu kennen. Sie müssen sie auch anwenden, um reale Probleme im Unternehmen zu lösen.

Führungskräfte bei der Entwicklung dieser komplexen Eigenschaften zu unterstützen, ist eine schwierige Aufgabe. Die C-Suite Challenge zeigt, dass europäische CEOs umfassenden digitalen Erfahrungen Priorität einräumen. Viele der für unsere Studie über digitale Führung befragten Unternehmen sendeten ganze Führungsteams auf Expeditionen ins Silicon Valley, um von digitalen Innovatoren zu lernen. Andere gründeten digitale Beratungsgremien mit externen Experten oder brachten Start-ups ein, um von deren Know-how im Bereich Rapid Prototyping zu profitieren. In einem globalen Produktionsunternehmen leitete der CEO den Wandel, indem er mit Junior-Mentoren zusammenarbeitete, um sein digitales Wissen aufzubauen. Anschließend gab er den Anstoß für Schulungsprogramme für die 20 Spitzenführungskräfte, gefolgt von den 150 Führungskräften der nächsten Ebene und dann tiefer in die Organisation hinein.

Wie unsere Untersuchung zeigt, stellt die Fähigkeit, engagierte Teams zu bilden, gleichzeitig eine Reihe komplexer Führungsverhaltensweisen und -fähigkeiten dar (Popiela et al., 2019). Wie in Abbildung 3 dargestellt, müssen Teamleiter mit Vertrauen und Integrität führen, klar und transparent kommunizieren sowie effektiv befähigen und Aufgaben an das Team delegieren.

Highly Engaged *Team Leader*: Five Most Important Qualities

The top 5 team leader characteristics are surprisingly similar among the three groups we asked, though supervisors place slightly higher importance on strong relationships

Rank	Leadership (n=124)	Supervisor (n=90)	Employee (n=236)	Aggregate (N=450)
1	Effective empowerment & delegation	Transparent & clear communication	Transparent & clear communication	Trust & integrity
2	Trust & integrity	Trust & integrity	Trust & integrity (T2)	Transparent & clear communication
3	A clear strategic direction	Effective empowerment & delegation	Effective empowerment & delegation (T2)	Effective empowerment & delegation
4	Transparent & clear communication	Rewards & recognition	Rewards & recognition	Rewards & recognition
5	Rewards & recognition	Strong relationships	A clear strategic direction	A clear strategic direction

T=Tie.
Source: The Conference Board, 2019.

Abb. 3: Eigenschaften von hoch engagierten Teamleitern

Führungskräfte für die Zukunft entwickeln

Für heutige Führungskräfte ist es eine schwierige Aufgabe, engagierte Teams inmitten von Störfaktoren und Veränderungen aufzubauen. Die C-Suite Challenge zeigt, dass Unternehmen immer noch auf traditionelle Methoden der Führungskräfteentwicklung zurückgreifen, jedoch auch ihre Führungspools erweitern, um unterschiedliche Talente aus unterrepräsentierten Gruppen von Mitarbeitern zu gewinnen. Auf die Frage, welche der drei wichtigsten Investitionen sie wahrscheinlich tätigen würden, um ihre Führungskräfte für die Zukunft zu entwickeln, antworteten die CEOs, dass sie in die formale Führungskräfteentwicklung investieren und ihre Führungskräfte im Rahmen von Rotationen funktionsübergreifende Erfahrungen sammeln lassen würden, jedoch darüber hinaus vielfältigere Führungsteams aufbauen (siehe Abb. 4).

Europäische CEOs nannten gemischte Führungsteams als ihre wichtigste Investition. Ein weiterer Blick ins reale Leben zeigt, dass Unternehmen immer noch darum kämpfen, über die ganz grundsätzliche Diversität hinauszugelangen. So hat sich beispielsweise trotz jahrzehntelanger Bemühungen zur Verbesserung der Geschlechterdiversität der Anteil älterer weiblicher Führungskräfte kaum verändert.

What top 3 investments are you likely to make to develop your leaders of the future?:

INVESTMENT	CEOs Overall	US	Europe	Japan	China	Latin America
Invest in formal leadership development training	1	1	2	3	4	2
Promote cross-functional rotation experiences	2	3	5	2	1	9
Have more diverse leadership (gender, age, ethnicity)	3	5	1	1	2	5
Enhance executive coaching initiatives	4	4	7	4	3	4
Focus on succession management processes	5	2	4	5	6	7
Provide more exposure to digital experiences	6	7	3	8	5	3
Enhance mentorship programs	7	6	6	6	8	1
Improve work-life balance of managers	8	8	8	7	7	6
Invest in social responsibility policies and initiatives	9	9	9	9	9	8
	N = 719	N = 123	N = 290	N = 73	N = 103	N = 29

Note: The total N for the five regions listed is 618; the overall N of 719 includes respondents from regions not listed.
Source: The Conference Board - C-Suite Challenge 2019

Abb. 4: Investitionen in die Entwicklung von Führungskräften der Zukunft

Gemeinsame Untersuchungen des Conference Board und von Korn Ferry belegen einen »stockenden Motor für den Wandel in der Förderung von Frauen« (Hassler et al., 2019). Die Untersuchung ergab zwei kritische Karrierepunkte, an denen eine stärkere Intervention der Personalabteilung erforderlich ist, um Veränderungen herbeizuführen: Es sind der erste Schritt ins Management und der Übergang von der mittleren zur oberen Führungsebene. So wie die befragten CEOs die Stellenrotation als eine kritische Entwicklungsstrategie hervorheben, ergab die Untersuchung, dass die wichtigsten Entwicklungserfahrungen für den Fortschritt von Frauen internationale Erfahrungen und Stellenrotation, kundenorientierte Positionen, operative Branchenerfahrung, strategische Projekte und Veränderungsinitiativen sowie Arbeiten im Blickfeld von Führungskräften und Vorständen sind.

So schwierig wie es für Frauen auch sein mag, es erweist sich als noch schwieriger für Unternehmen, andere unterrepräsentierte Gruppen voranzubringen. Unsere Untersuchung weist auf die Notwendigkeit hin, dass Unternehmen integrative Kulturen aufbauen müssen, in denen Mitarbeiter ihre einzigartigen Perspektiven und Identitäten zum Ausdruck bringen können. Im Rahmen der C-Suite Challenge sollten die Teilnehmer die drei wichtigsten Merkmale einer wirklich integrativen Organisation im Jahr 2025 aufzeigen. Obwohl es eine breite Übereinstimmung gab, zeigten sich einige regionale Nuancen. Europäische CEOs nannten das Gefühl der Zugehörigkeit als Hauptmerkmal (siehe Abb. 5) und maßen der physischen und psychologischen Sicherheit im Vergleich zu anderen regionalen Antworten eine geringere Priorität bei (Platz 12 im Vergleich zu Platz 5 bei japanischen CEOs).

Unternehmen sind zunehmend von der Bedeutung überzeugt, Integration zu messen, um diese zu überwachen und um sie zu verbessern. Dies ist eine komplexe Herausforderung. Jedoch zeigt unsere Untersuchung der Messungen, dass trotz des Anfangsstadiums neue Datenerhebungs- und Analysemethoden über die Selbstberichterstattung (meist über Umfragen) hinausgehen und versprechen, die Komplexität der Integration zu erfassen (Young/Devine, 2019). Dazu gehören organisatorische Netzwerkanalysen, soziometrische Badges sowie Text- und Stimmungsanalysen.

HR-AGILITÄT: Führung und Transformation

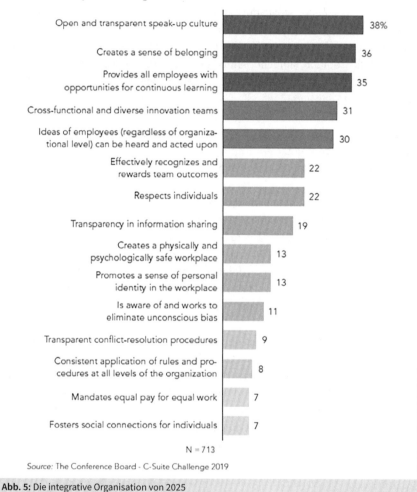

Abb. 5: Die integrative Organisation von 2025

Literatur

The Conference Board; DDI; EY (2018): Global Leadership Forecast 2018: 25 Research Insights to Fuel Your People Strategy.

Erickson R.; Devine M.; Ye, A. (2019): Total Talent Mobility: Strategic Purposes, Barriers, and Best Practices, in Research Report 1695-19, The Conference Board.

Hassler, S.; Popiela, A.; Ray R. L: (2019): Effective Leadership Development strategies at Pivotal Points for Women: Chief Human Resources and Senior HR leaders Speak Out, Beatrice Grech-Cumbo, in Research Report 1683-18, The Conference Board & Korn Ferry.

Mitchell C.; Maselli I.; Ray R. L., van Ark, B. (2019): C-Suite Challenge™ 2019: The Future-Ready Organization: How CEOs and C-Suite Executives are Transforming for the Future: Opportunities and Challenges Ahead, in Research Report 1676, The Conference Board.

Popiela, A.; Erickson, R.; Ray R. L.; Ye, A. (2019): DNA of Engagement: How Organizations Create and Sustain Highly Engaged Teams, in Research Report 1689, The Conference Board.

Young, M. (2018): The Agilification of ING: a Case Study, The Conference Board.

Young, M. (2019): Driving Digital Transformation: What Does it Take to Lead? The Conference Board.

Young, M.; Devine, M. (2019): Defining and Measuring Inclusion: using metrics to drive progress, in Research Report 1682-18, The Conference Board.

Young, M.; Phillips, P. P. (2019): Using Learning Analytics to Drive Business Results, in Research Report 1698-19, The Conference Board.

Hinweise zu den Autorinnen

Dr. Rebecca Ray

Dr. Ray ist Executive Vice President der weltweit tätigen mitgliederbasierten und gemeinnützigen Organisation The Conference Board und arbeitet als Leiterin der Forschungsbereiche »Knowledge Organization« und »Human Capital Practice«. Sie ist zudem Direktorin von The Engagement Institute. Zuvor war Frau Ray in verschiedenen Führungsfunktionen verantwortlich für die Talentgewinnung, organisatorisches Lernen, Training, Management- und Führungskräfteentwicklung, Mitarbeiterengagement, Leistungsmanagement, Executive Assessment, Coaching, Organisationsentwicklung und Nachfolgeplanung.

Kontaktdaten:

The Conference Board, 845 Third Avenue, New York, New York 10022-6600, United States, Tel.: +1 (0)212 759 09 00, Mail: rebecca.ray@conference-board.org, Internet: www.conference-board.org

Marion Devine

Marion Devine ist Senior Researcher für den Bereich »Human Capital« (HC) des Europabüros von The Conference Board in Brüssel. Frau Devine ist Herausgeberin von Human Capital in Review: Voices from Europe von The Conference Board. Ihr Interesse gilt den Herausforderungen der Personalstrategie von Unternehmen, die in einem sich stark verändernden Wirtschaftsumfeld tätig sind. In ihren jüngsten Arbeiten berichtet Frau Devine, welche Vorteile europäische Unternehmen mit ihren älteren Arbeitnehmern haben können und wie sie sich den Herausforderungen im Personalbereich stellen können.

Kontaktdaten:

The Conference Board, Chaussée de La Hulpe 178 – 6th Floor, B-1170 Brussels, Belgium, Tel.: +32 (0)2 679 5057, Mail: marion.devine@conference-board.org, Internet: www.conferenceboard.org

Digitaler Wandel – Erfolgsfaktor Unternehmenskultur

 Jens Wagner, Human Resources Executives, Robert Bosch GmbH, Stuttgart

 Dr. Carola Haas, Human Resources, Robert Bosch GmbH, Stuttgart

Bei Digitalisierung denken viele zunächst an neue Technologien: Big Data, Automatisierung, vernetzte und robotergestützte Herstellungsprozesse, internetfähige Produkte, künstliche Intelligenz und lernende Maschinen. Doch diese Entwicklungen beeinflussen auch erheblich die Art und Weise, wie wir arbeiten. Führung und Personalarbeit kommen bei der Weiterentwicklung der wertebasierten Unternehmenskultur bei Bosch eine entscheidende Rolle zu: Wie wir dabei agieren, wirkt am stärksten auf die Entstehung von Kultur. Jede angestrebte kulturelle Veränderung muss daher insbesondere in der Führung und Personalarbeit sichtbar werden.

People matter: Menschen in den Mittelpunkt rücken

Der mit der Digitalisierung einhergehende Gegentrend der Re-Humanisierung (Horx, 2016) und der gesellschaftliche, kulturelle und demografische Wandel erhöhen den Druck auf alle Unternehmen, weil sich die Erwartungen der Menschen an Arbeitgeber verändern. Die Unternehmenskultur wird dadurch zu einem bedeutsamen Erfolgsfaktor. Es entstehen neue Möglichkeiten, die wir bewusst gestalten wollen. Worauf kommt es im Unternehmen der Zukunft besonders an? Um darauf eine Ant-

---

Lessons Learned

- Digitalisierung, die Wettbewerbssituation in den Arbeitsmärkten und veränderte Erwartungen an Arbeitergeber erfordern eine andere betriebliche Personalarbeit.
- Die Ausrichtung der HR-Arbeit am Menschenbild der Neurowissenschaften ermöglicht bessere menschliche Interaktionen.
- Sie sind eine wesentliche Voraussetzung für eine bessere Entfaltung der Potenziale der Mitarbeiter und der Organisation.
- Die Menschen in der Digitalisierung in den Mittelpunkt zu stellen, ist ein Garant für den Unternehmenserfolg.
- Eine positive Unternehmenskultur ist ein bedeutsamer Erfolgsfaktor für die Transformation von Bosch zu einer nachhaltig ertragsstarken IoT-Company.

wort zu finden, hilft es, das sich ständig ändernde Unternehmen nicht als statische Organisation, sondern als Organismus oder lebendes System zu betrachten (Horx, 2016).

Der Systemtheorie von Luhmann zufolge entscheidet letztlich die Güte der menschlichen Interaktionen darüber, wie erfolgreich ein Unternehmen ist (Luhmann, 1984). Die moderne Hirnforschung liefert ergänzend dazu zuverlässige Erkenntnisse darüber, welche Bedingungen erfüllt sein müssen, damit Menschen soziale Interaktionen als gut wahrnehmen und empfinden. Es entsteht allerdings zunehmend ein negatives Spannungsfeld zwischen der traditionellen Personalarbeit und den veränderten Rahmenbedingungen.

Damit wir weiterhin die richtigen Mitarbeiter gewinnen, diese ihre Potenziale bestmöglich entfalten und sich dafür begeistern, langfristig ihren Beitrag zum Erfolg von Bosch zu leisten, muss die Personalarbeit neu ausgerichtet werden und dabei die Erkenntnisse zur Funktionsweise des Gehirns und zur menschlichen Natur berücksichtigen. Davon profitieren die Mitarbeiter und das Unternehmen. So tragen wir als Human Resources (HR) im Zeitalter der digitalen Transformation und Industrie 4.0 wesentlich zum Unternehmenserfolg bei.

Der digitale Wandel bei Bosch

Das weltweit tätige Unternehmen Bosch – heute ein Stiftungsunternehmen mit rund 410.000 Mitarbeitern und 78,5 Milliarden Euro Umsatz (2018) – hat seinen Ursprung in der »Werkstätte für Feinmechanik und Elektrotechnik« in Stuttgart, die Robert Bosch im Jahr 1886 gegründet hat. Die Möglichkeiten der Digitalisierung wurden bei Bosch früh erkannt und bereits Ende der 1970er Jahre mit der Entwicklung neuartiger Steuergeräte für Bremsregelsysteme (ABS) erfolgreich genutzt. Inzwischen befinden wir uns mitten im Wandel zu einem der führenden Hersteller für Lösungen rund um das Internet der Dinge (Internet of Things). Bis 2025 sollen alle Produkte intra- beziehungsweise internetfähig sein. In Zukunft werden Autos autonom fahren, Maschinen und Produkte miteinander kommunizieren, Häuser werden smart – diese Entwicklung wollen wir in einer marktführenden Position mitgestalten und »dabei bleibende Spuren hinterlassen« (Denner, 2015).

Die Transformation stellt uns auch vor die Aufgabe, die Unternehmenskultur unter Berücksichtigung der langen Tradition weiterzuentwickeln. Kultur entsteht vornehmlich durch das Tun und Verhalten von Menschen. Bei Bosch stellen wir deshalb unsere Mitarbeiter in den Mittelpunkt des Wandels. Dieser ist sehr vielschichtig und erfordert deshalb viel Zeit und muss gut begleitet werden. Dem Leitbild »We are Bosch« kommt dabei eine wichtige Rolle zu. In klarer und kompakter Form drückt es unser unternehmerisches Selbstverständnis aus. Es dient als Orientierungshilfe in diesem dynamischen Umfeld, bildet die Grundlage für die Strategie der Geschäftseinheiten und gibt wichtige Impulse für die Weiterentwicklung des Unternehmens. Es ist zugleich das Fundament für unseren kulturellen Wandel. Den Rahmen für die bewusste Gestaltung von Veränderungen bildet die Personalstrategie (»People Strategy«). Wir wollen auch im Zeitalter der Digitalisierung Maßstäbe setzen, wenn es um die Ausgestaltung moderner Arbeitsformen, Führung, Lernen und Personalarbeit geht.

Neue Anforderungen an unsere Arbeitsweise

In der Vergangenheit wurden die unternehmerischen Aktivitäten in einem überwiegend stabilen politischen und wirtschaftlichen Umfeld auf der Grundlage relativ verlässlicher Szenarien und Zahlen nach eher klassischen Ansätzen ausgerichtet und geplant. Unsere Planungshorizonte reichten bei strategischen Fragen deutlich über fünf Jahre hinaus. Die Organisation ist über die Zeit in erster Linie mit der Umsatzentwicklung in vergleichsweise festen Strukturen mitgewachsen. Bei der Auswahl und Entwicklung der Mitarbeiter wurde vor allem auf das sehr gute fachliche Können und eine hohe analytische Fähigkeit Wert gelegt. Für ein Technologieunternehmen wie Bosch waren und sind diese Anforderungen an Mitarbeiter unverzichtbar.

In der heutigen VUCA-Welt (volatility, uncertainty, complexity, ambiguity), planen und steuern wir unsere Aktivitäten flexibler und über weniger lange Zeiträume. Insbesondere in den Geschäftsfeldern, in denen die Entwicklung von Software eine große Rolle spielt, verändert sich unsere Organisation durch agile Methoden, zum Beispiel Scrum. Aber auch eher traditionelle Bereiche organisieren sich komplett neu, um in einem dynamischen Marktumfeld flexibler und schneller agieren zu können. Bosch Power Tools (Elektrowerkzeuge) ist dafür ein prominentes Beispiel: Der Geschäftsbereich hat sich weltweit in sogenannten Purpose Teams aufgestellt. Diese decken alle wesentlichen unternehmerischen Funktionen ab und nehmen weitgehend selbstorganisiert und unterstützt durch Querschnittsfunktionen wie zum Beispiel HR die Profit-/Loss-Verantwortung für ihre Erzeugnisse wahr. Die bisher übliche Linienorganisation wird aufgebrochen. Es entstehen neue Rollen, Verantwortlichkeiten und Formen der Zusammenarbeit. So können wir die Reaktions- und Operationsfähigkeit des Unternehmens deutlich verbessern und damit Anforderungen von der Markt- oder Kundenseite rascher bearbeiten und Änderungen umsetzen.

Wie gelingt Potenzialentfaltung?
Fachliches Können der Mitarbeiter allein ist in einem VUCA-Umfeld kein Garant mehr für den unternehmerischen Erfolg. Andere Faktoren werden entscheidend: Es geht um die Geschwindigkeit in Produktentstehungs- und Wertschöpfungsprozessen und um die Kompetenz, mit einer hohen Komplexität im gesamten Ökosystem des Unter-

nehmens umgehen zu können. Diese Komplexität lässt sich nur mit Komplexität bewältigen (Luhmann, 1976; Malik, 2009). Die Vielfalt und Vielzahl der diffizilen Fragestellungen, mit denen wir als Unternehmen konfrontiert sind, können nicht mehr von einzelnen Verantwortungsträgern in der Hierarchie allein sachgerecht bearbeitet werden. Es kommt auf alle Mitarbeiter mit entscheidungsrelevantem Wissen, ihre Kompetenzen und ihre Wirksamkeit im operativen Tagesgeschäft an. Die Befugnis, Entscheidungen zu treffen und die Bereitschaft, Verantwortung zu übernehmen, dürfen nicht ausschließlich auf einige wenige Führungskräfte konzentriert sein, sondern müssen sich auf möglichst viele Akteure verteilen. Eine Hochleistungsorganisation kann nur dann entstehen, wenn sie die Potenziale ihrer Mitarbeiter bestmöglich zur Entfaltung bringt und diese zu nutzen versteht.

Die zentralen Fragen für Führung und Personalarbeit im Unternehmen der Zukunft lauten demzufolge:
- Wie gelingt Potenzialentfaltung?
- Mit welcher Haltung und nach welchen Prinzipien führen wir?
- Wie organisieren wir Entscheidungsprozesse?
- Welche Bedingungen muss eine Unternehmenskultur erfüllen, um Höchstleistung zu ermöglichen?

Bei der Beantwortung dieser Fragen und der Weiterentwicklung der betrieblichen Personalarbeit kommen wir an den Erkenntnissen der Neurowissenschaften nicht vorbei. Insbesondere die Hirnforschung liefert wertvolle, evidenzbasierte Hinweise darüber, welche Bedürfnisse von Menschen berücksichtigt werden müssen, damit eine High-Performance-Kultur entstehen kann.

Pink (2009) hat dazu wesentliche Forschungsergebnisse in den Unternehmenskontext übertragen. Menschen streben nach Selbstbestimmung, Perfektionierung und Sinnerfüllung. Sie wollen eigenständig agieren sowie über Handlungs- und Entscheidungsspielräume verfügen, sie streben nach Weiterentwicklung und wollen in dem, was sie tun, immer besser werden. Zudem möchten sie ihr tägliches Handeln mit einem höheren Zweck verbinden und einen Beitrag zu einem größeren Ganzen leisten.

Um weitere Erkenntnisse von Gerhard Roth (2012) ergänzt lautet das Menschenbild der Neurowissenschaften wie folgt:
- Menschen können und wollen beitragen.
- Menschen machen nur das, was sie machen wollen.
- Menschen (ihre Gehirne) sind auf Lustmaximierung und positive Stimulationen aus.
- Menschen lernen vor allem von Menschen, mit denen sie zusammenarbeiten/-leben.
- Menschen verändern sich nur, wenn sie auf der Ebene ihrer emotionalen Vorstel-

lungen und Motive erreicht werden und mit der Veränderung eine Belohnung verbunden ist.

Die Erkenntnisse von Pink und Roth bilden das Fundament für ein »hirngerechteres Arbeiten« und sind die Grundlage von Konzepten zur transformationalen und positiven Führung (Cameron, 2012; Seliger, 2014; Heidbrink/Jenewein, 2011). Die meisten HR-Vorgehensweisen, -Prozesse und -Tools in Unternehmen berücksichtigen diese Erkenntnisse der Neurowissenschaft zur Funktionsweise des Gehirns und zur menschlichen Natur überwiegend noch nicht systematisch. Insbesondere Elemente der Selbstbestimmung sowie die konsequente Ausrichtung auf Stärken und Potenziale, zum Beispiel in der Führung, der Potenzialdiagnostik, der Mitarbeiterakquisition und -entwicklung inklusive der Gestaltung von Karrierewegen, sind noch nicht stringent in Prozesse und Gesprächsformate eingeflossen.

Hier sehen wir signifikante Chancen für die Weiterentwicklung unserer Unternehmenskultur. Wir wollen ein Umfeld schaffen, in dem Potenzialentfaltung und soziale Interaktionen im betrieblichen Kontext exzellent gelingen können – als wesentliche Voraussetzungen für Hochleistung. Es entsteht eine Win-win-Situation: Wir sind überzeugt, dass wir als Unternehmen davon profitieren werden, wenn unsere Mitarbeiter ihre Fähigkeiten und Potenziale noch besser einbringen, stärker Verantwortung übernehmen und wirksamer zusammenarbeiten. Die Performance steigt und damit letztlich das Betriebsergebnis. Aber auch die Menschen bei Bosch profitieren davon. Die Berücksichtigung der genannten Bedürfnisse fördert Freude und Spaß bei der Arbeit, bewirkt eine höhere Zufriedenheit im Beruf und ein stärkeres Gefühl der Zugehörigkeit.

Handlungsfelder für Führung und HR

Führung und Personalarbeit kommen bei der Weiterentwicklung unserer wertebasierten Unternehmenskultur eine entscheidende Rolle zu: Wie wir dabei agieren, wirkt am stärksten auf die Entstehung von Kultur. Jede angestrebte kulturelle Veränderung muss daher insbesondere in diesen beiden Funktionen sichtbar werden: Leitsätze zur Führung und HR-Vorgehensweisen haben im sozialen Organismus normative Kraft. Sie bringen klar zum Ausdruck, welche Haltung und welche Verhaltensweisen in der Interaktion gewünscht sind.

Arbeits- und Beschäftigungsbedingungen
Selbstbestimmung beginnt bei der Gestaltung des eigenen Arbeitsalltags. Mit modernen, an ihren Bedürfnissen ausgerichteten Arbeits- und Beschäftigungsbedingungen können wir mehr Freiräume für unsere Mitarbeiter schaffen. Die Menschen sollen dazu in der Lage und ermutigt sein, autonomer zu arbeiten und sich verantwortlich in Ent-

scheidungsprozesse einzubringen (Kühmayer, 2016). Um weg von einer Präsenz- und hin zu einer Ergebniskultur zu kommen, wurden schon zahlreiche Maßnahmen umgesetzt, die den Mitarbeitern mehr Flexibilität bei der Wahl des Arbeitsortes und bei der Gestaltung ihrer Arbeitszeiten ermöglichen.

Wir bieten ihnen, wo immer es die sozialpartnerschaftlichen Rahmenbedingungen und die Landeskultur weltweit zulassen, Freiräume durch Zeitsouveränität, flexible Arbeitszeitmodelle, Arbeitszeitkonten innerhalb von Gleitzeitregelungen sowie Langzeitkonten, die ein Sabbatical oder den früheren Übergang in den Ruhestand ermöglichen. Es gibt immer mehr Möglichkeiten, ›remote‹ von jedem Ort der Welt aus zu arbeiten. Voraussetzung dafür ist meist nur ein stabiler Internetzugang, der das Einloggen in das Bosch Global Net ermöglicht. Mit unserem Konzept »Inspiring Working Conditions« passen wir unsere Büroräume den Bedürfnissen der Mitarbeiter an, stärken kommunikative Austauschprozesse in Teams und fördern die bereichsübergreifende Zusammenarbeit. Die Sitzplätze auf den Büroflächen sind grundsätzlich frei wählbar. Mit unserer IT-Infrastruktur, Kollaborationstools sowie Self-Service-Lösungen unterstützen wir diese neue Art zu arbeiten.

Führung
Führungskräften kommt im Wandel von Bosch hin zu einer IoT-Company eine besonders wichtige Aufgabe zu. Die Anforderungen an Führungsrollen verändern sich teilweise drastisch, weil die Entfaltung von Potenzialen der Einzelnen und der Teams eine andere Art der Führung und Interaktion verlangen. Es geht vor allem darum,
- sinnhafte Ziele in hochdynamischen Umfeldern zu formulieren,
- Orientierung zu geben,
- das Zusammenspiel im Konzert verschiedener Funktionen und Partner zu optimieren,
- Barrieren aus dem Weg zu räumen und
- die Selbstbestimmtheit der Mitarbeiter durch geeignete Rahmenbedingungen und Maßnahmen zu fördern.

Manager müssen in einem durch die Digitalisierung geprägten Umfeld Spezialisten führen können, deren fachliche Expertise sie nicht gänzlich verstehen. Sie müssen als Unterstützer (»Supportive« oder »Servant Leaders«) und als Befähiger für sich selbst steuernde Mitarbeiter und Teams agieren. Flachere Hierarchien und mehr Autonomie für den einzelnen gehen für Führungskräfte mit einem Verlust an Macht, Status und Möglichkeiten der Kontrolle einher. Nach wie vor aber bleiben sie dafür verantwortlich, herausfordernde unternehmerische Ziele zu verantworten, sind Garanten dafür, dass die Richtung stimmt, die Organisation unter allen Bedingungen ihren Zweck erfüllt und arbeitsfähig ist, die Regeln im sozialen Organismus befolgt werden und das Vertrauen aller Mitarbeiter in das System Unternehmen bestehen bleibt. Dafür müssen sie sich vorbildlich verhalten und die Bedürfnisse ihrer Mitarbeiter im Blick haben.

Deshalb wird exzellente Führung anspruchsvoller und als eine kulturprägende sowie im Wettbewerb um Mitarbeiter differenzierende Funktion im externen wie internen Arbeitsmarkt gefragter denn je. Diese Art der Führung und Zusammenarbeit entspricht den oben genannten Bedürfnissen der Menschen und insbesondere den Erwartungen der jungen Generationen. Vertreter der Generation Y oder Z fordern selbstbewusst und wie selbstverständlich immer offener ein Arbeitsumfeld, das Freiheit und Selbstverwirklichung ermöglicht. Sie wollen an Entscheidungen partizipieren, Gehör finden und in größerem Maße Verantwortung übernehmen.

Die Bosch-Geschäftsführung hat sich 2015 intensiv mit Fragen zum Thema Führung beschäftigt. Ihre Vorstellungen zu Führung und Zusammenarbeit wurden im Leitbild »We lead Bosch« in zehn grundsätzlichen Aussagen zusammengefasst. Um die Bedeutung dieser Veränderung zu unterstreichen, hat jeder Geschäftsführer die Patenschaft für eines der Führungsprinzipien übernommen und sorgt dafür, dass dieses weltweit bei Bosch bekannt und seine Bedeutung gut verstanden wird (siehe Abb. 1).

»We lead Bosch« und alle damit verbundenen Initiativen zielen darauf ab, dass unsere Art der Führung sich im Zeitalter der Digitalisierung wandelt, um weiterhin als zentraler Faktor für den langfristigen Unternehmenserfolg wirken zu können. Wir streben durch eine wertebasierte und positive Führung eine Unternehmenskultur an, in der Menschen einander vertrauen und in der sie sich sicher und frei fühlen, ihre Ideen einzubringen und in der Sache konstruktiv widersprechen zu können. Nur so wachsen das Selbstvertrauen, der Mut und die Freude, eigenverantwortlich zu entscheiden und zu handeln. Genau diese Potenziale und Fähigkeiten unserer Mitarbeiter brauchen wir, um die digitale Transformation erfolgreich zu bewältigen.

Abb. 1: Das Bosch-Führungsleitbild

Kontinuierliches Lernen

Lernen und Weiterbildung haben bei Bosch schon immer einen sehr hohen Stellenwert. Pro Jahr werden rund 250 Millionen Euro in die Fortbildung der Mitarbeiter investiert. Die rasant verlaufende technologische Entwicklung, neue Arbeitsprozesse und -methoden sowie das ständige Einbeziehen neuester Erkenntnisse aus Forschung und Wissenschaft erfordern noch viel stärker als bisher ein kontinuierliches Lernen aller Mitarbeiter. Lernen mit ansprechenden, wirksamen Formaten zu ermöglichen, wird deshalb zu einer Schlüsselkompetenz von Unternehmen. Wir wollen zeitgemäße Lernangebote unterbreiten, die im Moment, in dem sie gebraucht werden, schnell und leicht zugänglich und zudem kostengünstig sind. Diese sollen eigeninitiativ, selbstbestimmt und von möglichst vielen Mitarbeitern genutzt werden können.

Um die Voraussetzung für eine moderne Lernkultur bei Bosch zu schaffen, wurde Ende 2016 die Initiative »Bosch Learning Company« (BLC) ins Leben gerufen. Das Programm soll den Mitarbeitern positive Lernerfahrungen ermöglichen und das Lernen bestmöglich in den Alltag integrieren. Alle Mitarbeiter im Unternehmen sind unter dem Motto »Make it yours!« eingeladen mitzuwirken. Unsere Aktivitäten fokussieren auf Qualifizierungsangebote für diverse Zielgruppen mit dem Schwerpunkt Digitalisierung im weitesten Sinne, den Ausbau einer modernen IT-Infrastruktur rund um das Thema Lernen, die Etablierung moderner Methoden und Lernansätze sowie die Förderung eines »Learnagility-Mindsets«.

Dazu führen wir zum Beispiel vom Basislevel bis zur Expertenebene weltweit externe digitale Lernplattformen ein, sogenannte eUniversities, die auch mobil mit dem eigenen Smartphone oder Tablet genutzt werden können. Die Resonanz und Erfolge zu dieser Initiative sind vielversprechend; das zeigen auch die steigenden Nutzerzahlen. Die Angebote der Bosch Learning Company sollen im Sinne unseres Menschenbilds die Mitarbeiter bestärken, befähigen und unterstützen, ihre persönliche Entwicklung eigenverantwortlich voranzutreiben.

Neue Leitprinzipien für HR

Akerlof und Shiller haben aufgezeigt, dass unreflektierte Instinkte, Emotionen oder Herdenverhalten auch im Geschäftsleben und beruflichen Alltag eine bedeutende Rolle bei Entscheidungen und für unser Verhalten spielen. Ein rein rational-sachlogisches Agieren auf Basis von Zahlen, Daten und Fakten gibt es nicht (Akerlof/Shiller, 2009). Für die HR-Arbeit ist die Berücksichtigung dieser Erkenntnisse besonders relevant. Wir erliegen in der Dynamik und der Belastung der täglichen Arbeit der (unbewussten) Annahme, dass gute Personalarbeit bereits dann gelingt, wenn wir Gesprächsleitfäden beachten, -vordrucke ausfüllen, Prozessschritte einhalten, Key Performance Indicators erzeugen usw. Die Fragen nach dem Sinn und Zweck unserer

Vorgehensweisen und wie diese beitragen, die Unternehmensziele zu realisieren, bleiben dabei oft außen vor. Unsere grundlegende Sicht auf Menschen und welche Rolle dieses Bild für das Miteinander im betrieblichen Kontext spielt, diskutieren wir eher anlassbezogen und weniger systematisch. Hier sehen wir Chancen für die Weiterentwicklung unserer bereits heute sehr gut etablierten und professionellen Personalarbeit bei Bosch.

Die konsequente Ausrichtung und inhaltliche Ausgestaltung unserer HR-Prozesse und -Instrumente an einem neurowissenschaftlichen Menschenbild auf der Basis unserer existierenden HR-Landschaft wird wichtige Beiträge zur gewünschten Veränderung der Unternehmenskultur leisten. Eine HR-Funktion, die Mitarbeiter entlang unseres Unternehmensleitbilds und unserer Führungsgrundsätze vor allem stärken- und ressourcenorientiert bei der Entfaltung ihrer Potenziale begleitet, wird Menschen auf einer emotionalen Ebene erreichen, damit das Vertrauen in das System Unternehmen vergrößern und unsere Arbeitgeberattraktivität erhöhen. Innovative Vorgehensweisen können mehr positive Erlebnisse stiften und motivierend wirken, wenn sie die oben genannten Grundbedürfnisse von Menschen so weit wie möglich berücksichtigen, zum Beispiel in der Potenzialdiagnostik, der Mitarbeiterakquisition und -entwicklung, im Performancemanagement oder in der Karriereplanung und lebensphasenorientierten Karrierebegleitung.

Literatur

Akerlof, G. A.; Shiller, R. J. (2009): Animal Spirits. Wie Wirtschaft wirklich funktioniert, Frankfurt: Campus.

Cameron, K. (2012): Positive Leadership. Strategies for extraordinary performance, 2. Auflage, San Francisco: Berrett-Koehler Publishers.

Denner, V. (2015): Unser Leitbild »We are Bosch« [Beitrag im Bosch Intranet], abgerufen von: https://inside.bosch.com/irj/portal?NavigationTarget=navurl://c2289e250d431cfad953876c84de5d63.

Heidbrink M.; Jenewein, W. (2011): High-Performance-Organisationen: Wie Unternehmen eine Hochleistungskultur aufbauen, Stuttgart: Schäffer Poeschel.

Horx, M. (2016): Zukunftsreport 2017. Das Jahrbuch für gesellschaftliche Trends und Business-Innovationen, Frankfurt am Main: Zukunftsinstitut GmbH.

Kühmayer, F. (2016): Franz Kühmayers Leadershipreport 2017 »Pioniergeist«, Frankfurt am Main: Zukunftsinstitut GmbH.

Luhmann, N. (1976): Funktionen und Folgen formaler Organisation, 3. Auflage, Berlin: Duncker & Humblot.

Luhmann, N. (1984): Soziale Systeme. Grundriss einer allgemeinen Theorie, Frankfurt am Main: Suhrkamp.

Malik, F. (2009): Systemisches Management, Evolution, Selbstorganisation. Grundprobleme, Funktionsmechanismen und Lösungsansätze für komplexe Systeme, 5. Auflage, Bern: Haupt.

Pink, D. H. (2009): Drive – was Sie wirklich motiviert, Salzburg: Ecowin.

Roth, G. (2012): Möglichkeiten und Grenzen der Verhaltensänderung, abgerufen von: https://www.systemaufstellung.com/files/vortrag_roth_verhaltensaenderung.pdf.

Seliger, R. (2014): Positive Leadership. Die Revolution in der Führung, Stuttgart: Schäffer-Poeschel.

Hinweise zu den Autoren

Jens Wagner

Jens Wagner ist seit 1995 bei Bosch in unterschiedlichen Positionen überwiegend im Personalbereich tätig. Seit 2019 ist er in der Konzernzentrale weltweit verantwortlich für den Human Resources Executives, Corporate Sectors/Headquarters, Junior Manager Program und Talent Development. Ein Schwerpunkt seiner Arbeit liegt dabei auf den Themenfeldern Positive Leadership und Positive HR.

Kontaktdaten:
Robert Bosch GmbH, Responsibility for Human Resources Executives, Corporate Sectors/Headquarters and Talent Development, Postfach 10 60 50, 70049 Stuttgart, Mail: Jens.Wagner@de.bosch.com, Internet: www.bosch.com

Dr. Carola Haas

Dr. Carola Haas ist seit 2016 als Kommunikationsexpertin mit Schwerpunkt HR-Kommunikation und Change Management bei der Robert Bosch GmbH tätig. Sie hat Kommunikationswissenschaft mit Schwerpunkt Wirtschaftspsychologie und Marktforschung an der Universität Hohenheim studiert und über Organisationskommunikation auf Basis der Luhmann'schen Systemtheorie promoviert.

Kontaktdaten:
Robert Bosch GmbH, Dr. Carola Haas, Human Resources – Global HR Change and Communication, Postfach 10 60 50, 70049 Stuttgart, Mail: Carola.Haas@de.bosch.com, Internet: www.bosch.com

Digitalisierung bedeutet Humanisierung

Oliver Burkhard, Arbeitsdirektor und Personalvorstand, thyssenkrupp AG, Essen

Die Digitalisierung wird kurzfristig überschätzt – und langfristig unterschätzt. Viele industrielle Arbeitsplätze verändern sich dramatisch, aber deshalb werden Roboter nicht automatisch die Menschen ersetzen. Maschinen mögen Autos bauen, aber sie können kein neues Modell erfinden. Intuition und Kreativität lassen sich nicht automatisieren. Deshalb geht es in der digitalen Transformation nicht nur um Technologie, sondern vor allem um gute Führung.

Kulturwandel gestalten – Chancen nutzen

Thyssenkrupp ist ein Unternehmen mit 200 Jahren Industriegeschichte. Der Wandel ist seit jeher unser Begleiter gewesen. Wir erdulden ihn nicht, wir nehmen ihn an, um ihn zu gestalten und neue Chancen zu nutzen. Das ist ein komplexes Unterfangen, denn heute nehmen selbst die Veränderungsprozesse immer wieder neue Gestalt an. Damit müssen wir möglichst erfolgreich umgehen – als Organisation und als Individuen. Genau deshalb arbeiten wir mit ganzer Kraft an einem Kulturwandel.

Thyssenkrupp ist mit seinen Produkten und Dienstleistungen in zahlreichen Branchen unterwegs. Zum Beispiel fertigen wir hunderte Sorten Hightech-Stahl und binden Kunden und ihre Daten direkt in unsere Produktion ein. Windräder oder große Medizingeräte drehen sich mit unseren Wälzlagern, wir haben den Werkstoffhandel digitalisiert und uns mit Hilfe künstlicher Intelligenz zum modernen Logistikdienst-

---

Lessons Learned

- HR in der VUCA-Welt muss ein Umfeld schaffen, in dem die Beschäftigten optimal ausgerüstet sind, um ihre Kunden glücklich machen zu können.
- Sie muss ein Führungsmodell durchsetzen, das zur technologischen Digitalisierung genauso passt wie zu den Erwartungen der Mitarbeiter.
- HR muss den Kulturwandel der Organisation vorantreiben.
- Sie muss Flexibilität und flexible Arbeit ermöglichen, gestalten und wo nötig, neu definieren.
- Die HR-Organisation muss ihre eigene Leistungsfähigkeit auf den Prüfstand stellen und selbst einlösen, was sie verspricht.

leister gewandelt. Mit unseren Dämpfern und intelligenten Steuerungen sind wir Teil der Wertschöpfungskette in der Elektromobilität und der Aufzugindustrie. Wir bauen hochkomplexe Marineschiffe und außerdem Großanlagen für unterschiedlichste Industrien, wie Zement, Chemie oder Bergbau.

Allen diesen Geschäften ist gemeinsam, dass die digitalen Fähigkeiten der Beschäftigten immer wichtiger werden. Berufsbilder werden komplexer und interdisziplinärer; IT-Anforderungen steigen, digitale Produkte und Services verlangen von Beschäftigten, dass sie immer selbstständiger in Systemen und Prozessen handeln. In diesem Umfeld ist »Command and control« als Führungsmaxime vorbei, darüber herrscht inzwischen weitgehend Einigkeit. Es zählt bei Fachkräften wie bei Führungskräften nicht nur die Fachkenntnis, sondern die innere Einstellung. Wir brauchen also mehr emotionale Intelligenz, um den Wandel unserer Geschäfte erfolgreich zu gestalten.

Demografie – Diversity – Digitalisierung

Die Arbeit in der VUCA-Welt – volatil und unsicher, komplex und ambivalent – hat nicht nur das Business komplexer gemacht, sondern natürlich auch unsere Human-Resources-Arbeit (HR). Die Erwartungen sind im Detail vielfältig, die Maxime ist eine simple: Schafft für das Business ein Umfeld, in dem die Kollegen optimal ausgerüstet sind, um ihre Kunden glücklich machen zu können. Das ist sicher unsere wichtigste Aufgabe. Rund neun Milliarden Euro Ausgaben für Löhne und Gehälter bei thyssenkrupp übersteigen deutlich die Investitionen in neue Technologien, sie wollen gut investiert sein. Ob in Dortmund oder Detroit, ob in Hamburg oder Hanoi. So wie wir in unseren Geschäften Innovationen vorantreiben, muss deshalb auch HR selbst innovativ sein, um das Geschäft bestmöglich zu unterstützen.

Demografie und Diversity sind zwei weitere, maßgebliche Trends, die unsere Arbeit beeinflussen:
- Wie gehen wir mit alternden Belegschaften in Europa um?
- Wie können wir Impulse von 160.000 Menschen aus 80 Ländern für unser Unternehmen nutzen?

Doch der dritte Trend, die Digitalisierung, beginnt alles zu überlagern. Was bedeutet das? 2013 rechneten Frey und Osborne vor, dass rund die Hälfte aller Arbeitsstellen in den Vereinigten Staaten durch Technik ersetzt werden könnten (Frey/Osborne, 2013). Die Studie war ein Paukenschlag in der Debatte um die Digitalisierung, der heute noch nachhallt. Ein Jahr später hat die Boston Consulting Group die Formel der »global workforce crisis« populär gemacht (BCG, 2014): Danach führen auf dem globalen Arbeitsmarkt zwei gegenläufige Trends zu einer Krise, die Unternehmen und ganze Volkswirtschaften vor ein Dilemma stellen. Freie Stellen können nicht ohne weiteres besetzt und gleichzeitig keine neuen Stellen für vorhandene Arbeitskräfte geschaffen werden. In anderen Worten: Vielfach sind minder qualifizierte Kräfte schwer vermittelbar, auf der anderen Seite gibt es nicht jederzeit genügend Fachkräfte mit genau den benötigten Qualifikationen. Demnach fehlten bis 2030 allein in Deutschland zehn Millionen qualifizierte Arbeitskräfte. Es drohe eine Innovations- und Wachstumsbremse, weltweit seien zehn Billionen Dollar Bruttosozialprodukt in Gefahr.

Seitdem wandeln immer neue Auguren das Szenario mit eigenen Zahlen ab und je nach Interessenlage werden Prognosen darüber formuliert, ob die Digitalisierung mehr Arbeitsplätze frisst als sie entstehen lässt oder welche neuen Formen der Beschäftigung sie schafft. Tatsächlich spricht vieles dafür, dass in der Produktion langfristig vor allem einfache Tätigkeiten durch Automatisierung wegfallen, während digital qualifizierte Fachkräfte gute Karten haben. So lautet auch der Befund des World Economic Forum (WEF). Eine der wichtigsten Fähigkeiten, die 2020 nachgefragt werden, sei Kreativität, hieß es 2016 in einem WEF-Bericht zur Zukunft der Arbeit. 2018 hat das WEF seinen Befund noch einmal bestätigt und konstatiert, das Tempo der Entwicklung habe eher noch zugenommen.

Es ist definitiv Bewegung in verschiedene Jobmärkte gekommen, das wissen wir auch aus eigener Erfahrung. Wir müssen Menschen für uns gewinnen, nicht unbedingt die Klassenbesten, sondern vor allem die Richtigen. Und es kommt mehr denn je darauf an, dass wir uns um die kümmern, die wir schon beschäftigen. Wir müssen sie exzellent ausbilden, ihnen immer wieder interessante Aufgaben bieten und sie individuell qualifizieren und fördern.

HR-Arbeit bei thyssenkrupp setzt darum heute an vier gleichgewichtigen Stellen an:
- beim Thema Führung,
- beim Thema Kultur und Werte,
- beim Thema Flexibilität und
- bei der Leistungsfähigkeit der eigenen HR-Organisation.

Gute Führung
Digitalisierung braucht Führung, die zur Arbeit in der digitalisierten Welt passt. HR muss ein Führungsmodell durchsetzen, das zur technologischen Digitalisierung genauso passt wie zu den Erwartungen der Menschen im Unternehmen. Wir dürfen erst gar nicht versuchen, mit immer mehr Regeln immer mehr Komplexität und ein immer höheres Tempo zu beherrschen. Stattdessen wollen wir einen Rahmen für eine lebendige und agile Organisation setzen. Die Stichworte sind:
- Netzwerk statt Hierarchie.
- Gemeinsame Problemlösung statt Herrschaft.
- Eine Kultur des Ausprobierens und Kooperierens statt starrer Systeme.
- Flüssiger, kontinuierlicher Ideenaustausch über Teamgrenzen hinweg.

Nur so nutzen wir die Chancen der Digitalisierung für unsere Arbeit, statt uns vor den

HR-AGILITÄT: Führung und Transformation

Bedrohungen zu ducken. Wenn wir uns darauf einigen, löst sich vieles von selbst. Wenn wir die richtigen Führungskräfte fördern, brauchen wir keine Maßnahmen mehr, die Diversity in Teams verordnen. Wir brauchen nicht länger zahllose Leadership-Guidelines oder komplizierte Feedback-Werkzeuge, denn die richtigen Führungskräfte lösen das von alleine. Das setzt aber voraus, dass sie ein gemeinsames Wertegerüst und ein gemeinsames Führungsverständnis teilen. Gute Führung heißt für uns, Vertrauen und Zusammenarbeit zu fördern und die Unternehmensziele für jeden einzelnen Mitarbeiter verständlich zu vermitteln.

Wer Ziele nicht verinnerlicht hat, kann sie nicht verständlich vermitteln. Wer sie nicht verständlich vermittelt bekommt, entwickelt Angst vor Veränderung. Wer Angst hat, zieht nicht mit. Wer nicht mitzieht, verliert den Anschluss und Kompetenzen. Dann würde am Ende die Sorge der Mitarbeiter, der Zug der Digitalisierung könnte ohne sie abfahren, zur sich selbst erfüllenden Prophezeiung. Ein Spirale abwärts. Einziger Grund: schlechte Führung. Deshalb ist die Frage:
- Kommuniziere ich als Coach oder als Boss?
- Traue ich meinen Leuten oder kontrolliere ich sie?

Davon hängt ganz wesentlich ab, ob wir gemeinsam unsere Ziele erreichen. Nicht zufällig gibt es einen Unterschied zwischen Management und Leadership.

Doch machen wir uns nichts vor. Wir sind noch lange nicht überall bei Autonomie statt Anordnungen, lange nicht bei inspirierender, Menschen unterstützender transformationaler Führung »4.0«. Auch nicht bei thyssenkrupp. Aber wir bohren entschlossen weiter an dem dicken Brett. Unsere konzernweiten Mitarbeiterbefragungen haben ergeben, dass wir genau an den Stellen vorangekommen sind, wo unsere Mitarbeiter Veränderungsbedarf sehen: Zusammenarbeit, Vertrauen, Kommunikation und Feedback.

Abb. 1: Digitalisierung erfolgreich gestalten

Führen und geführt werden sind zwei Seiten einer Medaille. In vernetzten Strukturen müssen Führungskräfte Verantwortung teilen und Mitarbeiter müssen Verantwortung übernehmen – unabhängig davon, auf welcher Ebene im Organigramm sie stehen mögen. Wir im Vorstand versuchen, diesen Stil von der Spitze her vorzuleben. Den Führungskräften sagen wir: Wer heute auf seiner Zuständigkeit beharrt, wird sie verlieren. Nur wer Einfluss teilt, wird ihn behalten oder stärken.

Werte und Unternehmenskultur
Der von der HR-Funktion vorangetriebene Kulturwandel schließt dieses Führungsverständnis ein. Eine dynamische Organisation verdient diese Bezeichnung nicht, wenn die Menschen darin einen großen Teil ihrer Energie darauf verwenden, ihr Verhalten abzusichern. Das kann sie sich nicht leisten. Sie kann es sich auch nicht leisten, dass Menschen Angst haben, zum Chef ins Büro zu gehen. Und sie kann es sich schon gar nicht leisten, denjenigen nicht zuzuhören, die vor Fehlentscheidungen oder Gefahren warnen. Das war schon im analogen Zeitalter gefährlich und ich behaupte: Im digitalen Zeitalter bedeutet es das Aus im Wettbewerb.

Künstliche Intelligenz und Automatisierung sind Treiber der Digitalisierung, aber IT ist nicht alles. Deshalb haben wir Szenarien erarbeitet, um uns über die Zukunft von Technologien klarzuwerden, über Geschäftsmodelle und die Auswirkungen auf Beschäftigungsverhältnisse. Wichtig ist, dass wir verstehen, was werden könnte, um aktiv unsere Zukunft zu gestalten. Egal, ob wir eine vollvernetzte Projektwelt beschreiben oder eine hocheffiziente, skalierbare Prozesswelt, in der Menschen nur noch zur Überwachung von Maschinen benötigt werden, oder eine Welt der Menschen, in der ihre Reputation und die Kollaboration mit den Maschinen bedeutend ist: Die Quintessenz ist immer dieselbe: Die Kultur in unseren Unternehmen zählt. Nicht nur was, sondern wie wir arbeiten, ist entscheidend.

Das Paradoxon der Digitalisierung ist, dass mit der Rechenleistung die Unberechenbarkeit steigt. Was bei einem bestimmten Arbeitsschritt heute gilt, gilt morgen vielleicht nicht mehr. Mal ist es nötig, Vorgesetzte zu fragen, mal nicht. Die Situation kann die gleiche sein, aber die Rahmenbedingungen ganz andere. Gleichzeitig haben unsere Mitarbeiter aber keine Zeit, jeden Schritt ihres Handelns abzusichern. Sie müssen Entscheidungen treffen und Fehler machen können. Sie brauchen eine vertrauensvolle Atmosphäre, um Unberechenbarkeit auszuhalten. Wir müssen Fehler in Kauf nehmen, wenn wir Vertrauen schaffen wollen. Und darauf muss Führung reagieren – nicht mit neuen Systemen, sondern mit einer neuen Haltung.

HR-AGILITÄT: Führung und Transformation

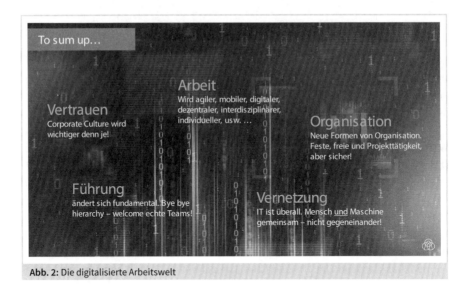

Abb. 2: Die digitalisierte Arbeitswelt

Flexibilität

Die dritte Herausforderung für HR ist, Flexibilität und flexible Arbeit zu ermöglichen, zu gestalten und wo nötig, neu zu definieren. Arbeitsanforderungen, die sich in hohem Tempo ändern, können Unternehmen und Mitarbeiter bewältigen, wenn sie Spielräume haben, Vertrauen und gemeinsame Ziele. Schließlich bringt es nichts, eine Arbeitszeitregelung für alle zu haben, wenn weder die Anforderungen durch die Arbeit noch die Lebensmodelle der Mitarbeiter vergleichbar sind. Auch eine einheitliche Homeoffice-Regel für alle nützt nichts. Die Mitarbeiter wollen unterschiedliche Modelle. Bei dem einen bestimmt die Digitalisierung den Arbeitsort, weil er mit Robotern Hand in Hand arbeitet, bei anderen kann Digitalisierung bedeuten, dass man zu Hause oder am anderen Ende der Welt arbeiten kann. Und das umfangreichste Fortbildungsprogramm bringt nichts, wenn niemand raus kann, um ein Seminar zu besuchen. Dann bieten wir besser weniger Programm, sind aber offen für eine spontane Learning Expedition.

Immer wieder erleben wir in Unternehmen, dass vor allem das Denken und Handeln in Silos und der mentale Widerstand gegen den Wandel die größten Hemmnisse für die digitale Transformation darstellen. Auch deshalb bietet thyssenkrupp Raum zum Kooperieren und Probieren. HR kann nicht die Geschäftsmodelle weiterentwickeln, aber HR muss dafür sorgen, dass das Business sie weiterentwickeln kann. Das fördern wir unter anderem mit unserem Talentprogramm, der Möglichkeit zum Jobtausch oder mit der »Innovation Garage«, in der Teams um Investitionsmittel pitchen können, um eine neue Geschäftsidee wie in einem Startup voranzutreiben. Damit lässt sich eine Menge erreichen: Motivation, Aufgeschlossenheit und Loyalität. Große, schwere und langsame Organisationen haben zwar einen strukturellen Nachteil, sie können ihn aber ausgleichen, wenn sie bei der Gestaltung von Arbeit mehr Flexibilität wagen.

Leistungsfähige HR-Organisation
Die HR-Organisation muss ihre eigene Leistungsfähigkeit auf den Prüfstand stellen und selbst einlösen, was sie verspricht. Eine HR-Funktion, die von Digitalisierung und Industrie 4.0 schwadroniert, aber Gehaltsabrechnungen mit Excel macht, macht sich lächerlich. Deshalb stellen wir die HR-Funktion bei thyssenkrupp auf digitale Füße. Das heißt gleichzeitig, dass wir alle HR-Standardprozesse einschließlich Administration auf dem neuesten technologischen Stand haben müssen. Keine Kür ohne Pflicht:

- Erstes Beispiel: Online-Recruiting. Früher haben wir gefragt, wie wählen wir Bewerber richtig aus? Dann haben wir ein globales Recruitingsystem damit beauftragt und einen neuen Standard formuliert. Heute müssen wir uns fragen: Sind wir überhaupt da, wo die potenziellen Mitarbeiter uns suchen oder uns zufällig begegnen? Ganz konkret: Ist unser Auftritt in allen sozialen Netzwerken oder Job-Börsen so einladend, dass Talente nicht an uns vorbeikommen? Und gilt das auch in China?
- Zweites Beispiel: Personalberichterstattung. Machen wir das mit Systemen von gestern und quälen die Organisation mit immer neuen Abfragen, bis wir endlich wissen, wie viele weibliche Ingenieure unter 25 Jahren wir in der Region »Asia Pacific« beschäftigen? Wir müssen auch bei HR datengestützte Vorhersagen treffen können.
- Drittes Beispiel: Talentmanagement. Wissen wir, welche Talente wir morgen brauchen? Und sind die bisherigen Talente die richtigen? Noch vor wenigen Jahren hatte thyssenkrupp ein klassisches Großkonzern-Profil: Unsere Talente waren im Schnitt 42 Jahre alt, männlich und europäisch, um nicht zu sagen deutsch. Umgekehrt ist ein ganz großer Teil an Talenten aber einfach durchs Raster gefallen, weil die Organisation nicht die Instrumente hatte, sie überhaupt und in ihrer Unterschiedlichkeit wahrzunehmen. Wenn HR hier passgenau liefern soll, dann können wir uns Blindflug nicht leisten.
- Viertes Beispiel: Qualifizierung. Wie qualifizieren wir unsere Talente für die Digitalisierung? Weiterbildung, die nicht auf die Sorgen von Menschen und auf die Bedürfnisse des Unternehmens eingeht, ist rausgeschmissenes Geld für Unternehmen und nutzlos für Mitarbeiter. Das wird eine Vertrauensfrage an HR. Wenn wir hier nicht liefern – und zwar so, dass die Entscheider im Unternehmen den Erfolg unserer Arbeit konkret spüren – dann ist die Personalfunktion obsolet. Auch deshalb betone ich die Leistungsfähigkeit der HR-Organisation so stark.

Fazit

Wir müssen die Digitalisierung nüchtern betrachten. Wer sich bedroht fühlt, sieht nicht mehr alles. Wer zu euphorisch ist, will nicht mehr alles sehen. HR muss Spielräume schaffen und gleichzeitig Sicherheit vermitteln. Für unsere Führungskräfte bedeutet das: Nur wer anderen etwas zutraut, wird die Komplexität und das Tempo der Digitalisierung beherrschen und gestalten können. Ich bin optimistisch. Menschliche Kreativität und Intuition lassen sich nicht automatisieren. Konzipieren, experimentieren, justieren, die Richtung vorgeben, all das wird weiter die Domäne des Menschen sein. Auf die Digitalisierung folgt die Humanisierung der Arbeit.

Literatur

Frey, C. B.; Osborne, M. A. (2013): The future of employment: How Susceptible are Jobs to Computerisation? Oxford Martin Press (https://www.oxfordmartin.ox.ac.uk/downloads/academic/future-of-employment.pdf).

Strack, R. et al. (2014): The Global Workforce Crisis: $ 10 Trillion at Risk; Boston Consulting Group (https://www.bcg.com/de-de/publications/2014/people-organization-human-resources-global-workforce-crisis.as).

World Economic Forum (2016): The Future of Jobs – Employment, Skills and Workforce Strategy for the Fourth Industrial Revolution; Global Challenge Insight Report (http://www3.weforum.org/docs/WEF_Future_of_Jobs.pdf).

World Economic Forum (2018): The Future of Jobs Report (http://www3.weforum.org/docs/WEF_Future_of_Jobs_2018.pdf).

Hinweise zum Autor

Oliver Burkhard

Oliver Burkhard ist seit 2013 Arbeitsdirektor und Personalvorstand der thyssenkrupp AG. Er verantwortet außerdem thyssenkrupp Marine Systems sowie die Regionen DACH, Naher Osten, Afrika, Asien-Pazifik und Indien. Oliver Burkhard kam nach einer Ausbildung und Tätigkeit im Statistischen Bundesamt zur IG Metall. Dort war er zuletzt Bezirksleiter in Nordrhein-Westfalen. Der heute 47-jährige trat seinen Vorstandsposten mitten im Umbau des größten deutschen Stahlkonzerns an und treibt seitdem dessen Wandel maßgeblich mit voran.

Kontaktdaten:
thyssenkrupp AG, thyssenkrupp Allee 1, 45143 Essen, Tel.: +49 (0) 201 844-0, Mail: oliver.burkhard@thyssenkrupp.com, Internet: www.thyssenkrupp.com

Mitarbeiter als Mitgestalter der kulturellen Transformation

Dr. Thomas Tita,
Head of Global
Engagement,
Merck KGaA, Darmstadt

In einer Arbeitswelt, in der schneller, permanenter Wandel hohe Anforderungen an die Veränderungsbereitschaft und -fähigkeit der Mitarbeiter stellt, wird deren glaubhafte Beteiligung an kulturellen Veränderungen in Organisationen eine Grundvoraussetzung für den Veränderungserfolg. Ein Treiber für diese Entwicklung ist die (Wieder-)Entdeckung von Selbstorganisation, um über flexibel, autonom und schnell agierende Teams mit der Veränderungsgeschwindigkeit Schritt halten zu können. Ohne die Beteiligung der Mitarbeiter werden Führungskräfte und Mitarbeiter die Top-down-Einführung von Selbststeuerung als nicht stimmig ansehen.

Erfolgswahrscheinlichkeit von Veränderungsprozessen

Zahlreiche Studien und Veröffentlichungen berichten seit Anfang der 1970er Jahre, dass zwischen 60 und 70 Prozent aller Veränderungsprojekte scheitern. In Metaanalysen, die nach der Art des Veränderungsvorhabens differenzieren, werden Strategie- und Prozessoptimierungsprojekten die höchsten Erfolgsaussichten zugeschrieben. Das Schlusslicht bilden Kulturveränderungsprozesse mit einer Erfolgsquote von nur rund 19 Prozent (Smith, 2002). Diese konstant schlechten Zahlen überraschen, wenn

---

Lessons Learned

- Die überlegte Balance aus Top-down-Definition der Zielrichtung und Bottom-up-Beteiligung an der Ausgestaltung steigert den Erfolg von Veränderungsprozessen.
- Wenn Mitarbeiter vom Sinn einer Veränderung überzeugt sind, werden sie mit größerer Wahrscheinlichkeit ihr Verhalten auch wirklich ändern.
- Anreizsysteme sollten stimmig darauf ausgerichtet werden, genau die Verhaltensweisen positiv zu sanktionieren, auf die es in der Veränderung ankommt.
- Mitarbeiter, die Verantwortung für sich und ihre Situation im Veränderungsprozess übernehmen können, werden zu positiven Unterstützern der Veränderung.
- Führungskräfte sollten Rollenvorbilder für die Verhaltensänderungen sein, die sie im Unternehmen etablieren wollen.

man auf die zahllosen Weiterbildungen, Zertifikatslehrgänge und Veröffentlichungen schaut sowie die angebotenen Beratungsleistungen in Betracht zieht.

Ansätze zur Definition und Veränderbarkeit von Organisationskulturen wurden seit Mitte der 1980er Jahre zunehmend in den Fokus von Managementliteratur und Forschungsvorhaben gerückt. Organisationale Veränderungsprozesse gehören ohne Zweifel zu den eher anspruchsvollen Aufgaben, denen sich Unternehmensleitung und Mitarbeiter widmen müssen. Doch bleibt die Frage, ob die nicht hinreichende Eignung der verfügbaren Tools und Methoden oder andere Einflussfaktoren dafür verantwortlich sind, dass insbesondere in Kulturveränderungsprozessen Erwartung und Ergebnis deutlich voneinander abweichen?

In Studien der großen Unternehmensberatungen werden zwei Hauptursachen für das Scheitern von Veränderungsprozessen genannt:
- Die Veränderung wird von den Führungskräften nur mangelhaft unterstützt und scheitert am Widerstand der Mitarbeiter.
- Die Notwendigkeit der Veränderung kultureller Aspekte wird von Führungskräften nicht gesehen oder unterschätzt.

Ein Vorwurf lautet, Kulturveränderung sei nicht messbar oder hätte keinen Einfluss auf das Unternehmensergebnis. Diesen Zusammenhang darzustellen gehört zum Handlungsfeld der Führungskräfte: Sie müssen eine klare Verbindung schaffen zwischen den angestrebten kulturellen Veränderungen und den Unternehmenszielen sowie die Übersetzung in konkrete Auswirkungen auf verschiedene Funktionsbereiche des Unternehmens:
- Welche neuen Verhaltensweisen und Einstellungen werden von den Mitarbeitern erwartet?
- Wer lebt diese vor und hält nach, dass die neuen Verhaltensweisen nicht versanden?

Insofern ist an dieser Stelle die Auffassung von Berner (2017) relevant, der auf bessere Erfolgschancen von »Kulturveränderung von oben« hinweist. Bottom-up-Prozesse zur Kulturveränderung seien aus zweierlei Gründen ein »störanfälliges Vorhaben«: Einerseits seien viele operative Bereiche in den Unternehmen personell an der Auslastungsgrenze, was wenig Raum und Begeisterung für Kulturveränderung lässt. Jede konkurrierende Initiative, zum Beispiel ein Kostensenkungsprogramm, ließe die Kulturveränderung verlangsamen oder zum Erliegen kommen. Andererseits hätten viele Unternehmen in den vergangenen 20 bis 30 Jahren diverse Visions- und Leitbildprozesse durchgeführt, mit meist überschaubarem Nutzen. Eine schwierige Ausgangslage für kulturelle Veränderungsprozesse.

Der zweite Hauptgrund für Scheitern von Veränderungsprozessen wird in Widerständen der Mitarbeiter gesehen, die neuen Verhaltensweisen in das Tagesgeschäft zu integrieren und nachhaltig zu leben. Viele Leitbildprozesse waren vom Change Design auf breite Beteiligung der Führungskräfte und Mitarbeiter angelegt: Auf Großveranstaltungen konnte Rahmen die Belegschaft ihre Sichtweisen zur Unternehmenskultur und notwendigen Veränderungen erarbeiten. Nicht selten sind diese Ergebnisse zwar dokumentiert worden, aber in den nachfolgenden Executive Committees wiederum kritisch durch die Führungskräfte diskutiert worden. Teils wurden Initiativen stillschweigend beendet. Dies ist vergleichbar mit dem Vorgehen im Kontext von Mitarbeiterbefragungen: Es werden mitunter sehr kostenintensive Vollerhebungen durchgeführt, meist werden die Ergebnisse durch Führungskräfte und HR auch kommuniziert, aber wenn es an messbare Veränderungen und Maßnahmen geht, enden die Follow-up-Prozesse relativ schnell, begründet durch andere Prioritäten und Ressourcenknappheit.

In beiden Fällen ist die Empfehlung sehr klar: Beteiligung um der Beteiligung willen ist zum Scheitern verurteilt, wird oft als Pseudo-Beteiligung empfunden, die der erwarteten Kulturveränderung abträglich scheint. Es braucht einen Rahmen für die notwendige kulturelle Veränderung, der durch die obere Führungsebene definiert und konsequent vorgelebt wird, um dann in der Kaskadierung durch die Unternehmensorganisation Möglichkeiten für Führungskräfte und Mitarbeiter zu schaffen, die konkrete Umsetzung in ihren Bereichen auszugestalten. Die positiven Auswirkungen von Partizipation auf den Erfolg organisationaler Veränderungsprozesse (u. a. Erfolgswahrscheinlichkeit, weniger Zeitbedarf für die Implementierung, höheres »Employee Engagement«, höhere Produktivität) ist in zahlreichen Studien nachgewiesen worden.

Passen die oft praktizierten Vorgehensweisen im Change Management noch zu den Erwartungshaltungen von Führungskräften und Mitarbeitern? Forschungsinstitute berichten, dass zwischen 70 und 80 Prozent der Mitarbeiter demotiviert seien oder eine geringe bis keine emotionale Bindung an ihr Unternehmen hätten. Diese Zahlen seien über die letzten Jahrzehnte mehr oder weniger konstant geblieben. Darüber hinaus werden tradierte, hierarchische Führungsstile und empfundene Fremdsteuerung berichtet. Die »gut geölte Maschine« ist immer noch als Metapher für Organisationen präsent, mitsamt den Steuerungsprinzipien, die auf permanente Effizienzsteigerung abzielen, sowie Anreizsystemen, die ein Menschenbild adressieren, in dem Mitarbeiter kontrolliert zur Leistung geführt werden müssen und dafür monetär belohnt werden. Neue Arbeitsformen, die auf mehr Flexibilität abzielen (u. a. fluide, virtuelle Teams; agile Methoden) benötigen jedoch Mitarbeiter, die Verantwortung übernehmen wollen, zur Selbstorganisation willens und fähig sind, sowie Führungskräfte, die im Sinne einer unterstützenden Rolle diesen Prozess vertrauensvoll mittragen.

Es könnte gut sein, dass die Befunde zu »Employee Engagement«, der Erfolgsquote von Veränderungsprozessen und zur physischen und psychischen Gesundheit am Arbeitsplatz damit zu tun haben, dass aktuell gelebte Organisationsformen mitsamt ihren formellen und informellen Steuerungsmechanismen von den Mitarbeitern als nicht mehr »passend« empfunden werden in Relation zu den individuellen Werthaltungen, zum Anspruch an Raum für Autonomie und Kompetenzerleben.

Psychologische Theorien im Kontext von Veränderungsprozessen

Im Rahmen der permanenten, teils tiefgreifenden Veränderungen in Organisationen werden grundlegende Verhaltens- und Einstellungsänderungen für die betroffenen Führungskräfte und Mitarbeiter zum Dauerthema. Eine stärkere Nutzung der wissenschaftlichen Erkenntnisse der Psychologie könnte eine vielversprechende Grundlage für anstehende Optimierungsaufgaben bieten. Dies greifen Basford und Schaninger auf (2016), die vier Schlüsselbereiche darstellen, um Einstellungen und Verhalten von Mitarbeitern in Veränderungsprozessen in die gewünschte Richtung zu entwickeln:

1. Den Sinn verstehen
Die Widerspruchsfreiheit von Einstellungen und Werten zu erhalten beziehungsweise wiederherzustellen (Festinger, 1957), ist ein wesentlicher intrapersoneller Prozess. Wenn Mitarbeiter vom Sinn, dem »Warum?« hinter einer Veränderung überzeugt sind, werden sie mit größerer Wahrscheinlichkeit ihr Verhalten auch wirklich ändern. Führungskräfte verwenden jedoch oft zu wenig Zeit darauf, das »Warum?« hinter der Veränderung so zu vermitteln, dass Mitarbeiter ihre Überzeugungen ändern werden.

Eine Ursache kann im »False consensus effect« (Ross et al., 1977) gesehen werden: Jemand nimmt fälschlicherweise an, dass seine eigenen Einstellungen und Verhaltensweisen von der Mehrheit der anderen Personen geteilt werden. Was wir in der Praxis oft hierzu beobachten können: Die Führungsmannschaft ist deutlich weiter auf »der Veränderungskurve« vorangeschritten als die Masse der Mitarbeiter. Diese fragen sich noch, warum und wieso diese Veränderung sein muss, worin die Notwendigkeit und der Sinn für diese Veränderung liegen (siehe Abb. 1).

Die emotionale Reaktion von Mitarbeitern auf negativ erlebte Veränderungen im beruflichen Kontext wurde von Conner in acht Phasen gegliedert. Grundsätzlich hilft das Modell, folgende Aspekte von Veränderung zu berücksichtigen (Kohnke/Wieser, 2012):
- Die emotionale Seite der Veränderung, aus verschiedenen Perspektiven betrachtet (z. B. Mitarbeiter, Führungskräfte),
- den Zeitbedarf für die Veränderung (realistisch eingeschätzt),

- die individuellen Unterschiede in der Bewältigung der Veränderung (je nach Persönlichkeit oder Erfahrungshintergrund).

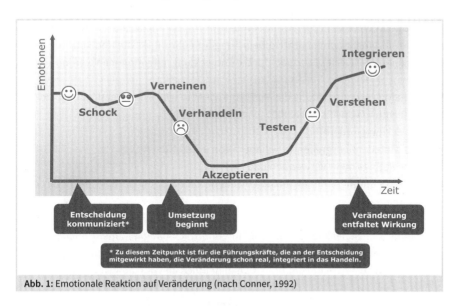

Abb. 1: Emotionale Reaktion auf Veränderung (nach Conner, 1992)

Gehen wir davon aus, dass erfolgreiche Kulturveränderung einen top-down definierten Rahmen benötigt, also an der Spitze der Organisation mit entsprechendem Wissens- und Beteiligungsvorsprung startet, dann ist es umso wichtiger, zeitnah die Mitarbeiter nicht nur zu informieren, sondern an der Ausgestaltung und Einführung der neuen Kultur zu beteiligen, damit sie den Sinn und Nutzen für sich und die Organisation erfahren können.

Eine Methode zur Sinnvermittlung stellt das sogenannte Storytelling dar: Nicht nur über die Weitergabe von Daten und Fakten, sondern durch eine lebendig erzählte Geschichte nimmt die Veränderung Form an und kann leichter verstanden und verinnerlicht werden. Emotionale Kommunikation in Form von Geschichten, Bildern und Musik wird so zunehmend auch in der Unternehmenskommunikation genutzt, um die Aufmerksamkeit der Mitarbeiter für die Veränderung zu wecken und erste Lernerfahrungen zu neuen Verhaltens- und Einstellungsmustern zu machen. Was in Kunst, Literatur und Film teils sehr überzeugend funktioniert, nämlich ein Publikum zu begeistern, soll im Unternehmenskontext in Veränderungsprozessen eine ähnliche Wirkung zeigen.

2. Positive Verstärkung mittels passender Anreizsysteme
Die im Unternehmen verwendeten Anreizsysteme sollten stimmig darauf ausgerichtet werden, genau diejenigen Verhaltensweisen positiv zu sanktionieren, auf die es in der Veränderung ankommt.

Ein Trend, der im Thema Performance Management beobachtet werden kann, ist die Entkoppelung von Entgelt (variable Vergütung) und individueller Zielerreichung. Unternehmen wie Bosch zweifeln am Wertbeitrag klassischer integrierter Performance-Management-Systeme für den Unternehmenserfolg. Jährliche Leistungsbeurteilungsprozesse sind mehr administrative Belastung für Führungskräfte und Mitarbeiter, als dass hier nennenswertes Feedback für die Entwicklung mitgenommen werden könnte.

Trends für die Neuausrichtung des Performance Managements gehen laut Beraterstudien in Richtung von Ansätzen, die
- Entwicklung fördern,
- schnittstellenübergreifende Kollaboration unterstützen,
- keine Ratings mehr verwenden und
- die Verknüpfung von Leistungsbeurteilung und Entgelt flexibler gestalten oder entkoppeln.

Gerade jüngere Generationen fordern Sinn und Nachhaltigkeit, mehr noch als Geld, das nur ein mittelmäßig wirksamer Motivator ist, dessen Effekt auch nur kurze Zeit andauert und ab einem bestimmten Niveau deutlich an Wirksamkeit verliert.

3. Kompetenzerleben und Handlungskontrolle
Wie die moderne Hirnforschung zeigt, entwickelt sich das menschliche Gehirn bis ins hohe Alter hinein. So weisen auch Roth und Ryba (2016,) darauf hin, dass menschliches Leben ohne Lernen nicht denkbar sei und Menschen ein Leben lang lernen. Veränderungen von Einstellungen und Verhaltensweisen finden immer vor dem Hintergrund gemachter Erfahrungen und Erinnerungen statt. Muster von Erinnerungen, die Mitarbeiter im Rahmen von Veränderungsprozessen gemacht haben, haben gravierenden Einfluss auf deren Lernbereitschaft und -motivation. Das gilt zum Beispiel für Mitarbeiter, die erleben mussten, dass es keinen Unterschied für sie oder ihre Situation macht, ob sie aktiv dabei sind und neue Fähigkeiten lernen oder passiv bleiben. Dieser wahrgenommene Kontrollverlust (Seligman, 1967) kann zu Resignation und Passivität führen und somit ein Risiko für den Erfolg von (kulturellen) Veränderungsprozessen darstellen.

Gelingt es hingegen, die drei psychologischen Grundbedürfnisse Kompetenz (Einfluss auf die Resultate nehmen können), Autonomie (empfundene Freiwilligkeit) und soziale Eingebundenheit (Deci/Ryan, 2008) im Veränderungsdesign zu adressieren, dann kann das Risiko der Mitarbeiterpassivität verringert werden. Praktisch geht es darum, bei den Mitarbeitern durch passgenaue Interventionen (Rolle im Veränderungsprojekt, Trainings, Coachings) das Gefühl der Handlungskontrolle zu steigern. Mitarbeiter, die die Erfahrung machen, dass sie Verantwortung für sich und ihre Situation im Veränderungsprozess übernehmen können, werden zu positiven Unterstützern der Veränderung.

4. Rollenvorbilder als Multiplikatoren der Veränderung

Führungskräfte sollten Rollenvorbilder für die Verhaltensänderungen sein, die sie im Unternehmen etablieren wollen. Aber auch Schlüsselmitarbeiter und informelle Führungspersonen können als Rollenvorbilder für die Veränderung im Unternehmen wirken. Diese zu kennen und in ein Netzwerk von Multiplikatoren einzuladen, sollte hohe Priorität im Change Management besitzen. Nicht nur Individuen, sondern auch Gruppen können als Rollenvorbilder aktiviert werden. So hat Robert Cialdini nachgewiesen, dass Menschen sich bevorzugt an Gruppenmeinungen orientieren, um sich eine eigene Meinung zu bilden (»Social proof«). Gerade die heute zur Verfügung stehenden digitalen Medien könnten diesen Prozess der Meinungsbildung im Rahmen von Veränderungsprozessen unterstützen, zum Beispiel unternehmensinterne Informations- und Diskussionsforen. Meinungsführer, die regelmäßig zu Phasen, Maßnahmen und Fortschritt des Veränderungsprozesses Beiträge posten, können einen signifikanten Beitrag zur Verbreitung der erwünschten neuen Verhaltensweisen leisten.

Sehr wirksame, aber wenig zielführende Unternehmenskulturen

Im Kontext des vorliegenden Beitrags folgen wir der Definition und dem Ebenenmodell von Schein (2004). In seinem Modell unterscheidet Schein drei Ebenen, auf denen Kultur analysiert werden kann:
- die Oberfläche/sichtbare Artefakte,
- die bekundeten Werte und
- die Grundannahmen.

Um Organisationskulturen verstehen und verändern zu können, sollten vor allem die Ebenen der Werte und Grundannahmen analysiert werden (siehe Abb. 2).

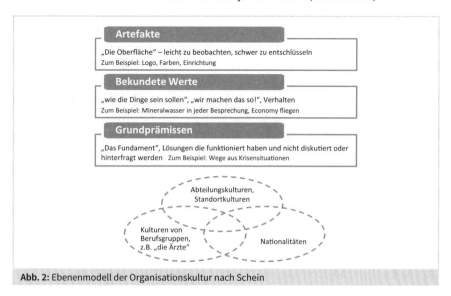

Abb. 2: Ebenenmodell der Organisationskultur nach Schein

Scheins Ansatz zur Beschreibung und Analyse von Unternehmenskulturen wurde von Autoren unter anderem genutzt, um unethisches Verhalten im Investment Banking und den Niedergang von Lehman Brothers im Kontext von kulturprägenden Mechanismen und deren Konsequenzen darzustellen. Schein führt sechs Mechanismen ein, durch deren Nutzung Führungskräfte Unternehmenskulturen beeinflussen und verstärken können:

- Bewusstes role modeling, teaching und coaching;
- Rekrutierung, Auswahl, Beförderung und Trennung von Mitarbeitern;
- Verteilung von Boni und Status;
- Zuteilung von Ressourcen;
- Reaktion auf kritische Vorfälle und Krisen;
- Themen, die unter Aufmerksamkeit und Beobachtung von Führungskräften stehen.

In ihrer Untersuchung zur Lehman-Pleite weisen Ganon, Donegan und Rotondo (2017) nach, wie der langjährige CEO Richard Fuld eine Kultur etablieren konnte, die maßgeblich durch seine eigenen Wertvorstellungen geprägt wurde und zu entsprechenden Konsequenzen führte. Dies geschah zum Beispiel mit Hilfe der folgenden Mechanismen:

- Role modeling, coaching: Verhaltensweisen, die Fuld vorlebte und vermittelte waren Wut, Zorn, Launenhaftigkeit, strenge Hierarchie und mangelhafte Flexibilität.
- Verteilung von Boni und Status: Honoriert wurden Personen, die hohe Risiken eingingen und dabei sowohl egoistisch als auch kriecherisch vorgingen und keine Widerworte hatten.

In Konsequenz hat die Lehman-Kultur dazu geführt, dass die Firma ohne Bremsen oder Frühwarnsysteme in die Zahlungsunfähigkeit gefahren wurde. Einen ähnlich prägenden Einfluss auf die Veränderung der Unternehmenskultur mit vergleichbaren Konsequenzen für den Bestand der Organisation berichten Kelly und Earley (2009) in ihrer Untersuchung zu den kulturellen Einflussfaktoren der Enron-Krise bei der Wirtschaftsprüfungsfirma Arthur Andersen. Beide Beispiele untermauern den Einfluss, im Positiven wie im Negativen, den obere Führungskräfte auf die Ausgestaltung der Kulturen im Unternehmen besitzen.

Konsequenzen für die Gestaltung von Kulturveränderung

Fasst man die zahlreichen Studienergebnisse, Erfahrungsberichte und Beratungsansätze zu Change Management allgemein und zu Kulturveränderung im Besonderen zusammen, dann fällt es schwer, ein allgemeingültiges Erfolgsrezept abzuleiten. Den Ausgangspunkt für eine kulturelle Transformation sollte aber mit Sicherheit der jeweilige Kontext sein, in den eine Organisation eingebunden ist, sowie die Merkmale der aktuell gelebten Kultur. Top-down-Strategieentscheidungen sollten gut ineinandergreifen mit breit angelegten Partizipationsmöglichkeiten für mittleres Management und die Mitarbeiter. Nachfolgend sind Eckpunkte für kulturelle Transformationen zusammengefasst, die die oben dargestellten Studienergebnisse berücksichtigen:

- Top-down starten: CEO und Senior Leadership definieren die Zielrichtung für die notwendigen Verhaltensänderungen, denn diese Stakeholdergruppe bestimmt durch ihr eigenes, glaubhaftes Rollenvorbild wesentlich über Erfolg, Misserfolg und Glaubwürdigkeit der Kulturveränderung.
- Vom Ergebnis her den Veränderungsprozess planen: Geht es in der angedachten Kulturveränderung um einen radikalen Wandel, der Grundprämissen der aktuellen Kultur in Frage stellt, oder geht es eher um die Weiterentwicklung der aktuellen Kultur und damit um Anpassungen, aber auch ein Sichtbarmachen und Ausbauen kultureller Stärken? Wertschätzung für bisher gemeinsam Erreichtes kann helfen, Veränderungswiderstände zu überwinden.
- »What's in it for me?«: Auch in kleineren Organisationen sollte sehr genau auf die verschiedenen Sub-Kulturen (z.B. Standorte, Funktionsbereiche) eingegangen werden. Hier gibt es kein one-size-fits-all. Ausgehend von einem strategischen Rahmen, der angereichert wird durch Erfahrungswissen aus den operativen Bereichen, helfen Führungskräfte und Multiplikatoren den Mitarbeitern zu übersetzen, wie die neuen Einstellungen und Verhaltensweisen in ihrem jeweiligen Arbeitskontext Wirkung entfalten können. Mitarbeiter erhalten einen klaren Auftrag in der Veränderung: Sie identifizieren Elemente der aktuellen Kultur, die hilfreich sind und funktionieren, sowie Elemente, die nicht hilfreich sind. Sie machen den Unterschied, ob eine kulturelle Veränderung im Tagesgeschäft nachhaltig gelebt wird.
- Sichtbare Änderungen schaffen: Formelle und informelle Aspekte identifizieren, die ein konsistentes Bild der Veränderung schaffen und den Rahmen und Kontext für die neuen Verhaltensweisen definieren (z.B. Organisationform, Regeln, Performance Management System, Talent Management Prozesse, Verhaltensweisen in Arbeitsgruppen, Kommunikation, Wortwahl, Kleidung).
- »Management Attention«: Aufmerksamkeit und Nachhalten von Aspekten durch das Senior Management schaffen eine hohe Sichtbarkeit der Veränderung im Unternehmen. Studien zeigen, dass eine »social accountability« eine gute Grundlage für nachhaltige kulturelle Veränderung sein kann. Beispielsweise könnten Führungskräfte aufgefordert werden, im Leitungskreis oder einem Steuerkreis der Kulturveränderung öffentlich zu teilen, wodurch sie die kulturelle Transformation in ihrem Verantwortungsbereich vorantreiben werden. Dies wird als Standard-Agendapunkt in jedem Leitungs- oder Steuerkreis nachverfolgt und öffentlich auf Wirksamkeit diskutiert. Diese Aktionen nur in die individuellen Ziele zu schreiben, hat so gut wie keinen Effekt auf den Veränderungserfolg.
- Einen langen Atem haben und hinreichend Zeit einplanen, um einen Mix aus sich ergänzenden Interventionen und Experimenten umzusetzen: Dazu gehört, in

regelmäßigen Messpunkten die Wirkungen zu überprüfen und gegebenenfalls die Maßnahmen zu korrigieren. Laut Studien dauert es rund 22 Monate, bis gut die Hälfte der Mitarbeiter die neuen Verhaltensweisen verinnerlicht haben und leben. Und dies auch nur unter der Voraussetzung, dass die initiale Veränderung, an die die Kulturveränderung gekoppelt ist, erfolgreich verläuft.

Literatur

Berner, W. (2017): Kulturveränderung von oben. OrganisationsEntwicklung, 4/2017, S. 77–81.

Kelly, P.T.; Earley, C.E. (2009): Leadership and Organizational Culture: Lessons Learned from Arthur Andersen. API Vol. 9.

Kohnke, O.; Wieser, D. (2012): Die Veränderungskurve – ein Beratermythos? Organisations-Entwicklung, 1/2012, S. 54–62.

McKinsey (2016): McKinsey on Organization. Organization Practice.

Roth, G.; Ryba, A. (2016): Coaching, Beratung und Gehirn. Neurobiologische Grundlagen wirksamer Veränderungskonzepte. Klett-Cotta. Stuttgart. S. 182.

Schein, E. H. (2004): Organizational Culture and Leadership. Jossey-Bass. San Francisco. S. 414

Smith, M. E. (2002): Success rates for different types of organizational change. Performance Improvement Vol.41 No.1. S. 27.

Hinweise zum Autor

Dr. Thomas Tita

Dr. Tita ist bei Merck in Darmstadt verantwortlich für Employee Engagement. Nach dem Studium der Sozialwissenschaften promovierte er als Doktorand der Volkswagen AG am Lehrstuhl für Wirtschafts- und Sozialpsychologie der Universität Göttingen. Anschließend war er für die PA Consulting Group im Bereich Business Transformation tätig. Von 2003 bis 2011 war Dr. Tita bei Fresenius Medical Care im Bereich HR sowie als interner Berater angestellt. Von 2011 bis 2017 war er bei Evonik Industries unter anderem verantwortlich für die globalen Personal- und Organisationsentwicklungsservices.

Kontaktdaten:
Merck KGaA, Frankfurter Str. 250, 64293 Darmstadt, Tel.: +49 (0)151 14 54 35 70, Mail: thomas.tita@merckgroup.com, Internet: merckgroup.com

Transformationsreise vom Wollen zum Wirken

Bianca Nunnemann,
Bereichsleiterin, LVM
Versicherung a. G.,
Münster

Jan Oßenbrink, Managing Director, Eigenland GmbH, Haltern am See

In Form einer Transformationsreise startete der Bereich IT der LVM Versicherung die Entwicklung hin zu einer neuen IT-Vision. Das Ziel: Das immense Know-how der etwa 600 IT-Mitarbeiter mit einem starken und gemeinsamen Know-why zu verbinden. Diese Vision sollte die Wirksamkeit der Organisation erhöhen und so auch in die Gesamtorganisation der LVM Versicherung ausstrahlen. Denn wer sich heute aktiv seinen eigenen Weg sucht, kann ein attraktives Übermorgen erreichen.

Vom Träumen zum Tun: Start einer Entdeckungsreise

Mit 3,5 Millionen Kunden ist die LVM ein erfolgreicher Rund-um-Versicherer. Das IT-Ressort und die mehr als 600 Mitarbeiter spielen für den Erfolg des Unternehmens gerade im Zeitalter der Digitalisierung eine zentrale Rolle. Um für die Zukunft gerüstet zu sein, entwickelten die Führungskräfte gemeinsam mit allen Kollegen ein Leitbild. Im partizipativen Zusammenspiel entstand so innerhalb der IT@LVM eine Idee für ein Übermorgen, bei dem alle dabei sein wollen. Fest steht: Nie war ein attraktives Bild der Zukunft, das von der Führungs- bis zur Fachkraft alle emotional mittragen und umsetzen, wichtiger für eine erfolgreiche Entwicklung, als heute. Genau diese Entwicklungsreise haben die Führungskräfte der IT@LVM gestartet. Es entstand ein struk-

---

Lessons Learned

- Die Vision als ein gemeinsames und attraktives Bild der Zukunft ist der unverzichtbare Startpunkt der Transformation.
- Selbstführung und die Beziehung zu sich selbst muss von jeder Führungskraft bewusst gestaltet werden.
- Neue Perspektiven und Wirklichkeiten können durch Wahrnehmung und Erlebnisse geschaffen werden.
- Emotion und Ratio müssen gleichermaßen als Erfolgsfaktoren erkannt und einbezogen werden.
- Spielerische Ansätze können genutzt werden, um das Potenzial und die Kreativität von Menschen zu entfalten.

turierter und gleichzeitig kreativer Prozess, der bereits bis jetzt zu einer ganzen Reihe von Erkenntnissen und Ergebnissen führte – materieller und immaterieller Art.

Die Reise begann Ende 2018. Die Gründe für diesen neuen Weg waren vielfältig. Neben externen Marktfaktoren und einer Steigerung der Präsenz als Top-Arbeitgeber in der IT-Welt, sowie der Übergabe der IT-Verantwortung an einen neuen IT-Vorstand, war die IT@LVM von dem Wunsch getrieben, die Ausrichtung der IT als wichtigen Ankerpunkt für alle IT-Mitarbeiter weiter zu entwickeln. Parallel sollte eine offene Kommunikation aufgebaut und das aktive Gestalten von Veränderungsprozessen ausgebaut werden. Aus diesem Zusammenspiel, so die Idee, entwickelt sich dann idealerweise eine neue und ergebnisreiche Art des Zusammenwirkens, die Zusammenarbeit innerhalb der IT blüht auf und schlussendlich rücken IT und Fachabteilungen näher zusammen.

Ganz praktisch ging es in der Visionsentwicklung um die Schärfung der Identität, die zukünftigen Kernaufgaben der eigenen Organisation und die gemeinsam verbindende Motivation. Folgende Fragen begleiteten die IT@LVM auf dieser Entdeckungsreise:
- Wofür stehen wir als IT?
- Welchen Mehrwert generieren wir als IT?
- Was wollen wir unseren Kunden zukünftig anbieten?
- Welche Fähigkeiten brauchen wir heute und in Zukunft?
- Welche strategischen Aussagen wollen wir erarbeiten und treffen?
- Wie lassen wir unsere Ideen Wirklichkeit werden?

Zu Beginn war bereits klar: Die Menschen und ihre Grundbedürfnisse stehen im Fokus dieses Wandels. Nur so lassen sich die Geschwindigkeit und die Qualität der Transformation möglichst hoch halten.

Die Transformations-Reise wurde in drei »Zeitzonen« unterteilt: Auf Basis der Vergangenheit und der Gegenwart sollte ab dem Morgen das Denken und Handeln auf das Übermorgen (Vision der IT@LVM) ausgerichtet sein (siehe Abb. 1).

Hierfür haben sich gleichzeitig die Führungskräfte als Paten unter Beteiligung der eingeladenen 600 IT Mitarbeiter auf den Weg gemacht, die IT Strategie neu zu schreiben und Leitlinien zu 23 Kerngebieten der IT zu definieren, um sie Wirklichkeit werden zu lassen.

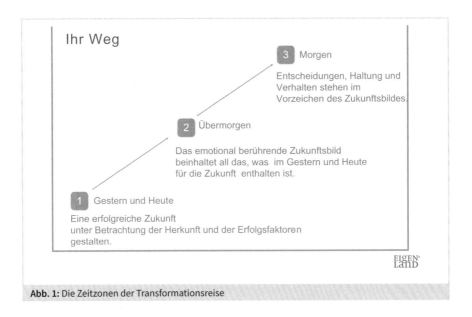

Abb. 1: Die Zeitzonen der Transformationsreise

Die Reise – einzelne Vorgehensschritte und Erfahrungen

Üblicherweise verbinden wir einen IT-Bereich nicht direkt mit dem Kontext »Träumen«. Aber genau damit ist die IT@LVM gestartet, um sich von einem klassischen, serviceorientierten Dienstleister hin zu einem Innovationspartner zu entwickeln, der in der Zukunftsgestaltung neue Rollen übernimmt und in der Gegenwart Effizienz und Effektivität ermöglicht (Ambidextrie). Folgende sechs Entwicklungsschritte plante die IT, hin zu einer für sich und andere erlebbaren, neuen Unternehmenswirklichkeit:

1. Bewusst-Sein und neues Entdecken des gemeinsamen »Warum«: Die auf die Zukunft gerichtete Frage nach dem »Warum und dem Sinn« als Startpunkt des Transformationsprozesses;
2. Entwicklung der IT-Vision als attraktives und emotionales Bild der Zukunft;
3. Entwicklung von gemeinsamen Leitsätzen, um Orientierung für das Verhalten in der täglichen Praxis zu geben;
4. Ermöglichung des Emotional Change, um alle Emotionen auf den Tisch zu bekommen und mit Fokus und Zufriedenheit schneller Wirkung zu erzielen;
5. Partizipation und Mitgestaltung aller IT-Mitarbeiter, um durch Identifikation, Eigeninitiative und Verantwortung die IT-Vision und die Leitsätze konkret und schnell auf den Praxisalltag zu übertragen;
6. Umsetzung und Lernen: In einem strukturierten, kreativen und emotionalen Prozess Erfahrungen sammeln, voneinander lernen und gestalten.

Das Fundament – Bewusst-Sein und neues Entdecken des gemeinsamen »Warum«
Starke Ressorts und Teams brauchen ein gemeinsames »Warum«, das alle antreibt. Um die Mitglieder in der IT zu aktivieren und das volle Potenzial der Organisation zu nutzen, musste jedem Teammitglied klar sein, welcher Antrieb hinter der IT@LVM Mission steckt. Diese Passion, dieses »Warum« weist den Weg zu dem gemeinsamen Zukunftsbild der IT-Vision. Gleichzeitig ist wichtig, dass möglichst viele IT-Mitarbeiter ein gemeinsames »Warum« als sinnstiftendes und verbindendes Element besitzen und dieses entweder (neu) entdecken und gemeinsam leben.

Diese Vorgehensweise erreicht und berührt die Menschen. Mitarbeiter verbinden sich selten mit dem »Was«, dem Produkt- oder Leistungsangebot ihres Arbeitgebers. Das »Warum«, gewissermaßen der Sinn eines Unternehmens oder Ressorts, bietet dagegen einen starken Orientierungspunkt. Durch die Entwicklung und das »Bewusst-Sein« für das gemeinsame »Warum«, gelang es bereits im ersten Schritt, dass auch die vielen langjährigen Führungskräfte und Mitarbeiter mit ihren kognitiven, kreativen und sozialen Fähigkeiten die Veränderungen nicht nur mittragen, sondern mit einem emotionalen »Ja, ich will« aktiv mitgestalten.

Die Entwicklung des »Warum« und der IT-Vision
Um erfolgreich zu bleiben und den Transformationsprozess wirksam werden zu lassen, war nicht nur eine neue Zusammenarbeit in Projekten und eine andere Umgangsweise im Gesamtteam wichtig. Eine inhaltliche Klammer und ein gemeinsames Bild für die Zukunft, also die Vision der IT@LVM, war zusammen mit der Entwicklung des »Warum« der Startschuss auf der Transformations-Reise. Einer der ersten Schritte dabei: Die Führungskräfte wagten einen »Blick in den Spiegel«.

In dem »Bewusst-Sein«, dass die eigene Führungsrolle und die Organisationsfähigkeiten zentrale Erfolgsfaktoren sind, erfolgte eine Selbstreflexion der Führungskräfte. So überprüften sie sich und ihr Tun kritisch hinsichtlich Fragen wie
- »Welche Rolle habe ich zukünftig?«
- »Was ist sinnvoll für mich, meine Kollegen und mein Team?«
- »Welches Verhalten will ich zukünftig umsetzen, um diese Rolle zu leben?«

Der Punkt: »Ich entscheide, weil ich will, auch wenn ich Unsicherheit über die Zukunft habe«, ist dabei wichtig. Denn ein rein kognitives »Ja« bedeutet meistens eher Dienst nach Vorschrift – und nicht die Aktivierung und Potenzialentfaltung von Menschen und Organisationen. Zum Start des ersten Workshop-Tages mit 24 Führungskräften der obersten Ebenen, inklusive des Vorstandes, wählte jeder aus einem Stapel von Postkarten intuitiv eine Postkarte mit dem Bild aus, welches nach seinem Empfinden für Führung im Sinne der IT@LVM Zukunft steht. Die herausgesuchten Bilder stellten sich die Führungskräfte dann gegenseitig vor. Dieses ganz einfache Vorgehen erzeugte sofort ein gemeinsames Bild für den Ist-Zustand und den Wunsch-Zustand.

Als wichtiger Schritt auf dem Weg zur Vision und zur Verwirklichung derselben wurde als nächstes die multisensorische Eigenland-Methode, als innovativer Mix aus Workshop und Think-Tank, im Workshop eingesetzt. Ein solcher Workshop dauert maximal einen Tag. Die Eigenland-Methode als spielerisches, intuitives und digitales Element sorgte für einen gemeinsamen, partizipativen und offenen Austausch. So gelang es, Kreativität zu entfalten, sich auf das Wesentliche zu konzentrieren und gemeinsam neue Erkenntnisse zu erzielen. Dies führte direkt zu Beginn der Entwicklungsreise zu ganz konkreten Ideen und Maßnahmen.

Das Führungsteam hat dazu als Erstes spielerisch, multisensorisch und intuitiv Thesen in dem Kontext des vorher entwickelten »Warum« und eines möglichen Zukunftsbildes beantwortet. Das bildete die Emotion für diesen komplexen Transformationsprozess ab. Anschließend stand die Ratio im Vordergrund: Die automatisiert mit der Eigenland®-App generierten Auswertungen wurden im Team diskutiert und Maßnahmen und Ideen für das Übermorgen entwickelt.

Dieser Prozess der abwechselnden Nutzung von Emotion & Ratio wurde für die relevanten Handlungsfelder (Erfolgsbild, Kultur, Organisation, Leistung) zur Entdeckung des »Warum« und zur Entwicklung der IT-Vision durchgeführt. Die Inhalte und Thesen bildeten ganzheitlich die Erfolgsfaktoren der IT@LVM ab. Zu denen gehören zum Beispiel:

- **Erfolgsbild:** Wir wollen branchenübergreifend als Denkfabrik für die besten Versicherungslösungen bekannt sein.
- **Kultur:** Statt Command-and-Control sollten Führungskräfte zu Coaches und Mentoren werden.
- **Organisation:** Es gibt schon heute alle Fähigkeiten und Kompetenzen in unserem Team, die wir für morgen brauchen.
- **Leistung:** Wir wissen genau, auf welche Themen unsere Kunden abfahren werden und auf welche nicht.

Am Ende des ersten Workshop Tages wurden von den Teilnehmern das »Warum«, die Vision und die Erfolgsfaktoren (»How«) mit ersten Formulierungen aufgeschrieben. Im Nachgang wurden dieses umfangreiche Erfahrungswissen gebündelt und erste Kernmaßnahmen definiert. Anschließend wurde auf Basis der Erkenntnisse des Workshops ein erster Entwurf für die Formulierung der IT@LVM-Vision formuliert.

Immer weiter, immer konkreter – die Entwicklung der Leitsätze

Ungefähr zwei Wochen nach dem ersten Workshop trafen sich alle Führungskräfte zu einem weiteren Workshop. Die ersten Ergebnisse (»Warum«, Vision, Erfolgsfaktoren) waren in der Zwischenzeit reflektiert und mögliche Änderungswünsche notiert worden. Ziele des zweiten, ebenfalls eintägigen Workshops waren

- die Verschriftlichung des »Warum«,

- die Formulierung einer ersten Version der Vision der IT@LVM und
- die Formulierung von Leitsätzen.

Diese weiter konkretisierten Punkte sollten bei der Orientierung helfen und dienten in der nächsten Phase als Grundlage der Entwicklung von Verhaltensweisen, um die Vision zu erreichen. Folgende Methoden wurden dafür genutzt:

- Eigenland-Methode zur schnellen (Weiter-)Entwicklung, Konkretisierung und Multiplizierung der bereits im ersten Workshop entstandenen Visionen, Leitsätze und Werte.
- Wetterkarte (Sonne, Bewölkung, Regen) zur einfachen Darstellung der emotionalen Beziehung der Teilnehmer zu einzelnen Themen der Transformation und für die Zuordnung und Priorisierung von Inhalten.
- Working out loud zum Bewusstwerden der eigenen Stärken und der Stärken des Teams.
- Fishbowl zur schnellen Klärung von zentralen Fragen in Bezug auf das »Warum« und hinsichtlich des Weges zur Verwirklichung der IT-Vision.
- Scoreboard Management, um Menschen zu aktivieren.

Im Sinne der Thesen »Wir sind uns unserer Stärken bewusst« und »Wir nutzen die Stärken in unserem Team« hat mit einer kleinen Working-out-loud-Übung jede Führungskraft aufgeschrieben, welche 30 Fähigkeiten sie besitzt, die aus ihrer Sicht wichtig für das Team sind und interessant für andere sein könnten. So wurden sich die Teilnehmer ihrer eigenen Stärken und Wünsche noch einmal bewusst. Die Fishbowl-Methode wurde am gleichen Tag direkt nach der Eigenland-Session durchgeführt. Dabei wurden die sich aus dem Prozess des Tages ergebenden Kernfragen zur weiteren Gestaltung in einer 45-minütigen Fishbowl-Session diskutiert.

Durch die Anwendung der verschiedenen Methoden, konnten unterschiedliche Sichtweisen gebündelt, Fragen geklärt und Einigkeit und Zustimmung erzielt werden. Es entstanden erste Formulierungen für Leitsätze, die die Vision in den Arbeitsalltag tragen sollten. So hielt die Führungsmannschaft fest, dass von allen Mitarbeitern der IT erwartet wird, auch Unliebsames direkt und offen anzusprechen. Verdeutlicht wurde dies mit dem Bild des »Fisches, den man nicht unter dem Tisch lassen sollte, weil er auf lange Sicht gesehen auch dort anfängt zu stinken.« – der daraus entstandene Leitsatz war: »Put the fish on the table!«.

Am Ende des Tages sind gemeinsame Werte – wie Vertrauen, Verantwortung und Sicherheit – deutlich sichtbar geworden und ein für alle motivierendes und verbindendes »Warum«. Und darüber hinaus: Ein gestärktes Team, das noch enger zusammengewachsen ist und mit viel Offenheit gemeinsam den Weg in die Zukunft gestaltet, hatte sich gefunden.

Ehrlichkeit bringt alle weiter – Ermöglichung des Emotional Change

Hindernis und gleichzeitig wichtiger Erfolgsfaktor zur Beschleunigung von Transformation und Entwicklung sind die Emotionen aller Beteiligten. Alles, was wir in Organisationen machen oder nicht machen, löst Emotionen bei den Menschen aus. In vielen Unternehmen herrscht – bewusst oder unbewusst – ein Klima, in dem viele ihre Emotionen unterdrücken. Damit verschenken Unternehmen erhebliches Potenzial. Um Emotionen als Erfolgsfaktor nutzen zu können, wurden in den nächsten Führungskräfte-Workshops – in Anlehnung an Daniel Goleman – die folgenden Dimensionen der emotionalen Intelligenz betrachtet:

- Selbstreflexion und -entwicklung: Die Fähigkeit, die eigenen Gedanken und Gefühle, Handlungen wahrzunehmen, zu verstehen und zu beeinflussen.
- Soziales Bewusstsein: Die Fähigkeit, die Gefühle und Emotionen anderer zu erkennen, zu verstehen und zu lernen, damit umzugehen. Dazu gehört die Fähigkeit »Empathie« als Fundament zwischenmenschlicher Beziehungen.
- Beziehungsmanagement: Die Fähigkeit, die Emotionen für gelingende Beziehungen zu nutzen und dabei Herz und Verstand miteinander zu verbinden.

Ziel war, ein ehrliches Feedback der Führungskräfte zu den erarbeiteten Visionen und Leitsätzen zu erhalten. Dies sollte in dem Bewusstsein der Veränderungen geschehen – und erforderte von den Führungskräften auch, ihre eigene Komfortzone zu verlassen, um in die Wachstumszone zu gelangen. Allen Beteiligten wurde so die Möglichkeit gegeben, mögliche Sorgen oder Wünsche in einer offenen Atmosphäre mitzuteilen. Die Teilnehmer haben den Leitsätzen durch das intuitive Bewerten und Diskutieren gemeinsam den Feinschliff verpasst. Am Ende dieser Phase wurden die IT@LVM-Vision inklusive fünf erklärender Missionssätze und die 17 Leitsätze von allen Führungskräften durch Unterschrift faktisch und emotional besiegelt. Beispiele daraus sind:

- Vision: Wir verschaffen der LVM und den Vertrauensleuten einen spürbaren IT-Wettbewerbsvorteil. Dies erreichen wir gemeinsam als interner strategischer Partner mit Herz und Verstand.
- Leitsätze: Wir strahlen Mut und Zuversicht aus. Empathie ist die Basis unseres Miteinanders. Unsicherheit meistern wir gemeinsam.

Ergebnisse und Erfahrungen

Im Idealfall entwickeln/verändern sich in einem Transformationsprozess die Systeme und die Menschen. Um Führungskräfte zu aktiven Gestaltern zu machen, die sich selbst auch zurücknehmen und eine neue Rolle annehmen können, sind Selbstreflektion sowie gute Beziehungen zum Team und zur Organisation unverzichtbar. Früher langwierige Entwicklungsprozesse zu Leitsätzen und Visionen können durch den Einsatz humanzentrierter Methoden, die die emotionalen Aspekte von Transformationsprozessen mit einbeziehen, deutlich verkürzt werden. Das gemeinsame »Warum« aller Beteiligten, ist das verbindende und unverzichtbare Element zur Aktivierung und Potenzialentfaltung.

Gemeinsam mit allen gestalten

Die nächsten Schritte des Transformationsprozesses sind auf die Verwirklichung der Vision fokussiert. Alle Mitarbeiter werden in einen systematischen, kreativen Prozess einbezogen und motiviert, die Entwicklung selbst mitzugestalten und die Leitsätze auf die tägliche Arbeit zu übertragen.

Information ist dabei der erste Schritt: Alle Führungskräfte haben ihre Teams in mehrstündigen Infoveranstaltungen in die Thematik eingeführt. Antworten auf das »Warum«, das »Wer« und »Wie« halfen der Belegschaft, die bislang absolvierten Schritte nachzuvollziehen – und sie für das Kommende zu begeistern. Die einzelnen Teams arbeiten dabei mit der Eigenland-Methode selbstständig aus, was ihre Interpretation der Vision ist und was jeder Einzelne sowie das jeweilige Team künftig im täglichen Handeln ändern wird, um die Leitsätze gelebte Unternehmenswirklichkeit werden zu lassen.

Diese Session wird weitestgehend von den Führungskräften selbst durchgeführt. Die in der Führungsmannschaft erarbeiteten Leitsätze waren hierbei die Inhalte der intuitiven Bewertung und des anschließenden gemeinsamen und auf die Zukunft gerichteten Denk- und Gestaltungsprozesses. Gleichzeitig wurden alle IT-Mitarbeiter eingeladen, einen gemeinsamen Slogan zu entwickeln. Dadurch werden die Vision und die Haltung innerhalb und außerhalb der LVM kommunizierbar.

Wirkung erzielen – Umsetzung und Lernen nimmt Fahrt auf

Mit einem strukturierten Prozess (siehe Abb. 2) ist sichergestellt, dass Transparenz, Eigenverantwortung und Lernen im Sinne der gemeinsamen Zielerreichung erlebbar sind. Im Zentrum steht auch hier die Haltung der einzelnen Person und des Teams. Ziel ist, durch Orientierung, Sinn und Partizipation zu

- Wissen, Verstehen, emotionalem Wollen (Ich-Ebene);
- Können und Dürfen (Unternehmensebene);
- Machen und Wirken

mit Freude und Zufriedenheit zu kommen.

Wie bei den Führungskräften wurde auch bei den Teammitgliedern als Erstes am Bewusstsein gearbeitet und die Möglichkeit zur Selbstreflexion und Mitgestaltung geboten. Hierfür werden die Eigenland-Methode, die Scoreboard-Management-Methode und Feedbackmethoden eingesetzt.

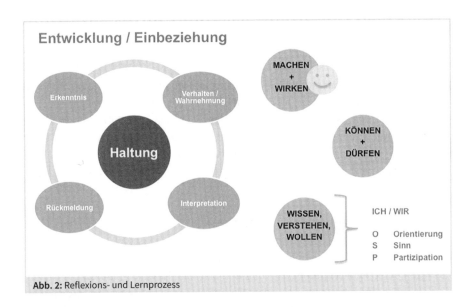

Abb. 2: Reflexions- und Lernprozess

Die spielerische und emotionalisierende Scoreboard-Management-Methode von GoGREAT beruht unter anderem auf der Annahme, dass jeder Mensch zwingend seine eigene Wirkung kennen muss, um das eigene Potenzial und infolgedessen das Potenzial der Organisation voll zu entfalten. In diesem Umsetzungsschritt lag der Fokus darauf, Transparenz herzustellen, was die Teamkollegen in anderen Bereichen machen, wie der Stand der Transformationsreise und des Entwicklungsprozesses ist und welche Erfahrungen dabei gewonnen und geteilt werden können.

Scoreboard Management – der Fitnesstracker für die IT@LVM
Über Scoreboard Management werden ausgewählte Ideen und Maßnahmen spielerisch als Ziel definiert und im Rahmen des Erfahrungs- und Umsetzungsprozesses mit einem Höchstmaß an Transparenz und Teamgeist miteinander geteilt. Konkret sieht dies so aus, dass die Teams der IT
- die Erfolgsfaktoren zur Verwirklichung der Vision kennen;
- in diesem Kontext ein erlebbares und messbares Verhalten zur Realisierung der Erfolgsfaktoren entwickeln und durch
- das Scoreboard Management die Ergebnisse selbst spielerisch gestalten, messbar und sichtbar machen.

Die transparenten Prozesse und die partizipativen Methoden machen es für jeden Mitarbeiter in der IT@LVM spannend, die Erfolgsgeschichte mitzugestalten und daran teilzuhaben. Das Scoreboard Management versetzt die gesamte Belegschaft in die Lage, direkt wirksam zu sein. Und das geschieht nicht als lästige zusätzliche Arbeitsaufgabe, sondern aus der Freude, wirksam und sinnvoll handeln zu können. Mit der Zeit kann sich diese Eigendynamik zur Selbstgestaltung in den Teams verstärken.

Sinnvoller Nebeneffekt: Die Führungskräfte gewinnen Zeit, um neue Rollen übernehmen zu können.

Die Verantwortlichen haben sich hier bewusst zu einer spielerisch, emotionalen und transparenten Vorgehensweise als Alternative zu einem sachlichen Managementvorgehen entschieden. Nur so ist in dem Mix aus Emotion und Ratio neben einem »Warum«, einer Vision und Leitsätzen eine neue Art der Zusammenarbeit und Wirksamkeit möglich. Ganz im Sinne des neu entwickelten Leitsatzes der IT@LVM: »mit Herz und Verstand«.

Was haben wir gelernt und was empfehlen wir?

Die IT@LVM hat den Menschen in den Mittelpunkt der Transformation gestellt. Durch die Verbindung von Kompetenz, Haltung und Methode ist es in einem spielerischen, partizipativen und emotionalisierenden Prozess gelungen, in kurzer Zeit das gemeinsame »Warum«, eine Vision und Leitsätze zu entwickeln und umsetzbar zu machen. Die Umsetzung konnte dabei strukturiert und kreativ gestartet und weitergeführt werden. Die inhaltliche entscheidende Basis und Klammer ist das gemeinsame »Warum« aller IT-Mitarbeiter.

Ein grundlegender Erfolgsfaktor ist, dass die Führungskräfte mit der eigenen Rolle und dem »Blick in den Spiegel« gestartet sind. Dieser anspruchsvolle Prozess ist über mehrere Wochen angestoßen und unbewusst vollzogen worden. Dabei ist es wichtig, die Aufgaben und Ideen gemeinsam zu leben, damit das Alltagsgeschäft die Umsetzung nicht spürbar behindert.

Eine wichtige Feststellung und Empfehlung ist, hier nicht dem »Entweder oder«-Prinzip zu folgen. Die klassische Arbeits- und Organisationspsychologie macht den Führungserfolg stark am menschlichen Verhalten fest, und die systemischen Rahmenbedingungen werden nur geringfügig berücksichtigt. Die IT@LVM hat auf ein »sowohl als auch« gesetzt und so den Mitarbeitern eine eigene Entwicklung und Potenzialentfaltung ermöglicht. Die Kraft des Wollens muss durch Wissen und Verstehen im Kontext der Vision und der Vorgehensweise entwickelt werden. Die Überzeugung dahinter: Jeder Mensch möchte von Grund auf Leistung bringen und sich weiterentwickeln. Die Wertschöpfung wird erlebbar und messbar gesteigert, wenn Menschen sich ihrer Wirkung bewusst sind und ein transparentes Bild hinsichtlich des Status quo, der gemeinsamen Ziele, der Erfahrungen und Vorgehen der anderen Teammitglieder haben. Diese Klarheit hinsichtlich der eigenen Wirkung und die Wirksamkeit von Maßnahmen müssen erlebbar gemacht werden.

Hinweise zu den Autoren

Bianca Nunnemann

Bianca Nunnemann ist seit ist seit über 25 Jahren für die LVM Versicherung a. G.. in Münster tätig. Aktuell ist sie Bereichsleiterin DV Server in der IT der LVM. Sie verantwortet den gesamten Bereich der Open-Server- und Storage-Infrastruktur sowie den z/OS Bereich inklusive der Systemprogrammierung sowie das Kapazitätsmanagement. Zusätzlich ist sie in übergreifenden Projekten aktiv, wie der IT-Strategie 2030, der IT-Vision und dem Projekt »digital zusammen arbeiten«. Ein Schwerpunkt neben den technischen Aspekten ist für sie das begleitende Kultur- und Change-Management.

Kontaktdaten:
LVM Versicherung, Kolde-Ring 21, 48126 Münster, Tel.: +49 251 702-3201, Mail: b.nunnemann@lvm.de, Internet: www.lvm.de

Jan Oßenbrink

Jan Oßenbrink ist Co-Gründer und Geschäftsführer der Eigenland GmbH, einem Unternehmen mit mehr als 500 zertifizierten Partnern, die die Eigenland®-Methode weltweit für Workshops, Veranstaltungen und Trainings einsetzen und als Community Praxiserfahrungen und -konzepte austauschen. Er verfügt über umfangreiche (Transformations-)Erfahrung in der Geschäftsleitung bei internationalen Unternehmen. Zusätzlich ist er als Beirat tätig und teilt als Dozent an der Dualen Hochschule Baden-Württemberg und bei Impulsvorträgen Ideen und Erfahrungen rund um Transformation und Entwicklung.

Kontaktdaten:
Eigenland® GmbH, Managing Director, Markt 8, 45721 Haltern am See, Tel.: +49 (0)2364 505 29 40, Mail: jo@eigenland.de, Internet: www.eigenland.de

Transformation bei der Schweizerischen Post
– ein Expeditionsbericht

Nadia Eggmann, Spezialistin Mitarbeiterentwicklung und Key Account Managerin, Die Schweizerische Post, Bern

Hanneke Gerritsen, Co-Leitung Organisationsentwicklung, Die Schweizerische Post, Bern

Dr. Carole Rentsch, stellvertretende Leiterin HR-Entwicklung, Die Schweizerische Post, Bern

Peter Weishaupt, Co-Leitung Organisationsentwicklung, Die Schweizerische Post, Bern

Der Beschluss der Schweizerischen Post, die digitale Transformation aktiv mitzugestalten und dafür die Personal- und Organisationsentwicklung (PE/OE) neu aufzustellen, kann mit einer Expedition gleichgesetzt werden. Expeditionen bedeuten Entdeckungen. Sie sind Inspirationsquelle und dienen dazu, Neues zu lernen. Dieser Buchbeitrag soll aufzeigen, wie die Expedition gestaltet wurde und neue Wege in Zeiten digitaler Transformation beschritten werden können.

Unausweichlichkeit, Unumkehrbarkeit, ungeheure Schnelligkeit und Unsicherheit kennzeichnen die digitale Transformation (Krcmar, 2019). Die kontinuierliche Lern- und Veränderungsfähigkeit von Mitarbeitern wird in diesem neuen Arbeitskontext als immer wichtiger eingestuft (Graf/Gramss/Edelkraut, 2017). Die Personal- und Organi-

---

Lessons Learned

- Vision und Grundsätze der Zusammenarbeit waren handlungsleitend für alle weiteren Schritte im Prozess der Transformation.
- Die Neuaufstellung sollte (auch) dazu dienen, aus eigener Kraft die Veränderungen auszuprobieren und zu lenken.
- Damit die Zusammenarbeit im Veränderungsprozess effektiv und effizient gelingt, wurden Elemente aus bestehenden Frameworks kombiniert, etabliert und ständig weiterentwickelt.
- Der bewusste Start mit halbfertigen Lösungen ermöglicht, diese in enger Zusammenarbeit zu diskutieren, zu reflektieren und zu optimieren.
- Eine solche Transformation wirkt auf der Organisations-, Team- sowie auf der individuellen Ebene.

sationsentwicklung kann hierbei eine zentrale Rolle einnehmen. Zum einen soll sie Rahmenbedingungen und Möglichkeiten schaffen, damit die Mitarbeiter für die kommenden Herausforderungen kompetent sind und bleiben. Zum anderen müssen gerade auch PE/OE-Spezialisten selbst kompetent mit dem Wandel umgehen, um die Zukunft proaktiv mitgestalten zu können.

Nur wie? Die Meinungen im Netz und in Expertenkreisen sind klar: Es müssen neue Ansätze her. Altbewährte Mittel wie das klassische Seminarangebot und die weit im Voraus geplanten PE/OE-Maßnahmen müssen mit innovativen und flexibleren Formaten ergänzt oder sogar ersetzt werden. Lernen auf Vorrat ist nicht mehr zielführend (Sauter/Sauter/Wolfig, 2018). Auch herkömmliche Strukturen und Abläufe, mit denen die Personal- und Organisationsentwicklung arbeitet, scheinen zu wenig effektiv und effizient zu sein.

Der Ruf nach einem Umdenken und neuen Rollen in der Personal- und Organisationsentwicklung ist laut (Seufert et al., 2017). Gerade dem Thema neue PE/OE-Geschäftsmodelle fehlt es an Modellen, die sich in der Breite durchgesetzt haben. Schlagworte wie Scrum, Holacracy oder andere soziokratische Ansätze sowie verschiedene Beispiele aus der Praxis bieten zwar erste Anhaltspunkte. Eine »Pauschalreise«, wie die PE/OE die in sie gesteckten Hoffnungen erreichen kann, ist aber nicht buchbar.

Auslöser für die Expedition und Expeditionsziele

Konkreter Auslöser für die Expedition der Personal- und Organisationsentwicklung war die Zentralisierung aller Querschnittsfunktionen innerhalb der Schweizerischen Post per April 2018. Vor der Reorganisation hatten die verschiedenen Geschäftsbereiche eine eigene Human-Resources-Abteilung (HR) und somit auch eine eigene PE/OE. Dort arbeiteten die PE/OE-Spezialisten in kleineren Teams und unterschiedlichen Kulturen. Zusätzlich gab es ein HR auf Konzernstufe. Die Zentralisierung und Neuausrichtung bedeuteten eine große Veränderung für alle Beteiligten.

Die Reorganisation des gesamten HR-Bereichs war mit folgenden Zielen verbunden:
- Agiles, marktorientiertes HR,
- Einfach mit System,
- Führungsverantwortung stärken,
- Digitalisierung nutzen,
- Kosteneffizienz.

Bei der Frage, wie sich die PE/OE-Abteilung neu aufstellen sollte, waren das sehr hohe Kosteneinsparungsziel sowie die Sicherstellung der Kundennähe trotz neuer Zentralisierung die beiden zentralen Treiber. Wie kann sichergestellt werden, dass trotz beachtlich reduzierter Ressourcen und zentraler Aufstellung die Kundennähe beibehalten und die Dienstleistungen in gewünschter Qualität geliefert werden? Im Konzept der Agilität finden sich vielversprechende Antworten auf diese Frage. Das Einführen von agilen Zusammenarbeitsformen sollte aber kein Selbstzweck sein.

Expeditionsvorbereitungen

Verantwortlich für die »PE/OE-Transformation« war das PE/OE-Leitungsteam (heute: Steuerungskreis). Die Leitung entwickelte das Organisationsdesign und verantwortete die Umsetzung. Die folgenden Inspirationsquellen waren zentrale Bestandteile bei der Entwicklung des neuen PE/OE-Modells für die Post:

- Die relevante Fachliteratur wurde auf ihre Nützlichkeit und Passung zur PE/OE bei der Schweizerischen Post analysiert.
- Der Austausch mit anderen Unternehmen war sehr wichtig. So gehörten zum Beispiel die Mobiliar, Swisscom, ING, KPN oder Bosch zu Austauschpartnern in der Konzeptionszeit.
- Im Leitungsteam wurden die verschiedenen Ansätze diskutiert, mit dem Team reflektiert und eine für die Schweizerische Post maßgeschneiderte Lösung entwickelt.
- Zwei der Leitungsteammitglieder sowie einige der Fachspezialisten absolvierten zudem eine Ausbildung zum Agile Coach, die weitere wichtige Hinweise und Reflexionsmöglichkeiten zur neuen Lösung bot.

In regelmäßigen »Go together«-Formaten informierte das Leitungsteam die ganze PE/OE-Mannschaft über den aktuellen Stand der Expeditionsvorbereitungen, nahm Feedbacks entgegen und arbeitete diese iterativ ein. Dieses regelmäßige Diskutieren und Weiterentwickeln von noch unfertigen Gedanken verlangte Mut und führte zu Beginn auch zu Irritationen, war aber essenziell für die Akzeptanz der neuen Lösung. Das Vorgehen wurde mit der Zeit sehr geschätzt und sogar gefordert.

Das neue Organisationsdesign bedeutete für alle betroffenen Mitarbeiter einen großen Kulturchange. Die frühe Involvierung des Teams in den Entstehungsprozess war umso mehr ein wichtiger Erfolgsfaktor. Zusätzlich zu den internen Spiegelungsrunden wurden das eigene Netzwerk des Leitungsteams sowie andere Teilnehmer der Ausbildung zum Agile Coach für Feedbacks genutzt. Auf einen erfahrenen, externen Expeditionsleiter wurde bewusst verzichtet. Die Neuaufstellung sollte dazu dienen, aus eigener Kraft die Veränderungen auszuprobieren und zu lenken.

Expeditionskompass

Eine besonders wichtige Arbeit war es, eine Vision und Grundsätze der Zusammenarbeit zu entwickeln. Dies geschah ziemlich zu Beginn der Konzeptionsarbeiten. Vision und Grundsätze der Zusammenarbeit waren (und sind) handlungsleitend für alle weiteren Schritte im Prozess der Neuaufstellung:
- Die Vision: Wir leisten unseren Beitrag an erfolgreiche Partner, damit sie auf die Zukunft vorbereitet sind. Dafür arbeiten wir effizient, interdisziplinär und mit ihnen zusammen. Wir sind der »Preferred Partner«.

Nach der Vision war es erklärtes Ziel, möglichst früh einen Rahmen zu schaffen:
- Was sind unsere Werte?
- Woran wollen wir uns festhalten?
- Wie wollen wir grundsätzlich arbeiten?

Diese Grundsätze sind in den eigens formulierten agilen Prinzipien festgehalten. Sie orientieren sich an den agilen Prinzipien des agilen Manifests. Die Prinzipien und die dazugehörige Visualisierung (siehe Abb. 1) dienten als Kompass der Expedition:
- Unsere höchste Priorität ist es, in Zusammenarbeit mit den Partnern das bestmögliche Ergebnis zu erreichen. Wir tun dies, indem wir die Partner früh und kontinuierlich involvieren.

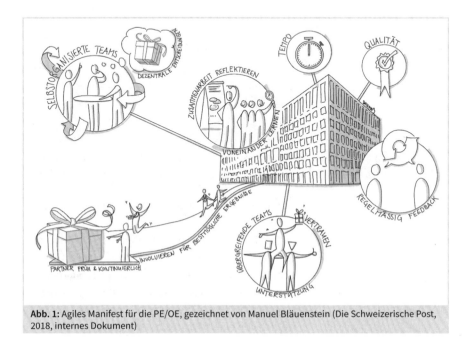

Abb. 1: Agiles Manifest für die PE/OE, gezeichnet von Manuel Bläuenstein (Die Schweizerische Post, 2018, internes Dokument)

- Wir arbeiten in übergreifenden Teams in einem Umfeld, in dem gegenseitige Unterstützung und Vertrauen gegeben sind.
- Um hohes Tempo und Qualität zu erzielen, setzen wir auf dezentrale Entscheidungen und selbstorganisierte Teams.
- In den Teams geben wir uns regelmäßig Feedback, lernen voneinander und reflektieren die Zusammenarbeit.

Start der Expedition: Startaufstellung

Am 1. April 2018 fiel der Startschuss zur Expedition. Wie in Abb. 2 zu sehen ist, ist die PE/OE der Schweizerischen Post zum einen in Fachkreise, zum anderen in Bereichskreise aufgeteilt. Jede und jeder der rund 45 Fachspezialisten arbeitet je in einem Fachkreis und in einem Bereichskreis. Außerdem gibt es einen Steuerungskreis, der sich aus den Fachverantwortlichen zusammensetzt.

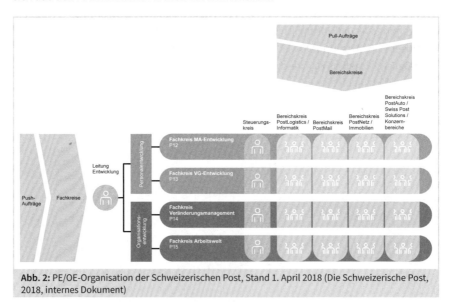

Abb. 2: PE/OE-Organisation der Schweizerischen Post, Stand 1. April 2018 (Die Schweizerische Post, 2018, internes Dokument)

Da die drei Kreise zentrale Elemente der Neuaufstellung sind, werden sie im Folgenden etwas näher erklärt:
- Die Fachkreise sind für die strategischen Vorhaben vonseiten der Konzernleitung sowie der HR-Leitung verantwortlich. Sie setzen die neuen Standards, entwickeln das jeweilige Fachthema weiter und definieren die Standardprozesse für den ganzen Konzern. Sie verantworten die Best Practices wie auch Next Practices in ihren Themengebieten und übernehmen die »Push-Themen«, die ins ganze Unternehmen getragen werden. Sie werden von einem Fachverantwortlichen geführt.

- Ein Bereichskreis besteht aus verschiedenen Mitarbeitern aus allen vier Fachkreisen. Auch die Fachverantwortlichen sind je einem Bereichskreis zugeteilt. Sie sind das Bindeglied zum Steuerungskreis, sind im Bereichskreis aber in der Rolle eines »normalen Mitarbeiters ohne Führungsfunktion« tätig. Die Bereichskreise funktionieren als selbstorganisierte Einheiten und bearbeiten die von den Geschäftsbereichen eingegebenen »Pull-Aufträge«. Jeder Bereich hat einen Key Account Manager (KAM), der als Schnittstelle zwischen PE/OE und dem Geschäftsbereich fungiert.
- Der Steuerungskreis ist für die Koordination der Fachthemen, die Sicherstellung des Informationsflusses zwischen PE/OE sowie HR-Leitung und Konzernleitung, die HR-Strategieentwicklung sowie die Weiterentwicklung der PE/OE-Organisation verantwortlich. Der Steuerungskreis setzt sich aus den Fachverantwortlichen der Fachkreise sowie der Leitung Entwicklung zusammen.

Die Kombination von Fachkreis- und Bereichskreis nimmt die »T-Shape-Profil«-Idee auf (Busch, 2009). Im Fachkreis werden die Kompetenzen der PE/OE-Spezialisten in der Tiefe des jeweiligen Fachschwerpunktes angewendet und weiterentwickelt. Im Bereichskreis können dank der interdisziplinär zusammengestellten PE/OE-Teams Kompetenzen in der Breite erworben und eingesetzt werden. Dies führt zu einer längerfristigen Professionalisierung in allen PE/OE-Themen und zu einer besseren Leistung für die internen Partner.

Die Aufträge können zum einen von der HR-Leitung über die Fachverantwortlichen in die PE/OE-Organisation gelangen. Strategische Aufträge der Geschäftsbereiche fließen via KAM in die Bereichskreise ein. Vorgesetzte können ihre Anliegen, zum Beispiel eine Teamentwicklung, über das postweite HR-Ticketing-System in einen Bereichskreis eingeben. Sämtliche Aufgaben und Aufträge werden von den Fach- und Bereichskreisen in einem zentralen Backlog gepflegt.

Die personelle Führung der PE/OE-Spezialisten obliegt dem jeweiligen Steuerungskreismitglied im Fachkreis, die Bereichskreise sind selbstorganisiert. Führungsaufgaben und -verantwortlichkeiten werden in den Fachkreisen, so weit wie möglich und wo sinnvoll, in die Verantwortung der Teams übergeben. Dazu gehören beispielsweise die Themen eigene Weiterbildung, Zielsetzungen, Feedbackgespräche, Budgetierung oder Organisation und Moderation der Meetings. Die Teammitglieder entscheiden gemeinsam, wer welche Verantwortung übernimmt und welche Rollen dafür geschaffen werden.

Jeder Fach- wie auch Bereichskreis startete nach dem 1. April 2018 mit einem Kick-off-Meeting, um Teamziele und Rollen für die Zusammenarbeit zu definieren. Da alle Teams im Rahmen der Reorganisation neu besetzt wurden, war dies ein relevanter Schritt hin zur Teambildung und um eine gemeinsame Arbeitsweise zu generieren.

Damit die Zusammenarbeit in den verschiedenen Kreisen effektiv und effizient gelingt, wurden Elemente aus bestehenden Frameworks kombiniert, etabliert und ständig weiterentwickelt. Die Retrospektive (Retro) oder die Konsent-Methode (Methode zur Entscheidungsfindung) sind nur zwei von verschiedenen Beispielen aus der agilen Werkzeugkiste, die helfen, die Zusammenarbeit wirksamer zu gestalten.

Retros sind beispielsweise wichtige Möglichkeiten, um die eigene Zusammenarbeit thematisieren und optimieren zu können. In regelmäßigen Retros reflektieren die einzelnen Kreise ihre Zusammenarbeit und bestimmen Verbesserungsoptionen. Dies ist nötig, denn die Feingestaltung der Zusammenarbeit, die Prozesse und weitere freiwillige Rollen wurden erst nach dem Startschuss im Laufe der Zeit und durch die Mitprägung der einzelnen Teammitglieder gefestigt. Die neue Organisation unterliegt so einem ständigen Optimierungsgedanken.

Kontinuierliches Lernen auf der Expedition

Obwohl sich die neue Kultur bereits positiv entwickelt hat, braucht der Wandel weiterhin Zeit. Dies nicht nur vonseiten der Mitarbeiter, sondern auch vonseiten der Führung. Die Abgabe von Kontrolle ist nicht leicht, und die Leitung ist manchmal noch in widersprüchlichen Rollen verstrickt.

Wie praktisch jede Organisationsform bringt auch die hier gewählte Variante Vor- und Nachteile mit sich. Zwei verschiedene Kreise und verschiedene Auftragseingänge erhöhen die Komplexität. Dafür ist die Kompetenzentwicklung in die Breite und Tiefe möglich. Dies führt zu einer höheren Qualität in der Auftragserfüllung. Außerdem kann durch die Bereichskreise die Bereichsnähe trotz Zentralisierung besser gewährleistet werden. Die verschiedenen Kreise haben sich für unterschiedliche Meeting-Formen und Tools entschieden. Dies macht die Zusammenarbeit nicht per se einfacher, es können aber wertvolle Erfahrungen damit gewonnen werden. Zudem ist hervorzuheben, dass keine statische Organisationsform für die nächsten zehn Jahre geschaffen werden sollte, sondern ein Startpunkt. Die Startaufstellung soll laufend weiterentwickelt und optimiert werden.

Diese ständige Optimierung passt mit kontinuierlichem Lernen und neuer Lernkultur zusammen. Neue Zusammenarbeitsformen erfordern neue Skill-, Mind- und Tool-Sets. Zu Beginn der neuen Organisation wurden gezielte Maßnahmen für alle PE/OE-Mitarbeiter bereitgestellt, so z. B. zu den Themen Feedback und agiles Arbeiten. Auch wird ein neuer Ansatz zum Thema Personalbeurteilung in der PE/OE pilotiert. Was zu Beginn unterschätzt wurde, war die Wichtigkeit von Maßnahmen auf individueller Ebene wie Selbstmanagement oder Achtsamkeit.

Der Steuerungskreis hat für sich eine klare Trennung zwischen dem operativen Steuerungskreismeeting, dem Governance Meeting (Steuerung) und der Retrospektive geschaffen. Dies verhilft zu mehr Effizienz in den einzelnen Meetings und schafft mit den letzteren beiden gezielt Raum, neben dem Tagesgeschäft auch den Aufbau und Ablauf der neuen Organisation regelmäßig zu reflektieren. Klar ist: Der Versuch braucht Zeit und eine Chance, sich zu etablieren. Feinadjustierungen werden laufend in den Teams gemacht, größere Änderungswünsche vom Steuerungskreis aufgenommen.

Zwischenstopp
Die Gesamt-Retro war ein wichtiger Meilenstein. Hier wurde – knapp zehn Monate nach dem Start der neuen Organisation – bewusst innegehalten und gemeinsam mit der ganzen PE/OE-Mannschaft reflektiert. Es konnten viele verschiedene Eindrücke eingefangen werden. Die Sonnenseiten, also positiven Erfahrungen, sind dabei:
- Wissensaustausch und Kompetenzaufbau: Die neue Aufstellung in Kreisen führt zu besserer Vernetzung unter den PE/OE-Spezialisten und vielfältigen On-the-job-Weiterentwicklungsmöglichkeiten im Sinne des »T-Shape-Profils«.
- Selbstorganisation: Es bestehen mehr Freiheiten in der Auftragsabwicklung und dadurch auch mehr Flexibilität gegenüber dem internen Kunden, was motivierend ist.
- Neue Erfahrungen: Durch das Ausprobieren von neuen Dingen können Erfahrungen am Puls der Zeit gemacht werden, was zur Professionalisierung und zum Standing der PE/OE beiträgt.

Zu den Schattenseiten, also den negativen Erfahrungen, zählen:
- Überlastung: Es stehen grundsätzlich zu wenige Ressourcen im Verhältnis zu den anfallenden Aufgaben zur Verfügung, was allerdings nicht direkt mit der neuen Organisationsform zusammenhängt, sondern mit der allgemeinen Situation.
- Überforderung: Der eigene Handlungs- und Entscheidungsspielraum ist teilweise unklar, die Selbstorganisation bedingt mehr Selbstmanagement als bisher und Mitarbeiter sind teilweise überfordert mit der geforderten Eigenverantwortung. Außerdem ist die Tendenz zu Einzelkämpfertum aufgrund der unterschiedlichen Ausgangslagen erkennbar.
- Unklarheit: Es fehlen eine übergeordnete Priorisierung und genügend Transparenz bezüglich der anfallenden Aufgaben und der Auslastung innerhalb der gesamten PE/OE.

Soll die Expedition weitergehen? Wie soll sie weitergehen?
Bezeichnend war, dass innerhalb der PE/OE-Mannschaft sehr unterschiedliche Wahrnehmungen zu Sonnen- und Schattenseiten bestanden. Dennoch herrschte Einigkeit: Niemand wollte das Rad zurückdrehen. Die Expedition sollte weitergehen, aber weiter optimiert werden. Die folgenden vier Punkte wurden als Hebel für weitere Optimierungen identifiziert:
1. Erarbeitung eines Big Pictures: In welche Themen steckt die PE/OE wie viel Energie?

2. Strukturanpassung: Können wir weitere Optimierungen in unserer Aufbauorganisation vornehmen?
3. Priorisierung und Ressourcenauslastung: Welche unserer Themen haben welche Priorität und wie können die Ressourcen entsprechend verteilt werden?
4. Weiterentwicklung der Kompetenzen: Wie stellen wir unseren eigenen Kompetenzaufbau noch besser sicher?

Um diese Punkte gezielt anzugehen, wurde eine Zukunftsgruppe gebildet. Die Zukunftsgruppe setzte sich aus Vertretern aller Fachkreise sowie Vertretern der KAM-Rolle und einem Steuerungskreismitglied zusammen. Die Zukunftsgruppe hatte die Aufgabe, konkrete Umsetzungsmöglichkeiten zu entwickeln. Bedingung war dabei: Die Vorschläge mussten von einer Mehrheit der ganzen Mannschaft getragen werden. Hauptziel der Maßnahmen war das Thema Entlastung. Sollten radikale Lösungsansätze oder inkrementelle Veränderungen zur Lösung dieser identifizierten Probleme umgesetzt werden? Die Analysen der Zukunftsgruppe zeigten, dass die Zeit für einen weiteren radikalen Change nicht reif war. Es sollte vielmehr inkrementell weiter optimiert werden, was auch im Sinne des kontinuierlichen Lernens ist.

Fazit: Hat sich die Expedition bisher gelohnt?

Die Frage ist einfach zu beantworten. Eine solche Selbsterfahrung ist gerade als PE/OE-Abteilung trotz aller Schwierigkeiten äußerst wertvoll und früher oder später vermutlich sogar unabdingbar. Folgende Tipps können bei einem solchen Vorhaben helfen:

- Zentrale Frage: Die Frage bei einem solchen Vorhaben sollte nicht sein: »Sind wir jetzt agil?«, sondern: »Schaffen wir es, effizient und effektiv zu sein?« Oder: »Was benötigen wir und was hilft uns, unseren Purpose noch besser umzusetzen?«
- Mut zur Lücke: Der bewusste Start mit halbfertigen Lösungen ist sehr empfehlenswert. Diese können dann in enger Zusammenarbeit diskutiert, reflektiert und optimiert werden. Der Anspruch sollte nicht sein, bereits zu Beginn die perfekte Lösung zu haben.
- Begleitmaßnahmen auf verschiedenen Ebenen: Eine solche Transformation wirkt auf der Organisations-, Team- sowie auf der individuellen Ebene. Gerade die individuelle Ebene sollte nicht unterschätzt werden, da solche neue Zusammenarbeitsformen unter Umständen zu sehr großen Veränderungen für die eigene Person führen können. Angebote wie kollegiale Fallberatung, Coachings oder Tandems bei Aufträgen können wichtige Hebel sein, die es frühzeitig zu installieren gilt.
- Innehalten und kontinuierliches Lernen: Es lohnt sich, Möglichkeiten zur bewussten Reflektion zu schaffen, wie zum Beispiel Retrospektiven oder ein Governance-Meeting.
- Einbezug aller: Kommunikation kommt auch bei einem solchen Vorhaben eine

Schlüsselfunktion zu – gerade auch das Stakeholder Management. Nicht nur das Team oder die Abteilung müssen im Boot sein, sondern besonders auch die Kunden und die HR-Leitung.
- Zweck (Purpose): Ganz wichtig bei einer solchen Expedition ist der übergeordnete Zweck: »Was wollen wir gemeinsam erreichen?« »Wieso machen wir das überhaupt?« Der Glaube an die Expedition und eine Sinngebung sind enorm wichtig, damit man auch bei Rückschlägen und Schwierigkeiten weiß, wofür man sich einsetzt.

Literatur

Busch, M. (2009): T-Shaped Skills. Der Spezialist mit überfachlichen Antennen. Organisationsentwicklung: Zeitschrift für Unternehmensentwicklung und Change Management. 28(4).

Graf, N.; Gramss, D.; Edelkraut, F. (2017): Agiles Lernen. Neue Rollen, Kompetenzen und Methoden im Unternehmenskontext. Freiburg: Haufe Lexware.

Krcmar, H. (2018): Charakteristika digitaler Transformation: In G. Oswald und H. Krcmar (Hrsg.), Digitale Transformation. Fallbeispiele und Branchenanalysen. Wiesbaden: Springer Gabler.

Sauter, R.; Sauter, W.; Wolfig, R. (2018): Agile Werte- und Kompetenzentwicklung. Wege in eine neue Arbeitswelt, Wiesbaden: Springer Gabler.

Seufert, S.; Meier, C.; Schneider, C.; Schuchmann, D.; Krapf, J. (2017): Geschäftsmodelle für inner- und überbetrieblicher Bildungsanbieter in einer zunehmend digitalisierten Welt. In: J. Erpenbeck & W. Sauter (Hrsg.), Handbuch Kompetenzentwicklung im Netz: Bausteine einer neuen Lernwelt. Stuttgart: Schäffer-Poeschel Verlag.

Hinweise zu den Autoren

Nadia Eggmann

Nadia Eggmann arbeitet seit vier Jahren bei der Schweizerischen Post. Sie ist PE/OE-Spezialistin im Fachkreis Mitarbeiterentwicklung und seit Mai 2019 Key Account Managerin für die Post Informatik. Zudem ist sie Mitglied der im Buchbeitrag erwähnten Zukunftsgruppe. Nadia Eggmann hat ihren BWL-Bachelor sowie Master in Business Management an der Universität St. Gallen absolviert und ist Dipl. Wirtschaftspädagogin. Im Rahmen ihres berufsbegleitenden Dissertationsvorhabens setzt sich Nadia Eggmann mit Auswirkungen der digitalen Transformation auf die Personalentwicklung auseinander.

Kontaktdaten:
Die Schweizerische Post, Personal, Wankdorfallee 4, CH-3030 Bern, Mail: nadia.eggmann@post.ch, Internet: www.post.ch

Hanneke Gerritsen

Hanneke Gerritsen arbeitet seit sechs Jahren bei der Schweizerischen Post und verantwortet heute in Co-Leitung die Organisationsentwicklung der Post. Sie hat die Rolle der Fachverantwortlichen Arbeitswelt inne und ist Mitglied des Steuerungskreises. Gerritsen hat an der Amsterdam University of Applied Sciences Ökonomie studiert und dieses Studium mit Ausbildungen im Bereich von Coaching, Strategie, Design Thinking und Leadership ergänzt. Zentral in ihrem Werdegang steht die Weiterentwicklung: Angefangen mit Weiterentwicklung von Personen, über Teams bis hin zur Organisationen.

Kontaktdaten:
Die Schweizerische Post, Personal, Wankdorfallee 4, CH-3030 Bern, Mail: hanneke.gerritsen@post.ch, Internet: www.post.ch

Dr. Carole Rentsch

Dr. Rentsch ist seit einem Jahr im HR-Bereich der Schweizerischen Post tätig, und zwar als Fachverantwortliche Mitarbeiterentwicklung. Sie ist Mitglied des Steuerungskreises und stellvertretende Leiterin HR-Entwicklung. Nach sieben Jahren bei der Post ist sie überzeugt, dass die Kompetenzen des Personals für die aktuelle Transformation der Post absolut erfolgskritisch sind. Im Fokus ihrer Aufmerksamkeit steht daher der Skill Change des Post Personals. Dr. Rentsch verfügt über ein Lizentiat in Psychologie, einen Masterabschluss in Betriebswirtschaftslehre und ein PhD in Management of Technology. Vor ihrer HR-Zeit arbeitete sie als Strategy Manager, als COO eines KMU und als Ausbildnerin.

Kontaktdaten:
Die Schweizerische Post, Personal, Wankdorfallee 4, CH-3030 Bern, Mail: carole.rentsch@post.ch, Internet: www.post.ch

Peter Weishaupt

Peter Weishaupt arbeitet seit 17 Jahren bei der Schweizerischen Post und verantwortet heute in Co-Leitung die Organisationsentwicklung der Post. Er hat die Rolle des Fachverantwortlichen Veränderungsmanagement inne und ist Mitglied des Steuerungskreises. Ausgehend von einem Studium in Sport und Geschichte, stellte das MAS in Organisationsberatung den entscheidenden Wendepunkt in seiner beruflichen Entwicklung dar. Weitbildungen im Rahmen von systemischer Beratung und Coaching/Begleitung folgten. Heute stehen für ihn neben der fachlichen Verantwortung für die Weiterentwicklung des Veränderungsmanagements die Begleitung von größeren Transformationsvorhaben als auch die Kulturentwicklung bei der Post im Zentrum seiner Aufmerksamkeit.

Kontaktdaten:
Die Schweizerische Post, Personal, Wankdorfallee 4, CH-3030 Bern, Mail: peter.weishaupt@post.ch, Internet: www.post.ch

Digitales Personalmanagement in der Praxis

Alexander Michalski,
Leiter Personal-
wirtschaft Industrial
Technology,
ZF Friedrichshafen AG,
Passau

Katharina Pfeuffer,
Masterandin im Bereich
Personalwirtschaft,
ZF Friedrichshafen AG,
Passau

Die Auswirkungen der Megatrends, wie Globalisierung, Individualisierung, Wissensgesellschaft, Nachhaltigkeit, zunehmende Urbanisierung und allem voran die Digitalisierung stellen das Personalmanagement vor neue Herausforderungen. Ziel dieses Beitrages ist, die Auswirkungen der Digitalisierung auf die Arbeits- und Ablauforganisation der qualitativen Personalarbeit umfassend zu untersuchen und entsprechende Handlungsempfehlungen für die Praxis zu erarbeiten.

Vom Human Resource Management zum Robot Resource Management

Begeben Sie sich auf eine Zeitreise ins Morgen. Vor gerade einmal drei Wochen haben Sie sich bei dem internationalen Industrieunternehmen Human-Robotic-Corporation beworben. Sie wurden während eines Einkaufs bei einem namhaften Onlineversandhändler von einem Chat-Bot angeschrieben mit dem Hinweis »Kunden, die dieses Produkt kauften, haben sich bei dem Unternehmen Human-Robotic-Corporation beworben, da es für ökologische und soziale Nachhaltigkeit steht sowie auf ihre individuellen Lebensbedürfnisse Rücksicht nimmt.« Zudem weiß das Unternehmen bereits, dass Sie zwei Kinder haben und bietet Ihnen eine internationale Kinderbetreuung sowie einen

---

Lessons Learned

- Administrative Prozesse müssen automatisiert, digitalisiert und in zeitgemäßen Applikationen zur Verfügung gestellt werden
- Teilprozesse aus unterschiedlichen Systemen müssen in eine cloudbasierte Systemlandschaft mit End-to-End-Prozessen überführt werden.
- Die qualitative Personalarbeit muss auf valider Datenbasis zur nachhaltigen Unterstützung von Management-Entscheidungen gestärkt werden.
- Die Auswirkungen der Digitalisierung auf die Arbeits- und Ablauforganisation müssen untersucht werden.
- Für die Einführung von Mensch-Roboter-Konstellationen müssen arbeitsrechtliche und ethische Rahmenbedingungen geschaffen werden.

Vorschlag für den Umzug in ein bezugsfertiges Einfamilienhaus an. Das Vorstellungsgespräch haben Sie erfolgreich mit dem digitalen Sprachassistenten einer namhaften Suchmaschine abgeschlossen und die Abwicklung der arbeitsvertraglichen Formalitäten erledigen Sie »wie immer« mittels digitaler Unterschrift auf der »i-Employment-Contract-App«:

- Was denken Sie, wer Sie am ersten Arbeitstag in diesem Unternehmen begrüßen wird?
- Was denken Sie, wie viele Kollegen Sie in der Produktionshalle während der flexiblen Pause treffen werden?
- Was denken Sie, mit welchen Smart-Factory-Elementen beziehungsweise Human-Resources-Digital-Assistenten, wie zum Beispiel Virtual-Reality-Brillen, Computer-Added-Assembly oder Digital-Twin-Modellen, Ihre Einarbeitung am Arbeitsplatz erfolgt?

Zurück in die Gegenwart. Die Anforderungen an den Personalbereich unterliegen seit jeher einem ständigen Wandel. Beginnend im 20. Jahrhundert mit der Schaffung des Personalbereichs als Konzernfunktion, über die 1980er Jahre mit der Übertragung von Human-Resources-Aufgaben (HR-Aufgaben) an das operative Management aus Kostengründen und die 1990er Jahre mit zunehmender Bedeutung des Personalbereichs zur Unterstützung des Dotcom-Booms bis heute, mit dem Anspruch in der Rolle des HR-Business-Partners auf Augenhöhe zum Management zu fungieren.

Neben den eingangs genannten Megatrends und deren gesellschaftlichen Auswirkungen, können zwei wesentliche Treiber identifiziert werden:

- Zum einen der Treiber auf Arbeitnehmerseite mit dem Ziel der Erweiterung von privater Flexibilität und Autonomie, um die Life-Work-Balance, Gesundheit, Erholung sowie Lebensqualität zu steigern.
- Der Arbeitgeber zum zweiten versteht sich als Treiber mit dem Ziel, dispositive Flexibilität zu erhöhen, um bei möglichst optimierten Ressourceneinsatz schnell auf veränderte Kundenanforderungen und volatile Märkte reagieren zu können

Also nichts Neues für HR und alles bereits bekannt? Bewegt das Business den Personalbereich oder gestaltet HR kundenorientiert seine Kernprozesse und unterstützt bei der zunehmenden Dynamisierung der Produktlebenszyklen?

Die oben beschriebene Zeitreise gibt einen Einblick in zukünftige Anforderungen der Kunden sowie der Mitarbeiter und macht deutlich, wie disruptiv die bevorstehenden Veränderungen für den Personalbereich sein werden. Im Rahmen der digitalen Transformation wird demnach von einer doppelten Digitalisierungsherausforderung für HR gesprochen (Petry/Jäger, 2018):

- Zum einen wird vom Personalbereich erwartet, sich selbst und seine Prozesse zu digitalisieren (direkte HR-Digitalisierung) und

- zum anderen bei der Transformation von traditionellen Businessmodellen zu digitalen Industrieanwendungen des Unternehmens mitzuwirken und sich als wesentlicher Gestalter des Wandels zu positionieren (indirekte HR-Digitalisierung).

Direkte HR-Digitalisierung
In einer zunehmend digitaler werdenden Arbeitswelt, fokussiert die direkte HR-Digitalisierung einerseits die Steigerung von Effizienz und Effektivität der Personalprozesse und andererseits die Erfüllung der internen Kundenanforderungen. Dabei werden beispielsweise papierbasierte sowie administrative HR-Prozesse in Employee-/Management-Self-Service-Anwendungen entlang der gesamten Personalwertschöpfungskette überführt. Es erfolgt damit grundsätzlich keine Verlagerung von HR-Aufgaben auf andere Bereiche; vielmehr wird der Aufwand dort verarbeitet, wo er initial entsteht, wie zum Beispiel die Änderung der Anschrift, das Abrufen von elektronischen Gehaltsnachweisen oder die Anforderung zur Besetzung einer neuen Planstelle.

Bereits heute nutzen Unternehmen die Möglichkeiten des Einsatzes von humanoiden, also menschenähnlichen Robotern im Rahmen des Personalauswahlprozesses. Demnach nutzt HR algorithmische Systeme für datengesteuerte Rekrutierungsmethoden (Hustedt/Müller-Eiselt, 2019).

Indirekte HR-Digitalisierung
Die indirekte HR-Digitalisierung beschreibt die Einführung und Nutzung von Smart-Factory-Elementen, wie beispielweise: Digitale Assistenzsysteme (Wearables), Mensch-Roboter-Kollaboration und Vernetzung (Internet of Things) in der Fertigung und Montage. Die Nutzung von Smart-Factory-Elementen verändert nicht nur bestehende Geschäfts- und Fertigungsprozesse, sondern auch die Unternehmenskultur und -ethik, Betriebsvereinbarungen und rechtliche Rahmenbedingungen. Insbesondere die Ausweitung von Mensch-Maschinen-Prozessen verändert das dafür notwendige Kompetenzprofil der Führungskräfte und Mitarbeiter. Dem Personalbereich bietet sich hier die Möglichkeit, einen wesentlichen Gestaltungsspielraum zu erschließen, indem die Auswirkungen auf die Arbeits- und Ablauforganisation umfassend untersucht und entsprechende Handlungsempfehlungen gemeinsam mit dem Fachbereich erarbeitet werden.

Strategische Ausrichtung als Basis für erfolgreiche Digitalisierung

Als weltweit führender Technologiekonzern in der Antriebs- und Fahrwerktechnik sowie der aktiven und passiven Sicherheitstechnik, entwickelt und fertigt die ZF Friedrichshafen AG, innovative und qualitativ hochwertige Produkte zur Verbesserung der Mobilität von Menschen und Gütern sowie aller damit verbundenen Technologien.

In der Division Industrietechnik bündelt ZF die Entwicklung und Produktion von Getrieben sowie Achsen für Land- und Baumaschinen ebenso wie die Antriebstechnik für Stapler, Schienen- und Sonderfahrzeuge. Die Division verantwortet zudem weltweit das Geschäft der Marine und Luftfahrt-Antriebstechnik sowie die Entwicklung und Produktion von Getrieben für Windkraftanlagen. Ebenfalls zum Portfolio zählen große Industriegetriebe und Prüfsysteme für Anwendungen in der Antriebs- und Fahrwerktechnik. Insgesamt arbeiten rund 11.000 Beschäftigte an 21 Standorten weltweit für die Division.

Mobilität wird auch in der ZF digital. So vernetzt ZF Supercomputer mit seinen Sensoren und mechatronischen Systemen zu intelligenter Mechanik. Dabei werden beispielsweise Umweltsensoren wie Kamera und Radar mit zentralen elektronischen Steuergeräten im Fahrzeug kombiniert. Intelligente Mechatronik im Antrieb, Chassis und Lenksystem wandelt dann die erlernten Erkenntnisse in Handlungen um.

Die digitale Transformation ist folglich in die Unternehmensstrategie der Division Industrietechnik eingebettet und beinhaltet im Kern vier wesentliche Elemente:
1. Neue Geschäftsmodelle für digitale Produkte und Services,
2. Industrie 4.0 Anwendungen in Fertigung, Montage und Supply-Chain,
3. Effizient und Effektivität durch digitale Geschäftsprozesse »End-to-End«,
4. Unternehmenskultur in einer agilen und digitalen Arbeitswelt.

Zur Schaffung einer Unternehmenskultur, die auf agile und digitale Arbeitswelten ausgerichtet ist, sollen exemplarisch die nachfolgenden Initiativen genannt werden:
- Workplace Transformation und Organisationsdesign: Schaffung von agilen Unternehmensstrukturen mittels skill-based Workforce-Management zur Bereitstellung benötigter Fähigkeiten und Kompetenzen;
- Employee-Experience-Design-Ansatz: Etablierung von einfachen Prozessen und Workflows mittels intuitiver Apps und Bedienoberflächen, ausgerichtet an den internen Kundenbedarfen (Petry/Jäger, 2018);
- Digital Training und Internal Development: Leadership Development nach dem Modell VOPA+ (Vernetzung, Offenheit, Partizipation, Agilität plus Vertrauen) zur Stärkung kollaborativer und digitaler Lernformen (Buhse, 2014; Petry, 2014).

Polarisierte Organisation
Im Zentrum der qualitativen Personalarbeit steht, die Auswirkungen der Digitalisierung auf die Arbeits- und Ablauforganisation umfassend zu untersuchen und entsprechende Handlungsempfehlungen zu erarbeiten. Ein möglicher Ansatz, um das Organisationsdesign zu analysieren, sind dabei die Arbeiten von Galbraith (1976) und Nagel (2017). Ausgangspunkt ist die sogenannte »polarisierte Organisation«, bei der man zum einen von einer dispositiven Ebene mit hochqualifizierten und spezialisierten Fachkräften mit hohen Handlungsspielräumen und zum anderen von einer ausführen-

den Ebene im Sinne von »abgewerteten« Fachkräften beziehungsweise angelernten Mitarbeitern spricht (Hirsch-Kreinsen, 2014).

Im durchschnittlichen Industrieunternehmen gibt es gegenwärtig einen überwiegenden Anteil von »mittleren« Fachkräften (siehe Abb. 1, linker Bereich). Durch die Einführung von Smart-Factory-Elementen im Rahmen Industrie 4.0 werden sich die Arbeits- und Ablauforganisation und die Anforderungen an die Mitarbeiter und deren Qualifikationen disruptiv verändern. So wird ein Großteil der Mitarbeiter zukünftig in höheren sowie in niedrigeren Qualifikationsniveaus angesiedelt sein. Zur Unterstützung der Wettbewerbsfähigkeit, sollte das Personalmanagement auf hochqualifiziertes Fachpersonal setzen und die Arbeitswelt so gestalten, dass ebenso einfache Routinetätigkeiten durch niedrigqualifiziertes Personal vorgenommen werden können.

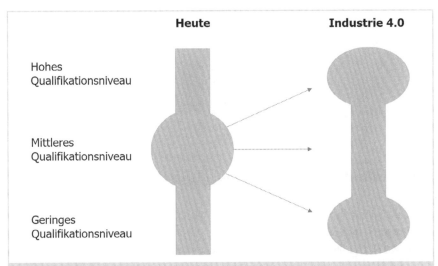

Abb. 1: Veränderung der heutigen zur zukünftigen Qualifizierungsstruktur (Vom Human Resource Management zum Robot Resource Management; Michalski, 2018)

Analyse des Organisationsdesigns
Die Schaffung anforderungsgerechter Organisationsstrukturen sowie deren Begleitung durch den Personalbereich, kann in folgenden Schritten vorgenommen werden (osb, 2018):
1. Vergemeinschaftung der strategischen Anforderungen,
2. Organisation mit Designkriterien überprüfen,
3. Designoptionen entwickeln,
4. Designentscheidung treffen,
5. Neudesign detaillieren,
6. Umstellung planen,
7. Design verankern – Weiterentwicklung sichern.

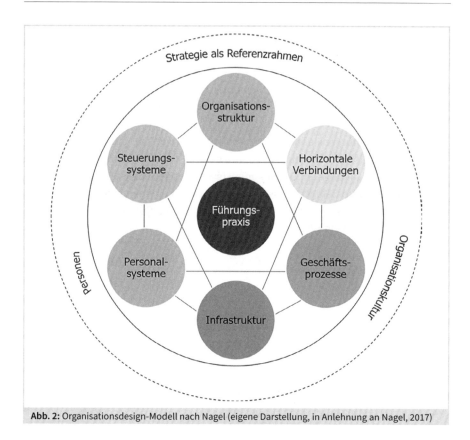

Abb. 2: Organisationsdesign-Modell nach Nagel (eigene Darstellung, in Anlehnung an Nagel, 2017)

Bezogen auf die im zweiten Schritt genannten Designkriterien, empfiehlt sich die Anwendung eines entsprechenden Organisationsdesignmodells (Galbraith, 1977; Nagel, 2017). Das Modell (siehe Abb. 2) basiert im Kern auf der Führungspraxis eines Unternehmens, eingefasst von der Unternehmensstrategie und -kultur sowie der eigentlichen Belegschaft. Die sechs Hauptkriterien des Modells werden näher erläutert in der nachfolgenden tabellarischen Zusammenfassung (siehe Abb. 3).

Was ist der Bezugsrahmen für unser Organisationsdesign?
Spielregeln des Marktes I **Strategie** des Unternehmens I Organisationsdesignkriterien
1. Wie verteilen wir Verantwortung und gliedern die Organisation?
• Prinzipien und Logistik für die **Gesamtstruktur** • Organigramm d.h. Definition der Funktionen und Verantwortlichkeiten • Struktur der Subeinheiten
2. Wie verknüpfen wir die Organisationseinheiten?
• **Horizontale** Abstimmungsmechanismen • Kommunikationsformate und -medien • Periodizität und Formate der Regelkommunikation
3. Wie steuern und entscheiden wir?
• Entscheidungsstruktur und Regelwerke (Geschäftsordnung) • Zielbildungs-, Zielverfolgungssysteme und **Steuerungsmechanismen** • Key Performance Indicators
4. Wie generieren wir Produkte und Leistungen?
• **Kernprozesse** • Supportprozesse
5. Wie stellen wir die Passung zwischen Personen her?
• »Job-Families«/**Stellenbeschreibungen** • Notwendige Kompetenzen der Mitarbeiter/innen • Talentmanagement-System • Entlohnungssysteme
6. Wie gestalten wir unsere Arbeitsbedingungen?
• Arbeitsplatz und Raumgestaltung • Technische **Infrastruktur** • Kommunikationsinfrastruktur/Kollaborationsplattformen • IT-Systeme

Abb. 3: Organization Design nach Galbraith, 1977; Nagel, 2017

Die Digitalisierung nimmt tiefgreifenden Einfluss auf die gesamte Organisation. In Zusammenarbeit mit dem Fachbereich fokussiert HR dabei im Wesentlichen die Aspekte der Personalsysteme. Das Designkriterium »Personalsysteme« wird maßgeblich von der Unternehmensstrategie beeinflusst. So bezieht sich dieses Kriterium auf die personenbezogenen Aspekte der Organisation, beispielsweise auf

- die Betreuung des Fachbereichs durch die HR-Business-Partner entlang der Personalwertschöpfungskette,
- das Performancemanagement und Anreizsysteme,
- die Aspekte der Personalentwicklung hinsichtlich der Fähigkeiten und Kompetenzen der Mitarbeiter, deren Einstellung und Veränderungsbereitschaft zu neuen Technologien der Industrie 4.0 (Armutat et al., 2018; Nagel, 2017).

Transparente Kommunikation und Commitment zum Thema Industrie 4.0
Veränderungen im Arbeitsumfeld gehen oftmals mit Unsicherheiten oder Vorbehalten gegenüber neuen Technologien einher, bis hin zur Angst um einen möglichen Arbeitsplatzverlust. Um dies zu vermeiden, ist zum Thema Industrie 4.0 regelmäßig aufzuklären und über den Status der Planung und Umsetzung der Einführung von

Smart-Factory-Elementen zu informieren. Demnach sind Transparenz über zukünftige Veränderungen, eine offene Kommunikation und die Partizipation aller Beteiligten in den Veränderungsprozess wesentlich.

Die Motivation und das Commitment der Mitarbeiter sind erfolgskritisch bei der Einführung und Nutzung von neuen Technologien. Der Personalbereich sollte daher stets den Mehrwert der neuen Technologien hervorheben, mittels entsprechender Anreizsysteme die Nutzung unterstützen sowie die Offenheit gegenüber neuen Technologien über alle Hierarchieebenen fördern. Zudem wird ausdrücklich empfohlen, die Einführung von Industrie 4.0 Anwendungen mittels entsprechender Pilot-Projekte vorzunehmen. Dabei gilt es, in einem strukturierten Prozess der kontinuierlichen Verbesserung (KVP) mit allen Beteiligten einen regelmäßigen Erfahrungsaustausch zu pflegen und entsprechende Optimierungsworkshops durchzuführen.

Frühzeitige Zusammenarbeit zwischen Fach- und Personalbereich
Der Fachbereich sollte den Personalbereich frühzeitig in Überlegungen zur Einführung neuer Technologien einbinden, da dieser als wesentliche Schnittstelle zwischen Mitarbeitern, Führungskräften und Betriebsrat fungiert. So sollte der zuständige HR-Business-Partner bereits beim Investitionsantrag für die entsprechende Technologie involviert sein, um beispielsweise erforderliche Kompetenzen frühzeitig zu analysieren, Einsparpotentiale zu erfassen und eine entsprechende Prozessbegleitung und Kommunikationsstrategie zu erarbeiten.

Einbeziehung des Betriebsrats als Partner
Nicht nur aus betriebsverfassungsrechtlichen Erwägungen ist der Betriebsrat von Beginn an in Planung und Implementierung neuer Technologien einzubeziehen, sondern auch aus Gründen der Kommunikation in Richtung Belegschaft. So sollte der Betriebsrat als zentrale Anlaufstelle der Mitarbeiter konkrete Auskünfte zu geplanten Vorhaben erteilen können, um das Vertrauen zu fördern und Ängste abzubauen. Folglich sind betriebliche Vereinbarungen im Vorhinein mit dem Betriebsrat zu treffen, beispielsweise zum Ausschluss von Möglichkeiten der Leistungskontrolle und -überwachung bei der Nutzung von digitalen Assistenzsystemen (CAA, MDE/BDE). Ferner sind mit dem Betriebsrat innerbetriebliche Planungen zu besprechen, bei denen Veränderungen der Beschäftigungsarten und -formen auf Grund der Einführung von Smart-Factory-Elementen zu erwarten sind.

Personalentwicklung und Qualifikation

Der Einsatz von Smart-Factory-Elementen ist meist mit neuen Anforderungsprofilen an den Arbeitsplatz verbunden. So sind Änderungen der Aufgaben durch den Personalbereich zu prüfen, die Stellenbeschreibungen und Eingruppierungen anzupassen sowie die neuen fachlichen und überfachlichen Qualifikationen zu hinterlegen als Grundlage für ein digitales Kompetenzmanagementsystem.

Durch die Einführung neuer Technologien ändern sich die notwendigen Qualifizierungsbedarfe. Diese sind frühzeitig zu ermitteln und in entsprechende Personalentwicklungsmaßnahmen zu integrieren. Dabei sollte insbesondere darauf geachtet werden, die Schulungsmaßnahmen aufgrund heterogener Strukturen in der Belegschaft, zielgruppenorientiert und nach individuellem Wissensstand anzubieten. Eine Grundlage hierfür könnte unter anderem eine Selbsteinschätzung zur Technikaffinität bilden.

Bezogen auf die betriebliche Berufsausbildung sollten sich Personalentwicklung und Fachbereich mit den Bedarfen an neue Berufsbilder nicht nur für den Mitarbeiterkreis der Auszubildenden auseinandersetzen, sondern mittels modularer Schulungen ebenso für die bestehende Belegschaft. Bei der Umsetzung sollten digitale Lernformate genutzt werden, wie beispielsweise informelles Lernen mithilfe von digitalen Assistenzsystemen (VR-/AR-Brillen), Blended Learning, Social-Media-Funktionalitäten, Massive Open Online Courses (MOOCs) oder Nano-Degrees.

Umgang mit Einsparpotenzialen durch Industrie 4.0
Investitionen in Industrie 4.0 Anwendungen haben – bezogen auf den Personaleinsatz – auch das Ziel, Einsparpotenziale zu heben. An den Schnittstellen zu den Betriebsparteien sollte der Personalbereich frühzeitig Lösungen hinsichtlich der definierten Personalkapazitäten entwickeln. Dabei geht es nicht vorrangig darum, die entsprechenden Mitarbeiter aus der Unternehmung heraus freizusetzen, sondern viel mehr die innerbetrieblichen Potenziale im Hinblick auf neue Aufgaben und Jobs zu nutzen. So könnten die finanziellen Einsparungen beispielsweise dafür genutzt werden, einen Teil der Qualifizierungskosten für zukünftige Kompetenzentwicklung und Weiterbildung der Belegschaft zu decken.

Der Personalbereich sollte hier bezogen auf die bereits beschriebene polarisierte Organisation, Maßnahmen vorsehen gleichermaßen für höhere, mittlere und geringe Qualifikationsniveaus. Von einem Zuwachs der höheren Niveaus ist auszugehen – bei gleichzeitiger Reduzierung der Gesamtbelegschaft.

Direkte HR-Digitalisierung entlang der Personalwertschöpfungskette
Die lebenszyklusorientierten Kernprozesse im Personalbereich sind in übergeordnete Gestaltungsfelder eingebettet (siehe Abb. 4). Den Rahmen bilden hierbei Führungs- und Selbstkompetenz des Personalbereichs mit einem klaren Bekenntnis zu Leadership und der Befähigung zur proaktiven Zielerreichung. Direkte HR-Digitalisierung ermöglicht es dem Personalbereich dabei, die vielfältigen Aspekte und Zusammenhänge für die internen Kunden zu verbinden und gleichermaßen transparent und

nutzbar zu machen, etwa im Rahmen des Personalcontrollings, der Personalbeschaffung und Personalentwicklung oder des Performancemanagements.

Abb. 4: Personalwertschöpfungskette (eigene Darstellung, in Anlehnung an: Armutat/DGFP, 2011)

Vorrausetzung für kundenzentrierte End-to-End-Prozesse sind dabei ein cloudbasiertes Core-System (Employee Central/Master-Data) mit vernetzter HR-Datenbasis und eine abgestimmte Vorgehensweise mit Datenschutzbeauftragten und Arbeitnehmer-Vertretern (Knobloch/Hustedt, 2019). Mittels digitaler Planungssoftware und People-Analytics-Anwendungen wandelt sich damit beispielsweise eine klassische Personalplanung auf Excel-Basis in einen quantitativen und qualitativen HR-Prozess zur Unterstützung von strategischen Managemententscheidungen. In diesem Zusammenhang kann das Personalcontrolling unter Nutzung von Tableau oder Microsoft Power BI erstmalig Auswirkungen von Managemententscheidungen statistisch prognostizieren.

Im Rahmen einer ganzheitlichen direkten HR-Digitalisierung ist beispielsweise der Personalbeschaffungsprozess nicht losgelöst von anderen Prozessen zu digitalisieren. Der Prozess sollte stets mittels automatisierten Datenschnittstellen im Zusammenhang stehen mit
- quantitativer und qualitativer Personalplanung,
- Definition des Anforderungsprofils und Personalaufwands,
- dem Stellenfreigabeprozess,
- der Stellenausschreibung,
- der Personalauswahl und
- der eigentlichen Stellenbesetzung.

Bei einem Großteil der im Personalbereich eingesetzten digitalen Anwendungen bleibt der Mensch Entscheider und die Systeme dienen als Assistenz und Grundlage für Managemententscheidungen. Für eine erfolgreiche Auswahl, Implementierung und Nutzung digitaler Systeme ist es für den Personalbereich dabei unerlässlich, im Bereich Datenanalyse und -interpretation Kompetenzen aufzubauen. Zudem sollten Kenntnisse aufgebaut werden hinsichtlich der Funktionsweise von Data Analytics und

Algorithmen sowie das Bewusstsein gestärkt werden für zukünftige Anwendung von Künstlicher Intelligenz im Rahmen von beispielsweise Personalauswahl- oder Talentmanagementsystemen (Knobloch/Hustedt, 2019).

Fazit

Dem Personalbereich wird durch die Möglichkeiten der direkten HR-Digitalisierung nun endlich die Chance geboten, sich von administrativen Aufgaben zu befreien und zugleich den internen Kunden zeitgemäße und längst überfällige End-to-End-Anwendungen zur Verfügung zu stellen. Die dadurch freigesetzten Kapazitäten sollten im Rahmen der indirekten HR-Digitalisierung eingesetzt werden. Hier sollte sich HR als Wegbereiter und Gestalter verstehen bei der Transformation von traditionellen Businessmodellen zu digitalen Industrieanwendungen.

Literatur

Armutat, S. (2011): DGFP Langzeitstudie. Professionelles Personalmanagement. Ergebnisse der pix-Befragung 2010. Düsseldorf: Deutsche Gesellschaft für Personalführung e. V.

Capgemini (2015): Digital Leadership – Führungskräfteentwicklung im digitalen Zeitalter.

Galbraith, J. R. (1977): Organization Design. Addison Wesley.

Hustedt, C., Müller-Eiselt, R. (2019): Robo Recruiting – Dank Algorithmen bessere Mitarbeiter:innen finden? verfügbar unter: https://www.bertelsmann-stiftung.de/de/unsere-projekte/ethik-der-algorithmen/projektnachrichten/robo-recruiting-dank-algorithmen-bessere-mitarbeiterinnen-finden/ (letzter Zugriff: 25.06.2019).

Knobloch, T.; Hustedt, C. (2019): Der maschinelle Weg zum passenden Personal. Stiftung Neue Verantwortung, Bertelsmann Stiftung.

Nagel, R. (2017): Organisationsdesign. Modelle und Methoden für Berater und Entscheider. Stuttgart: Schäffer-Poeschel Verlag.

Osb international Consulting AG (2018): Organisationsdesign Navigator: Wie gestalten wir nachhaltige Leistungsfähigkeit. verfügbar unter: https://www.osb-i.com/fileadmin/user_upload/osb_Organisationsdesign_Navigator.pdf (letzter Zugriff: 15.07.2019).

Petry, T. (2019): Wenn der Roboter neue Kollegen sucht. verfügbar unter: https://www.haufe.de/personal/hr-management/robot-recruiting-erwartungen-und-akzeptanz_80_484100.html (letzter Zugriff: 25.06.2019).

Petry, T.; Jäger, W. (2018): Digital HR – smarte und agile Systeme, Prozesse und Strukturen im Personalmanagement. Freiburg: Haufe Group.

Hinweise zu den Autoren

Alexander Michalski

Alexander Michalski ist seit Oktober 2017 als Leiter Personalwirtschaft der Division Industrietechnik bei der ZF Friedrichshafen AG am Standort Passau tätig. In dieser Funktion verantwortet die Bereiche Personalcontrolling und -analytics, Compensation & Benefits, Organisationsmanagement sowie HR-Digitalisierung. Zuvor war er als Werkspersonalleiter bei der Magna Steyr Car Structures am Standort in Heilbronn und als Abteilungsleiter Personalbetreuung bei der IFA Rotorion Holding in Magdeburg tätig. Michalski hat einen Bachelor of Arts International Management und einen Master of Science in Human Resources Management absolviert.

Kontaktdaten:
ZF Friedrichshafen AG Industrietechnik, 94030 Passau, Tel.: +49 (0)851 494 21 80,
Mail: alexander.michalski@zf.com. Internet: www.zf.com

Katharina Pfeuffer

Katharina Pfeuffer ist als Masterandin im Bereich Personalwirtschaft bei der ZF Friedrichshafen AG am Standort Passau tätig. Sie studiert im Masterstudiengang Wirtschaftsingenieurwesen und verfasst ihre Abschlussarbeit zur Thematik »Smart Factory – Auswirkungen auf die Arbeitsorganisation und Handlungsfelder für den Personal- und Fachbereich«. Hierbei beschäftigt sie sich intensiv mit der Digitalisierung und Industrie 4.0 und erarbeitet Implikationen und Handlungsempfehlungen für den Personal- und Fachbereich bei der Einführung von Smart Factory Elementen.

Kontaktdaten:
Mail: katharina.pfeuffer@outlook.de

Führung neu denken

Dr. Bernd Blessin,
Leiter Personal und
Organisation, Recht und
Compliance (CCO), VPV
Versicherungen, Stuttgart

Ausgehend von einer soliden Basis gilt es, Führung neu zu denken beziehungsweise weiterzuentwickeln. Der Umgang mit Widersprüchen und Spannungen ist und bleibt eine Führungsherausforderung. Aber die Komplexität auf den unterschiedlichen Ebenen nimmt zu. Im Folgenden wird Leadership in einer digitalisierten Welt oder Leadership im Wandel beleuchtet und aufgezeigt, welche Veränderungen abzusehen, welche Kompetenzen notwendig sind, um Menschen und Teams in einer digitalisierten Welt erfolgreich zu leiten. Zugleich wird auch die sich verändernde Rolle von Führungskräften betrachtet.

Die Ausgangslage: veränderte Rahmenbedingungen

Führung lebt. Führung wird es auch weiterhin geben. Und: Führung verändert sich, hat sich schon immer verändert, angepasst, weiterentwickelt. Dies geschieht sowohl auf der Makroebene im Lichte ökonomischer und gesellschaftlicher Rahmenbedingungen als auch auf der Mikroebene, also der unmittelbaren Führungsbeziehung beziehungsweise dem Führungskontext. Was sich verändert ist die Veränderungsgeschwindigkeit: Sie steigt zunehmend, wenn nicht gar exponentiell. Das verändert auch Führung und die notwendigen Kompetenzen sowie das Verhalten von Führungskräften schneller als bislang gewohnt.

> **Lessons Learned**
>
> - Die Veränderungsgeschwindigkeit steigt zunehmend und verändert auch Führung sowie Kompetenzen und Verhalten von Führungskräften schneller.
> - Im Zuge des digitalen Wandels gewinnt das Konzept der transformationalen Führung an Bedeutung.
> - Hierarchische Führung stirbt manchmal schleichend, manchmal als »Revolution« oder erdrutschartig – je nach Reifegrad des Unternehmens.
> - Die besondere Herausforderung liegt in der Balance der unterschiedlichen Anforderungen und Bedürfnisse einzelner Mitarbeiter und Teams.
> - Führung muss sich vernetzen und Netzwerken muss zu einer zentralen Kompetenz von Führungskräften werden.

Adjektivische Verkürzungen oder Erweiterungen, wie derzeit häufig gebraucht, helfen kaum. Es gibt zahlreiche Beispiele dafür: Leadership versehen mit dem Zusatz Agile, Authentic, Cultural, Ethic, Digital etc. Vielleicht ließe sich das Alphabet durchspielen. Am Beispiel des Letztgenannten: Digital Leadership gibt es nicht. Digital Leadership oder Digitale Führungskompetenz stellt keinen eigenen Führungsstil dar. Es ist sogar ein Paradoxon, da sich Leadership als soziale Beziehung per Definition nicht digital abbilden lässt.

Analoges gilt für Management. Auch wenn verschiedene Autoren Management auf Taylorismus reduzieren und zu Grabe tragen wollen, um das eigene Geschäftsmodell in einem komplexen Umfeld zu promoten, behält Management in geeigneten Situationen seine Berechtigung, nämlich überall dort, wo komplizierte Themen mit individuellem Einsatz, dem Einsatz von Ressourcen, Expertenwissen, IT-Einsatz etc. zielorientiert erfolgreich erledigt werden können.

Digitalisierung, Globalisierung, Wertewandel etc. verändern unsere Arbeitswelt und damit auch den Anspruch an Führung. Wirtschaftliche Strukturen werden komplexer, unsicherer und unübersichtlicher – unsere Umwelt ist unbeständig, unsicher, komplex und mehrdeutig (VUCA), was ebenfalls Auswirkungen auf Führung hat. Das VUCA-Prinzip (volatility, uncertainty, complexity, ambiguity) wurde ursprünglich beim amerikanischen Militär entwickelt, um eben entsprechende dynamische Einsätze vorzubereiten. Daher eignet sich dieses Prinzip auch für die Dynamik der Digitalisierung.

Führungstheorie und Veränderung der Führung

Die technologischen und gesellschaftlichen Veränderungen sind Herausforderungen für die Anpassungsfähigkeit im Unternehmen. Dies wird umso bedeutsamer, da die Veränderungsgeschwindigkeit der technologischen Entwicklungen und des Kundenverhaltens zunimmt. Dieser Veränderungsdruck wirkt gleichermaßen auf Unternehmenskultur und Führung. Bevor jedoch über die Weiterentwicklung der Führung nachgedacht wird, lohnt sich ein Blick auf die seit langem bestehenden und bestens erforschten Theorien.

Ein kurzer Ausflug in die Führungstheorie
Führungstheorien und Führungsstil-Modelle gibt es zahlreiche (vgl. Blessin/Wick, 2017). Auch sind Führungsdilemmata bereits bei Neuberger (2002) gut beschrieben. Die unveränderte Aktualität der diskutierten Führungsdilemmata liegt wahrscheinlich darin begründet, dass sich an den zugrunde liegenden Ursachen wenig geändert hat: Organisiertes Wirtschaften erfolgt unverändert arbeitsteilig, aber dennoch gemeinsam.

Vielleicht lässt sich etwas Ruhe in die teilweise sehr aufgeregte Diskussion um die Weiterentwicklung der Führung und von Führungseigenschaften bringen, wenn zwei bereits seit langem erforschte – und hinreichend belegte – Aspekte der Führung betrachtet werden. Zum einen ist dies die Gegenüberstellung von Leadership und Headship – letzteres auch »Management« genannt sowie zum anderen der transaktionalen und transformationalen Führung.

Die Gegenüberstellung von Leadership und Headship – oder Führung und Management – findet sich bereits seit den 1960er und 1970er Jahren in der amerikanischen Fachdiskussion:
- Bei Führung als »Menschenführung« steht die personale und interaktionale Akzentsetzung im Fokus.
- Management zielt auf strukturelle und institutionelle Aspekte ab, mithin die Unternehmensführung, die sich durch Prozesse, Planungs- und Controllingsysteme oder Projektorganisation etc. kennzeichnet (siehe Abb. 1).

Manager	Führungskräfte
Verwalten	innovieren
Erhalten	entwickeln
Imitieren	kreieren
sind Kopien	sind Originale
akzeptieren den Status quo	fordern den Status quo heraus
fokussieren sich auf Systeme	fokussieren sich auf Menschen
verlassen sich auf Kontrolle	setzen auf Vertrauen
sind auf kurzfristige Erfolge aus	denken langfristig
fragen nach wie und wann	fragen nach was und warum
sind rational und kontrolliert	sind begeistert und begeisternd
haben die Bilanz im Auge	haben die Vision im Herzen
machen Dinge richtig	machen die richtigen Dinge

Abb. 1: Manager und Führungskräfte – eine Gegenüberstellung, Quelle: Blessin/Wick, 2017, S. 116 f.

Aktuell wieder verstärkt diskutiert und referenziert werden die transformationale und die transaktionale Führung. Dabei ist die Vereinfachung, dass erstere überkommen und zweitere gut und die Zukunft sei, zu kurz gesprungen. Im Modell des Full Range of Leadership von Bass (1985) sowie Bass und Avolio (1990) werden diese in Beziehung gesetzt. Transaktionale Führung fokussiert auf die (Aus-)Tauschbeziehung zwischen

Führungskraft und Mitarbeiter. Sie basiert auf Verstärkung. Für das Tun oder Lassen gibt es positive oder negative Konsequenzen. Die Führungskraft kontrolliert, setzt Ziele und belohnt oder sanktioniert. Die erwartete Leistung liegt dabei im Rahmen des Vereinbarten und Gewohnten und ermöglicht eine verlässliche Planung.

Führungshandeln lässt sich dabei unterscheiden in »Laissez-faire«, »Management by Exception« und »Bedingte Belohnung«. Beim Laissez-faire wird den Mitarbeitern größtmöglicher Freiraum gelassen. Führungshandeln erfolgt nur bei Anforderung durch die Mitarbeiter beziehungsweise bei Entgegennahme der Ergebnisse. Führung erfolgt lediglich in Ausnahmesituationen, interveniert oder steuert gegen, wenn Probleme nicht selbstständig gelöst werden können (Management by Exception). Bedingte Belohnung bedeutet, dass dem Erreichen eines gesetzten Zieles eine Belohnung gegenübersteht, wie zum Beispiel Entgelt, Anerkennung, Karriere, Arbeitsbedingungen etc.

Die transformationale Führung geht weiter. Sie geht über die erwartbare Anstrengung hinaus. Eine Leistungssteigerung soll stattfinden, indem Werte und Einstellungen der Geführten angesprochen werden. Nach Bass zeigt die Führungskraft vier Verhaltensweisen (siehe Abb. 2):

- Vorbildfunktion (idealized influence): Geführte vertrauen der Führungskraft, nehmen diese als integer und glaubwürdig wahr, orientieren sich menschlich und/oder fachlich an ihr.
- Inspirierende Motivation (inspirational motivation): Mit einer attraktiven Mission oder Vision soll die intrinsische Motivation gesteigert werden. Sinn und Bedeutung sind zentral.
- Intellektuelle Anregung (intellectual stimulation): Mitarbeiter werden ermutigt, Kreativität und Innovativität sollen angeregt werden, um etwa Gewohntes in Frage zu stellen, zu optimieren, zu verändern.
- Individuelle Weiterentwicklung (individualized consideration): Die Führungskraft versteht sich mehr als Coach oder Berater, der die individuellen Bedürfnisse der Mitarbeiter erkennt und gezielt deren Stärken und Fähigkeiten entwickelt.

Beide Führungsstile haben, je nach Aufgaben- und/oder Mitarbeiterbezug, ihre Berechtigung. Im Zuge des digitalen Wandels gewinnt das Konzept der transformationalen Führung an Bedeutung. Führungshandeln, das auf schnelleren Wandel, technologisch wie gesellschaftlich, teilweise disruptiv, reagiert beziehungsweise diesen antizipiert, nimmt Anleihen auf bei transformationaler Führung – nämlich Motivation, Inspiration, Richtung und Orientierung geben, Empathie und Wertschätzung, Beziehungsaufbau und Entwicklung des Teamgedankens.

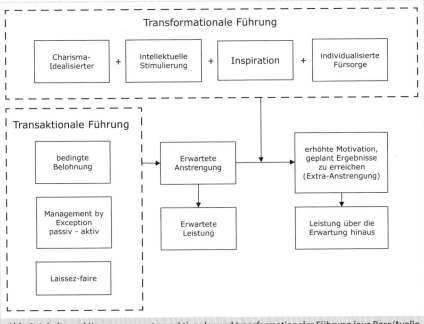

Abb. 2: Inhalte und Konsequenzen transaktionaler und transformationaler Führung (aus Bass/Avolio, 1990), Quelle: Blessin/Wick, 2017, S. 119

Erwartungen an Führung

Hierarchische Führung stirbt. Dies geschieht nicht heute oder morgen, manchmal schleichend, manchmal als »Revolution« oder erdrutschartig – je nach Unternehmenskontext oder Reifegrad des Unternehmens beziehungsweise der Führenden. In manchen Unternehmen ist es bereits passiert oder sie sind mitten in der Transformation, andere fangen gerade damit an, sind noch in der Überlegung oder vielleicht auch noch weit davon entfernt. Und sicherlich wird es immer Unternehmen, Unternehmensteile oder Organisationseinheiten geben, in denen hierarchische Führung vielleicht genau die am besten geeignete Form der Führung ist.

Auf dem Personalmanagementkongress 2019 in Berlin wurden acht Trendthemen für Human Resources (HR) vorgestellt, unter anderem das Thema »Future Leadership & Culture«. Ungestützt sollten die Teilnehmer reflektieren, wie sich Führung entwickelt. Herausgekommen ist eine ganze Reihe von Wortpaaren, die sich auf die Führungsfunktion, die Führungsperson oder die Führungsstruktur bezogen:

Führung entwickelt sich	
von	zu
autoritär	visionär
auf Dauer	auf Zeit
Kaminkarriere	Rotation
Vorgabe	Eigeninitiative und Entwicklung
hierarchisch	selbstorganisiert
one size fits all	individuell
Gleichheit	Diversity
Struktur	Komplexität
Kontrolle	Eigenverantwortung
bestimmen	inspirieren
disziplinarische Fachkraft	teamorientierte Führungskraft
Chef	Potenzialentfalter
Einzelkämpfer	Orchester
Bewahrer und Verwalter	Gestalter und Innovator
Wissen ist Macht	Wissen teilen
Best Practice	Best Fit
Anweisungen geben	Orientierung geben
Bevormundung	geteilte Verantwortung
informieren	inspirieren
appellieren	vorleben
zentrale Entscheidung	dezentrale Entscheidung
Redner	Zuhörer
bewertend	wertschätzend
Beurteiler	Entwickler

Abb. 3: Entwicklung von Führungsfunktion, -person und -struktur, BPM-Zirkeltraining 2019, Berlin, Quelle: eigene Darstellung

Die Wortpaare ergaben sich spontan und ungestützt aus der Expertise der Kongressteilnehmer. In Verbindung mit den zahlreichen Artikeln und Veröffentlichungen zum Thema Entwicklung der Führung bestätigen sie aber einige Tendenzen. Zukünftig bedeutsamer wird die Vermittlung von Sinn, der Wunsch nach Abbau von Hierarchie, zunehmender Demokratisierung, Partizipation und Teamorientierung sowie fluideren und agilen Formen der Zusammenarbeit. Damit einher gehen folglich auch die zunehmende Selbstbestimmung und Selbstorganisation der Mitarbeiter. Ebenfalls steigen die Anforderungen an die Kommunikation: Sie sollte offen und transparent sein sowie eine konstruktive Feedbackkultur entwickeln. Betont werden also zusammenfassend die Abgabe von Macht von Führungskräften an Mitarbeiter, die steigende Bedeutung von beziehungsförderndem und coachendem Verhalten sowie von Agilität, Transparenz und Wandel (Gärtner, 2019).

Das sind Herausforderungen für zahlreiche Führungskräfte und so manches Unternehmen und dessen Kultur. Hier besteht ein großes Entwicklungsfeld. Dabei sollte jedoch auch nicht vergessen werden, dass bei weitem nicht alle Mitarbeiter und Teams dies propagieren und einfordern. Tatsächlich besteht eben nicht einhellig die Bereitschaft, selbstorganisiert zu arbeiten und Verantwortung für das eigene Handeln zu übernehmen. Die besondere Herausforderung für Führung wird also in der Balance der unterschiedlichen Anforderungen und Bedürfnissen einzelner Mitarbeiter und Teams liegen.

Führung im digitalen Kontext

Die Reaktion auf eine VUCA-Umwelt könnte mit dem VOPA+ Modell gelingen. Das Grundmodell geht auf Buhse (2014) zurück. Er analysierte diverse digitale Geschäftsmodellinnovationen und arbeitete die vier VOPA-Elemente als zentrale Aspekte der Digitalisierung heraus. Diese sind: Vernetzung, Offenheit, Partizipation und Agilität. Das »+« kennzeichnet die Erweiterung durch Vertrauen. Dieser agile Führungsansatz beschreibt, wie sich Unternehmens- und Führungskultur verändern müssen, um damit von einer hierarchisch geprägten Organisations- und Führungskultur zu einer vernetzten Struktur zu gelangen (Petry, 2016). Die in Abb. 3 auf der rechten Seite genannten Begriffe weisen ebenfalls in diese Richtung.

Ein zentrales Kennzeichen der Digitalisierung ist die Vernetzung. Mit Facebook, Twitter, YouTube, Instagram, Snapchat etc. sind Vernetzung sowie ein offener und transparenter Austausch weltweit, im Unternehmen, im Team möglich. Der Zugang dazu ist grundsätzlich diskriminierungsfrei möglich, also unabhängig von Rasse, Bildung, Geschlecht, Religion etc. Sieht man von Missbräuchen, Zensur und »Fake News« einmal ab, so war Netzwerken noch nie so einfach und zugleich noch nie so wichtig, wie im digitalen Zeitalter.

Netzwerkkompetenz aufbauen und aktiv leben
Für Führung bedeutet dies, dass sich vernetzen und Netzwerken zu einer zentralen Kompetenz werden muss. Führungskräfte müssen tragfähige Beziehungen intern wie extern knüpfen und Kooperation als Grundmodell verstehen. Der Umgang mit den

neuen Medien, eine sich verändernde Kommunikation, aber auch die Chance, mit entsprechender Kommunikation hierdurch Distanz zu überwinden, ist herausfordernd und darin steckt für viele Führungskräfte jede Menge Neuland und sicherlich auch Sprengstoff. Einerseits muss jede Führungskraft diese Kompetenz für sich selbst entwickeln, mit den Mitarbeitern leben, geeignete Kommunikationsformen finden und andererseits Mitarbeitern das Netzwerken auch ermöglichen und fördern.

In letzterem liegt die Herausforderung. Wissen und Informationen sind die Grundlage einer produktiven Zusammenarbeit im Unternehmen. »Teile und herrsche«, die Hierarchie als Eigentümer und Verteiler von Wissen und Information sowie Wissen und Information als Machtinstrument verlieren an Bedeutung, wenn beides über andere Wege zugänglich wird. Bypässe über informelle Netzwerke wurden schon vor der Digitalisierung gelebt und gepflegt und sind nun noch einfacher und schneller möglich. Netzwerkkompetenz aufbauen und aktiv leben, ist also das Ziel.

Damit eng verbunden ist das Entwickeln und Leben von Offenheit. Dies bezieht sich nicht nur auf den vorgenannten Aspekt der Vernetzung, sondern ist deutlich weiter gefasst und von grundsätzlicher Natur. Offenheit bedeutet zum Beispiel
- neue Formen der Zusammenarbeit zulassen und entwickeln,
- iteratives, inkrementelles Vorgehen (statt Wasserfallplanung) und damit ausprobieren und verwerfen, lernen und verlernen ermöglichen,
- Diversität fördern und fordern sowie andere Sicht- und Herangehensweisen respektieren.

Partizipation braucht Offenheit
Führungskräfte und Mitarbeiter verbinden sich besser mit Zielen und Aufgaben, wenn diese transparent und gemeinsam vereinbart werden. Zudem gewinnen Entscheidungen an Qualität, wenn im Vorfeld mehrere – ganz im Sinne der vorgenannten Diversität – dazu gehört und eingebunden werden.

Die zunehmende Volatilität und Veränderungsgeschwindigkeit verlangen ein anderes Agieren der Führung. Agilität als Beweglichkeit und Wendigkeit bei unvorhergesehenen Ereignissen oder geänderten Anforderungen ist eine weitere zentrale Kompetenz, die sich Führungskräfte aneignen müssen. Agilität ist dabei auch durch die bereits genannten Merkmale wie zum Beispiel Selbstorganisation, iteratives und inkrementelles Vorgehen sowie ständige Verbesserung gekennzeichnet.

Und schließlich das »+«, Vertrauen. Vertrauen war schon immer eine wesentliche Komponente der Führungsbeziehung und ist wichtig für die Zusammenarbeit und gemeinsame Aufgabenerledigung. Kooperation und Partizipation ohne Vertrauen ist kaum möglich. Ohne ausreichendes Vertrauen der Führung in die Mitarbeiter, aber auch der Mitarbeiter in die Führung, sinkt ihre Wirkung. Gerade weil durch Führungskräfte immer weniger kontrollierbar und vorhersagbar ist, gewinnt das Erarbeiten von Vertrauen an Bedeutung. Einfach ist die Veränderung dieser Kompetenz ebenfalls nicht, basiert sie doch auf persönlicher Disposition aus der eigenen Sozialisationsgeschichte sowie auch auf konkreten Interaktionen mit Personen oder Unternehmenskontexten.

Führung als Profession
Die Anpassungsfähigkeit im Unternehmen und insbesondere der Führungskräfte an die technologischen und gesellschaftlichen Veränderungen ist »die« Herausforderung, zumal die Veränderungsgeschwindigkeit der technologischen Entwicklungen und des Kundenverhaltens zunimmt und Komplexität sowie Kontingenz steigen. Führungskräfte müssen diesen Wandel selbst verstehen und annehmen, ihn verständlich und klar erklären, sowie den Wandel aktiv gestalten.

Zweifelsohne müssen Führungskräfte, ihre Teams und Mitarbeiter ihre Technologiekompetenz und Digitalexpertise ausbauen. Neben einem grundlegenden technischen Verständnis bedarf es auch der sozialen Kompetenz zum Netzwerken. Was sich definitiv in vielen Unternehmensbereichen ändern wird, ist das Ende hierarchischer Führung. Command-and-Control hat ausgedient, wir befinden uns in Zeiten postheroischer Führung. Das bedeutet mehr Partizipation und Mitspracherecht für die Mitarbeiter, Wissensaustausch und -transfer sowie Eigenverantwortung, Selbstorganisation und Vernetzung der Mitarbeiter. Führung ist gefragt, die Sinn und Bedeutung vermittelt, Kultur und Werte aufzeigt, (rechtliche) Grenzen und Rahmenbedingungen setzt sowie Verantwortung überträgt.

Unverändert bleiben Führende in besonderer Verantwortung für Leistung, Beziehung und Ergebnis der Teams und Mitarbeiter. Führung sollte verstärkt als Profession begriffen werden. Führungskräfte sind als Vorbilder und Coaches gefragt und sollten vorleben, was sie von ihren Mitarbeitern erwarten.

Literatur

Bass, B. M. (1985): Leadership and Performance Beyond Expectations. New York: Academic Press.

Bass, B. M.; Avolio, B. (1990): Transformational Leadership Development. Manual for the Multifactor Leadership Questionnaire. Palo Alto: Consulting Psychologists Press.

Blessin, B.; Wick, A. (2017): Führen und führen lassen, 8. Auflage, Konstanz, München: UVK.

Buhse, W. (2014): Management by Internet: Neue Führungsmodelle für Unternehmen in Zeiten der digitalen Transformation. Kulmbach: Plassen.

Gärtner, C. (2019): Digital Leadership als Umgang mit Dilemmata. In: Petry, T. (Hrsg.), Digital Leadership: Erfolgreiches Führen in Zeiten der Digital Economy, 2. Auflage, Freiburg: Haufe.

Petry, T. (2016): Digital Leadership: Unternehmens- und Personalführung in der Digital Economy. In Petry, T. (Hrsg.), Digital Leadership: Erfolgreiches Führen in Zeiten der Digital Economy, Freiburg: Haufe. S. 21–82.

Neuberger, O. (2002): Führen und führen lassen, 6. Auflage, Stuttgart: Lucius & Lucius.

Hinweise zum Autor

Dr. Bernd Blessin

Dr. Bernd Blessin ist Leiter Personal und Organisation sowie Recht und Compliance (CCO) der VPV Versicherungen. Zuvor war er in Personalleitungsfunktionen für die Coca-Cola Erfrischungsgetränke AG und den Gerling-Konzern tätig. Er ist darüber hinaus im Aufsichtsrat der »Vereinigte Post. Die Makler-AG« sowie im Präsidium des Bundesverbandes der Personalmanager e. V. (BPM) und Mitautor von »Führen und führen lassen«.

Kontaktdaten:
VPV Lebensversicherungs-AG, Personal und Organisation, Mittlerer Pfad 19, 70499 Stuttgart, Tel. +49 (0) 160 963 110 79, Mail: bernd.blessin@vpv.de, Internet: www.vpv.de

Transformation der Unternehmenskultur im Zeitalter der Digitalisierung

Prof. Dr. Markus H. Dahm, Abteilungsleiter Digital Change & Transformation, IBM Deutschland GmbH, Ehningen

Clemens Holst, Senior Strategieberater, IBM Deutschland GmbH, Ehningen

Lisa-Marie Schmitz, duale Studentin, IBM Deutschland GmbH, Ehningen

Jedes Unternehmen sollte sich mit seiner gegenwärtigen Unternehmenskultur auseinandersetzen, um im Zuge der Digitalisierung den Zukunftsanforderungen auf Markt- und Kundenebene gerecht werden zu können. Diese Auseinandersetzung und das daraus abgeleitete zukünftig angestrebte Kulturbild sind unabdingbar, um die Zukunftsfähigkeit und Wettbewerbsfähigkeit des Unternehmens zu sichern. Das vorgestellte Konzept dient der Begleitung der Kulturtransformation von deutschen Traditionsunternehmen und vermittelt einen Leitfaden zur Orientierung bei dem Veränderungsprozess.

Einleitung

Im Zeitalter der Digitalisierung finden sich Unternehmen in einer komplexen, dynamischen Welt wieder, die einen kontinuierlichen Entwicklungsprozess fordert. Dabei

> **Lessons Learned**
> - Die Strukturen und Prozesse eines Unternehmens müssen an eine digitalisierte Arbeitswelt angepasst werden.
> - Die hohe Relevanz der Kulturveränderung sollte von den Mitarbeitern im Unternehmen nicht außer Acht gelassen werden.
> - Die Veränderung von Unternehmenskultur ist ein langfristiges Thema, dem kontinuierlich und iterativ nachgegangen werden muss.
> - Die Veränderung kann an einzelnen Kulturaspekten eines Unternehmens ansetzen.
> - Es gilt, die Kulturveränderung ganzheitlich auf allen Ebenen des Unternehmens zu etablieren und zu verankern.

wird gegenwärtig von einer VUCA-Welt gesprochen, welche die vier komplexen Herausforderungen Volatilität, Unsicherheit, Komplexität und Ambiguität zusammenfasst, denen sich Unternehmen in einer zunehmend digitalen Welt stellen müssen. Naturgemäß führt die erhöhte Geschwindigkeit der digitalen Transformation von Unternehmen zu disruptiven Veränderungen (Lepping/Palzkill, 2016). Durch den rasanten Fortschritt der Informations- und Kommunikationstechnologie wird eine Vernetzung der Wertschöpfungsketten sowie der Geschäftsprozesse unabdingbar. Mit hoher Dynamik entstehen neue Geschäftsmodelle sowie Märkte. Infolgedessen lassen sich Erwartungen und Ansprüche an den Markt ableiten (Neugebauer, 2018). Es erwächst ein intensiver, beständiger Transformationsdruck auf Unternehmen. Dieser Druck wird dabei durch einen weltweit geführten Konkurrenzkampf um Technologieführerschaft, Innovationsvorsprünge, Marktzugänge und Beherrschung von aktuellen und künftigen digitalen Absatzmärkten verstärkt (Lepping/Palzkill, 2016).

Ein Unternehmen kann nur dann seine Konkurrenzfähigkeit auf dem Markt wahren, wenn es flexibel auf die volatilen Veränderungen reagiert und seine Anpassungsfähigkeit beweist. Diese Reaktion auf Veränderungen ist insbesondere im Zeitalter der Digitalisierung unerlässlich. Die digitale Transformation eines Unternehmens meint an dieser Stelle den Wandlungsprozess eines Unternehmens, den es im Zuge der Digitalisierung zu bewältigen hat, um im Wettbewerb bestehen zu können (Laudon, 2017). Dieser Wandlungsprozess zielt in erheblichem Maße auf die Kultur eines Unternehmens ab.

Das Phänomen der Unternehmenskultur wird oft in blumigen Metaphern beschrieben, indem von der »Seele eines Unternehmens« oder der »Körpersprache einer Organisation« gesprochen wird (Strobl, 2018). Ihr Wesen ist letztendlich schwer greifbar und umfasst viele weiche Faktoren, die zum Teil einen impliziten Charakter haben. Doch die Unternehmenskultur nimmt beträchtlichen Einfluss auf das gesamte Unternehmen. Eine positive Beeinflussung lässt sich durch eine marktgerechte, wettbewerbsfähige Zielkultur im Unternehmen erreichen. Hierzu muss ein richtiger Umgang mit der Unternehmenskultur sichergestellt werden.

Vor einer Neuausrichtung der Unternehmenskultur ist allerdings zunächst eine Erfassung der vorherrschenden Kultur notwendig. Deren Aspekte müssen erkannt, beschrieben und bewertet werden. Doch auch die Bestimmung einer zukünftigen Unternehmenskultur birgt Herausforderungen und ist nicht exakt definierbar. Wie sieht eine bessere Version der gegenwärtigen Unternehmenskultur aus und welche Werte und Ziele sollten etabliert werden? Setzt sich ein Unternehmen mit den beiden Herausforderungen auseinander, gilt es weitere, damit einhergehende Fragen zu beleuchten:
- Welche Inhalte umfasst der diffuse Komplex einer Unternehmenskultur und wer kann diese Inhalte erkennen und bestimmen?

- Welche Inhalte lassen sich im darauffolgenden Schritt für eine direkte oder indirekte Beeinflussung betrachten?
- Wie kann diese Transformation von der gegenwärtigen zur zukünftigen Unternehmenskultur bestmöglich realisiert werden?

Das Ziel dieses Beitrags liegt darin, ein Konzept zur Transformation von Unternehmenskultur zur Verfügung zu stellen. Hierbei fokussiert sich die Ausarbeitung auf die Idee, dass das Konzept spezifisch bei deutschen Traditionsunternehmen gedanklich angesiedelt ist, die über Jahrzehnte ihr Kerngeschäft in Deutschland aufgebaut und profitabel abgesichert haben.

Konzept zur zielgerichteten Kulturtransformation

Das im Folgenden vorgestellte Konzept basiert primär auf einer Konsolidierung und Zusammenführung verschiedener wissenschaftlicher Ansätze und empirischer Erhebungen. Basis für die Konzeptentwicklung waren unter anderem die Arbeiten von Schein (1984, 2004) und Kotter (2006). Darüber hinaus wurden umfangreiche Experteninterviews mit Unternehmensvertretern geführt, die jeweils Fachkenntnisse zum Thema Kulturtransformation vorweisen konnten.

Entwicklung des Konzepts

Im Rahmen der durchgeführten, empirischen Erhebung galt es zu ermitteln, wie sich die gegenwärtige Kultur eines Unternehmens erfassen lässt und welche Methoden hierbei in der Unternehmenspraxis Anwendung finden. Darüber hinaus sollte herausgefunden werden, wie darauf aufbauend die Bestimmung einer zukünftigen Unternehmenskultur vorgenommen werden kann und auf welche Methoden hierfür zurückgegriffen werden sollte. Zuletzt sollte aufgedeckt werden, wie die Veränderung von einer bestehenden Ist-Kultur hin zu einer angestrebten Soll-Kultur innerhalb eines Unternehmens vollzogen werden kann.

Aufbau und Ablauf des Konzepts

Das Konzept gliedert sich in einen dreiphasigen Prozess mit Phase 0, 1 und 2, wobei Letztere in Unterphasen unterteilt ist, die abwechselnd iterierend vollzogen werden. Somit finden sich in dem Konzept mehrere Durchlaufschleifen wieder, in denen kontinuierlich eine Zielbestimmung, gefolgt von einer Veränderungsumsetzung, stattfindet (siehe Abb. 1).

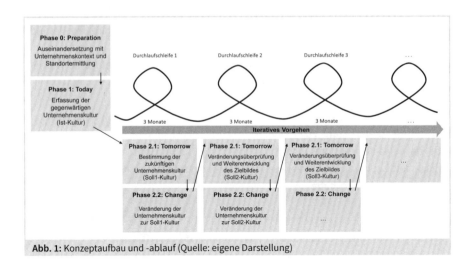

Abb. 1: Konzeptaufbau und -ablauf (Quelle: eigene Darstellung)

Durch dieses iterative Vorgehen mit mehreren Durchlaufschleifen der Zielbestimmung und Veränderungsumsetzung wird eine kontinuierliche Reflektion ermöglicht. Außerdem kann die Entwicklung der Veränderung verfolgt, gemessen und dokumentiert werden. Dieses Vorgehen lehnt sich an das Prinzip des kontinuierlichen Verbesserungsprozesses (KVP) an. Des Weiteren wird das Modell dadurch den schnelllebigen Bewegungen der Gesellschaft und des Marktes gerecht, da durch die Zielbildabgleichung sowie -neuausrichtung auf neue Gegebenheiten schnell und flexibel reagiert werden kann.

Für die Durchführung müssen die Unternehmen zunächst die richtigen Mitarbeiter auswählen. Im zweiten Schritt sollten diese ein Verständnis für das generelle Konzept erwerben. Im dritten Schritt sollte die Individualisierung des Konzepts durch ein Hinzufügen von detaillierten Inhalten vorgenommen werden. Eigene Unternehmenserfahrungen sollten die inhaltliche Ausarbeitung der Methoden beeinflussen und prägen. Das Konzept sollte an das eigene Unternehmen und seine zur Verfügung stehenden Ressourcen und Kompetenzen angepasst werden.

Hauptinstrument des Konzepts: Das Kulturbild

Das Kulturbild bereitet die Inhalte der Kulturerfassung bzw. Kulturbestimmung in einer Darstellung auf, in der sowohl die expliziten/sichtbaren Aspekte (oberer Bereich) als auch die impliziten/unsichtbaren Aspekte (unterer Bereich) berücksichtigt werden (siehe Abb. 2). Somit werden die Ergebnisse der jeweiligen Phase an dieser Stelle als Grundlage genutzt und in einem Gesamtbild konsolidiert.

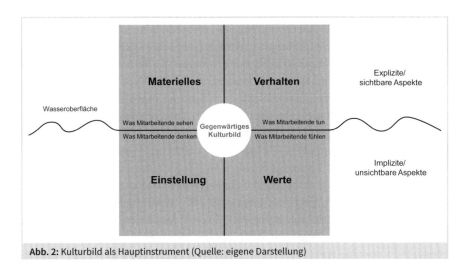

Abb. 2: Kulturbild als Hauptinstrument (Quelle: eigene Darstellung)

Das Kulturbild gliedert sich in vier unterschiedliche Bereiche, welche zusammengefügt die ganzheitliche Unternehmenskultur darstellen sollen. So werden die Ergebnisse der sichtbaren Aspekte in dem ersten Bereich Materielles und dem zweiten Bereich Verhalten zusammengestellt. Richtet man den Blick auf den unteren Bereich unter der Wasseroberfläche, um zu den unsichtbaren Aspekten zu gelangen, lässt sich hier eine Gliederung in Einstellung und Werte vornehmen. Die Darstellung dieses Kulturbildes lehnt sich an dem Instrument der »Empathy Map« aus der Design Thinking-Methodologie an, bei der ebenso eine Erfassung von vier Quadranten im Vordergrund steht, welche aus dem Englischen übersetzt mit Sagen, Tun, Denken und Fühlen betitelt werden. Im Zentrum dieser »Map« steht eine sogenannte Persona, die eine bestimmte Rolle innehat (IBM Corporation, 2016).

Phase 0: Preparation
Bevor die tatsächliche Erfassung der Unternehmenskultur beginnen kann, ist es notwendig, das Unternehmen zu verstehen und sich mit dem Unternehmenskontext vertraut zu machen. Dafür muss eine Art Standortbestimmung im Unternehmen durchgeführt werden. Ziel ist es, die vergangene Historie des Unternehmens auf- und sich in die derzeitige Situation einzuarbeiten. Zudem gilt es, die spezifische Industrie, die Marktgegebenheiten und die grundlegenden digitalen Trends in dem thematischen Umfeld des Unternehmens zu sichten. Dieses Geschehen wird unter Aufarbeitung des Unternehmenskontexts und Standortermittlung gefasst. Um diesen Zustand sicherzustellen, wird in dieser Phase eine Datensichtung und -analyse von Unternehmensinformationen wie zum Beispiel Entstehungsgeschichte, Hierarchiestrukturen, Unternehmensprozesse sowie Marktinformationen (beispielsweise digitale Trends, Kundenanforderungen, Wettbewerbsentwicklung) durchgeführt.

Für diese Phase ist eine Zeitdauer von circa zwei Wochen zu empfehlen, um den Blick auf das Unternehmen zu schärfen und gleichzeitig zu festigen. Alle in dieser Phase bei der Datensichtung und -analyse erlangten Erkenntnisse und Ergebnisse sollten mit Hinführungen und Erklärungen dokumentiert und festgehalten werden. Basierend auf den in der Phase gesammelten Erfahrungen können Einschätzungen und Empfehlungen für die nächste Phase vorgenommen werden, insbesondere bei der Methodenauswahl zur Erfassung der Unternehmenskultur.

Phase 1: Today

Die Phase 1 beinhaltet die Erfassung der gegenwärtigen Ist-Kultur im Unternehmen. Hier gilt es, die verschiedenen impliziten und expliziten Aspekte der Kultur zu betrachten und zu erfassen, um ein gegenwärtiges Kulturbild des Unternehmens zu erstellen. Ziel ist es, den richtigen Zugang zur Kulturanalyse zu finden, um dann anhand einer generischen oder fokussierten Kulturanalyse die impliziten und expliziten Aspekte der gegenwärtigen Kultur im Unternehmen zu erfassen und festzuhalten. Das Ergebnis soll nach einem Abgleich von unterschiedlichen Kulturbildern aus der Sicht des Managements, der Mitarbeiter und der Stakeholder in einem sogenannten gegenwärtigen Kulturbild (Hauptinstrument des Konzepts) festgehalten werden (siehe Abb. 3).

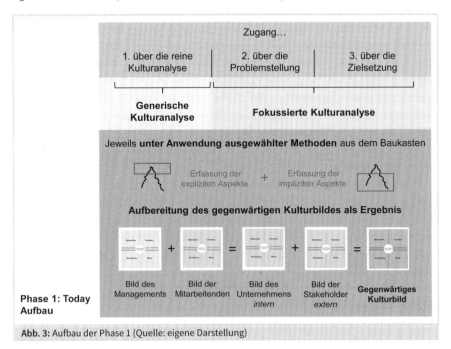

Abb. 3: Aufbau der Phase 1 (Quelle: eigene Darstellung)

Danach wird eine generische oder fokussierte Kulturanalyse unter Anwendung der im Nachgang vorgestellten Methoden durchgeführt. Innerhalb der Kulturanalyse wird ein breitgefächertes Methodenset als Baukasten zur Erfassung der gegenwärtigen Unter-

nehmenskultur angeboten. Dies ermöglicht eine individuelle Auswahl und Zusammenstellung von einzelnen Methoden auf Basis der Unternehmenspräferenzen und des konkreten Veränderungsumfangs. Dadurch gewinnt die Kulturanalyse an Skalierbarkeit. Die in dieser Phase zur Verfügung stehenden Methoden sind folgende:
- Selbstbild-Fremdbild-Methode: Erfassung und Vergleich des internen und externen Blicks auf die Unternehmenskultur.
- Tiefeninterviews: tiefgehende Interviews mit verschiedenen Mitarbeitern im Unternehmen und im Idealfall mit Personen aus allen Stakeholder-Gruppen zur Abdeckung von verschiedenen Blickwinkeln.
- Befragung: kompakte Erfassung durch eine direkte Mitarbeiterrückmeldung über persönliche oder online durchgeführte Befragung.
- Shadowing (Beobachtung und Unterhaltung): Miterleben des Arbeitsalltags und Mitarbeiterverhaltens auf verschiedenen Ebenen des Unternehmens.
- technologisch gestützte Analysen (Sentiment-, Kommunikations- und Inhaltsanalysen): Auswertung von digitaler Kommunikation und Aktivitäten der Mitarbeitenden in sozialen Netzen wie Intranet.

An dieser Stelle ist herauszustellen, dass der Inhalt der Analyse und die Ergebnisse sowohl die expliziten, auch formellen, sichtbaren, Aspekte als auch die impliziten, informellen und unsichtbaren, Aspekte umfassen. Bei der Durchführung darf der Kreis der beteiligten Personen an der Erfassung der gegenwärtigen Unternehmenskultur nicht außer Acht gelassen werden. Mehrheitlich sind sich die Experten einig, Mitarbeiter aller Ebenen des Unternehmens in die Erfassung der gegenwärtigen Kultur miteinzubeziehen. Das Ergebnis dieser Phase stellt das gegenwärtige Kulturbild dar, das die Basis für die darauffolgende Phase ist.

Phase 2.1: Tomorrow
In dieser Phase werden die Bestimmung und Festlegung einer zukünftigen Zielkultur im Unternehmen thematisiert. Hierbei werden Themen wie die Notwendigkeit zum Kulturwandel, das zu lösende Problem sowie das zu fokussierende Ziel des Unternehmens und die Bestimmung von zukünftigen Kulturwerten behandelt. Ein zukünftiges Kulturbild stellt das Ergebnis dieser Phase dar. Konkrete Veränderungsziele für den ersten Durchlauf der Veränderungsphase werden festgehalten.

Um das Kulturbild zu entwickeln, werden in einem Workshop inhaltlich folgende fünf Punkte ausgearbeitet:
- Notwendigkeit für die Kulturveränderung,
- Erarbeitung des zukünftigen Kulturbildes (Hauptinstrument des Konzepts),
- Ausarbeitung von Key Values,
- Ausarbeitung von Key Performance Indicators,
- Sicherstellung der Befähigung des Unternehmens.

Am Ende des Workshops müssen die Ergebnisse in einer publizierbaren Version ausgearbeitet und in einer vollständigen Dokumentation festgehalten werden (siehe Abb. 4).

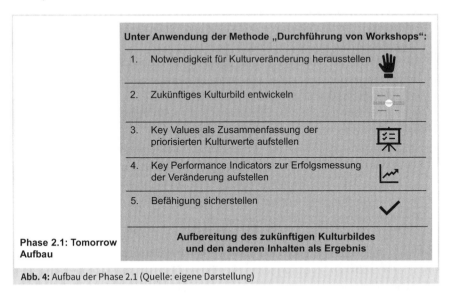

Abb. 4: Aufbau der Phase 2.1 (Quelle: eigene Darstellung)

Die Gruppe der Beteiligten am Workshop sollte sich aus allen Ebenen des Unternehmens zusammensetzen, das heißt sowohl aus dem Management als auch aus Mitarbeitern. Außerdem sollten die Beteiligten strukturübergreifend aus unterschiedlichen Bereichen kommen. So kann sichergestellt werden, dass verschiedene Blickwinkel eingenommen und das Unternehmen ganzheitlich mit Vertretern aus allen Ebenen bei der Zielbildbestimmung repräsentiert werden.

Nach der Bestimmung des zukünftigen Zielbildes sollte dieses wasserfallartig von dem Management herunter kaskadiert werden (Orientierung am Top-down-Ansatz), indem die Ergebnisse an die Bereiche, Abteilungen und Teams weitergegeben werden. Diese machen sich mit dem neuen Kulturbild vertraut und erarbeiten eigenständig in ihrem Team, was die neuen Kulturaspekte für sie selbst und ihr Team bedeuten.

Phase 2.2: Change

Die Phase 2.2 umfasst die Veränderung des Unternehmens hin zum zukünftigen Kulturbild unter Erfüllung der festgelegten Ziele. Hier steht die Umsetzung der Veränderung im Vordergrund, bei der das Unternehmen eine Bewegung vollzieht. Daher ist in dieser Phase die tatsächliche Veränderung im Unternehmen zu leben und zu verankern. Um dies zu erreichen, gilt es im ersten Schritt die in der vorherigen Phase erarbeiteten Inhalte zur Zielkultur über die verschiedenen Kommunikationskanäle im Unternehmen zu verbreiten. Daneben müssen die Befähiger wie beispielsweise Unternehmensprozesse im zuvor bestimmtem Umfang angepasst beziehungsweise geändert werden. Anschließend liegt die Hauptaufgabe darin, den Mitarbeitern den benötigten Freiraum zur Veränderung der Kultur zu gewähren.

Das Grundprinzip »Walk the Talk« muss in den Köpfen des Managements sowie der Bereichs-, Abteilungs- und Teamleiter präsent sein, um die Zielkultur im Unternehmen vorzuleben. Der Kommunikationsplan sollte von allen Beteiligten realisiert und umgesetzt werden. Die Anwendung von ausgewählten Methoden aus einem breitgefächerten Methodenbaukasten ist dienlich, um an verschiedenen Stellen im Unternehmen Impulse zu setzen und das Etablieren der Zielkultur zu unterstützen (siehe Abb. 5):

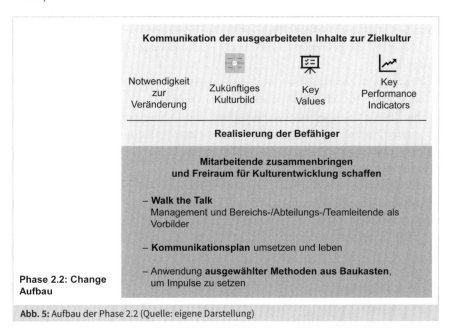

Abb. 5: Aufbau der Phase 2.2 (Quelle: eigene Darstellung)

Damit es in der Phase 2.2 nun zu einer Veränderung im Verhalten der Mitarbeiter kommen kann, muss zuerst eine Kommunikation der in der vorherigen Phase ausgearbeiteten Inhalte über die verschiedenen Kommunikationskanäle transparent erfolgen. Die Notwendigkeit zur Veränderung muss den Mitarbeitern aufgezeigt werden, sodass eine Veränderung nicht von Anfang an abgelehnt wird.

Damit sich bei der Veränderung zur Zielkultur keine Barrieren auftuen, sollten die in der vorherigen Phase betrachteten Befähiger in die zuvor bestimmte Richtung realisiert werden. Grundsätzlich meint dies, die Veränderung zum Beispiel in der Struktur durch eine strukturelle Ausrichtung auf die Zielkultur umzusetzen. Wird in dem Unternehmen beispielsweise eine schnelle Entscheidungsfindung der Mitarbeiter angestrebt, müssen auch die Entscheidungswege strukturell schnell zu durchlaufen sein und keine aufwendigen Barrieren enthalten.

Nun gilt es das Grundprinzip einer Veränderung zu leben: Walk the Talk. Die in Phase 2.1 definierten, schriftlich festgehaltenen und den Mitarbeitern von der oberen Ebene an die Hand gegebenen Ergebnisse müssen mit Leben gefüllt werden. Insbesondere das Management und die Bereichs-, Abteilungs- und Teamleiter müssen als Vorbilder für ihre jeweiligen Mitarbeiter agieren und mit gutem Beispiel voran gehen. An dieser Stelle wird empfohlen, einen Kommunikationsplan mit inhaltlicher Einbindung von Management und Mitarbeitern aufzustellen, so dass eine kontinuierliche, wiederkehrende Kommunikation sichergestellt werden kann und das Thema Kultur stets präsent im Unternehmen bleibt.

Um die Veränderung der Unternehmenskultur hin zum zukünftigen Kulturbild voranzutreiben, steht auch in dieser Phase ein breitgefächertes Methodenset als Baukasten zur Verfügung. Einige empfohlene Methoden, die Anwendung finden können, sind die Folgenden:

- Trainings beziehungsweise Workshops: persönliche oder online Trainings mit inhaltlicher Ausrichtung an neuen Verhaltensweisen, Feedbackkultur, agiles Arbeiten (Design Thinking), neue Kooperations- und Kommunikationstools.
- Interne Werbekampagnen: Verbreitung von interner Werbung für die eigene Kulturveränderung und emotionale Aufladung der Kultur für Mitarbeiter durch Poster, Fotos, Gegenstände.
- Entwicklung und Verbreitung von Videos: multinationale, emotionale Videos zur Abbildung der Veränderungsziele.
- Culture Challenge: Verbreitung und Teilung von Geste, Tätigkeit oder Aufgabe mit inhaltlicher Verbindung zur Zielkultur innerhalb des Unternehmens.
- Veranstaltungen: Zusammenbringen von Mitarbeitern zum Austausch über die Zielkultur durch beispielsweise Zusammentreffen mit Impulsvorträgen, Moderationen und Reflektionen.
- Stimulation durch Gegenstände: punktuelle Anreize zur Aufmerksamkeitsgewinnung für die Zielkultur durch einfache, alltägliche Gegenstände im Kulturdesign.
- »Kochbuch-Methode«: Übermittlung von Kulturwerten und insbesondere von Verhaltensaufgaben an Mitarbeiter mithilfe eines unternehmensspezifischen »Kochbuchs« mit »Rezepten«, »Zubereitungsempfehlungen« und ähnlichem.
- Ambassador Netzwerk: repräsentative Gruppe von Mitarbeitern zur Bewerbung der Zielkultur.

Bei der Beteiligung der Unternehmensmitglieder in der Phase 2.2 lässt sich hervorheben, dass jedes Unternehmensmitglied, vom Management bis zum einzelnen Mitarbeiter, bei der Ausgestaltung der Veränderung und dem tatsächlichen Leben der Zielkultur beteiligt sein sollte. Es ist erfolgsentscheidend, dass jeder Einzelne im Unternehmen ein Teil der Veränderung ist und sich selbst hin zur Zielkultur entwickelt sowie andere dazu motiviert, sich den neu bestimmten Werten anzunehmen und diese zu verkörpern. Nur durch eine hohe Beteiligung kann eine ganzheitliche Veränderung im gesamten Unternehmen angestrebt werden.

Iterative Prozessgestaltung
Der Veränderungsprozess lässt sich nicht konkret kontrollieren. Jedoch ist es durch eine kontinuierliche Messung zu Beginn festgelegter KPIs möglich, den Veränderungsfortschritt im Unternehmen zu analysieren. Dabei wird auch das Ziel verfolgt, das zukünftige Kulturbild zu überprüfen und bei Bedarf Anpassungen vorzunehmen.

Damit die Veränderung iterativ passieren kann, wird diese in kurzen Zyklen (in einer Zeitdauer von drei Monaten) immer wieder in Phase 2.1 einer Prüfung unterzogen, um eine derzeitige Standortermittlung der Veränderung vorzunehmen. Hier werden Reflektionszyklen sowohl im Management als auch in den einzelnen Bereichen, Abteilungen und Teams angesetzt. Zudem sollte auch inhaltlich überprüft werden, ob stets das richtige Zielbild der Kultur angestrebt wird oder ob bestimmte Kulturaspekte verändert werden müssen. Indem hier eine individuelle Messung und Neuausrichtung der Ziele vorgenommen wird, lässt sich der Gedanke des kontinuierlichen Verbesserungsprozess verfolgen. Diese abwechselnde Iteration der beiden Unterphasen 2.1 und 2.2 setzt sich kontinuierlich fort.

Durchführungsdauer und Erfolgssichtbarkeit
Die erfolgreiche Umsetzung einer Kulturveränderung nimmt viel Zeit in Anspruch. Hierbei handelt es sich um einen langfristigen, mehrjährigen Prozess. Die Kulturveränderung wird als eine Daueraufgabe ohne bestimmtes Enddatum gesehen. Es muss sich von dem simplen Bild gelöst werden, dass eine Kulturveränderung nach dem klassischen Ansatz durch Planung, Steuerung und Kontrolle zum Projektabschluss gebracht werden kann. Nicht nebensächlich ist die Tatsache, dass sich das Zielbild der Kultur aufgrund von beispielsweise sich verändernden Markt- oder Kundenanforderungen mit der Zeit kontinuierlich verschiebt. Diese Forschungsergebnisse zu der zeitlichen Dauer begründen den Ablaufprozess des vorgestellten Konzepts. Um einen längerfristig orientierten Prozess sicherzustellen und diesen veränderungsadaptiv zu gestalten, wurde die unbegrenzte Zahl an iterativen Durchlaufschleifen generiert.

Literatur

Dahm, M. H.; Walther, E. (2019): Digitale Transformation. In: Dahm, M. H.; Thode, S. (Hrsg.), Strategie und Transformation im digitalen Zeitalter. Inspiration für Management und Leadership (S. 3–22). Wiesbaden: Springer Gabler.

IBM Corporation (Hrsg.) (2016): IBM Design Thinking Field Guide.

Kotter, J. K. (2006): Leading Change. Why Transformation Efforts Fail. Harvard Business Review.

Laudon, S. (2017): Wie die Digitalisierung die Führungskompetenz komplett neu definiert. In: Jochmann, W., Böckenholt, I.; Diestel, S. (Hrsg.), HR-Exzellenz. Innovative Ansätze in Leadership und Transformation (S. 65–76). Wiesbaden: Springer Gabler.

Lepping, J.; Palzkill, M. (2016): Die Chance der digitalen Souveränität. In: Wittpahl, V. (Hrsg.), Digitalisierung. Bildung, Technik, Innovation (S. 17–26). Berlin/Heidelberg: Springer Vieweg.

Neugebauer, R. (2018): Digitale Information – der »genetische Code« moderner Technik. In: Neugebauer, R. (Hrsg.), Digitalisierung. Schlüsseltechnologien für Wirtschaft & Gesellschaft (S. 1–7). Berlin/Heidelberg: Springer Vieweg.

Schein, E.H. (1984): Coming to a New Awareness of Organizational Culture. Winter.

Schein, E. H. (2004): Organizational Culture and Leadership. San Francisco: Wiley.

Strobl, H. (2018): Das Six-Pack-Plus-Modell: Instrument zur zielorientierten Gestaltung von Unternehmenskultur von innen heraus. In: Herget, J.; Strobl, H. (Hrsg.), Unternehmenskultur in der Praxis. Grundlagen – Methoden – Best Practices (S. 125–144). Wiesbaden: Springer Gabler.

Hinweise zu den Autoren

Prof. Dr. Markus H. Dahm

Professor Dr. Markus H. Dahm, MBA, ist Organisationsentwicklungsexperte und Abteilungsleiter Digital Change & Transformation bei der IBM Deutschland GmbH. Ferner lehrt und forscht er als Honorarprofessor an der FOM Hochschule für Oekonomie und Management in den Themenfeldern Digital Management, Business Consulting und agile Organisationsgestaltung. Er publiziert regelmäßig zu aktuellen Management- und Leadership-Fragestellungen in wissenschaftlichen Fachmagazinen, Blogs und Online Magazinen sowie der Wirtschaftspresse und ist Autor sowie Herausgeber zahlreicher Fachbücher.

Kontaktdaten:
IBM Deutschland GmbH, IBM Services – Digital Change & Transformation, IBM-Allee 1, 20097 Hamburg, Mobile:+49 (0)172 544 56 65, Mail: markus.dahm@de.ibm.com

Clemens Holst

Clemens Holst, MA, ist Senior Strategieberater in der Digital Change & Transformation Practice von IBM Services in Deutschland, Österreich und Schweiz. Vorausgegangen ist ein Masterstudiums an der European Business School in Reutlingen. Herr Holst fokussiert sich in Kundenprojekten auf die Themen Organisationsentwicklung und Digitale Transformation von Großunternehmen. Ein weiterer thematischer Schwerpunkt von Herrn Holst ist die Transformation von Unternehmenskultur.

Kontaktdaten:
IBM Deutschland GmbH, IBM Services – Digital Change & Transformation, IBM-Allee 1, 71139 Ehningen, Mobile: +49 (0)173 295 90 87, Mail: cholst@de.ibm.com

Lisa-Marie Schmitz

Lisa-Marie Schmitz ist als duale Studentin in der IBM Deutschland GmbH tätig. Ihr akademischer Hintergrund ist in der Betriebswirtschaftslehre im Bereich Dienstleistungsmanagement verankert, wobei sie während ihres Bachelorstudiums einer Vertiefung im Bereich Consulting nachging. In der Beratung bei IBM sammelte sie Erfahrung in Projekten zu den Themen Change Management, Strategieentwicklung und digitale Transformation.

Kontaktdaten:
IBM Deutschland GmbH, IBM Services – Digital Change & Transformation, IBM-Allee 1, 71139 Ehningen, Mail: lisa-marie.schmitz@de.ibm.com

Agile Transformation als Frage von Kultur und Kompetenz

Dr. Uwe Klein, Experte für digitale Transformation und Agilität, PA Consulting Group GmbH, Frankfurt am Main

Prof. Dr. Manfred Mühlfelder, Professor für Wirtschaftspsychologie, SRH Fernhochschule – The Mobile University, Riedlingen

In diesem Beitrag werden zwei neue Mitarbeiterrollen im Rahmen agiler Transformation vorgestellt und anhand rollenspezifischer Kompetenzmodelle beschrieben. Insbesondere werden die wechselseitige Ergänzung und Ausschließlichkeit der beiden Rollen diskutiert. Ziel ist es, ein besseres Verständnis dieser Rollen zu entwickeln und sowohl in der Organisationsberatung und im Change Management als auch in der Personalauswahl und in der Personalentwicklung eine konzeptionelle Grundlage für die Kompetenzmodellierung und -entwicklung zu schaffen.

Einleitung

Hohe Agilität und schnelle Reaktionsfähigkeit auf sich verändernde Markt- und Wettbewerbsbedingungen sind gegenwärtig zentrale Herausforderungen für viele Unternehmen und Organisationen. Agile, teambasierte Rahmenmodelle, wie zum Beispiel Scrum, Nexus, Scaled Agile Framework (SAFe) und Large Scale Scrum (LeSS), bilden die konzeptionelle Grundlage für Veränderungen in der Aufbau- und Ablauforganisation in agilen Organisationen (Gloger, 2016).

In der Transformation von einer hierarchischen hin zu einer agilen Organisation sind die Rollenklärung und -schärfung besonders wichtig, um mögliche Rollenkonflikte,

---

Lessons Learned

- Im Zuge der agilen Transformation entstehen neue Mitarbeiterrollen mit neuen Kompetenzen.
- Bei der Transformation von einer hierarchischen zu einer agilen Organisation sind Rollenklärung und -schärfung wichtig, um mögliche Rollenkonflikte zu vermeiden.
- Die Etablierung, Ausgestaltung und Akzeptanz dieser Rollen in der Organisation ist daher ein wesentlicher Schlüssel für eine erfolgreiche agile Transformation.
- HR muss klären, welche Fähigkeiten und Kompetenzmodelle diesen Rollen zugrunde liegen und wie diese Kompetenzen aufgebaut und gezielt entwickelt werden können.

wenn nicht zu vermeiden, doch zumindest zu regulieren und die Organisation schrittweise hin zu mehr Agilität weiterzuentwickeln.

Notwendigkeit und Nutzen einer agilen Transformation

Die fortschreitende Digitalisierung und Datenvernetzung sowie eine erhöhte Komplexität von Markt- und Wettbewerbsstrukturen bedingen die Notwendigkeit für viele Unternehmen, sich weiterzuentwickeln und ihre Strukturen und Prozesse an sich rasch verändernde Umwelten anzupassen. Eine Transformation von einer klassischen, hierarchischen Aufbauorganisation hin zu einer netzwerkartigen agilen Organisation zielt vor allem darauf ab, Entwicklungszeiten für neue Produkte und Dienstleistungsprozesse (Services) zu verkürzen und diese schneller auf den Markt zu bringen. Aktuell ist in vielen Unternehmen ein großer Handlungsdruck zu beobachten, wie strukturell und verfahrensbezogen auf schnell ändernde Anforderungen im Markt reagiert werden kann. Das Konzept »Agilität« spielt dabei in der Diskussion oft eine zentrale Rolle.

In der praktischen Umsetzung agiler Prinzipien und Vorgehensweisen in Unternehmen lassen sich zwei Grundtypen unterscheiden:
- Zum einen zielt eine agile Transformation im weiteren Sinne auf das gesamte Unternehmen ab: Wie kann sich die Gesamtorganisation agiler und flexibler aufstellen?
- Zum anderen werden im engeren Sinne agile Tools und Methoden punktuell eingeführt, um einzelne Prozesse, beispielsweise in der IT oder in der Produkt- und Serviceentwicklung, zu beschleunigen.

Lange Zeit war agiles Arbeiten auf die Entwicklung von Software reduziert (vgl. Schwaber, 2007). In den letzten Jahren werden agile Arbeitsweisen zunehmend auch bei der Entwicklung von komplexen und integrierten Systemen (Embedded Systems Engineering), beispielsweise im Sondermaschinen und -anlagenbau oder in der Fahrzeugkomponentenentwicklung angewendet (vgl. Kraus, 2019).

Zentrale Erfolgsdimensionen einer agilen Transformation als übergeordnetes Leitmotiv für das gesamte Unternehmen sind dabei (PA Consulting, 2018):
- Fokus und Kundenzentrierung durch enge und regelmäßige Abstimmung mit den Kunden (»Co-Creation«),
- Inkrementelle und iterative (Weiter-)Entwicklung von neuen Produkt- und Servicemerkmalen in zyklischen Releases anstelle eines singulären Markteintritts,
- Fokus auf Wertbeiträge neuer Funktionalität in Form von »Minimum Viable Product Increments« (MVPI),

- Team Empowerment und motivationsförderliche Handlungs- und Gestaltungsspielräume für die Mitarbeiter (zum Beispiel Scrum),
- Größere Flexibilität und Selbstregulation der Abläufe,
- Flow und Akzeptanz von Veränderungen sowie Veränderungskompetenz und Einfachheit, welche beispielhaft durch die Dezentralisierung von Entscheidungen erreicht wird.

Von Scrum in Projekten zum agilen Unternehmen
Erkennbar wird, dass eine erfolgreiche agile Transformation in hohem Maße die kulturelle Entwicklung von Unternehmen bedingt und wiederum von dieser beeinflusst wird. Beispielsweise geht die Firma Trumpf, einer der weltweit größten Hersteller für Werkzeugmaschinen, den Weg von Scrum in Projekten zum agilen Unternehmen (Kraus, 2019). Begonnen hat das Unternehmen mit der agilen Produktentwicklung des Laserschneiders »TruLaser Center 7030« sowie in der Folge einer 2D Laserplattform oder des Plasmagenerators TruPlasma RF 1003/3006.

Auf dem weiteren Weg setzt Trumpf insgesamt auf eine vermehrte Agilität in allen Unternehmensbereichen. Agile Arbeitsweisen sollen helfen, ein verändertes Verständnis von Führung im Zuge der Digitalisierung zu etablieren. Ein weiteres Beispiel ist das Lübecker Unternehmen Dräger, ein international führendes Unternehmen auf den Gebieten der Medizin- und Sicherheitstechnik. Dort begann die agile Transformation mit der agilen Entwicklung eines Pressluftatmers für Rettungskräfte. Seitdem erweitert das Unternehmen sein Bemühen auch in anderen Bereichen, seine Strukturen und Prozesse gemäß agiler Prinzipien weiterzuentwickeln (Schröder, 2018).

Bei der spezifischen Transformation hin zu agilen Vorgehensweisen werden zum Beispiel in der Produktentwicklung etablierte Prozesse durch die Übernahme von Variationen agiler Elemente und Methoden, wie beispielsweise Scrum oder Kanban, ergänzt. Bestehende Entwicklungsprozesse werden nicht vollständig abgelöst, sondern fest verankerte Meilensteine und Stage-Gate-Prozesse durch die Einführung einer Sprintlogik angereichert beziehungsweise erweitert (sogenanntes »hybrides« Projektmanagement).

Die Firma Festool etwa erweiterte die Methoden in der Produktentwicklung im Rahmen eines Pilotprojet für den PLANEX LHS-E255, ein Langhalsschleifer für den Trockenbau. Die Firma Kion führte Bestandteile agiler Rahmenmodelle bei der Entwicklung einer neuen Gabelstaplerfamilie für internationale Märkte ein. Eine vertiefende Übersicht über agile Hardwareentwicklung in Unternehmen sowie zu den beschriebenen Beispielen findet sich bei Schröder (2018).

Rollen im agilen Kontext

Im Rahmen agiler Transformationen sollen Mitarbeiter neue Rollen erlernen und übernehmen. Die Etablierung, Ausgestaltung und Akzeptanz dieser Rollen in der Organisation stellt einen wesentlichen Schlüssel für eine erfolgreiche agile Transformation dar, unabhängig davon, ob agile Transformation ganzheitlich oder in spezifischen Kontexten geschieht. Erfolgsentscheidend ist, diese neuen Rollen und Verantwortlichkeiten klar zu definieren und zu kommunizieren.

Für die Geschäftsführung beziehungsweise die Personalabteilung stellt sich dabei die Frage, wie diese Rollen konkret ausgestaltet werden sollen und welche Aufgaben, Befugnisse, Kompetenzen und Verantwortung mit diesen Rollen verbunden sind. Aus Sicht der Human Resources (HR) stellt sich außerdem die Frage, welche Fähigkeiten und Kompetenzmodelle diesen Rollen zugrunde liegen und wie diese Kompetenzen aufgebaut und gezielt entwickelt werden können.

Zwei zentrale Rollen im Rahmen agiler Transformationen sind der Product-/Service Owner sowie der Scrum Master/Team Facilitator. Diese beiden Teamrollen sollen daher im Folgenden genauer betrachtet werden.

Der Product-/Service Owner
Der Product-/Service Owner ist der strategische Kopf im Scrum Team. Er ist gegenüber den Sponsoren und Stakeholdern für eine schnelle, qualitativ hochwertige und marktgerechte Realisierung eines Produkts beziehungsweise eines Dienstleistungsprozesses (Service) verantwortlich (Pichler, 2013). Er stellt das Bindeglied zwischen Management, Kunden und Entwicklerteam dar. Zu seinen Aufgaben gehört das kontinuierliche Stakeholder- und Anforderungsmanagement. Durch seine Markt- und Kundenkenntnisse weiß der Product-/Service Owner, welche Produkt- und Servicemerkmale für den Erfolg maßgeblich sind. Darüber hinaus ist er auch über rechtliche und politische Rahmenbedingungen und Entwicklungen informiert, die für die weitere Entwicklung seines Produkts beziehungsweise seiner Dienstleistung relevant sind. Er legt die grundlegende Architektur des zu entwickelnden Produkts beziehungsweise Services fest und bestimmt so die Basis – die Leistungs- und Begeisterungsmerkmale.

Er priorisiert die zu entwickelnden Funktionen nach Aufwand und Kundenmehrwert und steuert auf diese Weise den inkrementellen Auf- und Ausbau des Produkt- und Service-Entwicklungsprozess. Je höher der zu erwartende Geschäftswert eines Produktmerkmals in Relation zum finanziellen und zeitlichen Aufwand für die Realisierung ist, umso schneller sollte es in die Produktentwicklung einfließen. Der Product-/Service Owner besitzt die letztgültige Entscheidungshoheit über das Product-/Service Backlog. Er führt das Entwicklerteam über das Product-/Service Backlog, setzt über die Release Planung die Prioritäten und Ziele und motiviert das Team, die Ziele selbstständig und selbstverantwortlich umzusetzen.

In der Abbildung 1 werden der Prozess der Umwandlung und Konkretisierung der Marktanforderungen, der Abgleich mit den Aktivitäten der Wettbewerber, die Berücksichtigung rechtlicher und ökonomischer Rahmenbedingungen und die Beachtung der Vorgaben von Management und Sponsoren durch den Product-/Service Owner in eine Produkt-/Serviceidee visualisiert. Aus der Idee leiten sich dann verschiedene Entwicklungsthemen, Epics und schließlich konkrete User Stories ab, die im Product-/Service Backlog nach Priorität sortiert werden.

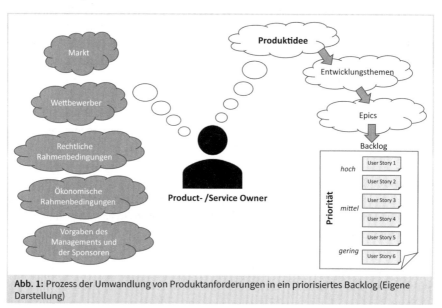

Abb. 1: Prozess der Umwandlung von Produktanforderungen in ein priorisiertes Backlog (Eigene Darstellung)

In der Praxis stellt sich häufig die Frage, welche Voraussetzungen an die Übernahme dieser zentralen Rolle in einem agilen Umfeld gestellt werden sollten. Ein Product-/Service Owner benötigt eine hohe Akzeptanz bei den Stakeholdern und dem Entwicklerteam. Er braucht Kreativität, Erfahrung und Inspiration, um realisierbare Produktideen zu schaffen. Gleichzeitig muss er strukturiert und zielorientiert vorgehen, um das Backlog systematisch und mit klaren Prioritäten aufzubauen und kontinuierlich zu pflegen. Er muss eng mit dem beziehungsweise den Scrum Mastern zusammenarbeiten, um das Entwicklerteam seines Produkts/Services zu führen und zu motivieren.

Neben methodischen und fachlichen Kompetenzen benötigt ein Product-/Service Owner sowohl hoch ausgeprägte strategische und unternehmerische Fähigkeiten und Einstellungen als auch Kompetenzen im Stakeholder Management. Besonders stark ausgeprägt sollten auch das kunden- und marktbezogene Wissen und Kenntnisse über das Produkt beziehungsweise den Service sein. Aber auch personale Kompetenzen im Umgang mit Mehrdeutigkeit, Komplexität und Unsicherheit sind für Product-/Service Owner notwendig. Darüber hinaus benötigt er auch hohe methodische Kompetenzen, wie beispielsweise das Wissen über Scrum und soziale Kompetenzen im Umgang mit dem Entwicklerteam. Geringer, aber immer noch durchschnittlich ausgeprägt, sollten technische Kompetenzen und das Wissen über rechtliche und vertragliche Angelegenheiten sein (siehe Abb. 2).

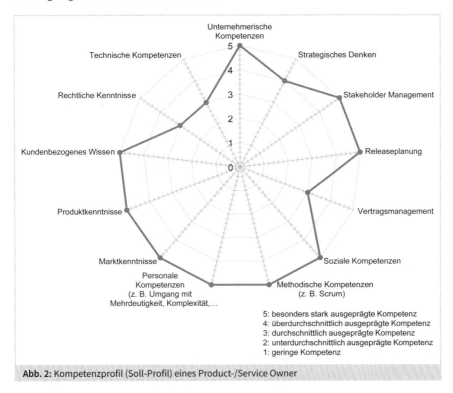

Abb. 2: Kompetenzprofil (Soll-Profil) eines Product-/Service Owner

Der Scrum Master/Team Facilitator

Der Scrum Master/Team Facilitator ist der Team Coach für das Entwicklerteam. Seine Hauptaufgabe ist es, Hindernisse für den Entwicklungsprozess zu beseitigen und immer wieder dafür zu sorgen, dass das Entwicklerteam fokussiert an der Realisierung von User Stories arbeiten kann. Er moderiert die Scrum Ereignisse (Sprint Planung, Daily Scrum, Sprint Review, Retrospektive) und achtet auf die Einhaltung der Scrum Regeln (zum Beispiel time boxing, Fokussierung auf das Sprintziel, aktives Feedback).

Im Vergleich mit dem Kompetenzprofil des Product-/Service Owners benötigt ein Scrum Master/Team Facilitator vor allem soziale und moderierende Fähigkeiten. Außerdem sollte er über Kenntnisse in den Bereichen Change Management und Teamdiagnostik/Teamentwicklung verfügen, um die Zusammenarbeit in Entwicklerteams zu fördern. In der Praxis bieten sich für die Übernahme dieser Rolle vor allem solche Mitarbeiter an, die über gute Erfahrungen als Moderator und als Teamentwickler, zum Beispiel im KVP-Umfeld (Kontinuierlicher Verbesserungsprozess), verfügen. Im Vergleich zum Product-/Service Owner benötigt ein Scrum Master/Team Facilitator weniger spezifische Produkt-, Wettbewerbs- oder Marktkenntnisse (siehe Abb. 3).

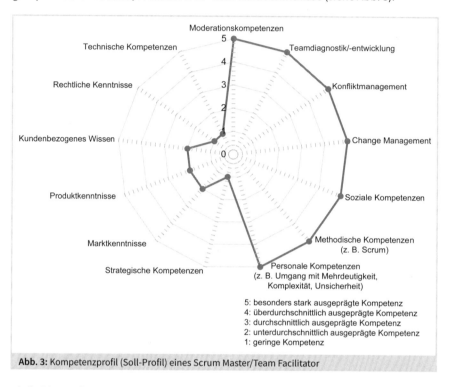

Abb. 3: Kompetenzprofil (Soll-Profil) eines Scrum Master/Team Facilitator

Die beiden Rollen ergänzen sich dahingehend, dass der Product-/Service Owner über das Backlog den Entwicklungsprozess steuert, während der Scrum Master/Team Facilitator das Team in seiner Entwicklung selbst steuert und den Prozess moderiert. Sie teilen sich die unterstützende Führungsrolle und sorgen gemeinsam dafür, dass das Entwicklerteam alle für die Produkt-/Serviceentwicklung notwendigen Ressourcen und Rahmenbedingungen hat, um schnelle Realisierung der am höchsten priorisierten Produktmerkmale zu erreichen.

Nutzen der Kompetenzprofile für die Personalauswahl und Personalentwicklung

Die erarbeiteten Kompetenzprofile können dazu verwendet werden, die jeweils am besten geeigneten Kandidaten für die Besetzung der jeweiligen Rollen im Scrum Team auszuwählen. Beispielsweise können im Rahmen von Assessment-Center-Verfahren

(AC) spezifische Aufgaben und Simulationsübungen konzipiert werden, mit denen die strategischen und unternehmerischen Kompetenzen getestet werden. In Rollenspielen und Teamübungen können die sozialen Kompetenzen erfasst werden. Mittels berufsbezogener Persönlichkeitstests können die personalen Kompetenzen gemessen werden.

In Abb. 4 wird beispielhaft eine AC-Matrix mit verschiedenen Bausteinen (horizontal) zur Erfassung verschiedener Kompetenzfelder (vertikal) für einen Product-/Service Owner abgebildet. Die Kreuze (X) zeigen an, welche Kompetenzen mit den einzelnen Bausteinen erfasst werden sollen.

Kompetenzfeld	Assessment Center Bausteine					
	Präsentation „Meine Produkt-/Service Vision"	Priorisierungsübung (Fallstudie)	Simulation eines Verhandlungsgesprächs mit einem Stakeholder (Management Vertreter)	Feedbackgespräch mit einem Produktentwickler	Interview zu personalen Kompetenzen und arbeitsbezogenen Verhaltensmustern	Fragebogen zum Verhalten im Umgang mit Unsicherheit, Mehrdeutigkeit und Komplexität
Unternehmerische Kompetenzen/ Kunden-/Markt- & Produkt-/Service-wissen	X	X				
Strategische Kompetenzen	X	X				
Soziale Kompetenzen/ Stakeholder Management			X	X		
Methodische Kompetenzen/ Releaseplanung		X				
Personale Kompetenzen					X	X

Abb. 4: Assessment Center Matrix für die Auswahl von Product-/Service Ownern

Im Rahmen von Personalentwicklungs- und Qualifizierungsmaßnahmen können auf der Grundlage solcher AC-Ergebnisse Handlungsfelder und Trainingsbedarfe erkannt werden. Für die jährlichen Personalbeurteilungsgespräche können die weiter oben abgebildeten SOLL-Profile Hinweise für die individuelle Entwicklungs- und Karriereplanung der Mitarbeiter liefern. Für die Organisationsentwicklung und das Change Management in Transformationsprojekten liefern die Ergebnisse Anhaltspunkte, wie viele potenzielle Product-/Service Owner überhaupt in einer Organisation vorhanden sind und welche Kompetenzfelder noch auf- und ausgebaut werden müssen. Abb. 5 stellt verschiedene AC-Bausteine für ein Auswahlverfahren für Scrum Master/Team Facilitator zusammen.

	Assessment Center Bausteine					
Kompetenzfeld	Moderation eines Daily Scrum	Moderation einer Retrospektive	Konfliktgespräch mit einem Product Owner, der seine Aufgaben nicht angemessen erfüllt	Feedbackgespräch mit einem Produktentwickler/ mit einem Entwicklerteam	Interview zu personalen Kompetenzen und Change Management	Fragebogen zum Verhalten im Umgang mit Unsicherheit, Mehrdeutigkeit und Komplexität
Methodische Kompetenzen	X	X				
Soziale Kompetenzen	X	X		X		
Konfliktmanagementkompetenzen/ Teamentwicklung			X	X		
Moderationskompetenzen	X	X				
Personale Kompetenzen/ Change Management Kompetenzen					X	X

Abb. 5: Assessment Center Matrix für die Auswahl von Scrum Mastern/Team Facilitators

Perspektiven für die weitere Ausgestaltung der agilen Rollen

Product-/Service Owner sind die treibende visionäre Kraft in der schnellen und agilen Entwicklung von neuen Produkten und Dienstleistungen mit unmittelbarem Kundennutzen. Sie entwickeln zusammen mit den Kunden Produktideen, priorisieren Entwicklungsthemen und User Stories, und steuern über das Backlog den inkrementellen und iterativen Produktentstehungsprozess in kurzen Zyklen. Die Product-/Service Owner könnten als Unternehmer im Unternehmen an der Profitabilität ihrer Produkte beteiligt werden, um den Fokus auf den Kundenmehrwert ihrer Entwicklungsergebnisse zu steigern.

Es stellt sich die Frage, ob Product-/Service Owner in Zukunft auch Verantwortung für Gewinne und Verluste (Profit & Loss) ihrer Produkte/Services übertragen werden sollte. Dadurch würden sie zu vollumfänglichen Produktmanagern mit eigenem Budget und Umsatzzielen. In der Praxis wird die Rolle des Product-/Service Owners oft auch in Form eines Product-Owner-Teams (POT) implementiert, um die umfangreichen Anforderungen aus technischer sowie aus Marktsicht abbilden zu können. Jeweils eine Person aus zum Beispiel dem Produktmanagement und der Entwicklung bilden gemeinsam mit einem klassischen Projektleiter ein POT.

Scrum Masters/Team Facilitators können zu echten Change Agenten werden, die sowohl operative als auch strategische Aufgaben in einer agilen Transformation übernehmen könnten. Insgesamt stellen selbstorganisierte, miteinander vernetzte Entwicklerteams ein neues Organisationsparadigma dar, für das Frederic Laloux den

Begriff »Holocracy« geprägt hat (Laloux, 2014). An die Stelle hierarchischer Aufbauorganisationen treten selbstorganisierte Teams, die miteinander in Beziehung stehen und interagieren.

Je nach Umfang und Komplexität der zu erfüllenden Aufgaben organisieren sich die Teams so, dass diese effizient erledigt werden können. Im Scrum-of-Scrums-Konzept sind es die Scrum Master/Team Facilitators, die ihr Team repräsentieren und sich mit anderen Scrum Mastern/Team Facilitators täglich über den Status und die nächsten Entwicklungsschritte abstimmen. Damit ein solches Organisationskonzept in der Praxis funktionieren kann, bedarf es qualifizierter Scrum Master/Team Facilitator, die sowohl innerhalb ihrer Scrum Teams als auch nach außen hin gut kommunizieren, ihre Handlungen mit anderen sinnvoll koordinieren und effektiv kooperieren.

Literatur

Gloger, B. (2016): Scrum – Produkte zuverlässig und schnell entwickeln, 5. Auflage, München: Carl Hanser Verlag.

Kraus, M. (2019): Unternehmenskultur – Trumpf setzt auf Agilität, MM MaschinenMarkt, online: https://www.maschinenmarkt.vogel.de/trumpf-setzt-auf-agilitaet-a-822890/, veröffentlicht am 23.04.19.

Laloux, F. (2014): Reinventing Organizations: A Guide to Creating Organizations Inspired by the Next Stage in Human Consciousness. Millis (MA): Nelson Parker.

Pichler, R. (2013): Agiles Produktmanagement mit Scrum: Erfolgreich als Product Owner arbeiten, 2. Auflage, Heidelberg: dpunkt.verlag.

PA Consulting (2018): The Evolution of the Agile Organisation. London.

Schröder, A. (2018): Agile Produktentwicklung. Schneller zur Innovation – erfolgreicher am Markt, 2. Auflage, München: Carl Hanser Verlag.

Schwaber, K. (2007): Agiles Projektmanagement mit Scrum. Ismaning: Microsoft Press.

Hinweise zu den Autoren

Dr. Uwe Klein

Dr. Uwe Klein, MBA ist Experte für digitale Transformation und Agilität bei PA Consulting. Er berät Unternehmen bei der Konzeption und Umsetzung von Innovations- & Transformationsprojekten. Er ist seit über 18 Jahren in den Bereichen Organisationsentwicklung, Führungskräftecoaching und Change Management tätig. Er hat eine Vielzahl von internationalen und nationalen Projekte in unterschiedlichen Branchen geleitet. Schwerpunkte seiner Arbeit sind die Gestaltung von agilen Organisationen sowie von digitalen Transformationen.

Kontaktdaten:
PA Consulting Group GmbH, An der Welle 3, 60322 Frankfurt am Main, Tel.: +49 (0) 1511 88 16 956, Mail: uwe.klein@paconsulting.com, Internet: www.paconsulting.com

Prof. Dr. Manfred Mühlfelder

Dr. Manfred Mühlfelder ist Professor für Wirtschaftspsychologie an der SRH Fernhochschule – The Mobile University. In Lehre und Forschung setzt er sich mit den aktuellen Herausforderungen für Unternehmen auseinander, die sich von hierarchisch geprägten Organisationsformen hin zu agilen, selbstorganisierenden Netzwerkstrukturen wandeln wollen.

Kontaktdaten:
SRH Fernhochschule – The Mobile University, Lange Straße 19, 88499 Riedlingen, Tel.: +49 (0)173 30 11 264, Mail: manfred.muehlfelder@mobile-university.de, Internet: www.mobile-university.de

Literaturtipps

Berninger-Schäfer, Elke: Digital Leadership: Kompetenzen und Mindset für Führungskräfte, die ihre Mitarbeitenden durch die digitale Transformation ihres Unternehmens begleiten, 168 Seiten, 24,90 Euro, managerSeminare Verlags GmbH; 1. Auflage 2019, ISBN: 978-3958910485

Die Prognosen lauten: In bereits fünf Jahren soll etwa 80 Prozent der gesamten Wertschöpfung in der Wirtschaft auf digitalen Geschäftsmodellen beruhen. Die rasant wachsende Bedeutung der Digitalisierung setzt digitale Kompetenz über alle Führungsebenen dringend voraus. Dieses Buch unterstützt auf dem Weg zum ›Digital Leadership‹. Die Leser erlangen sowohl Wissen über Digitalisierung als auch die erforderlichen Managementfähigkeiten, um dieses Wissen in Organisationen umzusetzen.

Böck, Josef G.: Digitalisierung und Führungspraxis: Die Macht der Führung in Zeiten digitaler Transformation, 205 Seiten, 39,95 Euro, Schäffer-Poeschel; 1. Auflage 2019, ISBN: 978-3791043395

Der Autor zeigt, warum in Unternehmen die Frage nach Autorität und Verantwortung mit jedem Digitalisierungsschritt neu gestellt werden muss und welche Antworten es gibt. Das Buch richtet sich vor allem an kleine und mittelständische Unternehmen, aber auch Führungskräfte in großen Unternehmen finden neue Ansatzpunkte für ihre Überlegungen rund um die digitale Transformation.

Bormann, Hans-Werner/Benfer, Marcus/Bormann, Gabriela: Change durch Co-Creation: So verdoppeln Sie den Erfolg Ihrer Transformationsprojekte, 320 Seiten, 39,95 Euro, Campus; 2019, ISBN: 978-3593510002

Die Gründe für Veränderungen sind so vielfältig wie die Herausforderungen, vor die Transformationsprojekte ein Unternehmen stellen können. So ist zwar erschreckend und doch nicht verwunderlich, dass mehr als zwei Drittel aller Change-Projekte scheitern. Als Change-Management-Experten haben die Autoren alle Hemmnisse für nachhaltige Veränderungen kennengelernt und ein Modell entwickelt, mit dem sie sich überwinden lassen: Die Co-Creation-Methode zielt dabei nicht einfach auf die Entwicklung neuer Produkte oder Dienstleistungen, sondern direkt ins Herz der organisationalen Identität.

Buhr, Andreas/Feltes, Florian: Revolution? Ja, bitte!: Wenn Old-School-Führung auf New-Work-Leadership trifft, 304 Seiten, 32,90 Euro, GABAL; 2. Auflage 2018, ISBN: 978-3869368627

Buhr und Feltes haben fast fünf Jahre recherchiert, um zu verstehen, was es heißt, in digitalen Zeiten Menschen zu führen. Sie haben mit jenen gesprochen, die in der digitalen Welt als Pioniere gefeiert werden, und sie haben sich Informationen über die neuesten Entwicklungen weit über das Silicon Valley hinaus verschafft. Ihre Studie räumt mit Vorurteilen auf und öffnet den Blick für die Revolution, die auf die Unternehmer zukommt. Die Leser erhalten in diesem Buch konkrete Tipps, wie sie eine digitale

Unternehmensstruktur parallel zur analogen Betriebsstruktur aufbauen und beide miteinander verweben.

Ebner, Markus: Positive Leadership. Erfolgreich führen mit PERMA-Lead: die fünf Schlüssel zur High Performance, 536 Seiten, 38,50 Euro, Facultas; 2019, ISBN: 978-3708916866

Mit Positive Leadership lernen die Leser einen revolutionären Führungsansatz kennen. Der erste Teil des Buches beschreibt das Konzept von Positive Leadership. Mehr als 500 internationale Studien sowie eigene Forschungsergebnisse des Autors und seines Teams zeigen in verständlicher Form, dass dieser Führungsansatz keine sozialromantische Idee, sondern wissenschaftlich fundiert ist. Der zweite Teil ist eine Werkzeugkiste mit zahlreichen bewährten Methoden, die im täglichen Führungsalltag gut eingesetzt werden können. Im dritten Teil geben Gastautoren aus verschiedenen Unternehmen und Organisationen einen Einblick, wie man diesen Führungsansatz erfolgreich umsetzen kann.

Eckstein, Jutta/Buck, John: Unternehmensweite Agilität: Wie Sie Ihr Unternehmen mit den Werten und Prinzipien von Agilität, Beyond Budgeting, Open Space und Soziokratie fit für die Zukunft machen, 200 Seiten, 34,90 Euro, Vahlen; 1. Auflage 2019, ISBN: 978-3800659678

Auf Basis der zentralen Prinzipien des Agilen Manifestes – Selbstorganisation, Transparenz, Kundenfokus und kontinuierliches Lernen – stellen die Autoren in diesem Buch zum ersten Mal eine ganzheitliche Perspektive vor, die unternehmensweite Agilität in die Struktur, Strategie und die Prozesse einer Organisation implementieren kann. Dazu integrieren sie drei weitere, bereits erprobte Strömungen der Organisationslandschaft in das Konzept der Agilität, nämlich Beyond Budgeting, Soziokratie und Open Space.

Edelkraut, Frank/Mosig, Heiko: Schnelleinstieg Agiles Personalmanagement: HR-Business-Agility, Führung und Transformation, 266 Seiten, 44,95 Euro, Haufe; 1. Auflage 2019, ISBN: 978-3648132524

Agilität ist eines der Schlagworte im Zusammenhang mit der digitalen Transformation. Dieses Buch führt Schritt für Schritt in das Thema Agilität ein und erklärt leicht verständlich, welche Handlungsoptionen sich speziell für Personaler ergeben. Das Buch ist in Dialogform geschrieben und beschreibt Agilität aus verschiedenen Blickwinkeln – aus dem einer Führungskraft und dem eines unternehmensexternen Personalers. Einsteiger und Mitarbeiter im Personalmanagement erhalten so einen praxisnahen Einstieg.

Güttel, Wolfgang H.: Erfolgreich in turbulenten Zeiten: Impulse für Leadership, Change Management & Ambidexterity, 285 Seiten, 29,80 Euro, Hampp, R., 2017, ISBN: 978-3957100993

Das Buch unterstützt Führungskräfte und Unternehmen mit wissenschaftlichen und praktischen Konzepten zur Meisterung aktueller Herausforderungen in turbulenten Unternehmensumwelten. Um im Wettbewerb »hart am Wind« zu segeln, braucht es elaborierte Führungsexpertise über Handwerkszeuge und deren kunstvolle Nutzung zur Kreation von Wettbewerbsvorteilen. Neben der konzeptionellen Fassung des Performance Core von

Organisationen geben Beiträge zu Leadership, Change Management und Ambidexterity Antworten auf Kernfragen im Management.

Hofert, Svenja: Das agile Mindset: Mitarbeiter entwickeln, Zukunft der Arbeit gestalten, 230 Seiten, 34,99 Euro, Springer Gabler; 1. Auflage 2018, ISBN: 978-3658194468

Agiler werden – das wollen viele Unternehmen, um im digitalen Zeitalter erfolgreich zu bleiben. Doch mit neuen Prozessen, Arbeitsmethoden und Großraumbüros allein ist es nicht getan. Entscheidend für eine nachhaltige Veränderung ist die Haltung, das Mindset der Mitarbeiter und vor allem der Führungskräfte. Diese Haltung ist geprägt durch ein Denken und Handeln, das umfassende Veränderungen produktiv bewältigt und Menschen nicht nur mitnimmt, sondern wachsen lässt. Hofert definiert den Begriff »Mindset« und zeigt anhand konkreter Ansätze aus der Entwicklungspsychologie sowie mit vielen Checklisten, Fallbeispielen und Interviews, wie Führungskräfte ihre Mitarbeiter gezielt entwickeln, um den Wandel gemeinsam voranzutreiben.

Lang, Michael (Hrsg.)/Scherber, Stefan (Hrsg.): Der Weg zum agilen Unternehmen – Wissen für Entscheider: Strategien, Potenziale, Lösungen, 378 Seiten, 44,00 Euro, Carl Hanser Verlag; 2018, ISBN: 978-3446457430

Agilität ist kein Trend, der vorbeigeht, sondern eine notwendige Anpassung, um die Zukunft des Unternehmens zu sichern. Will ein Unternehmen weiterhin wettbewerbsfähig sein, muss es sich den geänderten Voraussetzungen stellen und einen Weg finden, um die zunehmende Komplexität und Schnelllebigkeit erfolgreich meistern zu können. Agilität ist hierbei eine gewinnbringende Antwort. Dieses Buch vermittelt einen kompakten Überblick zum Thema Agilität. Es zeigt, warum Agilität so wichtig ist und in Zukunft auch überlebenswichtig sein wird. Dabei stellen die Autoren dar, was genau Agilität ausmacht, welche Aspekte Agilität umfasst, welche Vorteile, aber auch welche Risiken mit Agilität verbunden sind.

Leibold, Marius/Voelpel, Sven C.: Digital Rebirth: Wie sich intelligente Unternehmen neu erfinden, 240 Seiten, 29,90 Euro, Publicis; 1. Auflage 2018, ISBN: 978-3895784781

Die digitale Transformation wird in vielen Fällen nicht ausreichen, um die Herausforderungen der Zukunft zu bewältigen. Digital Rebirth ist mehr, es bedeutet eine Neukonzeption der Ziele, Leistungen, Kultur und Prozesse eines Unternehmens, inklusive der technologischen Plattform. Dieses Buch präsentiert praktische Rahmenbedingungen für den Digital Rebirth. In jedem Kapitel beschreiben die Autoren bewährte Konzepte des Digital Rebirth, von der digitalen Neuausrichtung über digitale Plattformen und Ökosysteme bis zu Hinweisen, wie man von überkommenen Auffassungen zu neuartigen Denkweisen kommt und sich von unternehmerischem Ballast und alten Prozessen befreit.

Leopold, Klaus: Agilität neu denken: Warum agile Teams nichts mit Business Agilität zu tun haben, 136 Seiten, 24,95 Euro, LEANability; 1. Auflage 2018, ISBN: 978-3903205505

Dieses Buch beschreibt eine Agile Transition eines Unternehmens, in die rund 600 Personen involviert waren. Das erklärte Ziel war es, Time-to-Market von Initiativen zu verkürzen, damit man schneller auf Kundenbedürfnisse reagieren kann und somit die

Business Agilität steigt. Um das zu erreichen, wurde eine komplette Reorganisation durchgeführt. Alle Teams wurden crossfunktional aufgestellt. Visualisierung der Arbeit, Standup-Meetings und Retrospektiven machten die Agile Transition komplett – einzig die erwartete Verbesserung blieb aus. Das Buch zeigt, warum es zu keiner Verbesserung gekommen ist und was getan wurde, um die Situation doch noch zu verbessern und das Ziel »mehr Business Agilität« zu erreichen.

Mahlmann, Regina: Führungsstile und -methoden gezielt einsetzen: Situativ und verantwortungsvoll führen, 215 Seiten, 34,95 Euro, Beltz; 2. aktualisierte und erweiterte Auflage 2019, ISBN: 978-3407366139
Die Autorin gibt einen fundierten Überblick über die am häufigsten praktizierten Führungsstile von autoritär über kooperativ bis systemisch. Dabei stellt sie auch eindringlich dar, wie diese Stile auf die Mitarbeiter wirken. Gerade in Zeiten der Digitalisierung gibt es weitere wichtige Themen für die Führungspraxis, die sie nun in der zweiten Auflage ins Buch aufgenommen hat: Führen in der VUCA-Welt, Digital Leadership, Ambidextrie, New Work. Bei den Führungsmethoden arbeitet sie jeweils Kernziel und Nutzen heraus und gibt zudem viele Anregungen für Berater, Trainer und Coaches.

Meyer, Jens-Uwe: Digitale Gewinner: Erfolgreich den digitalen Umbruch managen, 272 Seiten, 24,95 Euro, BusinessVillage; 1. Auflage 2019, ISBN: 978-3869804507
Algorithmen werden Arbeitsplätze vernichten. Künstliche Intelligenz macht Menschen überflüssig. Und der deutsche Mittelstand verschläft alles. Wirklich? In seinem neuen Buch räumt der Autor radikal mit den Klischees der Digitalisierung auf. Und macht Mut. Digitalisierung beginnt im Kopf. Neugier ist wichtiger als Fachwissen. Und deutsche Unternehmen können das, was im Silicon Valley niemand schafft.

Nürnberg, Volker: Agiles HR-Management: Effiziente Personalarbeit durch smarten Einsatz digitaler Technologien, 220 Seiten, 39,95 Euro, Haufe; 1. Auflage 2019, ISBN: 978-3648123959
Fachkräftemangel und Kostendruck zwingen Unternehmen dazu, den Personalbereich effizienter zu gestalten. Die Rahmenbedingungen dazu bieten agile Organisationen und neue Technologien. Dieses Fachbuch erklärt, wie die frei gewordenen Ressourcen am besten genutzt werden. Folgende Themen werden erörtert: Einführung in das Lean Management, optimale Rahmenbedingungen für Lean und Agile im HR-Bereich, Lean und Agile: Prinzipien und Methoden sowie Change durch Nutzung von Technologie.

Permantier, Martin: Haltung entscheidet: Führung & Unternehmenskultur zukunftsfähig gestalten, 373 Seiten, 34,90 Euro, Vahlen; 1. Auflage 2019, ISBN: 978-3800660636
Das Buch eröffnet einen neuen Blick auf die Entwicklung von Führung und Unternehmenskultur. Der Autor erläutert, wie wir die Welt gemäß unserer inneren Haltung deuten können und damit die Zusammenarbeit wirkungsvoll gestalten. Dafür stellt er ein neues, eingängiges Modell vor, für das wissenschaftliche Erkenntnisse der Entwicklungspsychologie die Basis bilden. Anhand von zahlreichen Beispielen und Illustrationen bietet das Buch dem Leser viele praktische Anregungen, wie das integrale Verständnis für eine Organisation gefördert werden kann.

Sichart, Silke/Preußig, Jörg: Agil führen: Neue Methoden für moderne Führungskräfte, 332 Seiten, 29,95 Euro, Haufe; 1. Auflage 2019, ISBN: 978-3648124314

Das Buch gibt mit verständlichen Erläuterungen einen Überblick über die Grundlagen agiler Führung. Mit praxiserprobten Methoden, konkreten Beispielen, Visualisierungen und Übungen zur Selbstreflexion unterstützen die Autoren, agile Prinzipien und Werte in den eigenen Führungsalltag umzusetzen. Folgende Themen werden erörtert: die Basis agiler Führung; Kompetenzen, Aufgaben und Rollenverständnis; Führung und Kommunikation sowie das agile Prozessmodell Scrum, Retrospektiven.

Sohn, Sabine/Conzelmann, Dieter (Hrsg.): Mit dem Success Loop zum erfolgreichen Industrie 4.00 Geschäftsmodell, 338 Seiten, EHP-Verlag Andreas Kohlhage; 2017, ISBN: 978-3-89797-101-1

Zum ersten Mal werden hier die enormen Potenziale der Industrie 4.0 für die erfolgreiche und langfristig zukunftsfähige Entwicklung von Geschäftsmodellen dargestellt. Die Autoren schreiben auf dem Hintergrund des theoretischen State of the Art aus der Praxis für die moderne unternehmerische Praxis: kurz, anwendungsorientiert und anschaulich, sodass ein direkter Transfer in die eigene Organisation mit zahlreichen Beispielen und Übungen sofort erfolgen kann.

Trost, Armin: Neue Personalstrategien zwischen Stabilität und Agilität, 447 Seiten, 59,99 Euro, Springer Gabler; 1. Auflage 2018, ISBN: 978-3662574065

In Zeiten der Digitalisierung streben immer mehr Unternehmen nach neuen Formen der Führung und Zusammenarbeit. Eigenverantwortung, Vernetzung und Vielfalt werden zunehmend als Voraussetzung für Agilität, Anpassungsfähigkeit oder Innovationskraft erkannt. Vor diesem Hintergrund stoßen traditionelle, auf Stabilität ausgelegte Personalstrategien zunehmend an ihre Grenzen. Dieses Buch verdeutlicht auf anschauliche Weise den Unterschied zwischen Stabilität und Agilität hinsichtlich Führung und Organisation.

Wagner, David Jonathan: Digital Leadership: Kompetenzen – Führungsverhalten – Umsetzungsempfehlungen, 184 Seiten, 49,99 Euro, Springer Gabler; 1. Auflage 2018, ISBN: 978-3658201265

Der Autor erstellt einen Überblick über erfolgreiches Führungsverhalten und erforderliche Führungskompetenzen im Zeitalter der digitalen Transformation, die er mittels Expertenbefragung und durch Literaturrecherche erhoben hat. Daraus leitet er konkrete Umsetzungsempfehlungen für Führungskräfte auf dem Weg zu Digital Leadern ab.

Weiler, Adrian/Savelsberg, Eva: Agile Optimierung in Unternehmen: Das Unplanbare digital managen, 176 Seiten, 29,95 Euro, Haufe; 1. Auflage 2018, ISBN: 978-3648111352

In diesem Buch präsentieren die Autoren die Managementstrategie der Agilen Optimierung. Sie befähigt Unternehmer mit zunehmender Komplexität, Störungen und unplanbaren Ereignissen im Geschäftsalltag besser umzugehen. Hinter Agiler Optimierung steht die Digitalisierung operativer Managemententscheidungen zur Steigerung von Produktivität und unternehmerischer Resilienz. Vorhandene, bislang jedoch unerkannte Entscheidungsspielräume werden mithilfe von Computerintelligenz erweitert und Manager erhalten situationsgerecht optimierte Handlungsempfehlungen.

Würzburger, Thomas: Die Agilitäts-Falle: Wie Sie in der digitalen Transformation stabil arbeiten und leben können, 142 Seiten, 24,90 Euro, Vahlen; 1. Auflage 2019, ISBN: 978-3800659272

Der Autor stellt die Ambivalenz zwischen der Persönlichkeit eines Menschen und den heutigen Agilitätsansprüchen der VUCA-Welt dar. Er erläutert und gibt Beispiele, warum Agilität nicht ohne Reife funktioniert und wie durch eine persönliche Weiterentwicklung mehr Stabilität in der Persönlichkeit erreicht werden kann. Ein Agiles Mindset ist mehr als nur eine Denk- bzw. Geisteshaltung, sondern setzt ein hohes Maß an Selbstkompetenz sowie Diversität im Denken und Handeln voraus.

Internetlinks

Agile Alliance – www.agilealliance.org

American Management Association – www.amanet.org

Association of Change Management Professionals (ACMP) – www.acmp.info

BDU-Fachverband Change Management – www.changemanagement.bdu.de

Bundesverband der Personalmanager (BPM) – www.bpm.de

Center for Creative Leadership (CCL) – www.ccl.org

Change Management Institute – www.change-management-institute.com

Chartered Institute of Personnel and Development (CIPD) – www.cipd.co.uk

Cranfield Network on International Human Resource Management (CRANET) – www.cranet.org

Deutsche Gesellschaft für Personalführung (DGFP) – www.dgfp.de

European Association for People Management (EAPM) – www.eapm.org

European Organisation Design Forum (EODF) – www.eodf.eu

Forum Gute Führung (Bundesministerium für Arbeit und Soziales) – www.forum-gute-fuehrung.de

Institut für Beschäftigung und Employability (Prof. Dr. Rump, HS Ludwigshafen) – www.ibe-ludwigshafen.de

International Leadership Association (ILA) – www.ila-net.org

Kotter International (John Kotter, Harvard Business School) – www.kotterinternational.com

Organization Design Forum (ODF) – www.organizationdesignforum.org

Results-Based Leadership Group (Dave Ulrich, University of Michigan) – www.rbl.net

Society for Human Resource Management (SHRM) – www.shrm.org

The Change Leaders (HEC Paris/Oxford Saïd Business School) – www.thechangeleaders.com

The Conference Board – www.conference-board.org

The Kets de Vries Institute (Manfred Kets de Vries, INSEAD) – www.kdvi.com

The New Leadership Paradigm (Barett Values Centre) – www.valuescentre.com

Wharton Center for Leadership and Change Management (University of Pennsylvania) – www.leadership.wharton.upenn.edu

World Federation of People Management Associations (WFPMA) – www.wfpma.com

Studien

C-Suite Challenge™ 2019: The Future-Ready Organization: How CEOs and C-Suite Executives are Transforming for the Future – The Conference Board Inc., New York/Brüssel

Driving Digital Transformation: What Does it Take to Lead? – The Conference Board Inc., New York/Brüssel

2019 Global CEO Outlook: Agile or Irrelevant – Redefining Resilience – KPMG AG, Berlin

The CEO: A Personal Reflection – Adapting to a Complex World – Egon Zehnder International GmbH, Berlin

Incumbents Strike Back – Insights from the Global C-Suite Study – IBM Deutschland GmbH, Ehningen

Manager Barometer 2018/2019 – ODGERS BERNDTSON Unternehmensberatung GmbH, Frankfurt am Main

Globale Human Capital Trendstudie – Führung der »sozialen Organisation«: Der Mensch im Fokus der Erneuerung – Deloitte GmbH, München

Bringing Managers Back to Work – The Boston Consulting Group GmbH, München

The Future of HR 2019 – In the Know or in the No?: The Gulf between Action and Inertia – KPMG AG, Berlin

Coming of Age Digitally: Learning, Leadership, and Legacy – Deloitte GmbH, München

Zwischen Effizienz und Agilität – Unter Spannung: Fachbereiche in der Digitalisierung – HAYS AG, Mannheim/Institut für Beschäftigung und Employability, Ludwigshafen

Digital Leadership – Führung in der digitalen Transformation – Fraunhofer-Institut für Arbeitswirtschaft und Organisation, Stuttgart

Winning the 20s – A Leadership Agenda for the Next Decade – The Boston Consulting Group, München

Die Kunst des Führens in der digitalen Revolution – Kienbaum Consultants International GmbH, Köln/StepStone GmbH, Düsseldorf

Mit wirksamer Führung zum Ergebnis – Rationalisierungs- und Innovationszentrum der Deutschen Wirtschaft e. V, Eschborn

Achieving Competitive Agility: Striking Balance with Whole-Brain Leadership – Accenture GmbH, Kronberg

The Self-Disruptive Leader – Korn Ferry International GmbH, Frankfurt am Main

Women, Leadership, and the Priority Paradox – IBM Deutschland GmbH, Ehningen

Women's Leadership in Digital Times – Roland Berger GmbH, München

Success Personified in the Fourth Industrial Revolution: Four Leadership Personas for an Era of Change and Uncertainty – Deloitte GmbH, München

The Journey to an Agile Organisation – McKinsey & Company, Inc., Düsseldorf

The Evolution of the Agile Organisation – PA Consulting Group GmbH, Frankfurt am Main

The New Competitive Divide: Building the Foundation for Organizational Agility – Dale Carnegie Deutschland GmbH, München

Accelerate or Get Left behind: Unlock Growth with an Agile Culture – Kincentric/Spencer Stuart & Associates GmbH, München, vormals: Aon Hewitt GmbH, München

Leading Agile Transformation: The New Capabilities Leaders Need to Build 21st Century Organizations – McKinsey & Company, Inc., Düsseldorf

Building a Digital Culture – Heidrick & Struggles Unternehmensberatung GmbH & Co. KG, Frankfurt am Main

Developing Digital Dexterity in Your Organization – Skillsoft NETg GmbH, Düsseldorf

HR Grapevine: HR's Role in Digital Transformation – Skillsoft NETg GmbH, Düsseldorf

Vertrauenskultur als Wettbewerbsvorteil in digitalen Zeiten – Institut der deutschen Wirtschaft Köln Consult GmbH, Köln

Digital Transformation Review – Taking Digital Transformation to the Next Level – Capgemini Deutschland GmbH, Berlin

The Top 10 Technologies for Business Transformation – KPMG AG, Berlin

All Agile-HR? Erkenntnisse zum Reifegrad der HR-Funktion in der agilen Transformation – Kienbaum Consultants International GmbH, Köln/Deutsche Gesellschaft für Personalführung e. V., Frankfurt am Main

Alle Studien finden Sie auch im Internet unter http://mybook.haufe.de.

HR-ARBEIT 4.0: New Work & Innovative Organisation

Einleitung

Um in einem an Komplexität und Dynamik zunehmenden Markt erfolgreich zu bleiben, müssen Unternehmen schnell und flexibel auf Veränderungen reagieren, mit innovativen Produkten und Services Kunden begeistern und so den Markt proaktiv mitgestalten können. Gewährleisten soll dies eine agile Transformation. Sie schließt die HR-Funktion zwingend ein, will sie sich nicht abschaffen. Wenn das Business agil ist, muss es auch HR sein.

In der agilen, kundenfokussierten Organisation sind die Entscheidungswege einfach gestaltet, Hierarchien werden flach gehalten, den Mitarbeitern wird ein hoher Entscheidungs- und Handlungsspielraum eingeräumt. Hochqualifizierte Teams agieren weitgehend selbstgesteuert und projektbezogen mit hoher Eigenverantwortung. Auch die Rolle der Führungskräfte hat sich vom Fachvorgesetzten und Entscheider zum Coach und Unterstützer verändert.

Diese neue Organisation wird durch viele der Merkmale gekennzeichnet, die der Sozialphilosoph Prof. Dr. Frithjof Bergmann unter dem Begriff »New Work« subsumiert hat. Bergmann beschäftigte sich mit der philosophischen Frage nach der Freiheit des Menschen. Nichts schien den Menschen jedoch unfreier zu machen als Arbeit in der industriellen Gesellschaft. Doch deren Ende sah Bergmann genauso gekommen wie das des damit verbundenen Job-Systems. Anstelle der einfachen Lohnarbeit des Kapitalismus stellt er die Entfaltung der eigenen Persönlichkeit und Kreativität in den Vordergrund.

Automatisierung und Digitalisierung führen zu einem vielschichtigen Wandel der Arbeitswelt und verlangen, dass Arbeit innovativ definiert und organisiert wird, um weiterhin einen steigenden Beitrag zur Unternehmensstrategie zu liefern. Die Kernwerte, die sich daraus für die Gesellschaft ergeben, sind für Bergmann Freiheit, Selbstbestimmtheit und Gemeinschaft.

New Work ist kein Programm, kein Prozess, sondern eine Frage der Haltung, der Kultur und Führung. Die von Bergmann formulierten Werte bestimmen das Leben von Arbeitnehmern im digitalen Zeitalter. Sie arbeiten nicht länger in festen Strukturen, sondern ungebunden in Netzwerken mit einer offenen und transparenten Kommunikationsstruktur.

Hierarchien werden abgebaut und strategische Entscheidungen gemeinschaftlich getroffen. Es geht um eine moderne Führung, die von Augenhöhe und Wertschätzung, von mehr Coaching und weniger Ansage geprägt wird. Es geht um eine Arbeitsumgebung, die sich an den Bedürfnissen der Mitarbeiter orientiert und deren körperliches, geistiges und emotionales Wohlbefinden steigert. Und es geht schließlich um die Selbstverwirklichung der Mitarbeiter – als Grundidee für die Mission des Unternehmens.

In dieser neuen Organisation kann HR, wenn es weiterhin ein wichtiger Akteur für den Geschäftserfolg sein will, nicht mit traditionellen Methoden und in überkommenen Strukturen arbeiten. Agile HR setzt sich für mehr Eigenverantwortung der Mitarbeiter, Selbstorganisation von Teams und die Vernetzung von Bereichen ein – und geht mit gutem Beispiel voran. Um aus einer traditionell aufgestellten HR-Funktion eine agile zu machen, sollten darum zunächst alle Richtlinien und Prozesse auf den Prüfstand gestellt und es sollte selbstkritisch gefragt werden, ob sie den folgenden Kriterien genügen:

- Kundenfokussierung: Angebote, Programme oder Prozesse sind nur dann sinnvoll, wenn es dafür in der Organisation ein definiertes Bedürfnis gibt. HR wird nicht zum Selbstzweck gemacht. Was der Kunde wirklich braucht, ist die wichtigste Frage.
- Arbeiten in Iterationen: Darum vollzieht sich die Entwicklung von HR-Angeboten in iterativen Schleifen, indem immer wieder das Feedback des Kunden eingeholt wird. Nur die wesentlichen Funktionalitäten werden zu Beginn festgelegt und danach inkrementell weiterentwickelt. Längere Entwicklungsprozesse und größere Projekte werden in kleine Pakete aufgeteilt, von denen jedes für sich als Inkrement eigenständig und wertschöpfend umgesetzt werden kann.
- Flexibilität: Alle so entwickelten Angebote, Prozesse und Programme müssen flexibel und schnell veränderbar sein. Dafür ist es wichtig, neue Ideen in einem möglichst frühen Entwicklungsstadium zu testen und nicht wirksame Ideen direkt zu verwerfen, damit nicht unnötig Energie dafür aufgewendet wird.
- Hilfe zur Selbsthilfe: Viele Aufgaben, die traditionell von HR verantwortet wurden, können besser von den Fachbereichen übernommen werden. Sie kennen den Markt, den Kunden und ihre Bedürfnisse aus direkter eigener Erfahrung. HR wird stärker zum Berater, fördert die Selbstverantwortung der Mitarbeiter und befähigt sie auch zur Personalarbeit.
- Flache Hierarchien: Wie das ganze Unternehmen ist auch die HR-Funktion selbst agil organisiert, ohne disziplinarische Hierarchie und mit einem hohen Grad an Selbstorganisation und Selbststeuerung. Gleichzeitig rückt das Team als wichtigste Einheit für Wertschöpfung in den Fokus. Die Mitarbeiter der HR-Organisation ordnen sich so den definierten Themen zu, dass sie ihre Kompetenzen optimal einbringen können, und bearbeiten ihr Thema unter Anwendung agiler Methodenelemente bis zum Abschluss.

Auf diese Weise können die HR-Ressourcen verstärkt so eingesetzt werden, dass sie den größten Mehrwert für das Business in einer agilen Organisation bringen und aktiv das Streben der Beschäftigten nach Selbstständigkeit, Freiheit und Individualität unterstützen.

Die folgenden Beiträge zeigen auf, wie New Work und andere innovative Organisationsformen zunehmend die Unternehmensrealität bestimmen und welche Aufgaben daraus für das Personalmanagement erwachsen.

- Prof. Dr. Heike Bruch, Professorin für Leadership, Universität St. Gallen, Dr. Sandra Berenbold und Dr. Christina Block, beide energy factory St. Gallen AG berichten über New Leadership: Führungsformen der Zukunft.
- René Chassein, Vorstandsmitglied, Pfalzwerke AG, Ludwigshafen und Marc Mundschau, Vorstand, Pfalzwerke Netz AG, Ludwigshafen, sagen: Agilität ist machbar – ein Werkstattbericht.
- Anne Grobe, comdirect Bank AG, Quickborn, berichtet über Selbstorganisation und ihre Erfahrungen aus der Praxis
- Dr. Bernadette Tillmanns-Estorf, B. Braun Melsungen AG, Melsungen, berichtet über Tasks & Teams: Agilität in einem Großunternehmen.
- Daniel Ullrich, Group HR Executive, innogy SE, Essen, meint: Transformation und Kulturwandel kann die große Chance für HR sein.
- Dr. Philipp Männle, stellvertretender Leiter des Dienstleistungszentrums Personal des Landes Schleswig-Holstein, Kiel, beschreibt den Weg zum Hochleistungsteam.
- Karlheinz Löw, AOK Hessen, Bad Homburg, zeigt die zahlreichen Aspekte eines Diversity Managements in der Arbeitswelt 4.0 auf.
- Professor Dr. Karlheinz Schwuchow, Hochschule Bremen, entwickelt eine Triade der Führungsentwicklung, die nicht länger allein die Führungskraft in den Mittelpunkt stellt.

New Work, innovative Organisationsformen und HR-Arbeit 4.0 finden auch ihren Niederschlag in der aktuellen Fachliteratur. Besonders hervorgehoben sei der Sammelband von Prof. Dr. Dorothea Alewell und Prof. Dr. Wenzel Matiaske »Standards guter Arbeit«, der in insgesamt neun Einzelbeiträgen die Standards guter Arbeit beleuchtet. Dabei finden Aspekte der Betriebswirtschaftslehre und Psychologie ebenso Berücksichtigung wie Religion und Recht.

Einen Überblick über die New Work-Diskussion, verknüpft mit zahlreichen Praxisbeispielen, liefert Kerstin Sarah von Appen »New Work. Unplugged: Die Arbeitswelt von morgen heute gestalten«. Zur Verbesserung der Arbeitsbedingungen in Unternehmen verweist Prof. Dr. Nico Rose in seinem Buch »Arbeit besser machen« auf die Erkenntnisse der Positiven Psychologie für Personalarbeit und Mitarbeiterführung.

Verweise auf weitere Bücher zum Thema, Internetlinks sowie zahlreiche Studien, die im Serviceteil zum Download zur Verfügung stehen, finden Sie am Ende dieses Kapitels.

Dabei vermittelt die gemeinsam von der Boston Consulting Group und dem World Economic Forum erstellte Studie »Eight Futures of Work« auf der Grundlage der Faktoren Technologischer Wandel, Entwicklung des lebenslangen Lernens und Talentmobilität acht Szenarien zur Zukunft der Arbeit. Die Herausforderungen und Chancen von HR stellt Egon Zehnder International in »HR – Rethinking Human Resources« vor und erörtert dabei die Bereiche Arbeitsrealität in der Organisation, Zusammenarbeit von Teams und Bereichen, Interessen von Mitarbeitern und Unternehmen sowie Personalprozesse. Die Accenture-Studie »Equality = Innovation« beleuchtet die Kultur eines Unternehmens als Innovationstreiber und die dafür notwendigen Voraussetzungen, fokussiert auf Führung, Mitarbeiterbeteiligung und umfassender Inklusion.

Joachim Gutmann

New Leadership: Führungsformen der Zukunft

Prof. Dr. Heike Bruch, Professorin für Leadership, Universität St. Gallen

Dr. Sandra Berenbold, Geschäftsführerin, energy factory St. Gallen AG

Dr. Christina Block, Consultant, energy factory St. Gallen AG

Im Zuge des Wandels der Arbeitswelt wird eine grundlegende Neuausrichtung der Führung diskutiert. Dabei werden auch Ansätze beleuchtet, die Führung für überflüssig erklären und vollständig in die Hände selbstorganisierter Teams legen möchten. Empirisch zeigt sich jedoch, dass eine Selbstorganisation, netzwerkartiges Arbeiten und geteilte Führungsansätze keine Gegensätze zu einer starken Führung sind. Vielmehr wird deutlich, dass diese besonders erfolgreich sind, wenn sie durch Leadership gefördert werden, Orientierung gegeben wird und auch Sinnvermittlung erfolgt.

New Leadership – Was ist eigentlich anders und was neu?

Unternehmen müssen immer schneller neue Anforderungen und Chancen von außen aufgreifen, flexibel auf Trends reagieren und diese in neue Geschäftsmodelle verwandeln, um in der durch digitale Transformation und technologischen Fortschritt veränderten Welt flexibel, innovativ und mit hohem Speed arbeiten zu können. Engagierte

---

Lessons Learned

- Eine starke, mutige Führung auf allen Ebenen ist ein sichtbarer Leuchtturm und macht andere durch Inspiration zu neuen Leadern.
- In einem inspirierenden Führungsklima gelingt echtes Loslassen durch mehr aktives Empowerment.
- Sichtbare und inspirierende Führung ist die Voraussetzung, dass Selbstorganisation die gewünschten Früchte trägt und nicht im Chaos endet.
- Aktive Nichtführung ist toxisch, vor allem in geteilten Führungsstrukturen und reduziert nicht nur die Leistung, sondern schadet auch den Mitarbeitern.
- Die schlechteste Option für Führungskräfte ist es, ein Führungsvakuum entstehen zu lassen und Teams sich selbst zu überlassen.

und inspirierende Führungskräfte sind dabei ein entscheidender Erfolgsfaktor in der modernen Arbeitswelt (Bruch/Block/Färber, 2016; Bruch/Berenbold/Spilker, 2019).

Zunehmend wird die Frage gestellt,
- welche Art von Führung künftig geeignet ist, um Zukunftschancen zu nutzen und nicht in eine Überforderung für Unternehmen und Mitarbeiter zu geraten.
- welche Verhaltensweisen Führungskräfte verstärken sollten, um einerseits loslassen und Führung abgeben zu können, gleichzeitig jedoch kein Laissez-faire im Sinne von Nichtführung zu praktizieren.

Dies hat dazu geführt, dass ein New Leadership in Unternehmen ausgerufen wird. Es soll sowohl die Chancen und Potenziale einer digitalen Welt ergreifen, als auch zu einer modernen Unternehmensrealität passen. New Leadership bedeutet auch, Teams zu empowern, ein Zukunftsbild in einer immer komplexeren Welt zu vermitteln und Gestalter dieser neuen Welt zu werden.

In den Unternehmen ist das Bewusstsein inzwischen sehr hoch, dass sich Führung, Kultur und Zusammenarbeit grundlegend ändern müssen. Unternehmen sind sich jedoch sehr unsicher, was New Leadership für sie bedeutet, was das Neue an dieser modernen Art der Führung ist und wie sie diese umsetzen können. Führungskräfte wissen häufig nicht, wie sie einerseits der Forderung nach einer sinnorientierten und inspirierenden Führung (Bruch/Berenbold, 2017) nachkommen sollen und andererseits ihre Teams empowern können, indem sie loslassen und Führung gezielt abgeben.

Gleichzeitig widerspricht die bestehende Unternehmensrealität mit oft noch starren Strukturen und einem bürokratischen Arbeitsstil häufig der Forderung nach mehr Mut, unternehmerischem Handeln und Empowerment (Bruch et al., 2019). So herrschen in Unternehmen oft Spannungsfelder zwischen den Anforderungen an Führungskräfte und den eigentlichen Möglichkeiten zur modernen Führung in bestehenden Prozessen und hierarchischen Strukturen. Bruch und Berger (2018) haben in ihrer Studie zu »Future Work & Leadership« auf Basis ihrer Befragung von mehr als 16.000 Mitarbeitern und 90 Unternehmen gezeigt, dass eine Art Modernisierung der Führung erforderlich ist. Sie haben vier entscheidende Stellhebel für diese Modernisierung in Unternehmen gefunden. Diese sind:
1. die Stärkung von Führung der Zukunft durch ein inspirierendes Führungsklima,
2. Führungskräfte als Entwickler einer passenden Kultur in der modernen Arbeitswelt,
3. die Reduktion von Hierarchie zugunsten von Führung in Netzwerken und
4. der Fokus auf Employer Branding, um die richtigen Führungskräfte zu finden.

Dementsprechend müssen Führungskräfte also den Fokus über alle Ebenen bis hin zum Mitarbeiter verschieben – von einer klassischen hierarchischen Führung, welche stark durch Fachexpertentum und Command-Control geprägt ist, hin zu einer inspirierenden also sinnorientierten Führung. Unternehmen, denen dies gelingt, haben zum einen ein starkes Führungsteam an der Spitze, das durch Vorbildhandeln Orientierung gibt und weisen zum anderen auch Führungskräfte auf allen Ebenen an, sich selbst mit hoher Energie und Willenskraft für gemeinsame Ziele zu engagieren.

Alle Führungskräfte teilen dann ein gemeinsames Verständnis darüber, in welche Richtung das Unternehmen möchte und führen ihre Mitarbeiter über Sinnhaftigkeit und weniger über Hierarchie. Dies bedeutet, dass Führung in Unternehmen nicht nur präsenter und stärker ausgeprägt sein sollte, sondern auch durchlässiger. Neben dem starken Fokus auf Sinnorientierung und Inspiration müssen Führungskräfte dementsprechend auch Loslassen können und Freiräume für Teams zur Selbstorganisation schaffen.

Stärker zu führen und sich gleichzeitig zugunsten der Selbstorganisation zurückzuziehen klingt erstmal wie ein Widerspruch, der sich bei näherer Betrachtung jedoch auflöst. Es ist nicht alles neu im New Leadership, sondern Führungskräfte müssen Inspiration noch stärker aktiv leben und durch das Verständnis erweitern, dass Führung nicht nur Selbstführen heißt, sondern auch neue Führungskräfte unter den Mitarbeitern zu entwickeln.

Mehr führen und gleichzeitig loslassen – geht das?

Eine starke Führungskraft zu sein und im selben Atemzug Führung zugunsten der Selbstorganisation anderen zu überlassen, klingt erstmal konträr. Was wird also konkret von einer Führungskraft erwartet? Zunächst einmal zeigen sich ganz besonders zwei Perspektiven auf, welche dieses Missverständnis auflösen und gemeinsam eine neue Vorstellung von Führungskraft für die zukünftige Arbeitswelt beschreiben – nämlich eine Kombination aus inspirierender Führung und gleichzeitig im Team geteilter Führung, sogenanntes Shared Leadership (Bruch et al., 2018).

Inspirierende Führungskultur
Grundsätzlich gilt, dass inspirierende Führung eine der wichtigsten Führungsformen in Unternehmen ist – ganz gleich, ob sich diese in der neuen oder traditionellen Arbeitswelt bewegen. Die Bedeutung der inspirierenden Führung steigt jedoch in komplexen, unsicheren oder fluiden Kontexten. Insbesondere bei virtuellen Formen der Zusammenarbeit, wenn wenig direkte und persönliche Interaktion mit Menschen erfolgt, die man weniger gut kennt oder auch in wechselnden Teamkonstellationen, ist die Bedeutung einer inspirierenden Führung erhöht.

Im Gegensatz zu einer Führung, die Mitarbeiter individuell anspricht, auf persönliche Zielerreichung fokussiert und eher rational Aufträge »verteilt«, wie dies bei einer klassisch transaktionalen Führung der Fall ist, liegt der Schwerpunkt der inspirierenden Führung auf der Stärkung von Identifikation, gemeinsamer Zielausrichtung und Empowerment der Mitarbeiter und Teams. Dies ist elementar, besonders dann, wenn in schnell wechselnden, fluiden oder virtuellen Arbeitskontexten gearbeitet wird und das Vertrauen unersetzlich ist.

Eine inspirierende Führungskraft schafft es, ihr Team für übergeordnete Ziele und Zukunftsaussichten zu motivieren und die Menschen so für die Aufgaben zu begeistern, dass sie sich gemeinsam engagieren. Inspirierende Führung gibt eine Orientierung, wo der Fokus der Zukunftsausrichtung von Teams und Unternehmen liegt. Unternehmen mit einer starken inspirierenden Führungskultur sind grundsätzlich leistungsstärker als Unternehmen mit einer wenig inspirierenden Führungskultur (Bruch et al., 2016; 2018). Zwar ist dies auch in Unternehmen mit starren und hierarchischen Strukturen wichtig, jedoch wird diese Anforderung in dynamischen und entgrenzten Arbeitskontexten noch wichtiger. Es reicht nicht mehr aus, Mitarbeiter und Teams über enge Ziele und Erwartungen zu führen – es geht vielmehr darum zu verstehen, welchen Beitrag jeder Einzelne zu dem Gesamterfolg des Teams und des Unternehmens leistet.

An Führungskräfte in Unternehmen, die auch in der zukünftigen Arbeitswelt erfolgreich oder ganz besonders schnell sein wollen, werden noch weitere Anforderungen gestellt. Denn in der heutigen Arbeitswelt gilt nicht mehr, dass Führungskräfte die besten Experten mit den meisten oder besten Kompetenzen in Unternehmen sind. Wichtige Erfahrungen und Fähigkeiten werden viel häufiger im Team gebündelt – Experten sitzen in unterschiedlichen Hierarchien, Teams und Arbeitsbereichen. Gleichzeitig fordern Mitarbeiter einen größeren Verantwortungsbereich und Herausforderungen, an denen sie wachsen und sich weiterentwickeln und auch Entscheidungen eigenständig treffen können. Dies beschreibt in großen Teilen die geteilte Führung, denn in erfolgreichen Unternehmen geben Führungskräfte Verantwortung ab.

Ein häufiger Irrglaube ist hierbei, dass geteilte Führung bedeutet, Führungskräfte abzuschaffen. Verantwortung abzugeben, heißt nicht, Führung aufzugeben. Vielmehr bedeutet es, dass Mitarbeiter befähigt werden oder in ihrem Kompetenzbereich zusätzliche Verantwortung erhalten, um eigenständig Entscheidungen zu treffen und sich um unterschiedliche Arbeitspakete zu kümmern. Es bedeutet auch, dass ein starkes gemeinsames Verständnis für das übergeordnete Ziel vorherrschen muss. Wenn einzelne Mitarbeiter Verantwortung übernehmen und eigene Entscheidungen treffen, dann sollte dies im Rahmen der übergeordneten Vision stattfinden.

Verantwortung abgeben
Mitarbeiter, die Verantwortung übernehmen, brauchen eine Orientierung, um ihre Entscheidungen im Sinne des übergeordneten Ziels zu treffen. Sie brauchen also auch

einen Rahmen, in dem sie frei handeln dürfen. Fehlt eine starke inspirierende Führung, so ist es möglich, dass viele unterschiedliche Sichtweisen und Meinungen unter den Mitarbeitern vorherrschen, die kein gemeinsames Verständnis teilen und ihre Erwartungen nicht klären. Dadurch kann es passieren, dass diese Mitarbeiter in unterschiedliche Richtungen laufen und im schlimmsten Fall nicht miteinander, sondern gegeneinander arbeiten.

Geteilte Führung funktioniert nur dann langfristig gut, wenn gleichzeitig ein gemeinsames Verständnis geteilt wird und Mitarbeiter für die Übernahme von Verantwortung befähigt werden. Führungskräfte sollten deshalb darauf achten, nicht einfach verantwortungsvolle Aufgaben zu verteilen, sondern gezielt bestimmten Mitarbeitern die Möglichkeit zu geben, sich weiterzuentwickeln und Kompetenzen einzusetzen. Viele Mitarbeiter haben inzwischen fachlich stärkere Kompetenzen als die Führungskräfte. Diese Mitarbeiter sind auch in der Lage, in ihrem fachlichen Bereich oder innerhalb der Arbeitsprozesse Entscheidungen zu treffen. Führungskräfte nehmen hierbei also eine neue und zentrale Rolle ein. Sie müssen sich weniger darauf konzentrieren, selbst die Entscheidungen zu treffen, sondern darauf, dass ihre Mitarbeiter notwendige Fähigkeiten haben und sich durch zusätzliche Verantwortung nicht überfordert fühlen.

Führungskräfte sollten dementsprechend Voraussetzungen prüfen und schaffen, damit geteilte Führung funktioniert. Dies ist zunächst eine starke inspirierende Führung für eine übergeordnete Orientierung und Motivation, die Befähigung einzelner Mitarbeiter zur Übernahme von Verantwortung und die eigene Reflexion, selbst Verantwortung abgeben zu können.

Kein Führungsvakuum entstehen lassen – Nicht-Führen als schlechteste Option

Teilweise hat die neue Arbeitswelt durch ihre steigende Geschwindigkeit, Flexibilität und Entgrenzung in dezentralen Strukturen auch zu der verlockenden Annahme geführt, dass es Führungskräfte immer weniger braucht. Hamel (2012) stellt sogar die These auf, dass Führungskräfte wahre Bremser der modernen Arbeitswelt darstellen, da sie durch Overmanagement, langwierige Entscheidungsprozesse und Machtansprüche den Mitarbeitern nötige Freiräume nehmen.

Bruch und Berger (2018) dagegen argumentieren, dass es sich bei dieser Annahme um eines der großen Missverständnisse handelt, welches im Kontext von New Leadership sehr populär wird. Denn sogenanntes Laissez-faire-Leadership beziehungsweise Nicht-Führen stellt die unproduktivste Art des Führens dar – vor allem in der modernen Arbeitswelt, in der Unsicherheiten ohne Führung noch mehr zunehmen. Dies zeigt auch eine weitere Studie von Bruch, Block und Färber (2016), in der nur sechs Prozent der Befragten in der neuen Arbeitswelt erfolgreich arbeiten. Das Gros der Unternehmen (75 Prozent) arbeitet entweder noch traditionell oder ist mit dem Schritt in die neue Arbeitswelt überfordert und weniger erfolgreich als vorher (19 Prozent). Von diesen überforderten Unternehmen unterscheiden sich die erfolgreichen Pioniere der neuen Arbeitswelt insbesondere durch eine starke und inspirierende Führungskultur auf allen Ebenen.

Laissez-faire-Leadership führt zu emotionaler Erschöpfung
Fehlt also eine starke und sichtbare Führung, die Orientierung zu den gemeinsamen Zielen und der Vision des Unternehmens gibt, endet New Work häufig im Chaos. Viele Unternehmen beklagen dabei, dass hierarchiefreie Zusammenarbeit, Loslassen oder neue Arbeitsformen eher zu einem Rückschritt in der Leistungsfähigkeit von Unternehmen führen als zu der erhofften Reaktions- und Anpassungsgeschwindigkeit an neue Dynamiken. Der Grund hierfür ist, dass die klassische, hierarchische Führung und bisherige Führungsformen bei diesen Unternehmen oft kritisiert werden, gleichzeitig jedoch kein neues modernes Führungsinstrumentarium etabliert wird, sondern ein Führungsvakuum entsteht. Betroffene Führungskräfte reduzieren dabei typischerweise klassische Führung, entwickeln jedoch keine neuen, übergeordneten Führungsrollen. In Konsequenz verfallen sie in Laissez-faire, das in seiner stärksten Form sogar die aktive Vermeidung von Führung darstellt. Wichtige Führungsbeiträge wie Orientierung geben, Wertschätzung, aktives Empowerment von Teams, Vorleben und Coaching von Mitarbeitern fehlen dann.

Führungskräfte mit diesem Führungsstil sind nicht mehr spürbar für Teams und meiden es, notwendige strategische Entscheidungen zu fällen. Selbstorganisierte Teams sind somit sich selbst überlassen und erhalten keine Unterstützung bei der Entwicklung von Teamkompetenzen, Spielregeln und neuen Formen der Zusammenarbeit. Stattdessen verfallen sie oft in Aktionismus und unkoordinierte Tätigkeiten in entgrenzten Unternehmenskontexten, die im schlimmsten Fall nicht zu der eigentlichen strategischen Zielsetzung des Unternehmens passen.

Laissez-faire-Leadership führt demnach zu einer Reduktion der Gesundheit, einer höheren Kündigungsabsicht und emotionaler Erschöpfung. Gründe hierfür sind, dass sich selbst überlassene und selbstorganisierte Teams nicht das nötige Feedback erhalten und keine Wertschätzung erfahren, notwendige Entscheidungsstrukturen nicht aufbauen sowie Beziehungsbrüche erleiden. Besonders dramatisch ist dabei der Befund, dass Laissez-faire-Leadership heute noch mit einer höheren Wahrscheinlichkeit in virtuellen Arbeitskontexten (+32 Prozent) und in fluiden Strukturen (+71 Prozent) auftritt – gerade dort also, wo inspirierende Führung besonders erforderlich ist.

Teams stärken durch aktives Empowerment

Ein Abbau von klassischen Führungsformen darf also nie Laissez-faire beinhalten, sondern fordert umso stärker eine aktive Förderung von Leadership im Sinne einer inspirierenden Führung. Auch darf ein Loslassen nicht bedeuten, weniger zu führen, sondern Teams durch aktives Empowerment zu stärken und in ihrer Selbstführung oder in ihrem Shared Leadership zu unterstützen. Führungskräfte dürfen dabei jedoch an den entscheidenden Stellen keine Kompromisse eingehen, wenn es darum geht, gemeinsame Ziele aufzuzeigen oder gemeinsam mit den Teams zu entwickeln, die Vision vorzuleben und sichtbar zu sein.

Eine entscheidende Rolle nimmt dabei das Top-Management als mutiges Vorbild ein. Führung heißt daher nicht nur loszulassen, sondern Voraussetzungen zu schaffen, damit andere geteilte Führung in selbstorganisierten Teams wahrnehmen und zielgerichtet in diesen agieren können, um die Potenziale der modernen Arbeitswelt zu nutzen. Wenn also von einer Modernisierung der Führung in der modernen Arbeitswelt gesprochen wird, ist dies neben der Kombination von einer stärkeren inspirierenden und geteilten Führung der zweite zentrale Stellhebel. Führungskräfte müssen sich in der sinnstiftenden und inspirierenden Rolle neu finden und andere zu neuen Führungskräften machen – unabhängig von hierarchischen Strukturen und bestehenden Führungsrollen.

Führungskräfte als Gestalter

Die bisherigen Ausführungen zeigen, dass im Zuge der neuen Arbeitswelt die Anforderungen an Führung eher zunehmen und die Führungsaufgabe an sich komplexer und anspruchsvoller wird. Unternehmen stellen zunehmend die Frage, wie Führung geändert und modernisiert werden muss, jedoch weniger die Frage, was Führungskräfte brauchen, um diesen neuen Anforderungen überhaupt gerecht zu werden.

Mit der Frage zu den Rahmenbedingungen von New Leadership beschäftigte sich eine Forschungskooperation des Instituts für Führung und Personalmanagement der Universität St. Gallen und der Bertelsmann Stiftung, die die »Top 10 Treiber und Bremsfaktoren« wirksamer und inspirierender Führung erarbeitete. Im Ergebnis zeigt sich ein paradox anmutendes Bild, denn einerseits wird von den Führungskräften mehr Mut, Inspiration und Loslassen in einem komplexen und dynamischen Umfeld verlangt, jedoch andererseits ein Korsett aus ergebnisorientierten Zielvereinbarungen, Prozessfluten, Bürokratisierung und einer Absicherungsmentalität aufgebaut (Bruch et al., 2019). Dieses Korsett spiegelt in einigen Unternehmen eine Realität wider, die im Widerspruch zu den Anforderungen der modernen Arbeitswelt steht und Führungskräfte nicht nur dazu zwingt, Antworten der Vergangenheit auf neue Fragen zu geben, sondern auch verhindert, dass sich Führungskräfte und ihre Teams im New Leadership finden. Top Bremsfaktoren für die Führung in der modernen Arbeitswelt sind dabei an vorderster Stelle das Gefühl, sich im Hamsterrad zu befinden, fremdgesteuert zu sein sowie destruktives Verhalten in bestehenden Silos.

Führung als Belastung erleben
In der Konsequenz haben diese nicht passenden Rahmenbedingungen im Missverhältnis zu den Anforderungen an Führungskräfte eine verheerende Wirkung. Anstatt Führungskräfte dabei zu unterstützen, mutig voranzugehen, Mitarbeitern Orientierung zu geben und neue Chancen zu ergreifen, werden diese allein gelassen und verfallen in Selbstzweifel. Sie fragen sich, ob sie überhaupt in der Lage sind, Führungsrollen zu übernehmen, empfinden Führung als Belastung und mutmaßen, dass andere ihre Aufgaben besser machen könnten als sie selbst.

Selbstzweifel hemmen Führungskräfte und bremsen inspirierendes Führungsverhalten nicht nur aus, sondern fördern auch Laissez-faire-Leadership. Die oben genannte Studie (Bruch et al, 2019) hat gezeigt, dass diese Selbstzweifel in der modernen Arbeitswelt sogar 72 Prozent stärker sind als in der klassischen Arbeitswelt und tendenziell mit steigender Verantwortung für das Gesamtunternehmen zunehmen. Top-Manager haben somit sogar mehr Selbstzweifel bezogen auf die eigene Führung als Führungskräfte des mittleren Managements. Betroffen von Selbstzweifeln sind insgesamt mehr als 30 Prozent der Führungskräfte, die eigentlich mit einer hohen Führungsmotivation und Bereitschaft, Führungsverantwortung zu übernehmen ihre Tätigkeiten angehen. Diese Führungskräfte haben also einen hohen Anspruch an sich selbst und eine hohe Motivation, Unternehmen in die neue Arbeitswelt zu tragen, zweifeln jedoch daran, ob sie dies überhaupt können.

Laut der Studie sind nur 50 Prozent aller Führungskräfte in Unternehmen nicht von Selbstzweifel betroffen und haben das nötige Vertrauen in sich selbst, den veränderten Anforderungen an ihre Führung gerecht werden zu können. Aktuell sind Selbstzweifel von Führungskräften vor allem auf den oberen Führungsebenen ein Tabuthema, welches aufgebrochen und offen diskutiert werden müsste. Führungskräfte werden hiermit heute in den meisten Unternehmen allein gelassen, was zu emotionaler Erschöpfung und einer Verringerung der Führungsleistung führt.

Führung zu stärken in der modernen Arbeitswelt heißt folglich auch, dass Unternehmen die richtigen Rahmenbedingungen schaffen müssen, um Spannungsfelder zwischen den Anforderungen an Führungskräfte und der Unternehmensrealität aufzulösen und gleichzeitig auch einen offenen Dialog zu der Überforderung von Führung und Selbstzweifeln anstoßen müssen. Nur so können Führungskräfte mit der nötigen Energie und Führungsmotivation die Potenziale der modernen Arbeitswelt ergreifen und ihre Teams in der Selbstorganisation stärken.

Leitlinien für starke Führungskräfte der Zukunft

Zusammenfassend heißt New Leadership, Führung zu modernisieren. Dabei ist auch im New Leadership nicht alles neu – es geht mehr um eine Neuorientierung hin zu einer sinnorientierten und inspirierenden Führung und weg von einem Fokus auf die reine Ergebniserbringung und Command-Control. Diese inspirierende Führung, welche sowohl einen Orientierungsrahmen als auch Grenzen für selbstorganisierte Teams – auf Basis geteilter Ziele des Unternehmens und einer Vision – aufzeigt, ist eine zentrale Voraussetzung, um loslassen zu können. Dabei darf jedoch in keinem Fall ein Führungsvakuum entstehen, denn Unbossing bedeutet, Führung über alle Ebenen mehr zu stärken als sie zu schwächen.

Unternehmen sollten jedoch dabei nicht nur die richtigen Führungskräfte mit einem passenden Mindset im Unternehmen aufbauen, sondern auch die nötigen Rahmenbedingungen schaffen, damit Führungskräfte sich in ihren Potenzialen entfalten können. Andernfalls entstehen Spannungsfelder zwischen den erhöhten Anforderungen an Führungskräfte und der Unternehmensrealität, welche zu Selbstzweifeln bei Führungskräften führen.

Literatur

Bruch, H.; Berger, S. (2016): Leadership wird noch wichtiger! Vier Hebel der Modernisierung von Führung. Personalführung, S. 6, 18–23.

Bruch, H.; Berenbold, S. (2017). Zurück zum Kern: Sinnstiftende Führung in der Arbeitswelt 4.0. Zeitschrift für Organisationsentwicklung, S. 1, 4–11.

Bruch, H.; Berenbold, S.; Spilker, M. (2019): Starke Führung in der Arbeitswelt 4.0. Zeitschrift für Organisationsentwicklung, 2/2019, S. 107–108.

Bruch, H.; Block, C.; Färber, J. (2016): Arbeitswelt im Umbruch. Von den erfolgreichen Pionieren lernen. Konstanz/St. Gallen: Trendstudie 2016.

Bruch, H.; Block, C.; Färber, J. (2018): Leadership der Zukunft – Zwischen Inspiration und Empowerment. Konstanz/St. Gallen: Trendstudie 2018.

Hamel, G. (2012): Schafft die Manager ab! Harvard Business Manager, 34(1), S. 22–36.

Hinweise zu den Autorinnen

Prof. Dr. Heike Bruch

Prof. Dr. Heike Bruch ist seit 2001 Professorin für Leadership an der Universität St. Gallen und Direktorin des dortigen Institutes für Führung & Personalmanagement. Außerdem ist sie Academic Director des International Study Program (ISP) an der Universität St. Gallen, Mitglied des McKinsey Academic Sounding Board und Mitglied des Vorstandes der Deutschen Gesellschaft für Personalführung (DGFP). Ihre Forschungsinteressen beinhalten Managerhandeln, Leadership sowie Organisationale Energie und Arbeitgeberexzellenz.

Kontaktdaten:
Universität St. Gallen, Dufourstraße 50, CH-9000 St. Gallen, Tel +41 71 224 2371, Mail: heike.bruch@unisg.ch, Internet: www.unisg.ch

Dr. Sandra Berenbold

Sandra Berenbold ist Geschäftsführerin der energy factory St. Gallen AG, einem Beratungs-Spin-off der Universität St. Gallen im Bereich Transformationsmanagement und Leadership. Sie hat am Institut für Führung und Personalmanagement der Universität St. Gallen bei
Prof. Dr. Heike Bruch zur systematischen Stärkung von Führung in dynamischen Unternehmenskontexten promoviert.

Kontaktdaten:
energy factory St. Gallen AG, Zürcher Straße 204f, CH-9014 St. Gallen, Tel.: +41 (0)71 277 84 01, Mail: sandra.berenbold@energyfactory.com, Internet: www.energyfactory.com

Dr. Christina Block

Christina Block ist Consultant der energy factory St. Gallen AG, einem Beratungs-Spin-off der Universität St. Gallen im Bereich Transformationsmanagement und Leadership. Sie hat am Institut für Führung und Personalmanagement der Universität St. Gallen bei Prof. Dr. Heike Bruch zu dem Einfluss von unterschiedlichen Perspektiven des Strategic Leadership auf New Work promoviert.

Kontaktdaten:
energy factory St. Gallen AG, Zürcher Straße 204f, CH-9014 St. Gallen, Tel.: +41 (0)71 277 84 01, Mail: christina.block@energyfactory.com, Internet: www.energyfactory.com

Selbstorganisation – Erfahrungen aus der Praxis

Anne Grobe, Leitung Führungskräfteberatung, Personalservices & Recruiting, comdirect bank AG, Quickborn

Die Finanzindustrie ist in einem radikalen Umbruch. Kundenbedürfnisse und -verhalten ändern sich und suchen nach passgerechten Lösungen. Neue Geschäftsmodelle erobern den Markt. Innovative Technologien wie Künstliche Intelligenz, Voice oder Blockchain mit teilweise hohem Disruptionspotenzial lösen etablierte Geschäftsprozesse ab. Neue Player und Vergleichsportale heizen den Wettbewerb zusätzlich an. Zeitgleich richten sich etablierte Wettbewerber neu aus und erschließen sich neue Geschäftsfelder. Bank neu denken heißt deshalb auch, konsequent und kontinuierlich die Form der Zusammenarbeit mit Kunden, Partnern und Mitarbeitern zu überdenken und weiterzuentwickeln.

Selbstorganisation in der Personalentwicklung – ein Experiment

Diverse Studien belegen, dass Unternehmen mit flachen Hierarchien und dezentralen Entscheidungsstrukturen innovativer und erfolgreicher sind (Jochmann/Dettmers, 2017). Insbesondere ein hoher Grad an Selbstbestimmung und Beteiligung der Mitarbeiter gelten als erfolgskritische Faktoren für die Innovationskraft von Unternehmen. Immer öfter wird in diesem Zusammenhang auch die Forderung nach mehr

---

Lessons Learned

- Selbstorganisation findet nicht losgelöst vom betrieblichen Umfeld statt und setzt Anschlussfähigkeit an die Organisation voraus.
- Selbstorganisation ist nicht per se die bestpassende Organisationsform, sondern bietet nur dann einen Mehrwert, wenn sie zu der zu bewältigenden Aufgabe passt.
- Selbstorganisation erfordert Commitment und hohe Kompetenz aller Beteiligten als Voraussetzung für stabile und kooperative Beziehungen.
- Selbstorganisation benötigt eine neue Form von Führung und beinhaltet für die Führungskraft eine neue Rolle und neue Aufgaben.
- Selbstorganisation ist ein kontinuierlicher Entwicklungsprozess und eignet sich nicht für temporäre Veränderungen der Struktur.

selbstorganisiertem Arbeiten gestellt. Dabei versteht sich Selbstorganisation als eine Organisationsform, bei der das Thema Führung ins Team integriert wird. Das bedeutet, dass Teammitglieder die Aufgaben übernehmen, die sonst eine Führungskraft innehat: Die Mitarbeiter leiten sich selbst, strukturieren ihren Arbeitsalltag, tragen Verantwortung und haben hohe Entscheidungsfreiheit. In einem selbstorganisierten Unternehmen gibt es keine hierarchische Führung, das Team führt sich selbst. (Grätsch/Knebel, 2018)

So kam es, dass sich das Team der Personalentwicklung von comdirect im Herbst 2017 für ein agiles eigenes Experiment entschied. Anlass war das sechsmonatige Sabbatical einer Führungskraft von November 2017 bis April 2018. Üblicherweise werden entsprechende Abwesenheiten von Führungskräften bei comdirect mit einer befristeten Nachbesetzung überbrückt. Stattdessen beschlossen das achtköpfige Team und die Führungskraft nach einer Abwägung der Pros und Contras der verschiedenen Vertretungsoptionen, dass das Team, in der Abwesenheitsphase der Führungskraft, selbstorganisiert arbeiten wird.

Das Experiment hatte folgende Zielsetzungen:
- Überbrückung der Abwesenheit der Führungskraft,
- attraktive Führungs-Prototypen zur Überbrückung zeitlich befristeter Auszeiten von Führungskräften, infolge von Sabbatical, Elternzeit etc. testen,
- eigene Erfahrung sammeln, um den Personalbereich als Vorreiter und Berater für selbstorganisiertes Arbeiten zu positionieren und zu qualifizieren.

Vorbereitung
Zur Vorbereitung fanden mehrere teaminterne Workshops sowie ein Planungsworkshop des Teams mit der Gesamtleitung Personal statt, um die Vertretungslösung gemeinsam auszugestalten. Im Fokus der Planung und Vorbereitung durch die Führungskraft stand die Organisation und Delegation der Aufgaben und Kompetenzen. Die Aufgaben der Führungskraft wurden im Rahmen der teaminternen Workshops unter den Teammitgliedern aufgeteilt. Neu geschaffen wurde die Rolle des Routers. Dieser fungierte als erster Ansprechpartner für interne Kunden, die Gesamtleitung Personal sowie für externe Dienstleister, sofern diese nicht wussten, an wen sie sich mit ihrem Anliegen wenden sollten. Der Router hatte selbst keinerlei Entscheidungskompetenz und -macht, sondern brachte die an ihn adressierten Anfragen in die Teamrunden mit, in denen das Team dann gemeinschaftlich entschied, wie mit der Anfrage weiter umgegangen werden und wer diese übernehmen sollte.

Die Aufteilung der Aufgaben und der Rolle des Routers verlief nicht spannungsfrei. Konflikte bahnten sich schon im Vorfeld der Selbstorganisation deutlich an. Hier hätte es im Nachhinein mehr Achtsamkeit, Dialog und Moderation seitens der Führungskraft bedurft. Das implizite Ideal von der führungslosen Selbstorganisation, bei der alle

Teammitglieder gleichberechtigt auf Augenhöhe miteinander zusammenarbeiten, erwies sich im Nachhinein als naiv. Über Führung, Rollenverteilung und Gruppendynamik während ihrer Abwesenheit hatte sich die Führungskraft in der Vorbereitung zu wenig Gedanken gemacht. Möglicherweise hätte die Führungskraft durch frühzeitiges aktives Aufgreifen, Dranbleiben und Moderieren der Differenzen und Verstimmungen bei der Aufgaben- und Rollenverteilung in der Vorbereitungsphase Konfliktprophylaxe betreiben und den Start in die Selbstorganisation des Teams erleichtern können.

Ergänzend wurden im Rahmen eines Workshops mit der Gesamtleitung Personal einige grundlegende Vereinbarungen zur Zusammenarbeit für den betreffenden Zeitraum getroffen. Insgesamt lautete die Devise: so viel Selbstorganisation und Freiheitsgrade wie möglich für das Team. Lediglich für ein paar disziplinarische Führungsaufgaben, wie Mitarbeitergespräche oder Eskalationsszenarien, sollte die Gesamtleitung Personal hinzugezogen werden.

Darüber hinaus wurde in Abstimmung mit der Gesamtleitung Personal entschieden, dass jeweils ein Teammitglied aus der Personalentwicklung in monatlich rollierendem Wechsel am wöchentlichen Jour Fixe der Personal Führungskräfte teilnahm, so dass das Team gut an die bestehenden Kommunikationsabläufe angebunden war und kein Informationsdefizit entstand. Diese Intervention führte zu anfänglichen Irritationen im Umfeld, wurde in der Praxis dann aber schnell akzeptiert und erwies sich als ausgesprochen fruchtbar und funktional.

Zusätzlich fand ein vorbereitender Strategieworkshop zur gemeinsamen Entwicklung der Agenda 2018 statt. Außerdem wurden unterstützende individuelle Entwicklungsmaßnahmen vereinbart und initiiert. Ergänzend bekam das Team ein Budget zur freien Verfügung gestellt, mit dem es Teammaßnahmen bedarfsorientiert selbst initiieren konnte. Letzteres wurde in der Zeit der Selbstorganisation auch genutzt. So entschied das Team sich für eine regelmäßige Supervision mit einer externen Beraterin. Im Nachhinein betrachtet war dies eine sehr wichtige Erfolgsvoraussetzung in der Selbstorganisation. Abschließend gab es aufgrund der weggefallenen Kapazität der Führungskraft ein zusätzliches Budget für eine externe Ressource, auf die in Überlastungssituationen zurückgegriffen werden konnte.

Erfahrungen in der Selbstorganisation
Von November bis April organisierte das Team sich selbst und sammelte jede Menge Erfahrung und Learnings in Sachen Selbstorganisation. Im Rahmen der parallelen Evaluation wurde deutlich, dass das Experiment von den Teammitgliedern in Summe überwiegend positiv bewertet wurde. Über die Zeit hinweg nahmen beispielsweise die gefühlte Selbstwirksamkeit und empfundene gegenseitige Unterstützung im Team zu, wohingegen die subjektiv gefühlte Belastung abnahm. Gleichzeitig ging es aber auch emotional hoch her, weshalb sich das Team schon bald zur Inanspruch-

nahme externer Supervision entschloss. Zusammenfassend lässt sich sagen, dass das Team die Zeit der Abwesenheit der Führungskraft für die Organisation und internen Kunden sehr gut und vollkommen eigenständig gemeistert hat.

Als die Führungskraft nach sechs Monaten zurückkam, stießen gefühlt zwei Welten aufeinander, da die Führungskraft den gemeinsamen Prozess des Teams nicht miterlebt hatte und sich somit von »ihrem« Team ein Stück abgeschnitten fühlte. Vieles im Team spielte sich im zwischenmenschlichen und emotionalen Bereich ab und führte zunächst zu Enttäuschungen über wechselseitig nicht erfüllte Erwartungen zwischen Führungskraft und Mitarbeitern, aber auch unter den Mitarbeitern selbst.

Unter anderem gab es unterschiedliche Erwartungen an die zukünftige Rollenverteilung und -gestaltung im Team. Während die Selbstorganisation und die damit einhergehende Rollen- und Aufgabenverteilung im Team für die Führungskraft eine zeitlich befristete Lösung zur Überbrückung ihrer Abwesenheit gewesen war, war die Selbstorganisation für einige Teammitglieder im Verlauf der sechs Monate lieb gewonnene Realität geworden. Sie wollten den hohen und wertgeschätzten Grad an Freiraum und Eigenverantwortung beibehalten, weiter verteilte Führung leben und hatten dazu passend die zukünftige Rolle der Führungskraft während deren Abwesenheit für diese neu erfunden. Andere Teammitglieder wiederum erwarteten und wünschten sich Orientierung durch hierarchische Führung seitens der Führungskraft zurück. Dieses Gesamtset an unterschiedlichen Erwartungen, führte zu Spannungen und hoher Dynamik im Team. Die Rollen und die Stellung der einzelnen Mitglieder innerhalb des Teams hatten sich spürbar verändert.

Der Ursprungsplan, die Erfolgsfaktoren und Elemente, die in die weitere Führungsarbeit integriert werden sollten, systematisch auszuwerten, gestaltete sich unter den beschriebenen Rahmenbedingungen herausfordernder als gedacht. Nicht alle Erfolgs- wie auch Misserfolgsfaktoren waren auf Anhieb klar greif- und formulierbar. Erst über die Kommunikation und Aussprache und das wechselseitige Verstehen des Geschehenen konnten die Beziehungen stabilisiert, Vertrauen zurück gewonnen und die Erfolgs- und Misserfolgsfaktoren systematisch ausgewertet und integriert werden. Der Wechsel vom Storming zurück ins Norming im Sinne des Tuckman Phasenmodells beanspruchte mehrere Monate.

Learnings und Empfehlungen

Nach intensiver Reflektion und Beschäftigung mit unseren eigenen, aber auch den Erfahrungen anderer, haben sich für uns folgende Learnings für den Erfolg von Selbstorganisation herauskristallisiert:

1. Selbstorganisation setzt Anschlussfähigkeit an die Organisation voraus

Selbstorganisation findet nicht losgelöst vom Umfeld statt. Sie dockt an die bestehende Organisation an. Das wird besonders spürbar, wenn sich ein Teil-Team auf den Weg zur Selbstorganisation begibt und dabei innerhalb eines noch hierarchisch organisierten Unternehmens agiert.

Beispielsweise erfordert Selbstorganisation volle Transparenz innerhalb des Unternehmens, damit alle Mitarbeiter jederzeit das »Big Picture« kennen und freien Zugang zu allen für sie relevanten Informationen haben. Dies ist eine anspruchsvolle Voraussetzung. In hierarchisch geführten Organisationen wird Wissen bis heute noch oft mit einem Vorsprung an Macht verbunden und somit nicht geteilt. Auch erfordert das bedingungslose und unternehmensweite Teilen von Informationen und Wissen einen Vertrauensvorschuss seitens der Unternehmensleitung, den nicht jede Organisation bereit ist zu geben. Nicht zuletzt bedarf es einer eindeutigen Richtungsvorgabe und eines sehr klaren Rahmens für das Unternehmen – auch eine Voraussetzung, der nicht jede Unternehmensführung gerecht wird (Arnold, 2016).

Nicht zu unterschätzen ist darüber hinaus der Stellenwert der Unterstützung des Top Managements bei der Einführung von Selbstorganisation. Es bedarf eines Mandats und belastbaren Commitments in Kombination mit einer unterstützenden Haltung der oberen Führungskräfte, um den Weg der Selbstorganisation konsequent und wirkungsvoll zu gehen.

Im Zuge der Einführung von Selbstorganisation kann es – wenn es gut läuft – dazu kommen, dass sich die Führungskraft in ihrer bisherigen Rolle selbst überflüssig macht. Diese Erfahrung ist für viele Führungskräfte, die lange Zeit anders sozialisiert wurden und ihren Selbstwert an das Maß der eigenen Wichtigkeit knüpfen, unangenehm und schwer auszuhalten. Hier bedarf es der Begleitung und Unterstützung für die Führungskraft. Wichtig dabei ist auch, die Frage nach der Existenzberechtigung der Rolle von der eigenen Person zu trennen.

Andererseits und für den Erfolg der Einführung selbstorganisierter Teams elementar, sind attraktive Entwicklungsoptionen für die Führungskräfte. Ohne ein Umfeld, das attraktive Entwicklungsperspektiven für die Führungskräfte bietet, werden diese nicht, oder allenfalls mit Widerstand und fehlendem Commitment gegen ihre eigenen Interessen an ihrer eigenen Abschaffung arbeiten. Auch die Frage nach der zukünftigen Berechtigung des häufig deutlich höheren Gehalts von Führungskräften und weiterer Statusvorteile im Verhältnis zu den Mitarbeitern verlangt nach einer Antwort. Diese nicht zufriedenstellend gelösten Fragen stellen eine bislang in vielen Unternehmen nicht gelöste Herausforderung dar, da Führungskräfte für die erfolgreiche Einführung von Selbstorganisation eine Schlüsselrolle einnehmen.

Entscheidend für den Erfolg von Selbstorganisation ist demnach, wie das Umfeld auf das Team wirkt und welche Formen es zulässt oder gar fördert (Hofert, 2016). Unsere Hypothese ist, dass Mitarbeiter wie Teams vor allem in Unternehmen, die sich durch eine lernende Organisation, eine experimentelle Kultur und hohes Vertrauen auszeichnen, im Sinne von Unternehmertum von sich aus die Initiative zu selbstorganisiertem Arbeiten ergreifen und mit neuen Formen der Zusammenarbeit experimentieren.

2. Selbstorganisation muss zur Art der zu bewältigenden Aufgabe passen
Selbstorganisation ist nicht per se die bestpassende Organisationsform. Vielmehr steht und fällt ihr Mehrwert mit der Art der zu bewältigenden Aufgabe. Ist die Entscheidungssituation einfach oder kompliziert, kommt man mit Standardprozessen und Lean-Ansätzen in der Regel weiter. Ist sie hingegen komplex oder gar chaotisch, empfehlen sich agile Methoden. Hier kann Selbstorganisation ihr volles Potenzial und ihre Kraft entfalten. Es hängt folglich primär von der Art der Aufgabenstellung ab, ob Selbstorganisation in einem Arbeitsbereich Sinn macht oder nicht. Eine gute Orientierungshilfe zur Kategorisierung verschiedener Aufgaben liefert die von Prof. Ralph Douglas Stacey entwickelte Stacey-Matrix (Kraus/Partner, 2019).

Nachträglich betrachtet, erwies sich die Selbstorganisation in einem Teil des Tagesgeschäfts der Personalentwicklung als wenig sinnvoll. Das umfasst all jene Aufgabenfelder, die sich durch wiederkehrende Arbeitsprozesse auszeichnen wie zum Beispiel Seminaradministration, Trainingsdurchführung oder Nachwuchsbetreuung, in denen es allenfalls um Optimierung von Bekanntem, nicht um das Explorieren von Unbekanntem geht.

Selbstorganisation setzt ein verbindendes Interesse voraus. Sie ist nur dort geeignet, wo Menschen mit gemeinsamer Zielsetzung und einander ergänzenden Fähigkeiten an einer gemeinsamen Aufgabenstellung zusammenarbeiten, die sich gemeinsam besser bewältigen lässt als allein. Fehlt dieses gemeinsame Thema und/oder Ziel und hat man es stattdessen mit einer Individualisten-Ansammlung zu tun, entstehen unproduktive Gruppendynamiken, wie Svenja Hofert es in ihren sieben Regeln für die Selbstorganisation von Teams beschreibt (Hofert, 2016). Für das Team der Personalentwicklung war diese Voraussetzung nicht durchgängig erfüllt, da nur in einem Teil-Team und auch hier wiederum nur teilweise gemeinsam an Themen gearbeitet wurde.

3. Selbstorganisation erfordert Commitment und hohe Kompetenz als Voraussetzung für stabile und kooperative Beziehungen
Selbstorganisation gelingt nur, wenn Mitarbeiter selbstorganisiert arbeiten wollen und können. Voraussetzung für gelungene Selbstorganisation ist einerseits, dass die Mitarbeiter von deren Sinnhaftigkeit und Nutzen überzeugt sind und sie auch mittragen, wenn es anstrengend wird. Das ist nicht automatisch bei jedem der Fall. Anderer-

seits stellt Selbstorganisation hohe Anforderungen in vielerlei Richtung an die Kompetenz der Mitarbeiter. Zunächst einmal müssen diese fachlich kompetent sowie willens und in der Lage sein, sich selbst zu organisieren und einen hohen Grad an Eigenverantwortung wahrzunehmen.

Darüber hinaus bedarf es hoher sozialer Kompetenz bei allen Beteiligten. Gefragt sind Menschen, die sich durch ein sehr hohes Maß an Kooperationsbereitschaft sowie Konflikt- und Reflexionsfähigkeit auszeichnen. Selbstorganisation setzt Respekt, emotionale Intelligenz und Gleichberechtigung aller Teammitglieder voraus. So gibt es in guten leistungsfähigen Teams keine Vielredner und Dominanz von wenigen. Alle haben die gleiche Aufmerksamkeit von allen. So das Ergebnis einer umfangreichen Teamstudie namens »Projekt Aristoteles« (Hofert, 2016).

4. Selbstorganisation braucht Führung – in neuer Form

Selbstorganisation ist nicht führungslos. Es bildet sich immer Führung innerhalb eines Teams heraus. Führung findet auf jeden Fall statt – bewusst oder unbewusst, formell oder informell. Wichtig ist, sie bewusst zu gestalten und ein Führungsvakuum erst gar nicht entstehen zu lassen.

Der Verzicht auf Hierarchie führt innerhalb eines Teams zunächst einmal zu mehr Macht. Schon Henry Mintzberg beschreibt diesen auf den ersten Blick unerwarteten Effekt: Keine Struktur ist darwinistischer, keine fördert mehr den Fitten – solange er fit bleibt – und keine ist verheerender für den Schwachen. Die verflüssigten Strukturen begünstigen die inneren Konkurrenzen und sind manchmal Nährboden für heftige Machtkämpfe. (Mintzberg, 1979)

Insofern ist es denn auch nicht überraschend, dass gerade in enthierarchisierten Gruppen, in denen Macht tabuisiert ist, oftmals ein permanenter unterschwelliger Kampf um Einflussnahme stattfindet und sich heimliche Führungsstrukturen ausbilden. Das kann für alle Beteiligten sehr stressig und destruktiv wirken und die positiven Effekte der Selbstorganisation überschatten, zum Beispiel wenn sich die Dominanten und Meinungsstarken zu Lasten gelebter Vielfalt und Diversität im Team durchsetzen (Jumpertz, 2018). Ein sehr hilfreiches diagnostisches Tool zum Verständnis der gruppendynamischen Prozesse innerhalb von Teams bietet das Rangdynamik-Modell von Schindler (Hofert, 2019).

Was Selbstorganisation stattdessen benötigt, ist eine neue Form von Führung. Rolle und Aufgaben von Führung ändern sich. Führung gibt den Rahmen vor und stellt dessen Einhaltung sicher. Während Leadership an Stellenwert gewinnt, verliert (Mikro-)Management an Relevanz. Gleichzeitig fungiert Führung als Moderator, Teamentwickler und Coach. Führung fördert Vielfalt und Diversität und fungiert als Klärungshelfer bei Konflikten. Auf dieser Basis entsteht für die Teammitglieder Sicherheit und Orientierung, welche die Basis für die gemeinsame Ausrichtung, Vertrauen und Leistungsfähigkeit bildet.

Ob die Führungsrolle von einer Person wahrgenommen wird oder im Rahmen von Shared Leadership im Team verteilt wird, ist dabei grundsätzlich erst einmal irrelevant. Hauptsache ist, es funktioniert. Die Erfahrung zeigt, dass Teams in der Regel nicht dazu in der Lage sind, die beschriebenen Aufgaben der Führung von heute auf morgen aus sich heraus zu meistern. Die neue Führungsrolle ist anspruchsvoll und nicht mit Laissez-faire zu verwechseln. Sie erfordert einen systematischen Prozess der Selbstreflektion und kontinuierlichen Weiterentwicklung auf Seiten der Führungskraft.

Nach Einschätzung der Führungskraft bildeten sich im Team der Personalentwicklung während ihrer Abwesenheit ein bis zwei informelle Führer heraus. Die Rolle des Routers wurde vom Rest des Teams als gesetzte Führung seitens der Führungskraft empfunden und abgelehnt. Nach Rückkehr der Führungskraft gab es ein unausgesprochenes Machtgerangel um die Verteilung von Führung im Team. Für das Team war das belastend und es führte dazu, dass es sich nach der Rückkehr lange und zu Lasten der Präsenz am Kunden mit sich beschäftigt hat.

5. Selbstorganisation ist ein kontinuierlicher Entwicklungsprozess
Selbstorganisation passiert nicht einfach von allein von heute auf morgen. Viele, die sich auf den Weg hin zur Selbstorganisation gemacht haben, berichten von einem langen, anstrengenden und persönlich sehr fordernden Weg, den nicht jeder bereit ist mitzugehen. Es bedarf einer hohen Frustrationstoleranz bei den Beteiligten. Gleichzeitig kann der Prozess mit viel Freude sowie hoher empfundener Selbstwirksamkeit und Identifikation verbunden sein (Culen, 2018).

Selbstorganisation eignet sich nach unserer Erfahrung eher nicht für zeitlich befristete Auszeiten. Vielmehr zeigt das eigene Erleben, dass es sich um einen kontinuierlichen Entwicklungsprozess handelt, bei dem man nicht einfach mal den Schalter umlegt, um ihn danach wieder zurückzustellen.

Klar ist, Selbstorganisation erfordert eine gute und sorgsame Prozessbegleitung. Sie bedarf unterstützender Kommunikationsrituale wie Retros, Feedback etc., die zuverlässig eingehalten werden, und in denen die gemeinsamen Erfahrungen reflektiert und ausgewertet werden. Richtig gestaltet und begleitet bietet sie die Chance eines intensiven erfahrungsbasierten und arbeitsintegrierten Lernprozesses, von dem alle Beteiligten profitieren.

Selbstorganisation – ein Experiment ohne Zurück

Zusammenfassend lässt sich festhalten: Selbstorganisation ist kein Selbstzweck, sondern Mittel zum Zweck. Sie ist nicht per se die beste Organisationsform. Vielmehr entfaltet sie ihr volles Potenzial überall da, wo sie zum Umfeld, aber auch zu den Aufgaben, dem Team und den einzelnen Mitarbeitern passt. Deshalb kann es sehr wohl sinnvoll sein, innerhalb ein- und desselben Unternehmens parallel unterschiedliche Organisationsformen zu praktizieren.

Damit Selbstorganisation ihre volle Kraft entfalten kann, gilt es, die beschriebenen Voraussetzungen im Auge zu behalten und bei all dem niemals die Menschen außer Acht zu lassen. Die Führungskraft hat ein Jahr nach ihrer Rückkehr eine neue Rolle als Leitung Führungskräfteberatung, Personalservices und Recruiting innerhalb des Personalbereichs übernommen. Die Nachbesetzung der Leitung Personalentwicklung erfolgte aus dem Personalentwicklungsteam heraus und führt dazu, dass das Team den Weg der Selbstorganisation und damit einhergehenden Lern- und Entwicklungsprozess weiter fortsetzt.

Darüber hinaus fungiert der Personalbereich als Ganzes auch selbst als Vorreiter für neue Formen der Zusammenarbeit. Angeregt durch die Erfahrungen des PE-Teams steuert Personal sich zwischenzeitlich mittels eines Mix aus hierarchischer Organisation im Liniengeschäft und Selbstorganisation des bereichsübergreifenden Projektgeschäfts durch die Mitarbeiter. Das Experiment hat auch über den Personalbereich hinaus Wirkung entfaltet. So wird inzwischen an verschiedenen Stellen mit unterschiedlichen Formen von Selbstorganisation gearbeitet. Der Personalbereich nimmt dabei eine aktive beratende und begleitende Rolle ein, wobei sich die eigene Erfahrung der Personalentwickler für die interne Akzeptanz und Glaubwürdigkeit als ausgesprochen hilfreich erweist. Die Zielsetzung des Experiments ist damit mehr als erfüllt.

Literatur

Arnold, H. (2016): Wir sind Chef, Freiburg: Haufe-Lexware.

Culen, J. (2018): Mythen der Selbstorganisation, Vortrag beim Culture Jam 2018, S. 9. Abgerufen unter https://juliaculen.com/2017/11/21/15-mythen-ueber-selbstorganisation/

Grätsch S.; Knebel K. (2018): So funktioniert Selbstorganisation im Unternehmen: Die 10 Grundlagen, Berliner Team Blog. Abgerufen unter https://www.berlinerteam.de/magazin/so-funktioniert-selbstorganisation-im-unternehmen-die-10-grundlagen/

Hofert, S. (2016): 7 Regeln für die Selbstorganisation von Teams nach Prinzipien der Natur. Und was Unternehmen von Kristallen lernen können, Teamworks-Blog. Abgerufen unter https://teamworks-gmbh.de/6-regeln-fuer-die-selbstorganisation-von-teams-nach-prinzipien-der-natur-laufen/

Hofert, S. (2019): Die geheimen Gesetze der Gruppendynamik und wie sie den Team- und Organisationserfolg bestimmen, Xing. Abgerufen unter https://www.xing.com/news/insiders/articles/die-geheimen-gesetze-der-gruppendynamik-und-wie-sie-den-team-und-organisationserfolg-bestimmen-2268687?te=a76c8549873b4279.eyJ0YXJnZXRfaWQiOjIyNjg2ODcsInRhcmdldF90eXBlIjoiYXJ0aWNsZSIsInRhcmdldF91cmwiOiJ1cm46eC14aW5nOmNvbnRlbnQ6aW5zaWRlcl9hcnRpY2xlOjIyNjciLCJzaXRlX25lY3Rpb24iOiJpbnNpZGVyX3ShZHJvY19lcl91cmwiOiJ1cm46eC14aW5nOmNvbnRlbnQ6aW5zaWRlcl9hcnRpY2xlOjIyNjcifSwiZXhwIjoiLjLjuMSJ9&xng_share_origin=web

Jochmann, W.; Dettmers, S. (2017): Studie Organigramm deutscher Unternehmen 2/2. Wie Führungskräfte die neue Arbeitswelt erfolgreich gestalten können, Kienbaum/StepStone. S. 7. Abgerufen unter https://www.kienbaum.com/de/publikationen/organigramm-deutscher-unternehmen-2-2/

Jumpertz, S. (2018): Risiken der Selbstorganisation. Vorsicht, Freiheit! managerSeminare, Heft 249, S. 22–29

Kraus, G. et al. (2019): Change Management Wissenswiki, Stacey-Matrix (Entscheidungssituationen) – Definition, Kraus & Partner – Lexikon – Wirtschaftsbegriffe einfach erklärt, Bruchsal. Abgerufen unter https://www.kraus-und-partner.de/wissen-und-co/wiki/stacey-matrix-entscheidungssituationen-management

Mintzberg, H. (1979): The Structuring of Organizations, Englewood Cliffs, NJ: Prentice-Hall.

Hinweise zur Autorin

Anne Grobe

Anne Grobe, Leiterin Führungskräfteberatung, Personalservices & Recruiting, stieß 2013 zur comdirect bank AG. Bis Ende Mai 2019 war sie für die Leitung der Personalentwicklung und des Talentmanagements verantwortlich. Seit Juni 2019 leitet sie die Gesamtbandbreite des operativen Personalgeschäfts bei comdirect. In ihren unterschiedlichen Rollen unterstützt sie den Transformationsprozess der Bank, gestaltet und begleitet Veränderungsprozesse und entwickelt Führung und Zusammenarbeit weiter. Vor ihrem Wechsel zu comdirect war sie über zehn Jahre in verschiedenen Management-Funktionen in HR bei Unilever sowie sechs Jahre als selbstständige Beraterin für unterschiedlichste Branchen und Organisationen tätig. Anne Grobe ist Psychologin, systemische Beraterin und Coach.

Kontaktdaten:
comdirect bank AG, Pascalkehre 15, 25451 Quickborn, Tel.: +49 (0)4106 704 15 71, Mail: anne.grobe@comdirect.de, Internet: www.comdirect.de

Agilität ist machbar – ein Werkstattbericht

René Chassein,
Vorstand, Pfalzwerke
AG, Ludwigshafen

Marc Mundschau,
Vorstand, Pfalzwerke
Netz AG, Ludwigshafen

Die Pfalzwerke Gruppe ist auf dem Weg zu einem agilen Unternehmen. Das bedeutet für uns: schnell in der Veränderung, flexibel im Umgang mit Fehlern. Agiles Handeln umfasst die gesamte Organisation – Werte, Verhalten und Prozesse. Agil geht nur mit der Beteiligung aller Führungskräfte und Mitarbeiter. Für uns ist agiles Handeln die wesentliche Voraussetzung für den wirtschaftlichen Erfolg. Die Veränderung hin zu einem agilen Unternehmen ist ein langfristig angelegtes Projekt.

Veränderung sichert Zukunft

Sie führen einen Laden für Lebensmittel, gut eingeführt, attraktives Sortiment, Ihre Kunden kaufen gerne bei Ihnen. Doch dann ändert sich beinahe alles: Ein Teil Ihrer Lieferanten muss die Produktion einstellen, dafür werden Sie verpflichtet, von anderen zu kaufen, und zwar alles, was diese produzieren. Die Abgaben werden erhöht und dieses Geld wird dazu verwendet, Wettbewerber aufzupäppeln, die Ihnen auch sofort Konkurrenz machen. Dazu kommen die jeden im Markt betreffenden Veränderungen: Zunahme der Komplexität, Digitalisierung, Regulierung und vieles mehr. Schwierige Perspektiven – der einzige Weg ist die Veränderung.

> **Lessons Learned**
>
> - Veränderungen in einem klassischen Umfeld funktionieren nur mit einer unterstützenden Unternehmenskultur und passenden Strukturen.
> - Untermauert werden muss der Weg zu mehr Agilität durch die Reflexion und Weiterentwicklung der Werte.
> - Damit Mitarbeiter eine aktive Rolle im Veränderungsprozess übernehmen können, wurden sie schrittweise zu Veränderungsbegleitern entwickelt.
> - Das gezielte Aufgreifen evolutionärer, aber auch disruptiver Marktveränderungen soll das Geschäft optimieren und erneuern.
> - Ein spezielles Innovationsteam hat die Aufgabe, frei von Hierarchie und Zuständigkeit Ideen zu entwickeln oder Vorschläge zu prüfen.

Das Energiegeschäft war bisher weitgehend von energiepolitisch-dirigistischen Eingriffen geprägt, unser Handeln darum bis dato eher hierarchisch ausgerichtet. In den letzten Jahren hat sich das Umfeld für Energieversorger in Deutschland aber massiv verändert:

- Die Marktliberalisierung hat den Eintritt weiterer Akteure in den Markt begünstigt,
- die regulatorischen Anforderungen sind deutlich strenger geworden,
- das zunehmend ökologisch geprägte Bewusstsein führte zu einem starken Ausbau der Erneuerbaren Energien.

Diese Herausforderungen lassen sich nur mit neuen Ansätzen bewältigen – auf allen Ebenen, vom Geschäftsmodell bis zur Gestaltung der Arbeit. Neue Technologien begünstigen andere Geschäftsmodelle, andere Prozesse, neue Produkte. Doch Veränderungen in einem klassischen Umfeld sind anders als eine Neugründung auf der »grünen Wiese«. Die notwendige grundlegende Veränderung unserer Arbeit geht nur mit einer unterstützenden Unternehmenskultur und passenden Strukturen.

Die Pfalzwerke Gruppe ist ein Energieversorger mit rund 1,3 Milliarden Euro Umsatz und etwa 1.200 Mitarbeitern. Sie versorgt in der Region Pfalz und Saarpfalz rund 430.000 Privatkunden, dazu zahlreiche Stadt- und Gemeindewerke, Geschäfts- und Industriekunden Die Pfalzwerke Netz AG ist der Netzbetreiber, verantwortlich für die Verteilung der Energie und versorgt etwa 1,6 Millionen Einwohner. Die Pfalzwerke betreiben auch das größte öffentliche Schnellladenetz für Pkw in Rheinland-Pfalz. Bis 2020 sollen 350 Ladepunkte für Elektrofahrzeuge errichtet werden. Auch für Privatkunden bieten wir Lösungen zur Elektromobilität an – von der Wallbox bis zu günstigen Stromtarifen.

Schnelligkeit und Entschlossenheit – im Denken und Handeln
Menschen stellen sich »Zukunft« meist als strukturiert und planbar vor. Dabei ist die Wirklichkeit tatsächlich komplex und dynamisch – und damit schlecht oder gar nicht steuerbar. Entwicklungen lassen sich nur sehr begrenzt vorhersagen. Große Umwälzungen kommen meist überraschend. Das zeigt auch die Vielzahl disruptiver Entwicklungen in den letzten Jahren – Beispiele sind die radikale Veränderung der Musikindustrie durch das mp3-Format und Streamingdienste, der 3D-Druck, der klassische Fertigungsverfahren zunehmend ersetzt, oder Plattformen wie Alibaba und Amazon als Herausforderung für den stationären Handel.

Disruptive Innovationen entstehen aufgrund neuer Geschäftsmodelle, die schnell, mit großer Intensität und der Bereitschaft zu Fehlern vorangetrieben werden. Schlüsselfaktoren sind Schnelligkeit und Entschlossenheit – im Denken und im Handeln. Entscheidend sind die Wahrnehmung von Chancen und die Bereitschaft zur Veränderung. Diese Haltung muss ein Unternehmen in seine Kultur einbetten. Das ist eine der zentralen Herausforderungen gerade auch für die Führungskräfte.

In der Managementliteratur hat sich für solche Unternehmen der Begriff »agil« etabliert – schnell entscheiden, schnell handeln, Fehler flexibel korrigieren und darum schnell in der Veränderung. Agiles Handeln umfasst die ganze Organisation – Werte, Prozesse und Verhalten. Agilität bedingt schnelle und schlanke Prozesse, Verantwortung und Entscheidung an der Schnittstelle zur Aktion. Agil sind Unternehmen, wenn Mitarbeiter eigenverantwortlich handeln dürfen und es auch tun. Das Management hat die Aufgabe, dafür die Voraussetzungen zu schaffen – Werte, Strategie, konkrete Rahmenbedingungen für die operative Arbeit. Führungskräfte müssen lernen, die Unsicherheit auszuhalten, das Handeln nicht mehr direkt zu beeinflussen. Die Mitarbeiter entscheiden und handeln »vor Ort«. Führung konzentriert sich darauf, Mitarbeiter zu befähigen und zu unterstützen.

T.A.L.K. – Wir wollen reden

Die Pfalzwerke Netz AG hat ihre Transformation zu einer agilen Organisation mit einer Analyse der Ausgangssituation gestartet – im intensiven Dialog mit den Mitarbeitern – Befragungen, Interviews, Gesprächsrunden. Erster Schritt war die Untersuchung der Belastungen am Arbeitsplatz. Am besten abgeschnitten hat die Einschätzung der »Tätigkeit«, den größten Bedarf an Verbesserungen sahen die Befragten bei »Prozessen und Struktur« sowie der »Zusammenarbeit«.

Online-Befragung der Mitarbeiter

Diesen Ansatz haben wir in einem nächsten Schritt mit unserer Vorstellung von einer agilen Organisation verbunden. Wir wollten wissen, wie nah oder fern wir in unserem Handeln dem Ziel einer agilen Ausrichtung sind. Anhand eines Reifegradmodells wurde der Entwicklungsstand der Pfalzwerke Netz AG bewertet – in den Dimensionen
- Strategie,
- Führung,
- Mitarbeiter,
- Prozesse sowie
- Partner und Ressourcen.

Start war eine Online-Befragung zur Einschätzung des agilen Reifegrads durch die Mitarbeiter. Deren Einschätzung ergab ein Bild vom Zustand aller Bereiche. Uns wurde zum Beispiel eine noch recht starke Tendenz attestiert, Entscheidungen orientiert an der Hierarchie statt eigenverantwortlich zu treffen.

Dieser Ist-Zustand war dann in einem Workshop mit dem erweiterten Führungskreis die Basis für die Beschreibung des Soll-Zustands und die Definition der wichtigsten Handlungsfelder. Erste Priorität hatte die Konzentration auf die (Weiter-)Entwicklung der Strategie sowie die Verbesserung der Kommunikations-Kultur. Konkret wurden drei Handlungsfelder ausgewählt. Den Fokus haben wir auf die Mitarbeiter und die Erhöhung der kommunikativen Fitness gelegt. Wir wollen allen die Notwendigkeit, vor allem aber die Chancen gezielter Veränderung deutlich machen.

Veränderungsbegleiter etablieren
Wir haben uns damit bewusst für einen »Bottom-up«-Prozess entschieden – Mitarbeiter können und sollen eine aktive Rolle übernehmen. So verankern wir wesentliche Elemente des Veränderungsprozesses im Unternehmen auf der Ebene der Mitarbeiter. Dazu haben wir Mitarbeiter schrittweise zu Veränderungsbegleitern entwickelt. Diese übernahmen die Verantwortung für wichtige Themen, die sie auch inhaltlich gestalteten.

Um die ersten Veränderungsbegleiter auf ihre wichtige Rolle vorzubereiten – und gleichzeitig die Führungskräfte einzubinden – wurde im Sommer 2017 ein Change Management-Planspiel durchgeführt – eine Simulation wichtiger Elemente von Veränderungsprozessen in Organisationen. Die Übung bildet die verschiedenen Phasen einer Veränderung ab, die Spieler nehmen die Rolle von Veränderungsbegleitern ein. Auf der Basis ihrer Entscheidungen im Planspiel erhalten die Teilnehmer situatives Feedback, konkrete Hinweise für Verbesserungen und am Ende ein ausführliches Debriefing.

Die weitere Unterstützung der Veränderungsbegleiter findet in Form von Kollaborations-Labs statt. Ein solches Lab ist eine moderierte Zusammenkunft der Veränderungsbegleiter. Jedes Treffen beinhaltet Elemente zu den »4 I«:
- Intro (Feedback/Aktuelles/Störungen),
- Input (Impulsvortrag),
- Interaktion (Reflexion) und
- Inhalt (Entwicklung der aktuellen Produkte).

In den Labs können die Veränderungsbegleiter aus den Ergebnissen ihres Tuns lernen, neue Ideen entwickeln und alternative Methoden diskutieren.

Als erste Aufgabe hatten sich die Veränderungsbegleiter zum Ziel gesetzt, die Kommunikation zu verbessern, mit dem Schwerpunkt auf Besprechungen. Auf den ersten Blick kein besonderes Thema – gerade deswegen aber gut geeignet, um sie mit ihrer Rolle vertraut zu machen, Handlungswissen zu erwerben und anzuwenden. Für das Unternehmen ist es leichter, sich zunächst mit einem überschaubaren Thema der neuen Arbeitsweise zu nähern. Auch inhaltlich waren wir mit dem Ergebnis zufrieden.

Einige Veränderungsbegleiter sind im Herbst 2018 turnusmäßig aus ihrer Rolle ausgeschieden – die übrigen haben in vielen Gesprächsrunden mit Mitarbeitern die Idee der Veränderungsbegleiter vermittelt und für weitere Mitarbeit geworben. Inzwischen wurde eine zweite Welle gestartet – die neu Hinzugekommenen werden auf ihre Rolle als Veränderungsbegleiter vorbereitet, seit April 2019 wird das nächste Thema bearbeitet. In den Gesprächen wurde deutlich, dass vielen Mitarbeitern der Pfalzwerke Netz AG die »bereichsübergreifende Arbeit« besonders wichtig ist.

Der Weg zu mehr Agilität geht über das Handeln
Untermauert werden muss der Weg zu mehr Agilität durch die Reflexion und Weiterentwicklung unserer Werte. Unternehmenswerte sind Leitplanken für das Handeln in einem Unternehmen – für das Miteinander und an den Schnittstellen mit unseren Partnern und Kunden. Werte legen fest, wie wir unsere Ziele erreichen wollen.

Mit den Führungskräften haben wir eine Vision für die Zukunft der Pfalzwerke Netz AG erarbeitet. Unser Ergebnis haben wir dann gemeinsam mit den – ebenfalls überarbeiteten – Werten der Pfalzwerke Gruppe den Mitarbeitern vorgestellt und diskutiert. Den Input haben wir in die Neufassung integriert und operationalisiert:
- Wir verstehen uns als zuverlässiger Partner für eine zukunftssichere Infrastruktur, kundenorientierte Dienstleistungen und innovative Technologien.
- Wir wollen gesellschaftliche Verantwortung übernehmen und die Lebensqualität in der Region fördern. Dazu gehört unter anderem, dass wir erfahrene Mitarbeiter weiterbilden und umschulen wollen sowie zu unserer Verantwortung in der Ausbildung von Berufsanfängern stehen.

Gute Kommunikation und gelebte Werte allein führen nicht zum Erfolg am Markt. Um Geld zu verdienen, müssen wir unser Geschäftsmodell immer wieder überprüfen und neue Ansätze für die Zukunft finden. In intensiver Arbeit mit Teams aus dem Unternehmen haben wir bislang vier neue Geschäftsmodelle entwickelt, die wir aktuell testen. Ein Beispiel ist die Erweiterung unseres »klassischen« Geschäfts um die gezielte Zusammenarbeit mit strategischen Partnern.

Auch dieser Schritt gelang durch den Einsatz agiler Methoden und gerade wegen der intensiven Beteiligung der Mitarbeiter schneller und besser. Positiv ist der bereichsübergreifende Austausch, der sich auf die weitere Arbeit auswirkt. Die Mitarbeiter prägen das tägliche Geschäft – es ist Aufgabe des Managements und besonders des Top-Managements, den Rahmen für erfolgreiches Handeln zu schaffen.

Unser Projekt haben wir auf den Namen T.A.L.K. getauft (siehe Abb. 1). Das steht für
- Team und Transparenz,
- Agilität und Anpassungsfähigkeit,
- Labor und Lernen,
- Kundenorientierung und Kommunikation.

Übergeordnete Ziele sind die verbesserte Ausrichtung am Kundenbedürfnis durch Steigerung der Agilität, die Förderung der Kommunikation und Zusammenarbeit aller Mitarbeiter und natürlich Spaß an der Arbeit.

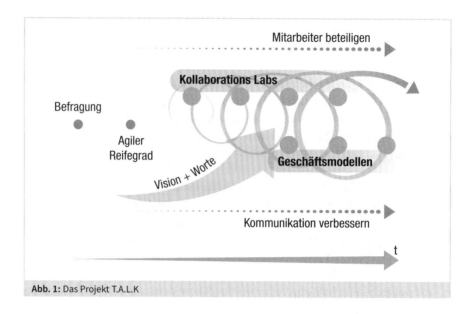

Abb. 1: Das Projekt T.A.L.K

Die Pfalzwerke werden digital und dynamisch

Für das Geschäft der gesamten Pfalzwerke Gruppe spielt der digitale Wandel eine entscheidende Rolle. Zukunft wird nur mit grundlegend veränderten und neuen Geschäftsmodellen gelingen – und mit einer anderen Art der Arbeit und der Zusammenarbeit. Es geht um wesentlich mehr als die bloße digitale Abbildung bestehender Geschäftsprozesse. Die digitale Informations- und Kommunikationstechnik vernetzt Energieerzeuger, Netzbetreiber, Speicheranbieter und Verbraucher sowie eine Vielzahl zukünftig zu erwartender neuer Marktakteure in einer bisher nicht gekannten Weise. Technisch bedeutet das zum Beispiel die Herausforderung, erneuerbare Energien in bestehende Stromnetze zu integrieren oder geeignete Medien für die umweltgerechte Speicherung von zunehmend volatil entstehender Energie zu entwickeln.

Erfolgreiche Projekte sind agil, bereichsübergreifend und transparent organisiert
Ganz vorne stehen die grundlegend veränderten Erwartungen unserer Kunden. Die digitale Technik hat unser Geschäftsmodell bereits erheblich beeinflusst. Auf die Veränderungen müssen wir schnell antworten, mit zukunftsfähigen Lösungen. Die digitale Transformation wird nur gelingen, wenn wir die dafür erforderliche Kultur im Unternehmen schaffen – das erzeugt erheblichen Druck, ist aber auch eine große Chance als Katalysator für den ohnehin erforderlichen Wechsel.

Um den Veränderungen ein solides Fundament zu geben, haben wir unsere Werte überprüft und angepasst. Zentrale Themenfelder sind:

- Transparenz,
- fairer Umgang,
- Verantwortung,
- Innovation und
- Kundenorientierung.

In Befragungen und Workshops haben wir die Ist-Situation analysiert. Wir wollten verstehen, wie die digitale Transformation gelingen kann. In einer Analyse aktueller Projekte haben wir geprüft, welche Prozesse gut laufen und an welchen Stellen agile Prinzipien bereits Anwendung finden – und wo die agile interdisziplinäre Zusammenarbeit schwierig ist. Wir haben gelernt, dass erfolgreiche Projekte schon heute agil, bereichsübergreifend und transparent organisiert werden. Eigentlich keine Überraschung, aber doch eine Bestätigung für den eingeschlagenen Weg.

Ein Beispiel sind unsere weiter oben vorgestellten Aktivitäten zur Förderung der Elektromobilität. An dem Projekt sind neun Bereiche und Tochterunternehmen beteiligt, mehr als 25 Mitarbeiter allein in der Projektorganisation, agile interdisziplinäre Teams bearbeiten unterschiedliche Kundensegmente. Die Zwischenbilanz ist positiv.

Um diesen neuen Ansatz gemeinsamer Erfolgskultur dauerhaft in der Gruppe zu verankern, haben wir die Initiative Digitale Transformation (IDT) ins Leben gerufen (siehe Abb. 2). Durch das gezielte Aufgreifen evolutionärer, aber auch disruptiver Marktveränderungen wollen wir unser Geschäft optimieren und erneuern.

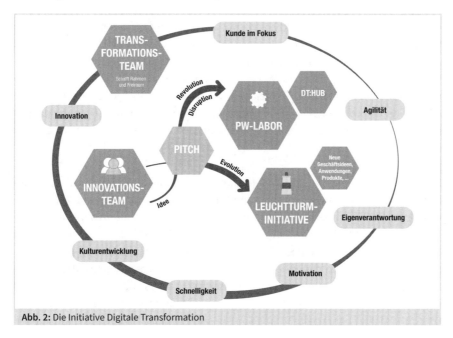

Abb. 2: Die Initiative Digitale Transformation

Wie wollen wir unsere Ziele erreichen?
Wir werden dazu unsere Strategie zukünftig kontinuierlich entwickeln – und natürlich weiterhin situativ auf veränderte Rahmenbedingungen reagieren. Wir wollen in jedem Geschäftssegment den für uns relevanten Markt noch besser kennen. Das bedeutet ein Mehr an Marktforschung und Datamining. Damit können wir die Bedürfnisse und den Bedarf unserer Kunden besser definieren – und unsere Angebote präzise ausrichten.

Ein Transformationsteam plant und steuert die Initiative. Mitglieder des Teams sind die Vorstände der Pfalzwerke AG und der Pfalzwerke Netz AG, ausgewählte Leiter zentraler Einheiten wie »Technologie und Innovation«, »DT-HUB« oder »Strategisches Marketing und Kommunikation« sowie die »Personalentwicklung«. Ein Innovationsteam hat die Aufgabe, frei von Hierarchie und Zuständigkeit Ideen zu entwickeln oder Vorschläge zu prüfen. Die ausgewählten Ideen werden in einem Pitch vorgestellt. Kann eine Idee überzeugen, wird der Initiator mit den erforderlichen Ressourcen ausgestattet.

Als »evolutionäre Innovationen« bezeichnen wir Ideen mit der Nähe zu bestehenden Produkten, Dienstleistungen oder Prozessen. Solche Ideen werden, wenn sie überzeugen, zu Leuchtturminitiativen, geleitet vom Ideengeber. Der sucht sich Mitarbeiter aus der Unternehmensgruppe für sein Team. Gemeinsam wird die Idee umgesetzt, in der Vorgehensweise einem Entwicklungssprint in Scrum vergleichbar – zeitlich befristet, als Ziel ein konkretes Ergebnis.

Innovative Ideen hingegen sind solche mit disruptivem Charakter – Ideen für neue Geschäfte. Diese werden über längere Zeit und mit externer Unterstützung im Pfalzwerke Labor entwickelt. Die dort auf einen mittelfristigen Zeitraum geplanten Projekte verbinden das fallweise auszuwählende Know-how von Freelancern mit internen Kompetenzen. Gemeinsam werden Ideen für neue Angebote oder Märkte identifiziert, entwickelt und bewertet. Ziel ist ein erster Erfolg im Markt – dann finden sie als neue Geschäftsfelder ihren Platz in der Gruppe oder werden extern umgesetzt.

Start-up-Unternehmen sind bekannt für ihre neuen Ideen und ihr Tempo in der Umsetzung. Um von diesen Kompetenzen zu profitieren, haben wir uns im März 2018 an der Gründung des DT:Hub (Digital Transformation Hub) in Kaiserslautern beteiligt – einem Ökosystem für digitale Innovation und Entrepreneurship. Ziel ist, Gründerteams und Start-ups gute Rahmenbedingungen für ihre Entwicklung anzubieten. Die Schwerpunkte liegen auf Lösungen in der Cross Reality (Augmented und Virtual Reality), Artificial Intelligence (Automatisierung intelligenten Verhaltens und maschinelles Lernen) und dem Internet of Things (Technologien zur Vernetzung der Infrastruktur). Im DT:Hub wird alles bereitgestellt, was Start-ups von der Idee bis zum Geschäftsmodell brauchen: Arbeitsumfeld und Arbeitsmittel, Zugang zu Kontakten und zu Kapitalgebern. Die Pfalzwerke haben die Möglichkeit mit gut vernetzen Partnern im Start-up-Umfeld zusammenzuarbeiten – wir haben auch die Chance, uns durch den Geist der Start-up-Kultur inspirieren zu lassen.

Führungskräfte brauchen Orientierung

Gerade für Führungskräfte bedeuten diese neuen Ansätze eine enorme Herausforderung. Sie sind gefordert, weiter Verantwortung zu tragen und gleichwohl weniger einzugreifen – denn agil handeln bedeutet auch, dass Mitarbeiter eine tragende Rolle im täglichen Geschäft übernehmen. Führungskräfte müssen zukünftig ganz anders führen, als sie es »gelernt« haben. Innerhalb des Unternehmens soll sich eine neue Art der Führung und Zusammenarbeit entwickeln können. So erfahren alle Veränderungen innerhalb der Organisation die erforderliche Unterstützung. Neben dem Verständnis für und die Arbeit in der Veränderung geht es um den Erwerb der Kompetenzen, mit denen teamorientiertes und agiles Arbeiten besser unterstützt werden.

Unser umfassender Ansatz richtet sich an die direkt in die IDT eingebundenen Mitarbeiter, die Führungskräfte auf allen Ebenen sowie im nächsten Schritt an alle Mitarbeiter im Unternehmen. Methoden zur Umsetzung sind Trainings, Coachings und letztendlich die Implementierung sich selbstorganisierender Teams.

Ein Beispiel für diesen Ansatz ist das Programm zur Entwicklung der Führungskräfte: Es besteht aus drei inhaltlich aufeinander aufbauenden Modulen, die sich mit den unterschiedlichen Rollen einer Führungskraft befassen:
- Stratege: Dieses Modul reflektiert Megatrends aus anderen Branchen, nimmt Ableitungen für den eigenen Bereich vor und unterstützt so den Transfer. Mitarbeiter wollen gerade in Phasen starker Veränderung informiert werden, sie suchen nach Orientierung, Führungskräfte wollen Antworten geben. Die Führungskräfte werden dabei unterstützt, Mitarbeiter zu informieren und einzubinden. Arbeitsmethoden sind unter anderem Fallstudien und Techniken aus dem Design Thinking.
- Change Manager: In diesem Modul wird die aktuelle Kultur reflektiert, gefördert werden Flexibilität und die Orientierung an zukünftigen Herausforderungen. Die Teilnehmer erkunden Instrumente, um im alltäglichen Geschäft die Kultur des Unternehmens aktiv zu verändern. Wichtige Themen sind der Umgang mit Widerständen, Befähigen und Motivieren sowie Kommunikation. Vermittelt und erprobt werden Führungsansätze aus erfolgreichen agilen Organisationen.
- Effizienter Manager: In diesem Modul wird die Herausforderung bearbeitet, die eigene Arbeit neu zu gestalten und die Mitarbeiter durch den Wechsel zu begleiten. Dazu braucht es neben der Reflexion eigenen Handelns funktionierende

Mechanismen zur Selbststeuerung, eine konstruktive Haltung in Konfliktsituationen und Wege, um Mitarbeiter durch die Veränderungsprozesse zu begleiten und zu führen.

Grundsätzlich geht es in den Modulen weniger um das Erlernen von theoretischem Wissen – vielmehr werden Perspektiven vorgestellt, am eigenen Führungsverhalten reflektiert und gemeinsam diskutiert. Die Teilnehmer erkennen neue Ansätze und erproben diese. Gegenseitiges Feedback und »Lessons learned« spielen eine entscheidende Rolle. Darüber hinaus erhalten die Teilnehmer einen Werkzeugkasten mit verschiedenen Methoden, die sie im Führungsalltag unterstützen.

Das übergeordnete Ziel ist die Arbeit an und mit der Unternehmenskultur: Wir wollen nachhaltig verändern, um so den Anforderungen der Märkte, Kunden und Mitarbeiter gerecht zu werden. Die gesamten Pfalzwerke sollen befähigt werden, sich schnell und vor allem immer wieder neu an komplexe und dynamische Märkte anzupassen. Wir wollen darum eine Transformation des bisherigen Handelns hin zu einer unternehmerisch ausgerichteten Entwicklung für unsere Führungskräfte und Mitarbeiter, den andauernden Dialog über die Werte unseres Unternehmens und die tatsächlich gelebte Zusammenarbeit über alle Grenzen hinweg.

Hinweise zu den Autoren

René Chassein

Seit 2011 ist René Chassein Vorstand der Pfalzwerke Aktiengesellschaft in Ludwigshafen. Er verantwortet die Bereiche Energiedienstleistungen, Personal- und Juristische Dienst sowie Revision und Organisation, zudem ist er zuständig für Technologie- und Innovationsentwicklung in der Pfalzwerke Gruppe. Er ist Aufsichtsratsvorsitzender der Tochtergesellschaften Pfalzwerke Netz AG sowie der Pfalzgas GmbH. Herr Chassein ist Dipl.-Ingenieur für Elektrotechnik, Diplom-Wirtschaftsingenieur und Umweltbetriebsprüfer. Seit 1996 ist er bei den Pfalzwerken beschäftigt. Vor seiner Berufung zum Vorstand verantwortete er das Konzessionsvertragsmanagement, nachdem er zuvor in leitender Position in den Unternehmensbereichen Netzbau und kommunale Betreuung sowie Netzwirtschaft und Netzvertrieb tätig war.

Kontaktdaten:
Pfalzwerke AG, Kurfürstenstraße 29, 67061 Ludwigshafen, Tel.: +49 (0)621 585 22 00, Mail: rene.chassein@pfalzwerke.de, Internet: www.pfalzwerke.de

Marc Mundschau

Marc Mundschau leitet seit 2017 als Vorstand die Pfalzwerke Netz AG. Er verantwortet die Bereiche kaufmännische Services, Netzmanagement, Netzbau, Netzservice, strategischer Einkauf, Beschwerdemanagement und Regulierungsrecht. Sein Weg führte ihn von der Lehre zum Energieelektroniker über das Studium und mehrere Jahren in der Energiebranche 2006 als Vertriebscontroller zur Pfalzwerke AG. 2011 übernahm er die Aufgabe als kaufmännischer Leiter der damaligen Pfalzwerke Netzgesellschaft mbH. Zuletzt war er in der Pfalzwerke Netz AG als Prokurist und Leiter der Abteilung »Kaufmännische Services« tätig.

Kontaktdaten:
Pfalzwerke Netz AG, Kurfürstenstraße 29, 67061 Ludwigshafen, Tel.: +49 (0)621 585 23 00, Mail: marc.mundschau@pfalzwerke-netz.de, Internet: www.pfalzwerke-netz.de

Tasks & Teams: Agilität in einem Traditionsunternehmen

Dr. Bernadette Tillmanns-Estorf, Senior Vice President Corporate Communications und Corporate Human Resources, B. Braun Melsungen AG, Melsungen

Trotz aller Umbrüche in der Arbeitswelt denken und planen Unternehmen zumeist immer noch in Organigrammen. Dabei hat diese traditionell hierarchische Arbeitsorganisation viele Nachteile: Sie ist unflexibel, fördert Statusdenken und lässt die Mitarbeiterzahl überproportional zum Ertrag wachsen. Mit Tasks & Teams hat der Medizintechnikhersteller B. Braun ein neues Modell der Zusammenarbeit entwickelt, das auf Selbstorganisation und Eigenverantwortung setzt – und das beweist, dass auch ein großes Traditionsunternehmen agil werden kann.

Einleitung

Die Arbeitswelt hat sich massiv verändert. Digitalisierung und Globalisierung haben für einen rasanten Wandel gesorgt, dessen Auswirkungen pointiert unter dem Kürzel VUKA zusammengefasst werden: VUKA steht für Volatilität, Unsicherheit, Komplexität, Ambiguität und beschreibt eine Welt, in der nichts unumstößlich ist und in der schnell und flexibel auf Unvorhersehbares reagiert werden kann. Zugleich haben sich die Erwartungen von Beschäftigten an ihre Arbeit verändert: Eigenverantwortlich

---

Lessons Learned

- Auch ein großes Traditionsunternehmen kann seine Organisationsstruktur verändern und agil werden.
- Ziel der Umorganisation waren mehr Eigenverantwortlichkeit der Mitarbeiter, mehr Transparenz, mehr Mitsprachemöglichkeiten und ein besserer Austausch.
- Dafür wurde das Unternehmen von einer vertikal-hierarchischen in eine horizontal-vernetzte Kommunikations- und Entscheidungskultur überführt.
- Durch die neue Struktur eröffnen sich für die Mitarbeiter Perspektiven und Chancen, die es in der Welt des Organigramms nicht gegeben hätte.
- Die Rolle der Führungskräfte hat sich dabei vom allwissenden Kontrolleur und alleinigen Entscheider hin zu einem Enabler und Coach verändert.

einer sinnstiftenden Tätigkeit nachgehen zu können und dafür Anerkennung zu bekommen, ist vielen wichtiger als das klassische Karrieremachen, also der Aufstieg »nach oben«. Weisung und Kontrolle, Präsenzpflicht und andere althergebrachte Managementmethoden werden nicht mehr als selbstverständlich akzeptiert, sondern schmälern die Arbeitgeberattraktivität.

Was sich in den meisten Unternehmen dagegen nach wie vor nicht verändert hat, ist die Organisationsstruktur, die Art und Weise, wie Arbeit organisiert wird – streng hierarchisch. Auch bei B. Braun wurden Aufgaben noch bis vor kurzem ganz traditionell von oben nach unten verteilt. Abteilungen und Bereiche arbeiteten strikt voneinander getrennt, Entscheidungen wurden allein von Führungskräften getroffen. Seinen sinnbildlichen Ausdruck fand das im Organigramm des Unternehmens, in dessen zahlreichen Kästchen die Verantwortlichkeiten, Abhängigkeiten und Hierarchien festgeschrieben waren.

B. Braun ist einer der führenden Hersteller von Medizintechnik und Pharmaprodukten weltweit und beschäftigt rund 64.000 Menschen in 64 Ländern, die 2018 einen Konzernumsatz von 6,9 Milliarden Euro erwirtschafteten. Ob in der Produktion, in der Logistik, bei Mobilität oder Kommunikation: Nichts funktioniert heute noch so wie vor 50 Jahren, als gerade einmal 2.500 Mitarbeiter und ein Umsatz von umgerechnet 51 Millionen Euro in den Büchern standen. Nur eines änderte sich nie: das Organigramm. Bis sich das Unternehmen vor gut zwei Jahren dazu entschloss, die Zusammenarbeit neu zu organisieren. Zeitgemäß, flexibel, in interdisziplinären Teams statt in den funktionalen und hierarchisch strukturierten Silos der Organigramm-Kästchen.

Das Modell, das dafür entwickelt wurde, heißt Tasks & Teams – eine selbstorganisierte, agile Form der Zusammenarbeit, die sich durch hohe Eigenverantwortung, Transparenz und Vertrauen auszeichnet. Tasks & Teams ist die Antwort von B. Braun auf die VUKA-Arbeitswelt.

Was ist das Problem von Organigrammen?

B. Braun ist in den vergangenen Jahren immer schneller gewachsen. Doch nicht nur der Umsatz stieg von Jahr zu Jahr, auch die Zahl der Mitarbeiter wuchs – und zwar im selben Maße. So erfreulich es grundsätzlich ist, Arbeitsplätze zu schaffen, so wichtig ist es, den Gleichschritt von Umsatz- und Beschäftigungswachstum zur Ertragssicherung im Blick zu haben.

Zur Logik von Organigrammen gehört, dass sie dazu neigen, sich auszudehnen. Wenn eine neue Führungskraft im Unternehmen ihr Kästchen im Organigramm bekommt, dann versucht sie zwangsläufig, möglichst viele Kästchen unter sich zu haben, damit sie in der Organisation relevanter wird. Für neue Aufgaben werden deshalb gerne neue Mitarbeiter eingestellt, auch wenn es vielleicht anderswo im Unternehmen kompetente Kollegen dafür gäbe. Die aber würden von ihren Vorgesetzten zumeist ohnehin nicht freigegeben, weil sonst der Verlust eines untergeordneten Kästchens drohen könnte – und damit von Status und Einfluss. So kommen immer neue Kästchen hinzu, werden Funktionen und Teile von Abteilungen nach und nach zu eigenen Abteilungen, die ihrerseits wieder Kästchen produzieren.

Eine unternehmensinterne »Zuständigkeits-Zellteilung«, die für das genaue Gegenteil dessen sorgt, was es in der modernen Arbeitswelt braucht: Statt Vernetzung gibt es Trennung, statt Effizienz nur Mitarbeiteraufbau. Die Organigramme führen aber nicht bloß zu einem Aufblähen der Organisation. Sie stehen auch für Machtstreben, Statusdenken, starre Hierarchien – und für ein ausgeprägtes Ich-Denken: Wenn jeder nur an sein Kästchen denkt, denkt kaum einer ans Unternehmen. Das blockiert eine kluge, kompetenzorientierte Aufgabenverteilung im Unternehmen, ist unflexibel und langsam, weil Entscheidungen allein den Führungskräften vorbehalten sind. Die Bereichs- oder Abteilungsleitung wird zum Flaschenhals, in dem sich die Entscheidungsvorlagen stauen. Und das, obwohl es gar nicht immer die Führungskräfte sein müssen, die auf alle Fragen die besten Antworten haben. Vor dem Hintergrund einer immer komplexer werdenden Arbeitswelt ist das Wissen einer Einzelperson der »Schwarmintelligenz« eines Teams – vor allem, wenn es interdisziplinär aufgestellt ist – oftmals unterlegen.

Die hierarchische Arbeitsorganisation der Organigramme löst damit auch Frustrationen bei den Mitarbeitern aus. Sie fühlen sich ausgebremst in ihrem Engagement, weil sie nicht über die Grenzen ihres Kästchens hinausdenken dürfen. Weil ihre Tätigkeit als bloßes Zuarbeiten für die Führungskraft gesehen wird, die nicht nur allein entscheidet, sondern auch allein die Ergebnisse der Arbeit nach außen präsentiert. Karriere bedeutet in dieser Welt, Kästchen für Kästchen möglichst weit nach oben zu steigen. Ein Weg, der jedoch zwangsläufig nur wenigen offen steht und gerade in kleinen Abteilungen zusätzlich verbaut ist, wenn alle Führungspositionen langfristig vergeben sind.

Auf dem Weg zu mehr Durchlässigkeit

Am Anfang des Veränderungsprozesses bei B. Braun stand kein Masterplan. Klar war nur: Der Weg sollte weg von einer vertikal-hierarchischen und hin zu einer horizontal-vernetzten Kommunikations- und Entscheidungskultur führen. Ziel war, mehr Eigenverantwortlichkeit der Mitarbeiter zu erreichen, mehr Transparenz, mehr Mitsprachemöglichkeiten und einen besseren Austausch zwischen Abteilungen und Teams. Nicht Titel, Posten und Macht sollten bei der neuen, durchlässigen Organisationsform im Mittelpunkt stehen, sondern die zu erfüllenden Aufgaben.

Von oben vorzugeben, wie diese Ziele konkret erreicht werden sollen, wäre ein Widerspruch in sich gewesen. Der Transformationsprozess wurde deshalb explizit mit offenem Ausgang gestartet und lief so ab, dass der Weg bereits zum Teil des Ziels wurde: agil und selbstorganisiert. Zwei Zentralbereiche des Unternehmens, das internationale Personalwesen und die Unternehmenskommunikation, entwickelten in stetigem Austausch das B.-Braun-Modell Tasks & Teams. Begleitet wurden sie dabei von einer externen Beratungsfirma, die die fehlende Methodenkompetenz vermittelte und Ansätze wie Holacracy, Design Thinking und Scrum ins Spiel brachte. Diese Gedanken dienten als Anregungen, um eine eigene, maßgeschneiderte Lösung für B. Braun zu finden.

Nach dem Start des Pilotprojekts im Februar 2017 gründeten beide Abteilungen zunächst jeweils fünf Arbeitsgruppen, »Circles«, die die Kernfragen für die neuen Arbeitsformen bearbeiteten. Alle Mitarbeiter der beiden Abteilungen arbeiteten in mindestens einem dieser sogenannten Meta-Kreise mit und beteiligten sich damit aktiv am Veränderungsprozess. Die gemeinsam erarbeiteten Fragen lauteten:
- Was ist der Sinn und Zweck der Abteilung?
- Wie können Aufgaben, diesem Sinn und Zweck entsprechend, transparent koordiniert und priorisiert werden?
- Durch welche neuen Kommunikationswerkzeuge, Meetingstrukturen oder Feedbackprozesse kann die Zusammenarbeit verbessert werden?
- Welche fachlichen und überfachlichen Kompetenzen gibt es in der Abteilung und wie können sie möglichst effektiv genutzt werden?
- Wie wird Transparenz und Kommunikation im Transformationsprozess gewahrt und sichergestellt, dass auch die Bedenken der Mitarbeiter Gehör finden?

Die Beantwortung solcher Fragen war bis dahin traditionell eine Aufgabe des Managements gewesen. Sie wurde nun systematisch in die Selbstorganisation – und damit auf die Mitarbeiter – übertragen. Die Teams synchronisierten sich in regelmäßigen Abständen, um über weitere Veränderungen in der Arbeitsorganisation zu entscheiden. Neuerungen wurden ohne lange Planung in die Praxis umgesetzt und getestet. Dank kurzer Iterationsschleifen konnten die Maßnahmen dann zeitnah verbessert oder, wenn sie gar nicht funktionierten, auch wieder verworfen werden.

Nach Klärung der grundlegenden Fragen wurde die Selbstorganisation in Kreisen nach und nach auch auf Fachthemen übertragen. Die Grundprinzipien, die die Mitarbeiter für das nun Tasks & Teams getaufte Modell erarbeitet hatten, blieben dieselben:
- Ziel von Tasks & Teams ist es, für eine bestimmte Aufgabe das bestmögliche Team zu finden, unabhängig von Hierarchien und Abteilungsgrenzen. Anstehende Themen werden dafür am Projektboard ausgeschrieben, Interessenten können sich melden und beim Gründungsmeeting werden anschließend die fachlich am besten geeigneten Mitarbeiter für den Kreis bestimmt. Ein Kreis besteht dabei aus mindestens drei und maximal sechs Personen.

- Jeder Kreis gibt sich eine Verfassung, eine »Circle Constitution«, die die Prinzipien und Instrumente der Zusammenarbeit in diesem Kreis festlegt. Dazu gehört zuallererst, den Sinn und Zweck des Circles sowie die Rollen und Verantwortlichkeiten der Teilnehmer zu bestimmen. Das können fachliche Aufgaben sein, aber auch prozessuale wie die Moderation des Kreises oder die Repräsentation nach außen. Wer welche Rolle(n) übernimmt – oft sind es mehrere, da es in der Regel mehr Rollen als Personen in einem Kreis gibt –, ist unabhängig von der Funktion, die ein Kreisangehöriger ansonsten im Unternehmen hat. Pointiert ausgedrückt: Bei Tasks & Teams kann auch mal ein Abteilungsleiter einem Auszubildenden zuarbeiten, wenn das sinnvoll ist. Außerdem wird in der Circle Constitution die Art der Entscheidungsfindung beschlossen: Gilt beispielsweise das Konsensprinzip oder die einfache Mehrheit? Können Beschlüsse per Veto gestoppt werden?
- Alle Mitglieder eines Kreises müssen einen Beitrag leisten. Welcher das sein soll, können sie eigenverantwortlich entscheiden – bei der Verteilung der Aufgaben gilt der Grundsatz »Pull vor Push«. Ein Rosinenpicken ist aber natürlich ausgeschlossen. Delegiert wird nur, falls sich für eine Aufgabe niemand bereitfinden sollte.
- Transparenz und Reflexion sind unverzichtbar. Über sogenannte Tasks & Teams Boards bekommen alle Mitarbeiter beider Pilotabteilungen ständig einen Überblick über anstehende und laufende Projekte. Jede Abteilung trifft sich einmal pro Woche für 15 Minuten vor dem Board, um über neue Projekte, erforderliche Ressourcen oder erreichte Meilensteine zu sprechen. Alle relevanten Informationen werden frei zugänglich gemacht. Sowohl in den Kreisen als auch bilateral zwischen einzelnen Beteiligten gibt es regelmäßiges Feedback. Der Fortschritt bei der Erledigung der Kreis-Aufgabe und der Stand der Zusammenarbeit werden systematisch reflektiert.
- Ein kreisübergreifendes Regelwerk enthält weitere allgemeine Leitprinzipien für eine effiziente Zusammenarbeit. Dazu gehört, dass Meetings pünktlich beginnen und enden, dass Abwesende selbstständig aufholen, was sie verpasst haben, oder dass Entscheidungen auch von denen mitgetragen werden, die bei der Entscheidungsfindung gefehlt haben.

Frühzeitig wurde auch der Betriebsrat in den Transformationsprozess eingebunden. Um mögliche Widerstände in den Teams rechtzeitig zu erkennen, wurde der gesamte Prozess zudem von anonymen Umfragen begleitet. Das trug maßgeblich dazu dabei, dass kein Mitarbeiter auf dem Weg in eine Arbeitswelt jenseits des Organigramms zurückgelassen wurde.

Tasks & Teams im Alltag

Die Mitarbeiter in den beiden Pilotbereichen organisieren sich heute im Wesentlichen in drei Arten von Teams. Ihre fachliche Heimat finden sie in den Kernteams, die so etwas wie die Brücke zwischen der alten und der neuen Arbeitsorganisation darstellen. Sie entsprechen weitgehend dem klassischen Verständnis disziplinarischer Abteilungen und werden von einer Führungskraft geleitet. In diesen funktionalen Teams wird das Tagesgeschäft bearbeitet. Im Human-Resources-Bereich (HR-Bereich) sind diese Kernteams nach Schwerpunktthemen aufgeteilt – so kümmert sich zum Beispiel ein Team »Compensation & Benefits« um Vergütung und Entsendungen und ein Team »HR Digital« um die digitale HR-Infrastruktur. Gearbeitet wird in einer herkömmlichen Linienstruktur, wenn auch zunehmend unter Berücksichtigung agiler Arbeitsweisen und transparenter Rollenbeschreibungen: Manche Aufgaben können flexibel ausgeschrieben werden und wie in einem Ticketsystem an einzelne Personen vergeben werden.

Daneben gehören die Mitarbeiter verschiedenen Fachteams an, die den Prinzipien von Tasks & Teams folgen und ein gemeinsames fachliches Thema in einem agilen Kreis entwickeln. Im Unterschied zu den Kernteams verwalten sich diese Fachkreise selbst und können je nach Bedarf eigenständig über ihre Weiterentwicklung entscheiden, ohne dass Führungskräfte oder die Personalabteilung hinzugezogen werden müssen. Prinzipiell kann jedes Thema auf diese Art und Weise ausgeschrieben und in die eigenverantwortliche Bearbeitung durch ein Team übertragen werden.

Das können sowohl einmalige Aufgaben sein wie etwa ein Konzept für die Nachfolgeplanung zu erarbeiten oder ein Wiki zu bestimmten Fragen aufzubauen. Es können aber auch permanente Aufgaben, also täglich, wöchentlich oder monatlich wiederkehrende Arbeiten sein, bei denen es gleichwohl sinnvoll ist, auf Interdisziplinarität, agile Selbstorganisation und flexible Rollenverteilung zu setzen. In den Pilotbereichen hat sich das bei Themen wie beispielsweise der Organisationsentwicklung oder der Veranstaltungsorganisation sehr bewährt.

Neben diesen Fachkreisen bestehen weiterhin einige der Metakreise, in denen Tasks & Teams entwickelt wurde. Dazu zählt unter anderem der Kreis Koordination, der für die Priorisierung der Themen und die Pflege der Boards zuständig ist. Und schließlich besteht in beiden Bereichen jeweils ein monatlich tagendes Executive Committee, dem die Abteilungsleitung, Teamleiter und zwei gewählte Mitglieder der Metakreise People und Koordination angehören. Diese Governance-Struktur wurde eingerichtet, um Aufgaben zu priorisieren, Transparenz zu wahren und den betreffenden Bereich dabei zu unterstützen, die für den Abteilungszweck relevantesten Themen im Fokus zu halten.

Die neue Rolle der Führungskräfte

Die Kreise haben keine klassischen Chefs, sondern wählen Lead-Rollen, die auch wieder abgewählt werden können. Trotzdem wurden Führungskräfte, wie aus dem Vorgenannten bereits deutlich wurde, durch Tasks & Teams nicht abgeschafft. Das war auch von vornherein gar nicht das Ziel. Schon aus rechtlichen Gründen kann ein Unternehmen wie B. Braun nicht auf Führungspositionen verzichten – und auch auf Organigramme nicht gänzlich. Um etwa die Zulassung eines Medizinprodukts für den US-amerikanischen Markt zu bekommen, muss der dortigen Food & Drug Administration (FDA) ein Organigramm vorgelegt werden, aus dem die Zuständigkeiten klar hervorgehen.

Aber nicht nur mit Blick nach außen sind Führungskräfte bei B. Braun auch künftig unverzichtbar. Nur ihre Rolle hat sich verändert: weg vom allwissenden Kontrolleur und alleinigen Entscheider, hin zu einem stärkeren Selbstverständnis als Enabler und Coach. Führungskräfte sorgen dafür, dass die Teams leistungsfähig sind, dass sie alle Unterstützung und alle Informationen bekommen, die sie benötigen, dass mögliche Hindernisse aus dem Weg geräumt werden. Sie begleiten die Mitarbeiter bei der Bewältigung ihrer Aufgaben, beraten etwa beim Aufsetzen eines Projekts oder beim Erstellen einer Präsentation.

Auch wenn Tasks & Teams bedeutet, dass sie manche frühere Managementaufgabe und Entscheidungskompetenz an die Mitarbeiter in den Teams abgeben mussten: Führungskräfte haben nach wie vor das letzte Wort, wenn es um die Priorisierung von Projekten geht – und für den Fall, dass ein Kreis eine völlig untragbare Entscheidung treffen sollte, können sie selbstverständlich eingreifen und ihr Veto einlegen. Wenn sich für eine Aufgabe niemand freiwillig meldet oder wenn sich Mitarbeiter bei der Rollenverteilung in einem Kreis konsequent den weniger attraktiven Arbeiten verweigern, können sie wie früher delegieren. Andersherum kommt ihnen auch eine Schutzfunktion für die Mitarbeiter zu, indem sie einschreiten, wenn sich ein Team zu viele Projekte auflädt oder wenn sich jemand für ein Projekt meldet, der eigentlich an anderer Stelle benötigt wird.

Das neue Führungsverständnis spiegelt sich in veränderten HR-Instrumenten. Statt des klassischen Mitarbeitergesprächs einmal pro Jahr gibt es künftig monatliche Entwicklungsgespräche, für die Vorgesetzter und Mitarbeiter jeweils einen Kollegen als weiteren Teilnehmer bestimmen. Die gemeinsam zu beantwortende Frage lautet dann nicht mehr »Wie kann ich Karriere machen?«, sondern »Wie kann ich Verantwortung übernehmen?«.

Erfahrungen und Ausblick

Der Erfolg des neuen Modells ist bereits vielseitig spür- und messbar: Es ist eine neue Beweglichkeit entstanden, Entscheidungen werden schneller und – das ist mindestens ebenso wichtig – nicht mehr nur an einer Stelle getroffen. Die Zusammenarbeit ist aufgrund der Kreisarbeit und der Definition verschiedener Rollen flexibler geworden, die Strukturen schlanker. Der kontinuierliche Wissensaustausch zwischen Teams und Bereichen läuft besser, die Arbeitsabläufe sind für alle Beteiligten transparenter geworden, Reflexion und Feedback gehören ganz natürlich zum Alltag.

Es hat sich gezeigt: Auf diese Weise die Eigenverantwortung und das selbstständige Denken und Handeln der Mitarbeiter zu stärken, kommt dem Unternehmen ebenso zugute wie den einzelnen Kollegen. Denn durch den neuen Ansatz eröffnen sich für die Mitarbeiter Perspektiven und Chancen im Unternehmen, die es in der Welt des Organigramms nicht gegeben hätte. Tasks & Teams schafft nicht nur Raum für Entfaltung und erhöht die Eigenmotivation, sondern definiert auch persönliche Entwicklungswege neu.

Natürlich lief die Entwicklung und Einführung von Tasks & Teams in den Pilotbereichen nicht völlig reibungslos. Es musste berücksichtigt werden, dass die Veränderungsbereitschaft und die Neugier auf Neues nicht bei allen Kollegen gleich groß ist. Gerade bei manchen Führungskräften war eine anfängliche Skepsis zu überwinden, mussten sie doch ihre eigene Position hinterfragen und eine agile Rolle und Haltung entwickeln. Und auch für die Mitarbeiter war es durchaus herausfordernd, die Methoden der Selbstorganisation zu erlernen und fortlaufend einzuüben. Aber mittlerweile herrscht Einigkeit, dass sich der Aufwand gelohnt hat.

Das Modell soll deshalb künftig auf weitere Unternehmensbereiche und Ländergesellschaften ausgeweitet werden, sowohl in der Verwaltung als auch in der Produktion. Es würde jedoch der Idee von Tasks & Teams widersprechen, wenn ein solches Ausrollen von oben vorgegeben würde. Tasks & Teams soll auch in Zukunft nicht als dogmatischer Ansatz implementiert werden. Vielmehr ist vor der Einführung agiler Arbeitsformen immer zu prüfen, welche der bestehenden Prozesse und Strukturen in der jeweiligen Abteilung sinnvoll und erhaltenswürdig sind und an welchen Stellen eine Runderneuerung erforderlich ist.

Als Berater fungiert dabei der Kreis der »Change Architects« aus den Pilotbereichen, die Kompetenzen in Organisationsentwicklung und Kommunikation mitbringen. Die Mitglieder haben sich auf diesen Kreis beworben und wählten dann intern fachliche und prozessuale Rollen. Außerdem wurden verschiedene Module entwickelt, die genutzt werden können, etwa für agile Meetings, Entscheidungsfindungen oder Feedbackprozesse.

Tasks & Teams ist nicht statisch, sondern entwickelt sich beständig weiter. Denn agiles Arbeiten kann nur dann die Antwort auf die immer neuen Herausforderungen der VUKA-Arbeitswelt sein, wenn es sich auch selbst kontinuierlich verändert.

Literatur

Große, H.-W.; Tillmanns-Estorf, B. (2018): Tasks & Teams. Die neue Formel für bessere Zusammenarbeit. Murmann: Hamburg.

Hinweise zur Autorin

Dr. Bernadette Tillmanns-Estorf

Dr. Tillmanns-Estorf hat in Politischer Wissenschaft und Romanistik promoviert und war sechs Jahre in verschiedenen Positionen für den Deutschen Bundestag tätig, bevor sie 1996 zu B. Braun kam. Dort leitet sie die Bereiche Corporate Communications und Corporate Human Resources. In ihrer Doppelrolle sind ihr teamorientierte Führung, effektive Kommunikation und motivierte, selbstbestimmte Mitarbeiter eine Herzensangelegenheit. Deshalb arbeitet sie seit 2017 in ihren Bereichen über Silos und Kästchen hinweg nach dem Prinzip Tasks & Teams und entwickelt den Ansatz kontinuierlich weiter.

Kontaktdaten:
B. Braun Melsungen AG, Corporate Human Resources, Stadtwaldpark, Haus 1, Todi-Allee, 34212 Melsungen, Tel.: +49 (0)5661 71 43 03, Mail: bernadette.tillmanns-estorf.@bbraun.com, Internet: www.bbraun.de

Transformation und Kulturwandel kann die große Chance für HR sein

Daniel Ullrich, Group HR Executive, innogy SE, Essen

Die notwendige Ressource für echten Kulturwandel und erfolgreiche, nachhaltige Transformation heißt Veränderungskompetenz. Sie ist heute weit mehr als ein Soft Skill. Veränderungskompetenz ist zum Wettbewerbsvorteil geworden. Veränderung beginnt bei einem selbst. Dafür braucht es vor allem mutiges Ausprobieren und konsequentes Umsetzen bei notwendigen Veränderungen und Transformationen. In dieser Herausforderung liegen die große Chance und ein ebenso großes Risiko für uns als Individuen und die Human-Resources-Funktion.

Culture eats strategy for breakfast (Peter Drucker)

Erfolgreiche Unternehmen machen es vor: Microsoft CEO Satya Nadella hat bei seinem Amtsantritt im Jahr 2014 die Unternehmenskultur als höchste Priorität auf die Agenda gesetzt. Der Erfolg gibt Nadella recht, und er selbst schreibt diesen dem Kulturwandel zu (Sagmeister, 2019). Microsoft ist heute eines der wertvollsten Unternehmen der Welt.

Eine erfolgsfördernde Unternehmenskultur muss in das Hier und Jetzt mit all seinen Rahmenbedingungen und Einflüssen (Geschwindigkeit, Digitalisierung, Regulierung,

---

Lessons Learned

- Eine erfolgsfördernde Unternehmenskultur muss in das Hier und Jetzt mit all seinen Rahmenbedingungen und Einflüssen passen.
- Die dysfunktionalen Muster und die dahinterliegenden Glaubenssätze zu erkennen, ist Voraussetzung für einen erfolgreichen Kulturwandel.
- Die Kompetenz, sich selbst und die Organisation bis hin zur Unternehmenskultur zu verändern, ist eine Fähigkeit, die heute dauerhaft angewandt werden muss.
- Ein häufiger Fehler ist, notwendiger Veränderung mit den Methoden und Vorgehensweisen zu begegnen, die die zu verändernde Situation ausgelöst haben.
- HR kann ein Promoter von Organisations- und Kulturentwicklung sein, wenn es mutig und konsequent bei der Veränderung der eigenen Funktion beginnt.

etc.) passen. Das heißt in keinem Fall, dass traditionelle Elemente der Kultur in Unternehmen schlecht sind. Natürlich ist Unternehmenskultur etwas historisch gewachsenes, und solange deren Bestandteile den aktuellen Herausforderungen nicht im Wege stehen, sind sie zu begrüßen. Ein genauer und kritischer Blick auf das, was schon immer Unternehmenskultur war und was die aktuellen Zeiten erfordern, ist jedoch dringend zu empfehlen.

Kultur ist dabei weit mehr ist als Kickertisch, Duzen, Sneakers anstatt Pumps und die Krawatte weglassen – im Endeffekt sind es die bekannten sowie kommunizierten Regeln und noch viel mehr die nicht niedergeschriebenen Dinge, die tief verankerten Glaubenssätze und die Haltung der Menschen im Unternehmen. Diese Dinge sind so stark, dass neue Mitarbeiter und selbst nicht vorgeprägte Auszubildende bereits nach wenigen Monaten realisieren, wie es im Unternehmen offensichtlich läuft und sich entsprechend verhalten. Dass eine »altmodische« Unternehmenskultur vor allem vom Lebensalter abhängig sei – dies ist aus meiner Erfahrung eine nichtzutreffende Simplifizierung. Unsere Kultur ist nach Sagmeister dafür verantwortlich, wie Menschen wahrnehmen, denken, fühlen und aufgrund dessen handeln. Sie ist Herz, Verstand und Seele einer Organisation und prägt die kollektiven Glaubenssätze, die den kleinen und großen Entscheidungen und Verhaltensweisen zugrunde liegen (Sagmeister, 2019). Kultur bildet damit die grundlegende Haltung der Organisation ab und gehört zu den mächtigsten Assets eines Unternehmens.

Die Auswirkungen der stärksten Glaubenssätze erkennen wir in den immer wieder gleichen Formulierungen und Verhaltensweisen, Mustern und Systemen – selbst in den IT-Systemen, die auch nur das abbilden, was programmiert wurde. Das kann systemseitig so aussehen, dass man in einem Unternehmen nur Mitarbeiter einstellen kann, wenn man mit einem »Leitungsfunktionskästchen« im Organigramm vorkommt. Möchte man bewusst nicht prominent im Organigramm auftauchen, zum Beispiel als kleine Intervention gegen ein vorherrschendes Hierarchie-Muster und um zu zeigen, dass es auch ohne großen Hierarchieanspruch geht, wird man leider eines Besseren belehrt. In diesem Fall erlaubt das verbundene Recruiting-System nicht mehr, Mitarbeiter einzustellen. Es können also sogar die IT-Systeme sein, die uns, selbst gegen unseren Willen, dazu zwingen, unsere Muster und einen dahinterliegenden Glaubenssatz, zum Beispiel den, der der Hierarchie eine entsprechend hohe Priorität gibt, aufrechtzuerhalten.

Was sind die dysfunktionalen Muster und die dahinterliegenden Glaubenssätze in Ihrem Unternehmen? Das herauszufinden ist schwierig und aller Erfahrung und Wahrscheinlichkeit nach mit viel offensichtlichem wie unterschwelligem Widerstand verbunden. Es lohnt sich dennoch oder gerade deswegen. Denn auf Basis dieser Erkenntnisse können die ersten wichtigen Interventionen für den Kulturwandel entwickelt werden.

Ein etabliertes Instrument zur Identifizierung dysfunktionaler Muster und der zugehörigen Glaubenssätze ist das sogenannte ›Eisberg-Modell‹ (siehe Abb. 1).

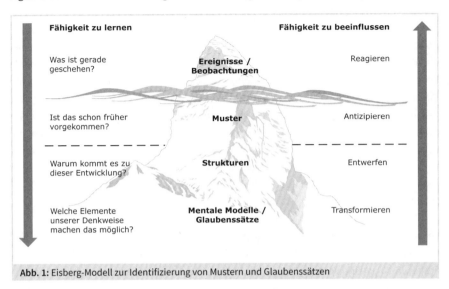

Abb. 1: Eisberg-Modell zur Identifizierung von Mustern und Glaubenssätzen

Warum stolpert Facebook ohne Kulturwandel über sich selbst?
In 2018 erlebte Facebook den größten Datenskandal seiner noch jungen Unternehmensgeschichte, als Cambridge Analytica an die persönlichen Daten von 87 Millionen Menschen gelangte. Dies war medial zwar mit Abstand der am intensivsten beachtete Datenskandal bei Facebook, jedoch nicht der erste und seitdem auch nicht der letzte. Das Resultat waren Strafzahlungen in Milliardenhöhe und der Verlust großer Werbekunden. Facebook führte spätestens seitdem Prozesse und Strukturen ein, um weitere Datenskandale zu verhindern.

Solange aber die Haltung und die Kultur dieselbe bleiben, wird das System Facebook immer wieder Wege an diesen Prozessen und Strukturen vorbei finden. Die tief verwurzelte Haltung, die Welt weiter zu öffnen und zu vernetzen, verbunden mit einer Hacker-Kultur, arbeitet offensichtlich gegen die Strategie, gegen Regeln sowie den eigenen Anspruch an Datenschutz. Denn: ›Culture eats strategy for breakfast‹.

Die gute Nachricht: Wandel ist möglich

Die Glaubenssätze, Muster und Automatismen, mit denen wir heute in unseren Unternehmen leben (müssen) sind weder Naturgesetze noch gottgegeben. Sie wurden durch die Menschen in den Unternehmen etabliert. Das heißt, wir können sie auch wieder ändern.

Früher war die Frage eher, wie man die Veränderung einer bestimmten Sache, zum Beispiel einer Reorganisation, Integration, eines Systemwechsels oder einer neuen Markeneinführung begleitet – vom Beginn bis zum Abschluss, gelegentlich noch mit Nachhaltigkeitsaktivitäten. Heute ist die Kompetenz, sich selbst und die Organisation bis hin zur Unternehmenskultur zu verändern, eine Fähigkeit, die dauerhaft angewandt werden muss. Der Übergang von Veränderung zu Veränderung auf unterschiedlichen Ebenen (Person, Team, Unternehmen, Gesellschaft) fällt immer fließender bis hin zur Parallelisierung oder gar chaotischer Überschneidung aus – im schwierigsten Fall mit widersprüchlichen Entwicklungen und Veränderungsnotwendigkeiten. Wir finden mehr und mehr eine Situation vor, welche gerne mit dem Begriff VUKA (Volatilität, Unsicherheit, Komplexität, Ambiguität) umschrieben wird. Veränderungskompetenz ist also die Kernkompetenz der aktuellen und künftigen Zeit. Sie ist zu viel mehr als nur einem Soft Skill geworden, sie ist ein persönlicher wie unternehmerischer Wettbewerbsvorteil.

Veränderungsthemen in den Vordergrund zu stellen, ohne dass es einen guten Grund dazu gibt, birgt das Risiko, dieses schwierige Thema ins Abseits zu manövrieren. Die Frage, wozu es eine Veränderung braucht und was die Veränderung für das Unternehmen und die Menschen bewirken soll, muss schlüssig und überzeugend beantwortet sein. Der Sinn und Zweck muss gemeinsam, unter Einbeziehung von Beteiligten wie Betroffenen, erarbeitet oder von Unternehmensverantwortlichen vorgegeben werden.

Grundsätzlich sollten so viele Menschen wie möglich in den Entstehungs- und Bearbeitungsprozess von Veränderungen und Kultur eingebunden werden. Man kann allerdings trefflich darüber streiten, ob das emergente grundsätzlich das bessere Vorgehen ist oder nicht. Meiner Erfahrung und Überzeugung nach geht es bei allen Fragen von Veränderung und Kulturwandel nicht um »one size fits all«, sondern vielmehr um die Frage, »which size fits me«. Und das ist von vielen Gegebenheiten und der Situation abhängig und kann eben nicht pauschal beantwortet werden.

Am Ende muss es gelingen, Menschen vom Sollen ins Wollen zu bringen. Dafür müssen Gelegenheiten geschaffen werden, in denen die Menschen selbst und für sich erkennen können, was die jeweilige Veränderung für sie bereit hält und ihnen bietet. Gelingt das nicht, scheitert mit an Sicherheit grenzender Wahrscheinlichkeit auch die Veränderungsinitiative.

Beispiel Digitalisierung
Hier gilt, dass alles, was digitalisiert werden kann, digitalisiert werden wird. Viele Unternehmen wollen bei dieser industriellen Revolution vorne mit dabei sein, andere haben sie bisher eher verschlafen. Über die Hierarchie kommt mitunter die Ansage, dass das Zeitalter der Digitalisierung gekommen ist und nun auch so viel digitalisiert werden muss wie möglich ist. Das führt eben nicht zu großer Akzeptanz bei den Men-

schen, die dies aktiv und motiviert mitmachen und umsetzen sollen und gleichzeitig mit möglichen persönlichen Auswirkungen umgehen müssen.

Eine besondere Herausforderung unserer Zeit ist, dass wir keine haben. Kulturwandel braucht allerdings Zeit und gleichzeitig ist, nach Deloitte Shift Index, die durchschnittliche Lebenserwartung von Fortune 500 Unternehmen in weniger als einem halben Jahrhundert von 75 auf 15 Jahre geschrumpft. Die Wirtschaft reagiert. Noch nie hat es in deutschen Unternehmen so häufig und explizit Zuständigkeiten für Unternehmenskultur und Kulturwandel auf Vorstandsebene oder der Berichtsebene darunter gegeben wie heute. Das Thema ist auf der richtigen Ebene angekommen, wobei auch die Schleife über die Anteilseigner und weitere relevante Stakeholder und deren Einbindung nicht zu vernachlässigen sind.

Veränderung beginnt bei mir

Wenn man es genau nimmt, kann man exakt eine Person auf der Welt direkt verändern, sich selbst. Dass dies gleichzeitig zu den schwierigsten Dingen im Leben zählt, gehört mit zu dieser Wahrheit. Vor allem dann, wenn man beim Blick in den Spiegel gefühlt auf einer Bühne steht und von vielen Menschen beobachtet wird.

Gerade im Kontext von Veränderungen sehen wir uns mit bisher zum Teil unbekannten Schwierigkeiten konfrontiert. Ein häufiger Fehler ist hierbei, notwendiger Veränderung mit denselben Methoden und Vorgehensweisen zu begegnen, die uns erst in die zu verändernde Situation hineingebracht haben. Denken Sie kurz zurück an die letzte Initiative mit der Ihr Unternehmen versucht hat, agiler oder digitaler zu werden – wie konsequent agil oder digital waren diese Vorhaben selbst?

Es geht auch um das Verstehen und Akzeptieren, dass ein Veränderungsprozess und somit zum Beispiel auch Kulturwandel in seinen einzelnen Schritten nicht plan- oder steuerbar ist. Hier braucht es die Fähigkeit mit Unsicherheit und Nichtwissen umgehen zu können (Wagner, 2019). Bekanntes und Erfahrungswissen aus unserem Gehirn herunterzuladen, reicht nicht mehr aus. Vielmehr brauchen wir einen Ansatz, bei dem wir aus der Zukunft die gerade erst entsteht beziehungsweise entstehen will, heraus führen (Scharmer, 2016).

Vorleben der erfolgsfördernden Kultur
Ohne konsequentes Vorleben der erfolgsfördernden Kultur und der entsprechenden Verhaltensweisen wird der Wandel kaum die ganze Organisation erfassen und mitnehmen. Die Menschen in den Unternehmen haben ein feines Gefühl dafür, ob die ausgerufenen Parolen ernst gemeint sind oder nicht. Eben weil sie ganz genau beobachten und wahrnehmen, ob die Verantwortlichen nach den neuen, gewünschten Regeln

handeln oder sich zumindest bemühen und im besten Fall noch offen mit den Herausforderungen umgehen, die das auch für sie mitbringt. Das wirkt nahbar und authentisch und erhöht die Chance viele Nachahmer zu finden.

Eine der großen Hürden dabei, die Veränderung bei einem selbst beginnen zu lassen, ist, dass unser Gehirn so verdrahtet ist, dass es die Vergangenheit wiederholt und neues erst einmal abweist. Die Amygdala ist in unserem limbischen System für die Gefahrenfrühwarnung zuständig. Von den acht primären Emotionen, reagieren sechs (Angst, Verärgerung, Ekel, Scham, Traurigkeit, Überraschung) mit dem Impuls zu verhindern, wenn etwas Neues auf uns zukommt. Umgehen können und wollen wir die Biologie und Natur nicht. Aber wir können uns ihre Wirkungsweise bewusstmachen und dieses Wissen in unsere Entscheidungsfindung und unser bewusstes Verhalten einfließen lassen. Neben der vorgenannten Erkenntnis hilft hierbei das Wissen um die inneren Antreiber und welche davon wie dominant bei einem persönlich sind.

Wahrnehmung im Hier und Jetzt
Selbstwirksamkeit beruht auch auf der Kapazität, sich selbst wahrzunehmen und zu steuern. Das ermöglicht dann das wirksame und zielgerichtete Wahrnehmen und Steuern unserer Umgebung, Teams und Organisation. Dafür müssen wir im Hier und Jetzt sein. Üblicherweise wandern unsere Gedanken aber. Gemäß NeuroLeadership Institute sind wir 48 Prozent der Zeit nicht im Hier und Jetzt, und über die durchschnittliche Aufmerksamkeitsspanne, bei der wir vollständig im Hier und Jetzt auf einen Sachverhalt fokussieren, streiten sich Wissenschaftler und Studien. Die Wahrheit scheint irgendwo zwischen acht Sekunden (nach Statistic Brain Research Institute und der Microsoft Studie ›Attention Spans‹ aus 2015) und wenigen Minuten zu liegen. In jeden Fall ist sie zeitlich stark eingeschränkt.

Verändern kann man immer nur das Hier und Jetzt, nicht die Vergangenheit oder die Zukunft und immer nur das, was man auch wahrnimmt. Es ist daher wenig verwunderlich und sehr zu begrüßen, dass Themen wie Achtsamkeit den Anstrich der Esoterik verlieren und im Geschäftskontext immer üblicher werden. Mit Firmen wie IBM, Google, Nike, Apple und SAP sind es auch beziehungsweise vor allem die erfolgreichen Global Player die darauf setzen. Selbst beim Weltwirtschaftsforum gab es 2018 mehrere Diskussionsrunden und Sitzungen ausschließlich zum Thema Achtsamkeit. Demnach stehen weitere zunächst bizarr anmutende Dinge garantiert schon auf der Türschwelle – bitten wir sie herein und probieren wir aus, was sie uns bringen. Ein Grundsatz, der über allen Konzepten steht, ist dabei: Mindset beats Toolset – es kommt auf die Haltung an.

Große Chance für die HR-Funktion – aber auch großes Risiko

In regelmäßigen Abständen wird die grundsätzliche Frage zur Rolle von Human Resources (HR) in Unternehmen gestellt und diskutiert. Das viele Jahre kontrovers besprochene, aber immer häufiger angewandte Modell von Dave Ulrich wird mittlerweile selbst von seinem Erfinder sinngemäß als überholt beschrieben (HBM Edition, 2017). Müller-Stewens kommt gemeinsam mit Eva Bilhuber Galli zu der Erkenntnis, dass viele HR-Abteilungen an Relevanz einbüßen, weil sie keine Impulse mehr setzen (HBM Edition, 2017).

Im DAX 30 ist in knapp der Hälfte der Unternehmen die Personalfunktion mit eigenständigem Ressort im Vorstand vertreten, allerdings mit abnehmendem Trend. Jeweils zu einem guten Viertel ist HR entweder der CEO-Funktion oder einer weiteren Vorstandsfunktion zugeordnet, beides mit aufsteigendem Trend (Jochmann, 2019).

HR als gestaltende Funktion
Fragt man die internen Kunden, erfahren wir unter anderem, dass HR vielmehr Berater, Treiber und Motivator für Themen sein könnte (Jochmann, 2019). Außerdem gewinnt man eine beeindruckende und zugleich besorgniserregende Erkenntnis. Von allen erhobenen Qualitätsparametern ist die Lücke zwischen Erwartungshaltung (Soll) und aktuellem Eindruck (Ist) bezüglich des in diesem Beitrag besprochenen Themas »Veränderungs- & Transformationskompetenz« mit Abstand am größten. Auf einer Skala von 1 bis 5 mit einem Soll-Wert von 4,3 (82,5 Prozent) und einem Ist-Wert von 1,9 (22,5 Prozent) muss HR hier aus Kundensicht ordentlich aufholen (Jochmann, 2019). Das ist interessant, da die meisten vermutlich den Eindruck teilen, dass es kaum eine weitere Funktion neben HR gibt, die sich immer wieder so intensiv in Selbstreflexion und -kritik übt und sich dabei so häufig infrage stellt.

Die Unternehmen als Ganzes aber auch die einzelnen Geschäftseinheiten sehen sich mit großen Herausforderungen in Veränderung und Transformation konfrontiert. Die beiden relevantesten Hindernisse, organisatorische Silos (38 Prozent) und Widerstand gegen den Wandel (31 Prozent), machen alleine zwei Drittel aus. Genau diese beiden Aspekte kann HR angehen und erfolgreich verändern. Dies bestätigt der »HR Strategy Survey« von Kienbaum und SAP aus 2019, bei dem die befragten Personalvorstände ihren zweitgrößten Wertbeitrag (hinter Strategie- und Managementberatung) in der Organisations- und Kulturentwicklung sehen (Jochmann, 2019). Der Bedarf im Geschäft ist vorhanden und HR kann diese Rolle einnehmen. Dafür braucht es vor allem mutiges Ausprobieren und konsequentes Umsetzen bei notwendigen Veränderungen und Transformationen der eigenen Funktion. Dann schafft HR, seine Kunden davon zu überzeugen, dass es diese Kompetenz hat und ebendiese auch für sie erfolgsversprechend einsetzen kann.

Wenn HR die relevanten Kompetenzen rund um Kulturwandel, Veränderung und Transformation nicht anbietet, werden sich die internen Kunden diese selbst aneignen oder sich von woanders Unterstützung dazu organisieren und die Themen umsetzen. Wenn es um die Frage von Arbeitsweisen und -organisation geht, ist dies häufig schon so. Die Konzepte zu modernen Arbeitsflächen und entsprechender Büroausstattung entstehen eher in den Immobilienbereichen, der Trend zum agilen Arbeiten kommt aus der Software-Entwicklung, Lean aus der Produktion.

Durch Marktanforderungen und Wettbewerb schlagen die Veränderungsnotwendigkeiten direkt im Geschäft auf und das Geschäft setzt die notwendigen Veränderungen um. Gerne mit HR, wenn es in der Lage ist, die Veränderungen so zu unterstützen, dass sie besser und schneller umgesetzt werden. Andernfalls werden sie ohne HR umgesetzt. Auf der einen Seite kann das als positiv angesehen werden, da Personal- und Organisationsthemen dann offensichtlich integraler Bestandteil der Geschäftsstrategie zu sein scheinen. Es heißt aber auch, dass HR Gefahr läuft, mehr und mehr die gestaltende Funktion zu verlieren.

Fazit

HR kann als gestaltende Funktion den Unternehmen zusätzlichen Mehrwert liefern kann. Dafür muss sie sich an die Spitze der Organisations- und Personalthemen bewegen, die für das Geschäft relevant sind und Antworten auf Fragen rund um moderne Arbeitsweisen und -organisation bieten. Nicht nur aus theoretischem Wissen heraus, sondern vor allem aus eigener Erfahrung, um als Vorbilder sowie gefragte und zuverlässige Ratgeber bei Kulturwandel, Veränderungs- und Transformationskompetenz agieren zu können. Dafür muss HR mutig Altes hinter sich lassen und Neues ausprobieren. Die davon wirksamen Dinge gilt es weiter auszubauen sowie die nicht-wirksamen wieder sein zu lassen und auf der dauerhaften Reise des Wandels aus den kleinen Experimenten für die HR-Funktion und das gesamte Unternehmen zu lernen. Die Formate dafür sind bekannt – Scrum, Design Thinking, Demingkreis (PDCA), Kaizen und viele weitere. Sie müssen stärker praktisch genutzt werden, anstatt sie manchmal nur theoretisch zu bewundern und darüber zu diskutieren, warum das ein oder andere Format doch nicht das richtige sein könnte.

Literatur

Harvard Business Manager (HBM) (2017): Personalmanagement – Wie sich die umstrittenste Abteilung im Unternehmen ändern muss, Edition 2/2017, Hamburg: manager magazin. S. 14–18, 23–26.

Jochmann, W. (2019): Next Level HR (Vortrag & Präsentation), Köln: Kienbaum.

Lombardo, J. (2018): Facebook Inc.'s Organizational Culture (An Analysis), Panmore Institute: http://panmore.com/facebook-inc-organizational-culture-characteristics-analysis.

Rowland, D.; Higgs, M. (2008): Sustaining Change, Chichester: John Wiley & Sons.

Rowland, D.; Higgs, M. (2005): All Changes Great and Small: Exploring Approaches to Change and its Leadership, Journal of Change Management, Vol. 5, No. 2, S. 121–151, London: Routledge.

Sagmeister, S. (2019): Wieso Ihre Unternehmenskultur ins digitale Zeitalter passen muss, XING: https://www.xing.com/news/articles/wieso-ihre-unternehmenskultur-ins-digitale-zeitalter-passen-muss-2095589.

Scharmer, C.O. (2016): Theory U: Leading from the Future as it Emerges, 2. Auflage, Oakland, CA: Berrett-Koehler.

Wagner, E. (2019): Auf dem Weg zu einem neuen Verständnis von wirksamem Wandel, LinkedIn: https://www.linkedin.com/pulse/auf-dem-weg-zu-einem-neuen-verst%C3%A4ndnis-von-wirksamem-wandel-wagner/.

Hinweise zum Autor

Daniel Ullrich

Daniel Ullrich ist Group HR Executive bei innogy SE und leitet in der HR-Funktion das Change & Lean/Agile Transformation Programm New Ways of Working. Dort verantwortet er die Konzeption, Interventions- und Methodenentwicklung sowie die operative Umsetzung der Transformation und Change-Aktivitäten mit den Schwerpunkten Leadership & Direction, E2E Processes und Operational Excellence. Zudem ist er Mitgründer der TEAM i GmbH, einer auf Innovations- und Kreativitätsprozesse sowie Team- und Organisationsentwicklung spezialisierte Beratung.

Kontaktdaten:
innogy SE, Opernplatz 1, 45128 Essen, Tel.: +49 (0)172 569 60 63, Mail: daniel.ullrich@innogy.com, Internet: www.innogy.com
TEAM i GmbH, Bochumer Straße 140–142, 45886 Gelsenkirchen, Mail: daniel@team-i.de, Internet: www.team-i.de

Der Weg zum Hochleistungsteam

Dr. Philipp Männle,
stellvertretender Leiter
des Dienstleistungs-
zentrums Personal
des Landes Schleswig-
Holstein, Kiel

Ist es nicht beeindruckend, wie ein 80-köpfiges Orchester eine hochanspruchsvolle Sinfonie mit höchster Präzision aufführt? Jeder Flötenton, jeder Paukenschlag kommt auf den Punkt. Beobachtet man nicht voller Staunen die perfekten Abläufe einer Viererbob-Crew, wie sie beschleunigt und sich sekundengenau im Schlitten sortiert? Keine Frage – Teams, die solche Höchstleistungen vollbringen, sind faszinierend. Sie zeigen kraftvoll, welche Energie, welches Potenzial in Teamarbeit steckt – und sie wecken den Wunsch, von ihnen für Teambildung und -entwicklung zu lernen.

Teams in der Organisationsgesellschaft

Teamwork im Jahr 2020 als Human-Resources-Trend (HR-Trend) zu beschreiben, mag anachronistisch erscheinen, ist aber in jedem Fall erklärungsbedürftig. Denn natürlich ist das Arbeiten im Team alles andere als das »neue heiße Ding« der Arbeitswelt – im Gegenteil: Teamarbeit ist derart wohlvertraut, dass die Konturen oft genug im Ungefähren verschwinden: Dann wird das Team zur Formel für jedwede Arbeitsgruppe, Teamfähigkeit zur unhinterfragten Basiskompetenz und Teamwork zum nicht mehr reflektierten Standardformat für größere Aufgaben: Und ein lähmender Schleier des Selbstverständlichen wie Unspezifischen legt sich über das Konzept.

Lessons Learned

- Echte Teams sind die Basiseinheit der Aufgabenerledigung in Organisationen – und die Form der Organisation prägt die moderne Gesellschaft im Gesamten.
- Hochleistungsteams versprechen die Entfaltung von Kompetenz, ein Höchstmaß an Leistung, effektive Steuerung und vielfältige Attraktivitätsgewinne.
- Hochleistungsteams gründen auf einem besonderen Set an Erfolgsfaktoren – in sachlicher, zeitlicher und sozialer Hinsicht.
- Hier lässt sich ansetzen, um ihre Spezifik zu ergründen und besser zu verstehen; und damit kann der Weg des Lernens eingeschlagen werden.
- Es gibt keine Blaupause für eine an Hochleistungsteams orientierte Teamentwicklung, wohl aber kann das Konzept als Idealtypus gefasst und operationalisiert werden.

Gerade deshalb ist die Auseinandersetzung mit Teamwork so wichtig wie aktuell:
- Was genau heißt das eigentlich?
- Welches Lösungsversprechen verbindet sich damit?
- Wie aktiviert man das Potenzial eines Teams?
- Und: Warum sollte man heute (immer noch) auf Teamwork setzen?

Auf den ersten Blick scheint es natürlich trivial, den Mehrwert des gemeinsamen Handelns zu betonen. Doch Teamarbeit ist nicht bloß kollektives Handeln. Doch warum ist das Teamkonzept so wirksam? Erhellend wird das beim Blick auf die Struktur der modernen Gesellschaft (und damit auch der Arbeitswelt). Denn bei allen Wechselhaftigkeiten und Dynamiken gibt es einen prägenden Grundzug: Organisation. Nach Luhmann finden wir in den hochentwickelten zivilisierten Industriegesellschaften sehr viel mehr Organisation, und zwar nicht nur in Bezug auf die Zahl und Größe organisierter Sozialsysteme, sondern auch auf den Umfang, in dem Organisation sozial relevantes Handeln erfasst und regelt (Luhmann, 1969). Dabei geht es nicht allein um die Ausbreitung (bürokratischer) Organisationen; gemeint ist die Prominenz des Prinzips Organisation per se, das Katalysator für Problemlösungen nahezu jedweder Art ist:

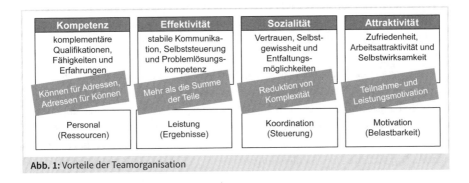

Abb. 1: Vorteile der Teamorganisation

Wirkungen der Teamarbeit – Probleme und Lösungen
Eine erste Frage wäre, ob Teamarbeit Organisation voraussetzt – wofür klare Zugehörigkeitsstrukturen, Zielorientierung und Zweckhandeln sprechen. Umgekehrt verlangt Organisation nicht zwingend nach Teamarbeit. Wenn aber wirkliche Teams gebildet werden, bergen sie wirksame Lösungsversprechen zu den zentralen Problemstellungen organisierter Aufgabenerledigung. Kurz: Teamarbeit antwortet effektiv auf Organisationsprobleme (siehe Abb. 1):
- Kompetenz: Das Zusammenwirken im Team aktiviert die bei den Mitgliedern verfügbaren Fähigkeiten, Fertigkeiten und Erfahrungen im bestmöglichen Sinne. Alle bringen sich mit ihren Qualifikationen und Handlungspotenzialen ein. Das Teamformat sorgt, anders als das Format der auf Auftrag tätigen Arbeitsgruppe, dafür, dass gefordertes Können wirksam aktiviert und vorhandenes Können sinnvoll

adressiert werden kann. Teamarbeit ist damit eine Lösung für die Grundprobleme des Personal- (und Ressourcen-)Managements.
- Effektivität: Teamarbeit ist – buchstäblich – wirkungsvoll. Hier führt Kooperation zum echten Effekt. In Teams bilden sich stabile und belastbare Kommunikationsstrukturen; sie entwickeln und stabilisieren Problemlösungen und schaffen so einen Mehrwert, der deutlich über die Addition der individuellen Leistungsbeiträge hinausreicht. Unter Performancegesichtspunkten ist das Team tatsächlich mehr als die Summe seiner Teile – und damit eine Lösung zum Problem des Leistungsmanagements, gerade in der modernen Organisationsgesellschaft.
- Sozialität: Eng verbunden damit ist der Mehrwert in sozialer Hinsicht: Teamstrukturen reduzieren Komplexität, insbesondere durch Aktivierung des Vertrauensmechanismus. Teamarbeit erweitert den Handlungsraum, führt außerdem zur Entlastung von Organisation und Führung und ist damit eine Lösung für organisationale Steuerungsprobleme.
- Attraktivität: Arbeiten im Team ist attraktiv. Teamarbeit zahlt ein auf Zufriedenheits- und Attraktivitätsaspekte und hat einen motivatorischen Doppeleffekt (Luhmann, 1964): Auf basaler Ebene wird (durch inhärente Attraktivitätspotenziale) die Teilnahmemotivation gestärkt. Ferner zahlt Teamarbeit auf die Leistungsmotivation ein, auf die Bereitschaft, im, mit dem und für das Team über das (kalkulierte und kalkulierbare) Normalniveau hinaus zu investieren: Das Teamformat ist damit eine Lösung für die Probleme des Motivationsmanagements.

Eines ist bei all dem wichtig: Diese Argumente greifen nicht bei einer wahl-, ziel- oder führungslos gruppierten Menge an Personen, sondern nur bei Teams im eigentlichen Sinne (Katzenbach, 1993). Stellt man nun die Frage, wie sich diese Potenziale heben lassen, lohnt es sich, auf besonders bemerkenswerte Teamleistungen zu blicken und zu fragen, wie diese eigentlich zustande kommen – und damit ist man bei der spannenden Frage nach dem »Hochleistungsteam«.

Hochleistungsteams als Beispielgeber – Voraussetzungen und Folgen
Hochleistungsteams realisieren die Vorzüge von Teamwork im Höchstmaß, sie leisten Außerordentliches und haben außerordentlichen Erfolg. Typische Beispiele sind Spitzensport-Mannschaften, die – wie etwa das Basketball-Olympiateam der USA 1992 (»Dream Team«) – den Teamspirit schon im Namen tragen. Man findet sie aber auch in Wissenschaft und Kunst (etwa Spitzenorchester oder Spitzenforschergruppen), zu denken ist an die Medizin (OP-Teams in der Transplantationsmedizin, Rettungsmannschaften) oder Küchencrews in Gourmetrestaurants (siehe Pawlowsky, 2012). Sie alle ragen in ihren Leistungen heraus, sind jedoch keine Sonderkategorie, sondern echte Teams – mit außerordentlicher Performance, denn genau dafür aktivieren Hochleistungsteams die Potenziale von Teamwork in besonderer Weise.

Als Team, bestehend aus Spitzenkräften des jeweiligen Gebiets, führen sie Leistungsträger, Ausnahmekönner und Spezialisten zusammen, die im Zusammenwirken ihre Kompetenzen entfalten – und dies beschränkt sich nicht auf die Fachexpertise. Vielmehr liegen beeindruckenden Teamleistungen zugleich ausgeprägte methodische und soziale Kompetenzen der Mitglieder zu Grunde, etwa der ausgesprochen konstruktive Umgang mit Diversität (siehe Hüther, 2018). Hier entfalten Koordinations- und Steuerungsmechanismen – etwa Vertrauen, Entscheidungsstärke, effektive Führung – besondere Wirkkraft. Bemerkenswert sind schließlich die intrinsisch-motivatorischen Effekte, die sich auf das gesamte Team erstrecken. Kurzum: Hochleistungsteams sind besondere Teams, weil es ihnen gelingt, das kollektive Zusammenwirken höchst effektiv zu nutzen – und genau deshalb ist es vielversprechend, sich mit ihren Erfolgsfaktoren zu beschäftigen.

Hochleistung als Ergebnis – Rahmenbedingungen und Erfolgsfaktoren

Das Konzept »Hochleistungsteam« ist weder Geheimtipp noch Mysterium, sondern ein der soziologischen wie der psychologischen, der Gruppen-, der Hirn- wie der Management-Forschung zugängliches Phänomen. So finden sich theoretische Reflexionen wie empirische Untersuchungen; und natürlich ist ein solch strahlendes Konzept bestens als Beratungsmodell geeignet. Es gibt daher vielfältigste Zugänge, etwa Grundbausteine, Top-10-Merkmale, Rezepte für den Schnelleinstieg oder Management-Kompaktseminare. Um aber einen belastbaren, weiterführenden Zugang zu gewinnen, muss man abstrakter beobachten. Hier hilft der systemtheoretische Blick, der drei Dimensionen unterscheidet:
1. Die Zeitdimension mit der Unterteilung »vorher/nachher« lenkt den Blick auf Abläufe und Wirkungsketten, auf Auslöser und Ergebnisse, vor allem aber auch auf Perspektiven, Orientierungen.
2. Die Sozialdimension mit der Unterscheidung »alter/ego« lenkt den Blick auf Individuelles und Kollektives, Mechanismen und Dynamiken von Kooperation und Konflikt, Zugehörigkeit und Abgrenzung.
3. Die Sachdimension mit der Unterscheidung »dies/alles andere« steuert die Frage nach der Relevanz, nach dem, was in der Sache wichtig ist.

Damit lassen sich die Erfolgsfaktoren systematisch erfassen (siehe Abb. 2).

HR-ARBEIT 4.0: New Work & Innovative Organisation

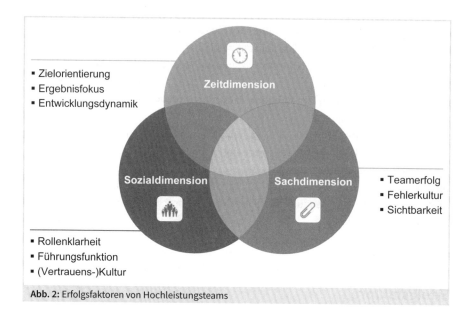

- Zielorientierung
- Ergebnisfokus
- Entwicklungsdynamik

- Teamerfolg
- Fehlerkultur
- Sichtbarkeit

- Rollenklarheit
- Führungsfunktion
- (Vertrauens-)Kultur

Abb. 2: Erfolgsfaktoren von Hochleistungsteams

Die Zeitdimension

Hier unterscheiden sich Hochleistungsteams deutlich von input- beziehungsweise auslöse-orientierten Arbeitsgruppen, die in der Regel erprobte, vergangene Lösungswege suchen. Denn Hochleistungsteams wählen eine prospektive, finale Orientierung. Sie richten ihr Tun auf die Zukunft, auf Ziele und Entwicklungen aus. Hier zeigen sich folgende drei Erfolgsfaktoren:

- Zielorientierung: Nach Jenewein brauchen alle Beteiligten ein klares und geteiltes Verständnis der Teamaufgabe, damit die Chance besteht, dass alle ihre Energie auf das gemeinsam zu erstrebende Ziel fokussieren (Jenewein, 2008). Und ebenso, wie eine kraftvolle Vision scheinbar Unmögliches möglich macht – man denke an das »Wintermärchen« der deutschen Handballnationalmannschaft 2007 (»Weltmeister im eigenen Land«) – verleiht sie zugleich Sinn und Orientierung. Gerade Hochleistungsteams haben eine prägnante Idee davon, weswegen und wozu sie da sind.
- Ergebnisfokus: Es geht um das Ergebnis, den Erfolg am Ende; Hüther (2018) zieht dafür den Begriff des »Gelingens« heran – das ist der entscheidende Antrieb.
- Entwicklungsdynamik: Hochleistungsteams sind Entwicklungsprojekte. Lernen, Besser-Werden und Sich-Weiterentwickeln haben eine prominenten Stellenwert und beeinflussen maßgeblich das Miteinander. Hier gehen Sozial- (Feedback-Kultur), Sach- (Fehler-Kultur) und Zeitdimension (Lern-Kultur) eine höchst produktive Allianz ein.

Die Sozialdimension
Hier steht das effektive Miteinander im Mittelpunkt. Prägnant bei Hochleistungsteams ist, dass sie hierfür deutlich stärker aus sorgfältig ausgewähltem Personal bestehen, das ein ausgeprägtes Set an Kompetenzen und Erfahrungen mitbringt. Darüber hinaus ist Folgendes bemerkenswert:

- Rollenklarheit: Hochleistungsteams zeichnen sich durch klar definierte Rollen und Verantwortlichkeiten aus. Anders als beim Freizeit-Kick, wo – zugespitzt gesagt – zwanzig Spieler einem Ball hinterher laufen, hat in einer Weltmeistermannschaft jeder einen ganz klar beschriebenen Aktionsraum, präzise bestimmte Aufgaben und eine deutlich umrissene Funktion in der Mannschaftstaktik. Der Erfolg steht und fällt damit, dass alle Mitspieler ihre Rolle kennen, annehmen und ausfüllen.
- Führungsfunktion: Eine verbreitete, aber irrige Annahme ist, der Teamgedanke stünde in Antagonie zum Führungshandeln. Tatsächlich gehen effektive Teamarbeit und wirksame Führung Hand in Hand. So findet in Hochleistungsteams effektive Führung statt. Es gibt klare Teamführungsrollen und -verantwortlichkeiten, aber auch eine besondere Führungskompetenz der Rolleninhaber, die kollegial, aktivierend und transformational führen (siehe Jenewein, 2008). Zudem behandeln Hochleistungsteams Führung klar als zu erfüllende Funktion – mit entsprechender Eigenverantwortlichkeit im Sinne von Selbstführung bei allen Mitgliedern (siehe Hüther, 2018) sowie Entscheidungsstärke des Gesamtteams, gerade in kritischen Situationen (siehe Pawlowsky, 2012).
- (Vertrauens-)Kultur: Auf kultureller Ebene wirkt der angesprochene Vertrauensmechanismus, denn ein »blindes Verständnis«, ein fragloses »Sich-aufeinander-Verlassen« ist ein Grundzug von Hochleistungsteams. Vertrauen ist dabei aber nur ein konkreter Wert im Gefüge einer gemeinsam geteilten Werteorientierung, letztlich also: Teamkultur. Hierbei geht es nicht um unreflektierte Haltungen, sondern um geteilte und aktiv gewahrte Prinzipien, die insbesondere Autonomie, Verantwortungsbewusstsein, eine Kultur der Leistungs- und Ergebnisqualität sowie, ganz ausgeprägt, eine Kultur der Offenheit und des Feedbacks umfassen – insgesamt wird weniger durch Regeln, als durch Prinzipien gesteuert (Pawlowsky, 2012).

Die Sachdimension
Hier geht es um Relevanzen und Aktualitäten. Die Fragen des Erfolgs, des Umgangs mit Fehlern und der Sichtbarkeit werden in den Mittelpunkt gestellt:

- Teamleistung: Prägnant für Hochleistungsteams ist, dass sie sich durch einen klaren Fokus auf die Teamleistung auszeichnen (Pawlowsky, 2012), die gerade nicht im Wege von entkoppelt-isolierten Einzelanstrengungen, sondern ausschließlich per Kooperation erzielt wird. So mag etwa das Oboenspiel noch so virtuos sein – wenn das Orchester insgesamt nicht im Takt spielt, wird das Konzert keine guten Kritiken bekommen; und kein Orchestermitglied ist dann zufrieden.
- Fehlerkultur: Während Arbeitsgruppen und arbeitsteilig-bürokratische Organisationen Fehler individuell zurechnen und Energie auf die Identifikation der Verursa-

cher verwenden, werden in erfolgreichen Teams nach Pawlowaky Fehler offen benannt und kommuniziert und durch die Handlungen der Teammitglieder aufgefangen (Pawlowsky, 2012). Besonders leistungsstarke Teams nutzen Fehler darüber hinaus in aktiver und konstruktiver Weise als Entwicklungs- und Verbesserungsimpuls: Hochleistungsteams analysieren Fehler und ihre Entstehung, sie lernen hieraus und entwickeln Strategien des Umgangs und der Prävention.

- Sichtbarkeit: Schließlich ist die Frage der Beobachtbarkeit beziehungsweise der Sichtbarkeit [existentiell, aber oft vernachlässigt]. Ausgehend vom systemtheoretischen Grundgedanken, hängt der Erfolg von Hochleistungsteams maßgeblich davon ab, dass es gelingt, diese Grundoperation des Sichtbarmachens zu verstetigen (Männle, 2018). Konkret geht es dabei um die Sichtbarkeit des Teams per se, um die Sichtbarkeit des Erfolgs, die Sichtbarkeit des Nutzens und die Sichtbarkeit der (individuellen) Teammitglieder.

Sichtbarkeit des Erfolgs – Was genau bedeutet das?
Teams leben davon, sichtbar – also als zusammengehörige Einheit erkennbar – zu sein; sie leben von Exklusivität im besten und bewussten Sinne. Ein Team kann nur durch stabile (nicht: statische) Grenzen zur zurechenbaren Einheit werden. Denn wenn es um den Teamerfolg geht, muss klar sein, dass und welches Team diesen Erfolg erzielt hat. Weder darf der Teamerfolg einzig auf das Prestige der Führungskraft einzahlen, noch im Organisationsallgemeinen verschwimmen (siehe Männle, 2018).

Weiterhin spielt die Sichtbarkeit des Nutzens eine wichtige Rolle – dies betrifft das kollektive Nutzenversprechen (Jenewein, 2008). Doch auch für jedes einzelne Mitglied muss es einen sichtbaren Mehrwert geben, in das Team und die Teamarbeit zu investieren. Schließlich, und hier fließen Sozial- respektive Personal- und Sachdimension zusammen, geht es um die Sichtbarkeit des Einzelnen. Denn auch wenn in erster Linie das Team im Fokus steht, ist eine schlichte Gegenüberstellung von »Individuum« und »Kollektiv« doch unterkomplex: Nach Luhmann benötigen durchorganisierte Gesellschaften auch innerhalb einzelner Organisationen ein höheres Maß an Individualität, während gleichzeitig durchorganisierte Arbeit in vielen Bereichen geringe Chancen zu individuell zurechenbarer Selbstdarstellung bietet« (Luhmann, 1969).

So bergen starke Teams die Gefahr, Individuelles zu erdrücken. Sicherlich: Die Wirkung der Beiträge einzelner Teammitglieder entfaltet sich erst im Komplementären. Doch steht und fällt alles mit dem individuellen Engagement. Deshalb ist wichtig, dass die Teammitglieder als individuelle Leistungsträger wahrgenommen, wertgeschätzt und sichtbar werden – innerhalb des Teams, idealerweise aber auch mittels geeigneter Plattformen in der Außendarstellung (Männle, 2018).

Damit ist klar, worum es geht und weswegen es geht – und umso drängender stellt sich dann die Anschlussfrage, wie es denn geht?

Hochleistungsteams als Vorbilder – Weg und Ziel

Natürlich weckt die Auseinandersetzung mit Hochleistungsteams den Wunsch, die Potenziale für sich selbst, das eigene Umfeld, die eigene Organisation zu aktivieren – doch eine Blaupause für den einfachen und schnellen Erfolg gibt es nicht. Es geht vielmehr darum, zu verstehen, was Hochleistungsteams richtig beziehungsweise besonders gut machen, um aus diesem Verständnis heraus einen passenden Weg für das eigene Team zu entwickeln. Dabei hilft ein klarer Dreischritt (siehe Abb. 3):

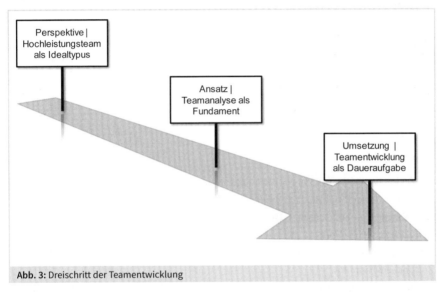

Abb. 3: Dreischritt der Teamentwicklung

1. Die Perspektive: Weder hat man in ehrfurchtsvoller Distanz zu verharren oder das Hochleistungsteam lediglich herbei zu wünschen, noch ist naiver Tatendrang im Sinne einer schlichten Proklamation der Hochleistungsagenda angesagt. Ersteres führt zur Lähmung, das zweite zur Lächerlichkeit. Methodisch bietet hier das soziologische Konzept des Idealtypus die Lösung: Denn wenn man das Hochleistungsteam als Idee von »Teamwork in Reinform« betrachtet und seine Erfolgsfaktoren als (übersteigert dargestellte) Ideale sieht, findet man Maßstab und Richtschnur für Planungs- und Umsetzungshandeln. Dann muss man eben nicht im Sinne eines »Das können wir ohnehin nicht erreichen!« kapitulieren, sondern kann sich beständig in die richtige Richtung auf den Weg zu machen, um dem Ideal näher und näher zu kommen.
2. Der Ansatz: Wer Teamentwicklung nach dem Vorbild von Hochleistungsteams erstrebt, braucht einen Startpunkt. Deshalb ist eine sorgsame Analyse des eigenen Teams unerlässlich. Denn jedes bestehende oder neu zu bildende Team hat eine eigene Ausgangslage. Eine Teamanalyse ist deshalb weder Krisenapodiktum noch Strafexpedition, sondern erster Schritt der Leistungs-, Struktur-, Kultur- und oder Klima-Verbesserung. So lässt sich ermitteln, wie, wann, wo und womit es

»losgeht«. Methodisch steht hierfür die gut gefüllte Toolbox der Organisationsarbeit bereit, mit deren Hilfe Teamrollen, kulturelle Settings, Gruppenstrukturen und vieles andere mehr herausgearbeitet werden können, um genau zu wissen, wo man steht und wo es losgehen muss.
3. Die Umsetzung: Gute Teamarbeit lässt sich nicht verordnen. Doch hat man das Konzept des Hochleistungsteams als beispielgebend entdeckt und ergründet und eigene Ansatzpunkte ausgemacht, ist aktives Tun, aktive Teamentwicklung der Schlüssel zum Erfolg. Es geht um Teamentwicklung und Teampflege als Daueraufgabe.

Wer also den komplexen Organisations- und Leistungs-, Steuerungs- und Motivationsproblemen der modernen Arbeitswelt effektiv begegnen will, ist gut beraten, auf Teamwork zu setzen – und die Auseinandersetzung mit Hochleistungsteams liefert hierfür einen innovativen, vielversprechenden und kraftvollen Ansatz, um die Potenziale von Teamarbeit effektiv zu entfalten.

Literatur

Hüther, G. (2018): Wie Träume wahr werden; München; Goldmann.

Jenewein, W.; Heidbrink, M. (2008): High-Performance-Teams, Stuttgart; Schäffer-Poeschel.

Katzenbach, J.; Smith, D. (1993): The Wisdom of Teams; 10. Auflage; Boston; Harvard Business Review Press.

Luhmann, N. (1964): Funktionen und Folgen formaler Organisation; 5. Auflage; Berlin; Duncker&Humblot.

Luhmann, N. (1969): Gesellschaftliche Organisation; in: ders. (2018): Schriften zur Organisation 1; Wiesbaden; Springer VS.

Luhmann, N. (2000): Vertrauen; 4. Auflage; Stuttgart; Lucius&Lucius.

Männle, P. (2018): Hochleistungsteams und ihr Potenzial für die Verwaltung; in: Innovative Verwaltung 7–8/2018.

Pawlowsky, P.; Steigenberger, N. (2012): Die H!PE-Formel; Frankfurt; Verlag für Polizeiwissenschaft.

Pawlowksy, P. (2017): Von Hochleistungsteams lernen; in: Personal Manager 3/2017.

Hinweise zum Autor

Dr. Philipp Männle

Dr. Philipp Männle ist kommissarischer stellvertretender Leiter des Dienstleistungszentrums Personal des Landes Schleswig-Holstein (DLZP) und leitet dort das Dezernat für Organisation, Personal, Haushalt, Controlling, Kompetenzmanagement und IT. Vor seiner Tätigkeit in der Landesverwaltung Schleswig-Holstein war er im Public Sector Consulting der KPMG AG tätig. Er ist Lehrbeauftragter für Organisations- und Verwaltungssoziologie an der Universität Potsdam und im Fachbereich Allgemeine Verwaltung der FHVD Altenholz. Philipp Männle hat Verwaltungswissenschaft, Soziologie und Philosophie studiert und in Potsdam promoviert. Seine Schwerpunkte liegen auf dem Feld des Verwaltungsmanagements, der Organisationsentwicklung und der Systemtheorie.

Kontaktdaten:
DLZP | Dienstleistungszentrum Personal des Landes Schleswig-Holstein, Speckenbeker Weg 133, 24113 Kiel, Tel.: +49 (0)431 988 95 03, Mail: philipp.maennle@dlzp.landsh.de, Internet: www.schleswig-holstein.de/dlzp

Diversity Management in der Arbeitswelt 4.0

Karlheinz Löw, Direktor
für Personal, Finanzen
und Infrastruktur, AOK –
Die Gesundheitskasse in
Hessen, Bad Homburg

Die Arbeitswelt verändert sich. Die Erwartungen der Mitarbeiter an Vereinbarkeit von Beruf, Familie, Pflege und Privatleben ebenfalls. Die Vielfalt der individuellen Lebensentwürfe setzt neue Maßstäbe für Unternehmen und erfordert entsprechende Kreativität, Individualität und Flexibilität bei der Lösungsfindung. Diversity bereichert. Diese Chancen gilt es zu nutzen. Der nachfolgende Beitrag zeigt am Praxisbeispiel der AOK – Die Gesundheitskasse in Hessen, dass Diversity und Unternehmenserfolg untrennbar miteinander verbunden sind.

Einleitung

Die Unternehmen stehen vor Megatrends wie Globalisierung, New Work, Individualisierung und Digitalisierung. Dazu kommen Herausforderungen wie altersbedingte Personalabgänge, Fachkräftemangel sowie neue Arbeitsformen und Inhalte. Beispielsweise hat sich die Erwartungshaltung der Beschäftigten an die Vereinbarkeit von Beruf, Familie, Pflege und Privatleben verändert. Wir spüren hier einen deutlich höheren Stellenwert als noch vor einigen Jahren. Alle Themen stehen in Wechselwirkung. Eine einseitige und fragmentierte Betrachtung führt zu keinem tragfähigen Ergebnis. Alle Themen stehen in Wechselwirkung. Darum ist es notwendig, eine ganzheitliche Betrachtungsweise auf die geänderten Rahmenbedingungen der Gesellschaft, der

---

Lessons Learned

- Erst die Kombination aus Strategie, Struktur und Kultur sorgt in Wechselwirkung für nachhaltigen Unternehmenserfolg.
- Die Personal- und Ressourcenstrategie muss neben den klassischen HR-Aspekten auch die Vereinbarkeit von Beruf, Familie, Pflege und Privatleben beinhalten.
- Ein modulares Handlungsprogramm Arbeitswelt 4.0 soll eine effektive Bearbeitung all der Themen ermöglichen, die mit der Digitalisierung verbunden sind.
- Um Führung und Zusammenarbeit zu verändern, soll bewusst die Vielfalt der Beschäftigten genutzt werden.
- Eine eigens eingerichtete interne Servicestelle hilft, die unterschiedlichen Erwartungen an die Vereinbarkeit optimal zu managen.

Kundeninteressen, der Belange der Mitarbeiter und der Herausforderungen der neuen Arbeitswelt zu werfen.

Es ist die Kombination aus Strategie, Struktur und Kultur, die in der Wechselwirkung dieses Dreiecks für nachhaltigen Unternehmenserfolg sorgt. Wird ein Teilaspekt dabei vernachlässigt, so wird es schwierig, erfolgreich zu arbeiten. Insofern bedarf es eines Gesamtsystems, das vielfältige Lösungen zulässt, um in der »Arbeitswelt 4.0« erfolgreich am Markt zu bestehen, und allen Generationen die Perspektive eines zukunftsfähigen und modernen Arbeitsplatzes bietet. Werden die einzelnen Aspekte in die Unternehmensausrichtung und Unternehmensstrategie integriert, kann zudem die Arbeitgeberattraktivität steigen. Diese wiederum ermöglicht es, sowohl Beschäftigte lange im Unternehmen zu binden und zu Top-Leistungen zu motivieren als auch Mitarbeiter zu rekrutieren. Diese ganzheitliche Sicht wird sich positiv auf den Unternehmenserfolg auswirken.

Strategie: Unternehmensausrichtung

Der erste Schritt ist, die Einflussfaktoren des Unternehmens zu kennen und zu verstehen. Für das Versicherungsunternehmen AOK Hessen mit 1,7 Millionen Versicherten und 4.000 Mitarbeitern sind dies im Wesentlichen:
- Soziodemografische Entwicklungen,
- Erwartungen der Kunden,
- Technologische und organisatorische Entwicklungen,
- Systemische und politische Entwicklungen,
- Wettbewerbs- und Marktumfeld und die
- Erwartungen der Mitarbeiter.

Dabei bildeten Erfahrungen aus der Vergangenheit, aktuelle Perspektiven sowie Zukunftsszenarien die Basis. Daraus abgeleitet entstand die Unternehmensausrichtung, bestehend aus Vision, Mission und den Zielen, die unternehmensweit kommuniziert wurden. Zur personalstrategischen Ausrichtung des Unternehmens sind zwei Ziele aus der Unternehmensausrichtung von besonderer Bedeutung:
- »Erfolgreiches Arbeiten« und
- »Verantwortungsvolles Unternehmen«.

Sie beschreiben im Kern die Erfordernisse an Struktur und Kultur des Unternehmens. In der weiteren Konkretisierung wurden diese beiden Ziele mit strategischen Aktivitäten hinterlegt, um eine Operationalisierung und Wirksamkeit in den Maßnahmen zu ermöglichen. Sie münden in die Personal- und Ressourcenstrategie, in das sogenannte »Handlungsprogramm Arbeitswelt 4.0« sowie in das Themenfeld Verantwortung und Vielfalt.

Unternehmensstrategische Anforderungen
Auch durch die Digitalisierung verändert sich unsere Arbeitswelt. Auf der einen Seite stehen neue und veränderte Kundenerwartungen an modernste Dienstleistungen und Services im Mittelpunkt. Auf der anderen Seite braucht es Digitalisierung im Innenverhältnis, um Prozesse produktiv, effizient und flexibel zu gestalten. Immer mehr Mitarbeiter erwarten beispielsweise, dass ihnen ortsunabhängiges Arbeiten ermöglicht wird oder flexible Arbeitszeitmodelle angeboten werden.

Ergebnisse der strategischen Personalplanung zeigen, dass in den nächsten Jahren erhebliche altersbedingte Personalabgänge anstehen. Alle Unternehmen stehen dabei vor den gleichen Herausforderungen. Die Kundenanforderungen können mit unveränderten Prozessen und den am Arbeitsmarkt nur begrenzt zur Verfügung stehenden qualifizierten Arbeitskräften in einem dynamischen Wettbewerbsumfeld kaum mehr erfüllt werden. Um demnach auch bei begrenzt verfügbaren Arbeitskräften die Produktivität zu steigern, setzt die AOK Hessen auf die Digitalisierung. Zudem werden sich Aufbau- und Ablauforganisation verändern, ebenso wie Formen der Zusammenarbeit und die Anforderungen an die Mitarbeiter und Führungskräfte.

Die Übersetzung erfolgt in der Personal- und Ressourcenstrategie der AOK Hessen. Sie beinhaltet neben den klassischen Human-Resources-Aspekten (HR-Aspekten) wie Personalbindung, Arbeitgebermarke, Qualifizierung, Führungskräfteentwicklung ebenso das Thema Vereinbarkeit von Beruf, Familie, Pflege und Privatleben als kultureller Aspekt der Gesamtausrichtung. Bei dem schon heute beginnenden Fachkräftemangel und dem immer aufwendiger werdenden Rekrutierungsprozess ist es betriebswirtschaftlich zunächst einmal sehr sinnvoll, vorhandene Personalressourcen optimal zu nutzen. Über neue Arbeitsformen und technologische Möglichkeiten können zeitlich und örtlich flexible Arbeitsbedingungen realisiert werden, die auch die Vereinbarkeit von Beruf, Familie, Pflege und Privatleben ermöglichen.

Struktur: Den Rahmen für die Arbeitswelt 4.0 gestalten

Digitalisierung kann helfen, die strukturellen Voraussetzungen für ein erfolgreiches Arbeiten zu schaffen. Wichtig ist, dass die Mitarbeiter und Führungskräfte in den Prozess der Veränderung nicht nur eingebunden, sondern an ihm beteiligt werden. Die Veränderung der Zusammenarbeit wirkt auf die Akzeptanz dieser Themen und kann dazu beitragen, dass die Technologien und Instrumente erfolgreich zum Einsatz kommen. Abhängig von den jeweiligen Startvoraussetzungen der Unternehmen ist zu entscheiden, welche technologischen Produkte eingeführt werden, um bestehende Prozesse zu verbessern, zu verändern oder zu vereinfachen. Je nach Geschäftsmodell können durch Digitalisierung auch gänzlich neue Aspekte in Form einer sprunghaften Innovation entstehen.

Digitalisierung und die Einführung von Technologien in Unternehmen ist ein bereichsübergreifendes Querschnittsthema. Die Ausgestaltung ist entsprechend komplex. Um erfolgreich agieren zu können, hat sich die AOK Hessen Leitplanken gesetzt. Die Leitplanken beschreiben, dass
- Themen auf höhere strategische Ebenen zu heben sind,
- die richtigen Ressourcen (qualitativ und quantitativ) zur richtigen Zeit für die Bearbeitung der Themen zur Verfügung stehen müssen,
- Doppelarbeiten zu vermeiden sind und
- dadurch die Umsetzung von Maßnahmen sichergestellt werden kann.

Auf Basis dieser Leitplanken wurde ein strategisches Handlungsprogramm Arbeitswelt 4.0 in der AOK Hessen etabliert. Es agiert als zentrale Plattform mit der Zielsetzung, das Kundenerlebnis nachhaltig zu verbessern und die Produktivität zu steigern, um eine zukünftig mögliche Personallücke zu schließen. Damit eine effektive und effiziente Bearbeitung der Vielzahl an Themen gelingen kann, wurde das Handlungsprogramm modular aufgestellt. So bauen sechs Module mit ihren Zielsetzungen inhaltlich aufeinander auf (siehe Abb. 1).

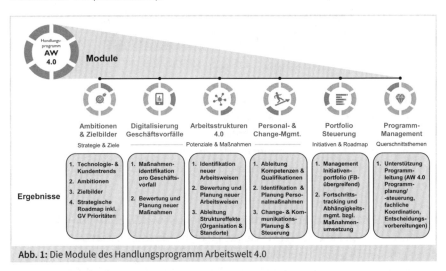

Abb. 1: Die Module des Handlungsprogramm Arbeitswelt 4.0

Durch das Modul »Ambitionen und Zielbilder« wird die strategische Ausrichtung erarbeitet und mit dem Management abgestimmt. Darauf aufbauend werden im Modul »Digitalisierung der Geschäftsvorfälle« Digitalisierungs- und Optimierungsmaßnahmen entlang der wesentlichen Geschäftsvorfälle und Prozesse identifiziert, die zur Erreichung der Ziele beitragen, und Maßnahmen dafür initiiert. Werden Prozesse im Unternehmen durch Optimierung verändert, hat dies auch Auswirkungen auf die Aufbauorganisation des Unternehmens. Dabei definiert das Modul Arbeitsstrukturen neue übergreifende Arbeitsweisen (zum Beispiel im Rahmen der Telearbeit) und leitet Implikationen für zukünftige (Standort-)Strukturen ab.

Alle technischen und prozessualen Weiterentwicklungen haben auch veränderte Arbeitsweisen zur Folge. Dabei sind Kompetenz- und Qualifikationsanforderungen weiter zu entwickeln, HR-Maßnahmen zu planen, zu initiieren und umzusetzen. Grundsätzlich gilt: Wichtiger als Fakten sind Emotionen. Daher ist es wichtig, insbesondere die Kultur des Unternehmens weiterzuentwickeln und eine Balance der kreativen Spannung zwischen revolutionären Ideen und evolutionären Veränderungsschritten zu halten. Denn das führt uns zum Erfolg (siehe Abb. 2).

Abb. 2: Erforderliche Change-Aktivitäten

Auf diese Balance zu achten sowie gezielte Aktivitäten zu koordinieren und zu steuern, ist die Aufgabe des Moduls »Personal- und Changemanagement«. Hier geht es auch um die Konkretisierung nachvollziehbarer personalisierter Botschaften sowie wirksame und nachhaltige Kommunikation im Unternehmen. Wichtig dabei ist das »Erzählen einer Geschichte«, die den Gesamtkontext für das konkrete Handeln im Unternehmen herstellt.

Aus Sicht der AOK Hessen ist die richtige Dosierung sowie Orchestrierung der einzelnen Change-Maßnahmen ein zentraler Punkt, damit die Transformation in die veränderte Arbeitswelt gelingt und Mitarbeiter auf dem Weg der Veränderung mitgenommen werden. Dabei kommt der Führungskräfteentwicklung zur Vermittlung des Bildes »persönliche Verantwortung für den Change« eine bedeutende Rolle zu. Wenn es gelingt die Mitarbeiter bestmöglich auf die Veränderungen vorzubereiten, besteht die Chance, die Diversität der Belegschaft für den Unternehmenserfolg zu nutzen.

Potenziale entwickeln und nutzen
Beschäftigte gehen in die VUKA-Welt, für die sie »gewappnet« sein sollten und die eine andere Art des Zusammenarbeitens erfordert als bisher. VUKA steht für Volatilität (Unbeständigkeit), Unsicherheit, Komplexität und Ambiguität (Mehrdeutigkeit). Es ist die wichtigste Aufgabe des Personalmanagements, die Mitarbeiter dabei zu unter-

stützen und ihnen den Raum für die Entwicklung einer zukunftsorientierten Zusammenarbeit zu geben. Wichtig für die AOK Hessen ist ein ganzheitlicher, integrierter Ansatz. Denn es gilt, viele »Rädchen« aufeinander abgestimmt zu bewegen. Das Grundverständnis für unsere Aktivitäten bildet das Modell VOPA+ (Vernetzung, Offenheit, Partizipation, Agilität + Vertrauen).

Die AOK Hessen fördert Führungskräfte sowie Mitarbeiter, die sich selbst managen, Beziehungen managen, Marke und Unternehmenswerte leben und offen für Neues sind. Auch hierbei greifen Strategie, Struktur und Kultur ineinander. Die kulturellen Entwicklungsfelder geben zusätzlich eine Orientierung (siehe Abb. 3):

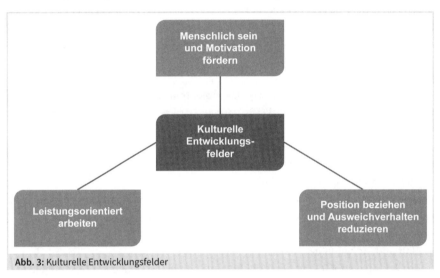

Abb. 3: Kulturelle Entwicklungsfelder

Mit FiT – Führung in der Transformation werden alle Aktivitäten rund um die Führungskulturentwicklung vor allem im Hinblick auf die Arbeitswelt 4.0 gebündelt, unter anderem in Modulen zum Thema Diversity sowie im Rahmen von Strategie- und Führungstagen. Aber auch ein 270-Grad-Feedback und individuelles Coaching sind Teil des Transformationsprozesses. Bei der Weiterentwicklung der Führungskräfte werden folgende Ebenen integriert:
- Haltung,
- Kompetenzen und
- Instrumente.

Die Führungskräfte der AOK Hessen gestalten den Rahmen, damit Mitarbeiter erfolgreich zusammenarbeiten können. Damit haben sich der Vorstand und das Management sehr intensiv beschäftigt und stellen Werte wie Menschlichkeit (Menschen unterstützen, damit sie gut arbeiten können), Position beziehen (natürlich auch über Hierarchien hinweg) sowie Leistung in den Mittelpunkt. Die AOK Hessen braucht Mitarbeiter, die Ideen, Meinungen und Impulse einbringen und gerne ganz andere Perspektiven einnehmen. Um Führung und Zusammenarbeit zu verändern, soll bewusst die Vielfalt der Beschäftigten genutzt werden. Menschen mit unterschiedlichsten Mentalitäten, Temperamenten, Fähigkeiten und Kompetenzen können sich ergänzen und so herausragende Arbeitsergebnisse liefern. Im Kompetenzmodell der AOK Hessen sind die für die Digitalisierung erforderlichen Kompetenzen überarbeitet und vor allem Eigenverantwortung, Initiative und Veränderungsfähigkeit in den Fokus gerückt worden.

Die Personalentwicklungsinstrumente und -Methoden geben den Führungskräften dabei einen strukturellen Rahmen. Entwicklungs- und Teamdialoge sowie Zielvereinbarungsinstrumente stärken die Partizipation und vertiefen die Feedbackkultur. Sie fördern Eigeninitiative und -verantwortung sowie Ziel- und Ergebnisorientierung. Die unternehmensweite Mitarbeiterbefragung mit ihrem strukturierten Folgeprozess ergänzt die Feedbacklandschaft.

Auch bei weiteren Instrumenten wie dem Talentmanagement und der individuellen Weiterbildung sind die Führungskräfte gefragt. Das Personalmanagement unterstützt mit spezifischer Beratung und passgenauen Maßnahmen. Wesentliche Ansätze sind unter anderem, die digitale Befähigung individuell weiterzuentwickeln, die Bildungsangebote über den aktuellen Arbeitsplatz hinaus zu erweitern sowie die Vielfalt der Lernformen auszubauen. Dies alles im Sinne »lebenslanges« Lernen und zur Etablierung einer Lernkultur, in der Lernen Spaß macht. Im Sinne der Partizipation werden beispielsweise gemeinsam mit den Mitarbeitern neue Lernangebote passgenau entwickelt.

Vielfalt und Individualität zählen
In der Arbeitswelt 4.0 wird auch die Bedeutung des betrieblichen Gesundheitsmanagements weiter zunehmen, damit die Mitarbeiter in den digitalen Veränderungsprozessen erfolgreich arbeiten können. Alle Führungskräfte wurden zu »Führung und Gesundheit« qualifiziert und sprechen das Thema Gesundheit in den Dialogen mit ihren Mitarbeitern an. Auch die Gestaltung der Arbeitsumgebung, die Arbeitsmittel und Ergonomie sind von Bedeutung.

Die Ergebnisse der Studie »Vereinbarkeit 2020«, an der die AOK Hessen gemeinsam mit drei weiteren Arbeitgebern teilgenommen hat, zeigt: Alle Beschäftigten erwarten, unabhängig vom Familienstatus oder vom Alter, eine gute Balance zwischen Beruf, Familie, Pflege und Privatleben. Das heißt für die AOK Hessen als Arbeitgeber, die unterschiedlichen Erwartungen an die Vereinbarkeit optimal zu managen. Hierbei unterstützt die eigens eingerichtete interne Servicestelle. Ergänzend zur persönlichen Beratung erfolgt bei Bedarf die Vermittlung an externe Kooperationspartner. Angefangen bei der Kinderbetreuung, der Verantwortung für zu pflegende Angehörige bis hin zu spezifischen Lebenslagen, finden wir, kombiniert mit den vielfältigen Modellen der flexiblen Arbeitsorganisation, individuelle Lösungen.

Für die Beschäftigten bedeutet das eine schnelle Entlastung, für den Arbeitgeber die Sicherung von Potenzialen, Leistungsfähigkeit und Motivation. Alle Maßnahmen werden stetig weiterentwickelt. Auch für die Vereinbarkeit von Familie und Beruf sind inzwischen vielfältige Lösungen verfügbar. Vollzeit, reduzierte Vollzeit oder Teilzeitmodelle werden teilweise verbunden und mit flexiblen Arbeitsorten genutzt. Das kann Arbeiten von zu Hause oder in den Desk Sharing Areas der AOK Hessen bedeuten.

Entscheidend dafür, wie Vereinbarkeit erlebt wird, ist jedoch der Arbeitsalltag. Individualität bedeutet auch die Belange der anderen mit zu berücksichtigen. Dabei sind in erster Linie die Kunden zu nennen. Außerdem muss das »Geben und Nehmen« im Team als gerecht empfunden werden. Handlungshilfen unterstützen Führungskräfte der AOK Hessen deshalb bei der Lösungsfindung im Dialog mit den Beschäftigten und den Teams. Im Sinne einer verantwortlichen Führungskultur wurde auch bei der Weiterbildung auf Freiwilligkeit gesetzt. Das positive Ergebnis: Bereits 80 Prozent der Führungskräfte haben selbstinitiiert an dem Webinar »Lösungsorientiertes Führen« teilgenommen.

Seit vielen Jahren setzt sich die AOK Hessen Ziele zur Förderung von Frauen und Männern. Bei der Gewinnung von männlichen Auszubildenden liegt das Rekrutierungsziel bei einem Anteil von 35 Prozent und ist immer wieder ambitioniert. Gleichermaßen gibt es Ziele zur Förderung des Frauenanteils in gehobenen Fach-, Spezialisten- und Führungspositionen. Ergänzend zum Talentmanagement stehen spezifische Maßnahmen für Frauen zur Verfügung. Das Potenzialnetzwerk, ein Förderprogramm für Frauen, wird seit 2007 durchgeführt. Mentoring für Frauen und Männer wurde im Jahr 2004 erfolgreich etabliert. Ergänzend kann die Möglichkeit eines Business-Coachings genutzt werden. Mit »Führung kennen lernen« wurde im Jahr 2015 ein weiteres Modul geschaffen. Lotsen auf der Abteilungsleitungs-Ebene begleiten die Talente ein Jahr lang auf ihrem individuellen Weg in Führungspositionen. Durch die Maßnahmen konnte der Anteil von Frauen in Führungs- und Spezialistenfunktionen kontinuierlich erhöht werden und liegt inzwischen bei 45 Prozent.

Alle Altersgruppen verfügen über besondere Talente, Fähigkeiten und Erfahrungen, die es wertzuschätzen und zu nutzen gilt. Nachwuchsführungskräfte im Alter von beispielsweise 59 Jahren oder Mentees, die älter sind als ihre Mentoren, gibt es bei der AOK Hessen schon länger. Damit stereotype Altersbilder der individuellen Entwicklung jüngerer und älterer Beschäftigter nicht im Wege stehen, hat die AOK Hessen die Sichtweise der Generationen in einer Fokusgruppenbefragung analysiert. »Mit allen Generationen in die Zukunft – ich bin dabei«, lautet der Name des Netzwerks, das unter anderem daraus entstanden ist. Jung und erfahren, alt und innovativ sind bei der AOK Hessen keine Widersprüche.

Partnerschaftlich, unbürokratisch und individuell, dieses Versprechen für die Kunden der AOK Hessen, soll auch für die Beschäftigten erlebbar sein. Eine Unternehmenskultur, in der sich alle Mitarbeiter wohl fühlen und sich einbringen können, hilft, die Herausforderungen der Digitalisierung in Chancen zu verwandeln.

Kultur als Schlüssel zum Erfolg

Bei Betrachtung der strategischen und strukturellen Aspekte wird schnell deutlich, dass die entscheidende Facette zur erfolgreichen Implementierung und Wirksamkeit der Maßnahmen der kulturelle Aspekt ist. Den Führungskräften kommt dabei, in der Vorbildrolle, eine besondere Bedeutung zu.

Die Mitarbeiterbefragung zeigte, dass die AOK Hessen eine gute Grundlage für die weitere Ausrichtung hat. Führungskräften wird bereits heute eine gute Führungsarbeit gespiegelt. Eine hohe Mitarbeiterzufriedenheit und Bindung zum Unternehmen bestätigen dies. Doch das reicht für die anstehenden Veränderungen nicht aus. Diesmal werden sich die Arbeitsweisen grundlegend verändern: Die neuen Arbeitsformen, Arbeitsorganisation, Führung auf Distanz und die weiterentwickelte Erwartungshaltung der Beschäftigten an die Vereinbarkeit. Es braucht deshalb eine Kultur, die dies ermöglicht. Konzepte allein werden ohne diesen Aspekt genauso wirkungslos bleiben, wie die unreflektierte Einführung neuer Technologien.

Aus diesem Grund wurde bei der AOK Hessen im Sinne der gesamtsystematischen Ausrichtung der Kulturaspekt in die Weiterentwicklung integriert. Eigens und auf die Unternehmenssituation abgestimmte kulturelle Entwicklungsfelder werden thematisiert:
- Menschlichkeit,
- Inspiration,
- Motivation,
- Leistungsorientierung und
- Position beziehen.

In Form von einer Kollektion von Botschaften werden diese Themen in die Führungskräfteentwicklung integriert. Einfache und verständliche Aussagen wie: »Lasst uns mehr coachen und weniger dirigieren!«, »Lasst uns mutig und anspruchsvoll sein!«, »Lasst uns mehr Position beziehen und weniger ausweichen!« bilden die Eckpunkte. Es wird offen und transparent über die Grundhaltung diskutiert. Die Werte werden reflektiert und in die Arbeitsweisen übertragen. Vertrauen, Wertschätzung, Offenheit, Transparenz und Partizipation spielen dabei eine zentrale Rolle.

Hinweise zum Autor

Karlheinz Löw
Karlheinz Löw ist seit 2012 als Direktor für Personal, Finanzen und Infrastruktur im Management der AOK – Die Gesundheitskasse in Hessen tätig. Im Rahmen dieser Tätigkeit wird die ganzheitliche Weiterentwicklung des Unternehmens unter anderem über das Handlungsprogramm Arbeitswelt 4.0 verantwortet.
Kontaktdaten: AOK – Die Gesundheitskasse in Hessen, Basler Straße 2, 61352 Bad Homburg, Tel.: +49 (0)69 830 32 03, Mail: karlheinz.loew@he.aok.de, Internet: www.aok.de/hessen

Leadershift: Die Triade der Führungsentwicklung

Prof. Dr. Karlheinz Schwuchow, Center for International Management Studies, Hochschule Bremen

Disruptive Technologien haben Strukturen und Prozesse bereits grundlegend verändert. Wie wirken sie sich nun auf die Führungskräfteentwicklung aus? Dabei geht es nicht allein um die Nutzung neuer Lerntechnologien und den Einsatz Künstlicher Intelligenz. Grundlegend für eine Neuausrichtung ist vielmehr die Lösung vom klassischen Rollenverständnis von Führung und dessen institutionalisierter Sichtweise. Nur so kann den Interdependenzen zwischen Führungskraft, Mitarbeiter und organisationalem Kontext Rechnung getragen und Führungsentwicklung professionalisiert werden.

Jenseits von Digitalisierung und Disruption

Der derzeitige Hype um das Thema Künstliche Intelligenz (KI) ist ebenso vielfältig wie facettenreich: Industrie 4.0 und das Internet der Dinge, die Auswirkungen auf die Arbeitswelt, auf Tätigkeitsprofile und Qualifikationsbedarfe sind nur einige der Themen. Ständig werden neue Potenziale aufgezeigt, offen bleibt jedoch, ob sie tatsächlich auch zu einer höheren Gesamtproduktivität führen – oder am Ende der Faktor Mensch entscheidet, dessen analoge Evolution sich nicht ohne weiteres digitalisieren und beschleunigen lässt?

Lessons Learned

- Bei der Betrachtung der Arbeitswelt 4.0 stellt sich zwangsläufig die Frage nach der Rolle der Führungskraft im digitalen Unternehmen.
- Stärker denn je sind menschliche Intelligenz und Urteilsvermögen gefordert, vor allem wenn es um ethische Fragen, Emotionalität und Kreativität geht.
- Führungsfähigkeit wird in einem umfassenden und langfristigen Entwicklungsansatz vermittelt, der unterschiedliche Lernphasen und -ebenen verknüpft.
- Nur wenn sich Mitarbeiter sicher fühlen und keine Sanktionen fürchten müssen, entwickeln sie Vertrauen und bringen sich aktiv ein.
- Die Triade der Führungsentwicklung impliziert eine Verknüpfung von individueller und organisationaler Ebene.

Es ist zweifelsohne zu früh, ein Fazit zu ziehen und den Kontext von Führung und Zusammenarbeit grundlegend neu zu definieren. Letztendlich ist es der Faktor Zeit, den neue Technologien für eine weite Verbreitung benötigen. Hinzu kommt die Notwendigkeit ergänzender Innovationen, die das volle Potenzial einer Technologie erst erschließen und Produktivitätswachstum generieren. So nutzten 30 Jahre nach Einführung der Elektrizität die Hälfte der amerikanischen Industrieunternehmen diese noch nicht. Der wirkliche Schub kam dann mit der Reorganisation der Arbeits- und Geschäftsprozesse, die für viele etablierte Unternehmen jedoch eine Hürde darstellte, da sie an Bewährtem festhalten wollten. Eine Jahrhundert später stellt sich die Situation heute kaum anders dar.

So sehen es auch die MIT-Vordenker Erik Brynjolfsson und Andrew McAfee (2014). Die Bewältigung des Spannungsfelds von Informationstechnologie, Mitarbeiterqualifikation und Unternehmensorganisation beziehungsweise -kultur stellt für beide die aktuell größte Herausforderung dar. Sie illustrieren dies am Beispiel des Online-Handels. In den 1990er Jahren Gegenstand eines ähnlichen Hypes wie gegenwärtig die Künstliche Intelligenz, lag sein Anteil 1999 bei 0,2 Prozent und nähert sich erst heute nach mehr als 20 Jahren der Zehn-Prozent-Marke. Analog zur Entwicklung von Elektrizität und Verbrennungsmotor prognostizieren die Forscher für die Künstliche Intelligenz ebenfalls eine positive Zukunft – unter der Maßgabe von Komplementärinvestitionen in Mitarbeiter und Geschäftsprozesse. Damit ändert sich dann auch das Rollenverständnis einer Führungskraft, wird ein neues Strukturmodell für Führung und Zusammenarbeit im Kontext der digitalen Organisation relevant.

Zweifelsohne können Entscheidungen unter Unsicherheit mittels Künstlicher Intelligenz auf einer besseren und kostengünstigeren Grundlage getroffen werden. Vorhandene Daten werden mittels lernfähiger Algorithmen verarbeitet, neue Informationen auf der Grundlage von Kausalitäten und Korrelationen erzeugt. IT-Programme, die künftige Entwicklungen prognostizieren, eröffnen vielfältige Perspektiven in einem dynamischen und immer komplexeren Umfeld – von der Wahrscheinlichkeit eines Kreditausfalls über die Vorhersage des Wechselrisikos von Mitarbeitern oder Kunden bis hin zur Nachfrageentwicklung für bestimmte Produkte. Dennoch bleibt festzuhalten, dass Daten per Definition stets einen Vergangenheitsbezug haben, Entscheidungen aber zukunftsgerichtet sind.

Daher ist es wichtig, zwischen Datenanalyse, Diagnose und Prognose einerseits sowie Entscheidung andererseits zu differenzieren. Jede Entscheidung setzt voraus, die Handlungsalternativen zu bewerten. Hier sind nach wie vor menschliche Intelligenz und Urteilsvermögen gefordert, vor allem wenn es um ethische Fragen, Emotionalität und Kreativität geht. Es sind diese komplementären Fähigkeiten, denen sich Führungskräfte mit fachlicher Unterstützung des Personalmanagements widmen müssen. Gleichzeitig stellt sich auch die Frage, wer eigentlich Führungskraft ist beziehungsweise ob in neuen, netzwerkbasierten Organisationsformen nicht jeder Mitarbeiter auch Führungsaufgaben wahrnimmt?

Paul Daugherty und James Wilson sehen ebenfalls die Möglichkeit, menschliche Fähigkeiten zu stärken und zu erweitern, um so nachhaltige Produktivitätssteigerungen zu erreichen. Während Maschinen in der Analyse – Stichwort Big Data – und bei sich wiederholenden Routinetätigkeiten brillieren, ist der Mensch mit seinen kreativen Fähigkeiten dann gefordert, wenn vorhandene Entscheidungsregeln versagen. Daneben tritt, so die Quintessenz ihres Buches (Daugherty/Wilson, 2018), eine dritte Dimension: »the missing middle«. Menschen ergänzen Maschinen und Maschinen erweitern menschliche Fähigkeiten. Der Roboter mag operieren können, ohne Wissen und Fähigkeiten des Chirurgen funktioniert er jedoch nicht.

Integratives Denken statt Big Data

Eine dritte Dimension erschließt auch Roger Martin (2017). Gemeinsam mit seiner Co-Autorin Jennifer Riel beleuchtet er die Fähigkeit des integrativen Denkens: die Synthese von Analyse und Intuition mit dem Ziel, durch die kreative Auflösung des Spannungsverhältnisses »entweder – oder« eine dritte, bessere Alternative zu entwickeln. Das Ergebnis ist eine innovative Lösung für komplexe Sachverhalte, die beiden ursprünglichen Optionen überlegen ist.

Mit Blick auf Big Data und KI warnt Martin vor einem blinden Vertrauen in die Ergebnisse von Datenanalysen, egal wie fortgeschritten diese auch sein mögen. Hierzu stellt er fest:
- Daten repräsentieren die Vergangenheit, es gibt (noch) keine gesicherten Daten über die Zukunft.
- Sie zeigen, was in der Welt von gestern funktioniert hat.
- Wir unterstellen, dass die Zukunft sich aus der Vergangenheit ableiten lässt.
- Datenanalysen können nur auf bereits bekannten Sachverhalten aufbauen.
- Häufig ist die Zukunft ganz anders als die Vergangenheit es war.

Die Grenzen von Big Data zu erkennen, so Martin, erfordert Vorstellungskraft, Urteilsvermögen und Erfahrung – sowie die Fähigkeit zum integrativen Denken. Dies ist eine Dimension, die in einer auf die Analyse von Fakten und die Schaffung quantitativer Evidenz ausgerichteten Führungskräfteentwicklung zu kurz kommt. Hierbei handelt es sich um ein grundsätzliches Defizit in der vom Leitbild des »Master of Business Administration (MBA)« geprägten und funktional fokussierten Managementaus- und -weiterbildung.

Arbeitswelt 4.0 – Zwischen Euphorie und Elend

Wie sehen vor dem Hintergrund der dargestellten Entwicklungen die Zukunft der Arbeit und damit auch der (neue) Kontext von Führung aus? Was bewirkt die Digitalisierung? Virtuelle Plattformen schaffen einen quasi grenzenlosen Arbeitsmarkt. Crowdsourcing hilft die Intelligenz des Kollektivs zu nutzen und bietet dem Einzelnen eine hohe zeitliche und örtliche Flexibilität. Die Gig Economy erzeugt Work-on-Demand für Beschäftigte jenseits klassischer Arbeitsverhältnisse. Sie ist gekennzeichnet durch ein hohes Maß an Flexibilität einerseits, jedoch geringer Entlohnung und fehlender sozialer Absicherung andererseits.

Hinter der Fassade der neuen Arbeitswelt verbergen sich somit Geschäftsmodelle, die vom Manchester-Kapitalismus der 19. Jahrhunderts nicht weit entfernt sind: Die Auswirkungen der heutigen Arbeitswelt auf die Gesundheit der Beschäftigten sind fatal. Nicht Staublunge und Asbestose, sondern Kreislauferkrankungen, Stoffwechselkrankheiten und Diabetes sind die Berufskrankheiten des 21. Jahrhunderts. Damit ist die Arbeit im Büro risikobehafteter als im Bergwerk. Dennoch fokussieren Arbeitsschutz und Arbeitssicherheit nach wie vor weitgehend auf die körperliche Unversehrtheit der Mitarbeiter, obwohl die relevanten Gesundheitsrisiken zunehmend psychosozialer Natur sind und zu chronischen Erkrankungsverläufen führen. Führungsdefizite und mangelnde Wertschätzung tragen hierzu ebenso bei wie regelmäßige Überstunden und unvorhersehbare Arbeitszeiten sowie eine fehlende Work-Life-Balance. Kickertisch und kostenloser Kaffee sind nicht die Lösung, wenn schlechte Arbeitsbedingungen krank machen und sich Führung in erster Linie am Shareholder-Value orientiert.

Die toxische Dimension von Arbeit 4.0 untersucht Jeffrey Pfeffer (2018). Allein in den USA sind – so der Stanford-Professor – jährlich etwa 120.000 Todesfälle auf Überarbeitung zurückzuführen. Mehr als 60 Prozent aller Beschäftigten zeigen stressbedingte Krankheitssymptome, deren Folgekosten auf über 300 Milliarden US-Dollar geschätzt werden und in erheblichem Maße zur Explosion der Kosten im Gesundheitswesen beitragen. In der Folge zahlt die gesamte Gesellschaft den Preis für dieses Unternehmensversagen.

Unternehmen müssen mehr Verantwortung übernehmen, wollen sie langfristig von einer gesunden und leistungsfähigen Belegschaft profitieren. Gefordert ist mehr menschliche Nachhaltigkeit – hier zeigen Unternehmen wie Toyota, Patagonia, SAS und Southwest Airlines in eindrucksvoller Weise, dass Menschlichkeit im Managementhandeln langfristig auch zu höherer Profitabilität führt. Damit einher geht nun die Frage, welche Führungsimplikationen hieraus resultieren?

Die neue Rolle der Führungskraft

Bei der Betrachtung der Arbeitswelt 4.0 stellt sich zwangsläufig die Frage nach der Rolle der Führungskraft im digitalen Unternehmen sowie nach einer Abkehr vom institutionalisierten Verständnis von Führung. In klassischer Sichtweise ist es die hierarchische Position in der Organisation, die die Kraft zur Führung – im Sinne von Autorität und Verantwortung – verleiht und das Verhältnis zwischen Vorgesetztem und Mitarbeiter definiert. Ein wichtiger, sich auf alle Bereiche auswirkender Kontextfaktor ist dabei die Unternehmenskultur. Sie bestimmt als gemeinsame Wertebasis das kollektive und individuelle Verhalten.

Angesichts der Tatsache, dass seit den 1970er Jahren die Reallöhne bei steigender Produktivität stagnieren, während der Anteil der Kapiteleinkünfte am Bruttoinlandsprodukt in den meisten Ländern – unter anderem in 26 von 30 OECD-Ländern – zugenommen hat, konstatiert Pfeffer nicht nur für die USA eine wachsende einseitige Ausrichtung des Managementhandelns an den Interessen von Aktionären und Kapitalgebern. Ursächlich hierfür ist eine wachsende wirtschaftliche Konzentration und damit einhergehend eine Wettbewerbsverschärfung. Entscheidungen orientieren sich einseitig an den Dimensionen Kosten, Gewinn und Produktivität – der Mensch ist Mittel, nicht Mittelpunkt. Eine Entwicklung, die den in vielfacher Weise proklamierten »War for Talent« im Hinblick auf qualifiziertes Personal und die regelmäßig mit großem Aufwand als »Corporate Social Responsibiliy« plakatierte soziale Verantwortlichkeit von Unternehmen konterkariert.

Digitalisierung ersetzt und verändert nicht nur Tätigkeiten, sie zerstört auch bislang stabile Beschäftigungsverhältnisse in immer stärkerem Maße und macht den Mitarbeiter zur Manövriermasse. So geht gesamtwirtschaftliches Wachstum seit vielen Jahren mit steigender ökonomischer Unsicherheit auf der Ebene der Beschäftigten einher. Unbefristete Vollzeitarbeitsplätze nehmen ab, während neue Arbeitsverhältnisse überwiegend auf Teilzeitbasis oder im Rahmen freiberuflicher Tätigkeit und Leiharbeit entstehen. In den USA gilt dies mittlerweile für 94 Prozent aller neu geschaffenen Stellen. Die Politik schaut weitgehend tatenlos zu. So sind – im Gegensatz zu Deutschland – die dortigen öffentlichen Investitionen in die Fort- und Weiterbildung seit über dreißig Jahren rückläufig. Da gleichzeitig amerikanische Unternehmen ebenfalls zunehmend zurückhaltend agieren, wenn es um die Vermittlung grundlegender Schlüsselqualifikationen geht, liegen die USA bei den Qualifizierungsaufwendungen in Relation zum Bruttoinlandsprodukt mittlerweile auf Platz 21 der 30 OECD-Staaten, während Deutschland auf Platz 6 rangiert.

Für Jeffrey Pfeffer ist dies ein »war-on-jobs« – eine ökonomische, psychologische und physische Bedrohung der Arbeitnehmer. Um Mitarbeiterpotentiale wirksam nutzen zu können, ist ein fundamentales Umdenken im Management geboten, hin zu einer ausgewogeneren Betrachtung der Stakeholder-Interessen und einer Neubewertung der Verantwortung von Unternehmen. Dies geht mit einem veränderten Führungsethos einher, der im Sinne einer »People First«-Strategie humane Werte in den Vordergrund stellt.

Dass ein solches Handeln auch gesamtwirtschaftlich geboten ist, belegt die in 155 Ländern durchgeführte »State of the Global Workplace«-Studie des Beratungsunternehmens Gallup. Sie konstatiert eine starke Korrelation zwischen dem Anteil vollzeitbasierter Beschäftigungsverhältnisse einerseits und Produktivität sowie Bruttoinlandsprodukt andererseits.

Die Notwendigkeit zu handeln ist mittlerweile erkannt. Es fehlt jedoch an der konsequenten Umsetzung sowie an der Bereitschaft, Bildung als gesamtgesellschaftliche Zukunftsinvestition zu sehen und Künstliche Intelligenz zur Verbesserung der Arbeitswelt zu nutzen.

Führung professionalisieren – Mitarbeiter integrieren

Auch wenn in anderen Qualifizierungsbereichen tendenziell gespart wird, die Führungskräfteentwicklung boomt. Allein für den Bereich Leadership beliefen sich nach Schätzungen des amerikanischen Corporate Research Forums die weltweiten Ausgaben im Jahr 2015 auf mehr als 50 Milliarden US-Dollar. Experten des britischen Marktforschungsunternehmens Technavio prognostizieren für die Jahre 2018 bis 2022 ein jährliches Wachstum von knapp 15 Prozent. Die Ergebnisse lassen jedoch zu wünschen übrig, betrachtet man die zahllosen Fälle von Führungsversagen in Politik, Wirtschaft und Verwaltung. Ursächlich hierfür sind – so Barbara Kellerman (2018) – fehlende professionale Standards, was zu einer inhaltlichen, konzeptionellen und methodischen Beliebigkeit führt. Führung sollte nach Auffassung der Harvard-Professorin nicht länger als (Neben-)Beschäftigung angesehen werden, die jeder ausüben kann und für die jeder qualifiziert ist beziehungsweise für die auch jeder qualifizieren kann. Es muss sich um eine professionelle Tätigkeit handeln, die mit entsprechenden Qualifikationsstandards einhergeht – so wie man sie auch von einem Arzt oder Anwalt erwartet.

Dies bedeutet, dass Führungsfähigkeit nicht etwas ist, was jeder in einem Aus- und Weiterbildungsprogramm erlernen kann. Auch ein Training führt nicht zum Ziel. Gefordert ist vielmehr ein umfassender und langfristiger Entwicklungsansatz, der unterschiedliche Lernphasen und -ebenen miteinander verknüpft. Einen Rahmen hierfür kann das 70-20-10-Modell liefern, das das formale Lernen, das Lernen von anderen durch Coaching und Mentoring sowie das Lernen durch eigene Erfahrung miteinander verknüpft. Gleichzeitig müssen neben der Führungskraft auch deren Mitarbeiter eingebunden und der Organisationskontext ebenfalls berücksichtigt werden. In immer stärkerem Maße ist es das Wollen der geführten Mitarbeiter, das über Führungserfolg oder -versagen entscheidet. Eine in einem Bereich erfolgreiche Führungskraft kann allein schon aufgrund ihres Führungsstils in einer anderen Organisationseinheit mit anderen Mitarbeitern scheitern. Daher sind Einzelmaßnahmen ebenso wenig zielführend wie der Versuch, Prinzipien erfolgreicher Führung über Organisationsgrenzen hinweg zu transferieren. Am Ende einer Neuausrichtung steht eine duale Triade (siehe Abb. 1).

Abb. 1: Die Neuausrichtung der Führungsentwicklung

Auch wenn das Thema »Leadership« boomt, von einem »Shift« zu mehr Professionalisierung kann nicht die Rede sein. Es besteht vielmehr – so auch Barbara Kellerman – dringender Handlungs- beziehungsweise Klärungsbedarf in sieben Feldern:
1. Werte guter und schlechter Führung,
2. Führung jenseits von Position, Titel und Status,
3. Unterscheidung von Führung und Management,
4. Methodische Ansätze zum Führungslernen,
5. Qualifikationsmerkmale der Lehrenden,
6. Zielgruppendefinitionen von Führenden und Geführten,
7. Bedeutung und Grenzen von Führung.

Jeder der genannten Punkte bedarf einer umfassenden Würdigung, sowohl hinsichtlich der theoretischen Fundierung als auch der praktischen Umsetzung. Da dies den Rahmen der vorliegenden Ausführungen bei weitem sprengen würde, wird im Folgenden exemplarisch auf die grundlegenden Führungswerte eingegangen. Sie sind der Defizitfaktor, wenn es um eine proaktive Unternehmenskultur und nachhaltiges Mitarbeiterengagement geht.

Die angstfreie Organisation als Ziel

Einen Weg zu mehr menschlicher Nachhaltigkeit weist Amy Edmondson (2019). Die Harvard-Professorin hat sich mit ihrer Forschung zu neuen dynamischen Formen der Teamarbeit einen Namen gemacht. Der Umgang von Teams mit eigenen Fehlern führte sie dann zum Konzept der psychologischen Sicherheit. Dieses wurde bereits 1965 von Ed Schein und Warren Bennis mit Blick auf Ängste und Unsicherheit bei Veränderungsprozessen entwickelt. Anknüpfend an ihren Teaming-Ansatz geht es Edmondson darum, wie Führungskräfte psychologische Sicherheit vermitteln können und wie diese nachhaltig im Unternehmen verankert werden kann.

Psychologische Sicherheit ist der Kontextfaktor, der die Lern- und Innovationsfähigkeit einer Organisation bestimmt. Nur wenn sich Mitarbeiter sicher fühlen und keine Sanktionen fürchten müssen, wenn sie wissen, dass auch ihre Meinung zählt, entwickeln sie Vertrauen und bringen sich aktiv ein. Individuelle und kollektive Talente werden auf diese Weise freigesetzt, Erfolge ebenso wie Misserfolge als Lernchancen genutzt. Mitarbeiterbindung und Produktivität steigen, der Weg zu einer Hochleistungsorganisation im Sinne eines angstfreien Unternehmens ist geebnet.

Die Möglichkeit, seine eigene Meinung zu sagen und Dinge in Frage zu stellen, ist die Basis für jede erfolgreiche Organisation. Ansonsten gibt es keine Innovation, dann bestimmt Unterlassen und nicht Unternehmen die Agenda von Führungskräften und Mitarbeitern. Psychologische Sicherheit setzt Mitarbeiterpotenziale frei. Sie beginnt mit Empathie, gegenseitigem Vertrauen und Respekt. Führungskräfte, die dies kultivieren, besitzen die Fähigkeit, sich selbst zurück zu nehmen und auch eigenes Nichtwissen einzugestehen. Sie sind ein Vorbild in Offenheit und Bescheidenheit – keine charismatischen Stars, sondern Führungspersönlichkeiten, die der Managementforscher Jim Collins (2001) als Level-5-Leaders bezeichnet.

Der Weg zu psychologischer Sicherheit beginnt damit, Probleme offen anzusprechen und ehrliches Feedback zu geben. So gäbe es zum Beispiel in dem Technologieunternehmen W. L. Gore ohne die in der Unternehmenskultur verankerte psychologische Sicherheit viele Innovationen nicht, da es jedes Mal mit einem Risiko verbunden ist, neue Wege zu gehen. Im Gegensatz zu vielen anderen Organisationen ist hier die Konsistenz zwischen dem formulierten Unternehmensanspruch und der Realität gegeben. Seit der Gründung im Jahr 1958 gilt das Prinzip »No Ranks, No Titles«. In vielen Unternehmen erschweren es allein schon sichtbare Statusunterschiede, offen und auf Augenhöhe miteinander umzugehen. Auch werden Mitarbeiter häufig nicht als Individuen angesehen, die ihre persönlichen Stärken einbringen – wenn sie es nur dürfen. Dementsprechend fehlt es an der für eine Kultur psychologischer Sicherheit notwendigen Wertschätzung seitens der Führungskräfte. Welche Risiken mit einem Mangel psychologischer Sicherheit einhergehen können, verdeutlicht in eindrucksvoller Weise Volkswagens Dieselgate.

Von der Defizitorientierung zur Stärkenfokussierung

Die Triade der Führungsentwicklung impliziert eine weitgehende Abkehr von Einzelmaßnahmen, die darauf ausgerichtet sind, individuelle Defizite zu beseitigen. Grundlegend ist vielmehr eine Verknüpfung von individueller und organisationaler Ebene, die Führungsentwicklung – bewusst nicht Führungskräfteentwicklung – als Kern der Organisationentwicklung sieht. Dabei werden nicht nur Führungskräfte qua ihrer Position im Unternehmen und High Potentials als Talente betrachtet und gefördert. Ziel ist vielmehr die Führungsfähigkeit auf allen Ebenen und bei allen Mitarbeitern, beginnend mit der Fähigkeit zur Führung der eigenen Person und zum eigenverantwortlichen Handeln auf der Mitarbeiterebene. Gleichzeitig geht es darum, die Stärken des Einzelnen zu stärken und individuelle Defizite durch die Zusammenarbeit im Team zu kompensieren (siehe Abb. 2).

Vom Lernen im Seminar	zum Lernen im Unternehmen
Training	Potentialentwicklung
Input (Trainingstage)	Output (Performance)
Notwendige Kosten	Strategisches Investment
Standardisierung	Individualisierung
Klar strukturiert und organisiert	Agil und Flexibel
Lernender als Patient	Lernender als Agent
Kontrollierter Prozess	Entdeckendes Lernen
Defizitorientiert	Stärkenfokussiert

Abb. 2: Der Paradigmenwechsel in der Personalentwicklung
(Quelle: in Anlehnung an Phillips 2018, S. 7)

Die laufende und gezielte Entwicklung und Förderung der gesamten Belegschaft bildet den Kern des von den Organisationspsychologen und Bildungsforschern Robert Kegan und Lisa Lahey von der Harvard University Graduate School of Education entwickelten Konzeptes einer »Deliberately Developmental Organization (DDO)«: Mitarbeiter entwickeln sich selbst sowie andere und damit auch das Unternehmen. Sie lernen im Arbeitsprozess, werden zum Coach für die eigene Aufgabe und qualifizieren Kollegen, um dann weiterführende Aufgaben zu übernehmen. Auch werden die »stillen Stars« gefördert – nicht durch Führungskräfteentscheidung, sondern per Mitarbeitervotum. Ferner tragen die DDO-Unternehmen den persönlichen und emotionalen

Bedürfnissen ihrer Mitarbeiter Rechnung und haben eine durch Offenheit und Kritikfähigkeit geprägte Führungskultur. Das Leitbild der lernenden und lehrenden Organisation wird so Realität, das Unternehmen nicht nur ein »Great Place to Work«, sondern ein »Great Place to Grow«.

Literatur

Beer, M.; Finnström, M.; Schrader, D. (2016): Why Leadership Training Fails – and What to Do About it, Harvard Business Review, Oktober 2016, S. 50–57.

Brynjolfsson, E.; McAfee, A. (2014): The Second Machine Age – Wie die nächste digitale Revolution unser aller Leben verändern wird, Kulmbach, Plassen.

Cohen, H. (2019): An Inconvenient Truth About Leadership Development, Organizational Dynamics, Januar–März 2019, S. 8–15.

Collins, J. (2001): Good to Great – Why Some Companies Make the Leap ... and Others Don't, New York: Harper Business.

Daugherty, P.; Wilson, H. (2018): Human + Machine – Reimagining Work in the Age of AI, Boston: Harvard Business Review Press.

Edmondson, A. (2019): The Fearless Organization – Creating Psychological Safety in the Workplace for Learning, Innovation, and Growth, Hoboken: Wiley.

Feser, C.; Nielsen, N.; Rennie, M. (2017): What's Missing in Leadership Development, McKinsey Quarterly, August 2017, S. 20–24.

Gallup (2017): State of the Global Workplace, New York

Kegan, R.; Lahey, L. (2016): An Everyone Culture – Becoming a Deliberately Developmental Organization, Boston: Harvard Business Review Press.

Kellerman, B. (2018): Professionalizing Leadership, Oxford: Oxford University Press.

Pfeffer, J. (2018): Dying for a Paycheck – How Modern Management Harms Employee Health and Company Performance – and What We Can Do About It, New York: Harper Business.

Phillips, J. (2018): Proving the Value of Talent Development, Jahreskonferenz der ATD Association for Talent Development, San Diego.

Riel, J.; Martin, R. (2017): Creating Great Choices – A Leader's Guide to Integrative Thinking, Boston: Harvard Business Review Press.

Schwuchow, K. (2018): Personalentwicklung neu positionieren, in: Schwuchow, K./Gutmann, J. (Hrsg.): HR-TRENDS 2019 – Strategie, Digitalisierung, Diversität, Demografie, Freiburg-München-Stuttgart: Haufe, S. 107–119.

Hinweise zum Autor

Prof. Dr. Karlheinz Schwuchow

Prof. Dr. Karlheinz Schwuchow ist seit 1999 Inhaber der Professur für Internationales Management an der Hochschule Bremen und leitet das Center for International Management Studies. Nach dem BWL-Studium und einem MBA-Studium in den USA arbeitete er am USW Universitätsseminar der Wirtschaft, Schloss Gracht, und promovierte berufsbegleitend zum Dr. rer. pol. Anschließend war er in der Management- und Strategieberatung tätig und baute als Gründungsgeschäftsführer das Center for Financial Studies in Frankfurt/Main auf. Von 2001 bis 2004 war Professor Schwuchow Geschäftsführer der GISMA Business School in Hannover, im akademischen Jahr 2010/2011 wissenschaftlicher Leiter der LIMAK Austrian Business School an der Johannes Kepler Universität Linz. Seine aktuellen Arbeitsschwerpunkte liegen in der internationalen Führungskräfteentwicklung, innovativen Methoden des Management-Lernens sowie in der Strategie- und Organisationsentwicklung.

Kontaktdaten:
Hochschule Bremen, Center for International Management Studies, Werderstr. 73, 28199 Bremen, Tel.: +49 (0)421 59 05 42 06, Mail: karlheinz.schwuchow@hs-bremen.de, Internet: www.cims.hs-bremen.de

Literaturtipps

Alewell, Dorothea (Hrsg.)/Matiaske, Wenzel (Hrsg.): Standards guter Arbeit: Disziplinäre Positionen und interdisziplinäre Perspektiven, 247 Seiten, 49,00 Euro, Nomos, 1. Auflage 2019, ISBN: 978-3848758142
Der Wandel der Arbeitswelt mit Zunahme von Erwerbstätigkeit jenseits des Normalarbeitsverhältnisses wirft die Frage auf, was heute Standards guter Arbeit sind. In diesem Buch werden Beiträge verschiedener Disziplinen zusammengestellt: aus der Psychologie zum Zusammenhang von Arbeit und Gesundheit; aus der Betriebswirtschaftslehre zu den Möglichkeiten von Human-Resource-Management-Strategien und Diversity Management sowie zum Einfluss des Rechts auf Arbeitszeit und Mitbestimmung; aus der evangelischen Theologie zum Themenfeld Arbeit und Sinn; schließlich aus der Rechtswissenschaft zur Frage des Arbeitnehmerstatus im entgrenzten Betrieb und komplementär dazu zur Situation von Solo-Selbstständigen und ihrer sozialen Sicherung.

von Appen, Kerstin Sarah: New Work. Unplugged: Die Arbeitswelt von morgen heute gestalten, 200 Seiten, 29,80 Euro, Vahlen, 1. Auflage 2019, ISBN: 978-3800659449
Das Buch gibt einen Überblick über die New-Work-Diskussion und zeigt aktuelle Trends in der Arbeitswelt. Die Autorin nimmt den Leser mit auf eine Reise in ganz unterschiedliche Unternehmen, die ihr vielseitige Einblicke in ihre Herangehensweisen, mit Veränderungen umzugehen und Arbeit (umzu-)gestalten, gewährt haben. Dieses Buch richtet sich an alle, die Arbeit neu oder anders denken und gestalten möchten, die neue Möglichkeiten ausloten wollen, um die Arbeit ihrer Teams anders zu organisieren, Führungsstile zu verändern, flexibler mit Raum und Zeit umzugehen, transparenter zu kommunizieren oder Weiterbildung im Unternehmen mit mehr Spaß gestalten wollen.

Bea, Franz Xaver/Göbel, Elisabeth: Organisation: Theorie und Gestaltung, 520 Seiten, 39,99 Euro, utb GmbH; 5., vollst. überarb. Auflage 2018, ISBN: 978-3825250874
In diesem Buch werden sowohl die Theorie der Organisation wie auch die Gestaltung der Organisation behandelt. Im Rahmen der Organisationstheorie werden die wichtigsten organisationstheoretischen Ansätze zur Diskussion gestellt: Der tayloristische Ansatz, der Human-Relations-Ansatz, der institutionenökonomische Ansatz, der evolutionstheoretische Ansatz u. a. Gegenstand der Organisationsgestaltung sind neben der Erörterung von Aufbauorganisation und Ablauforganisation die Analyse und Bewertung von Organisationsmodellen: Funktionale Organisation, Divisionale Organisation, Holding, Matrixorganisation, Prozessorganisation, Teammodelle, Lernende Organisation, Selbstorganisation, Kooperationen sowie Soziale Verantwortung.

Benecke, Martina (Hrsg.): Unternehmen 4.0: Arbeitsrechtlicher Strukturwandel durch Digitalisierung, 179 Seiten, 47,00 Euro, Nomos, 1. Auflage 2018, ISBN: 978-3848747979
Das Werk thematisiert bedeutende arbeitsrechtliche Aspekte in einem digitalen Unternehmen 4.0 unter Einbeziehung des neuen Datenschutzrechts und ist hierdurch sowohl für den wissenschaftlichen Diskurs als auch den Rechtsanwender in der Praxis

von essentieller Bedeutung. Unternehmen 4.0 ist wichtiger Bestandteil der vierten industriellen Revolution, die ein neues Arbeiten 4.0 erzeugt, das vernetzter, digitaler und flexibler ist.

Bosse, Christian K. (Hrsg.)/Zink, Klaus J. (Hrsg.): Arbeit 4.0 im Mittelstand: Chancen und Herausforderungen des digitalen Wandels für KMU, 273 Seiten, 44,99 Euro, Springer Gabler; 1. Auflage 2019, ISBN: 978-3662594735

Dieses Buch beleuchtet die Auswirkungen der Digitalisierung auf die Arbeitswelt von morgen, die zunehmend im Mittelstand an Relevanz gewinnen. Vernetzte Produktionsanlagen, Automatisierung und cyber-physische Systeme sind für mittelständische Unternehmen selten rentable Lösungen. Vielmehr gilt es für sie, ihre Prozesse mit den digitalen Möglichkeiten weiter zu optimieren und dadurch positive Effekte zu generieren. Ziel dieses Buches ist es, Lösungsansätze für die Arbeit 4.0 im Mittelstand von der Entwicklung bis hin zur Umsetzung in mittelständischen Unternehmen aufzuzeigen. Die Praxisbeispiele dienen als Anstoß bzw. Anknüpfungspunkt für eigene Digitalisierungsprojekte.

Brandl, Peter/Porsch, Katja: Zukunfts-Code: Wie Digitalisierung und künstliche Intelligenz unsere Arbeitswelt verändern und wie wir darauf reagieren können, 240 Seiten, 22,00 Euro, Goldegg Verlag, 2018, ISBN: 978-3990600788

In den nächsten 20 Jahren wird sich unser Leben stärker verändern als in den vergangenen 300 Jahren zuvor. Zahlreiche alte oder renommierte Berufe werden in Kürze verschwunden sein. Was bedeutet das für den Einzelnen? Sind unsere eigenen Jobs auch betroffen? Die Autoren zeigen, welche Skills man braucht, um diese Zukunft zu meistern, und warum klassische Fähigkeiten in Zukunft nicht mehr weiterhelfen. Sie stellen die neuen Steuerungsinstrumente Influencing, Agility und Self-Management vor.

Bullinger-Hoffmann, Angelika C. (Hrsg.): Zukunftstechnologien und Kompetenzbedarfe: Kompetenzentwicklung in der Arbeitswelt 4.0, 244 Seiten, 34,99 Euro, Springer; 1. Auflage 2019, ISBN: 978-3662549513

Das Fachbuch konzentriert sich auf die Zukunft des Kompetenzmanagements. Anhand anschaulicher Fallbeispiele werden sich ändernde Kompetenzprofile in den Bereichen der Spitzentechnologien, Hafenwirtschaft, Logistik sowie der Maschinen- und Dienstleistungsbranche aufgezeigt. Strategien zur Identifikation der neuen Kompetenzbedarfe und der Virtualisierung der Lernumgebungen werden diskutiert, Managementansätze zur digitalen Kompetenzentwicklung unter Berücksichtigung wachsender Flexibilitäts- und Individualisierungsanforderungen werden vorgestellt. Durch die Einbindung in reale betriebliche Projekte sind die Inhalte nicht nur wissenschaftlich fundiert, sondern entfalten ebenso hohe praktische Relevanz.

Butschan, Jens: Die Relevanz des Humankapitals im Kontext von Industrie 4.0: Eine empirische Untersuchung der notwendigen Kompetenzen, 272 Seiten, 96,80 Euro, Kovac; 1. Auflage 2018, ISBN: 978-3339100146

Inmitten des dynamischen Umfelds von Industrie 4.0 kann das Humankapital gleichwohl Barriere als auch Treiber des Transformationsprozesses darstellen. Dabei sind die Kompetenzen der Mitarbeiter, digitale Innovationen zu generieren und anzuwenden, die

Basis um die Potenziale der Wettbewerbsfähigkeit durch Industrie 4.0 zu realisieren. Mit der strategischen Bedeutung des Kompetenzmanagements im Blick wird ein empirisch validiertes Industrie-4.0-spezifisches Kompetenzmodell zur Schaffung geeigneter Rahmenbedingungen in Unternehmen ausgeführt.

Dobischat, Rolf (Hrsg.)/Käpplinger, Bernd (Hrsg.)/Molzberger, Gabriele (Hrsg.)/Münk, Dieter (Hrsg.): Bildung 2.1 für Arbeit 4.0?, 340 Seiten, 59,99 Euro, Springer VS; 1. Auflage 2019, ISBN: 978-3658233723

Dieser Band dokumentiert zum einen den aktuellen Stand der empirischen Forschung zu der Frage, ob die Digitalisierung wirklich eine Revolution der Welt des Arbeitens und der Berufe mit sich bringt oder ob es sich dabei nur um einen ›Hype‹, einen aufgeregten Sensationsdiskurs handelt. Auf dieser Basis geht es zum anderen um Einschätzungen, ob Berufs- und Weiterbildung dem Entwicklungspfad in Richtung ›Arbeiten 4.0‹ gerecht werden.

Fortmann, Harald R. (Hrsg.)/Kolocek, Barbara (Hrsg.): Arbeitswelt der Zukunft: Trends – Arbeitsraum – Menschen – Kompetenzen, 435 Seiten, 64,99 Euro, Springer Gabler; 1. Auflage 2019, ISBN: 978-3658209681

Experten unterschiedlicher Branchen schildern rund um die vier Themenschwerpunkte Trends, Arbeitsraum, Menschen und Kompetenzen, wie sie die Veränderungen in der Arbeitswelt managen. Offen stellen sie die Frage, wie sich die Arbeitswelt und der Arbeitsmarkt von morgen gestalten und welche Branchen und Jobs vom Wandel am meisten betroffen sein werden. Damit liefern sie Denkanstöße und Lösungsansätze für viele praktische Themen der Digitalisierung wie zum Beispiel die Notwendigkeit neuer Ausbildungen und die möglichen Arbeitsmodelle der Zukunft.

Hacker, Winfried: Menschengerechtes Arbeiten in der digitalisierten Welt: Eine Wissenschaftliche Handreichung, 160 Seiten, 49,00 Euro, vdf Hochschulverlag; 1. Auflage 2018, ISBN: 978-372813937

Dieser Band knüpft an bewährte Gestaltungsprinzipien technisch unterstützter Arbeit an und gibt Anregungen für das lern- und gesundheitsförderliche sowie leistungsdienliche verhältnispräventive Gestalten der Arbeitsanforderungen bei komplexer Wissens- und Innovationsarbeit. Dabei werden internationale Standards zur Gestaltung ›guter Arbeit‹ und zur psychischen Arbeitsbelastung ebenso berücksichtigt wie Empfehlungen der ›Gemeinsamen Erklärung‹ der deutschen Sozialpartner zur ›psychischen Gesundheit in der Arbeitswelt‹. Die Publikation richtet sich an alle, die sich mit der Gestaltung IT-gestützter Arbeit befassen:

Häseli, Stefan: Best Practice Leadershit: Absurde Wahrheiten aus den Chefetagen, 186 Seiten, 19,95 Euro, BusinessVillage; 1. Auflage 2019, ISBN: 978-3869804545

Das Buch ist eine realistische Satire. Gekonnt spiegelt der Autor die alltäglichen Absurditäten in den Chefetagen wider. Vom rigorosen Sparprogramm im Gewand einer revolutionären Innovation, einem Leitbildkonfigurator für den schnellen Erfolg bis hin zu kruden Marketing-Konzepten liefert dieses Buch das Handwerkszeug für Führungskräfte.

Für solche, die es schon sind, die es gerne werden wollen und all jene, die dort nie ankommen werden. Die Geschichten rund um den Manager Hannes illustrieren amüsant bis scharfzüngig, was im Moment in den Chefetagen so ausgebrütet und angedacht wird.

Hübler, Michael: New Work: Menschlich – Demokratisch – Agil: Wie Sie Teams und Organisationen erfolgreich in eine digitale Zukunft führen, 330 Seiten, 29,95 Euro, Metropolitan; 1. Auflage 2018, ISBN: 978-3961860166

Agile Strategien setzen auf einen permanenten Flow aus Orientierungszielen, Mitarbeiterideen, Kundeninteressen und stetigen Anpassungen. Agilität ist der Dreh- und Angelpunkt der evolutionären Weiterentwicklung unserer Arbeitswelt. Während sie Organisationen hilft, mehr zu improvisieren und in Prototypen zu denken, fördern Demokratie und Ethik autonome Entscheidungsprozesse der Mitarbeiter sowie einen respekt- und vertrauensvollen Umgang miteinander. Statt auf der Welle der angstmachenden Disruptivität in einer volatilen Welt zu reiten, verleiht der Autor agilen Strategien ein menschliches Antlitz zum Wohle der Organisation, Kunden, Führungskräfte und Mitarbeiter.

Lambertz, Mark: Die intelligente Organisation: Das Playbook für organisatorische Komplexität, 286 Seiten, 24,95 Euro, BusinessVillage; 2. Auflage 2019, ISBN: 978-3869804095

Lambertz' Buch liefert eine vollkommen neue Sichtweise auf Organisationen, die es ermöglicht, Normen, Strategie, Taktiken und Wertschöpfung im Zusammenhang zu verstehen. Denn erst daraus lassen sich die Fähigkeiten des Unternehmens identifizieren und bestmöglich entfalten: Die Symbiose von notwendiger Selbstorganisation mit ebenso notwendiger Führung.

Popp, Reinhold: Die Arbeitswelt im Wandel! Der Mensch im Mittelpunkt? Perspektiven für Deutschland und Österreich, 184 Seiten, 34,90 Euro, Waxmann; 1. Auflage 2019, ISBN: 978-3830939566

Wird sich die zukünftige Arbeitswelt an den Bedürfnissen der Menschen oder an der Funktionslogik von Maschinen orientieren? Fungiert der Strukturwandel der Arbeitsmärkte als Jobmotor oder müssen wir uns vor einem dramatischen Abbau von Arbeitsplätzen fürchten? Wie können zukunftsfähige Führungskräfte für eine agile, digitale und kooperative Unternehmenskultur sorgen? Auf diese und viele weitere prospektiven Fragen werden in dem Sammelband aus der Sicht der sozial- und humanwissenschaftlichen Zukunftsforschung, der Psychologie, der Psychotherapiewissenschaft und der Volkswirtschaftslehre klare und allgemein verständliche Antworten gegeben.

Poppelreuter, Stefan/Mierke, Katja: Psychische Belastungen in der Arbeitswelt 4.0: Entstehung – Vorbeugung – Maßnahmen, 257 Seiten, 39,90 Euro, Erich Schmidt Verlag; 1. Auflage 2018, ISBN: 978-3503181377

Das Buch widmet sich vor allem der Analyse der Rahmenbedingungen und Ursachen für die Zunahme solcher Belastungen: Dabei spielen veränderte Arbeitsinhalte, Arbeitsmittel und Arbeitsorganisationen ebenso eine Rolle wie individuell unterschiedlich ausgeprägte Einstellungen, Haltungen und Motivationen. Der Leser erhält fundierte Informationen zum Verständnis psychischer Belastungen am Arbeitsplatz, konkrete Praxisbeispiele und zahlreiche praktische Vorschläge zur Prävention und Intervention. Unter dem Begriff »Gesunde Leistungsfähigkeit« werden verschiedene Möglichkeiten vorgestellt, wie am Arbeitsplatz umfassende gesundheitsförderliche Strukturen geschaffen und gesundheitsgefährdende Einflüsse vermieden werden können.

Preißing, Dagmar (Hrsg.): Frauen in der Arbeitswelt 4.0: Chancen und Risiken für die Erwerbstätigkeit, 487 Seiten, 49,95 Euro, De Gruyter Oldenbourg; 1. Auflage 2019, ISBN: 978-3110585810

Die »Digitalisierung 4.0« hat nicht nur erheblichen Einfluss auf die technischen Veränderungen in der Wirtschaft, sondern auch auf den Arbeitsmarkt und die Arbeit der Zukunft, insbesondere der Frauen. Die Autoren greifen in diesem Buch auf, inwieweit sich diese neuen Ausprägungen der Arbeit 4.0 als Chancen oder Risiken auf die Erwerbstätigkeit von Frauen auswirken. Ziel dieses Buches ist es aufzuzeigen, ob und wie eine gleichberechtigte, verbesserte und erhöhte Arbeitsmarktintegration von Frauen in Deutschland, auch und gerade vor dem Hintergrund einer sich verändernden Arbeitswelt, erfolgen könnte.

Rose, Nico: Arbeit besser machen: Positive Psychologie für Personalarbeit und Führung, 384 Seiten, 39,95 Euro, Haufe; 1. Auflage 2019, ISBN: 978-3648124185

Vielen Unternehmen geht es nicht gut, wirtschaftlich wie menschlich betrachtet. Es wird zu wenig oder zu schlecht geführt, notwendiger Wandel ausgesessen. Stattdessen regieren Angst und Zynismus. »Arbeit besser machen« befähigt Führungskräfte oder HR-Verantwortliche, hier gegenzusteuern. Mit Hilfe der Positiven Psychologie lernen sie, das Beste aus Organisationen zu machen, was diese sein können: Orte des sinnvollen und profitablen Wachstums für Mensch und Organisation. Mit zahlreichen Werkzeugen, Grafiken sowie 33 Interviews mit herausragenden Forschern und Praktikern.

Rustler, Florian et al.: Future Fit Company: Individuelle Trainingspläne für Macher, Entscheider und Veränderer, 311 Seiten, 29,95 Euro, Haufe; 1. Auflage 2019, ISBN: 978-3648125595

Future Fit Company bietet leicht umsetzbare Trainingspläne für ein individuelles Fitnessprogramm. Damit lässt sich jedes Unternehmen erfolgreich in die Zukunft führen – während das Tagesgeschäft weiterläuft. Viele bewährte Methoden für Partizipation und Innovation sind anschaulich erklärt: Welche Werkzeuge sind wann die richtigen? Wie funktionieren sie? Was gibt es zu beachten und welche Fehler zu vermeiden? Weitere Themen sind die Prinzipien von zukunftsbereiten Organisationen und die Selbsteinschätzung zur Ausgangssituation des Unternehmens. Das Buch bietet Trainingspläne, Werkzeuge und Anwendungsbeispiele.

Schermuly, Carsten C.: New Work – Gute Arbeit gestalten: Psychologisches Empowerment von Mitarbeitern, 303 Seiten, 49,95 Euro, Haufe; 2. Auflage 2019, ISBN: 978-3648124482

Der Wandel zur Arbeitswelt 4.0 stellt Unternehmen vor neue Herausforderungen. Dieses Buch beschreibt, wie Sie mit psychologischem Empowerment die zentralen Personalthemen Ihres Unternehmens abgestimmt optimieren. So werden Ihre Mitarbeiter aktiver, leistungsfähiger und psychisch gesünder und das Unternehmen insgesamt den aktuellen Herausforderungen besser gewachsen. Der Autor erläutert wissenschaftlich fundiert die positiven Konsequenzen guter Arbeit und belegt mit Studien und Praxisbeispielen, wie Unternehmen von »empowerten« Mitarbeitern profitieren.

Werther, Simon/Bruckner, Laura: Arbeit 4.0 aktiv gestalten: Die Zukunft der Arbeit zwischen Agilität, People Analytics und Digitalisierung, 238 Seiten, 34,99 Euro, Springer; 1. Auflage 2018, ISBN: 978-3662538845

Dieses Buch bietet einen aktuellen und prägnanten Überblick sowie eine anschauliche Analyse über Arbeit 4.0. Der interdisziplinäre Zugang zwischen Psychologie, Soziologie und Rechtswissenschaft gewährleistet einen breiten und tiefgehenden Einstieg in dieses komplexe Thema. Darüber hinaus werden Implikationen von Agilität über People Analytics bis hin zu strategischen Aspekten gewinnbringend dargestellt. Des Weiteren werden zukünftige Arbeitswelten anhand verschiedener Szenarien bezüglich der Themen Recruiting, Personalentwicklung, Organisationsentwicklung, Organisationsstrukturen sowie Personalverwaltung und betriebliches Gesundheitsmanagement von verschiedenen Seiten beleuchtet.

Zink, Klaus J. (Hrsg.): Arbeit und Organisation im digitalen Wandel, 320 Seiten, 59,00 Euro, Nomos; 1. Auflage 2019, ISBN: 978-3848757558

Das Buch beschreibt eine mögliche Zukunft der Arbeitswelt. Dabei stehen verschiedene Möglichkeiten der Digitalisierung in den Funktionen bzw. den Prozessen sowie der Organisation als Ganzes im Mittelpunkt. Dies betrifft sowohl die Produktion als auch deren vor- und nachgelagerte Prozesse im Unternehmen, aber auch Supportprozesse anderer Einheiten, wie z. B. des Personalwesens. Außerdem rücken immer mehr Dienstleistungen in den Fokus. Die digitale Transformation bedingt mitunter die Umsetzung neuer Organisationsformen sowie neuer Geschäftsmodelle, die z. B. veränderte Führungskonzepte erfordern.

Internetlinks

Arbeiten 4.0 (Bundesministerium für Arbeit und Soziales) – www.arbeitenviernull.de

Center for Effective Organizations (CEO) (University of Southern California) – www.ceo.usc.edu

Christensen Institute (Clayton Christensen, Harvard Business School) – www.christenseninstitute.org

Enterprise 2.0-Fallstudien-Netzwerk – www.e20cases.org

Forschungsinstitut zur Zukunft der Arbeit (IZA) – www.iza.org

FutureWork Forum – www.futureworkforum.com

Gesellschaft für Organisation (GfO) – www.gfo-web.de

HPO Center (High Performance Organizations) – www.hpocenter.de

HR.com – The Human Resources Social Network – www.hr.com

HR-Guide – www.hr-guide.com

HR Trend Institute – www.hrtrendinstitute.com

Initiative Neue Qualität der Arbeit (INQA) – www.inqa.de

Innovationsnetzwerk Produktionsarbeit 4.0 (Fraunhofer IAO) – www.produktionsarbeit.de

Institute for Corporate Productivity (I4CP) – www.i4cp.com

Institute for Employment Studies (IES) – www.employment-studies.co.uk

Institut für angewandte Innovationsforschung (IAI) – www.iai-bochum.de

Institut für Innovation und Technik (VDI/VDE Innovation + Technik) – www.iit-berlin.de

Mensch Maschine Fortschritt (VDMA Verband Deutscher Maschinen- und Anlagenbau) – www.mensch-maschine-fortschritt.de

Plattform Industrie 4.0 (Bundesministerium für Wirtschaft und Energie/Bundesministerium für Bildung und Forschung) – www.plattform-i40.de

RKW Kompetenzzentrum (RKW Rationalisierungs- und Innovationszentrum der Deutschen Wirtschaft) – www.rkw-kompetenzzentrum.de

unternehmensWert: Mensch (Bundesministerium für Arbeit und Soziales) – www.unternehmens-wert-mensch.de

Wege zur Selbst-GmbH – www.selbst-gmbh.de

Zentrum Ideenmanagement (Deutsches Institut für Ideen- und Innovationsmanagement) – www.zentrum-ideenmanagement.de

Zukunft der Arbeit (Bertelsmann Stiftung) – www.zukunftderarbeit.de

Zukunftsprojekt Industrie 4.0 – www.bmbf.de/de/9072.php

Studien

Eight Futures of Work: Scenarios and their implications – The Boston Consulting Group GmbH – München/World Economic Forum, Genf

New Work. Best Practices und Zukunftsmodelle – Fraunhofer-Institut für Arbeitswirtschaft und Organisation, Stuttgart

People Management 2025: Zwischen Kultur- und Technologieumbrüchen – Deutsche Gesellschaft für Personalführung e. V., Frankfurt am Main/PricewaterhouseCoopers GmbH, Hamburg/Institut für Führung und Personalmanagement, Universität St. Gallen, St. Gallen

HR: Rethinking Human Resources – Egon Zehnder International GmbH, Berlin

The CHRO and the Future Organization: The CHRO-Role in the C-Suite & Board – Boyden International GmbH, Bad Homburg

Transitioning to the Future of Work and the Workplace: Embracing Digital Culture, Tools, and Approaches – Deloitte GmbH, München

Future Positive – How Companies can Tap into Employee Optimism to Navigate Tomorrow's Workplace – The Boston Consulting Group GmbH, München/Harvard Business School, Boston

Preparing Tomorrow's Workforce for the Fourth Industrial Revolution – Deloitte GmbH, München

Jobs Lost, Jobs Gained: Workforce Transitions in a Time of Automation – McKinsey & Company, Inc., Düsseldorf

The Future of Women at Work – Transitions in the Age of Automation – McKinsey & Company, Inc., Düsseldorf

Anforderungen der digitalen Arbeitswelt: Kompetenzen und digitale Bildung in einer Arbeitswelt 4.0 – Institut der deutschen Wirtschaft Köln Consult GmbH, Köln

Upskilling Your People for the Age of the Machine: Why a Workforce Upskilling Strategy is Key to Unleashing Automation's Productivity Potential – Capgemini Deutschland GmbH, Berlin

Die Kunst des Arbeitens in der Digitalen Revolution – Kienbaum Consultants International GmbH, Köln/StepStone GmbH, Düsseldorf

Building an Innovation-Driven Tech Workplace – Mercer Deutschland GmbH, Frankfurt am Main

Redefine Work: The Untapped Opportunity for Expanding Value – Deloitte GmbH, München

AI, Automation, and the Future of Work: Ten Things to Solve For – McKinsey & Company, Inc., Düsseldorf

Voice of the Workforce in Europe: Understanding the Expectations of the Labor Force to Keep Abreast of Demographic and Technological Change – Deloitte GmbH, München

Industry 4.0 Readiness Survey: The Fourth Industrial Revolution is Here – Are you Ready? – Deloitte GmbH, München

Success Personified in the Fourth Industrial Revolution: Where do German Executives Stand? – Deloitte GmbH, München

Equality = Innovation: Getting to Equal 2019 – Creating a Culture that Drives Innovation – Accenture GmbH, Kronberg

Innovation Matters – New Innovation Research – PA Consulting Group GmbH, Frankfurt am Main

DNA of Engagement: How Organizations Create and Sustain Highly Engaged Teams – The Conference Board Inc., New York/Brüssel

Alle Studien finden Sie auch im Internet unter http://mybook.haufe.de.

HR-ANALYTICS: Künstliche Intelligenz & Digitale Technologien

Einleitung

Technologie ist der Treiber für die digitale Transformation. Künstliche Intelligenz (KI) Big Data, maschinelles Lernen, digitale Medien, neue Software und Automatisierung verändern und beschleunigen Innovationen, Produktivität und Entscheidungsprozesse auch im HR-Bereich. Sie machen bestimmte Aufgaben überflüssig oder verändern diese mit hoher Geschwindigkeit. Gleichzeitig helfen sie HR-Managern dabei, ihre Arbeit zu optimieren und Freiräume für strategische Aufgaben zu gewinnen.

Zusammengefasst werden diese technologischen Möglichkeiten häufig unter dem Begriff People Analytics (hierzulande eher unter dem Begriff HR Analytics oder Data Analytics bekannt). Sie sollen subjektive Entscheidungen in Personal- und Organisationsfragen mithilfe von Daten fundierter und zielgerichteter machen. Interne und externe Daten rund um ein Unternehmen können vor dem Hintergrund von Sozial- oder Motivationspsychologie, Verhaltenswissenschaften oder Business Intelligence analysiert und mithilfe von statistischen Mitteln und Verfahren untersucht und weiterverwendet werden (z. B. durch die Umwandlung in Algorithmen etc.):

- In der Basisform umfasst HR Analytics in der Regel klassische HR-Kennzahlen (zum Beispiel Rekrutierungs- und Fluktuationsquoten, Mitarbeiterzahl, Durchschnittsalter der Beschäftigten), die anhand ausgewählter Strukturparameter wie Jobfamilien, Standorte, Fachabteilungen oder Hierarchiestufen ausgewertet werden. Diese Entwicklungsstufe von HR Analytics ist in vielen Unternehmen bereits als klassisches Personalcontrolling oder in Form von HR-Reportings vorhanden.
- In der Ausbauform beschäftigt sich HR Analytics vornehmlich damit, wichtige Treiber der zuvor genannten HR-Kennzahlen zu identifizieren. Es unterscheidet sich vom einfachen HR Analytics dadurch, dass fortgeschrittene statistische Verfahren eingesetzt werden, die einen ersten Hinweis auf Ursache-Wirkungs-Zusammenhänge liefern können.
- In der finalisierten Form zielt HR Analytics darauf, zukünftige Entwicklungen der Workforce und der Rahmenbedingungen ihres Einsatzes vorherzusagen. Dabei nutzt man statistische Verfahren und die Ergebnisse aus vergangenheitsbezogenen Analysen.

Basis dieser Datafizierung ist die in den letzten Jahren immens erhöhte Rechenleistung. Sie ermöglicht, dass immer komplexere Probleme, die zuvor nur Menschen lösen konnten, nunmehr automatisiert gelöst werden können. Das wird in vielen Fällen als künstliche Intelligenz bezeichnet. Da dieser Begriff aber nicht eindeutig definiert ist und häufig synonym verwendet wird zu maschinellem Lernen, Robot Process Automation oder Big Data Analytics, ist es zuweilen schwierig, entsprechende Systeme einzuordnen.

Zahlreiche bereits praxistaugliche Einsatzmöglichkeiten dieser Kennzahlen und ihrer automatisierten Analyse können dem HR-Manager heute beispielsweise bei der Bearbeitung von Mitarbeiteranfragen, bei der Suche nach geeigneten Kandidaten oder der Koordinierung von Trainingsinhalten helfen. Wichtige Einsatzbereiche sind:

- Recruiting: Künstliche Intelligenz (KI) wird beim Rekrutierungsprozess bereits auf verschiedenen Ebenen eingesetzt. Das Spektrum reicht von der Kandidatensuche mittels smarter Suchmaschinen über die Bewältigung großer Bewerberzahlen mit Big Data bis hin zur Eignungsdiagnostik. Nennenswerte Vorteile gibt es dabei sowohl für den Bewerber als auch für das Unternehmen. So lassen sich durch den KI-Einsatz wichtige Prozesse in der Rekrutierung standardisieren.

  Das zahlt insbesondere auf eine höhere Objektivität in der Beurteilung von Bewerbern ein. Ausgeschlossen oder zumindest minimiert werden auch typische Beurteilerfehler, die auch HR-Experten nicht immer ausschließen können. Dazu gehört vor allem der sogenannte Halo-Effekt, bei dem der auswählende Experte ohne objektive Grundlage von einem dominanten Merkmal auf andere Eigenschaften der Person schließt. Auch gefühlsbasierte oder geschlechterpräferierende »vor«-urteilsbehaftete Entscheidungen können vermieden werden.

- Vernetzung: Mit maschinellen Lernen können Algorithmen eigenständig Zusammenhänge in bestehenden Datensätzen erkennen und so die persönlichen Profile der Mitarbeiter mit Informationen aus internen und externen Quellen anreichern. Beispielsweise zeigt ihnen das System, welche Teams gerade an ähnlichen Projekten sitzen und schon wertvolle Vorarbeit geleistet oder dafür nötige Skills entwickelt haben.

- Karrierecoaching: In der Personalentwicklung ermöglichen KI-Systeme und lernende Algorithmen, den Mitarbeitern zielgerichtet diejenigen Weiterbildungsangebote zukommen zu lassen, die aufgrund ihrer Kompetenzen, Aufgaben und bisherigen Weiterbildungsangebote als optimal eingestuft werden. KI-basierte Karriereassistenten können die Mitarbeiter individuell coachen und auf Weiterbildungsprogramme und persönliche Vernetzungsmöglichkeiten hinweisen.

In Zeiten der Digitalisierung ist HR stärker denn je gefordert, diese technologischen Entwicklungen zu verstehen und zu operationalisieren, um einen nachhaltigen Mehrwert für das Unternehmen liefern zu können. Denn die technologische Entwicklung schafft die Grundlage für vollkommen neue Prozesse. Sie werden im Rahmen der digitalen Transformation nicht einfach nur optimiert, sie werden vollkommen neu gedacht. Aber sie bringen auch neue Verantwortlichkeiten mit sich. Gerade, weil es um den Menschen geht, erfordert die Nutzung von KI im HR-Bereich einen sehr sensiblen Ansatz.

Für HR heißt dies: Vernachlässigen Personaler diese Sensibilität, laufen sie Gefahr, das größte Wertversprechen des Technologieeinsatzes im Personalbereich zu verpassen: zufriedenere, motivierte und wachstumsorientierte Mitarbeiter. HR wird darum zunehmend die Balance zwischen Daten- und Mitarbeiterschutz finden müssen. Datensicherheit und Datenschutz werden daher eine wichtige Rolle im digitalisierten Personalwesen einnehmen.

Die folgenden Beiträge zeigen auf, wie Künstliche Intelligenz und Digitale Technologien das Personalmanagement und die Weiterbildung in Unternehmen verändern:
- Prof. Dirk Ifenthaler, Lehrstuhl für Wirtschaftspädagogik – Technologiebasiertes Instruktionsdesign, Universität Mannheim, stellt Learning Analytics zur Unterstützung des lebenslangen Lernens vor.
- Marina Klein, Managing Director HR, Accenture GmbH, Frankfurt am Main, stellt dar, wie die Digitalisierung HR verändert.
- Susanne Auer, Lufthansa Group, Frankfurt am Main, und Florian Fleischmann, Leiter Entwicklung, HRForecast, Bremen, berichten über Smart Data im Personalwesen: People Analytics.
- Udo Fichtner, Plansee Group, Reutte/Tirol, Steffen Fischer, ifm electronic, Essen, Anja Michael, Avira, Tettnang und Prof. Dr. Anne-Katrin Neyer, Professorin für Personalwirtschaft und Business Governance, Martin-Luther-Universität Halle-Wittenberg, fordern gemeinsam: Künstliche Intelligenz: Probieren, lernen, machen.
- Oliver Kasper, Daniel Swarovski Corporation AG, Männedorf, Schweiz, schreibt über Predictive People Analytics mit Business Impact.
- Dirk Stoltenberg, Oetiker Group, Horgen, Schweiz, informiert über Künstliche Intelligenz in der Personalauswahl.
- Ivan Evdokimov, Talent Acquisition Manager, Business Coach und Dozent, beschreibt, wie mit Künstlicher Intelligenz schneller, besser und fairer rekrutiert werden kann.
- Carsten Bertling, Corporate Director HR Processes & Systems, Henkel AG & Co. KGaA, Düsseldorf, erläutert die Bedeutung von Datenqualität für Predictive Analytics und Data-Driven-HR.
- Sylvio Ruedian und Prof. Dr. Niels Pinkwart, beide Humboldt-Universität zu Berlin, werben für effizienteres Lernen durch Learning Analytics.

Künstliche Intelligenz und digitale Technologien finden auch ihren Niederschlag in der aktuellen Fachliteratur. Einen Überblick über aktuelle Ansätze der Digitalisierung in Unternehmen sowie die Erfolgsfaktoren bei der Realisierung von Digitalisierungsprojekten liefert z. B. der Herausgeberband »Digitalisierung in Unternehmen: Von den theoretischen Ansätzen zur praktischen Umsetzung« der Professoren Thomas Barton, Christian Müller und Christian Seel.

Die in der aktuellen Diskussion relevanten Begriffe – von Augmented Reality über Blockchain und Robotik bis Virtual Reality – erklärt Philip Specht in seinem Taschenbuch »Die 50 wichtigsten Themen der Digitalisierung«. Den Entwicklungsperspektiven des Recruiting und den Potenzialen digitaler Technologien ist das von Tim Verhoeven herausgegebene Buch »Digitalisierung im Recruiting« gewidmet, das insbesondere auch auf deren Chancen und Grenzen sowie den damit verbundenen Mehrwert eingeht.

Verweise auf weitere Bücher zum Thema, Internetlinks sowie zahlreiche Studien, die im Serviceteil zum Download zur Verfügung stehen, finden Sie am Ende dieses Kapitels.

Dabei vermittelt u. a. der HR-Report 2019 der Unternehmensberatung HAYS und des Instituts für Beschäftigung und Employability einen Überblick über die Beschäftigungseffekte der Digitalisierung und die damit verbundenen Anforderungen an Führungskräfte und Unternehmenskultur. Auf die Auswirkungen der Nutzung von People Analytics, deren Möglichkeiten und Grenzen aus primär US-amerikanischer Sichtweise geht die Deloitte-Studie »How Predictive People Analytics are Revolutionizing HR« ein. Der mit Experten aus Wissenschaft, Gesellschaft und Unternehmen besetzte Ethikbeirat HR Tech liefert mit seinem Arbeitspapier »Richtlinien für den verantwortungsvollen Einsatz von künstlicher Intelligenz und weiteren digitalen Technologien in der Personalarbeit« eine hilfreiche Handreichung zur Behandlung dieser Thematik im deutschsprachigen Raum.

Joachim Gutmann

Learning Analytics zur Unterstützung des lebenslangen Lernens

Prof. Dr. Dirk Ifenthaler,
Lehrstuhl für Wirtschaftspädagogik –
Technologiebasiertes Instruktionsdesign,
Universität Mannheim,
Mannheim

Digitale Medien und Technologien prägen zunehmend den Arbeitsalltag und erweitern das Verständnis von Arbeit. Diese Veränderungsprozesse erwarten lebenslanges Lernen aller Stakeholder. Der Fokus des folgenden Beitrags liegt auf der Verwendung von Daten aus dem Bildungsbereich für die Unterstützung von Lehr-Lern-Prozessen. Learning Analytics verwenden statische Daten von Lernenden und dynamische – in Lernumgebungen gesammelte – Daten über Aktivitäten des Lernenden. Es geht darum, diese Daten in nahezu Echtzeit zu analysieren und zu visualisieren.

Einleitung

Lebenslanges Lernen bezeichnet alles Lernen während des gesamten Lebens, das dazu dient, Wissen, Qualifikationen und Kompetenzen zu verbessern, und im Rahmen einer persönlichen, bürgergesellschaftlichen, sozialen beziehungsweise beschäftigungsbezogenen Perspektive erfolgt (Kommission der Europäischen Gemeinschaften, 2001). Ein zentraler wissenschaftlicher Befund zu lebenslangem Lernen ist, dass Lernen nicht nur in der Schule stattfindet, um die erworbenen Kompetenzen in der Arbeitswelt anzuwenden. Vielmehr ist lebenslanges Lernen durch formales, non-formales und

---

Lessons Learned

- Lebenslanges Lernen wird durch formales, non-formales und informelles Lernen geprägt.
- Neben den weit verbreiteten formalen Lernangeboten in Form von Schulungen steht vermehrt das informelle Lernen am Arbeitsplatz im Vordergrund.
- Learning Analytics werden eine bedeutende Rolle für die Unterstützung jeglicher Lehr-Lern-Prozesse in der Arbeitswelt zugeschrieben.
- Die Implementierung von Learning Analytics-Anwendungen birgt verschiedene technische und organisatorische Hürden für die Stakeholder.
- Zugriff und Verwendung von bildungsbezogenen Daten müssen vor der Implementierung durch Datenschutzrichtlinien verbindlich reguliert werden.

informelles Lernen geprägt und Teil des Alltags eines Jeden. Diese Befunde richten den Fokus auch zunehmend auf das Lernen in der Arbeitswelt (Ifenthaler, 2018).

Die internationale Forschung zum Lernen in der Arbeitswelt hat in den vergangenen zehn Jahren umfassende Beiträge zu Gelegenheiten des Lernens am Arbeitsplatz und dessen Auswirkungen auf die Mitarbeiter, die Organisationen und die Gesellschaft vorgelegt. Im Vordergrund stehen Fragen zu Lernen über Arbeit, Lernen durch Arbeit und Lernen am Arbeitsplatz. Ein viel betrachteter Forschungsstrang fokussiert digital unterstütztes Lernen wie zum Beispiel
- Gamification,
- Game-based Learning,
- Simulationen,
- Massive oder Cooperate Open Online Courses sowie
- Virtual und Augmented Reality.

Potenziale digitaler Medien und Technologien für die Arbeitswelt sind individualisierte Lernartefakte und -umgebungen, die uneingeschränkte und flexible Verfügbarkeit von Lerngelegenheiten am Arbeitsplatz und die Skalierbarkeit der Lernangebote bei optimierter Kosten-Nutzen-Relation. Neben den weit verbreiteten formalen Lernangeboten in Form von Schulungen steht jedoch vermehrt das informelle Lernen am Arbeitsplatz im Vordergrund. Learning Analytics werden dabei eine bedeutende Rolle für die Unterstützung jeglicher Lehr-Lern-Prozesse in der Arbeitswelt zugeschrieben (Ifenthaler, 2018).

Learning Analytics

Im wirtschaftlichen Kontext werden kunden- und nutzergenerierte Daten für datenevidente Entscheidungen und um Wettbewerbsvorteile zu erzielen bereits vielfältig genutzt. Auch im Bildungsbereich, insbesondere durch die Bereitstellung von digitalen Lernangeboten, nimmt die nutzergenerierte Datenfülle kontinuierlich zu. Bisher werden diese Daten jedoch noch wenig von Organisationen für die Unterstützung von Lehr-Lern-Prozessen genutzt.

Konzepte wie Educational Data Mining, Academic Analytics und Learning Analytics finden derzeit vor allem in den USA, den Niederlanden, Großbritannien und Australien starke Beachtung:
- Educational Data Mining bereitet aus der Menge aller verfügbaren Daten relevante Informationen für den Bildungsbereich auf.
- Academic Analytics beziehen sich vornehmlich auf die Leistungsanalyse von Organisationen, indem institutionelle, auf den Lernenden bezogene und akademische Daten verwendet und für Vergleiche genutzt werden.

- Bei Learning Analytics stehen Lernende, Lernprozesse und in Echtzeit verfügbare Rückmeldungen im Vordergrund.

Learning Analytics beziehen nicht nur die Daten der digitalen Lernumgebung mit ein, sondern müssen als eingebettet in institutionelle, politische und curriculare Rahmen gesehen werden. Darüber hinaus sind auch Lernprozesse außerhalb institutioneller Kontexte von Relevanz. Mithilfe von Learning Analytics können datenbasierte Auskünfte über das Lernverhalten, Lernaktivitäten und Einstellungen in (nahezu) Echtzeit während des Lernprozesses erfasst und im weiteren Verlauf berücksichtigt werden. Somit werden individuelle dynamische Curricula und pädagogische Interventionen (zum Beispiel Feedback) möglich. Durch die umfassende Analyse des Lernkontexts können die Bedarfe der Lernenden frühzeitig erkannt sowie personalisiert werden und es kann adaptiv auf sie reagiert werden.

Die Interventionen, die auf Basis von Learning Analytics erfolgen, finden auf unterschiedlichen Ebenen einer Organisation statt:
- Auf der Individualebene können zum Beispiel weitere Lernangebote oder motivierendes Feedback den Lernprozess beeinflussen.
- Auf der Kursebene kann die Lehrperson das Lernmaterial auf Basis der derzeitigen Leistung an die Gruppe anpassen oder es ergänzen.
- Auf der Organisationsebene können Ressourcen anhand von datenevidenten Informationen bedarfsgerecht verteilt werden sowie gezielt Lehrende weitergebildet und Kursangebote angepasst werden.

Hierbei wird deutlich, dass individuell zugeschnittenen Analyse- und Visualisierungsmöglichkeiten von Learning-Analytics-Anwendungen für die unterschiedlichen Stakeholder und Organisationen notwendig sind. Insbesondere der Entwicklung und Implementierung von wirkungsvollen Learning Analytics Dashboards wird im internationalen Forschungsfeld hohe Beachtung beigemessen (Ifenthaler/Schuhmacher, 2018). Learning Analytics Dashboards sind individuell anpassbare Benutzeroberflächen, die personalisierbare Learning-Analytics-Funktionen darstellen und sich in Echtzeit an den Lernprozess der Lernenden anpassen (adaptieren). Mithilfe dieser Dashboards erhalten Lernende Feedback über ihren Lernfortschritt und eine Übersicht über die verfügbaren Learning-Analytics-Funktionen. Die personalisierten Dashboards ermöglichen zudem datenschutzrechtliche Einstellungen zur Speicherung und Zugriffssicherung auf Daten und deren Analyseergebnisse.

Die notwendige Datengrundlage für Learning Analytics kann auf drei Kernbereiche zurückgeführt werden (siehe Abb. 1). Der Learning-Analytics-Profiles-Ansatz (LeAP-Ansatz) unterscheidet drei Profile, die die erforderlichen statischen und dynamischen Daten verfügbar machen (Ifenthaler, 2015). Statische Daten sind zeitlich relativ stabile

Informationen. Dynamische Daten verändern sich während des Lernprozesses und müssen somit in geeigneten Zeitabständen aktualisiert werden:

- Das Profil der Lernenden (Student Profiles) beinhaltet statische Daten über die Dispositionen und Hintergründe der Lernenden (zum Beispiel sozio-ökonomischer Hintergrund, Interessen, akademische Leistungen, Vorwissen).
- Das Profil des Lehr-Lern-Prozesses (Learning Profiles) beinhaltet Information zu den Interaktionen der Lernenden und Lehrenden mit Lernartefakten und Lernaufgaben sowie Assessments (zum Beispiel Nutzerpfade).
- Das Profil des Curriculum (Curriculum Profiles) beinhaltet in einer formalen Lernumgebung die definierten und erwarteten Lernergebnisse, zugeordnete Lernartefakte und Lernerfolgskontrollen (im Sinne von Benchmarking).

Aus der Interaktion der drei Profile werden Algorithmen verwendet, um Interventionen abzuleiten. Die Ergebnisse der Interventionen fließen in definierten Intervallen zurück in die einzelnen Profile. Lernende erhalten zum Beispiel Rückmeldung zu verwendeten Lernstrategien oder zum Zeitmanagement. In der Lernumgebung werden adaptiv Hinweise zu bestimmten Lernartefakten gegeben. Nicht benutzte Lernartefakte oder zu schwierige Lernaufgaben werden markiert und für spätere Reformen des Curriculums herangezogen.

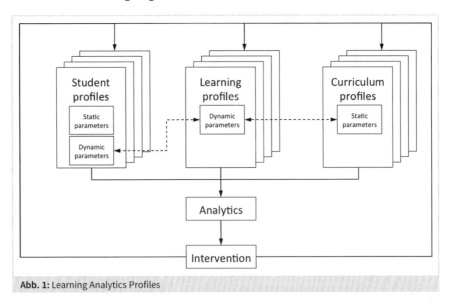

Abb. 1: Learning Analytics Profiles

Über Möglichkeiten der Individualisierung sind Learning-Analytics-Anwendungen stark lernerzentriert und fördern über Reflektionsanreize (Prompts) den Lernprozess. Dabei kann durch zeitnahes Feedback und das Wissen über das eigene Lernen der Lernerfolg gesteigert werden. Es wird allgemein angenommen, dass Learning-Analytics-Anwendungen durch die Analyse großer Datenmengen eine weitaus differen-

ziertere Informationsbasis bieten, als das in klassischen Lehrsituationen wie in einer Schulung durch eine einzelne Lehrperson möglich wäre, vor allem in Zeiten steigender Weiterbildungsbedarfe. Learning-Analytics-Anwendungen, die mit verschiedenen Methoden (zum Beispiel Support Vector Machines, Decision Trees) Daten multipler Quellen analysieren, sollten möglichst folgende Ziele vereinen:
- relevante nächste Lernschritte und Lernmaterialien empfehlen,
- Reflektion und Bewusstsein über den Lernprozess fördern,
- soziales Lernen fördern,
- unerwünschtes Lernverhalten und -schwierigkeiten aufspüren,
- den aktuellen Gefühlszustand der Lernenden ausfindig machen und
- den Lernerfolg vorhersagen.

Datenschutz im Kontext von Learning Analytics

Im digitalen Zeitalter sind viele Menschen bereit, persönliche Daten preiszugeben, ohne genau zu wissen, wer Zugriff auf die Daten hat, wie und in welchem Kontext die Daten verwendet werden oder wie der Besitz der eigenen Daten kontrolliert werden kann. Durch die Nutzung von Online-Systemen (zum Beispiel Lernplattformen, Enterprice Network) werden automatisch Daten generiert, was die Kontrolle über die eigenen Informationen durch die jeweiligen Nutzer zusätzlich erschwert. Hinsichtlich des Eigentums persönlicher Daten gibt es landesspezifische Unterschiede, in den Vereinigten Staaten von Amerika gehören die Daten den Erfassenden, während in Europa die Daten dem Individuum gehören. Organisationen verwenden seit jeher eine Vielzahl von Daten über Mitarbeiter, wie zum Beispiel sozio-demografische Daten oder Kompetenzprofile, als Grundlage für Ressourcenverteilung, Projektplanung und Bildungsentscheidungen.

Mithilfe von Learning Analytics werden insbesondere folgende Daten analysiert:
- über Lernende (zum Beispiel Vorwissen, akademische Leistungen),
- über Aktivitäten in der Lernumgebung (zum Beispiel Nutzerpfade, Downloadaktivitäten),
- über curriculare Maßstäbe (zum Beispiel Lernergebnisse, Vergleich mit anderen Leistungen) und
- über Interaktionen mit Mitarbeitern (zum Beispiel Aktivitäten in sozialen Netzwerken).

Organisationen müssen sich der Datenschutzthemen annehmen, die in Verbindung mit Learning Analytics stehen, wie Zugriffsrechte, Speicherdauer, Analysen und Schlussfolgerungen. Learning Analytics greifen dabei auf Daten aus verschiedenen Kontexten zu, wie der Personalverwaltung, der Lernumgebung oder sozialen Interaktionen. Die Bereitschaft von Mitarbeitern, Daten preiszugeben, kann in den jeweiligen

Kontexten unterschiedlich sein. Nach der kontextuellen Integritätstheorie sind Informationen, die in einem spezifischen Kontext preisegegeben wurden, nicht übertragbar auf einen anderen Kontext, ohne die Bedeutung zu beeinträchtigen oder die Privatsphäre zu verletzen (Ifenthaler/Schuhmacher, 2016).

Datenschutzprinzipien für Learning Analytics unterstreichen dabei die aktive Rolle der Mitarbeiter in ihren Lernprozessen, den temporären Charakter und die Unvollständigkeit von vorhandenen Daten, auf denen Learning Analytics basieren, sowie insbesondere Transparenz hinsichtlich Nutzung, Analysen, Zweck, Zugriff, Kontrolle und Eigentumsverhältnisse der anfallenden Daten. Lernerfolg ist ein komplexes und mehrdimensionales Phänomen, welches nicht vollständig von Learning-Analytics-Anwendungen erfasst werden kann. Dies gilt vor allem, da nur Lernaktivitäten erfasst werden, welche innerhalb des Systems stattfinden, sofern keine reaktiven Datensammlungen von Mitarbeitern vorgesehen sind.

Studienergebnisse weisen darauf hin (Ifenthaler/Schuhmacher, 2016), dass Lernende nicht bereit sind, alle Daten für Learning-Analytics-Anwendungen preiszugeben. Der Großteil ist bereit, lernbezogene Daten zu teilen, nicht aber persönliche Informationen oder soziale Nutzerpfade. Insbesondere wenn die geforderten adaptiven und personalisierten Systeme implementiert sind, die auf eine Vielzahl an Daten angewiesen sind, ist dies ein kritischer Aspekt. Um deutlich zu machen, warum die Daten benötigt werden, ist eine hohe Transparenz der Datensammlung und -analyse entscheidend. Dies kann beispielsweise über einen Fragezeichenbutton, der bei Bedarf diese Informationen anzeigt, realisiert werden oder aber über Frequently Asked Questions (FAQs) sowie eine situative und zeitlich begrenzte Einwilligung zur Preisgabe der benötigten Daten für die gewünschte Analyse.

So gelingt die Implementation von Learning Analytics

Aus zahlreichen Befunden relevanter Studien zu Learning Analytics wurden die Bedingungen für das Gelingen der Implementation von Learning Analytics abgeleitet und mittels Stakeholder-Interviews validiert. Diese Bedingungen für die Anwendung von Learning Analytics werden im Folgenden aufgeführt (Ifenthaler et al., 2019):

1. Entwicklung von flexiblen Learning-Analytics-Systemen, die die Bedarfe einer Organisation hinsichtlich spezifischer Anforderungen an Lernkultur und pädagogische Konzepte, die Lernenden und Lehrenden sowie die technische und administrative Organisationsstruktur und den erweiterten Kontext der Organisation berücksichtigen.
2. Aufbau organisatorischer, technologischer und pädagogischer Strukturen und Prozesse zur Nutzung von Learning-Analytics-Systemen sowie Unterstützung der Stakeholder bei Konzeption, Implementation und nachhaltigem Betrieb.

3. Einbindung aller Stakeholder einer Organisation in die Entwicklung von Learning-Analytics-Systemen.
4. Definition der Anforderungen an Daten und Algorithmen für Learning-Analytics-Systeme: Wie werden Daten und Algorithmen verfügbar gemacht? Wie, wo und für wie lange werden die Daten gespeichert? In welchen Formaten müssen die Daten vorliegen und mittels welcher Algorithmen werden sie Anwendung finden? Wer hat auf welche Daten, Algorithmen und Analyseergebnisse Zugriff?
5. Information sowie Aus- und Weiterbildung aller Stakeholder über ethische und datenschutzrechtliche Bedingungen und Hintergründe bei der Verwendung von Daten, Algorithmen und Analyseergebnisse aus Learning-Analytics-Systemen. Es werden Standards zur Sicherung der Privatsphäre, zum Datenschutz sowie der Einhaltung von ethischen Gesichtspunkten unter Einhaltung der EU-DSGV für Einzelpersonen als auch für die Institution benötigt.
6. Entwicklung eines robusten Qualitätssicherungsprozesses, um die Gültigkeit und Zuverlässigkeit der Learning-Analytics-Systeme sicherzustellen. Neben der internen Qualitätssicherung kann zudem eine Akkreditierung die Akzeptanz bei den Stakeholdern erhöhen.
7. Forschungsförderung im Bereich von Learning Analytics mittels interner Finanzierungsmodelle einer Organisation, der Etablierung von Forschungsverbünden und bundesweiten Forschungsprogrammen.
8. Aufbau von lokalen, regionalen und nationalen Learning-Analytics-Gremien mit Stakeholdern aus Wissenschaft, Wirtschaft und Politik mit Fokus auf adäquate Entwicklung und Implementation (sowie Akkreditierung) von Learning-Analytics-Systemen.

Fazit und Perspektiven

Learning-Analytics-Anwendungen bieten pädagogische und technologische Grundlagen, um in Echtzeit während des Lernprozesses zu intervenieren. Durch die Verfügbarkeit von personalisiertem und zeitnahem Feedback können selbstreguliertes Lernen, Lernmotivation und Lernerfolg unterstützt werden. Allerdings kann durch die zunehmende Automatisierung der Unterstützungssysteme auch die in einer digitalen Arbeitswelt erwartete Kompetenzentwicklung zu kritischem Denken und selbstständigem Lernen gehindert werden.

Learning Analytics benötigen zur vollen Entfaltung ihres Potenzials eine Vielzahl personenbezogener Daten der Mitarbeiter, wodurch sich ethische und datenschutzrechtliche Herausforderungen ergeben. Die derzeitigen Anforderungen an den Datenschutz erfordern die Zustimmung der einzelnen Mitarbeiter, bevor für Learning Analytics Daten erfasst und verarbeitet werden dürfen. Um die rechtlichen, funktionellen und technischen Voraussetzungen zu erfüllen, muss frühzeitig mit den entsprechenden Stakeholdern der Organisation zusammengearbeitet werden.

Die Bereitschaft von Mitarbeitern, personenbezogene Daten preiszugeben, steht im positiven Zusammenhang mit dem antizipierten Nutzen einer Learning-Analytics-Anwendung sowie der wahrgenommenen Kontrolle über die eigenen Daten (Ifenthaler/Schuhmacher, 2016). Datenschutzrichtlinien, die den Zugriff und die Verwendung von bildungsbezogenen Daten regulieren, müssen vor Implementierung einer Learning-Analytics-Anwendung eingeführt werden. Das Speichern und Verarbeiten anonymer persönlicher Daten ist lediglich ein Anfang einer Datenregulierungsstrategie für Learning Analytics.

Learning-Analytics-Anwendungen in die bestehende Infrastruktur von Organisationen zu implementieren, birgt verschiedene Hürden für die Stakeholder. Dazu zählen die Bereitschaft der Mitarbeiter, Daten preiszugeben und die Zusammenarbeit der Abteilungen, um die nötigen Ressourcen bereitzustellen sowie die technischen Systeme und organisatorischen Prozesse weiterzuentwickeln.

Aus den Befunden der Forschung um Learning Analytics kann ein erheblicher Bedarf an Aus- und Weiterbildung identifiziert werden. Letztlich bleibt anzumerken, dass Stakeholder eine hohes Interesse an Learning-Analytics-Systemen haben und durchaus hohe Potenziale von Learning Analytics für die Arbeitswelt erkennen (Ifenthaler et al., 2019).

In der internationalen Forschung werden Learning Analytics ein zunehmend umfassendes Thema, das nicht nur Lern-Management-Systeme, mobile Geräte und Lern-Apps erfasst, sondern auch zunehmend Datenquellen aus sogenannten Wearables und anderen Video- und Audio-Sensoren berücksichtigt. Diese sogenannten multimodalen Daten aus einer Vielzahl von Sensoren stellen die Learning-Analytics-Forschung vor neue Herausforderungen, geben der Lehr-Lernforschung allerdings die Möglichkeit, ganz neue wissenschaftliche Erkenntnisse zu gewinnen.

Holistische Learning Analytics-Anwendungen, die theoretisch fundierte Datenanalysen mit pädagogisch relevanten Lernindikatoren und aufbereitete Interventionen ermöglichen, sind Ziel der aktuellen Forschung. Dabei ist zu erwarten, dass neben datenschutzrechtlichen Standards in der Verwendung von Daten auch weitere Standards zum Austausch von Daten aus dem Bildungskontext entwickelt werden. Eine aus pädagogischer Sicht ungelöste Frage bleibt jedoch (Ifenthaler/Drachsler, 2018): Unterstützen Learning Analytics den Lehr-Lern-Prozess nachhaltig und wenn ja, in welchem Umfang?

Literatur

Ifenthaler, D. (2015): Learning analytics. In J. M. Spector (Ed.), The SAGE encyclopedia of educational technology (Vol. 2, pp. 447–451). Thousand Oaks, CA: Sage.

Ifenthaler, D. (Ed.) (2018): Digital workplace learning. Bridging formal and informal learning with digital technologies. New York, NY: Springer.

Ifenthaler, D.; Drachsler, H. (2018): Learning Analytics. In: H. M. Niegemann & A. Weinberger (Eds.), Lernen mit Bildungstechnologien (pp. 1–20). Heidelberg: Springer.

Ifenthaler, D.; Schumacher, C. (2016): Student perceptions of privacy principles for learning analytics. Educational Technology Research and Development, 64(5), 923–938. doi:10.1007/s11423-016-9477-y.

Ifenthaler, D.; Yau, J. Y.-K.; Mah, D.-K. (Eds.) (2019): Utilizing learning analytics to support study success. New York, NY: Springer.

Kommission der Europäischen Gemeinschaften (2001): Mitteilung der Kommission. Einen Europäischen Raum des lebenslangen Lernens schaffen. Retrieved from http://eurlex.europa.eu/LexUriServ/LexUriServ.do?uri=COM:2001:0678:FIN:DE:PDF.

Schumacher, C.; Ifenthaler, D. (2018): Features students really expect from learning analytics. Computers in Human Behavior, 78, 397–407. doi:10.1016/j.chb.2017.06.030.

Hinweise zum Autor

Prof. Dr. Dirk Ifenthaler

Professor Dirk Ifenthaler ist Inhaber des Lehrstuhls für Wirtschaftspädagogik – Technologiebasiertes Instruktionsdesign an der Universität Mannheim und UNESCO Deputy Chair of Data Science in Higher Education Learning and Teaching an der Curtin University, Australien. Sein Forschungsschwerpunkt verbindet Fragen der Lernforschung, Bildungstechnologie, Data Science und organisationalem Lernen. Professor Ifenthaler ist Editor-in-Chief der Springer Zeitschrift Technology, Knowledge and Learning.

Kontaktdaten:
Lehrstuhl für Wirtschaftspädagogik – Technologiebasiertes Instruktionsdesign, Universität Mannheim, L4, 1, 68131 Mannheim, Tel.: +49(0)621 18122 79, Mail: ifenthaler@uni-mannheim.de, Internet: http://ifenthaler.bwl.uni-mannheim.de

Von Mensch und Maschine – wie die Digitalisierung HR verändert

Marina Klein, Managing Director HR, Member of German Board, Accenture, Kronberg im Taunus

Die digitale Transformation beeinflusst heute so gut wie alle Bereiche der Arbeitswelt – das betrifft Prozesse wie auch die Art zu arbeiten. Human Resources ist hier nicht ausgenommen. Auf der einen Seite geht es um die richtigen Strategien, neue Talente zu finden, die die Digitalisierung vorantreiben; gleichzeitig gilt es, Mitarbeiter entsprechend weiterzubilden. Je größer der Anteil der Künstlichen Intelligenz am Arbeitsalltag eines jeden Mitarbeiters wird, desto besser muss das Zusammenspiel zwischen Mensch und Maschine gestaltet werden. HR ist aufgefordert, sich selbst ebenfalls zu verändern und sich die Frage zu stellen, welche Rolle es in Zukunft spielen möchte und wie Künstliche Intelligenz seine Rolle beeinflussen kann.

Antworten auf neue Anforderungen und Herausforderungen

In den letzten Jahren hat sich die Rolle von Human Resources (HR) zunehmend verändert. Sie hat sich verändern müssen, um Antworten auf neue Anforderungen und Herausforderungen zu finden und einen Weg zu ebnen, der sie für die Zukunft rüstet und wieder mehr Relevanz im Business verschafft. Die digitale Transformation ist eine weitere Hürde, die es nun zu nehmen gilt. Sie verändert die Arbeitswelt in vielerlei Weise:

Lessons Learned

- Es geht heute darum, sich vom Dualismus Mensch-Maschine zu lösen und stattdessen in Teamlösungen zu denken.
- Die richtige Integration von Technologien wie der Künstlichen Intelligenz in Wertschöpfungsketten wird zu einer entscheidenden Frage.
- Damit Mensch und Maschine symbiotisch zusammenarbeiten können, muss man verstehen, wie Menschen Maschinen und wie Maschinen Menschen helfen.
- Diese Übersetzungsarbeit, die sehr viel mit Fort- und Weiterbildung in einem Unternehmen zu tun hat, obliegt zu großen Teilen der HR.
- Darüber hinaus muss HR das eigene Rollenverständnis verändern und neue Skills entwickeln, um KI-Technologien erfolgreich in die eigene Arbeit zu integrieren.

Arbeitsplätze werden flexibler, neue Skill-Sets werden vorausgesetzt und neue Arbeitsfelder erschlossen.

Für ein Unternehmen, dessen Geschäftsfeld eng mit neuen Technologien, Big Data und Digitalisierung insgesamt verknüpft ist, ist es für den weiteren Erfolg und das Wachstum von entscheidender Bedeutung, dass die Mitarbeiter über die richtigen Kompetenzen und Fähigkeiten verfügen. Gleichzeitig verändern sich Prozesse im Unternehmen und jeder Mitarbeiter hat in seinem Arbeitsalltag mit Künstlicher Intelligenz (KI) zu tun. Es kommt jetzt darauf an, das Zusammenspiel zwischen Mensch und Maschine zu gestalten.

In der Diskussion um den Einsatz von KI und darüber, welchen Einfluss sie künftig auf die Arbeitswelt haben wird, ist die Betrachtungsweise entscheidend: Es geht darum, sich vom Dualismus Mensch-Maschine zu lösen und stattdessen in Teamlösungen zu denken. Die richtige Integration von Technologien wie der Künstlichen Intelligenz in Wertschöpfungsketten wird zu einer entscheidenden Frage – sowohl im Hinblick auf die Weiterbildung der Mitarbeiter als auch den Einsatz von KI bei der täglichen Arbeit. Es geht nicht um »Mensch oder Maschine«, sondern um das ideale Zusammenspiel als Team.

Nach Daugherty/Wilson automatisieren KI-Systeme nicht nur viele Prozesse und machen sie damit effizienter; sie versetzen jetzt auch Menschen und Maschinen in die Lage, auf neuartige Weise zusammenzuarbeiten. KI wird dabei als System verstanden, das die Fähigkeit der Menschen erweitert, weil es wahrnimmt, versteht, handelt und lernt (Daugherty/Wilson, 2018).

Prozesse und Zusammenarbeit mit KI neu denken

Das bisher gezeichnete Bild stellt KI oft als Superintelligenz dar, die gegen den Menschen kämpft und diesen ersetzen will. In diesem Szenario sind intelligente Maschinen eine potenzielle Bedrohung. Diese Betrachtungsweise spart einen sehr wichtigen Punkt aus: Bei allen heutigen KI-Anwendungen sprechen wir von »schwacher« KI, die abhängig ist von der Verfügbarkeit und der Qualität von Daten und vom Menschen selbst. Eine sogenannte starke KI, die uns Menschen ähnlich ist, ein Bewusstsein hat und unsere intellektuellen Fähigkeiten übertrifft, ist erst einmal Science Fiction – und bleibt es vielleicht auch. Die Forschung ist sich hier weder sicher noch einig.

Deshalb gilt es, den Blick auf die zentrale Herausforderung zu richten: Arbeiten Mensch und Maschine symbiotisch zusammen, verändern sich viele herkömmliche Aufgaben und neue entstehen. Insbesondere die neuartigen Tätigkeiten, die aus Partnerschaften zwischen Mensch und Maschine erwachsen, spielen sich in dem Bereich ab, den wir bei Accenture die »fehlende Mitte« nennen. »Fehlend« meint hier, dass sich bislang nur wenige Unternehmen damit auseinandersetzen. Je mehr intelligentere KI-Technologien zur Verfügung stehen, umso wichtiger wird es, die fehlende Mitte zu füllen. KI ist in erster Linie eine Investition in menschliches Talent und erst dann in Technologie (Daugherty/Wilson, 2018). Dafür muss man verstehen, wie Menschen den Maschinen und wie Maschinen den Menschen helfen.

Diese Übersetzungsarbeit, die sehr viel mit Fort- und Weiterbildung in einem Unternehmen zu tun hat, obliegt zu großen Teilen der HR. Gleiches gilt für die Moderation, Mitarbeitern transparent und verständlich zu machen, welchen Nutzen der Einsatz von KI bringt und wie sie den Menschen bei seiner Arbeit unterstützt. Hier entwickelt sich eine neue Rolle für HR, die eng verknüpft ist mit der Frage, wie ein Unternehmen sich verändern und die sich aus der Veränderung ergebenden Potenziale nutzen kann.

Der Einsatz von KI kann viele positive Auswirkungen auf die Qualität von Arbeit haben. Abgesehen von der Steigerung menschlicher Fähigkeiten und einer Demokratisierung von Fachwissen ist insbesondere die »Re-Humanisierung« von Arbeit ein entscheidender Faktor, die zudem die Rolle des Menschen in der Arbeitswelt der Zukunft neu definiert (Apt/Priesack, 2019). Menschliche Stärken wie Kreativität, Improvisation, Urteilsvermögen und Führungsqualitäten bleiben relevant und unentbehrlich, während maschinelle Stärken wie Schnelligkeit, Genauigkeit, Wiederholung und Skalierbarkeit immer wichtiger werden – insbesondere zur Erweiterung der Fähigkeiten des Menschen.

In der »fehlenden Mitte« übernimmt der Mensch beispielsweise, die Maschine für bestimmte Aufgaben zu trainieren, indem er Ergebnisse erklärt und die Maschine in verantwortungsvoller Weise erhält. Diese wiederum verstärkt das Wissen und die Intuition des Menschen, indem sie ihm Daten und Analysen zur Verfügung stellt. So wird interagiert (Daugherty/Wilson, 2018).

Ein entscheidender Punkt bei dieser Betrachtung der symbiotischen Mensch-Maschine-Aktivitäten ist der Moment, in dem bestimmte Tätigkeiten vom Menschen zur Maschine übergehen. So gesehen ermöglicht Technologie Freiheit und Individualität (Trott, 2018). Dies schafft für den Menschen Raum, sich anderen Aufgaben zu widmen, und die Arbeit erhält einen neuen Sinn.

Neues Leadership-Verständnis

In solchen dynamischen Veränderungsprozessen wird allen Mitarbeitern viel abverlangt, was Verunsicherung schafft, vielleicht auch Angst oder Unverständnis hervorruft. Deshalb ist es umso wichtiger, dass das Management die Veränderungen im

Unternehmen transparent macht und erklärt. Für die Mitarbeiter muss nachvollziehbar sein, was die Zielsetzung von Technologie ist, wie deren Umsetzung aussieht – und noch viel wichtiger: Die Mitarbeiter müssen die Möglichkeit haben, mitzubestimmen.

Je mehr mit KI und immer größeren Datenvolumina gearbeitet wird, umso mehr stellt sich die Frage nach ethischen und rechtlichen Leitlinien. Es ist die Aufgabe der Systeme, erklärbare Ergebnisse zu liefern, eine algorithmische Berechenbarkeit zu fördern und Tendenzen wie Verzerrungen (Biases) zu beseitigen. Dies muss allen im Unternehmen bewusst und ein jeder dafür sensibilisiert sein. Es gilt, eine Kultur zu schaffen, die einerseits eine verantwortungsvolle KI fördert und andererseits dem Menschen transparent macht und erklärt, wie KI-Systeme deren Fähigkeiten erweitern und deren alltägliche Arbeit befriedigender und weniger mühsam machen (Daugherty/Wilson, 2018).

Indem positive Erfahrungen mit KI gefördert werden, kann man dem intuitiven Misstrauen gegenüber Maschinen und Algorithmen begegnen. Dabei ist es wichtig zu betonen, dass ein fundiertes menschliches Urteilsvermögen gegenüber dem, was KI leisten kann, der entscheidende Faktor bleibt. HR kann und muss das Leadership sowie zugleich jeden einzelnen Mitarbeiter dabei unterstützen, diesen Prozess und den Dialog im Unternehmen zu gestalten und hierbei als Beispiel vorangehen.

Gleichzeitig erfordern die gegenwärtigen Veränderungen neue Fertigkeiten und eine neue Sichtweise, um Prozesse in der fehlenden Mitte neu zu denken und die Zusammenarbeit zwischen Mensch und Maschine zu gestalten. Die Skills der nächsten Generation werden nur noch wenig Ähnlichkeit mit denen der vergangenen Generation haben und so wird es umso wichtiger, einen Bruch auf dem Arbeitsmarkt zu verhindern, bei dem die Einen profitieren und die Anderen abgehängt werden.

Wissenschaft, Unternehmen und politische Entscheidungsträger haben gleichermaßen die Aufgabe, die Beschäftigungsfähigkeit der Arbeitnehmer trotz Technisierung zu erhalten (Apt/Priesack, 2019). Menschliches Fachwissen ist neu zu denken und damit wird ein ganz neuer Ansatz bei der Ausbildung und Umschulung von Arbeitskräften erforderlich. Lebenslanges Lernen wird zu einem festen Bestandteil im Arbeitsleben jedes Einzelnen. Aufgabe der HR ist es, die Lust und Neugier auf Innovation und ständiges Lernen zu wecken und wachzuhalten.

HR übernimmt eine neue Rolle

Damit all dies im Unternehmen gelingt und Unternehmen erfolgreich KI-Systeme einführen können, braucht es neue Personal- und Fortbildungsstrategien, um die richtigen Personen für das Unternehmen zu finden und zu halten. Gleichzeitig gilt es, die bestehenden Mitarbeiter richtig zu schulen und fortzubilden, damit diese die neuen Rollen in der fehlenden Mitte ausfüllen können. Wichtig hierbei ist, dass sich die Mitarbeiter tatsächlich mit diesem neuen Weg identifizieren.

Accentures eigene Positionierung als Digital Leader im Markt funktioniert nur über eine klare Vision und den Willen, aktiv die Zukunft zu gestalten. Dazu gehört auch, dass wir die Veränderungen und die neue Sicht auf Prozesse und die Art zu arbeiten zunächst bei uns intern verstehen und vorantreiben, um anschließend unsere Kunden unterstützen zu können. 70 Prozent unseres Geschäfts generieren wir als Unternehmen in Zukunftsfeldern, die eng verknüpft sind mit Digitalisierung, Big Data, neuen Technologien und Lösungen. Dies schaffen wir nur mit dem richtigen Personal, das über die notwendigen Kompetenzen und Fähigkeiten verfügt, besagte Technologien und entsprechende Lösungen kennt und diese einzusetzen und zu erklären weiß.

Für uns in HR bedeutet dies konkret, dass wir als Arbeitgeber im Markt sichtbar und attraktiv sein müssen, damit wir zum einen die richtigen Talente finden, die die digitale Transformation im Unternehmen weiter vorantreiben. Zum anderen müssen wir sicherstellen, dass die aktuellen Mitarbeiter richtig weitergebildet und mit den entsprechenden Fähigkeiten ausgestattet sind. So vermeiden wir, dass eine »Lost Generation« entsteht, die für den sich verändernden Arbeitsmarkt nicht mehr relevant ist. Dafür sind Engagement und Verpflichtung sowohl der Mitarbeiter als auch des Unternehmens nötig:
- Das Unternehmen ist dafür zuständig, die richtigen Rahmenbedingungen zu schaffen, um seine Mitarbeiter mit den erforderlichen Fähigkeiten auszustatten.
- Die Mitarbeiter müssen Verantwortung übernehmen und offen sein für das Konzept des lebenslangen Lernens.

Für die HR-Strategie bei Accenture haben die Einbeziehung der KI als Teil der Workforce sowie das Thema »New Work« verschiedene Implikationen:
- Generell bringt Digitalisierung räumliche, zeitliche sowie strukturelle Flexibilität in den Arbeitsalltag.
- Wir brauchen charismatische Führungskräfte, die einerseits mit dem Wissen um Trends und Entwicklungen unsere Kunden für die Zukunft fit machen und andererseits unsere Talente und Teams inspirieren.
- Es ist notwendig, ein Führungsverständnis zu entwickeln, das von Rollen und Hierarchieebenen entkoppelt ist. Dies impliziert eine gemeinsame Vorgehensweise und Auffassung davon, wie wir arbeiten und wohin wir uns entwickeln wollen.
- Wir müssen die Erwartungen aller Generationen mit den neuen Anforderungen im Markt zusammenbringen, um die Karrieren und den Erfolg jedes Einzelnen individuell zu unterstützen und voranzutreiben.
- Es kommt darauf an, die Anforderungen und die Entwicklung des Marktes richtig zu antizipieren, damit wir die entscheidenden Schwerpunkte bei der Fort- und

Weiterbildung unserer Mitarbeiter setzen und die notwendigen Kompetenzen und Fertigkeiten aufbauen können.
- Ein hyper-personalisiertes Angebot für die Bedürfnisse eines jeden Mitarbeiters ist der Weg in die Zukunft. Darauf müssen wir unsere Programme, Prozesse und Richtlinien ausrichten, sie flexibilisieren und digitalisieren.

Letztlich muss HR weg von einem prozess-getriebenen hin zu einem talent- sowie business-getriebenen Mindset. Dies bedeutet vor allem, individualisierte Konzepte zu entwickeln, die den Menschen wieder stärker in den Mittelpunkt rücken. Die Sinnhaftigkeit unserer täglichen Arbeit und das Zugehörigkeitsgefühl zu stärken gehört genauso hierzu wie das mentale und körperliche Wohlbefinden jedes Einzelnen zu fördern sowie die Neugier und Lust auf Innovation und stetes Lernen zu wecken und aufrechtzuhalten.

Gleichzeitig müssen wir uns innerhalb der HR die Frage stellen, wie wir uns im Rahmen dieser Veränderungen aufstellen:
- Welche Rolle möchten wir in Zukunft einnehmen?
- Wie wird diese Rolle zukünftig von der KI beeinflusst werden?
- Welches Potenzial steckt hier drin?

Übernehmen KI-Technologien eintönige, langwierige Tätigkeiten, kann die HR Prozesse neu denken und den Fokus auf den Menschen lenken. Dadurch entstehen für uns neue Gestaltungsspielräume.

Das bedeutet für das Accenture HR-Team, dass sich das eigene Rollenverständnis verändert und neue Skills zu entwickeln sind, um KI-Technologien erfolgreich in unsere Arbeit zu integrieren. Künftig wirken wir als Berater, Coach, sowie »Change Agent« ins Unternehmen hinein und befähigen als Trainer KI-Systeme, damit sie uns bei der Arbeit auf die richtige Art und Weise unterstützen können. HR kann nur gestalten, wenn sie versteht, und sieht, wohin die Entwicklung insgesamt geht. Dafür sind ein Blick über den Tellerrand und ein »Gesamtbild« der Entwicklungen und Neuerungen nötig, wie auch die Bereitschaft, diese aktiv voranzutreiben.

Unabdingbar für den Erfolg ist die Fähigkeit, alle Komponenten miteinander zu verweben: die Empathie zu haben, Veränderungen im Markt zu sehen, die Bedürfnisse der Mitarbeiter zu erkennen und die Anforderungen im Business richtig zu antizipieren und dies mit Handlungen und Entscheidungen zusammenzubringen, die alle abholen und mitnehmen. Darüber wird sichtbar, welchen Beitrag HR leistet und welche Relevanz sie im Unternehmen hat.

Wo kann KI die HR-Arbeit unterstützen?

Die Kernfrage ist, wie wir Digitalisierung und KI als Teil des kompletten Employee Life Cycle integrieren und optimal aufsetzen können. Die Zielsetzung muss hierbei sein, die Mitarbeiter zu unterstützen und ihnen Möglichkeiten aufzuzeigen, in der »neuen Arbeitswelt« ihren Weg zu machen und Fertigkeiten auszubauen wie auch neu zu erlernen. Dabei nehmen wir in HR die Rolle eines Beraters ein, der sich individuell mit dem Mitarbeiter auseinandersetzen kann.

Für die Fort- und Weiterbildung unterstützt uns bei Accenture beispielsweise der »Learning Navigator«. Er zeigt jedem Mitarbeiter individuell auf, welche Skills für die persönliche Karrieresituation jeweils relevant sind, wohin er sich in seinem Bereich weiterentwickeln muss und welche Trainings er dafür absolvieren sollte. Da jeder Mitarbeiter ein vordefiniertes Trainingsbudget hat, im Rahmen dessen das Trainingsangebot erstellt wird, braucht es keine zusätzlichen Freigaben, wenn ein bestimmtes vorgeschlagenes Training ausgesucht wurde. Hier gewinnt der Mitarbeiter dank des Tools an Autonomie.

Wir als HR-Mitarbeiter wiederum können sehen, wie mit der Plattform interagiert, was gesucht und abgefragt wird. So können wir aus der Perspektive des Mitarbeiters ablesen, was er aktuell benötigt. Hierdurch lässt sich das Trainingsangebot verbessern und auch ein tieferes Verständnis für die Bedürfnisse der einzelnen Geschäftsbereiche gewinnen, um den Bedarf an Skills zu erkennen und Trainings zu entwickeln und anzubieten, für die in den einzelnen Bereichen aktuell ein Bedarf herrscht.

Wenn es darum geht, die richtigen Experten für einzelne Projekte zu finden, ist es heute nicht mehr nötig, mühsam Excel-Tabellen und Datenbänke zu durchforsten. Die Plattform »SchedulingSherlock« hat alle unsere verschiedenen Informationsquellen zusammengefasst und kann entsprechend der Datenlage Vorschläge machen. Neben klassischen Skill-Datenbanken und Rollenbeschreibungen werden auch die Profile unserer Mitarbeiter, die jeder für sich anlegt und pflegt, als Quellen herangezogen. So können in diesen Profilen auch Wünsche und Ziele dazu hinterlegt werden, in welchem Feld man sich weiterentwickeln, welche neuen Skills man erlernen möchte oder in welchen Projekten man gerne eingesetzt würde, um bestimmte Fertigkeiten anwenden zu können.

Wir als HR-Mitarbeiter können mit Blick auf die Datenlage den Projektleitern Möglichkeiten aufzeigen, welche Experten bei einem Projekt integriert werden sollten. Gleichzeitig können wir individuell mit den Mitarbeitern und ihren Vorgesetzten einen persönlichen Karriereplan entwickeln.

Dies sind nur zwei Beispiele, die zeigen, wie HR das Backoffice verlässt und den Fokus von Prozessen in Richtung Talent verschiebt. Bei diesen Prozessen kann KI Unterstützung leisten, indem sie die für HR maßgeblichen Daten viel besser und umfänglicher erfasst, als dies uns Menschen möglich wäre. HR-Mitarbeiter können sich auf die jeweiligen Entscheidungen der KI konzentrieren, diese abwägen und sich in die Diskussion mit den einzelnen Mitarbeitern begeben, Hilfestellung anbieten und beraten.

Fazit: Eine große Chance für HR

Digitalisierung verändert die Arbeitswelt grundlegend: Digitale Errungenschaften wie Künstliche Intelligenz gehören in einem immer höheren Maße zu unserem normalen Arbeitsalltag. HR ist in der Verantwortung, Strategien zu erarbeiten und Entwicklungen und Bedürfnisse im Markt bestmöglich einzuschätzen, um einerseits die passenden Talente zu finden. Andererseits – und dies wird noch wichtiger – gilt es, die jetzigen Mitarbeiter entsprechend auszubilden und für die Jobs von morgen relevant zu halten.

Dies beinhaltet ein verändertes Verständnis von KI, bei dem weder Mensch noch Maschine ausgeschlossen, sondern zu einem harmonischen Zusammenspiel orchestriert werden. Dazu gehören am Ende zwei Dinge: ein umfassendes Weiterbildungsprogramm, das die Mitarbeiter dort abholt, wo und wann immer sie Unterstützung brauchen, sowie Sourcing-Strategien für alternative Berufsbildungskonzepte, um Tech-Skills auszubilden. Dies ist als kontinuierlicher und permanenter Prozess im ständigen Austausch mit jedem Mitarbeiter zu verstehen.

Und auch wir innerhalb von HR müssen uns verändern und ein neues Rollenverständnis entwickeln, das definiert, wie wir unseren Beitrag im Unternehmen gewinnbringend integrieren. Für uns gilt es, unsere Rollen und Jobs in der »fehlenden Mitte« unserer Abteilung zu erkennen und auszufüllen, unsere menschlichen Kompetenzen und das Potenzial der maschinellen Fähigkeiten gut miteinander zu verknüpfen, damit jede Seite ihre Stärken ausspielen kann. Entscheidend bei all diesen Unternehmungen ist die Erkenntnis: Wenn KI erfolgreich eingeführt werden soll, hat der Mensch stets im Mittelpunkt jeder KI-Initiative zu stehen.

Mit Blick auf die Zukunft muss HR eine talent- und stärkenbasierte Strategie implementieren, die flexibel auf die Veränderungen im Markt reagiert und neue Themen wie KI aufgreift. Dafür braucht es eine HR-Mannschaft, die gezielt und sehr agil entlang der Business-Strategie im Unternehmen agiert. Nur so schafft HR langfristig einen Mehrwert im Unternehmen und unterstreicht ihre Relevanz.

Literatur

Daugherty P. R.; Wilson, H. J. (2018): Human + Machine: Künstliche Intelligenz und die Zukunft der Arbeit. Verlag: dtv Verlagsgesellschaft München.

Wenke Apt, Kai Priesack (2019): KI und Arbeit – Chance und Risiko zugleich, iit-Themenband – Künstliche Intelligenz. Verlag: Springer Berlin Heidelberg.

Trott, Fritz (2018): Gastbeitrag: KI macht die Arbeit der Zukunft menschlicher. https://www.capital.de/karriere/ki-macht-die-arbeit-der-zukunft-menschlicher?article_onepage=true. Zuletzt geprüft am 02.08.2019

https://de.wikipedia.org/wiki/K%C3%BCnstliche_Intelligenz. Zuletzt geprüft am 06.05.2019

Hinweise zur Autorin

Marina Klein

Marina Klein ist Managing Director und Mitglied der Geschäftsführung von Accenture in Deutschland. Sie leitet den Bereich Human Resources in Deutschland, Österreich, Schweiz und Russland und ist mit ihrem Team für die mehr als 10.000 Mitarbeiter von Accenture ASGR verantwortlich.

Kontaktdaten:
Accenture, Campus Kronberg 1, 61476 Kronberg im Taunus, Tel: +49 (0)6173 94 99. Mail: marina.klein@accenture.com, Internet: www.accenture.com

Smart Data im Personalwesen: People Analytics

Susanne Auer, Expertin für Organisationsberatung und Change Management, Lufthansa Group, Frankfurt am Main

Florian Fleischmann, Leiter Entwicklung, HRForecast, Bremen

Eine besondere Herausforderung im Personalwesen sind sogenannte »Wicked Problems«, die aufgrund von unvollständigen, widersprüchlichen und sich ändernden Gegebenheiten nur schwer zu lösen sind. Bisher war die Analyse komplexer Probleme für Human Resources aufgrund von fehlenden Instrumenten und fehlender Digitalisierung fast unmöglich. Neue Instrumente wie People Analytics können hier helfen. Im folgenden Beitrag werden ein systematischer Ansatz sowie verschiedene Use Cases vorgestellt, um jedem Personaler zu helfen, den künftigen Anforderungen zu begegnen, Hindernisse zu analysieren und Probleme strukturiert angehen zu können.

Einschätzung: Wie wichtig sind qualitative Daten?

Datenerhebungen und Analysen leisten einen wichtigen Mehrwert für Entscheider in Organisationen, allerdings waren die Datenquellen bisher sehr eingeschränkt verfügbar und ihre Auswertung war sehr aufwendig und zeitintensiv – zumindest für die stark anwendungsbezogenen wirtschaftspsychologischen Fragestellungen. Die Daten zu transkribieren und in eine auswertbare Struktur zu bringen war mit einem enormen Zeitaufwand verbunden. Die Ergebnisse waren dann aber oftmals hochwertig und haben Unternehmen wesentliche Erkenntnisse vermittelt, aus denen entsprechende Handlungen und Maßnahmen abgeleitet werden konnten.

Lessons Learned

- Neue Instrumente aus dem Bereich der künstlichen Intelligenz helfen, große qualitative Datenmengen zu analysieren.
- Dadurch können (potenzielle) mittel- und langfristige Unternehmensentwicklungen in konkrete zukünftige Skill-Anforderungen übersetzt werden.
- Um Handlungsempfehlungen aus den Daten abzuleiten, können zusätzlich integrierte Systeme angewandt werden, die eine Operationalisierung ermöglichen.
- Mit wachsendem Analytics-Reifegrad reduziert sich der Zeitaufwand für die Vorbereitung der Daten.
- Der wichtigste Schritt ist es, verschiedene Vorgehen für eine identifizierte Herausforderung auszuprobieren.

Heute ist es möglich, neue Instrumente aus dem Bereich der künstlichen Intelligenz für die Analyse riesiger Datenmengen einzusetzen. So wurden kürzlich für einen Lufthansa-Standort mit rund 500 Mitarbeitern die heutigen Skills der Mitarbeiter, zukünftig relevante Skills sowie der gesamte Arbeitsmarkt innerhalb von kürzester Zeit analysiert. Dies geschah aufgrund von hunderttausenden qualitativen Informationen mit extremer Präzision.

Diese technologische Entwicklung hat Parallelen zu dem Weg, den die Funktion HR zurückgelegt hat. Von der traditionellen Sammlung und Aufbereitung der Belegschaftsdaten bis hin zu einem modernen Ansatz der Informationsverarbeitung, um tiefgreifende Schlussfolgerungen für das gesamte Unternehmen zu treffen, waren vor allem in den vergangenen beiden Jahrzehnten einige Hürden zu überwinden.

Einige darüber hinausgehende Entwicklungen, die hohe Anforderungen an Human Resources (HR) stellen, sind außerdem, dass
- rapide Veränderungen von Geschäftsmodellen eine schnelle Veränderung der Mitarbeiter voraussetzen.
- schnellere Innovations- und Technologiezyklen in kurzer Zeit vollkommen andere Fähigkeiten erfordern.
- sich Führung in Zeiten von agilen Arbeitsweisen und Organisationen ändert.

Was genau sind nun die Herausforderungen? Wenn man diese Frage nicht im Detail beantwortet, ist es unmöglich bis zum Kern des Problems zu gelangen. Deshalb ist es nötig, weitere Fragen und Hindernisse tiefergehend zu behandeln:
- Wie entwickelt sich mein Geschäftsmodell?
- Wie verhalten sich meine Wettbewerber?
- Wissen meine Mitarbeiter überhaupt, welche Skills in Zukunft gebraucht werden und wie sie sich weiter entwickeln können?

Es ist essenziell, dass (potenzielle) mittel- und langfristige Unternehmensentwicklungen in konkrete zukünftige Skill-Anforderungen übersetzt werden. Jeder Mitarbeiter sollte die Möglichkeit haben, Transparenz über diese Anforderungen zu erlangen und gleichzeitig aktiv dazu ermutigt werden, sich rechtzeitig weiterzuentwickeln.

Analyse: Welche Daten sind verfügbar?

Um die aktuellen Herausforderungen detailliert analysieren zu können, hilft es zu schauen, welche Daten überhaupt dafür verfügbar sind. Die erste Anlaufstelle dafür wären interne Unternehmensdaten, zum Beispiel aus klassischen Personalsystemen wie SAP für Stammdaten, 360°-Feedback und Personalakten. Soziales Intranet, Projektierungssysteme und Entwicklungstools (zum Beispiel Jira) liefern zudem weitere wertvolle Daten.

Gehen wir nun einmal davon aus, dass nicht genügend Daten in einer zufriedenstellenden Qualität vorliegen. Welche externen Datenquellen würden alternativ zur Verfügung stehen? Beispiele dafür wären:
- Branchenkongresse: Was sind die Trends in der Branche?
- Patente: Welche Patente wurden in meiner Branche weltweit generiert? Deuten die Patente mögliche Disruptionen an? Könnte es sein, dass gar keine Hardware, sondern vielmehr Algorithmen und Software patentiert wurden und traditionelle, auf Hardware basierte Geschäftsmodelle somit mittelfristig obsolet werden?
- Bing oder Google News: Gibt es neue Konkurrenten in meiner Branche oder in anderen Ländern?
- Andere Branchen: Gibt es potenzielle Wettbewerber, die über Mitarbeiter mit einem ähnlichen Skill-Set verfügen und somit für mein bestehendes Geschäftsmodell gefährlich werden können?

All diese Daten können dann als Grundlage dienen, um die eigene Belegschaft mit den extern verfügbaren Daten abzugleichen. Die Herausforderung für eine gezielte Analyse liegt nun darin, dass diese Daten oft unstrukturiert vorliegen und somit eine schlechte Qualität wahrgenommen wird.

Umsetzung: Welche Analyseformen gibt es?

Nun muss überlegt werden, welche Art von Instrumenten sowohl für die Analyse der Daten als auch für die Beantwortung der Fragestellungen geeignet sind. Hieraus lässt sich zusätzlich ableiten, ob auch auf die eigene Expertise oder die von Datenexperten zurückgegriffen werden muss. Grundsätzlich gibt es für die Analyse der Daten drei Kategorien von Instrumenten:

Deskriptive und explorative Analysen/Datenvisualisierung
Es gibt eine Reihe an Visualisierungswerkzeugen, die bei der Analyse und Darstellung von Daten helfen (zum Beispiel PowerBi, Tableau). Excel reicht in 90 Prozent der Fälle nicht mehr aus, da die Datenmengen zu groß und einfache explorative Analysen nicht mehr möglich sind. Die genannten Visualisierungstools bieten zusätzlich die Möglichkeit, Daten in einen Zusammenhang zu stellen. Denkbare Relationen wären:
- Welche Trainings werden wann gebucht?
- Wie mobil ist meine Belegschaft und wie gestalten sich die Sprachkenntnisse derjenigen, die mobil sind?
- Sind diejenigen mit den meisten Sprachkenntnissen auch umzugsbereit?

Erweiterte statistische Analysen
Statistische Analysen können beispielsweise dazu dienen, die Gründe, warum Mitarbeiter das Unternehmen verlassen, zu identifizieren. Dabei wird versucht, eine Vielzahl an Daten so zu komprimieren, dass diese Ereignisse auf kleinster Ebene erklärt werden können. An dieser Stelle kann noch häufig auf eigenes Wissen zurückgegriffen werden. Bei komplexeren Fragestellungen sind jedoch auch Programmierkenntnisse nötig.

Maschinelles Lernen und Künstliche Intelligenz
Künstliche Intelligenz (KI) ist beispielsweise für das Matchen von Projekten oder offenen Stellen einsetzbar. Was früher nur wenig zufriedenstellende Ergebnisse lieferte, kann heute in höchster Präzision auf die Nachfolgeplanung oder Rekrutierung angewandt werden. Häufig sind diese Instrumente aber für einzelne Unternehmen nicht wirtschaftlich nutzbar, da KI nur dann gut ist, wenn sie mit Millionen von Daten trainiert wurde. Um dies möglich machen zu können, reichen die Daten aus einem einzelnen Unternehmen meistens nicht aus.

Ergebnis: Was kann ich aus den Daten lernen?

Um entsprechende Handlungsempfehlungen aus den Daten ableiten zu können, können zusätzlich integrierte Systeme angewandt werden, die eine Operationalisierung möglich machen. Integrierte Instrumente können einfache Apps sein, die sich KI und externe Daten zu Nutze machen, um den Benutzern Empfehlungen zu geben. Ein Beispiel wäre, dass einem Mitarbeiter aufgrund seines derzeitigen Skill-Sets vorgeschlagen wird, welche zukünftigen Skills passend wären und entwickelt werden sollten. Außerdem wären individuelle Empfehlungen zu Trainings oder anderen Lernangeboten (Podcasts, Tutorials, Wikis, Mentoring) denkbar.

Use Case: Skill Management

Um noch einmal auf die eingangs erwähnten »Wicked Problems« und einen möglichen Lösungsansatz zurückzukommen: Ziel ist, die Mitarbeiter für die Herausforderungen von morgen und übermorgen vorzubereiten, in Zeiten sich sehr schnell ändernder Anforderungen, gerade auch im IT Bereich. Ein essenzieller Bestandteil hiervon ist die Entwicklung von zukunftsorientierten Fähigkeiten, die im Einklang mit dem Geschäftsmodell stehen.

Dies stellte auch die Herausforderung für Lufthansa Systems dar. Diese Geschäftseinheit ist ein zentraler Bestandteil der Lufthansa Strategie, um den Passagieren eine maximal digitalisierte Kundenerfahrung bieten zu können. Wie bei anderen Unternehmen verändern sich die in der IT-Landschaft benötigten Skills rapide. Das führt dazu, dass zukünftige Skill-Anforderungen mit Unsicherheit belegt sind und am Arbeitsmarkt ein gnadenloser Wettbewerb herrscht. Erfolgsrezept für dieses Projekt war die enge Zusammenarbeit von internem Projektmanagement/HR und dem externen Anbieter HRForecast, zum Beispiel in Iterationen der Datenauswertung, auch unter Einbeziehen des Managements.

Als Kick Off des Projektes wurden gemeinsam mit dem Managementteam Zukunftsszenarien entwickelt, die als Grundlage für alle weiteren Analysen dienten. Gegenüber den klassischen Ansätzen zum Thema Skill Management, bei denen oftmals viele Führungskräfte interviewt und diese Interviews dann konsolidiert werden, ist dies ein effektiverer Ansatz.

Bezogen auf die Daten, wurde in einem ersten Schritt eine Übersicht an verfügbaren Datenquellen erstellt, die Informationen über die Skills von Mitarbeitern beinhalten. Neben dem Learning Management System wurden unter anderem auch Lebensläufe sowie Projektdatenbanken genutzt. Diese Daten wurden extrahiert, anonymisiert und innerhalb der eigenen Infrastruktur für die Analyse bereitgestellt. Die Analyse erfolgte aufgrund aggregierter Daten; es ging darum, einen Überblick über die Workforce zu bekommen.

Da es sich bei den Daten auch um unstrukturierte Daten, wie zum Beispiel Lebensläufe handelte, hat man auf komplexere Instrumente aus dem Bereich der künstlichen Intelligenz zugegriffen. Basierend auf einem Wissensumfang von mehr als zehn Millionen Skills wurden alle Dokumente analysiert, sodass ein sehr detailliertes Bild über die Fähigkeiten der Mitarbeiter erzeugt werden konnte. Dabei wurden hochspezialisierte IT-Skills und auch methodische Fähigkeiten identifiziert.

Für eine einfache Analyse der Daten wurden neben den jetzigen Fähigkeiten der Mitarbeiter auch die zukünftigen Bedarfe in ein Visualisierungstool integriert. So konnten nicht nur vorhandene Fähigkeiten (Skills) von Mitarbeitern gefunden werden, sondern auch ein Abgleich mit der zukünftigen Unternehmensstrategie stattfinden. In enger Zusammenarbeit mit den Geschäftsbereichen wurden dann die Fähigkeitslücken identifiziert sowie Trainings- und Rekrutierungsbedarfe abgeleitet. Dabei ging es nicht um individuelle Entwicklungsbedarfe, sondern um eine Gesamtbetrachtung:
- Sind bei angenommen Wachstum im Bereich X genügend Skills vorhanden, oder muss hier rekrutiert werden?
- Lässt sich intern der Bedarf durch Training und Weiterbildung decken?
- Unterstützen die aktuellen Trainings- und Entwicklungsmaßnahmen zukunftsgerichtetes Skill Development?

Use Case: Leadership Analytics

In einem produzierenden Unternehmen aus dem medizinischen Bereich wurde HRForecast mit folgender Frage konfrontiert: »Wie kann die Qualität der produzierten Produkte und Services verbessert werden?«. Dabei ist vorwegzunehmen, dass es einen signifikanten Zusammenhang zwischen Verbesserungspotenzialen und kulturellen Prägungen innerhalb des Unternehmens gibt. Zunächst wurden in einem Brainstorming die Führungskräfte als Gruppe identifiziert, die einen Einfluss darauf haben könnten. In diesem Brainstorming wurde eruiert, dass Führungspositionen nach einem längerfristigen Auswahlprozess besetzt werden. Dieser Prozess beinhaltet ein dreitägiges, durch Psychologen durchgeführtes Assessment. Aber warum findet dieses Assessment überhaupt statt? Grund hierfür ist, dass zukünftige Talente in der Organisation vorgeschlagen werden und durch ein Komitee anschließend für das Assessment ausgewählt werden.

Die Analyse während des Projekts wurde vollständig anonymisiert und in Abstimmung mit den zuständigen Gremien durchgeführt. Für die Zusammenstellung der Daten bedeutete dies, dass man auf unterschiedlichste Systeme zugreifen musste. Um die Datenqualität messen zu können, wurde auf das zentrale Qualitätsmanagementsystem zugegriffen, welches aus Zertifizierungsgründen weltweilt historisch verfügbar sein muss. Ergänzt wurde dies mit den historischen Personalstammdaten, sodass man die Zusammensetzung der Führungskräfte mit der Qualität in Verbindung bringen konnte.

Das Ergebnis des psychologischen Assessments, welches durch mindestens zwei Psychologen durchgeführt wird, wurde in einem vier bis fünfseitigen Bewertungsbericht dokumentiert. Diese Berichte waren zwar nicht zentral im Unternehmen verfügbar, jedoch bei dem Assessmentanbieter. Hier galt es auch den Anbieter mit einzubinden, damit Ängsten um Rückschlüsse auf einzelne Assessoren vorgebeugt werden konnte. Hierzu wurde vereinbart, nach Abschluss des Projekts ergänzend eine gemeinsame Analyse der Daten durchzuführen, um Maßnahmen zur Verbesserung zu erarbeiten. An dieser Stelle waren die benötigten Daten fast vollständig. Es fehlten lediglich Daten, welche das Verhalten der Führungskräfte reflektieren. Fündig wurde man in den Daten aus Feedbackinstrumenten, insbesondere dem 360°-Feedback.

Für die Analyse der Daten musste etwas tiefer in die Trickkiste gegriffen werden. Zwar lagen die meisten Daten in einer strukturierten Form vor, eine der wichtigsten Quellen, die Führungskräfte-Assessments, lagen jedoch in Textform vor. Diese konnten entsprechend nur mit Instrumenten aus der Textanalyse analysiert werden. Auf Grund der Vielzahl an Führungskräften mussten diese in Cluster komprimiert werden. Dies bedeutet, dass man ähnliche Charakteristika aus dem 360°-Feedback in Gruppen von Personen, die in sich möglichst ähnlich sind, zusammenfasst. Dies kann mit einem Instrument aus der Familie des »Clusterings« erreicht werden und wurde auch in diesem Fall angewandt.

Bei den meisten Organisationen benötigt die Vorbereitung der Daten fast 70 Prozent der Zeit (siehe Abb. 1). Genau dies ist jedoch auch der Anteil, den es zu reduzieren gilt, da diese Arbeit am wenigsten wertschöpfend ist. Unternehmen mit einem hohen Analytics Reifegrad schaffen es den Anteil auf unter 30 Prozent zu reduzieren.

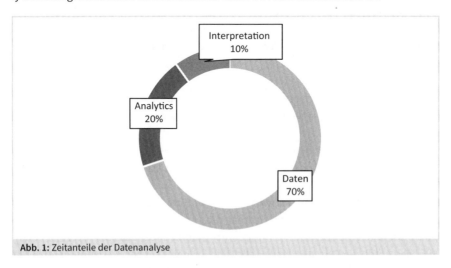

Abb. 1: Zeitanteile der Datenanalyse

Die Ergebnisse lieferten zusammenfassend folgende Erkenntnisse:
- Es gibt einen deutlichen Zusammenhang zwischen der Zusammensetzung unterschiedlicher Führungskräftetypen und der Produktionsqualität in den Unternehmensbereichen.
- Nur zwei Prozent der bewerteten Führungskräfte gelten als innovativ oder veränderungsorientiert.
- Der Auswahlprozess muss abhängig von den Unternehmensbedürfnissen und der bereichsabhängigen optimalen Zusammensetzung sein. Es müssen Gruppen und Ziele definiert werden, wodurch die Besten einer Gruppe innerhalb von neun Monaten befördert werden.
- In dem Vorauswahlprozesses des Unternehmens werden überwiegend Mitarbeiter eines sehr extrovertierten Mitarbeitertyps mit Tendenz zur Selbstdarstellung gewählt.
- Das psychologische Assessment ist in Teilen von Vorurteilen geprägt, weswegen beispielsweise Frauen schlechter bewertet werden.

All diese Erkenntnisse konnten durch die gemeinsame Analyse mit Experten herausgearbeitet werden. Zu diesen Experten zählen Personen aus dem Bereich Leadership Analytics, die Psychologen des Assessmentanbieters sowie Führungskräfte.

Eine der zentralen Analysen stellt die Clusterung von Führungskräftetypen dar. Diese zeigt im vorliegenden Fall z. B., dass es, basierend auf den Daten, grundsätzlich drei unterschiedliche Typen von Führungskräften gibt. Die Gruppe »Jack of all Trades« stellt mit 65 Prozent die größte Gruppe an Führungskräften dar, die für das Assessment vorgeschlagen werden. Gleichzeitig wird jedoch fast ein Viertel von ihnen durch die Psychologen als ungeeignet bewertet. Hierbei muss man verstehen, dass zu dieser Gruppe Personen gehören, die sich selbst als eine Art Alleskönner auf einem hohen Level einschätzen. Jedoch wird diese Meinung im 360°-Feedback nicht durch andere Gruppen bestätigt. Diese Personen verfügen demnach über ein sehr ausgeprägtes Selbstbewusstsein und werden vor allem deshalb von der Organisation als Führungskräftekandidat wahrgenommen.

Andere Gruppen wie beispielsweise die »Engineers« besetzen vergleichsweise weniger Führungspositionen, obwohl ihre Ablehnungsquote fast gegen null Prozent geht. In dieser Gruppe finden sich Personen, die ein starkes Verantwortungsbewusstsein haben, sich in Details hineinarbeiten können und die von allen Gruppen in dem 360°-Feedback überdurchschnittlich eingeschätzt wurden.

Sobald man den Zusammenhang zwischen diesen Führungskräftetypen und den Qualitätsdaten hergestellt hat, wurde sichtbar, dass vor allem die Zusammensetzung der Führungskräfte essenziell ist. So war deutlich zu erkennen, dass Bereiche mit einem zu hohen Anteil der Gruppe »Jack of all Trades« signifikant schlechter im Bereich der Qualität waren. All diese Erkenntnisse wurden genutzt, um die Führungskräfteauswahl auf allen Ebenen neu zu kalibrieren.

Fazit

Zusammenfassend lässt sich festhalten, dass People Analytics einen großen Mehrwert bieten kann. Allerdings trauen sich oft viele nicht, mit diesem Thema zu experimentieren. Dies hat vielschichtige Gründe, wobei in Deutschland vermehrt das Thema Betriebsrat relevant ist. Diesbezüglich ist festzuhalten, dass es bei HRForecast noch kein einziges Projekt gab, welches durch den Betriebsrat verhindert wurde. Der Schlüssel dabei ist, dass der Betriebsrat nicht nur als Bedenkenträger gesehen wird, wodurch ein Dialog unmöglich wäre. Vielmehr gilt es, ihn gleich am Anfang in der Ideenphase einzubinden und gemeinsam eine Lösung zu finden, welche Verbesserung ermöglicht und gleichzeitig die Mitarbeiter schützt. Meist wird dies als Widerspruch gesehen, was es aber nicht zwangsläufig sein muss.

Der wichtigste Schritt ist es, verschiedene Vorgehen für eine identifizierte Herausforderung auszuprobieren. Alle weiteren Themen, zum Beispiel wie man sich die Expertise im Umgang mit den Instrumenten aneignen kann, ergeben sich automatisch während des Prozesses.

Hinweise zu den Autoren

Susanne Auer

Susanne Auer ist zertifizierte Beraterin für Organisationsentwicklung und Change Management, systemischer Coach und Critical Action Learning Facilitator. Seit jeher fasziniert von partizipativer Organisationsentwicklung und lernenden Organisationen ist einer ihrer Grundsätze, dass Intervention das Bereitstellen nützlicher Informationen ist. In der Lufthansa Group ist sie als Projektleiterin Change Management tätig. Susanne Auer studierte Psychologie an der Universität Mannheim.

Kontaktdaten:
Lufthansa Group, Corporate Culture Transformation, Airportring, 60546 Frankfurt/Main, Tel: +49 (0)151 589 33463, Mail: susanne.auer@dlh.de, Internet: https://www.lufthansagroup.com

Florian Fleischmann

Florian Fleischmann ist Experte für strategische Personalplanung und People Analytics. Als Projektleiter entwickelte er einen innovativen, auf Big Data basierten Personalmanagement-Ansatz zusammen mit deutschen Universitäten sowie DAX30-Unternehmen. Inhaltlich hat er sich auf makroökonomische Simulationen sowie strategische Personalplanung spezialisiert. Heute leitet er die Entwicklung bei HR-Forecast sowie Projekte im nationalen und internationalen Umfeld.

Kontaktdaten:
HRForecast, Konsul-Smidt-Straße 8 m, 28217 Bremen, Tel: +49 (0)176 63 19 89 83, Mail: florian.fleischmann@hrforecast.de

Künstliche Intelligenz: Probieren, lernen, machen

Udo Fichtner, Head of Group Human Resources, Plansee Group, Reutte/Tirol, Österreich

Steffen Fischer, Managing Director Human Resources, ifm electronic GmbH, Essen

Anja Michael, Vice President Global Human Resources, Avira Operations GmbH & Co. KG, Tettnang

Prof. Dr. Anne-Katrin Neyer, Professorin für Personalwirtschaft und Business Governance, Martin-Luther-Universität Halle-Wittenberg

Vieles deutet darauf hin, dass Personalmanager die Bedeutung Künstlicher Intelligenz (KI) in der Arbeitswelt und auch für ihre eigene Rolle weiterhin unterschätzen. Schon digitale Kompetenz ist Mangelware im Personalmanagement, von KI-Kompetenz ganz zu schweigen. Das hier vorgestellte KI-HR Lab zeigt beispielhaft, wie kurz der Weg zum vollautomatisierten Recruiting ist und dass Personalmanager sich von technologischen Entwicklungen nicht überrollen lassen dürfen.

Künstliche Intelligenz (KI) als eine der prägendsten Universaltechnologien unserer Zeit erfordert für Human Resources (HR) eine vertiefte Auseinandersetzung. Personalmanager brauchen eine verlässliche und faktenbasierte Informationsgrundlage, um die richtigen Entscheidungen zum Umgang mit KI treffen zu können. Es gilt, den Nut-

Lessons Learned

- Die Entwicklung von KI-gestützten Lösungen für das Personalmanagement geht rasant voran.
- Technische Machbarkeit steht heute oft noch im Widerspruch zu Ethik, Moral, Recht und personalpolitischer Sinnhaftigkeit.
- Personalmanager, die sich heute mit KI beziehungsweise modernen digitalen Automatismen auseinandersetzen, werden morgen mehr denn je gebraucht.
- Das KI-HR Lab verbindet Wissenschaft und Praxis, um KI im Personalmanagement zu verstehen und aktiv zu gestalten.
- Das Beispiel Recruiting zeigt, wie sich Personalarbeit durch den Einsatz von KI – von Chatbots bis Sprachanalysen – in Zukunft verändern wird.

zen intelligenter Technologien praktisch, aber auch ethisch auszuloten. Blindlings der vermeintlichen Intelligenz einer Maschine zu vertrauen, kann nicht der richtige Weg sein. Wir müssen uns die Fragen stellen:
- Wo bringt der Einsatz von KI messbaren Mehrwert?
- Wo wird seine Wirksamkeit überschätzt?
- Was ist ethisch vertretbar und
- wo braucht man klare Regeln?

Erfreulich ist, dass die Notwendigkeit für Standards im Umgang mit KI mittlerweile auf mehreren Ebenen erkannt wurde. Kürzlich wurden Grundsätze für den verantwortungsvollen Einsatz von KI von der Organisation for Economic Co-operation and Development (OECD) und anderen Staaten erarbeitet (Haufe, 2019). Auf Basis von fünf wertbasierten Prinzipien und weiteren Empfehlungen werden jetzt praktische Leitlinien erarbeitet, die großen Einfluss auf die zu setzenden internationalen Standards haben dürften. Der vom BPM mitinitiierte »Ethikbeirat HR Tech« wird sich zudem intensiv mit den Regeln für den Einsatz von KI in der Personalarbeit beschäftigen.

Definition von Künstlicher Intelligenz

Die Definition von KI ist keine leichte Aufgabe, da sich in den letzten Jahrzehnten ein Diskurs darüber entwickelt hat, was genau darunter zu verstehen ist und welche Herausforderung bereits die Definition des Begriffs »künstlich« mit sich bringt. Unterschiedliche Definitionen werden von der Fachgruppe Strategisches Personalmanagement aufgeführt (Fischer/Michael/Fichtner, 2019). Ausgehend von verschiedenen Blickwinkeln liegt diesem Beitrag die von der Mitautorin Prof. Neyer stammende Definition zum Verständnis von KI zugrunde: »Menschen stellen Fragen und definieren Probleme, Maschinen oder Algorithmen erkennen Muster, die Menschen dann bewerten, kritisch evaluieren und daraus Lösungen entwickeln.«

An dieser Stelle ist darauf hinzuweisen, dass längst nicht alles, wo KI draufsteht, tatsächlich auch KI enthält. Nicht nur im Kontext von Personalarbeit wird häufig von KI gesprochen, selbst wenn es sich im Kern eigentlich um Prozessautomatisierung handelt. Diese ist aber nur ein (notwendiger) digitaler Vorläufer der KI.

Hält KI, was sie dem Personalmanagement verspricht?

Einzellösungen für KI-gestützte Teilprozesse im Personalmanagement schießen derzeit wie Pilze aus dem Boden und kommen immer häufiger zum Einsatz. Einige Firmen experimentieren schon mit Roboterinterviews und wenden Sprach- und Stimmanalysen im Rekrutierungsprozess an. Viele Tools kommen aus den USA und müssten erst für den Einsatz in Europa und Deutschland an unsere Datenschutzbestimmungen angepasst werden. Manche App wird diese Hürde vielleicht nie schaffen, zum Beispiel wegen der vielfältigen nationalen und inzwischen auch europäischen rechtlichen Rahmenbedingungen.

Insbesondere im Recruiting gibt es eine Vielzahl von Software Tools, die einen verbesserten Match potenzieller Kandidaten, Zeit- und Kostenersparnis sowie eine treffsicherere Einstellungsentscheidung versprechen. Wir haben mit dem KI-HR Lab 120 verschiedene Software Tools allein für den Bereich Recruiting ermittelt und untersucht. Die Anwendungsmöglichkeiten reichen von Arbeitsmarktanalysen über Kandidaten-Sourcing, Text Analytics, Kandidaten-Assessments, KI-Assistenten im Bewerbermanagement bis hin zu digitalen Interviews (Bundesverband der Personalmanager, 2019). Unterschiedliche Teilprozesse können demnach KI-gestützt abgebildet werden. Die Verantwortung für den Gesamtprozess muss allerdings weiterhin beim Menschen liegen.

Das vollautomatisierte Recruiting
Rein technisch betrachtet, könnte die vollautomatisierte Personalauswahl schon bald Realität werden. Das sähe dann ungefähr so aus: Das Matchingsystem schlägt uns Kandidaten vor und den Kandidaten werden Jobs vorgeschlagen. Ein anderes System wertet aus, wie die Passung ist, das Interview wird von einem KI-Assistenten terminiert, danach von einer Maschine geführt, die dann das aufgezeichnete Interview auf Persönlichkeitsmerkmale, Wortwahl und Stimme auswertet. Am Ende entscheidet die Maschine darüber, ob der Kandidat auf die gesuchte Position kommt, schlägt dabei auch das in dieser Region für diese Stelle mit dieser Qualifikation und Berufserfahrung passende Gehalt vor und erstellt den Vertrag. Über ein E-Sign-Tool werden innerhalb weniger Minuten die Unterschriften eingeholt. Ein freundlicher Onboarding-Chatbot hilft den neuen Kollegen bei der Einarbeitung. Bleibt nur noch die Frage, in welcher Form der Betriebsrat seine Rolle im Einstellungsprozess wahrnehmen kann.

Technisch wohl alles kein Problem. Die Frage ist aber: Wollen wir das? Viele Top-Kandidaten wollen umworben und überzeugt werden. Kompetente Ansprechpartner sollen ihnen erläutern, warum gerade sie die Richtigen für die Position sind, ihre Stärken beurteilen und den Cultural Fit begutachten. Diese Urteilsfähigkeit, Überzeugungsarbeit und Empathie können Maschinen nicht leisten, das ist uns Menschen vorbehalten. Der KI-gestützten Übernahme von Teilprozessen allerdings – ähnlich wie die Nutzung von Fahrerassistenzsystemen beim Autofahren – sehen wir mit der Aussicht auf nachhaltige Effizienzsteigerungen hoffnungsfroh entgegen. Nicht nur im Recruiting werden solche Produktivitätsgewinne bald realisierbar sein, sondern voraussichtlich auch in vielen weiteren Bereichen des Personalmanagements.

Die Rolle des Personalmanagers
Dass KI den Menschen mit seinen Fähigkeiten komplett ersetzt beziehungsweise die klassische Personalarbeit gänzlich übernimmt, erscheint aktuell weder vorstellbar noch sinnvoll. Aber eines ist gewiss: Die Rolle des Personalmanagers wird sich verändern. Ismail stellt die These auf, dass die Personalfunktion sich radikal ändern wird, bis hin zu verstörend anmutenden Szenarien, dass in Zukunft KI die Personalauswahl und Zusammenstellung von Teams auf Basis von DNA-Profilen (Eignung für die Stelle auf Basis von Hormonen) und Neuro-Profiling (zum Beispiel Einstellung, Emotionen, Ehrlichkeit, Vermeiden von Voreingenommenheit) vornehmen kann (Ismail, 2014).

Ob und wie schnell sich diese Entwicklungen wirklich vollziehen werden, hängt von vielen Faktoren ab. Die Materie ist komplex und Menschen wollen verstehen, welche Entscheidungskriterien die »Blackbox KI« zugrunde legt und ob man den Ergebnissen überhaupt trauen kann (Fischer/Michael/Fichtner, 2019). Der Personaler wird künftig die Verantwortung dafür übernehmen müssen, dass neue Technologien in HR nicht eingeführt werden, ohne genau zu verstehen, was sie bewirken und wie sie wirken. Er weiß, Ängste und Unsicherheiten zu nehmen, die mit neuen Technologien einhergehen, und er weiß Mitarbeitern die Chancen in diesem Kontext zu vermitteln. Er ist und bleibt Change Manager. Zudem ist Fakt, dass aktuell nur wir Menschen in der Lage sind, empathisch zu sein, richtige und sinnvolle Fragen zu stellen und die richtigen Schlüsse aus nur wenig verfügbaren oder widersprüchlichen Daten zu ziehen. Was ist also zu tun?

Das KI-HR Lab: Probieren, lernen, machen

Die gemeinsame Begeisterung für diese Fragestellungen hat Ende 2018 den Lehrstuhl für Personalwirtschaft und Business Governance an der Martin-Luther-Universität Halle-Wittenberg (MLU) und das Leitungsteam der Fachgruppe Strategisches Personalmanagement im Bundesverband der Personalmanager (BPM) zusammengebracht und die Idee des KI-HR Labs entstehen lassen.

Die Vision und die Ziele des KI-HR Lab
KI wird in allen Lebensbereichen relevanter, auch für HR. Mensch und Maschine können gemeinsam Dinge verändern: Zum Guten, zum Schlechten? Für wen? Es ist Zeit, diese Diskussion interdisziplinär, an der Schnittstelle zwischen Wissenschaft und Praxis zu führen. Mit dem KI-HR Lab entsteht eine Plattform, die es ermöglicht, KI ver-

ständlich zu machen und prototypisch für Unternehmen im Kontext von HR erfahrbar zu machen. Dabei basiert das Lab auf den drei Säulen
1. (Er)Leben,
2. (Er)Arbeiten und
3. (Er)Lernen.

Diese Kernelemente ermöglichen, zu ausgewählten Fragestellungen von KI und HR in Form von Vorträgen, interaktiven Workshops und Expertengesprächen zu experimentieren. Dabei ist die gelungene Einbindung verschiedenster Gruppen von Akteuren für eine ergebnisoffene und verantwortungsvolle Diskussion von KI in HR zentral. Jeder nimmt hierbei unterschiedliche Blickwinkel und Sichtweisen ein. Alle Beteiligten sollte das Bedürfnis verbinden, besser zu verstehen, wie die Bereiche HR, Führung, Partizipation, Chancengleichheit und Teilhabe durch den Einsatz von KI so gestaltet werden können, dass sich ein motivierendes, ethisches und gesundes Arbeitsumfeld entwickeln kann und wo mögliche Grenzen der KI liegen. Dabei muss die Kundensicht im Vordergrund stehen:
- Was wird vom Prozess erwartet?
- Wie wird er gelebt?
- Wann wird er von den Rezipienten als positiv empfunden und entsprechend auch bewertet?

Die drei Säulen des KI-HR Labs
- Element 1: (Er)Leben. Die Plattform soll die Möglichkeit bieten, den Einsatz von KI in HR zu erleben. Chancen, aber auch mögliche Hürden und Probleme, die sich für verschiedene Akteursgruppen durch den Einsatz von KI ergeben (zum Beispiel technologische Machbarkeit, Analyse der Datenlage als Grundlage für die Arbeit mit KI, ethisch-moralische Fragestellung), können dadurch frühzeitig diskutiert und Lösungsansätze zu deren Überwindung beziehungsweise der Akzeptanz einer möglichen Nichtmachbarkeit entwickelt werden. Als mögliche Erweiterung sind Lernreisen angedacht, die es den Mitgliedern des KI-HR Labs ermöglichen, einen Einblick in verschiedene Unternehmen zu bekommen, bei denen KI bereits im Einsatz ist.
- Element 2: (Er)Arbeiten: Neben dem grundlegenden (Er)Leben von KI sollen sich verschiedene Gruppen von Akteuren einen veränderten Blickwinkel auf die Personalarbeit beziehungsweise den Arbeitsalltag im allgemeinen, der sich durch den Einsatz von KI ergeben könnte, anhand eigener Projekte und Arbeitsaufgaben (er)arbeiten können. Hierdurch werden reale Rahmenbedingungen für die Arbeit mit KI sowie dadurch mögliche veränderte Prozesse geschaffen, sodass der langfristige Transfer der Erkenntnisse in die Praxis erleichtert wird. Davon profitieren nicht allein die Teilnehmer im Lab, vielmehr ist es das Ziel, das erarbeitete Wissen so aufzubereiten, dass es in die Unternehmen transferiert wird und somit Mitarbeiter und Führungskräfte gleichermaßen befähigt werden, anhand von konkre-

ten Beispielen die Möglichkeiten, Herausforderungen und Grenzen des Einsatzes von KI zu verstehen.
- Element 3: (Er)Lernen. Darüber hinaus soll im Rahmen von Learning Workout Sessions KI für die jeweilige Gruppe verständlich gemacht werden. Dabei geht es um die ganz grundlegende Frage, die jedem Teilnehmer gestellt wird: Was weiß ich bereits über KI? Entspricht mein Wissen dem, was KI wirklich ist? Wieviel technisches Verständnis über KI muss ich jetzt und in Zukunft haben, um verantwortungsbewusste und strategische Entscheidungen treffen zu können? Dazu arbeitet das Lab mit der Methode des »Arbeitsalltag-basierten KI-Selbsteinschätzungstest«, den der Lehrstuhl für Personalwirtschaft und Business Governance an der MLU entwickelt.

Erfahrungsbericht aus der ersten Säule des KI-HR Lab
Ganz im Sinne des Ziels des KI-HR Labs, unterschiedliche Gruppen von Akteuren in die Diskussion über die Rolle von KI in HR einzubeziehen, fand Anfang 2019 der erste Workshop in der Säule (Er)Leben an der MLU statt. An zwei Tagen haben sich 26 Köpfe (Studierende des HRM Masterstudiengangs an der MLU sowie die Leitung der Fachgruppe Strategisches Personalmanagement im BPM) sowohl digital als auch analog, eindimensional auf Kärtchen und dreidimensional mit Lego mit folgender Frage auseinandergesetzt: Ist der Rekrutierungsprozess durch den Einsatz von KI voll automatisierbar? Aufbauend auf der Analyse von folgenden ausgewählten KI- beziehungsweise algorithmen-basierten Software-Tools wurden sechs Prototypen für einen vollautomatisierten, KI-unterstützten Rekrutierungsprozess entwickelt und die Chancen, Risiken, Herausforderungen diskutiert: TapRecruit, Bite, MyAlly, Prescreen, Mya, Robot Vera, ESCRIBA, HireVue, ContractExpress, BambooHR und Avature Onboarding.

Diese ausgewählten Tools stammen aus einer im Rahmen der dritten Säule des Labs »(Er)Lernen« erarbeiteten Übersicht von mehr als 120 Softwaretools, die es momentan für den Einsatz von KI in HR gibt. Die Initiatoren des Labs arbeiten gerade daran, diese Tools im Rahmen der Säule (Er)Arbeiten so zur Verfügung zu stellen, dass ein community-weiter Austausch von Erfahrungen stattfinden kann.

Durch die Arbeit in dem ersten Workshop des KI-HR Labs konnte vieles mit auf den Weg genommen werden. Drei zentrale Aspekte möchten wir an dieser Stelle insbesondere hervorheben:
- Fragezeichen: Empathie? Können es sich Unternehmen im Zeitalter des Fachkräftemangels überhaupt leisten, nur über KI mit potenziellen Kandidaten zu kommunizieren? Was bedeutet das für die Candidate Experience? Wie können sich die Empathie eines Recruiters und die Effizienz einer Maschine ergänzen?
- Fragezeichen: Cultural Fit? Können die gelebten Werte eines Unternehmens überhaupt in Daten abgebildet werden? Kann eine Maschine überhaupt die individuellen Facetten einer Persönlichkeit ermitteln und wollen wir das?

- Ausrufezeichen: Visionäres Denken für eine verantwortungsbewusste Auseinandersetzung mit KI. Ändert sich unsere Erwartungshaltung an die Kommunikation mit KI, da es zunehmend in den Alltag integriert wird? Wenn Industrie 4.0 voranschreitet und die Mensch-Maschine-Interaktion in der täglichen Arbeit zum Standard wird, wird ein Roboter im Bewerbungsprozess dann auch als »normal« angesehen?

Die Teilnehmer des Workshops haben darüber hinaus für sich noch folgende Punkte im Rahmen der Diskussion herausgearbeitet:
- Kreative Tätigkeitsfelder werden mehr in den Vordergrund treten, wohingegen Routinetätigkeiten von der KI übernommen werden können. Für den Recruiter bedeutet das mehr Zeit für den Menschen.
- Künstliche Intelligenz kann durch die schnelle Verarbeitung und Auswertung großer Datenmengen als Hilfestellung zur Entscheidungsfindung den Rekrutierungsprozess und People Analytics optimieren.
- Die größte Herausforderung in Organisationen wird der richtige Einsatz von KI sein, denn den zahlreichen Chancen stehen auch moralische und rechtliche Risiken gegenüber.
- Die erfolgreiche Implementierung von KI im Unternehmen sollte stets die Zusammenarbeit von Mensch und Maschine in den Vordergrund stellen.
- Das Szenario eines KI-gestützten Rekrutierungsprozesses bietet vielversprechende Potenziale im Hinblick auf eine lang erhoffte Verschlankung der administrationsintensiven Tätigkeiten eines Personalers.

Fazit

Das KI-HR Lab hat es sich zum Ziel gesetzt, möglichst unterschiedlichen Gruppen von Akteuren die aktive Beteiligung an der Diskussion des Einsatzes von KI in HR im Rahmen der digitalen Transformation zu ermöglichen. Die Lernerfahrung, die die Plattform durch ihre drei Elemente (Er)Leben, (Er)Arbeiten und (Er)Lernen ermöglicht, unterstützt sie dabei zu verstehen, wie bedarfsgerechte Informationen für den Einsatz aufzuarbeiten sind, der nachhaltige Einsatz von KI auszuprobieren ist und abschließend – aufbauend auf einem fundierten Wissensstand – über eine Einführung im Unternehmen entschieden werden kann. Damit ist die Grundlage dafür gelegt, was es aus Sicht der Autoren für einen kontinuierlichen Lernprozess im Rahmen der Diskussion von KI braucht:
- Den Mut, sich mit KI-Technologien auseinanderzusetzen.
- Die Offenheit, sich so tief in maschinelles Lernen einzuarbeiten, wie es die jeweilige Rolle im Unternehmen heute und auch in Zukunft erfordern wird.
- Die Begeisterung, heute aktiv daran mitzugestalten, wie wir in Zukunft arbeiten möchten.

Literatur

Boden, M. (2016): AI – Its nature and future. Oxford University Press.

Fichtner, U.; Fischer, S.; Haitzmann, M. (2013): Die Personalstrategie kompakt, Broschüre des Bundesverbandes der Personalmanager, Fachgruppe Strategisches Personalmanagement, abrufbar unter: https://www.bpm.de/sites/default/files/bpm_strategisches_personalmanagement_webversion.pdf.

Fischer, S.; Michael, A.; Fichtner, U. (2019): Zwischen Euphorie und Skepsis – KI in der Personalarbeit, Broschüre des Bundesverbandes der Personalmanager, Fachgruppe Strategisches Personalmanagement, abrufbar unter: https://www.bpm.de/sites/default/files/bpm-service-24-ki_in_der_personalarbeit.pdf.

Frey, C.; Osborne, M. (2013): The Future of Employment: How susceptible are jobs to computerization? Abrufbar unter: https://www.oxfordmartin.ox.ac.uk/downloads/academic/The_Future_of_Employment.pdf.

Haufe (2019): Standards im Umgang mit künstlicher Intelligenz. Abrufbar unter: https://www.haufe.de/personal/hr-management/standards-fuer-den-umgang-mit-kuenstlicher-intelligenz_80_490592.html.

Ismail, S. (2014): Exponential Organizations. Diversion Books.

Hinweise zu den Autoren

Udo Fichtner

Udo Fichtner ist seit 2014 Konzern-Personalleiter der Plansee Group mit Sitz in Reutte/Tirol, Österreich. Er ist Gastdozent und Key Note Speaker am Management Center Innsbruck im Studienfach International Human Resources Management und engagiert sich seit 2012 im Bundesverband der Personalmanager (BPM) in der Leitung der Fachgruppe Strategisches Personalmanagement. Udo Fichtner ist gelernter Bankkaufmann, Diplom-Ökonom und Master of Human Resources Management.

Kontaktdaten:
Plansee Group Service GmbH, Metallwerk-Plansee-Str. 71, A-6600 Reutte, Mail: udo.e@fichtner-online.com

Steffen Fischer

Steffen Fischer ist Zentralgeschäftsführer Personal beim Automatisierungsunternehmen ifm electronic GmbH in Essen. Er beschäftigt sich mit ganzheitlichen Ansätzen des Personalmanagements und ist unter anderem Mitautor verschiedener Publikationen zur Personalstrategie und moderner Personalarbeit. Seit 2014 ist er Leiter der Fachgruppe Strategisches Personalmanagement beim Bundesverband der Personalmanager e. V. und seit 2015 Singapur-Wirtschaftsbotschafter für den deutschen Mittelstand.

Kontaktdaten:
ifm electronic gmbh, Friedrichstr. 1, 45128 Essen, Mail: steffen.fischer@ifm.com

Anja Michael

Anja Michael ist seit 2012 Vice President Global Human Resources bei dem internationalen Softwarehersteller Avira in Tettnang. Sie engagiert sich seit 2016 im Bundesverband der Personalmanager (BPM) in der Leitung der Fachgruppe Strategisches Personalmanagement. Weiter ist Frau Michael ehrenamtlicher Vorstand in dem Coachingverband BiB e. V. und Gastprofessorin an der Universität Don Bosco in Lateinamerika.

Kontaktdaten:
Avira Operations GmbH & Co KG, Kaplaneiweg 1, 88069 Tettnang, Mail: anja.michael@avira.com

Prof. Dr. Anne-Katrin Neyer

Anne-Katrin Neyer ist Professorin für Personalwirtschaft und Business Governance an der Martin-Luther-Universität Halle-Wittenberg. Seit 2014 leitet sie dort den Master-Studiengang Human Resources Management. Prof. Neyer promovierte an der Wirtschaftsuniversität Wien und verfasste ihre Habilitation am Lehrstuhl für Wirtschaftsinformatik der Universität Erlangen-Nürnberg. Ihr aktueller Forschungsschwerpunkt liegt auf dem Zusammenspiel von KI und HR in Organisationen.

Kontaktdaten:
Martin-Luther-Universität Halle-Wittenberg, Lehrstuhl für Personalwirtschaft und Business Governance, Große Steinstr. 73, 06108 Halle/Saale, Mail: anne-katrin.neyer@wiwi.uni-halle.de

Predictive People Analytics mit Business Impact

Oliver Kasper, Head of People Analytics, Digital HR & Portfolio Strategy, Daniel Swarovski Corporation AG, Männedorf, Schweiz

Verfügbarkeit und Potenzial von People Analytics waren noch nie so groß wie heute. Entscheidungsträger erkennen zunehmend die zentrale Rolle, die ihre Mitarbeiter für den strategischen Erfolg spielen. Unternehmen stehen großen Veränderungen und Unvorhersehbarkeiten gegenüber, die neue Organisationsformen und Prozesse erfordern. Dieser Beitrag soll Einsicht über die Schlüsselpunkte zum Aufbau von People Analytics mit Business Impact geben. Es soll zeigen, wie Organisationen strategisch People Analytics nutzen können und welche zentralen Punkte dabei berücksichtigt werden sollten.

Einleitung

Viele führende Unternehmen haben Funktionen für People Analytics entwickelt, die eine erstaunliche Bandbreite an Fähigkeiten und Disziplinen vereint. Neue Disziplinen wie Marketing, Storytelling oder Data Science sind notwendig, um erfolgreich zu sein. Der Grund dafür sind die enormen Potenziale von People Analytics. Gleichzeitig müssen ethische Fragen verstärkt geklärt werden, die berechtigterweise Organisationen Grenzen aufzeigen, was über Mitarbeiter gemessen werden sollte und was nicht.

Lessons Learned

- People Analytics wird eine zentrale Funktion in HR werden, weil es Daten in Echtzeit verfügbar macht.
- Über diese unterstützende Funktion hinaus wird People Analytics zukünftig die HR-Strategie mitdefinieren und weiterentwickeln.
- Analytics ist mehr als nur Daten und Technologie, es geht um Kultur und Zusammenarbeit.
- Auch ohne HR-Reporting kann direkt mit Business Optimierung begonnen werden, wenn die richtige Vorgehensweise gewählt wird.
- People Optimierung und Business Optimierung sind eindeutig strategische Aufgaben, die klar getrennt werden müssen.

Berichte und statistische Auswertungen, die früher monatelang mit Papier und Tabellenkalkulationen erstellt wurden, sind heute in Echtzeit verfügbar. Data Mining Tools können Beziehungen aufdecken, die zuvor nicht ersichtlich waren. Predictive Analytics verspricht die Zukunft vorherzusagen, um zum Beispiel für Mitarbeiter einen Risk-of-Leave-Index zu berechnen, der sich je nach Arbeits- und Lebenssituation ändert. So können vorbeugende Maßnahmen eingeleitet werden, um Fluktuationen zu minimieren und somit für die Mitarbeiter positive Signale zu setzen.

Diese Daten werden dazu genutzt, um Informationen zu veranschaulichen, Auswertungen zu erstellen, Route Causes aufzufinden, kritische oder strategische Entscheidungen zu unterstützen. Diese Entscheidungen sind von Wichtigkeit für Führungskräfte, Manager, Mitarbeiter, Vorstände und Investoren. Aus diesem Grund wird People Analytics eine zentrale Funktion in Human Resources (HR) werden. Sie sollte sich nicht nur auf Ergebnisse innerhalb von HR konzentrieren, sondern sich darauf fokussieren, den Einfluss auf den Unternehmenserfolg sicherzustellen. Genauso wie von Führungskräften erwartet wird, dass sie Analysen von Finanzen, Kunden und Technologien verstehen, sollten sie auch in der Lage sein, Analysen der Mitarbeiter zu nutzen und verstehen. People Analytics muss Führungskräfte auf einen Weg von reaktiv hin zu proaktiv leiten.

Die Rahmenbedingungen und Möglichkeiten dafür sind aktuell besser als je zuvor, um die richtigen Schritte zur Realisierung des Potenzials der Mitarbeiter für einen nachhaltigen strategischen Erfolg sicherzustellen. Zeitgleich wird die Kombination von People Analytics, Digital HR und HR Strategy zur wegweisenden Schlüsselfunktion.

Vorbereitungen für People Analytics mit Business Impact

In der Vergangenheit wurde People Analytics als unterstützende Maßnahme für Personalarbeit und Personalstrategie angesehen. In der Zukunft wird People Analytics die HR-Strategie mitdefinieren und weiterentwickeln.

Im Jahr 2015 startete bei Swarovski Corporation AG die Reise ins digitale Zeitalter. Die Ausgangssituation war, dass Technologie nur recht eingeschränkt genutzt wurde und daraus resultierend ebenfalls Daten nur begrenzt zur Entscheidungsfindung beigetragen haben. Die Konsolidierung von Daten wurde mehrheitlich manuell durchgeführt und konzentrierte sich stark auf operatives und taktisches Reporting. Die angetretene Richtung hin zur Digitalisierung ebnete ebenfalls erfolgreich den Weg für People Analytics.

Predictive People Analytics mit Business Impact

Vier Bausteine für die Transformation

Zu Beginn wurden vier Bausteine für die Transformation definiert (siehe Abb. 1):

- Zum einen wollte man Transparenz über die Organisation und die Mitarbeiter erhalten.
- Des Weiteren ging es darum, einfache und leicht verständliche Prozesse zu definieren, die es allen ermöglichen, die Reise in das Digitale Zeitalter und zu Analytics einzuschlagen.
- Nicht zuletzt sollten die Mitarbeiter und Manager befähigt werden, Daten zu nutzen, um relevante Entscheidungen zu treffen.
- Abschließend ging und geht es darum, tiefere Einsichten über das wertvollste Asset der Organisation – die Mitarbeiter – zu gewinnen.

Diese vier Bausteine wurden in enger Zusammenarbeit mit Führungskräften aus allen Bereichen definiert.

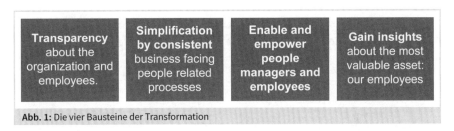

Abb. 1: Die vier Bausteine der Transformation

Anschließend wurde eine strategische Roadmap zu Digitalisierung und Analytics definiert, die diese vier Bausteine berücksichtigte (siehe Abb. 2). Die Herausforderung hierbei war, den buy-in der Organisation sicherzustellen. Dazu wurde zu Beginn ein intensiver Workshop mit Schlüsselführungskräften aus HR und Business durchgeführt.

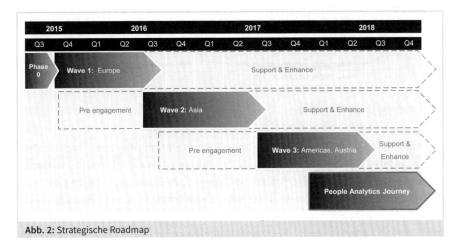

Abb. 2: Strategische Roadmap

293

Von Anfang an wurden viel Energie und Zeit investiert, die Organisation hinter diese Initiative zu stellen. Somit war es an der Zeit, globale Prozesse, Systeme, neue Arbeitsweisen und das gesamte Transformationsprogramm in die Wege zu leiten. Das Transformationsprogramm wurde sequentiell durchgeführt, beginnend in Europa, anschließend in Asien und als Abschluss in Amerika. Somit war neben der Digitalisierung auch die Grundlage für die People-Analytics-Funktion geschaffen.

Obwohl die Etablierung von People Analytics Mitte 2017 begann, wurden die strategischen Schritte bereits zwei Jahre zuvor in die Wege geleitet. Das Transformationsprojekt ermöglichte es dem People-Analytics-Team, auf einer soliden Basis aufzusetzen und damit sehr schnell Fahrt aufzunehmen und Business Impact zu generieren.

People Analytics Maturity Assessment

Zu Beginn wurde ein Assessment durchgeführt, um die langfristige Zielsetzung von People Analytics zu definieren. Die Analyse wurde in sieben Bereiche aufgeteilt (siehe Abb. 3).

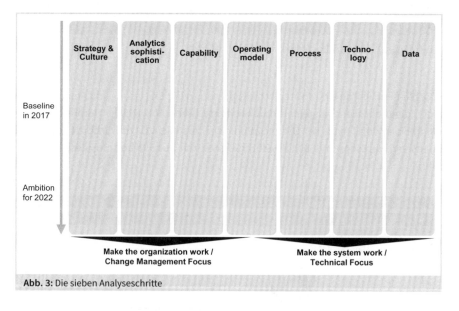

Abb. 3: Die sieben Analyseschritte

Die ersten vier Säulen (Strategie und Kultur, Analytics-Erfahrung- und Fähigkeit, Operating Model) umfassen die Bereiche, die Change Management-Interventionen benötigen. Herauszustellen ist hier, wie People Analytics in Strategie und Kultur einbezogen wird. Des Weiteren gilt es zu beachten, welche Erfahrung und Fähigkeiten in der Organisation vorhanden sind, beispielsweise ob People Analytics noch nicht genutzt wird oder ob Analytics ein Kernbestandteil der Personalarbeit ist. Ebenso muss die

Frage geklärt werden, ob Analytics-Fähigkeiten gegebenenfalls bereits vorhanden sind und welches Level vorausgesetzt werden kann, um Analytics auszuführen und zu interpretieren.

Die letzten drei Säulen zielen eher auf technische Anforderungen in den Bereichen Prozesse, Technologie und Daten. Zu prüfen gilt:
- Sind die notwendigen Prozesse zu HR-Analytics definiert?
- Sind die entsprechenden Technologien vorhanden – von Data Lakes bis hin zu Analytics-Anwendungen wie R-Studio oder Python?
- Wie stark liegt der Fokus auf Datenqualität?

Der klare Fokus zur erfolgreichen Umsetzung von People Analytics sollte auf den ersten vier Säulen liegen. Nur wenn diese Bereiche strukturiert angegangen werden, kann nachhaltiger Business Impact sichergestellt werden.

Für diese sieben Blöcke wurden zu Beginn der People-Analytics-Implementierung eine Baseline definiert und ebenfalls zukünftige Visionen. Dazu mussten eindeutige Schritte gemeinsam mit dem HR-Leadership-Team definiert werden. Sukzessive wurden alle sieben Bereiche bei Swarovski verbessert, um zur finalen Zielvorgabe zu gelangen. Zielsetzung war es, in wenigen Jahren in allen Bereichen mindestens einen Maturitätslevel von vier bis fünf zu erreichen.

Im Rahmen des Assessments ist es ebenfalls wichtig, eine Vision und Mission zu definieren. Swarovski hat folgende Vision und Mission definiert:
- Vision: Alle Personenentscheidungen werden durch Unterstützung von Daten und Analysen getroffen.
- Mission: Förderung einer Datenkultur in der HR-Funktion, um die Business-and-People-Strategy mit besseren, objektiveren und datenbasierten Entscheidungen und Erkenntnissen zu unterstützen.

Schlüssel-Stakeholder und deren Bearbeitung

Analytics ist mehr als nur Daten und Technologie, es geht um Kultur und Zusammenarbeit. Im Bereich People Analytics wurden bei Swarovski neun wichtige Stakeholder unterschieden. Die Zielsetzung muss es sein, von allen Stakeholdern ein buy-in zu erhalten, um ein People-Analytics-Netzwerk zu etablieren (siehe Abb. 4):

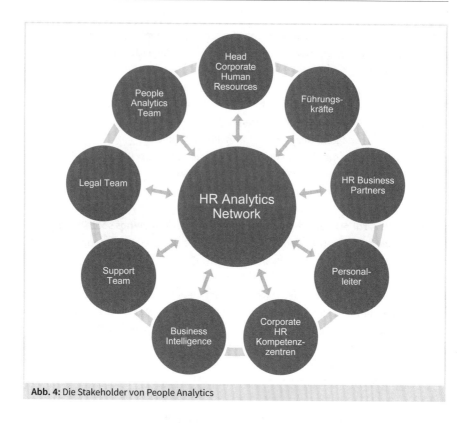

Abb. 4: Die Stakeholder von People Analytics

1. Head Corporate Human Resources (HCHR): Er ist der wichtigste Stakeholder und muss von der People-Analytics-Strategie und der Bedeutung von People Analytics überzeugt sein. Insbesondere ist wichtig, dass er der Überzeugung ist, dass People Analytics direkten Business Impact generieren kann.
2. Führungskräfte: Das operative People-Analytics-Team kooperiert direkt mit den Führungskräften aus dem unteren und mittleren Management; das strategische Team direkt mit Senior Führungskräften, zum Beispiel mit Business Unit Leitern, um Geschäftsprobleme mit Hilfe von People Analytics zu lösen. Nach dem HCHR sind die Top Führungskräfte die zweitwichtigste Stakeholdergruppe. Entscheidend ist, diese kontinuierlich in die Strategie und Umsetzungen der strategischen People-Analytics-Projekte einzubinden. Es hat sich bewährt, ein initiales Projekt mit starkem Business Impact durchzuführen und anschließend regelmäßigen Austausch mit den jeweiligen Chief Experience Officer (CXO) und dem relevanten strategischen HR-Business-Partner voranzutreiben.
3. HR-Business-Partner: Dazu gehören sowohl globale, als auch lokale HR-Business-Partner (HRBP). Das operative People-Analytics-Team arbeitet hier ebenfalls direkt mit den lokalen HRBP, das strategische People-Analytics-Team mit den strategischen HRBP zusammen. Es ist vor allem wichtig, die strategischen HRBP mit People Analytics zu befähigen. Um die HRBP erfolgreich einzubinden, hat sich

der regelmäßige Austausch mit den HRBP und dem People-Analytics-Team bewährt, um erstens direkten Input aus den Geschäftsbereichen zu erhalten und zweitens, um Ergebnisse der Studien mit den HRBP zu teilen. Des Weiten kann dieses Forum genutzt werden, um die Fähigkeiten und das Verständnis der HRBP hinsichtlich People Analytics sicherzustellen.

4. Personalleiter: Der nächste Baustein sind die HR-Manager in den jeweiligen Standorten oder Business Units, die sich im Regelfall auf das mittlere Management konzentrieren. Diese werden in strategische Initiativen nach Abstimmung mit Top Führungskräften und strategischen HRBP einbezogen.
5. Corporate HR-Kompetenzzentren: Jedes Kompetenzzentrum muss in die Definition von People-Analytics-Projekten und insbesondere in die Ausführung ihrer Ergebnisse einbezogen werden. Die Umsetzung der Resultate aus strategischen People-Analytics-Projekten resultiert meistens in kompetenzzentrum-übergreifenden Projekten zur Lösung von Business Problemen.
6. Business Intelligence Team: Das Business Intelligence Team stellt als Dienstleistung Daten und die entsprechenden technologischen Plattformen zur Verfügung. Zusätzlich werden Synergieeffekte der unternehmensweiten Analytics-Projekte sichergestellt über ein Netzwerk verschiedener Führungskräfte. Diese Führungskräfte haben nicht nur die People-Analytics-Agenda beeinflusst, sondern auch strategische Allianzen ermöglicht, damit Geschäftsdaten mit Personendaten verwendet werden konnten. People Analytics wird nur dann leistungsfähig, wenn Personendaten mit Geschäftsdaten analysiert werden.
7. Support Team: Auch der reibungslose End-User-Support für operative und taktische Themen ist in People Analytics wichtig. Reporting – der operative Teil von People Analytics – hat eine Große Anzahl von End-Usern, deren Erwartungen erfüllt werden müssen. Strategisch ausgerichtete und hochqualifizierte People-Analytics-Ressourcen sollten an komplexen Themen arbeiten und das Support Team sollte die operative Unterstützung übernehmen.
8. Legal Team: Vor dem Hintergrund der Einführung der Datenschutz-Grundverordnung (DSVGO) ist wichtig, das Legal Team vor, während und nach der Analyse mit einzubeziehen. Es ist sicherzustellen, dass die Empfehlungen den rechtlichen Rahmenbedingungen entsprechen. Des Weiteren ist von herausragender Bedeutung, ethische Standards einzuhalten, die je nach Unternehmen unterschiedlich gestaltet werden können und müssen. Der Anspruch von People Analytics muss sein, einen Beitrag zum Unternehmenserfolg zu leisten und gleichzeitig einen transparenten Mehrwert für den Mitarbeiter erbringen.
9. People-Analytics-Team: Schließlich umfasst das Netzwerk das People-Analytics-Team selbst, das eine besondere Stellung einnimmt.

Alle diese Stakeholder bilden gemeinsam das People-Analytics-Netzwerk. Dieses vom People-Analytics-Team gemanagte Netzwerk entwickelt sich ständig weiter und trägt dazu bei, die Maturität zu steigern.

Der Weg vom Reporting zur Business-Optimierung

Im Regelfall starten Unternehmen ihre People-Analytics-Implementierung mit operativem HR-Reporting, zum Beispiel FTE oder Gehaltsreporting (siehe Abb. 5). Der nächste Schritt ist dann HR-Advanced-Reporting. Dieser Bereich unterscheidet sich dadurch, dass zwar immer noch statische Information verwendet werden, diese allerdings je nach Notwendigkeit detailliert werden können, um ein Problem eingrenzen zu können. Beide Anfangsphasen, HR-Reporting und auch HR-Advanced-Reporting, verwenden Daten aus einer Datenquelle aus den bestehenden HR-Systemen. Dieser Ansatz beschränkt das People-Analytics-Team auf einen beschreibenden und diagnostischen Ansatz, welcher nur auf Vergangenheitsdaten zugreift und eruiert das Was und Warum.

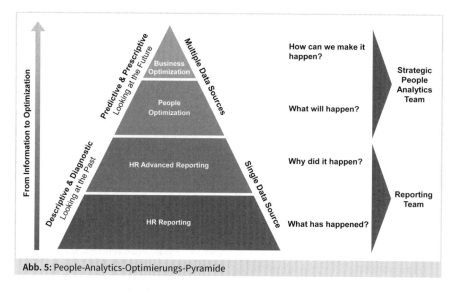

Abb. 5: People-Analytics-Optimierungs-Pyramide

People-Optimierung und Business-Optimierung bezieht Daten aus mehreren Quellen (HR und Business) und hat den Anspruch, durch Datenmodelle zukünftige Entwicklungen vorherzusagen, wie zum Beispiel den Einfluss von Training, Einstellungen, Weiterentwicklungen, Personalplanung usw. Der finale Schritt ist dann die Business Optimierung, um den Einfluss von Maßnahmen auf geschäftsrelevante Kennzahlen, wie zum Beispiel Umsatz, Produktionseffizienz oder -qualität, vorherzusagen. In diesem Bereich wird nicht nur vorhergesagt was passieren wird, sondern auch wie dies konkret möglich gemacht wird. Dies bedeutet, das vorhergesagt werden kann, was in der Zukunft eintreten wird, und zusätzlich auch was die beste Möglichkeit ist, diesem Zukunftsszenario – sofern negativ – entgegenzuwirken:

- Ein Beispiel ist die Prognose der Mitarbeiterfluktuation, um dann zu definieren, mit welchen Maßnahmen man die höchste Wirkung erzielt, diesem Trend entge-

genzuwirken. Insbesondere im Vertrieb hat eine hohe Fluktuation eine negative Auswirkung auf den Umsatz.
- Ein weiteres Beispiel ist, den Einfluss vorherzusagen, den Mitarbeiter auf die Produktqualität haben, und welche Maßnahmen den höchsten Beitrag zur Qualitätssteigerung leisten. In diesem Bereich werden strategische Projekte, die direkt zum Unternehmenserfolg beitragen, gemeinsam mit dem Top Management durchgeführt.

Dies ist aber nicht zwingend ein sequentieller Ablauf. Selbst ohne HR-Reporting kann direkt mit Business Optimierung begonnen werden, wenn die richtige Vorgehensweise gewählt wird. Der direkte Start mit Business Optimierung wird sogar empfohlen, um möglichst schnell einen positiven Einfluss auf den Geschäftserfolg zu haben.

Jedes People-Analytics-Team sollte die Zielsetzung haben, sich auf diese Projekte zu konzentrieren, da dadurch der höchste Einfluss auf die Organisation erzielt wird. Wichtig ist, dass das Team beziehungsweise die Aufgaben im Team ganz klar in operative und strategische Tätigkeiten unterteilt sind. HR-Reporting und Advanced Reporting sind typische Tätigkeiten für ein Shared Service Center (SSC) oder GBS (Global Business Services). People Optimierung und Business Optimierung sind eindeutig strategische Aufgaben, die klar getrennt werden müssen.

Die Schlüsselqualifikationen für ein strategisches People-Analytics-Team

Der Aufbau des People-Analytics-Teams ist eine wichtige Aufgabe in einer sehr frühen Phase, da die Fähigkeit des Teams eine der wichtigen Determinanten des Erfolgs ist (The Power of People, 2017). Zunächst ist der Zugriff auf die nachfolgend beschriebenen sechs Schlüsselqualifikationen sicherzustellen, unabhängig davon ob diese im Team oder an anderer Stelle leicht zugänglich sind. Basierend auf der erwarteten Arbeitslast und der Art der Projekte, werden diese Fähigkeiten auf die einzelnen Rollen im Team verteilt. Kognitive Fähigkeiten und bestimmte Persönlichkeitsmerkmale, zum Beispiel Gewissenhaftigkeit, sind in allen Rollen wichtig und können mit standardisierten psychometrischen Tests getestet werden:

Qualifikation 1: Geschäftssinn
Geschäftssinn bezieht sich auf eine ausgeprägte und agile Fähigkeit, Geschäftssituationen zu verstehen, zu interpretieren und mit ihnen umzugehen. Dies erfordert Fachwissen über mehrere Disziplinen hinweg und die Fähigkeit, aus unterschiedlichen Erfahrungen gewonnenen Erkenntnisse zu integrieren.

Geschäftssinn ist eine Schlüsselqualifikation zum Erfolg, um Projekte mit höchst komplexen internen, als auch externen Betriebsabläufen durchzuführen. Ohne Geschäftssinn wird People Analytics möglicherweise nicht vollständig auf das spezifische Geschäftsproblem ausgerichtet und findet keine Akzeptanz. Die wichtigsten Komponenten des Geschäftssinns sind hauptsächlich Finanzkompetenz, Umgang mit Politik sowie herausragendes Wissen von internen und externen Einflussfaktoren.

Qualifikation 2: Consulting

Zu den Consulting- oder Beratungskompetenzen gehört die Fähigkeit, Wissen zur Verfügung zu stellen, um bestimmte Aspekte des Unternehmens zu verbessern. Zum Kernbereich der Beratungskompetenz zählen die Fähigkeit, Ursachen von Problemen klar zu definieren sowie Kenntnisse in Projektmanagement, Lösungsdefinition, Stakeholdermanagement und Changemanagement.

Qualifikation 3: Personal

Bei People Analytics geht es um die Umsetzung von Strategien durch Mitarbeiter, was gutes Wissen über Personalmanagement erfordert. Hauptgrund hierfür ist, dass People-Analytics-Maßnahmen wesentliche Eingriffe in HR-Prozesse, HR-Richtlinien und HR-Praktiken bedeuten. Neben den genannten Schlüsselbereichen sind detaillierte Kenntnisse in Datenschutz und Ethik erforderlich.

Qualifikation 4: Arbeitspsychologie

Der Bereich Arbeitspsychologie lässt sich in Industriepsychologie, Organisationspsychologie sowie Forschungsdesign und -analyse untergliedern. Die Industriepsychologie beschäftigt sich im Allgemeinen mit der Verbesserung des individuellen Potenzials und verwandter Themen wie psychometrischer Tests, Auswahl und Förderung, Ausbildung und Entwicklung, Einstellung und Motivation der Mitarbeiter. Die Organisationspsychologie beschäftigt sich mit der Verbesserung des Organisationspotenzials und umfasst Themen wie Change-Management, strategische Planung, Umfragen, Arbeitsplatzgestaltung und -bewertung, organisatorische Restrukturierung und Personalplanung sowie interkulturelles Verständnis. Arbeitspsychologen verfügen nicht nur über inhaltliche Expertise in den Bereichen Industrie- und Organisationspsychologie, sondern oft auch über Erfahrung in der Konzeption von Studien oder Tests von Hypothesen. Diese Fähigkeiten sind im Regelfall nicht über »training on the job« vermittelbar.

Qualifikation 5: Data Science

Datenwissenschaftler spielen eine wichtige Rolle beim Finden von Ursachen und möglichen Lösungen für Probleme im Bereich People Analytics. Data-Science-Fähigkeiten sind oft sehr spezialisiert und ein Team profitiert dann, wenn Wissen in allen drei wichtigen Bereichen vorhanden ist, nämlich

- quantitative Fähigkeiten, um statistische Modelle zu erstellen und somit kausale Zusammenhänge zu verstehen,
- Informatikkenntnisse, um Datenbanken und Datenspeichersysteme abzufragen und so Daten aus verschiedenen Quellen auf prüfbare Weise zu integrieren.
- Datenbewusstsein, um die richtigen Daten und neue Datenformen in die Analyse aufzunehmen.

Qualifikation 6: Kommunikation
Kommunikation wird vor allem mit zunehmender Grösse der Projekte wichtiger. Die gefragten Schlüsselfähigkeiten sind Storytelling, klare Visualisierung, effektives Präsentieren, schriftliche Kommunikation und Marketing. Insbesondere Storytelling ist wichtig, damit das Wesen des Problems schneller erfasst wird und dadurch Analysen, Erkenntnisse, Empfehlungen und Änderungen für Ideen und Projekte eingänglich vermittelt werden können.

Die Aufteilung einer Roadmap

Zur Erstellung einer Roadmap für den gesamten Bereich People Analytics empfiehlt sich folgende Aufteilung (siehe Abb. 6):
- Datenbasis: Maßnahmen zur Sicherstellung einer dauerhaften guten Datenqualität
- Datenkultur: Maßnahmen zur Sicherstellung einer Datenkultur in der gesamten Organisation – innerhalb als auch außerhalb von HR – zum Beispiel ein Curriculum oder Communities of Practise
- Operatives Reporting: Maßnahmen zur Entwicklung des operativen Reporting, wie zum Beispiel Reporting Bibliothek, Reporting Automatisierung und Einbettung in Prozesse
- Taktisches Reporting: Definition von Dashboards zu den wesentlichen Prozessen und Definition von wichtigen Key Performance Indicators. Etwa zehn Prozent der hierfür erforderlichen Zeit werden in die Entwicklung und Definition investiert, während die übrigen 90 Prozent zur Umsetzung der Ergebnisse aufgewandt werden müssen.
- Strategische und Business Optimierung: Definition von strategischen übergeordneten Projekten gemeinsam mit dem Top Management und Impact auf Basis der Kernkennzahlen des Unternehmens

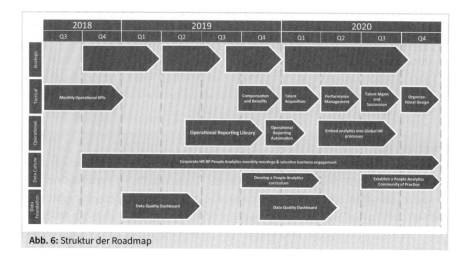

Abb. 6: Struktur der Roadmap

Literatur

Guenole, N.; Ferrar, J.; Feinzig, S. (2017): The Power of People: Learn How Successful Organizations Use Workforce Analytics To Improve Business Performance (FT Press Analytics), S. 170.

Hinweise zum Autor

Oliver Kasper
Oliver Kasper ist Head of People Analytics, Digital HR & Portfolio Strategy und Teil des Corporate HR Leadership Teams bei Swarovski. Er besitzt Erfahrung im Bereich People Analytics, Digital HR, Change Management und HR-Transformation, HRIS Strategy & Deployment (Workday & Success Factors) und HR-Operations. Zu Beginn seiner Laufbahn war Oliver Kasper mehrere Jahre in der internationalen Strategieberatung und später in mehreren Corporate HR- und Leadership-Funktionen bei internationalen Unternehmen tätig.
Kontaktdaten: Daniel Swarovski Corporation AG, Head of People Analytics, Digital HR & Portfolio Strategy, Alte Landstrasse 411, CH-8708 Männedorf, Tel.: +41 (0)44 921 46 84, Mail: oliver.kasper@swarovski.com, Internet. www.swarowski.com

Künstliche Intelligenz in der Personalauswahl

Dirk Stoltenberg,
Group Head Human
Resources, Oetiker Group,
Horgen (Schweiz)

Scheinbar grenzenlose Datenverfügbarkeit und die Übernahme bisher menschlicher Arbeits-, Denk- und Lernleistung durch Künstliche Intelligenz ist im Begriff, Industrien, Gesellschaften und unser Weltbild zu revolutionieren. Mit Algorithmen streben wir aus unterschiedlichen Gründen danach, die Bastion der Vorhersage menschlicher Verhaltensweisen zu erobern. Lassen sich hieraus kompetitive Vorteile auf der Suche und Auswahl von raren Talenten am Arbeitsmarkt erzielen? Die Software- und Beraterbranche bestätigt dies. HR-Entscheider sind eher zurückhaltend.

Ein Weckruf für die nächste HR-Generation

Seit der Mensch als im betrieblichen Kontext volatile und risikobehaftete Ressource der unternehmerischen Wertschöpfung identifiziert wurde, strebt eine seit den 1990er Jahren unaufhörlich wachsenden Branche danach, die Auswahl und den Einsatz der Humanressource im Unternehmen zu optimieren.

Jede Trendwelle führt zur weiteren Professionalisierung im Einsatz noch effektiverer Methoden der Personalarbeit. Gleichzeitig schaffen es nur progressive Unternehmen, die Personalarbeit im Kontext eines direkten, betriebswirtschaftlichen Einflusses zu betrachten. Das ist umso überraschender, da Human-Resources-Kernkompetenzen

---

Lessons Learned

- Die Personalauswahl ist einer der wichtigsten unternehmerischen Entscheidungsprozesse.
- Der Prozess der Personalauswahl hat im traditionellen Verfahren ausgedient, da er bei steigender Komplexität höchst ineffizient und erfolglos ist.
- Effizienzsteigerungen und eine gleichzeitige Neu-Fokussierung auf die Selektion der richtigen Kandidaten können nur unter Einsatz neuer Technologien erreicht werden.
- Ein Wettbewerbsvorteil im War for Talents durch Einsatz von KI-Lösungen verlangt eine mutige, aber geschulte Auswahl der Instrumente und das richtige Einsatz-Timing.
- Es geht nicht um einen Kampf zwischen Mensch und Maschine, sondern darum, die intelligente und nachhaltige Symbiose zu gestalten.

(HR-Kompetenzen), wie beispielsweise die Personalauswahl, direkt auf die Fähigkeit zur Wertschöpfung und zur Steuerung des Unternehmensergebnisses einwirken.

Als Beispiel dafür sind Fehlentscheidungen bei der Einstellung neuer Mitarbeiter und Führungskräfte anzuführen. Fluktuationsraten neu eingestellter Mitarbeiter innerhalb der ersten 24 Monate übersteigen erfahrungsgemäß bei Weitem die Normalfluktuation. Ist das ein naturgegebener Umstand oder lässt sich durch gesteigerte Evidenz eine bessere Treffsicherheit erzielen? Die allermeisten Unternehmer und Personalleiter sind sich weder ihrer Erfolgsquote noch ihrer Einflussmöglichkeiten wirklich bewusst. Die entsprechenden Mehrkosten, die Unwirtschaftlichkeit und Cost-of-poor-Quality werden nicht als Verbesserungspotenzial erkannt. Der Einsatz Künstlicher Intelligenz (KI) kann hier bereits heute Hilfestellung leisten und wird – so ist zu erwarten – höchst disruptive Veränderungen herbeiführen.

Die Bedeutung der Personalauswahl

Die Personalauswahl ist einer der wichtigsten unternehmerischen Entscheidungsprozesse, da per se mit hoher Tragweite, langfristiger Wirkung und schwer kalkulierbaren Risiken ausgestattet. Der Umgang mit der großen Unbekannten »Mensch« erzeugt für die Einschätzung zukünftiger Leistungsprognosen zahlreiche Unsicherheiten und erfährt in der Regel auch wenig systematische Qualitätssicherung im Prozessmanagement.

Der Prozess der Personalauswahl hat im traditionellen Verfahren ausgedient, ist er bei steigender Komplexität doch höchst ineffizient und erfolglos. Der Mangel an Fachkräften, die Transparenz über Stellenangebote, die Big Data gestützten Möglichkeiten zur Identifizierung von aktiv suchenden und nicht suchenden Kandidaten hat den Arbeitsmarkt durchlässig gemacht. Das birgt neue Herausforderungen. Allein der Versuch, eine Stellenausschreibung auf einem der einschlägigen Social-Media-Portale – vermeintlich kostengünstig – freizuschalten, befördert eine im klassischen Verfahren nicht zu bewerkstelligende Flut von mehr oder minder qualifizierten Bewerbungen.

Unter Personalauswahl verstehen wir die interne und externe, nachhaltig erfolgreiche Zuweisung von Bewerbern mittels Rekrutierung und Auswahltechniken zu entsprechenden Arbeitsstellen. Das geschieht klassisch in mehreren Prozessschritten, wobei sich die vermeintliche Objektivität der Auswahl selten auf Fakten, denn auf voreingenommene Beurteilungen stützt und damit Grund eines minder qualitativen Prozesses ist. Potenzielle Top Talente werden so nicht selten als unpassend ausgemustert und fachlich passende, aber kulturell inkompatible Kandidaten zur Anstellung ausgewählt.

Der 2018 veröffentlichte Retention Report »Truth and Trends in Turnover« des Work Institute zeigt, dass sich die Gesamtkosten einer Fehlbesetzung eines direkt operativ Beschäftigten nach sechs Monaten Betriebszugehörigkeit bereits auf ein Drittel des Jahresgehaltes belaufen. Nicht eingerechnet sind hierbei die Opportunitätskosten, die beispielsweise entstehen, wenn die Fehleinstellung einer einflussreichen Führungskraft anstatt nach hundert Tagen erst nach ein bis zwei Jahren des Wirkens festgestellt und korrigiert wird. Vollkostenberechnungen prominenter Headhunter bewegen sich für diese Fälle bei ein bis zwei Jahresgehältern auf einer nach oben offenen Skala.

Nebst weiterer Effizienzsteigerungen in der Personalauswahl ist eine gleichzeitige Neu-Fokussierung auf die Primäraufgabe erforderlich, die Selektion der richtigen Kandidaten. Beides gleichzeitig kann nur unter Einsatz neuer, sich stetig weiter entwickelnden Technologien erreicht werden.

Zuerst muss der Prozess der Personalauswahl auf die kritischen Entscheidungspunkte hin betrachtet werden. Im traditionellen Verfahren, ausgehend von in ausreichender Anzahl verfügbarer Kandidaten, war der wichtigste Entscheidungspunkt am Ende einer Kette von Gesprächen und Beurteilungen zu finden. In Anbetracht der immer kritischer werdenden Anzahl von passenden Kandidaten gegenüber einer viel größeren Anzahl von qualitativ schlechteren Bewerbungen erhält die Erstauswahl einen weitaus höheren Stellenwert (siehe Abb. 1).

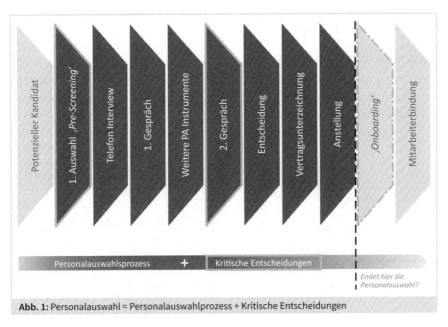

Abb. 1: Personalauswahl = Personalauswahlprozess + Kritische Entscheidungen

IBM Watson zufolge verwenden Rekrutierer in einer Erstauswahl durchschnittlich sieben Sekunden, um eine Bewerbung zu prüfen. Somit stellt sich die Frage, welche

Methoden für die aufgewertete Erstauswahl sowie die Anstellungsentscheidung die besten Informationen, die höchste Kompatibilitätsevidenz und den geringsten Auswahlaufwand produzieren. Da verspricht der Markt der KI-gestützten Eignungs-Assessments vollmundige Abhilfe.

KI ist nicht gleich KI und auch kein Synonym für Algorithmen

Um die durch den anhaltenden Markthype entstandene Mehrdeutigkeit von Begrifflichkeiten aufzulösen, empfehlen Kaplan und Haenlein (2019) den Versuch zur Strukturierung. Sie ziehen einerseits drei wesentliche Entwicklungsstufen der Technologie in Betracht. Andererseits bewerten sie die Anwendungen von KI nach ihrem betrieblichen Nutzen und unterteilen letztere wie folgt in:

- Experten-Systeme sind eine in Form von Wenn-Dann-Aussagen programmierte Sammlung von Regeln. Dies ist die einfachste Form und nicht als KI zu werten.
- Analytische Systeme, die Lerninformation sammeln, die auf früheren Erfahrungen basiert, um zukünftige Entscheidungen zu erwirken.
- Menschlich-inspirierte Systeme, die zusätzlich zu den kognitiven Elementen, menschliche Emotionen verstehen und in die Entscheidungsfindung einbeziehen.
- Vermenschlichte Systeme, die alle Charakteristika menschlicher Denkweisen, Kompetenzen und Verhaltensweisen aufweisen. Solche Systeme wären dann vermutlich auch in der Lage, eine Form von Bewusstsein zu zeigen, um beispielsweise selbstmotiviert zu lernen.

In einer zweiten Dimension unterscheiden die Wissenschaftler zwischen vier möglichen Anwendungsbereichen und unterteilen in die kognitive, emotionale, sozial intelligente und künstlerisch kreative Anwendung, beispielsweise zur künstlich intelligenten Erstellung von Kunstwerken (siehe Abb. 2).

	Expert Systems	Analytical AI	Human-Inspired AI	Humanized AI	Human Beings
Cognitive Intelligence	✗	✓	✓	✓	✓
Emotional Intelligence	✗	✗	✓	✓	✓
Social Intelligence	✗	✗	✗	✓	✓
Artistic Creativity	✗	✗	✗	✗	✓
		Supervised Learning, Unsupervised Learning, Reinforcement Learning			Kaplan & Haenlein (2019)

Abb. 2: Klassifizierung künstlicher Intelligenz-Systeme und Anwendungsbereiche

Die analytisch künstliche Intelligenz macht laut Kaplan/Haehnlein den Hauptteil der zurzeit verbreiteten Marktprodukte aus, die ausschließlich in Anwendungen der kognitiven Intelligenz eingesetzt werden. Diese Art der KI-Anwendung erlaubte Facebook die Gesichtserkennung, Siri die Spracherkennung und entsprechende Handlungsreaktion, erlaubte Tesla selbst fahrende Fahrzeuge zu entwickeln oder Betrüger bei Finanzdienstleistungen zu identifizieren.

Rasante Entwicklungen in diesen Bereichen haben dazu geführt, dass auch Forschungsinstitute wie das Massachusetts Institute of Technology (MIT) Firmen gründen, die KI einsetzen, um für Anwendungen der Emotional Intelligence (EQ) marktfähige Produkte zu entwickeln. Diese Art der KI könnte, so Kaplan/Haenlein, auch bei Kundeninteraktionen oder bei der Rekrutierung neuer Mitarbeiter von Nutzen sein. Damit könnte es möglich werden, bspw. EQ-relevante Führungsfähigkeiten sich bewerbender Führungskräfte durch erweiterte Analysen der Gesichtserkennung zu messen.

KI-Trends im Personalmarkt

KI-Anwendungen vermehren sich heute am Angebotsmarkt sehr schnell. Nirgendwo war dies so offensichtlich wie im Bereich Rekrutierung und Einstellung. Gemäß einer Umfrage des Conference Board aus dem Jahr 2018 ist es eine der drei größten Sorgen der heutigen Top Führungskräfte, keine Top Talente gewinnen zu können. Einstellungsprozesse sind in der Regel langwierig und immer unvorhersehbar. Jüngsten Schätzungen zufolge belaufen sich die gesamten Vollkosten für eine einzelne Neueinstellung auf durchschnittlich über 200.000 US-Dollar. Kein Wunder also, dass HR eine hohe Bereitschaft hat, mit neuen KI-Tools zu experimentieren, die versprechen, die qualifiziertesten Kandidaten ohne menschliche Subjektivität sowie Voreingenommenheit aus einer Vielzahl von Bewerbungen zu ermitteln.

Mit dem Resultat der Weiterentwicklung von KI hat sich die Universität Bamberg aus dem Blickwinkel der Jobsicherheit eines Rekrutierers befasst. Sie hat festgestellt (siehe Abbildung 3), dass sämtliche Vorauswahlaufgaben stark abnehmen und durch den Umgang mit Technologie und datenbasiertem Recruiting ersetzt werden.

Josh Bersin weist in einem Beitrag von 2017 auf drei wesentliche aktuelle Trends hin:
- die Entstehung einer Konversationsschnittstelle zu Bewerbern,
- das Analysieren von Personendaten mit intelligenten Empfehlungen und
- Vorhersagemodelle zur Identifizierung bewerbungsrelevanter Muster.

HR-ANALYTICS: Künstliche Intelligenz & Digitale Technologien

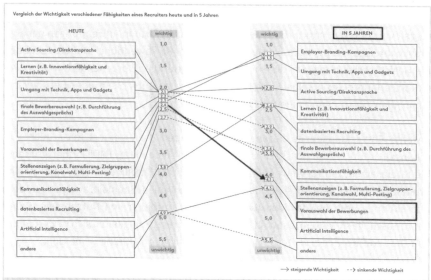

Abb. 3: Abnahme der Vorwahlaufgaben im Recruiting, CHRIS Recruiting Trends 2019 (https://www.uni-bamberg.de/fileadmin/uni/fakultaeten/wiai_lehrstuehle/isdl/Studien_2019_02_Digitalisierung_Web.pdf)

Konversationsschnittstelle zu Bewerbern

Laut Bersin lassen sich wesentliche Interaktionen und Kommunikationsschritte mit Kandidaten im Akquisitionsprozess durch den Einsatz von Chatbots erleichtern und mobilisieren, zum Beispiel durch die Verfügbarkeit auf Mobilgeräten. Gleichzeitig werden essenzielle Daten und Informationen zu Verhaltensmustern generiert, die wiederum zur Beurteilung herangezogen werden können. Die sofortige und ohne Verzögerung erfolgende Interaktion erzeugt im Umgang mit den Kandidaten eine zusätzliche Zufriedenheit und Kandidatenbindung an den Prozess. Ein Beispiel hierfür ist die Software Mya.

Analysieren von Personendaten mit intelligenten Empfehlungen

Deloitte fand heraus, dass die erfolgreichsten Unternehmen zu 90 Prozent Wahrscheinlichkeit ihre Rekrutierungsentscheidungen auf nicht-lebenslauf-basierten Daten und Informationen begründen, wie beispielsweise Kommunikationsverhalten, kreative Problemlösungskompetenz sowie die Lernwilligkeit und -fähigkeit. Demzufolge sind der Trend hin zu Online-Pre-Screening-Methoden durch intelligente Fragestellungen, respektive der Einsatz kognitiver und diagnostischer Instrumente zur Einstellungsentscheidung, die durch KI höher valisiert sind, nachvollziehbar und richtig.

Die Neurowissenschaftlerin Prof. Frida Polli hat sich mit der Frage befasst, wie der Zustand verbessert werden kann, dass 30 bis 50 Prozent aller »new hires« im US-amerikanischen Markt in ihrem Job innerhalb der ersten zwölf Monate nicht bestehen, das heißt fehlbesetzt wurden. Ihre Analysen zeigen, dass die traditionelle Vorselektion sowie fehlerhafte Selbst- und Fremdbeurteilungen dieses schlechte Ergebnis erzeugen. Sie plädiert dafür, auf eine lebenslauf-basierte Erstselektion zu verzichten.

Im Gegenzug wurde an ihrem Institut eine Reihe von kognitiven und neurologischen Tests entwickelt, die spezifische Anforderungsalgorithmen mit den Persönlichkeitsmerkmalen der Bewerber vergleichen. Im Ergebnis steigert das Verfahren die Evidenz und damit die nachweisbare Erfolgsquote der Selektion. Firmen wie Unilever und Tesla schwören auf dieses System. Die Prüfung von Lebensläufen haben diese Firmen weitestgehend eliminiert. Interessant ist, dass selbst das Kandidaten-Erlebnis zu 90 Prozent positiver ausfällt, gegeben durch das für die Kandidaten als wertvoll wahrgenommene Feedback aus der Job-Präferenz-Analyse.

Die Plattform Yva untersucht durch Verhaltensanalysen die Datenpunkte starker und schwacher Leistungsträger und versorgt seine Nutzer mit Empfehlungen, wie sie die eigenen Fähigkeiten verbessern können. Yva kombiniert hierzu Predictive Analytics mit intelligenten 60-Sekunden-Mikrobefragungen. Die Echtzeit-Datenabgleiche lassen die Plattform rasant jeden Tag klüger werden. Durch Rekrutierer noch nicht gesichtete Kandidaten werden so nach einer Mikro-Befragung ausgewertet und ein objektiver Vorschlag zur Weiterverfolgung unterbreitet. Viele der beschriebenen Lösungen finden ihren Ursprung in den USA. Alle Angebote versprechen mit überzeugender Kundenreferenz kompetitive Vorteile und hohen Kandidaten-Nutzen.

Auch in Europa sind derartige Modelle auf dem Vormarsch. Als Beispiele der engen Zusammenarbeit zwischen der jungen Forschung und der Praxis sollen hier zwei Unternehmen dienen:

- Ein Schweizer Start-up nutzt die klassische Psychometrie, validiert diese über Stimmentechnologie und forscht gerade an einer weiteren Validierung durch Gesichtserkennung. Das Ergebnis wird, ergänzt um Mikro-Fragen zur Qualifikation und Berufserfahrung sowie soziale Kompetenzen, mit den Stellenanforderungen abgeglichen. Bei der Erstbewerbung arbeitet ein 15-minütiger Matching-Algorithmus, der dann anhand der Erst-Einschätzung der jeweiligen Hard- und Softskills den Abgleich mit den vordefinierten Stellenanforderungen vornimmt. So entsteht eine Rangliste mit allen Kandidaten. Die Bewerber erhalten ebenfalls die Analyse zu ihrer Verfügung und können somit ihre Präferenzen, Denk- und Kommunikationsstile kennen lernen.
- Ähnliche Wege der Produktentwicklung geht ein etabliertes Assessment-Unternehmen aus Paris, das sich aber entschieden hat, zuerst den Markt des qualitativen Pre-Screenings assessment-basiert zu sichern, um auf der Basis eines großen Kundenstamms die KI weiter zu entwickeln.

Vorhersagemodelle zur Identifizierung bewerbungsrelevanter Muster
Der IBM Watson Recruiter nutzt Algorithmen, um vorhandene Einstellungsmuster auf negative Auswirkungen hin zu analysieren. Das System sucht nach Hinweisen auf bestehende Ungleichgewichte in der aktuellen Diversität sowie statistischen Verteilung der Belegschaft und legt Muster zur Balancierung durch zukünftige Einstellungen fest. In diesen Mustern sind auch Analysen zu Verhaltensdimensionen und Leistungsmustern möglich.

Hypothesen: Warum hinkt HR hinter der technologischen Entwicklung her?

Wie bereits früher ausgeführt, besteht Handlungsbedarf zur Ablösung traditioneller Personalauswahlverfahren. Dennoch ist unter HR-Entscheidern eine deutliche Zurückhaltung und eher träge Entscheidungsfreude erkennbar. Diese antiquierte Haltung ändert sich offenbar nur schrittweise.

Es gibt auch andere Gründe, sich gegen den Technologie-Einsatz zu entscheiden, wie das Beispiel Google zeigt. Dessen Head of HR, Laszlo Bock, beschreibt, wie das Technologieunternehmen anstelle von Auswahltests und KI auf Evidenz durch Großgruppen-Kalibrierung setzt, um die natürliche Voreingenommenheit einzelner Individuen inklusive der Führungs- und HR-Kräfte auszuschalten (Bock, 2015). Auf Rückfrage im HR-Umfeld wird weiter bestätigt, dass sich die weltweit 3.000 Rekrutierer für die fünf bis acht Interviews mit verschiedensten Personen auf die kompetenzbasierte Interviewtechnik verlassen. Google räumt aber auch ein, dass sie sich mit durchschnittlich 500 Bewerbern pro Stelle in einer ungewöhnlich luxuriösen Situation befinden, die eine effiziente Kandidaten-Erfahrung unnötig erscheinen lässt. Google wird gemäß Auskunft auch in naher Zukunft nicht auf KI-gestützte Anwendungen setzen, da die dem Stand der Entwicklung nutzbaren Algorithmen und technischen Möglichkeiten »zu simpel« sind, um einer verlässlichen Anwendung Stand zu halten (Lazer et al., 2014).

Zusammenfassend zeigt die nüchterne Analyse bei gegebener Marktdynamik, dass ein Wettbewerbsvorteil im War for Talents unter der Anwendung von KI-Lösungen nur durch eine mutige, aber geschulte Auswahl der Instrumente und dem richtigen Einsatz-Timing entschieden wird. Somit stellt sich die entscheidende Frage, mit welchem Kompass HR-Entscheider die richtigen KI-Instrumente zur Verbesserung der Personalauswahl auswählen sollen? Ferner bleibt die Frage erlaubt, wie wir in der ›nicht zu fernen‹ Zukunft die menschliche Interaktion in einer digitalen Erlebniswirtschaft (Digital Experience Economy) als Differenzierungsmerkmal richtig einsetzen wollen.

Um Organisationen für diese Zukunft vorzubereiten, scheint es keine Kompassnadel zu geben. Systemisch, also ganzheitlich betrachtet, ist nebst der Funktionalität von

KI-Lösungen essenziell, wie wir das Vertrauensverhältnis zu Mitarbeitern und Kunden unter dem Einsatz von KI beibehalten. Es ist ferner wichtig zu verstehen, wie wir die durch KI entstehenden, rasanten Veränderungen begleiten können. Letztlich geht es darum, wie wir die Maschinen kontrollieren und ungewollte Entwicklungen verhindern können. Haenlein (2019) kommt zu folgenden Empfehlungen:

- »Look for the nail before you look for the hammer«: Zunächst muss definiert und spezifiziert werden, welches Problem mit KI oder Big Data gelöst werden soll. Viele Unternehmen entscheiden sich unter Zugzwang für wenig zielführende Angebote. Sie vergessen, dass KI erst etwa drei Jahre jung und Eile unangebracht ist.
- »Measure the things that actually need to be measured«: Die ›Likes‹ eines Beitrages zu messen, ist nicht von Interesse. Die Messwerte müssen sich auf die Ziele konzentrieren, die mit der technologischen Anwendung angestrebt werden.
- »In the beginning rely on outside help«: Aufgrund der jungen Erfahrung mit KI und der Gefahr als Kunde, einer nicht sauber validierten Methode oder irreführenden Algorithmen aufzusetzen, sollten namhafte Berater zur Evaluierung herangezogen werden. Der Einsatz von KI sollte nach einer Konsultation sehr bewusst entschieden werden.

Fazit

Es bleibt festzustellen, dass zukünftige Generationen von Bewerbern völlig neue Erwartungen an die Professionalität, die Zielgenauigkeit und die Erfahrung aus Bewerbungsverfahren generieren. Wir werden nicht umhinkommen, uns mit vermeintlich von Menschen abgewandten Technologien zu befassen, um unsere Leistungen zu steigern und Komfort zu verbessern. Mensch und Maschine werden immer weiter aufeinander zugehen und möglicherweise wird der Unterschied in ein bis zwei Jahrzehnten nicht mehr auszumachen sein. Es geht hier aber nicht um einen Kampf zwischen Mensch und Maschine, sondern darum, die intelligente und nachhaltige Symbiose zu gestalten.

Literatur

Bock, L. (2015): Work Rules! Insights from Inside Google That Will Transform How You Live and Lead. 1 Edition, New York: Twelve (https://www.workrules.net).

Boyden Senior Executive Survey (2019): The CHRO and the future organisation, Part 1 Impact of AI and Technology. (https://www.boyden.com/media/the-chro-and-the-future-organization-part-1-impact-of-ai-and-tec-11136233/the-chro-and-the-future-organization-part-1-impact-of-ai-and-tec.pdf).

Haenlein, M. (2019): Bicentenary Faculty Video Series N° 1 Meet Prof. Michael. (https://www.youtube.com/watch?time_continue=12&v=duxFqYJjqtE).

InfoSys (2016): Amplifying Human Potential, Towards Purposeful AI. (https://www.infosys.com/aimaturity/Documents/amplifying-human-potential-CEO-report.pdf).

Kaplan, A.; Haenlein, M. (2019): Siri, Siri, in my hand: Who's the fairest in the land? On the interpretations, illustrations, and implications of artificial Intelligence. Business Horizons 62, S. 15–25 (https://doi.org/10.1016/j.bushor.2018.08.004).

Lazer, D.; Kennedy R.; King G.; Vespignani A. (2014): The Parable of Google Flu: Traps in Big Data Analysis, Science, Vol 343, S. 1203–1205 (https://gking.harvard.edu/files/gking/files/0314policyforumff.pdf).

Ulrich, D.; Younger, J.; Brockbank, W.; Ulrich, M. (2012): HR from the Outside In: Six Competencies for the Future of Human Resources, New York: McGraw-Hill.

Work Institute (2018): Retention Report: Truth and Trends in Turnover. (https://workinstitute.com/about-us/news-events/articleid/2259/2018%20retention%20report).

Zugriff auf alle angegebenen Links in diesem Text erfolgte zuletzt am 15.07.2019

Hinweise zum Autor

Dirk Stoltenberg

Dirk Stoltenberg leitet das Group HRM für die weltweit tätige Oetiker Gruppe. Dort verantwortet er seit Anfang 2019 die Weiterentwicklung der People Strategy mit Fokus auf das Unternehmenswachstum mit progressiver Personalarbeit zur Entwicklung agiler Arbeitskulturen. Vor seinem Eintritt bei Oetiker leitete er über viele Jahre beim ABB-Konzern die Einführung der Leadership Development Architektur und des weltweiten Talent Managements. Zuletzt war er Head of HR für apetito, europäischer Marktführer für Tiefkühl-Nahrungsmittel und Komponenten. Dirk Stoltenberg ist Betriebsökonom und war in leitenden Funktionen in Finanzen/Controlling, Sales/Marketing und HR für Mittelstandsbestriebe bis Großkonzern. Er absolvierte einen Executive MBA an den Universitäten Bern (CH) und Rochester (USA).

Kontaktdaten:
Hans Oetiker Holding AG, Spätzstrasse 11, Postfach 358, 8810 Horgen, Schweiz; Tel +41(0)44 728 55 42 Mail: dirk.stoltenberg@oetiker.com; Internet: www.oetiker.com

Mit Künstlicher Intelligenz schneller, besser und fairer rekrutieren

Ivan Evdokimov,
Talent Acquisition Manager, L'Oréal Deutschland GmbH, Düsseldorf (bis Mai 2019), Business Coach und Dozent

L'Oréal setzt weltweit auf eine selbst entwickelte Künstliche Intelligenz für das Recruitment von passenden Kandidaten. In Deutschland werden nach positiven Ergebnissen aus den Pilotländern China, Spanien und United Kingdom seit Ende 2018 rund 200 Praktikanten jährlich mit Hilfe von KI ausgesucht. In diesem Artikel werden Erkenntnisse, Ergebnisse und Herausforderungen geschildert, um dieses kontroverse Thema zu beleuchten und in ein realistisches Licht zu setzen.

Einleitung

Die Diskussion um Künstliche Intelligenz ist nicht neu, da Alex Proyas in der amerikanischen Dystopie »I, Robot« bereits 2004 die Chancen und Risiken eindrucksvoll herausgearbeitet hatte. In diesem Film wurden auch die drei Gesetze der Robotik (Asimov, 1950) aufgegriffen, die neuerdings als Grundlage für die Debatten der Europäischen Union (EU) über die Ethik der KI (Fischer et al., 2019) auftauchen.

Ursprünglich eine Domäne von Science-Fiction-Filmen und –Romanen, verlagert sich KI heute zunehmend in den Alltag und wird Teil unseres Lebens – von der Art und Weise, wie wir tägliche Aufgaben zu Hause erledigen und arbeiten, bis hin zu der Art und Weise, wie wir auf Unterhaltung zugreifen und Waren sowie Dienstleistungen kau-

---

Lessons Learned

- Mit Hilfe eines externen Providers wurde eine KI-Lösung im Recruitment-Prozess eingeführt.
- Die Lösung basiert auf maschinellem Lernen und der Verarbeitung natürlicher Sprache und greift dabei auf neuronale Netze zurück.
- Sie hat durch reduzierte Verzerrungen den Rekrutierungsprozess verbessert und beschleunigt, bei gleichzeitiger ausgezeichneter candidate experience.
- Die Anzahl der nicht wertschöpfenden Aufgaben wurde reduziert, so dass sich die Recruiter auf höherwertige Arbeiten konzentrieren können.
- Bei der Vorhersage gut passender Kandidaten konnte eine hohe Genauigkeit erzielt werden.

fen: KI erleichtert unser Leben durch sofortige Lösungen und weckt hohe Erwartungen auch in allen anderen Lebensbereichen.

Auch am Arbeitsplatz kommt KI zum Einsatz, da einige Unternehmen die transformative Kraft der KI nutzen – von der Ausführung wiederholender Aufgaben über die Analyse von Daten bis hin zur Verbesserung einiger Human-Resources-Prozesse (HR-Prozesse). Der datenbasierende Ansatz der KI findet seinen Nutzen zum Beispiel darin, Verzerrungen im Einstellungsprozess zu reduzieren, den Zeitpunkt des Ausscheidens des Mitarbeiters vorherzusagen und die einmalige Unternehmenskultur und Qualifikation abzubilden. Basierend auf gut strukturierten Daten hält die KI die Zukunft der HR-Technologie fest, indem sie verspricht, diese objektiver und effizienter zu gestalten (PwC, 2018). Fast 40 Prozent der Unternehmen nutzen eine Form der KI innerhalb der HR-Funktion (Deloitte, 2018).

Am Beispiel von L'Oréal – mit KI den Recruitment-Prozess gestalten

Jahr für Jahr verzeichnet L'Oréal über eine Milliarde Besuche auf den eigenen Websites. Täglich lassen sich über 250 Millionen Follower in den sozialen Netzwerken begeistern. Um diese Reise weiter voranzutreiben, braucht L'Oréal hervorragende Talente, die für ihre Überzeugungen einstehen, quer denken und auch mal Risiken eingehen. Genau dabei soll Künstliche Intelligenz (KI) unterstützen.

L'Oréal hat mit Hilfe des externen Providers Seedlink eine KI-Lösung im Recruitment-Prozess eingeführt. Primäres Ziel ist es, die wenig wertschöpfenden Aufgaben zu reduzieren und den gut qualifizierten Recruitern zu ermöglichen, sich auf die interessanteren und anspruchsvolleren Teile ihrer Arbeit zu konzentrieren. Hervorzuheben ist nicht nur der große Nutzen für die zufriedenen Recruiter, sondern auch für Bewerber, die von einer verbesserten Bewerbererfahrung (candidate experience) profitieren und so der immer anspruchsvolleren Erwartungshaltung genügen.

Herausforderung
Die Talentstrategie von L'Oreal besteht darin, Veränderer zu identifizieren, agile Kandidaten mit passendem kulturellen Fit und passenden Fähigkeiten zu finden, um Innovationen durch Vielfalt zu beschleunigen. Die hohe Bewerberzahl, die nicht zuletzt aus ausgezeichnetem Personalmarketing resultiert, führt zu einem arbeitsintensiven Prozess, bei dem Tausende von Lebensläufen und Anschreiben überprüft werden müssen. Zudem führt der ineffiziente Bewerbungsprozess mit mehreren Schritten wie Telefoninterview, Online-Tests und einem Assessment-Center zu einem hohen Kosten- und Zeitaufwand auf beiden Seiten.

Lösung

Ausschlaggebend für dieses Projekt war das Feedback der Praktikanten: Die Zeiten, dass Unternehmen Kandidaten über Monate hinweg hinhalten und testen konnten, sind vorbei. Für L'Oréal ist der Konsument der Ursprung für all das, was sie täglich tun. Das gilt auch für HR: Der Kandidat steht im Fokus (siehe Abb. 1).

Abb. 1: Darstellung des verkürzten Bewerbungsprozesses bei L'Oréal

Entsprechend der Rückmeldung der Praktikanten, die die relevanteste Talentpipeline in Deutschland darstellen, wurde der Bewerbungsprozess auf zwei Schritte verkürzt:
1. Zuerst werden alle Bewerber zu einem digitalen Seedlink-Interview eingeladen.
2. Der Recruiter lädt die anhand der Seedlink-Empfehlung und durch Curriculum Vitae ausgesuchten Kandidaten dann zum persönlichen Abschlussgespräch mit dem jeweiligen Team ein.

Anschließend wird ein maßgeschneidertes Vorhersagemodell auf Basis eines Kompetenzmodells aufgestellt (siehe Abb. 2).

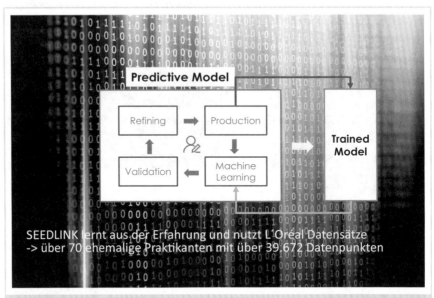

Abb. 2: Vorhersagemodell

Wichtig hierbei ist die Qualität der Daten, von denen die Reliabilität sowie die Validität der Vorhersage stark abhängen. L'Oréal Deutschland hat dazu im ersten Schritt Daten von über 70 L'Oréal-Praktikanten mit über 39.000 Datenpunkten benutzt. Diese Daten nutzt Seedlink, um aus der Erfahrung und den Algorithmen menschliche Entscheidungen nachzuahmen. Die KI basiert auf maschinellem Lernen und der Verarbeitung natürlicher Sprache und greift dabei auf neuronale Netze zurück. Anders als bei den meisten Lösungen auf dem HR-Markt steht nicht der einfache Vergleich zwischen den einzelnen Wörtern im Vordergrund, sondern die Beziehung zwischen ihnen. Die neuronalen Netzwerke lernen, diese Beziehungen in verschiedenen Schichten unterschiedlich zu gewichten, um so zu einem richtigen Ergebnis zu kommen.

Wichtig ist hierbei – passend für L'Oréal Deutschland – dass das KI-Modell auf die spezifische Rolle »Praktikant« aufgebaut und trainiert wurde. Durch Feedback aus den Fachbereichen zu den einzelnen Kompetenzen lernt Seedlink und passt die Gewichtung entsprechend an. Wir sprechen hier also von supervised learning. Um dieses Lernen zu ermöglichen, wurde in das Modell die Bewertung der jeweiligen Manager zu
1. Potenzial als Learning Agility nach Korn Ferry und
2. Leistung als drei erfolgskritische Kompetenzen nach Lominger eingespeist.

Für die Objektivität der Vorhersage war es wichtig, auch den Unterschied zwischen leistungsstarken und leistungsschwachen Praktikanten in Bezug auf diese beiden Konstrukte zu überprüfen. So konnte eine prognostische Validität von über .70 (Validitätskoeffizient) gemessen werden. Damit trifft die KI mit diesem aufgestellten Modell die Entscheidung besser als die etablierten Methoden wie Assessment Center oder kognitive Tests (Schmidt/Hunter, 1998).

Basierend auf diesem Modell werden nun alle Kandidaten automatisch eingeladen, ein 30-minütiges digitales Interview mit drei kompetenzbasierten Fragen schriftlich zu absolvieren. Anhand einer Sprachanalyse dieser Fragen wird eine Empfehlung für den Recruiter abgegeben. Eine Beispielfrage ist: »Beschreib bitte eine Situation, in der du in kürzester Zeit etwas Neues lernen musstest. Wie bist du dabei vorgegangen? Was war das Ergebnis? Wie könntest du das Gelernte bei L'Oréal einbringen?«

Im ersten Schritt wurden aufgrund der antizipierten skeptischen Sichtweise der Kandidaten, die sich in der Abbrecherquote zeigen sollte, schriftliche Antworten gegenüber dem visuellen Eindruck per Video bevorzugt. Auch die höhere Qualität der Vorhersage aufgrund der schriftlichen Sprachanalyse im Vergleich zu der Videoanalyse ist ausschlaggebend gewesen. Die ausgewerteten Informationen werden in das Application-Tracking-System eingegeben, das Recruitern hilft, Shortlists auf der Grundlage der KI-Empfehlung sowie der Lebensläufe zu erstellen.

Ergebnisse
Entscheidend für einen nachhaltigen erfolgreichen Einsatz der Künstlichen Intelligenz ist eine kontinuierliche Evaluation und Weiterentwicklung der Lösung. So konnten innerhalb der ersten sechs Monate nach der Einführung des Einstellungsverfahrens mit KI bei mehreren Key Performance Indikatoren (KPIs) deutliche Effekte verzeichnet werden:
1. Candidate experience: Die Wartezeit für Bewerber sowie der gesamte Bewerbungsprozess wurden signifikant verkürzt. Sowohl der positive Net Promoter Score (NPS) als auch die erste Kununu-Evaluierung deuten auf das Vertrauen der Kandidaten in die KI Lösung. Dieses Vertrauen wurde durch Transparenz und offene Kommunikation während des Prozesses gezielt hergestellt und ausgebaut.
2. Genauigkeit: Eine hohe Genauigkeit konnte bei der Vorhersage gut passender Kandidaten erzielt werden. Das aktuelle Modell wird zur Erweiterung der Daten für Trainingszwecke der neuronalen Netze dauernd überwacht und angepasst. Die einzelnen Kompetenzen korrelieren hochgradig mit der KI-Empfehlung (.78 bis .90). Die höchste Korrelation erklärt rund 81 Prozent der Varianz in L'Oréal fit durch diese Kompetenz, was maßgeblich zur Akzeptanz der KI bei den Führungskräften beiträgt.
3. Effizienz: Durch die Fokussierung auf die von KI empfohlenen Kandidaten wurde die Zeit für das Curriculum-Vitae-Screening verkürzt und Telefoninterviews, teure Online-Tests sowie Assessment-Center-Tests (AC-Tests) wurden komplett ersetzt.

Für die Besetzung der Stellen sind nun auch weniger Interviews erforderlich, da die vorgeschlagenen Kandidaten besser geeignet sind.

4. Fairness: Mehrere Neueinstellungen wiesen einen Lebenslauf auf, der in der Pre-Screening-Phase aufgrund der mangelnden Erfahrung (neben dem Studium) wahrscheinlich aussortiert worden wäre. Jetzt hat jeder Kandidat die Möglichkeit, die Kompetenzen, die im Lebenslauf nicht ersichtlich sind, zu präsentieren. Das scheint die Zielgruppe zu überzeugen, was eine hohe Abschlussquote des Bewerbungsprozesses (mehr als 80 Prozent) zeigt. Gleichzeitig wird nach den Gründen für das Abbrechen des Bewerberprozess gesucht (zum Beispiel fehlende Sprachkenntnisse, die für die meisten Aufgaben erforderlich sind).

Die ersten Ergebnisse sind positiv und überzeugend. Interessant ist jedoch die Tatsache, dass das Modell mit jedem Update immer genauer wird. Alle sechs Monate wird nämlich die KI mit neuen Kompetenzbewertungen der ausgesuchten Praktikanten durch die Manager gefüttert und lernt so kontinuierlich weiter.

Zukünftige Überlegungen
In den nächsten Jahren ist eine Erweiterung von Use Cases (zum Beispiel andere Rollen) nach einer iterativen Auswertung des aktuellen Modells denkbar. Die Akzeptanz der Kandidaten muss auch hier kritisch geprüft werden, denn KI ist keine Allzwecklösung, sondern sollte zielgenau eingesetzt werden. Falls die Resonanz aus Business und externem Markt weiterhin positiv sein sollte, wird überlegt, eine weitere KI einzuführen, die Seedlink gut ergänzt.

»Mya« zum Beispiel ist ein Chatbot, der nicht nur die Bewerberkommunikation übernehmen, sondern auch das Screening sowie die Terminvereinbarung erfolgreich meistern und so den Bewerbungsprozess weiter sowohl aus Unternehmens- als auch der Bewerbersicht optimieren kann. Erfolgskritisch wird sicherlich die Minimierung von drei Hauptrisiken sein: Vertrauen, Sicherheit und Kontrolle. Das in die Künstliche Intelligenz aufgebaute Vertrauen sollte stets intern und extern weiterentwickelt werden, um die KI zu einer nachhaltigen Lösung in HR zu etablieren.

Fazit

Wenn es darum geht, die KI in die HR-Prozesse einzubinden, haben wir gerade erst begonnen, an der Oberfläche zu kratzen. Studien zeigen, dass Unternehmen das Potenzial der Künstlichen Intelligenz, die Erfahrung der Bewerber zu revolutionieren und zu verbessern, überwiegend erkennen. Viele HR Kollegen zögern noch, diese Erkenntnisse zu nutzen, da Bedenken bestehen, dass Jobs wegfallen. Es ist wichtig, diese Bedenken ernst zu nehmen und zu zeigen, dass dies nicht zwangsläufig der Fall ist. Wenn die eher prozessgesteuerten Aufgaben automatisiert werden, wird es den

Recruitern ermöglicht, ihre Rolle weiterzuentwickeln, indem sie den Bewerbern eine hohe, individuelle Aufmerksamkeit entgegenbringen, anstatt in administrativen, repetitiven Tätigkeiten zu versinken.

HR-Manager suchen verzweifelt nach neuen Instrumenten, da die vorhandenen und etablierten offensichtlich eingeschränkt sind – unstrukturierte Interviews, Persönlichkeitstests, persönliche Empfehlungen sowie Assessment Center kommen selten über einen Validitätskoeffizienten von .41. Gleichzeitig entstehen hunderte KI-Lösungen (Sage, 2018), die auf Anhieb deutlich bessere Qualität in deutlich kürzerer Zeit versprechen (Revell, 2017). Auch die Akzeptanz steigt stetig, weil die Bewerber sich daran gewöhnen und KI-Nutzung allgegenwärtiger wird.

Es wird deutlich, dass KI das Potenzial hat, nicht nur die HR-Aufgaben für die Personalbeschaffung, das Talentmanagement und das Mitarbeiterengagement signifikant zu verändern, sondern auch die Kosten für die Unternehmen zu senken und gleichzeitig die Leistung sowie das Wohlbefinden des Mitarbeiters erheblich zu steigern (Accenture, 2018). Die Voraussetzungen für diese positive Entwicklung sind implizites Vertrauen und realistische Erwartungen an die KI, die wie bei einem Kind mit viel Geduld und Zeiteinsatz weiterentwickelt werden müssen.

Literatur

Accenture (2019): ExplAIned – A guide for executives. https://www.accenture.com/us-en/insights/artificial-intelligence/artificial-intelligence-explained-executives [15.07.2019].

Deloitte (2018): 2019 Global Human Capital Trends https://www2.deloitte.com/us/en/pages/human-capital/topics/bersin-insights-and-services-for-hr.html [15.07.2019].

Fischer, E. et al. (2019): EU-Experten legen ethische Richtlinien für Künstliche Intelligenz vor. https://www.handelsblatt.com/politik/international/kuenstliche-intelligenz-eu-experten-legen-ethische-richtlinien-fuer-kuenstliche-intelligenz-vor/24186416.html?ticket=ST-3463409-xpx3STpyAwGwTeWAY7RA-ap5 [15.07.2019].

Isaac, A. (1950): I, Robot. https://www.ttu.ee/public/m/mart-murdvee/Techno-Psy/Isaac_Asimov_-_I_Robot.pdf [15.07.2019].

PwC (2018): Workforce of the future: The competing forces shaping 2030. https://www.pwc.com/us/en/services/hr-management/library/global-hr-technology-survey.html [15.07.2019].

Revell, T. (2017): AI will be able to beat us at everything by 2060, say experts. https://www.newscientist.com/article/2133188-ai-will-be-able-to-beat-us-at-everything-by-2060-say-experts/ [15.07.2019].

Sage (2018): How Will AI Enhance Recruitment? http://www.sage.com/au/resources/enterprise-blog/2018/ai-in-recruitment [15.07.2019].

Schmidt, F. L.; Hunter, J. E. (1998): The validity and utility of selection methods in personnel psychology: Practical and theoretical implications of 85 years of research findings. Psychological Bulletin, 124(2), S. 262–274.

Hinweise zum Autor

Ivan Evdokimov
Ivan Evdokimov beschäftigt sich als Talent Acquisition Manager, Business Coach und Dozent mit Talent Management. Als Psychologe ist er von der Idee begeistert, für jeden Menschen ein passendes Unternehmen, eine passende Position oder eine passende Aufgabe zu finden. Nach seinen beruflichen Stationen in Transport und Logistik sowie Beauty Tech treibt er seit Mai 2019 die digitale Transformation bei UNIPER SE voran. Momentan beschäftigt er sich mit den Chancen und Risiken von KI im Human-Resource-Management.
Kontaktdaten: Johannstraße 1, 40476 Düsseldorf, Tel.: +49 (0)151 11 11 85 99, Mail: contact@ie-c.de, Internet: www.ie-c.de

Die Bedeutung von Datenqualität für Predictive Analytics

Carsten Bertling,
Global Head Rewards,
Processes, Organizational
Management, Henkel AG
& Co. KGaA, Düsseldorf

Daten und Datenmanagement sind heute aus vielen Unternehmensprozessen nicht mehr wegzudenken. Auch im Personalbereich bilden sie eine wichtige Basis. Die dort zusammengetragenen, mitarbeiterbezogenen Daten finden in vielen weiteren Organisationsbereichen Anwendung und haben eine wichtige Steuerungskompetente. Digitalisierung und die damit verbundene digitale Transformation sind auch im Human-Resources-Bereich Realität – und haben den Umfang an Daten bereits signifikant erhöht. Denn dank neuer Technologien, Apps und Software können immer mehr Daten erfasst, gespeichert und analysiert werden. Es steht außer Frage: Noch nie gab es so viele Daten in unseren Personalsystemen und noch nie waren sie so transparent wie heute. Und noch nie war ihre Bedeutung so groß wie heute.

Datenkonflikte im Bereich Human Resources

Predictive Analytics ist ein Verfahren, in dem Daten als Grundlage verwendet werden, um Vorhersagen zu treffen. Daten in Kombination mit Analysen und Statistiken liefern dabei ein Modell für die Vorhersage zukünftiger Ereignisse. Der neue Umfang an Daten, in Verbindung mit ihrer wachsenden Bedeutung, wirft die Frage nach deren Qualität auf. Denn wer beispielsweise mit Hilfe von Predictive Analytics Hinweise auf das Kündigungsrisiko einzelner Mitarbeiter erhalten will und davon ausgehend konkrete Per-

---

Lessons Learned

- Gerade in großen Unternehmen existieren oft globale und lokale Personaldaten-Erfassungssysteme parallel.
- Unklare Bezeichnungen und damit unterschiedlich verwendete Begriffe können zu vermeintlich widersprüchlichen Aussagen in der Datenanalyse führen.
- Mangelnde Datenqualität hat das Vertrauen in die Personaldaten des HR-Bereichs in vielen Unternehmen nachhaltig belastet.
- Digitale Tools, klare Definitionen und mehr Transparenz können die Datenqualität entscheidend verbessern.
- Hohe Datenqualität hat einen positiven Einfluss auf die entsprechenden Personalprozesse.

sonalmaßnahmen ableiten und umsetzen möchte, muss sich der inhaltlichen Korrektheit seiner zugrundeliegenden Daten natürlich sicher sein können. Auch Simulationen im Bereich des sogenannten Strategic Workforce Planning können kostenintensive und weitreichende Personalentscheidungen nahelegen, um zukünftigen Mitarbeiterengpässe zu begegnen. Diese Beispiele machen deutlich: Solche kritischen Entscheidungen können und müssen auf Grundlage korrekter vorhandener Personaldaten getroffen werden.

Aber werden die Personaldaten diesem Qualitätsanspruch tatsächlich immer gerecht? Gerade in großen Unternehmen gibt es oft die Herausforderung, dass globale und lokale Systeme parallel existieren. So kann es beispielsweise vorkommen, dass es zwar ein zentrales Personalerfassungssystem gibt, lokal jedoch auch eigenständige Payroll-Systeme verwendet werden. Dabei sind automatisierte Schnittstellen nicht immer die Regel, oftmals findet eine parallele Datenerfassung statt. Diese weist meist lokal eine deutlich höhere Datenqualität auf als ihre globalen Äquivalente, die »nur« der Unternehmenssteuerung in der Zentrale dienen. Auch kann es vorkommen, dass einzelne Bereiche im Unternehmen separate Mitarbeiterstatistiken führen, um zum Beispiel ihre jeweiligen Fluktuationsraten zu berechnen. Dieses Bild zeichnet sich dabei insbesondere in internationalen Konzernen ab und führt immer dort zu Datenkonflikten, wo eine globale Unternehmenssteuerung auf lokal erhobene Informationen angewiesen ist.

»Teufelskreis« Datenqualität und Transparenz

Was genau bedeutet »mindere Datenqualität«? Zunächst ist hier sicherlich schlicht die fehlende Pflege von Personaldaten zu sehen. Das ist beispielsweise der Fall, wenn Mitarbeiter in lokalen Abrechnungssystemen, jedoch nicht im globalen Personalsystem geführt werden. Global einheitliche Standards, die für die Vergleichbarkeit lokal erfasster Daten wichtig sind, werden nicht immer eingehalten. So werden zum Beispiel Abwesenheiten auf Grundlage lokaler Rahmenbedingungen gepflegt, ohne dabei einer globalen Definition zu folgen. Auch folgen weitere für die globale Steuerung wichtige Informationen, wie etwa Tätigkeitsbereiche der Mitarbeiter, in den Personaldaten globaler Konzerne nicht immer einem einheitlichen Standard. Und selbst wenn Daten einheitlich gepflegt werden, können unklare Bezeichnungen und damit unterschiedlich verwendete Begriffe zu vermeintlich widersprüchlichen Aussagen in der Datenanalyse führen.

Die simple Frage »Wie viele Mitarbeiter haben wir denn?« führt daher teilweise zu deutlich unterschiedlichen – und was vielleicht sogar noch schlimmer ist – trotzdem richtigen Antworten. Denn je nachdem, ob man nach Vollzeitäquivalenten oder Kopfzahl, jeweils in Kombination mit tatsächlich verfügbaren oder vertraglich gebundenen Mitarbeitern, fragt, kann diese Anfrage von vier Human-Resources-Mitarbeitern (HR-Mitarbeitern) unterschiedlich, aber dennoch korrekt beantwortet werden. Für das Vertrauen in die Verlässlichkeit von HR-Daten ist dies natürlich nicht förderlich.

Diese tatsächliche – oder teilweise auch nur wahrgenommene – mangelnde Datenqualität hat das Vertrauen in die Personaldaten in vielen Unternehmen nachhaltig belastet. Das führt wiederum dazu, dass in den Organisationsbereichen eine parallele Datenerfassung zunimmt. Die von HR gesammelten und aufbereiteten Daten sind dann nicht mehr die erste Wahl – insbesondere, wenn es um die Unternehmenssteuerung geht und nicht um originäre HR-Prozesse. Und auch eine mangelnde Beschäftigung mit den Daten und ihre eingeschränkte Nutzung führen dazu, dass Inkonsistenzen nicht direkt erkannt, Fehler nicht gesehen und somit auch nicht verhindert werden können.

Eine Daten-Transparenz wird darüber hinaus oftmals durch die Personalbereiche selbst – künstlich – weiter eingeschränkt. Denn starre und enge Berechtigungskonzepte können dazu führen, dass der Zugriff auch auf weniger kritische Mitarbeiterdaten verwehrt wird. Hier wird nicht mehr einem »need-to-know«-Prinzip gefolgt, nachdem Personaldaten überall dort zur Verfügung gestellt werden, wo sie einen Mehrwert stiften. Dass dies immer im minimal möglichen Umfang und in Übereinstimmung mit gesetzlichen und innerbetrieblichen Rahmenbedingungen erfolgen muss, macht den Anspruch an Daten-Transparenz zwar nicht einfacher, aber definitiv nicht unmöglich.

Neben mangelnder Transparenz und Nutzung der Personaldaten durch die entsprechenden Bereiche ist oftmals auch die Verantwortlichkeit rund um die Richtigkeit und Pflege der Informationen nicht klar geregelt. Diese verschwimmende Zuständigkeit für Personalprozesse zwischen HR und den Geschäftsbereichen – Stichwort »Employee and Manager Self Services« – kann zu Unklarheiten führen. Ein Beispiel: Lokale, regionale und globale Personalorganisationen pflegen teilweise parallel identische Datensätze – das führt eher zu einem »Ticket-Ping-Pong« als zu konsistenter Datenpflege. Teilweise fehlen klare Governance-Konzepte, die definieren, wer in welchem Rahmen für Personalprozesse und die entsprechende Datenpflege verantwortlich ist und wer bei Entscheidungen involviert werden muss.

Diese Herausforderungen führen dann – oft in Kombination – zu nachlassendem Vertrauen in die HR-Daten: Findet dies dazu vor dem Hintergrund unklarer Verantwortlichkeiten und fehlender Governance statt, befindet man sich leicht in einer Art Abwärtsspirale der Datenqualität (siehe Abb. 1).

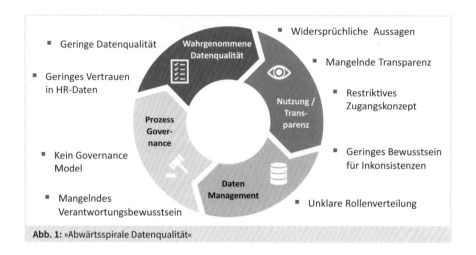

Abb. 1: »Abwärtsspirale Datenqualität«

Von der Abwärtsspirale zum selbstverstärkenden System

Was können Unternehmen also tun, um dieser Abwärtsspirale zu entgehen und die Datenqualität im Personalbereich zu erhöhen? Wie erreicht man das Verständnis für die gesteigerte Bedeutung von HR-Daten? Und letztendlich: Wie kann all dies die digitale Transformation im HR-Bereich unterstützen und ihn fit für die Zukunft machen? All diese Fragen zeigen, dass für »Data Driven HR« gute Daten benötigt werden. Leider gibt es jedoch keine einzelne zentrale Maßnahme, mit der man das Problem lösen kann. Folgende Hebel gilt es zu nutzen, um die Datenqualität nachhaltig zu steigern:

- Personaldaten müssen genutzt sowie transparent und zugänglich gemacht werden.
- Klare Verantwortlichkeiten für die Datenpflege müssen definiert werden.
- Ein System von Kontrollmechanismen (Governance-Prozess) muss etabliert werden.
- Vertrauen in die zentralen Personaldaten muss gestärkt werden.

Um diese Ziele zu erreichen, ist neben systemischen Änderungen auch ein großes Maß an Change Management, Beharrlichkeit und Klarheit notwendig. Erst dann führt das Zusammenspiel zwischen Geschäftsbereichen und dem Personalwesen zu einer guten Datenqualität.

Klare Definitionen als Ausgangspunkt

Zu Beginn muss sichergestellt werden, dass es unternehmensweit klare Definitionen für Personalinformationen, KPIs (Key-Performance-Indicators als Kennzahlen für unternehmerische Leistung) und Datensätze gibt. Beispielsweise gilt es, einheitlich zu regeln, welche Mitarbeitergruppen als Vollzeitäquivalent (FTE, engl. full time equivalent) zählen (zum Beispiel Auszubildende, Management Trainees, Langzeitkranke, Mitarbeiter in Elternzeit, Frauen in Mutterschutz etc.). Die dabei festgelegten Definitionen müssen innerhalb eines Unternehmens global gültig sein und vor allem im System an genau den Stellen einsehbar und verfügbar sein, wo sie gebraucht werden: sowohl in den entsprechenden Reports als auch schon bei der Datenpflege und in den Eingabemasken der Personalprozesse. Darüber hinaus müssen auch lokale, arbeitsrechtlich relevante Regelungen in einem globalen System flexibel abgebildet werden. Gibt es kein einheitliches, globales Enterprise-Resource-Planning-System (ERP-System), muss sichergestellt werden, dass in den lokalen Systemen ein Grundgerüst an globalen Standards implementiert wurde, auf dem lokale Spezifizierungen aufbauen.

Keine Daten-Korrekturen ohne Daten-Transparenz
Wenn sich die Datenqualität verbessern soll, müssen existierende Fehler korrigiert werden. Voraussetzung dafür ist, dass diese Fehler transparent gemacht sind. Konkret bedeutet das: Personengruppen, die diese Unstimmigkeiten erkennen können, müssen mit den existierenden Daten bekannt gemacht werden. So ist es oft nur der unmittelbare Bereich, der einschätzen kann, ob Berichtslinien, Positionstitel oder Verantwortlichkeiten richtig im System abgebildet sind.

Es gibt zudem unterschiedliche Methoden und Systeme, um die Transparenz von Personaldaten zu erhöhen. Manche Unternehmen versenden Berichte und Auswertungen an die entsprechenden Vorgesetzten und Mitarbeiter der Personalabteilung mit der Bitte um Prüfung und Freigabe. Andere Unternehmen stellen die Reports nur den Vorgesetzten zur Verfügung. Wichtig bei diesen Methoden ist, dass besagte Personengruppen auch einen Mehrwert in der Transparenz sehen. Eine große Rolle spielt dabei auch die visuelle Aufbereitung: Hier nimmt die Verwendung von Dashboards zu, die oftmals aggregierte HR-Daten transparenter darstellen. Entsprechende Tools verbessern die Visualisierung der Mitarbeiter- und Organisationsstrukturen.

Mehrwert schaffen durch Personaldaten bei Henkel
Henkel hat ein konzernweites Tool eingeführt, das organisatorische und personelle Informationen verknüpft und veranschaulicht. Es zählt mittlerweile zu den am häufigsten genutzten (HR-)Systemen im Unternehmen (siehe Abb. 2).

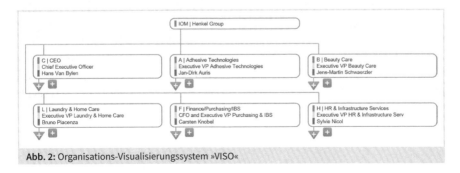

Abb. 2: Organisations-Visualisierungssystem »VISO«

Das HR-System VISO (Henkel Visualization and Organizational Management Tool) ermöglicht es allen Mitarbeitern weltweit und über alle Unternehmensbereiche hinweg, nach Kollegen zu suchen (Namen, Positionsbezeichnungen, Organisationseinheiten etc.), sich durch die Organisationsstrukturen zu navigieren und durch einen Klick mit den Kollegen per Mail oder Chat in Verbindung zu treten. Zentraler Mehrwert für alle Mitarbeiter ist die intuitive Nutzung und hohe Transparenz der Daten.

VISO visualisiert aber nicht nur Organisationsstrukturen und unterstützt die unternehmensweite Kommunikation. Es ist der zentrale Startpunkt für alle global vereinheitlichten Personalprozesse. In VISO können HR-Business-Partner und Vorgesetzte mit einem Klick auf das Feld des entsprechenden Mitarbeiters individuelle Personalprozesse starten: So öffnet sich ein Kontext-Menü, das nach der Wahl des jeweiligen HR-Prozesses automatisch zu dem entsprechenden Formular weiterleitet, das bereits mit den spezifischen Mitarbeiterdaten gefüllt ist.

Durch diese zentrale Verankerung in den Prozessen werden Personaldaten den Mitarbeitern (HR und Vorgesetzte) transparent gemacht. Sie können mögliche Fehler erkennen und direkt korrigieren.

Neben der Einführung des VISO-Tools wurde außerdem das Berechtigungskonzept grundlegend überarbeitet: Vorgesetzte und Mitarbeiter im Personalbereich bekommen an zentraler Stelle spezifische Reports für ihren jeweiligen Verantwortungsbereich zur Verfügung gestellt. Die Reports wiederum sind an die speziellen Bedürfnisse des jeweiligen Bereichs angepasst. So wurden beispielsweise die Vergleichsperioden der Mitarbeiterentwicklung mit den Berichten des Finanzbereichs synchronisiert. Auf diese Weise gelang es, den manuellen Aufwand seitens des Controllings zu reduzieren – Personaldaten werden nun grundsätzlich zusammen mit den Finanzkennzahlen berichtet.

Klare Verantwortlichkeiten schaffen
Konnte es in der Vergangenheit passieren, dass lokal, regional und global verantwortliche Mitarbeiter unabgestimmt, teilweise widersprüchliche Änderungen im System in Auftrag gaben, wurden mit der Einführung des zentralen Organisationsmanagement-Tools auch klare Verantwortlichkeiten definiert. Für personenbezogene Daten ist das in den meisten Systemen, insbesondere in SAP, grundsätzlich der Fall – denn hier ist jedem Mitarbeiter ein Personaladministrator zugeteilt. Anders sieht es bei rein organisationsbezogenen Daten aus, zum Beispiel bei »leeren Stellen«. Auch hier müssen klare Verantwortlichkeiten für alle Bestandteile der Daten entwickelt und etabliert werden.

Governance im Personalprozess

Eine wichtige Voraussetzung ist, dass der jeweilige Mitarbeiter immer über alle Personalprozesse in seinem Verantwortungsbereich informiert wird, sofern Änderungen angestoßen werden. Im Projekt zur Einführung des neuen Organisationsmanagements wurde detailliert diskutiert, inwieweit anderen (HR-)Mitarbeitern neben dem originären Personaladministrator und dem jeweiligen Vorgesetzten – im Rahmen der Manager Self Services – die Möglichkeit eingeräumt werden soll, Änderungen anzustoßen. Ein grundlegendes Argument: Je mehr Mitarbeiter die Möglichkeit haben, Änderungen zu initiieren, desto schwieriger wird es, einzelne Mitarbeiter für die Datenqualität in ihrem »Bereich« verantwortlich zu machen. Auf der anderen Seite muss es in Vertretungssituationen – auch ohne vorherige Delegation – möglich sein, dass HR-Kollegen übernehmen und auch außerhalb des eigenen Verantwortungsbereichs Tickets aufgeben können. Schließlich wurde hierfür ein guter Kompromiss gefunden: Neben dem direkten und den jeweiligen weiteren Vorgesetzten kann grundsätzlich jeder HR-Business-Partner Änderungen im System initiieren – aber nur der zuständige HR-Business-Partner und der direkte Vorgesetzte werden immer automatisch über diese Änderungen informiert und haben somit die Möglichkeit, diese rückgängig zu machen.

Nachvollziehbarkeit von Veränderungen

Ein Grund, an der Validität von Personaldaten zu zweifeln, bestand darin, dass aggregierte Daten nicht immer sofort nachvollziehbar sind. Wenn beispielsweise die Anzahl der Top-Führungskräfte innerhalb eines Monats um drei Personen steigt, beginnt meist eine lebhafte Diskussion, wer denn diese zusätzlichen Top-Führungskräfte seien. In den seltensten Fällen gelingt es, aus den Austritten, Eintritten und der Rückkehr aus der Inaktivität (beispielsweise durch Elternzeit) das tatsächliche Delta von +3 abzuleiten. Durchaus häufiger kommt es zu der Situation, dass eine Einigkeit erzielt wird, dass +3 auf gar keinen Fall stimmen könne, »…denn im Bereich X gab es ja schon allein 4 Eintritte«.

Um in einer solchen Situation nicht in die Defensive zu geraten und gegebenenfalls erst im Nachgang eines Meetings und nach einer tieferen Analyse die Begründung für die »+3« zu geben, ist eine Funktionalität enorm wichtig: In den entsprechenden Reports muss immer und grundsätzlich die Möglichkeit eingebaut sein, von aggregierten Zahlen auf die Ebene einzelner Mitarbeiter abzuspringen. Diese Möglichkeit und die entsprechende spontane Anwendung im Meeting mit dem Business hat die Glaubwürdigkeit der Personaldaten signifikant gesteigert – und das ganz ohne Veränderung der Datengrundlage.

Das selbstverstärkende System

Wie eingangs beschrieben, führt selten eine einzelne Maßnahme zu einer signifikanten Steigerung der Datenqualität. Dafür sind die Gründe für schlechte oder fehlerhafte Daten zu vielfältig. Hier ist es die Kombination aus mehreren Aspekten:
1. die Nutzung und Transparenz der Daten,
2. ein eindeutiger Mehrwert der Daten,
3. klare Verantwortlichkeiten für die Beteiligten, insbesondere im Business, sowie
4. ein im System abgebildetes Governance-Konzept.

Letzteres trägt maßgeblich dazu bei, dass die Datenqualität stets weiter erhöht wird – durch das Erkennen von Fehlern, deren Korrektur durch die jeweiligen Verantwortlichen und eine weiterführende Analyse der Daten (siehe Abb. 3).

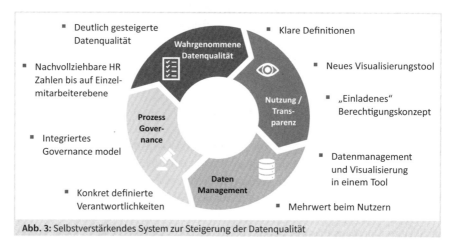

Abb. 3: Selbstverstärkendes System zur Steigerung der Datenqualität

Gute Datenqualität – und nun?
So erstrebenswert eine gute und konsistente Datengrundlage im Personalbereich auch ist, aus reinem Selbstzweck erscheint der Aufwand dafür doch verhältnismäßig hoch. Warum also sollten Unternehmen und Personalbereiche die Qualität ihrer Personaldaten kritisch hinterfragen und verbessern?

Zunächst hat eine hohe Datenqualität einen positiven Einfluss auf die entsprechenden Personalprozesse. Fehlerquoten und Aufwand in den Prozessen sinken, wenn die zugrundeliegenden Stammdaten korrekt sind. Insbesondere vor dem Hintergrund der weiteren Digitalisierung und damit verbunden der deutlichen Entwicklung in Richtung von Künstlicher Intelligenz und Big Data ist es bereits heute unerlässlich, einen gesteigerten Fokus auf inhaltlich korrekte Daten zu legen. Denn das ist die Basis für erfolgreiches Personalmanagement im digitalen Zeitalter.

Hinweise zum Autor

Carsten Bertling

Carsten Bertling ist als Global Head Rewards, Processes, Organizational Management bei Henkel unternehmensweit für die für die Themen Compensation and Benefits, HR Systeme, Prozesse und Governance sowie für HR Analytics, Personalplanung und Stellenbewertung verantwortlich. Vor seiner Tätigkeit bei Henkel war er als Senior Consultant im Bereich Compensation and Benefits bei Kienbaum Management Consultants tätig. Carsten Bertling hat einen Abschluss als Dipl.-Kfm. der Helmut-Schmidt-Universität in Hamburg sowie ein Zusatzstudium Wirtschafts- und Arbeitsrecht absolviert.

Kontaktdaten:
Henkel AG & Co. KGaA, Henkelstraße 67, 40589 Düsseldorf, Tel.: +49 (0)211 797 20 40, Mail: carsten.bertling@henkel.com, Internet: www.henkel.com

Effizienteres Lernen durch Learning Analytics

Sylvio Ruedian,
Humboldt-Universität
zu Berlin, Berlin

Prof. Dr. Niels Pinkwart, Humboldt-Universität zu Berlin, Berlin

Selbstlernangebote finden zunehmend Einzug in den Alltag von Privatpersonen. Unternehmen folgen dem Trend bislang nur selten, obwohl Nutzer zielgerichteter und kosteneffizienter lernen könnten als es in konventionellen Weiterbildungen der Fall ist. Dieser Beitrag stellt einen Auszug des Forschungsfeldes Learning Analytics vor, zeigt die Möglichkeiten und auftretende Probleme beim individualisierten, datengetriebenen Lernen. Zudem wird der Datenschutz im Zuge der Datenschutz-Grundverordnung diskutiert.

Einleitung

Lebenslange Weiterbildung wird immer wichtiger. Dabei ist vor allem die Weiterbildung von Mitarbeitern eines Unternehmens eine Herausforderung. Sie besuchen Fortbildungen, deren Auswahl von den Verantwortlichen je nach Notwendigkeit erfolgt. Die Realität sieht nun so aus, dass sich die Mitarbeiter dort mehr oder weniger neues Wissen aneignen. Welches Vorwissen sie haben, welcher Lerntyp sie sind oder welche persönlichen Ziele sie sich setzen, ist oft zweitrangig. Gelernt wird das, was die Fortbildung hergibt. Ein paar wenige interessensbezogene Fragen können gestellt werden. Doch letztendlich ist der Kurs für alle Teilnehmer identisch.

Lessons Learned

- Learning Analytics ersetzt Tutoren nicht, sondern hilft beim Verstehen und Optimieren des Lernprozesses.
- Durch Machine Learning kann die Erfolgswahrscheinlichkeit von Prüfungen berechnet werden, wenn die Lernerinteraktionen analysiert werden.
- Selbstlernangebote können kostengünstiger als konventionelle Weiterbildungen sein und sind zudem skalierbar.
- Personalisierung kann die Motivation fördern, ohne dass es sich auf das Endergebnis auswirkt.
- Learning Analytics kann konform zur Datenschutz-Grundverordnung realisiert werden.

Solche Bildungsansätze mögen für Teile der Schulbildung, in der ein Basis-Kompetenzniveau für die gesamte Klasse wichtig ist, noch funktionieren – ideal sind sie auch dort nicht. Für berufliche Weiterbildung sind sie ganz sicher nicht ideal und verschwenden Ressourcen.

Das optimale Szenario könnte so aussehen: Mitarbeiter besuchen eine Weiterbildung, und zwar abhängig von ihrem Wissensstand und ihren Interessen. Innerhalb des Kurses weiß der Tutor hierüber Bescheid und übermittelt das notwendige Wissen in der Menge und in der Geschwindigkeit, in der es für jeden angemessen ist. Jeder Mitarbeiter lernt genau das, was er schon seit längerer Zeit wissen wollte. Themen, die er bereits im Detail kennt, sind nicht Teil des Kurses. Der Tutor begleitet den Lernprozess, kann diesen stets beobachten und intervenieren. Letztendlich können die Mitarbeiter ihre investierte Zeit optimal nutzen und jeder profitiert von der Weiterbildung.

Ohne großartig über die Möglichkeiten nachzudenken erkennt jeder, dass sich solche Best-Case-Szenarien nur mit einer Handvoll Teilnehmern realisieren lassen. Alles, was darüber hinausgeht, lässt sich weder in der schulischen Praxis noch in der Hochschule oder bei Weiterbildungen skalieren. Der Grund ist naheliegend: Jede Analyse benötigt ein gewisses Maß an Arbeitsaufwand, welcher auch aus wirtschaftlichen Aspekten limitiert ist. Sobald ein stärker heterogenes Teilnehmerfeld vorliegt, wird das Szenario noch unrealistischer. Denn ein Wissensgebiet, das einem Teilnehmer fehlt, interessiert einen Dritten womöglich nicht, weil er sich darin bereits als Experte etabliert hat oder daran schlicht kein Interesse hat.

Optimiert lernen durch Learning Analytics

Beim Thema »Learning Analytics« sprechen wir grundsätzlich von datengestütztem Lernen, wobei uns die Technologie hilft, das Lernen zu messen, Daten zu sammeln, sie zu analysieren und verständlich zusammenzufassen. Verfolgt wird dabei das Ziel, den Prozess des Lernens zu verstehen und ihn zu optimieren (Siemens/Baker, 2012). Es geht hierbei nicht darum, sämtliche Prozesse zu automatisieren und Lehrende zu ersetzen. Stattdessen ist Learning Analytics ein Werkzeug, das die während des Lernprozesses gesammelten Daten so aufbereitet, dass der Lernfortschritt visualisiert und optimiert werden kann.

Um die Möglichkeit zu haben, Daten zu sammeln, werden computergestützte Verfahren angewandt. Dabei dürfen die Verfahren nicht lediglich auf den Einsatz von Technologie im Unterricht herabgestuft werden. Denn ein Einsatz von Computern im Lernprozess (wie zum Beispiel die Verwendung von Lernvideos oder Multiple-Choice-Fragen in Lernprogrammen) begründet noch keine Nutzung von Learning Analytics. Vielmehr ist die begleitende Anwendung innerhalb des Lernprozesses entscheidend. Eine zentrale Rolle spielen dabei die während der Systemnutzung anfallenden Daten. Diese werden in Learning-Analytics-Anwendungen festgehalten und erlauben es so, die Interaktionen nachzubilden und Lernprozesse zu analysieren und zu personalisieren.

Dashboards
Ein probates Mittel, um den Lernfortschritt von Nutzern übersichtlich darzustellen, sind Lerner-Dashboards. Es handelt sich um eine grafische Darstellung der Aktivitäten und Ergebnisse, meistens komprimiert für einen Bildschirm. Dem Lerner kann ein solches Dashboard helfen, eine Übersicht über die eigene Leistung und über noch zu absolvierende Einzelkurse zu erhalten. Ein Vergleich mit anderen Teilnehmern des Kurses oder eine Übersicht über bereits erreichte Kursziele kann die Motivation fördern und den Lernern zum Beispiel bei der Einschätzung helfen, ob sie ein angemessenes Lerntempo im Vergleich zu anderen Teilnehmern erreichen.

Dashboards können auch konkrete Empfehlungen für Lerner beinhalten. Doch nicht jedes Datum ist relevant. Hier ein fiktives Beispiel. Anhand der Daten ist bekannt, dass 20 männliche Teilnehmer mehr Misserfolg bei einer anstehenden Prüfung haben als andere. Diese Information kann zwar aus den Daten abgeleitet werden, ist jedoch weder relevant, noch als Empfehlung hilfreich. Hieraus kann keine Handlung abgeleitet werden. Empfehlungen sind handlungsorientiert. Lautet diese »Kurs X enthält Grundlagen für Kurs Y. Besuchen Sie Kurs X vorab.«, dann weiß der Teilnehmer konkret, welche Handlung ihm empfohlen wird und kann selbst entscheiden, diese zu befolgen (Verbert et al., 2013).

Eine Analyse hat gezeigt, dass Teilnehmer, die Dashboards verwenden, eine höhere Lernkompetenz aufweisen. Auf der anderen Seite klicken potenziell gefährdete Teilnehmer, bei denen die Abbruchrate eines Kurses hoch ist oder die potenziell einen Abschlusstest nicht bestehen, besonders oft auf Empfehlungen, die das System gibt. Somit ergibt bereits deren Nutzung Indizien über eine Abschlusswahrscheinlichkeit (Broos et al., 2017).

Vorhersagen (Predictions)
Im Bereich Learning Analytics gibt es zwei prominente Ansätze, bei denen die Methoden, die im Allgemeinen als »schwache künstliche Intelligenz« bezeichnet werden, Anwendung finden (Russell/Norvig, 2018). Kern dieser Analysen sind das Vorhersagen eines möglichen Dropouts (Kursabbruch) und Prognosen über das Endresultat. Beide Szenarien haben als Gemeinsamkeit eine Trainingsphase, in welcher zunächst Lernerdaten, Dropouts und finale Ergebnisse gesammelt werden. Diese Trainingsdaten werden verwendet, um statistische Modelle zu erzeugen. Dies können beispielsweise Neuronale Netze oder Support Vector Machines (SVMs) sein.

Die Lernerdaten, also die gesammelten Interaktionen von Nutzern mit dem Lernsystem, können spezifische Muster aufweisen, die für Dropouts oder konkrete Ergebnisse charakteristisch sind. Kombiniert man wenige verfügbare Lernerdaten eines neuen Nutzers mit dem bereits gelernten Modell, kann mit deren Hilfe eine Prognose erzeugt werden. Dropouts können beispielsweise mit einer Genauigkeit von 85 Prozent vorhergesagt werden, wenn der Teilnehmer 20 bis 50 Prozent des Kurses absolviert hat (Kloft et al., 2014). Aktuelle Forschung erreicht ähnliche Genauigkeiten von bis zu 88 Prozent (Olivé et al., 2019).

Wer in der Verantwortlichkeit steht, Kurse und Weiterbildungen für Mitarbeiter zu planen, sollte diese Schlüsselwerte nicht außer Acht lassen. Weiterbildungen sind oft ein kostspieliger Faktor. Wird bereits während der Teilnahme erkannt, dass der Erfolg, ein Zertifikat zu erhalten, mit hoher Wahrscheinlichkeit ausbleibt, kann vorab gezielt interveniert werden. So kann vermieden werden, dass eine kostenintensive Prüfung mehrfach absolviert werden muss. Damit diese Schlüsselwerte überhaupt zur Verfügung stehen, ist die Mitarbeit seitens der Anbieter von Weiterbildungen notwendig. Die Erfolgsraten können erhöht werden, ohne dass die Qualität der Abschlussprüfungen darunter leiden muss.

Personalisierung des Lernvorgangs

Erinnert man sich an das eingangs beschriebene Best-Case-Szenario, in dem Teilnehmer genau das lernen, was ihnen fehlt oder sie interessiert, sprechen wir von Personalisierung auf inhaltlicher Ebene. Hierzu werden verschiedene Modelle miteinander kombiniert, um Wissen abzubilden. Dazu gehören
- ein formalisiertes Domänenwissen, das Abhängigkeiten und Voraussetzungen modelliert, und
- idealtypisches Expertenlernermodell, das den optimalen Zustand des Lerners nach Absolvierung des Kurses, aber auch notwendige Voraussetzungen oder typische Lernpfade repräsentieren kann.

Der Nutzer selbst wird durch sein Interaktionsverhalten mit dem Lernsystem modelliert, insbesondere durch absolvierte Aufgaben und erreichte Resultate, die seinen Wissensstand abbilden. Die Abweichung des Nutzermodells vom definierten Expertenmodell enthält die Menge der Komponenten, die dem Lerner zur Wiederholung empfohlen werden können (Rich, 1979). Aus dem formalisierten Domänenwissen lassen sich notwendige Voraussetzungen ableiten, um den Lernprozess durch Empfehlungen optimal zu begleiten.

Empfehlungssysteme

Wissenschaftlich spricht man hier von »Educational Recommender Systems«. Im Vergleich zu bekannten Empfehlungssystemen zum Beispiel in Onlineshops ist die Zielsetzung in der Regel nicht monetärer Natur, sondern lernorientiert. Beeinflusst werden können Empfehlungen durch die Lernhistorie des Nutzers, gegebenes Feedback, sein Wissen, Interessen, Lernziel und Lernstil. Viele Empfehlungssysteme im Bildungsbereich haben es zum Ziel, den Nutzern Inhalte zu präsentieren, die sie interessieren und die auf einem passenden Komplexitätsgrad sind. Dadurch, dass die Interessen des Nutzers Beachtung finden, kann die Motivation zum Lernen steigen (Garcia-Martinez/Hamou-Lhadj, 2013). Die Personalisierung von Lernangeboten muss nicht zwingend das Endergebnis einer Prüfung verbessern. Andere Erfolgsfaktoren wie die Zufriedenheit der Lerner können beobachtet werden, ohne dass Prüfungsresultate die Vorzüge von Empfehlungsalgorithmen wiederspiegeln (Alshammari/Anane/Hendley, 2015).

Allerdings treten bei der Anwendung von Empfehlungssystemen typische Probleme auf. Eines davon ist, dass oftmals strukturierte Daten im Hinblick auf die Lernhistorie fehlen. Hinzu kommt, dass Empfehlungen für neue Nutzer, über die noch keine Informationen bekannt sind, nahezu unmöglich sind. Viele Algorithmen benötigen eine Trainingsphase, um ein grobes Nutzermodell erzeugen zu können. Ein weiteres Problem ist die Einschränkung der Empfehlungen auf Ressourcen, die bereits digital als Lernmaterial aufbereitet wurden. Interessiert sich ein Anwender für ein Thema, das noch nicht als Kurs- oder Lernmaterial existiert, bleibt die Empfehlung aus.

Gefahr von Filterblasen

Kann durch Empfehlungen in einem Lernsystem eine Filterblase entstehen, wie sie in sozialen Netzwerken wie Facebook vorkommt? Wird ein Expertenlernermodell verwendet und die Abweichung des Nutzers zu diesem ermittelt, helfen Empfehlungen, potenzielle Wissenslücken zu finden. Diese sind auf das Modell und die darin modellierten Wissensinhalte beschränkt. Im Vergleich zu konventionellen Empfehlungsalgorithmen ist es jedoch gewollt, auf notwendige Voraussetzungen aus einem Wissensgebiet hinzuweisen. Eine Empfehlung zu einem vollkommen neuen Thema, welches den aktuellen Lernprozess nicht unterstützt, sondern vielmehr unterbricht, ist hier kein Vorteil, um das Lernziel zu erreichen.

Dennoch kann auch kollaboratives Filtern angewandt werden, um Empfehlungen zu erzeugen. Hierbei geben Nutzer Bewertungen ab, vergleichbar mit Bewertungen für Produkte in Onlineshops. Resultierende Empfehlungen basieren auf der Ähnlichkeit der abgegebenen Bewertungen anderer Nutzer. Filterblasen können entstehen, wenn es sich um eine homogene Nutzergruppe handelt und Empfehlungen nur die Ähnlichkeit zu anderen Nutzern verwenden, nicht jedoch zu Expertenmodellen. Lernen lässt sich als Prozess dennoch nicht mit einem Newsfeed von sozialen Medien vergleichen.

Denn Nutzer haben ein konkretes Lernziel, welches sie verfolgen und wählen die Lernplattform, welche das aufbereitete Wissen vermittelt. Ein Lernsystem, welches allumfassendes Wissen vermittelt, existiert nicht. Demnach ist die Befürchtung von Filterblasen für Lernempfehlungssysteme bislang unfundiert.

Parameter der Personalisierung
Empfehlungssysteme decken die Makro-Ebene der Personalisierung inhaltlich ab. Neben dem Wissen und Interaktionen der Nutzer können auch weitere Parameter zur Personalisierung herangezogen werden: die Persönlichkeit oder kulturelle Eigenschaften. Es ist nicht verwunderlich, dass Gewissenhaftigkeit oder die Offenheit für neue Erfahrungen einen Effekt auf das Lernverhalten haben (Barrick/Mount, 1991). Kulturelle Dimensionen können das Lernen ebenso beeinflussen (Uzuner, 2009).

Eine neue Studie hat gezeigt, dass sich Persönlichkeitsmerkmale und kulturelle Ausprägungen anhand des Interaktionsverhaltens innerhalb von Onlinekursen vorhersagen lassen (Rüdian et al., 2019). Vergleicht man Personen, die ähnliche persönliche oder kulturelle Eigenschaften aufweisen, mit anderen Nutzern, können typische Verhaltensmuster identifiziert werden, die möglicherweise auf Präferenzmuster schließen lassen. Inwiefern sich diese Muster effizient zur Personalisierung nutzen lassen können, ist Gegenstand aktueller Forschung. Verantwortliche, welche Weiterbildungen planen, könnten dieses Wissen nutzen und Kurse nach kulturellen Ausprägungen in der Methodik anpassen, um den Lernprozess auch auf kultureller Ebene zu adaptieren und damit weiter zu optimieren.

Selbstlernangebote als Lösung

Angebote für traditionelle Weiterbildungen sind oft ortsabhängig. Wissen wird Mitarbeitern im Rahmen einer Veranstaltung übermittelt. Deren Teilnahme ist aufwändig und in der Regel mit Kosten für den Arbeitgeber verbunden. Selbstlernangebote können kosteneffizienter als herkömmliche Weiterbildungen sein. Nutzen Mitarbeiter Apps, um sich selbst fortzubilden, erfolgt das bislang eher auf freiwilliger Basis. Eine Anerkennung bleibt aus. Hier ist ein Umdenken seitens der Leitungsebene notwendig, um die Vorteile der neuen Technologien nutzen zu können. Bilden sich Mitarbeiter selbst fort, können sie dies zeitunabhängig genau dann erledigen, wann sie es für richtig halten.

Ersetzt man interne Weiterbildungen durch Selbstlernangebote, kann hier sogar eine Skalierung erreicht werden, was für große Unternehmen nicht zu vernachlässigen ist. Dies ist besonders bei zu vermittelndem Domänenwissen interessant, das sich im Laufe der Jahre inhaltlich kaum verändert. Je nach Nutzergröße kann sich der Aufwand zur Erstellung interner Onlinekurse lohnen. Lernplattformen wie Moodle können mit Erweiterungen wie H5P ohne hohen administrativen Aufwand den Mitarbeitern intern zur Verfügung gestellt werden und bieten eine Vielzahl an Methoden zur interaktiven Vermittlung von Lerninhalten. H5P ist eine freie und quelloffene Software zum Erstellen von interaktiven Lerninhalten.

Didaktisch und pädagogisch aufbereitete Lerninhalte liegend zudem im Unternehmen bereits vor, wenn die internen Weiterbildungen vorab offline durchgeführt wurden. Eine solche Umstellung schafft die Basis, die Methoden des Learning Analytics praktisch nutzen zu können. Dabei lassen sich Kompetenzen abbilden und Experten unter den Mitarbeitern klassifizieren. Neuen Mitarbeitern können die notwendigen Wissenselemente ohne großen Personalaufwand vermittelt werden und selbst beim Wechsel von Führungspositionen bleibt der Wissensstand der Mitarbeiter abrufbar.

Datenschutz als hemmender Faktor?
Mit der Einführung der Datenschutz-Grundverordnung (DSGVO) ist das Thema Datenschutz in Europa prominenter geworden. Die DSGVO besagt nicht, dass per se keine Daten erhoben und genutzt werden dürfen. Stattdessen regelt die Verordnung Informationspflichten im Zuge der Transparenz und fokussiert die Datensparsamkeit. Oft werden jedoch Ängste geschürt. Dieser hemmende Faktor erschwert den Einzug der Technologien in Unternehmen. Die Methoden des Learning Analytics basieren auf der Verarbeitung von Daten, die nicht immer personenbezogen sein müssen. Wird das bereits untersagt, können die Möglichkeiten nicht genutzt werden.

Wer Lernerdaten sammelt und diese im Sinne des Learning Analytics anwendet, erstellt unweigerlich Lernprofile der Nutzer. Ist ein Lernsystem so konzipiert, dass es anhand dieses Profils automatisierte Entscheidungen trifft, muss dem Lerner die Möglichkeit geboten werden, auch ohne die Automatismen lernen zu können (Art. 22 Abs. 1 DSGVO). Zudem muss der Lerner der Verarbeitung vorab freiwillig zustimmen, insbesondere wenn es sich um die Verarbeitung besonderer Kategorien personenbezogener Daten handelt (Art. 9 DSGVO). Das ist keine unüberwindbare Hürde, die begründen ließe, die DSGVO als hemmenden Faktor zu sehen. Transparenz ist hier das Schlüsselwort. Wird der Zweck der Datenerhebung vorab transparent in einer Datenschutzerklärung formuliert, dass hiermit die Lernerfahrung oder Motivation verbessert werden soll, spricht nichts gegen die Anwendung. Der Grundsatz der Zweckbindung (Art. 5 Abs. 1 lit. b DSGVO) schützt den Nutzer vor missbräuchlicher Nutzung seines Lernprofils.

Ansätze wie das Lernprozess-Monitoring-Projekt (LeMo-Projekt) ermöglichen einen hohen Grad von Anonymität in Lernsystemen. Möglich macht dies die strukturelle Trennung von personenbezogenen Daten und Lernerdaten (Fortenbacher et al., 2013). Die Lernerdaten enthalten den Lernfortschritt und Interaktionen mit dem Lernsystem, jedoch keine Daten, auf Basis derer der Lerner persönlich identifiziert werden könnte. Daraus wird ein abstraktes Lernmodell des Lerners erzeugt. So können Tutoren lediglich auf essenzielle Daten zugreifen, ohne die Identität der Teilnehmer zu kennen. Um den Grad der Anonymität auch seitens der Tutoren zu erhöhen, arbeitet das System mit Pseudonymen. Diese Ansätze unterstützen die Wahrung des Datenschutzes unter dem Aspekt der Datensparsamkeit.

Fazit

Learning Analytics deckt verschiedene Aspekte des Lernens ab, die sowohl für Unternehmen, als auch Mitarbeiter Vorteile mit sich bringen. Diese erhalten durch Visualisierungen einen Überblick über den eigenen Lernfortschritt. Zeitgleich haben sie die Möglichkeit zur Selbstreflektion über die eigene Leistung. Tutoren können den Lernfortschritt innerhalb von Weiterbildungen erfassen und intervenieren, falls es notwendig ist.

Learning Analytics kann bei der Personalisierung von Weiterbildungsangeboten ein wichtiges Element sein: Sowohl seitens des Mitarbeiters als auch für Personaler können die Möglichkeiten, das Wissen von Mitarbeitern abzubilden, helfen, gezielte Weiterbildungen auf individueller Ebene zu planen. Diese Möglichkeiten bestehen allerdings nur, wenn das Wissen aggregiert als Lerner- oder Kompetenzmodell vorliegt und Mitarbeiter hierüber vorab transparent aufgeklärt wurden und dem zustimmen.

Weiterbildungsangebote müssen nicht immer ortsgebunden sein. Die Nutzung von internen Selbstlernangeboten kann helfen, kostenaufwändige interne Weiterbildungen zu skalieren. Durch die Anwendung von Learning Analytics kann die Motivation und Zufriedenheit bei Weiterbildungen gesteigert werden. Unternehmen, die eine langfristige Planung verfolgen, können den Prozess der Weiterbildungen gezielt verbessern und dem Verlust von Experten entgegensteuern.

Literatur

Alshammari, M.; Anane, R.; Hendley, R. J. (2015): Students' Satisfaction in Learning Style-Based Adaptation. 15th International Conference on Advanced Learning Technologies (S. 55–57). Hualien: IEEE.

Barrick, M.; Mount, M. (1991): The Big Five personality dimensions and job performance: A meta-analysis. In Personnel Psychology, 44 (S. 1–26).

Broos, T.; Peeters, L.; Verbert, K.; Van Soom, C.; Langie, G.; De Laet, T. (2017): Dashboard for Actionable Feedback on Learning Skills: Scalability and Usefulness. International Conference on Learning and Collaboration Technologies (S. 229–241). Springer.

Drachsler, H.; Greller, W. (2016): Privacy and Learning Analytics – it's a DELICATE issue. 6th Learning Analytics and Knowledge Conference 2016. Edinburgh, UK: ACM.

Fortenbacher, A.; Beuster, L.; Elkina, M.; Kappe, L.; Merceron, A.; Pursian, A.; Wenzlaff, B. (2013): LeMo: a Learning Analytics Application Focussing on User Path Analysis and Interactive Visualization. International Conference on Intelligent Data Acquisition and Advanced Computing Systems: Technology and Applications. Berlin, Germany: IEEE.

Garcia-Martinez, S.; Hamou-Lhadj, A. (2013): Educational Recommender Systems: A Pedagogical-Focused Perspective. Smart Innovation, Systems and Technologies (S. 113–124).

Kloft, M.; Stiehler, F.; Zheng, Z.; Pinkwart, N. (2014): Predicting MOOC Dropout over Weeks Using Machine Learning Methods. Proceedings of the 2014 Conference on Empirical Methods in Natural Language Processing (EMNL) (S. 60–65). Qatar: Association for Computational Linguistic.

Olivé, D. M.; Huynh, D. Q.; Reynolds, M.; Dougiamas, M.; Wiese, D. (2019); A supervised learning framework: using assessment to identify students at risk of dropping out of a MOOC. Journal of Computing in Higher Education (S. 1–18). Springer.

Rich, E. (1979): User Modeling via Stereotypes. In Cognitive Science 3 (S. 329–354). The University of Texas at Austin.

Rüdian, S.; Vladova, G.; Gundlach, J.; Kazimzade, G.; Pinkwart, N. (2019): Predicting culture and personality in online courses. In Supporting Lifelong Learning (SLLL/AIED). Chicago.

Russell, S.; Norvig, P. (2018): Artificial Intelligence – A Modern Approach, 3rd Edition.

Siemens, G.; Baker, R. S. (2012): Learning analytics and educational data mining: towards communication and collaboration. LAK '12 Proceedings of the 2nd International Conference on Learning Analytics and Knowledge (S. 252–254). New York, NY, USA: ACM.

Uzuner, S. (2009): Questions of Culture in Distance Learning: A Research Review. International Review of Research in Open and Distance Learning 10(3). USA.

Verbert, K.; Duval, E.; Klerkx, J.; Govaerts, S.; Santos, J. (2013): Learning analytics dashboard applications. In American Behavioural Scientist.

Hinweise zu den Autoren

Sylvio Rüdian

Sylvio Rüdian ist wissenschaftlicher Mitarbeiter des Weizenbaum Instituts und Doktorand an der Humboldt Universität zu Berlin. Seine Forschungsschwerpunkte liegen im Bereich des maschinellen Lernens in der Bildung mit dem Fokus zur Generierung von Onlinekursen und deren Personalisierung auf verschiedenen Ebenen. Er forscht, wie sich Onlinekurse durch kulturelle und persönliche Eigenschaften anpassen können, um das Lernen zu verbessern. Darüber hinaus ermittelt er, wie personenbezogene Eigenschaften durch das Nutzerverhalten innerhalb von Onlinekursen vorhergesagt werden können. Vorher studierte er Informatik an der Humboldt-Universität mit dem Schwerpunkt von Verfahren der KI.

Kontaktdaten:
Humboldt-Universität zu Berlin, Mathematisch-Naturwissenschaftliche Fakultät, Institut für Informatik | Didaktik der Informatik | Informatik und Gesellschaft, Rudower Chaussee 25, 12489 Berlin, Tel.: +49 (0)30 20 93 30 41, Mail: ruediasy@hu-berlin.de, Internet: www.informatik.hu-berlin.de/de/forschung/gebiete/cses/members/l.ruedian

Prof. Dr. Niels Pinkwart

Prof. Pinkwart studierte Informatik und Mathematik an der Universität Duisburg. Nach einer Postdoc-Stelle am Institut für Mensch-Computer-Interaktionen an der Carnegie Mellon University nahm er Angebote für Assistenzprofessuren und Associate-Professor-Stellen an der TU Clausthal an. Im Jahr 2013 wechselte er an die Humboldt-Universität zu Berlin, wo er die Forschungsgruppe »Informatikausbildung/Informatik und Gesellschaft«, das ProMINT-Kolleg und das Zentrum für technologieorientiertes Lernen an der Fachhochschule der HU Berlin leitet. Neben seiner Tätigkeit an der HU Berlin ist Prof. Pinkwart als Principal Investigator am Einstein Center Digital Future und am Weizenbaum Institut tätig.

Kontaktdaten:
Humboldt-Universität zu Berlin, Mathematisch-Naturwissenschaftliche Fakultät, Institut für Informatik | Didaktik der Informatik | Informatik und Gesellschaft, Rudower Chaussee 25, 12489 Berlin

Literaturtipps

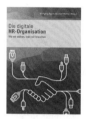

Appel, Wolfgang/Wahler, Michael: Die digitale HR-Organisation: Wo wir stehen – was wir brauchen, 344 Seiten, 39,00 Euro, Luchterhand; 1. Auflage 2018, ISBN: 978-3472095194. Dieses Buch macht Lust auf die digitale Transformation des Personalwesens und bietet eine solide Ausgangsbasis für alle, die den Wandel mitgestalten. In 22 Beiträgen geben HR-Experten aus Wissenschaft und Praxis Einblick in zentrale Handlungsfelder und Entwicklungsbereiche. Sie skizzieren Wege zur HR-Organisation der Zukunft und zeigen wie die Digitalisierung HR-Zielbilder und -Geschäftsmodelle verändert, warum Personalmanager ein erweitertes Kompetenzset brauchen, welchen Nutzen HR Analytics, Künstliche Intelligenz oder Robotik bringen, was im Hinblick auf Arbeitsrecht und Datenschutz zu beachten

Barton, Thomas (Hrsg.)/Müller, Christian (Hrsg.)/Seel, Christian (Hrsg.): Digitalisierung in Unternehmen: Von den theoretischen Ansätzen zur praktischen Umsetzung, 305 Seiten, 39,99 Euro, Springer Vieweg; 1. Auflage 2018, ISBN: 978-3658227722

Das Buch vermittelt aktuelle Ansätze der Digitalisierung in Unternehmen und zeigt auf, wie Digitalisierungsprojekte erfolgreich und sicher in der Praxis umgesetzt werden. Ausgehend von der Beschreibung einer sich wandelnden Wertschöpfung und Arbeitswelt wird anhand von Anwendungsszenarien dargelegt, welche Änderungen mit der Digitalisierung einhergehen: Neue Geschäftsmodelle und Geschäftsprozesse etablieren sich, die Entwicklung von Produkten verändert sich ebenso wie die Interaktion mit Kunden, neue Chancen aber auch neue Risiken entstehen.

Boes, Andreas (Hrsg.)/Langes, Barbara (Hrsg.): Die Cloud und der digitale Umbruch in Wirtschaft und Arbeit: Strategien, Best Practices und Gestaltungsimpulse, 286 Seiten, 49,95 Euro, Haufe; 1. Auflage 2019, ISBN: 978-3648124734

Das Buch vereint wissenschaftliche Ergebnisse aus drei Jahren Forschung mit konkreten Strategien und Praxiserfahrungen zu innovativen Gestaltungskonzepten. Wissenschaftler erklären das disruptive Potenzial der Cloud, Strategen aus Vorreiterunternehmen und Praktiker zeigen die Veränderung von Wertschöpfung und Arbeit in der Praxis. Vordenker aus gesellschaftlichen Schlüsselbereichen entwickeln Leitideen und Ansätze für die Gestaltung der digitalen Zukunft.

Burkov, Andriy: Machine Learning kompakt: Alles, was Sie wissen müssen, 200 Seiten, 29,99 Euro, mitp; 2019, ISBN: 978-3958459953

Der Autor bringt die wichtigsten Begriffe, Konzepte und Algorithmen des Machine Learnings auf den Punkt. Dabei vermittelt er nicht nur alle notwendigen theoretischen Grundlagen, sondern geht auch auf die praktische Anwendung der einzelnen Verfahren ein, ohne dabei die zugrundeliegenden mathematischen Gleichungen außer Acht zu lassen. Dieses Buch bietet einen leicht zugänglichen, programmiersprachenunabhängigen und trotz seiner Kürze umfassenden Einstieg ins Machine Learning.

Fleischmann, Albert/Oppl, Stefan/Schmidt, Werner/Stary, Christian: **Ganzheitliche Digitalisierung von Prozessen: Perspektivenwechsel – Design Thinking – Wertegeleitete Interaktion,** 254 Seiten, 53,49 Euro, Springer Vieweg; 1. Auflage 2018, ISBN: 978-3658226473
In diesem Open-Access-Buch wird das Geschäftsprozessmanagement als ein ganzheitlicher Prozess begriffen, der der Mitwirkung aller Stakeholder bedarf. Um nun das Wesen von Aufgaben und Abläufen in Organisationen zu erfassen, schlagen die Autoren einen Perspektivwechsel vor: das Denken in Kommunikationsprozessen. Dieses Konzept lässt sich wirtschaftlich, organisatorisch und technisch ohne einschlägige Vorkenntnisse umsetzen. Daneben liefern die Autoren Einblicke in die Systemtheorie und in das Design Thinking. Ihr Ziel ist, Konzepte einfach und verständlich zu erläutern, ohne dabei komplexe Zusammenhänge zu vernachlässigen.

Gerdenitsch, Cornelia/Korunka, Christian: **Digitale Transformation der Arbeitswelt: Psychologische Erkenntnisse zur Gestaltung von aktuellen und zukünftigen Arbeitswelten**, 187 Seiten, 32,99 Euro, Springer; 1. Auflage 2019, ISBN: 978-3662556733
Dieses Werk bietet einen Überblick über die durch Digitalisierung ausgelösten Veränderungen in der Arbeitswelt. Basierend auf psychologischen Theorien und empirischen Ergebnissen vermittelt es ein tieferes Verständnis über die Folgen einer digitalen Transformation hinsichtlich Erleben und Verhalten für Berufstätige. Zahlreiche Beispiele dienen zur praxisnahen Veranschaulichung der Sachverhalte und Fragen zur Thematik regen zum Weiterdenken an. Dieses Buch richtet sich an alle, die sich mit dem Thema Digitalisierung bzw. digitale Transformation im Kontext von Arbeit beschäftigen.

Gleich, Ronald/Grönke, Kai/Kirchmann, Markus/Leyk, Jörg: **Strategische Unternehmensführung mit Advanced Analytics: Neue Möglichkeiten von Big Data für Planung und Analyse erkennen und nutzen**, 256 Seiten, 79,00 Euro, Haufe; 1. Auflage 2017, ISBN: 978-3648104224
Der Prozess der Unternehmenssteuerung ist durch das Zusammenspiel von Planung und Kontrolle geprägt. Im Rahmen der Digitalisierung erhöhen sich sowohl die Häufigkeit als auch die Intensität auftretender Veränderungen. Experten erläutern in diesem Buch, welche Advanced-Analytics-Verfahren Unternehmen zur Verfügung stehen, um aus großen Datenmengen eine Vorhersage über zukünftige Entwicklungen zu treffen. Dieses Buch bietet fundiertes Grundlagenwissen sowie Praxisbeispiele und zeigt auf, wie Advanced Analytics konkret umgesetzt werden kann.

Günthner, Ralf/Dollinger, Daniela: **Hirn 1.0 trifft Technologie 4.0: Der Mensch und seine kreativen Potentiale im Fokus**, 114 Seiten, 32,99 Euro, Springer; 1. Auflage 2019, ISBN: 978-3658239039
Dieses Buch gibt Orientierung im Dschungel der 4. Industriellen Revolution, zeigt deren Chancen und inspiriert mit Beispielen aus der Praxis. Es beschreibt einen methodischen Werkzeugkasten und konkrete Empfehlungen, jeweils für die Dimension Technologie – Organisation – Mensch. Dieses Buch befähigt Unternehmen, die Digitale Transformation ganzheitlich und nachhaltig zu gestalten.

Heyse, Volker/Erpenbeck, John/Ortmann, Stefan/Coester, Stephan: Mittelstand 4.0 – eine digitale Herausforderung: Führung und Kompetenzentwicklung im Spannungsfeld des digitalen Wandels, 282 Seiten, 34,90 Euro, Waxmann; 1. Auflage 2018, ISBN: 978-3830937388

Auf nationaler wie internationaler Ebene sehen sich Entscheidungsträger auch und gerade mittelständischer Unternehmen bereits heute mit der Notwendigkeit konfrontiert, auf bestehende Transformationen von Denk- und Arbeitsweisen zu reagieren und Modelle für zukünftig zu erwartende Szenarien zu entwickeln, um flexibel auf Wandlungsprozesse reagieren zu können. Dieser Band bietet mit einer Fokussierung auf kleine und mittelständische Unternehmen einen interdisziplinären Zugriff auf die Probleme und Chancen der Digitalisierung. Neben einer Analyse des Ist-Zustandes enthalten die einzelnen Abschnitte ebenso Best-Practice-Beispiele für einen zukunftsfähigen Mittelstand 4.0.

Jaekel, Michael: Die Macht der digitalen Plattformen: Wegweiser im Zeitalter einer expandierenden Digitalsphäre und künstlicher Intelligenz, 316 Seiten, 44,99 Euro, Springer Vieweg; 1. Auflage 2017, ISBN: 978-3658191771

Dieses Buch bietet eine Einführung in die komplexe Welt digitaler Plattformen, ihr Wesen wird verständlich vermittelt und an Praxisbeispielen aufgezeigt. Damit beleuchtet der Autor ein charakterisierendes Kernelement der Digitalisierung. Ein besseres Verständnis für das Wesen und die Macht digitaler Plattformen ist dringend notwendig, denn sie spielen zunehmend eine strategische Rolle in allen Wirtschafts- und Lebensbereichen. Der Autor erläutert die Kernbausteine und die inneren Mechanismen digitaler Plattformen. Hinzu kommen Anregungen und Prinzipien für das Design digitaler Plattform-Ökosysteme.

Kaplan, Jerry: Künstliche Intelligenz: Eine Einführung, 208 Seiten, 24,99 Euro, mitp; 1. Auflage 2017, ISBN: 978-3958456327

Kaplan diskutiert in diesem Buch die wichtigsten gesellschaftlichen, rechtlichen und wirtschaftlichen Aspekte für die gegenwärtige und zukünftige Bedeutung der Künstlichen Intelligenz. Er macht deutlich, inwiefern Fortschritte im Hinblick auf die intellektuellen und physischen Fähigkeiten von Maschinen unsere Gesellschaft grundlegend verändern werden. Dieses Buch ist eine kompakte und leicht zugängliche Einführung in das Thema. Kaplan veranschaulicht mögliche künftige Auswirkungen dieser bedeutenden Entwicklung und lässt dabei technologische Details außen vor.

Keuchel, Peter: Personalmanagement in der Cloud: 10 Erfolgsfaktoren für die Digitalisierung der Personalarbeit, 200 Seiten, 39,95 Euro, Haufe; 1. Auflage 2019, ISBN: 978-3648130995 (erscheint im November 2019)

Im Zuge der Digitalisierung von Human Resources spielt das Thema Cloud-Computing eine immer wichtigere Rolle. Keuchel vermittelt fundiertes Praxiswissen zur Digitalisierung des HR-Managements. Er beschreibt, welche Chancen es Unternehmen bietet, die Software in die Cloud auszulagern. Kosten und Kapazitäten lassen sich einsparen, was die Konzentration auf die Kernprozesse ermöglicht. Das Buch bietet einen breiten Überblick zum Thema Softwareunterstützung und die damit verbundene Veränderung des kompletten Personalmanagements.

Literaturtipps

Lindner, Dominic: KMU im digitalen Wandel: Ergebnisse empirischer Studien zu Arbeit, Führung und Organisation, 68 Seiten, 14,99 Euro, Springer Gabler; 1. Auflage 2019, ISBN: 978-365824398

Lindner zeigt in diesem Buch die Ergebnisse von wissenschaftlichen Studien zur Digitalisierung von kleinen und mittleren Unternehmen (KMU) mit wissensintensiven Dienstleistungen unter Berücksichtigung der spezifischen Rahmenbedingungen dieser Unternehmen. Im Zuge von vier Studien hat der Autor die Digitalisierung von Arbeit, Führung und Organisation in KMU untersucht und daraus praktische Tipps für Entscheider und neue Erkenntnisse für Wissenschaftler abgeleitet. Die Studien fokussieren sich dabei auf die Themenbereiche Arbeitsplatz-IT, Arbeitsmodelle, Führung und Agilität.

von Mutius, Bernhard: Disruptive Thinking: Das Denken, das der Zukunft gewachsen ist, 232 Seiten, 34,90 Euro, GABAL; 2. Auflage 2017, ISBN: 978-3869367903

Der Autor leistet mit seinem neuen Buch einen wertvollen Beitrag zur aktuellen Debatte über die Umbrüche, mit denen wir uns konfrontiert sehen. Er fordert nichts weniger als ein völlig neues Denken: Disruptives Denken. Ein Denken, das sich zum Ziel setzt, eine neue Anpassungsfähigkeit zu entwickeln und auf diese Weise Gestaltungsfreiheit zu gewinnen.

Niebler, Paul: Datenbasiert entscheiden: Ein Leitfaden für Unternehmer und Entscheider, 52 Seiten, 14,99 Euro, Springer Gabler; 1. Auflage 2019, ISBN: 978-3658239275

Dieses Buch befasst sich mit der zielgerichteten Auswertung von vorhandenen Daten im Unternehmen. Während früher viele Entscheidungen aus dem Bauch heraus getroffen wurden, sind heute die resultierenden Erfolge durch das gestiegene Datenvolumen so gut messbar wie nie zuvor. Doch nicht jede Entscheidung wird durch Daten automatisch besser. Es gilt, Daten im Unternehmen zu identifizieren, Ziele zu definieren und die vorhandenen Daten sinnvoll auszuwerten. Damit dieser Schritt gelingt, zeigt dieses Buch mit praktischen Tipps, wie auf Grundlage von Daten bessere Entscheidungen getroffen werden können.

Obermaier, Robert (Hrsg.): Handbuch Industrie 4.0 und Digitale Transformation: Betriebswirtschaftliche, technische und rechtliche Herausforderungen, 781 Seiten, 79,99 Euro, Springer Gabler; 1. Auflage 2019, ISBN: 978-3658245757

Das Handbuch führt die vielfältigen Forschungsbemühungen der Betriebswirtschaftslehre zu Industrie 4.0 und digitaler Transformation zusammen, dokumentiert damit den State of the Art und stellt das bisher vorrangig aus technischer Perspektive diskutierte Thema explizit in den betriebswirtschaftlichen Kontext. Experten beleuchten umfassend die betriebswirtschaftlichen, technischen und rechtlichen Chancen und Herausforderungen, die die Digitalisierung hin zu einem digital vernetzten Wertschöpfungssystem insbesondere für Industriebetriebe mit sich bringt.

Papp, Stefan et al.: Handbuch Data Science: Mit Datenanalyse und Machine Learning Wert aus Daten generieren, 320 Seiten, 39,90 Euro, Carl Hanser, 2019, ISBN: 978-3446457102

Dieses Buch bietet einen Überblick über die verschiedenen Aspekte von Data Science und beschreibt, welchen Wert man in einer Big-Data-Umgebung aus Daten generieren kann. Das Buch nähert sich dem Thema Data Science von mehreren Seiten. Zum einen zeigt es, wie Big-Data-Plattformen aufgebaut und einzelne Tools auf Daten angewendet werden. Darüber hinaus werden statistisch-mathematische sowie rechtliche Themen angeschnitten. Abgerundet wird das Buch mit Fallbeispielen aus der Praxis, die veranschaulichen, wie aus Daten generiertes Wissen unterschiedliche Industrien nachhaltig verändert.

Provost, Foster/Fawcett, Tom: Data Science für Unternehmen: Data Mining und datenanalytisches Denken praktisch anwenden, 432 Seiten, 34,99 Euro, mitp; 1. Auflage 2017, ISBN: 978-3958455467

Die Autoren stellen in diesem Buch die grundlegenden Konzepte der Data Science vor, die für den effektiven Einsatz im Unternehmen von Bedeutung sind. Sie erläutern das datenanalytische Denken, das erforderlich ist, damit aus gesammelten Daten nützliches Wissen und geschäftlicher Nutzen gezogen werden kann. Die Leser erfahren detailliert, welche Methoden der Data Science zu hilfreichen Erkenntnissen führen, so dass auf dieser Grundlage wichtige Entscheidungsfindungen unterstützt werden können. Das Buch nutzt viele Beispiele aus der Praxis, um die Konzepte zu veranschaulichen.

Skutta, Sabine (Hrsg.)/Steinke, Joß (Hrsg.): Digitalisierung und Teilhabe: Mitmachen, mitdenken, mitgestalten!, 315 Seiten, 59,00 Euro, Nomos; 1. Auflage 2019, ISBN: 978-3848752508

Mehr Partizipation gilt als ein großes Versprechen der Digitalisierung. Die Autoren gehen auf politische, technische und ethische Fragen ein. Sie zeigen auf, welche Strukturen zu mehr Beteiligung und Teilhabe führen und nehmen die konkrete Ausgestaltung u. a. für Familien, Jugendliche, Menschen mit Behinderung, Menschen mit Migrationshintergrund und Menschen in Arbeitslosigkeit in den Blick. Das Buch ermöglicht einen umfassenden Einblick in die Thematik der Partizipation als einen zentralen Aspekt der digitalen Transformation. Für die Stärkung von Teilhabe und Beteiligung werden Entwicklungslinien und konkrete Handlungsansätze aufgezeigt.

Specht, Philip: Die 50 wichtigsten Themen der Digitalisierung: Künstliche Intelligenz, Blockchain, Robotik, Virtual Reality und vieles mehr verständlich erklärt, 384 Seiten, 17,99 Euro, Redline, 2018, ISBN: 978-3868817058

Es gibt viele Bücher über Digitalisierung, aber keines, das den gesamten Themenkomplex erfasst und darlegt. Daher hat der Autor die 50 wichtigsten Aspekte der Digitalisierung jeweils auf wenigen Seiten erläutert – von den Grundlagen wie Hardware, Cloud und Internet of Things bis hin zu Themen wie virtueller Sexualität, der Zukunft des Arbeitsmarkts und digitaler Ethik.

Verhoeven, Tim (Hrsg.): Digitalisierung im Recruiting: Wie sich Recruiting durch künstliche Intelligenz, Algorithmen und Bots verändert, 257 Seiten, 32,99 Euro, Springer Gabler; 1. Auflage 2019, ISBN: 978-3658258849 (erscheint im November 2019)

Mit vielen Beispielen aus der Praxis gibt der Autor einen Überblick über die Entwicklungen der vergangenen Jahre und einen Ausblick auf technische Entwicklungen, die das Recruiting in den nächsten Jahren revolutionieren. Er geht dabei unter anderem auf Chatbots, Programmatic Advertising, Big Data, Candidate-Experience-Verfahren und Online-Assessments ein.

Internetlinks

Analytics in HR (Blog & Academy) – www.analyticsinhr.com
Association for the Advancement of Articifial Intelligence (AAAI) – www.aaai.org
Becoming Human: Artificial Intelligence Magazine – www.becominghuman.ai
Bundesverband Digitale Wirtschaft (BVDW) – www.bvdw.org
Bundesverband Informationswirtschaft, Telekommunikation und neue Medien (Bitkom) – www.bitkom.org
Center for Human Factors –Kaiserslautern (TU Kaiserslautern) – www.chf-kl.de
Center for Innovative Learning Technologies (RWTH Aachen) – www.cil.rwth-aachen.de
Center for Learning & Performance Technologies – www.C4lpt.co.uk
Change 2.0 – Neue Medien im Change Management (Lehrstuhl für Organisation, Universität Stuttgart) – www.change-zweinull.de
CMG – The Digital Transformation Association – www.cmg.org
Deutsche Akademie der Technikwissenschaften (acatech) – www.acatech.de
Deutsches Forschungszentrum für Künstliche Intelligenz (DFKI) – www.dfki.de
Digital Analytics Association (DAA) – www.digitalanalyticsassocication.org
Digitale Technologien (Bundesministerium für Wirtschaft und Energie) – www.digitale-technologien.de
Digital HR (Prof. Dr. Thorsten Petry/Prof. Dr. Wolfgang Jäger) – www.hr-digitalisierung.info
Educause – Higher Education & Information Technology – www.educause.edu
Ethikbeirat HR Tech (KI-Einsatz in HR) – www.ethikbeirat-hrtech.de
European Association for Artificial Intelligence (EurAI) – www.eurai.org
German Digital Technologies (DFKI) – www.germandigitaltechnologies.de
Initiative D21 (Netzwerk für die Digitale Gesellschaft) – www.initiatived21.de
Internet Society – www.internetsociety.org
KI-Bundesverband (Künstliche Intelligenz) – www.ki-verband.de
Learning Consortium (Elliott Masie) – www.masie.com
MOOC Massive Open Online Courses (Directory) – www.mooc-list.com
Mittelstand Digital (Bundesministerium für Wirtschaft und Energie) – www.mittelstand-digital.de

Studien

CDO Decoded: The First Wave of Chief Digital Officers Speaks – Egon Zehnder International GmbH, Berlin

Technology Vision 2019 – Bereit für das Post-Digitale Zeitalter? – Accenture GmbH, Kronberg

Reworking the Revolution – Accenture GmbH, Kronberg

Reshaping the Future: Unlocking Automation's Untapped Value – Capgemini Deutschland GmbH, Berlin

IT-Trends 2019 – Intelligente Technologien: Vorreiter erzielen bereits Ergebnisse – Capgemini Deutschland GmbH, Berlin

Ein neuer Weckruf zur Digitalisierung: Wie deutsche Unternehmen mit der Digitalisierung richtig vorankommen – Accenture GmbH, Kronberg

Digitalisierung im Mittelstand – Auswirkungen auf Personal und Personalarbeit – Rationalisierungs- und Innovationszentrum der Deutschen Wirtschaft e. V, Eschborn

HR Report 2019: Beschäftigungseffekte der Digitalisierung – HAYS AG, Mannheim/Institut für Beschäftigung und Employability, Ludwigshafen

People and Machines – From Hype to Reality – PA Consulting Group GmbH, Frankfurt am Main

The Cognitive Enterprise: Reinventing your Company with Artificial Intelligence – IBM Deutschland GmbH, Ehningen

Digitalisierung gestalten mit dem Periodensystem der Künstlichen Intelligenz – Bundesverband Informationswirtschaft, Telekommunikation und neue Medien e. V., Berlin

The Promise and Challenge of the Age of Artificial Intelligence – McKinsey & Company, Inc., Düsseldorf

10 Theses about AI – A Companies' Eye View of the Future of AI – Roland Berger GmbH, München

Notes from the AI Frontier – Insights from Hundreds of Use Cases – McKinsey & Company, Inc., Düsseldorf

State of AI in the Enterprise: Ergebnisse der Befragung von 100 AI-Experten in deutschen Unternehmen – Deloitte GmbH, München

Advancing Missing Middle Skills for Human-AI-Colloboration – Accenture GmbH, Kronberg/The Aspen Institute, Washington

The CHRO and the Future Organization: Impact of AI and Technology – Boyden International GmbH, Bad Homburg

Zwischen Euphorie und Skepsis – KI in der Personalarbeit – Bundesverband der Personalmanager e. V., Berlin

Beyond Technology: Preparing People for Success in the Era of AI – Dale Carnegie Deutschland GmbH, München

How Predictive People Analytics are Revolutionizing HR – Deloitte GmbH, München

Using Learning Analytics to Drive Business Results – The Conference Board Inc, New York/Brüssel

Diversity & Inclusion Technology: The Rise of a Transformative Market – Mercer Deutschland GmbH/RedThreat Research, Woodside, CA

Benchmarking HR Digital 2019 – DACH: Still Transforming or Already Performing? – Promerit AG, München

Digitale Kompetenzen von Personalentwicklern – Deutsche Gesellschaft für Personalführung e. V., Frankfurt am Main/SCIL Swiss Center for Innovations in Learning, Universität St. Gallen, St. Gallen

Richtlinien für den verantwortungsvollen Einsatz von künstlicher Intelligenz und weiteren digitalen Technologien in der Personalarbeit – Ethikbeirat HR Tech, Frankfurt am Main/Berlin

Alle Studien finden Sie auch im Internet unter http://mybook.haufe.de.

HR-Prozesse: Talentmanagement und Neues Lernen

Einleitung

Wenn wir heute von den Talenten als dem eigentlichen Kapital eines Unternehmens sprechen, wenn wir also mit Talenten handeln, sie mehren und fördern, sind wir von der eigentlichen Bedeutung dieses Begriffs gar nicht so weit entfernt. Denn das griechische Wort »tálanton«, das ursprünglich »Waag(schal)e« bedeutete und vom griechischen Verb tlenai »aufheben, tragen« stammt, war die offizielle Handelsbezeichnung eines bestimmten Gewichts und einer diesem entsprechenden Geldsumme. Und es ist eine durchaus ansprechende Vorstellung, die Bedeutung, das Gewicht eines Unternehmens in Talenten zu messen. In der deutschen Übersetzung wurde aus dem »Talent« dann das »Pfund« – und damit war die Basis für diverse Redensarten geschaffen: von »mit seinem Pfunde wuchern« bis zu »sein Talent in die Waagschale werfen«.

Diese Redensarten machen eines deutlich: In jedem Menschen stecken individuelle Begabungen. Entscheidend ist, ob sie entdeckt und durch die richtige Umgebung gefördert werden. Talent ist also nicht das Ende eines Prozesses, nämlich die abgerufene Leistung, sondern dessen Beginn. Talent oder Begabung lässt sich somit allgemein als individuelle Befähigung zu bestimmten Leistungen definieren. Die zu fördern, zu mehren und zu entwickeln ist.

Und da kommen die Unternehmen ins Spiel, wenn sie denn ihre Beschäftigten als Talente verstehen und deren Entwicklung managen wollen. Aufgrund ihrer Anlagen können Talente unter besonders günstigen Umweltbedingungen herausragende Leistungen vollbringen. Damit sie dies in der Zukunft tun, müssen sie kontinuierlich gefördert werden. Talentmanagement ist also Potenzialförderung. Und das heißt immer: Es ist besser, das Netz engmaschig zu knüpfen als »kleine Fische« hindurchschlüpfen zu lassen.

Talentmanagement ist aber nicht in erster Linie eine administrative oder organisationale Aufgabe, sondern eine Kultur- und Werthaltung, die von allen Akteuren gelebt wird. Dieser Ansatz unterscheidet sich diametral von früheren Bestrebungen, mit denen Nachwuchskräfte für bestimmte Positionen identifiziert und gefördert wurden. Es geht um das zielorientierte Handeln, Talente zu entdecken, zu gewinnen, zu entwickeln, zu fördern, optimal zu platzieren und an das Unternehmen zu binden.

Darum umfasst Talentmanagement heute ganz generell alle intern und extern gerichteten Strategien, Methoden und Maßnahmen, mit denen ein Unternehmen sicherstellt, dass die für den Geschäftserfolg kritischen Schlüsselpositionen dauerhaft mit den richtigen Mitarbeitern besetzt sind. Dafür sind zunächst drei grundlegende Schritte gefragt:

- Im Rahmen einer Talentstrategie wird definiert, was bezogen auf das eigene Unternehmen inhaltlich unter dem Begriff Talent im Hinblick auf die verschiedenen Arbeitsbereiche im Unternehmen zu verstehen ist.
- Weiterhin wird festgelegt, auf welche Weise das Unternehmen Talente identifizieren, sie aktiv suchen und fördern will, um für künftige Anforderungen mit dem passenden Personal gerüstet zu sein.
- Dann müssen die Schlüsselpositionen im Unternehmen identifiziert, beschrieben und priorisiert werden. Es wird dabei geprüft, welche Schlüsselpositionen mit welchen Schlüsselkräften besetzt sein müssen, um perspektivisch eine optimale Passung herzustellen
- Auf dieser Grundlage wird ermittelt, welche vorhandenen Mitarbeiter für mögliche Schlüsselpositionen geeignet sind. Damit kann perspektivisch eine optimale Passung von Schlüsselpositionen und Schlüsselkräften hergestellt werden. Für nicht besetzte oder absehbar nicht besetzbare Schlüsselpositionen können dann Kandidaten vom Arbeitsmarkt rekrutiert werden.

Daraus ergibt sich, dass Talentmanagement unternehmensspezifisch entwickelt werden muss und organisationsspezifisch zu bestimmen ist. Die Unternehmensleitung setzt das Thema auf die strategische Agenda und steht für Engagement und Ernsthaftigkeit des Projekts. Seine Umsetzung aber tangiert das gesamte Unternehmen. Deswegen müssen alle Beteiligten eingebunden werden.

Wichtig ist dafür eine gute Positionierung des HR-Bereichs. Er muss als Leader vorangehen. Dies erfordert vor allem Kreativität, Know-how, Durchsetzungsvermögen und ein entsprechendes Budget. HR muss die Führungskräfte dafür gewinnen, ein nachhaltiges Talentmanagement einzuführen und sie von Betroffenen zu Beteiligten machen. Die konkrete Umsetzung ist Aufgabe der Führungskräfte. Dafür müssen ihnen vom HR-Bereich klare Definitionen an die Hand gegeben, wie Leistungen, Fähigkeiten, Potenzial und Entwicklungsfähigkeit eines Mitarbeiters zu bewerten sind. Der Schlüssel für den Erfolg liegt dabei in der optimalen Arbeitsteilung zwischen Unternehmensleitung, Führungskräften und HR-Bereich.

Doch nicht nur Unternehmen müssen in die Entwicklung ihrer Talente investieren, um wettbewerbsfähig zu bleiben. Das Gleiche gilt für Mitarbeiter, die beschäftigungsfähig bleiben wollen: Die regelmäßige Aktualisierung und Weiterentwicklung der Qualifikationen zur Stärkung der eigenen Employability ist heute eine Selbstverständlichkeit. Zur Bindung des Talents an das Unternehmen gehört daher, diesem Wunsch nach individueller Entwicklung Raum zu geben.

Eine Möglichkeit, diesen Wunsch umzusetzen, findet sich in der betrieblichen Weiterbildung: Sie muss – gerade im Kontext von Transformationsprozessen – auf individueller und organisatorischer Ebene wirken und zur Weiterentwicklung von einzelnen

Mitarbeitern, Teams oder auch ganzen Organisationen führen. Sie soll den Mitarbeiter fit machen, d. h. sowohl seine Employability stärken als auch seinen Nutzen für das Unternehmen erhöhen.

Um diese beiden Ziele in einem ganzheitlichen Ansatz zu vereinen, muss HR umdenken. Und das nicht nur bei den Methoden, Formaten, Entwicklungsbausteinen und Zugangswegen zur Weiterbildung, sondern auch bei den grundlegenden Paradigmen. Denn zwischen bipolarer strategischer und monopolarer situativer Qualifizierung zu unterscheiden, verlangt ein differenziertes Mindset:
- Eine auf gesteigerte Employability ausgerichtete Qualifizierung beziehungsweise Weiterentwicklung, die sich auf zu erfüllende Rollen des Mitarbeiters in diesem oder einem anderen Unternehmen bezieht, verlangt einen nachhaltigen Lernprozess zu initiieren. Hier dominieren klassische Lernformate bis hin zur Corporate University.
- Eine Qualifizierung für Aufgaben im konkreten Moment des Bedarfs hingegen benötigt Micro-Formate, die Relevanz erzeugen. Das Lernen findet situativ und gleichzeitig in der Anwendung statt. Das Ziel ist, zeitnahen businessrelevanten Output zu generieren. Hier kommen alle Instrumente des digitalen Lernens zur Anwendung

Die folgenden Beiträge zeigen auf, wie die Unternehmen durch effizientes Talentmanagement und Neues Lernen motivierte Mitarbeiter gewinnen, binden und weiterbilden:
- Prof. Dr. Klaus P. Stulle, Hochschule Fresenius, Köln, stellt den Talent-Klima-Index vor und fragt: In welche Richtung entwickelt sich der Arbeitsmarkt.
- Claudia de Andrés-Gayón, Dr. Katrin Krömer, Natascha Golz und Caroline Schwarte, alle Deutsche Bahn, Berlin, sowie Dr. Kai Berendes, Executive Partner, Dynaplan, St. Gallen, berichten über Strategisches Workforce Management in der digitalen Transformation.
- Dr. Sina Fäckeler, AXA Group Operations, Paris, Matthias Hoppenrath, AXA Konzern AG, Köln, und Marcus Pierk, Gesellschafter und Geschäftsführer, Unternehmensberatung macc, Bonn, informieren über die Talententwicklung bei AXA.
- Hans-Peter Kleitsch, Senior Vice President Human Resources, MTU Aero Engines AG, München, beschreibt, wie bei MTU latente Potenziale für die agile Transformation entdeckt werden.
- Nicole Goodfellow und Martin König, beide Infineon Technologies AG, München, erläutern den digitalen CRM-Ansatz im Recruiting.
- Dr. Florian Mezger und Nadine Hobler, beide Carl Zeiss AG, Oberkochen, beschreiben die Kooperation von Mensch und Maschine in der Personalgewinnung
- Barbara Wittmann, Mitglied der Geschäftsleitung, LinkedIn, München, setzt sich mit der Rolle des Menschen bei der Digitalisierung im Personalwesen auseinander.
- Philipp Simanek, Geschäftsführer, Organeers GmbH, Düsseldorf, Annegret Reich

und Wenke Trebeljahr, beide FOND OF GmbH, Köln, befassen sich mit der Personalentwicklung dynamikrobuster Unternehmen.
- Tina Deutsch, Geschäftsführerin, Haufe Advisory, Wien (Österreich), und Mario Kestler, Geschäftsführer, Haufe Akademie, Freiburg im Breisgau, erläutern anhand des s.mile-Projektes, wie Coaching Entwicklung erleichtert.
- Jan Balcke, Airbus Operations GmbH, Hamburg, schreibt über Digitalisierung, Lernumgebung und betriebliche Qualifizierung im Kontext technologischer Veränderungen.
- Dr. Nicole Behringer, Daimler Mobility AG, Stuttgart, erklärt, wie mit Nudging eine lernfreundliche Organisationskultur gestaltet wird.

Talentmanagement und Neues Lernen finden auch ihren Niederschlag in der aktuellen Fachliteratur. Besonders hervorgehoben sei u.a. der Herausgeberband von Dr. Jacqueline Heider-Lang und Alexandra Merkert »Digitale Transformation in der Bildungslandschaft – den analogen Stecker ziehen«, der die Möglichkeiten digitaler Bildung in allen Lebensphasen erörtert und Handlungsperspektiven aufzeigt.

Mit dem Buch »Standards der Personaldiagnostik: Personalauswahl professionell gestalten« von Professor Uwe Kanning liegt darüber hinaus ein Standardwerk in einer Neuauflage vor. Es deckt den gesamten Prozess der Personalauswahl ab und vermittelt auf wissenschaftlich fundierter Basis konkrete Empfehlungen für die betriebliche Praxis. Wie Lehren und Lernen in digitalen Zeiten funktioniert, ist Gegenstand des Fachbuches »Vom Trainer zum agilen Lernbegleiter« von Dr. Jürgen Sammet und Jacqueline Wolf. Es zeigt, wie sich das Berufsbild von Personalentwicklern und Trainern durch die Digitalisierung verändert und wie diese sich neu positionieren können.

Verweise auf weitere Bücher zum Thema, Internetlinks sowie zahlreiche Studien, die im Serviceteil zum Download zur Verfügung stehen, finden Sie am Ende dieses Kapitels.

Dabei erörtert z.B. die McKinsey-Studie »Winning with Your Talent Management Strategy« wie Unternehmen in erfolgreicher Weise Mitarbeiter gewinnen und binden können und welches die Erfolgsfaktoren für ein wirksames Talentmanagement sind. Den Herausforderungen des demografischen und digitalen Wandels widmen sich die Unternehmensberatungen Mercer und Oliver Wyman in »The Twin Threats of Aging and Automation« und präsentieren Wege zur Nutzung der spezifischen Potentiale älterer Arbeitnehmer. »Lernen lernen« ist der Titel eines umfassenden Arbeitspapiers von Randstad Deutschland. Es vermittelt Analysen und Einschätzungen zum Lernen der Zukunft, ergänzt durch konkrete Fallstudien aus der Unternehmenspraxis.

Joachim Gutmann

Der Talent-Klima-Index: In welche Richtung entwickelt sich der Arbeitsmarkt?

Prof. Dr. Klaus P. Stulle,
Hochschule Fresenius,
Fachbereich Wirtschaft &
Medien, Köln

Wie gesund ist die deutsche Wirtschaft momentan? Klare Frage, einfache Antwort, denn dafür werden ja bekanntlich verschiedene zuverlässige Maße erhoben. Doch fragt jemand: Wohin entwickelt sich die deutsche Wirtschaft?, muss eine solche Zukunftsbetrachtung als deutlich anspruchsvoller gelten. Im folgenden Beitrag wird als Instrument dafür der Talent-Klima-Index (TKI) vorgestellt – ein Prädiktor der Arbeitsmarktentwicklung in Deutschland aus Sicht von Unternehmensvertretern. Der TKI wird seit 2016 in halbjährlichen Abständen erhoben.

Einleitung

Um als sogenanntes Konjunkturbarometer den Trend der zu erwartenden Entwicklung möglichst objektiv und standardisiert erfassen zu können, wurde seit den 1970er Jahren der ifo-Geschäftsklima-Index etabliert. In regelmäßigen Zeitabständen wird darin die aktuelle Geschäftslage mit den künftigen Geschäftserwartungen aus Sicht der Unternehmen längsschnittartig miteinander verglichen. Der gleiche Ansatz – allerdings für eine andere Zielgruppe beziehungsweise Fragestellung – wurde an der Hochschule Fresenius in enger Zusammenarbeit mit der Human-Resources-Beratung »Profil M« für die Entwicklung des Talent-Klima-Index (TKI) verwendet und wissen-

---

Lessons Learned

- Der Talent-Klima-Index misst die Verfügbarkeit von und die Einstellung gegenüber Talenten durch eine Befragung von Unternehmensvertretern.
- Der Index zeigt, dass sowohl für die interne als auch externe Talentlage und -erwartung die Zukunft skeptischer betrachtet wird als die Gegenwart.
- Die Notwendigkeit eines aktiven Talentmanagements wurde am stärksten von Vertretern der Personalabteilung erkannt.
- Für den Erfolg des Talentmanagements sind die Führungskräfte und Mitarbeiter selbst ausschlaggebend, gefolgt von einer unterstützenden Unternehmenskultur.
- Mit dem eigenen Talentmanagement sind mehr als die Hälfte der Befragten unzufrieden.

schaftlich begleitet durch Bachelor- und Masterarbeiten. Analog zum Geschäftsverlauf beim ifo-Index dient der TKI als Prädiktor der Arbeitsmarktentwicklung in Deutschland aus Sicht von Unternehmensvertretern. Dabei wird der Talent-Begriff ausdrücklich recht weit ausgedehnt auf Fach- und Führungskräfte und beschränkt sich ausdrücklich nicht auf die vergleichsweise seltenen sogenannten High Potentials, die ganz besonderen Talente für Top Positionen.

Entwicklung und Gestaltung des Talent-Klima-Index

Analog zum ifo-Index wird auch beim TKI zunächst zwischen zwei beziehungsweise vier zentralen Größen unterschieden:
- Auf der zeitlichen Ebene beschreibt die sogenannte »Lage« den aktuellen Zustand als Ist-Situation. Die »Erwartung« hingegen stellt nicht einen Wunsch- oder Soll-Zustand dar, sondern lediglich die vermutete Entwicklung.
- Auf der Beschaffungsebene wird unterschieden zwischen interner und externer Arbeitsmarktentwicklung: Bei »intern« geht es um die Verfügbarkeit von Fach- und Führungskräften aus der Gruppe der bereits bestehenden Mitarbeiterschaft. Demgegenüber hinterfragt die externe Arbeitsmarktentwicklung die noch nicht eingestellten Mitarbeiter, die also erst noch auf dem Arbeitsmarkt identifiziert und dann angeworben werden müssen.

Darüber hinaus wird auch die Talententwicklung behandelt. Bei der internen Talententwicklung wird nach der Fähigkeit des Unternehmens zur Identifikation und Entwicklung interner Talente gefragt, ergänzt durch ein Kommentarfeld. Beim externen Talentmanagement geht es um die Fähigkeit des Unternehmens, Talente auf dem externen Arbeitsmarkt aufgrund von Bewerbermarketing, Employer Branding, Rekrutierungsstrategien etc. positiv anzusprechen.

Der TKI wird – abgesehen von variierenden Zusatzfragen – in unveränderter Form seit 2016 in halbjährlichen Abständen erhoben. Die hier (erstmals) vorgestellte Gesamtauswertung basiert auf 477 Datensätzen aus sechs Auswertungszeiträumen. Von denjenigen, die (weil freiwillige Angabe) ihre Berufsposition angegeben haben, sind jeweils 33 Prozent in der Personalentwicklung oder als Personalleiter, Human-Resources-Business-Partner oder -Referent tätig, 25 Prozent Linienführungskräfte und 9 Prozent Geschäftsführer beziehungsweise Vorstände.

Dabei stammen etwa 20 Prozent der Befragten aus kleinen Unternehmen mit weniger als 500 Mitarbeitern, 23 Prozent aus Unternehmen mit bis zu 2.000 Mitarbeitern, 26 Prozent mit bis zu 10.000 Mitarbeitern und 31 Prozent aus Großunternehmen aus ganz unterschiedlichen (ebenfalls erhobenen) Branchen. In verschiedenen Analysen hat sich dabei immer wieder bestätigt, dass die Größe des Unternehmens statistisch zu kaum messbaren Gruppenunterschieden führt.

Ergebnisse des Talent-Klima-Index

Die Datenerhebung erfolgt beim Talent-Klima-Index mittels eines bewusst sehr überschaubar gestalteten Online-Fragebogens. In nur kurzer Zeit ist mit Hilfe intuitiv-farbcodierter Schieberegler eine vollständige Beantwortung möglich.

Entwicklung des Talentklimas

Bei einem Vergleich der internen versus der externen Talentlage und -erwartung zeigt sich bezogen auf die gesamte Stichprobe und für alle Datenerhebungszeitpunkte gemeinsam betrachtet, dass die Zukunft skeptischer betrachtet wird als die Gegenwart: Momentan scheinen noch mehr interne und externe Talente verfügbar zu sein, als dies demnächst erwartet wird. Dabei belegt der direkte Vergleich aber auch, dass die Erwartung für die Talente vom externen Arbeitsmarkt deutlich problematischer ausfällt (siehe Abb. 1).

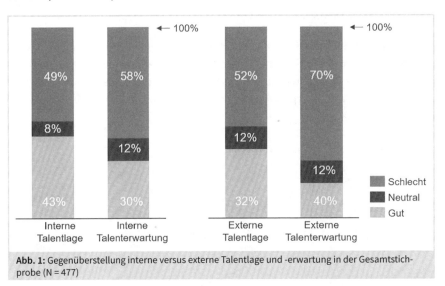

Abb. 1: Gegenüberstellung interne versus externe Talentlage und -erwartung in der Gesamtstichprobe (N = 477)

Auch wenn dieser erste Gesamtbefund einen weiteren, eindrucksvollen Beleg für den vielzitierten »War for Talents« darstellt, macht diese Form der Betrachtung doch nur einen kleinen Teil der Grundidee des TKI aus. Die Absicht dieses Instrumentes ist vielmehr, vergleichbar einem sensiblen Fühler, »das Ohr auf die Schiene« legen zu können und die aktuelle Entwicklung zu erfassen.

Dazu wurde in einem mathematisch etwas aufwändigeren Verfahren anhand von Salden durch eine Gegenüberstellung von Lage und Erwartung das jeweilige Talent-Klima intern versus extern sowie als gemitteltes Gesamtklima berechnet. Für die ersten fünf Erhebungszeitpunkte stellte sich dabei ein klar belegbarer Trend heraus (siehe Abb. 2).

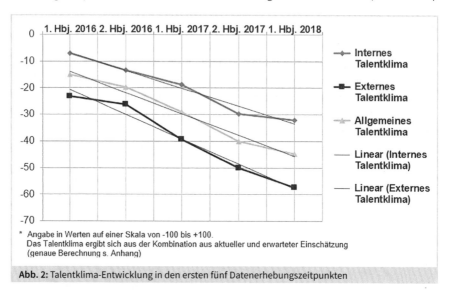

Abb. 2: Talentklima-Entwicklung in den ersten fünf Datenerhebungszeitpunkten

Unterstützt durch die in der Grafik eingefügten Trendlinien ist unübersehbar, dass sich das Talentklima bei identischer Fragestellung und variierender Stichprobe kontinuierlich weiter verschlechtert. Dies ist als Schlussfolgerung eindeutig und unstrittig. Etwas komplexer wird Interpretation aber nach der sechsten und letzten Datenerhebung (siehe Abb. 3).

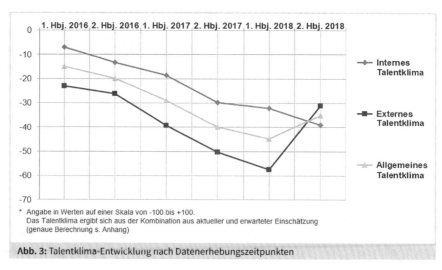

Abb. 3: Talentklima-Entwicklung nach Datenerhebungszeitpunkten

Hier zeigt sich zum ersten Mal ein unterbrochener Trend, allerdings bei näherer

Betrachtung nur beim externen Talentklima – was dann aber auch den Mittelwert des allgemeinen Talentklimas steigen lässt. Dieser Befund lässt sich ohne weitere Empirie nicht abschließend erklären: Möglicherweise hat sich – vielleicht durch eine erwartete Konjunkturverschlechterung – der Arbeitsmarkt für die externen Talente aus Arbeitgebersicht tatsächlich deutlich verbessert. Diese Möglichkeit wird aber zumindest teilweise dadurch relativiert, dass gerade im Vergleich mit internen Verfügbarkeiten der externe Arbeitsmarkt durchgängig in allen Befragungen als noch anspruchsvoller beurteilt wurde, und dabei die Prognosen nachweislich skeptischer ausfallen als der Status quo. Damit kommen als Alternativ-Erklärung mögliche Stichproben-Effekte als »Ausrutscher« ebenso in Frage wie andere Hypothesen. Letztlich macht dieses Einzelergebnis nur deutlich, wie wichtig der fortgesetzte Längsschnitt-Charakter des TKI ist, um belastbare Erkenntnisse zu generieren.

Entwicklung des Commitment-Klimas
Ein weiterer dauerhaft untersuchter Aspekt ging der Frage nach, welche Partei im Unternehmen (Geschäftsführung, Führungskräfte allgemein oder die Personalabteilung) ein besonders ausgeprägtes Commitment für das Talentmanagement im jeweiligen Unternehmen zeigt, also die Bereitschaft, dafür Ressourcen in Zeit und Geld zu investieren. Analog zur Talent-Verfügbarkeit wurde auch beim Commitment zwischen Lage und Erwartung unterschieden und in analoger Berechnung das Commitment-Klima für die jeweilige Zielgruppe bestimmt (siehe Abb. 4).

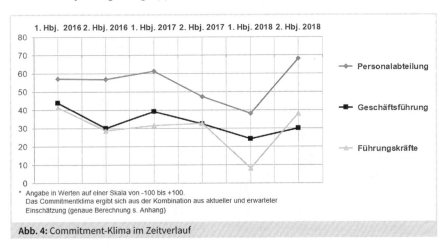

Abb. 4: Commitment-Klima im Zeitverlauf

Schon auf den ersten Blick – und dies durchgängig in allen Erhebungszeitpunkten – wird deutlich, dass die Notwendigkeit des Talentmanagements samt daraus resultierender Bereitschaft am stärksten von Vertretern der Personalabteilung erkannt wurde. Die Management-Vertreter als Führungskräfte allgemein oder in Geschäftsführungsfunktion liegen stets – zum Teil erheblich – darunter. Im Vergleich der beiden letztgenannten Gruppen rangierten die Linien-Führungskräfte oft noch niedriger als die Top-Entscheider, jedoch nicht durchgängig. Auch konnte seit der letzten Datenerhebung der allgemeine Trend zu einem nachlassenden Commitment nicht erneut bestätigt werden, auch wenn hierfür über die Gründe nur spekuliert werden kann.

Fokus-Fragen

Neben den zentralen Themen des TKI wurden in den zurückliegenden Befragungen auch sogenannte Fokus-Themen gesondert vertieft, mit denen eine besonders relevante Fragestellung zum zeitgemäßen Talentmanagement ermittelt wurde. Die erste Fokus-Frage wurde in beiden Umfragen in 2017 in identischer Form verwendet.

Fokus-Frage: Einflussfaktoren auf ein erfolgreiches Talentmanagement
Hintergrund dieser Frage war die Überlegung, ob der Erfolg des Talentmanagements mehr von strukturellen, äußeren Rahmenbedingungen oder mehr von den handelnden Akteuren abhängig ist. Dazu wurden vier Einzelmöglichkeiten gegenübergestellt und untereinander gewichtet (siehe Abb. 5):
1. Strategie und Ziele: Stringent aus der Unternehmensstrategie abgeleitete Talentmanagement-Strategie und -Ziele;
2. Prozesse und Tools: aufeinander abgestimmte HR-Prozesse und »State of the Art«-Talentmanagement-Tools;
3. Mitarbeiter und Führungskräfte: Qualifikation und Motivation zum Talentmanagement bei den handelnden Personen im Unternehmen;
4. Kultur: Talententwicklung als wichtiger Teil der Unternehmenswerte und gelebten Kultur.

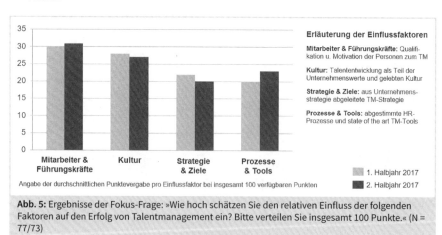

Abb. 5: Ergebnisse der Fokus-Frage: »Wie hoch schätzen Sie den relativen Einfluss der folgenden Faktoren auf den Erfolg von Talentmanagement ein? Bitte verteilen Sie insgesamt 100 Punkte.« (N = 77/73)

In beiden Erhebungen zeigt sich: Für den Erfolg des Talentmanagements sind in erster Linie die Führungskräfte und Mitarbeiter selbst ausschlaggebend, gefolgt von einer unterstützenden Unternehmenskultur. Gegenüber diesen eher »weichen Einflussfaktoren« werden Prozesse und moderne Talentmanagement-Tools sowie die stringente Ableitung einer Talentmanagement-Strategie als weniger wichtig erachtet.

Im zweiten Schritt wurde nach der Zufriedenheit mit den oben genannten Einflussfaktoren in der Unternehmensrealität gefragt (siehe Abb. 6).

Abb. 6: Ergebnisse der Fokus-Frage: »Wie hoch schätzen Sie Ihre Zufriedenheit mit dem Status quo der Einflussfaktoren auf das Talentmanagement ein?« (N = 77)

Insgesamt kommt dabei für erfolgreiches Talentmanagement eine allgemeine Unzufriedenheit bei mehr als der Hälfte der Befragten zum Vorschein. Ein besonderer Handlungsbedarf wird in der stringenten Ableitung einer Talentmanagement-Strategie aus der Unternehmensstrategie gesehen. Recht positiv stimmt der im Vergleich etwas höhere Anteil Befragter, die mit den Faktoren Mitarbeiter und Führungskräfte sowie Kultur zufrieden sind, die als besonders wichtig erachtet wurden.

Fokus-Frage: Externes Talentmanagement
Im 1. Halbjahr 2018 stand in der Befragung das externe Talentmanagement im Mittelpunkt. Dabei sollten folgende Personalmanagement-Interventionen eingeschätzt werden:
- Stellenanzeigen (zum Beispiel über Portale wie Stepstone oder Monster),
- individuelle Suche durch Personalberatungen (sogenanntes Headhunting),
- eigene Bewerbungs-Plattform (prominent platziert auf der Unternehmens-Homepage),
- Förderung von Mitarbeiterempfehlungen (zum Beispiel gezielte Mitarbeiter-werben-Mitarbeiter-Programme),
- Direktansprache über Social Media,
- Präsenz in Social Media und Videoportalen (Personalmarketing-Aktivitäten in Online-Kanälen),
- Active Sourcing/Relationship Management (aktiver Aufbau eine Pools mit potenziell interessanten Talenten mit systematischer Kontaktpflege),

HR-Prozesse: Talentmanagement und Neues Lernen

- Hochschulmarketing (zum Beispiel Messepräsenz, Aufbau und Nutzung von Hochschulkontakten).

Dabei ergab sich folgende Verteilung im Vergleich von faktischer Nutzungshäufigkeit und vermuteter Effektivität der Maßnahme (siehe Abb. 7).

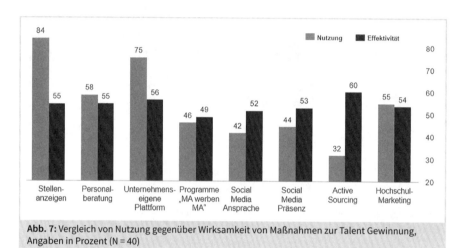

Abb. 7: Vergleich von Nutzung gegenüber Wirksamkeit von Maßnahmen zur Talent Gewinnung, Angaben in Prozent (N = 40)

Insgesamt ist zu konstatieren, dass die Maßnahmen im externen Talentmanagement nicht konsequent an ihrer Effektivität ausgerichtet werden: Stellenanzeigen werden am intensivsten verwendet (84 Prozent), gelten jedoch nicht als effektiver gegenüber anderen Maßnahmen (55 Prozent). Active Sourcing hingegen wird am wenigsten genutzt (32 Prozent), obwohl es hinsichtlich der Effektivität mit 60 Prozent am höchsten eingeschätzt wird. Relativ ausgewogen fallen der Einsatz und Nutzen von Personalberatungen (58 Prozent/55 Prozent), Programme »Mitarbeiter werben Mitarbeiter« (46 Prozent/49 Prozent) und Hochschulmarketing (55 Prozent/54 Prozent) aus.

Generell ist festzustellen, dass moderne, zumeist auf Social Media basierende Maßnahmen der aktiven und frühzeitigen Ansprache potenzieller Bewerber noch relativ wenig genutzt werden und die untersten Werte hinsichtlich Nutzungsintensität erreichen: Active Sourcing (32 Prozent), Social Media Ansprache (42 Prozent), Social Media Präsenz (44 Prozent), während traditionelle Wege, wie die Stellenanzeige (84 Prozent) und die unternehmenseigene Bewerberplattform (75 Prozent) nach wie vor sehr intensiv verwendet werden.

Über die Ursachen lässt sich aufgrund der Datenlage zunächst einmal nur mutmaßen. Aus den ebenfalls erhobenen qualitativen Kommentaren ergibt sich jedoch ein Bild, das nahelegt, dass die aktuelle Belastungssituation der Recruiting-Verantwortlichen die konsequente Entwicklung und Etablierung zeitaufwendiger neuer Methoden, wie zum Beispiel Active Sourcing, erschwert.

Fokus-Frage: Internes Talentmanagement
In der Folgebefragung im 2. Halbjahr 2018 wurde dann der Fokus auf mögliche Personalmaßnahmen innerhalb des internen Talentmanagements gelegt, basierend auf diesen Auswahlmöglichkeiten (siehe Abb. 8):
- Potenzialeinschätzung durch den Vorgesetzten,
- Angebote an Mitarbeiter zur selbstgesteuerten Talentanalyse (Orientierungscenter, Online-Analyseverfahren, ...),
- Sichtungsrunden beziehungsweise Talent Boards (zur Talentidentifikation sowie Nachfolgeplanung),
- Spezielle Talentmanagement-IT-Lösungen,
- Talent Pools (für bestimmte Zielfunktionen oder Führungsebenen),
- Entwicklungsprogramme (für bestimmte Zielfunktionen oder Führungsebenen),
- Förderangebote für bestimmte Talentgruppen (zum Beispiel für Frauen, ältere Mitarbeiter),
- Aktives »Talent Brokerage« (HR-Rolle zur gezielten internen Vermittlung von Talenten).

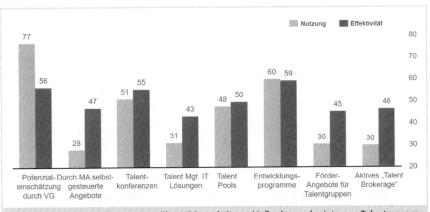

Abb. 8: Vergleich von Nutzung gegenüber Wirksamkeit von Maßnahmen des internen Talentmanagements, Angaben in Prozent (N = 71)

Ganz offensichtlich wiederholt sich auch hier das zuvor schon beschriebene Delta zwischen Häufigkeit und vermuteter Wirksamkeit: Klassiker wie Entwicklungsprogramme, Sichtungsrunden und Talent Pools werden effizient genutzt. Die Nutzung und Wirksamkeit von Entwicklungsprogrammen für bestimmte Zielfunktionen oder Führungsebenen, Sichtungsrunden (Talent Boards) und Talent Pools liegen auf etwa gleich hohem Niveau. Sie sind somit ausgewogen und zeigen eine effiziente Nutzung auf. Die breit etablierte Potenzialeinschätzung durch den Vorgesetzten erfüllt oft nicht ihren Zweck, auch wenn sie mit Abstand als am meisten verbreitete Maßnahme des internen Talentmanagements genannt wird (77 Prozent Zustimmung), weil ihre Effektivität deutlich darunter liegt (56 Prozent) und die vieler anderer Maßnahmen nicht übertrifft.

Insbesondere bei Angeboten an Mitarbeiter zur selbstgesteuerten Talentanalyse, zum Beispiel durch Orientierungscenter oder Online-Analyseverfahren, ist das Delta zwischen Nutzungshäufigkeit (28 Prozent) der Unternehmen und vermuteter Wirksamkeit (47 Prozent) besonders stark ausgeprägt. Dabei könnten diese Angebote gut geeignet sein, um zum Beispiel die Schwächen der Potenzialeinschätzung durch den Vorgesetzten auszugleichen.

Auch in anderen Bereichen werden effektive Maßnahmen zu selten genutzt. Sowohl beim aktiven Talent Brokerage durch Human Resources zur gezielten Vermittlung von Talenten (Nutzung 30 Prozent/Effektivität 46 Prozent), speziellen Talentmanagement-IT-Lösungen (Nutzung 31 Prozent/Effektivität 43 Prozent) und Förderangeboten für bestimmte Talentgruppen wie für Frauen oder ältere Mitarbeiter (Nutzung 30 Prozent/ Effektivität 45 Prozent) liegt die Verbreitung nicht nur auf einem relativ niedrigen Wert, sondern auch unterhalb der vermuteten Wirksamkeit.

Zusammengefasste Interpretation und Ausblick

Schon seit Jahren und Jahrzehnten wird über Themen wie »Fachkräftemangel« und »War for Talents« diskutiert. Doch harte Zahlen zu belastbaren Trends bleiben dabei oft Mangelware, vielmehr dominiert ein oft heterogenes Bauchgefühl einzelner. Um diese Lücke zu schließen, wurde der Talent-Klima-Index ins Leben gerufen. Mittlerweile liegen nach sechs Datenerhebungszeitpunkten im Halbjahresabstand über drei Kalenderjahre standardisierte und somit vergleichbare Erkenntnisse vor, die folgendermaßen zusammengefasst werden können:

Schon heute und mehr noch in Zukunft ist es schwierig, an geeignetes Personal in Form von Fach- und Führungskräften zu kommen – der Begriff Talent wird in diesem Zusammenhang recht universell und weit gefasst verwendet. Dabei dürfte sich der externe Arbeitsmarkt – also die klassische Rekrutierung – als besonders herausfordernd herausstellen, hier wird der Bedarf besonders sichtbar und damit auch schmerzlich spürbar.

Auch der interne Talentmarkt wird zunehmend problematisch. Dabei stellt dieser doch die einzig relevante Alternative zur Deckung des Personalbedarfes dar, wenn dieser durch externe Einstellungen nicht mehr hinreichend ausgefüllt werden kann. Demzufolge sollten sämtliche Unternehmens-Aktivitäten unter der Überschrift

»Talentmanagement« in den Unternehmen mit besonderer Sorgfalt und Intensität vorangetrieben werden.

Die wiederholten Messungen des TKI konnten zumindest in den ersten fünf Durchgängen einen klaren und eindeutigen Trend aufzeigen: Sowohl das interne als auch das externe Talentklima haben sich kontinuierlich verschlechtert, Letztgenanntes immer noch stärker als Erstgenanntes. Ob sich das externe Talentklima nach seinem deutlichen Sprung nach oben im zweiten Halbjahr 2018 tatsächlich erholt hat und Grund für »Entwarnung« gegeben ist, kann nur durch Folgeuntersuchungen abschließend geklärt werden.

Ungeachtet dieser Unschärfe macht der TKI eindrucksvoll deutlich, dass ein nachhaltiges Talentmanagement notwendig ist. Vor diesem Hintergrund wurde untersucht, von welchen Funktionen im Unternehmen diese auch schon in der Praxis erkannt und respektiert wird. Dabei zeigt sich ein durchgängiger, deutlicher Vorsprung von Seiten der Personalabteilung gegenüber anderen »Playern« im Unternehmen. Ob der diesbezügliche Nachholbedarf bei den Linienführungskräften besonders ausgeprägt ist, oder in etwa auf dem Niveau der Geschäftsführungskollegen liegt, lässt sich auf Grundlage der aktuellen Daten nicht eindeutig belegen.

Letztlich macht der Talent-Klima-Index sowohl anhand seiner fortgeführten Hauptfragestellung als auch in den variierenden Fokus-Fragen anhand empirischer Daten deutlich, wodurch das aktuelle Personalmanagement in Bezug auf die Gewinnung und Entwicklung interner und externer Talente aktuell geprägt ist und »wohin die Reise gehen wird«. An verschiedenen Stellen werden darin eindrucksvoll die »Hausaufgaben« aufgezeigt, die von Seiten der verschiedenen Akteure erforderlich sind:
- Sensibilität für die Thematik als solche, auch von Seiten der Führungskräfte und Geschäftsführer, nicht nur bei der Personalabteilung.
- Commitment, diesbezüglich auch Ressourcen wie Zeit und Geld zu investieren.
- Einbettung in Prozesse und Unternehmensstrategie, wobei der menschliche Faktor weiterhin den zentralen Unterschied darstellt.

Hinweise zum Autor

Prof. Dr. Klaus P. Stulle

Professor Dr. Stulle studierte Psychologie, Philosophie und Betriebswirtschaftslehre. Er verfügt über zwölfjährige Konzernerfahrung bei der Bayer AG mit Stabs- und Leitungsfunktionen in der operativen und strategischen Personalentwicklung. 2008 wurde er von der Hochschule Fresenius in Köln auf eine Professur im Fachbereich »Wirtschaftspsychologie« berufen. Ferner verfügt er über mehrjährige Zusatzausbildungen zum systemischen Coach/Organisationsberater sowie diverse Zertifizierungen für Persönlichkeitsfragebögen. Seit 2012 ist er Geschäftsführer von »Stulle & Thiel« und bearbeitet die Themen Assessment, Beratung und Coaching.

Kontaktdaten:
Hochschule Fresenius, Fachbereich Wirtschaft & Medien, Im MediaPark Gebäude 4b, 50670 Köln, Tel. +49 (0)221 97 31 99 92, Mail: stulle@hs-fresenius.de, Internet: http://www.hs-fresenius.de

Strategisches Workforce Management in der digitalen Transformation

Claudia de Andrés-Gayón,
Leiterin Personalsteuerung, Konzernarbeitsmarkt und Konzernpersonalservices, Deutsche Bahn AG, Berlin

Dr. Katrin Krömer,
Leiterin Personal- und Führungskräfteentwicklung, Deutsche Bahn AG, Berlin

Dr. Kai Berendes,
Executive Partner, Dynaplan AG, St. Gallen

Natascha Golz,
Senior-Referentin Personal, Deutsche Bahn AG, Berlin

Caroline Schwarte,
Senior-Referentin Kompetenzmanagement, Deutsche Bahn AG, Berlin

Technologischer Wandel und Digitalisierung beschäftigen derzeit Unternehmen und Gesellschaft gleichermaßen. Wir befinden uns mitten im Umbruch und die fortschreitenden Veränderungen sind bereits im Arbeitsalltag spürbar – gleichzeitig sind die Konsequenzen von Digitalisierung für den Arbeitsmarkt, Tätigkeiten und Arbeitsbedingungen noch nicht vollständig abzusehen und zu planen. In diesem Kontext bekommt die Arbeit von Human Resources eine wesentliche neue Rolle.

Lessons Learned

- Die strategische Personalplanung muss neben der quantitativen Bewertung der Personalsituation die qualitative Perspektive ausbauen.
- Dabei kann bei der Bildung von Annahmen eine enge Verzahnung mit Methoden aus dem Bereich People Analytics die Simulationsergebnisse verbessern helfen.
- Aufgrund der Transparenz zu optimalen Handlungsoptionen bieten Simulationsmodelle eine strategische Entscheidungsunterstützung.
- Ein wesentlicher Erfolgsfaktor bei der Erarbeitung dieser Modelle ist die enge Kollaboration zwischen verschiedenen HR-Funktionen und Fachbereichen.
- In der Konsequenz muss HR nicht nur den Blick auf Veränderungen in der Workforce haben, sondern auch auf die geänderten Anforderungen an HR selbst.

Das Human-Resources-Planungspuzzle

Die strategische Personalplanung hat sich über die letzten Jahre mehr und mehr in Unternehmen etabliert. Ihr Ziel ist, das richtige Mitarbeiterportfolio sicherzustellen, um den Geschäftszweck dauerhaft erfüllen zu können. Jedoch verändern sich wesentliche Teile dieses Planungspuzzles in Zeiten rasanter technologischer Veränderungen.

Bisher lag der Fokus der Personalplanung häufig darauf, das Geschäft im Sinne von »run the business« fortzuschreiben. Die strategische Personalplanung liefert dabei wichtige Erkenntnisse über die Eigendynamik des Personalbestandes, zum Beispiel durch Altersdynamik und ungeplante Fluktuation verbunden mit daraus resultierenden Nachführungsbedarfen. Das ist auch weiterhin noch sehr relevant. Beispielsweise rücken die hohen Rentenabgänge der Babyboomer-Generation immer näher und treffen dabei auf ein in Teilen knappes Arbeitsangebot am externen Arbeitsmarkt. Gleichzeitig muss nun die Veränderung des Geschäfts (»change the business«) und damit einhergehend auch die des Personalbedarfs stärker in den Vordergrund rücken (siehe Abb. 1).

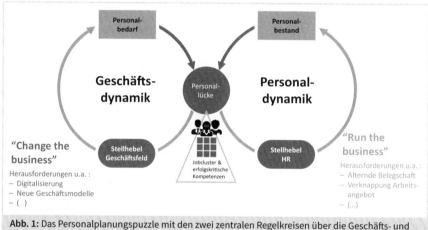

Abb. 1: Das Personalplanungspuzzle mit den zwei zentralen Regelkreisen über die Geschäfts- und Personaldynamik mit aktuellen Herausforderungen

Der Megatrend Digitalisierung wird zunehmend greifbar und neue Geschäftsmodelle werden konkreter. Prozesse werden neugestaltet, das Produktangebot wird angepasst und neue Kanäle in der Kommunikation mit dem Kunden werden eröffnet. Das wirkt sich nicht nur auf die Höhe des Personalbedarfs aus, sondern viel mehr auch auf die erforderlichen Kompetenzen der Mitarbeiter. Um die Employability der Mitarbeiter zu stärken, bedarf es passgenauer Entwicklungs- und Qualifizierungsmaßnahmen, die an zukünftigen Anforderungen orientiert sind.

Mit dem Programm »Wir bilden Zukunft« bietet die Deutsche Bahn (DB) bereits jetzt zahlreiche Breitenformate zur Kompetenzentwicklung in Sachen Digitalisierung: Wir ermöglichen mit Blended-Learning-Programmen, Web Based Trainings sowie Lern-

nuggets ein modernes und motivierendes Lernerlebnis (zum Beispiel mit kurzen Videosequenzen) und richten uns auf individuelle Lernbedürfnisse aus. Dazu gehört es,
- Wissen zum Thema Digitalisierung aufzubauen und zu vertiefen,
- Möglichkeiten zu Netzwerken und Austausch zu Digitalisierungsthemen zu bieten und
- Handlungssicherheit in der »neuen« digitalen Welt zu etablieren.

Tools und Techniken für die Zusammenarbeit im digitalen Zeitalter kennenzulernen, ist hier wesentlicher Bestandteil. Die Transformation im Hinblick auf Lernen und eine Workforce zu unterstützen, die für zukünftige Herausforderungen gut gewappnet ist, ist zu einem wegweisenden Wettbewerbsfaktor geworden.

Dieser Trend wird sich auch in den nächsten Jahren fortsetzen. Somit wurde schnell klar, dass darüber hinaus auch eine Weiterentwicklung der bisherigen strategischen Personalplanung im Sinne eines Strategischen Workforce Managements erforderlich ist, um den Business-Anforderungen zu entsprechen. Mit einer schnellen und differenzierten Sicht auf die Veränderung von Tätigkeiten wird damit die Anpassungsfähigkeit einer Organisation – die Agilität – gefördert.

Vorsteuerung der HR-Maßnahmen über dynamische Simulationsmodelle

Die langjährigen Erfahrungen im DB Konzern in der strategischen Planung zeigen, dass sich Tätigkeiten hinsichtlich erforderlicher Kompetenzen und Qualifikationen verändern, aber auch neue Tätigkeiten entstehen. Bisher berücksichtigte die strategische Personalplanung in ihrer quantitativen Bewertung der Personalsituation bereits verschiedene Jobfamilien respektive Tätigkeiten auch für eine erste qualitative Sicht. Eine ergänzende weiter vertiefende Diskussion der hinter den Tätigkeiten liegenden Kompetenzprofile fand jedoch bisher separat statt. Dabei bietet diese gerade mit Blick auf die Diskussion der Entwicklungswege zwischen bestehenden und neuen Tätigkeiten wichtige Hinweise für die Durchlässigkeit des Systems oder konkrete zukunftsgerichtete Personalentwicklungsmaßnahmen.

Ein zentrales Element der Weiterentwicklung ist somit ein Ausbau der qualitativen Perspektive. Die etablierte strategische Personalplanung mit einem tätigkeitsbasierten Abgleich von Personalbedarf und -bestand wird um den Blick auf Kompetenzen ergänzt. Unterstrichen wird die Bedeutung auch durch die aktuelle Studie »HRM heute und 2025«. Darin legt die Personalplanung in Verbindung mit Kompetenzen weiter an Bedeutung zu und liegt in den TOP 5 Themen für ein modernes Human Resources Management (Bruch, et al., 2019).

Daneben kann zukünftig bei der Bildung von Annahmen zusätzlich eine enge Verzahnung mit weiteren Methoden aus dem Bereich People Analytics die Simulationsergebnisse verbessern helfen. Ziel soll hier ein optimales Zusammenspiel von Erfahrung, Intuition und Daten sein, das die Qualität der unterstellten Prämissen erhöht. Vorstellbar ist beispielsweise datengenerierte Vorhersagen zu nutzen, die jedoch nicht blind verwendet werden, sondern durch Expertenwissen kritisch hinterfragt und dabei bestätigt beziehungsweise adjustiert werden.

Mit der veränderten Schwerpunktsetzung von »run the business« auf »change the business« geht auch die Frage nach der Planbarkeit komplexer Systeme einher. Es muss verstärkt ein Planungsverständnis entwickelt werden, das Planung als »Lernen über die Zukunft« versteht (de Geus, 2001). Darin liegt auch die Erweiterung des engen Begriffs der Planung an dieser Stelle begründet. Die Arbeit mit Szenarien gewinnt damit stark an Bedeutung und es geht viel mehr um die Vorsteuerung. Vorbereitet zu sein auf mögliche Entwicklungen und zum richtigen Zeitpunkt die richtigen Mitarbeiter mit den erfolgskritischen Kompetenzen an Bord zu haben, wird zum überlebenswichtigen Faktor. Damit geht es weg von der Frage »Wo stehen wir in fünf bis zehn Jahren?« hin zu »Was wäre wenn?«. Annahmen, wie sich Personalbedarf und -bestand entwickeln, können daher nicht allein von Mustern aus der Vergangenheit unterstellt werden, sondern sollten auf Basis von in der Simulation hinterlegten Regeln zukunftsorientiert ausgerichtet werden. Mit ihren Möglichkeiten einer zukunftsgerichteten Maßnahmensimulation und damit Transparenz zu optimalen Handlungsoptionen bieten uns Simulationsmodelle weiterführend strategische Entscheidungsunterstützung. Dieser Ausbau um »predictive« und »prescriptive« Analyseelemente wird bei der DB aktuell durch ein neu aufgebautes HR Data Science Team gezielt vorangebracht.

Zusammenfassend wird das somit entstehende Strategische Workforce Management zur Bewältigung der Herausforderungen interdisziplinärer und verzahnt die Human-Resources-Instrumente (HR-Instrumente) auf strategischer Ebene. Gleichzeitig sind in der Steuerung eine hohe Flexibilität und Schnelligkeit gefordert, um Diskussionen im Business aktiv mitzugestalten.

Der konkrete Prozess

Das Konzept für eine weitere zukunftsgerichtete Ausrichtung des Workforce Managements auf Basis der strategischen Personalplanung zu erarbeiten, wurde von einem Team aus Personalplanung/-steuerung und Personalentwicklung verantwortet. Entstanden ist ein IT-gestütztes und durch HR begleitetes Framework, das die Geschäftsfelder der Deutschen Bahn beim Blick in die Zukunft unterstützt und frühzeitige Maßnahmen identifiziert, die uns zum Zukunftsbild führen. Das Framework vereint unterschiedliche Perspektiven aus HR-Bereichen und kann nur in enger Kooperation zwischen Business und HR erfolgreich umgesetzt werden.

Auslöser und Startpunkt des Prozesses ist daher nicht – wie in der traditionellen Planung – der Kalender, sondern sind vielmehr anlassbezogen aktuelle Strategiediskussionen im Geschäft. Die Ausgangsfragen lauten immer:
- Was bedeuten strategische Entscheidungen für die Personalsituation im Bereich?
- Welche Maßnahmen müssen personalseitig ergriffen werden?
- Welche Strukturbrüche in Tätigkeiten und Kompetenzen sind abzuleiten?
- Wie können wir einen qualitativ und quantitativ vorausschauenden Übergang gestalten?

Schritt eins: Aufnahme der Ist-Situation

Der Prozess startet mit einer Aufnahme der Ist-Situation durch die HR-Funktion. Dabei wird entlang des festgelegten Betrachtungsumfangs der Blick auf die aktuelle Personalsituation gerichtet. Die Struktur des Personalbestandes wird dabei nicht nur nach den bekannten Elementen, wie zum Beispiel Anzahl der Mitarbeiter je Tätigkeit, Geschlecht und Alter, aufgezeigt. Mit Hilfe der Persona-Methode wird der Fokus auch auf hinter den Tätigkeiten liegenden Kompetenzen gelegt.

Dabei werden idealtypische Charaktere einer Mitarbeitergruppe entwickelt und typische Merkmale der Tätigkeit anhand dieses Charakters beschrieben. Auf diese Weise lassen sich die aktuellen Kompetenzanforderungen der Tätigkeit und die zukünftigen konkret darstellen. Um hier nicht in die Komplexitätsfalle zu tappen, wird der Fokus auf die wesentlichen erfolgskritischen Kompetenzen je Tätigkeit gelegt (siehe Abb. 2).

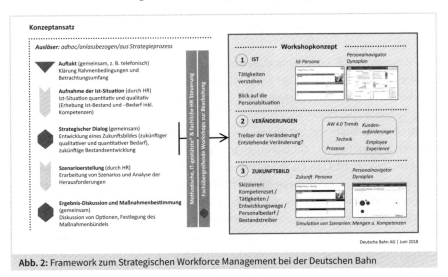

Abb. 2: Framework zum Strategischen Workforce Management bei der Deutschen Bahn

Schritt zwei: Entwicklung möglicher Zukunftsszenarien
Im zweiten Schritt werden in einem interdisziplinär besetzten Workshop, ebenfalls entlang der beschriebenen Persona-Methode, Zukunftsszenarien je Tätigkeitsgruppe auf Basis strategischer und technologischer Veränderungen entworfen. Dabei gilt es, die Treiber der möglichen Veränderung gegenüber dem Ist aufzunehmen und deren Wirkung aufzuzeigen. Die Zukunftsbilder skizzieren beides: Den veränderten quantitativen Personalbedarf und die qualitative Veränderung der Tätigkeiten hinsichtlich erforderlicher Kompetenzen.

Erfolgskritisch für die Erarbeitung ist neben der Einbindung verschiedener Experten und Perspektiven insbesondere auch, eine zukunftsgerichtete und den »Denkraum« öffnende Diskussionsgrundlage zu schaffen. In diesem Schritt unterstützen uns bedarfsbezogen und insbesondere für Schlüsselfunktionen sogenannte datenbasierte Zukunftsprofile: Externe Datenanalysen (»Big Data«) geben uns einen Hinweis, wie sich Tätigkeiten entwickeln könnten.

Im Ergebnis stehen am Ende des Workshops Zukunftspersonas sowie unterschiedliche Szenarien, die künftige Tätigkeiten, Aufgaben und die dazugehörigen erforderlichen Kompetenzen skizzieren. Ein Beispiel hierfür stellen notwendige Wartungstätigkeiten dar, welche neben handwerklichen Fähigkeiten auch technisches Wissen über die zu wartenden Anlagen erfordern. Da über die Jahre mehrere Generationen dieser Anlagen in Betrieb genommen worden sind, ist eine entsprechende Breite und Erfahrung notwendig, die bei jedem Mitarbeiter vorhanden sein muss. Mit Hilfe neuer technischer Entwicklungen könnte das technische Wissen beispielsweise über Datenbrillen vor Ort eingespielt werden. Die Kompetenzanforderung, alle im Einsatz befindlichen Generationen von technischen Anlagen zu kennen, kann durch Datenbrillen für die Mitarbeiter bei der Wartung vor Ort reduziert werden.

Das Simulationstool ermöglicht dabei eine schnelle Simulation von Personalbedarf und Personalbestand und zeigt Entwicklungspotenziale im Sinne eines Kompetenz-Matchings zwischen den Tätigkeiten auf.

Schritt drei: Maßnahmen festlegen
Im wesentlichen finalen Schritt werden schließlich Maßnahmenbündel erarbeitet, die uns zum Zukunftsbild führen. Auch in diesem Schritt unterstützt uns das dynamische Simulationstool mit einer preskriptiven Analyse. Veränderungen im künftigen Zuführungsmix aus Auszubildenden sowie Fachkräften können ebenso gezeigt werden wie naheliegende kompetenzbasierte Entwicklungen von einer Tätigkeit in eine neue. Auf Basis der Ergebnisse des Gesamtprozesses können beispielsweise Entwicklungs- und Qualifizierungsprogramme zukunftsfähig und frühzeitig angestoßen sowie Rekrutierungsaktivitäten an die Erfordernisse des Zukunftsbildes angepasst werden.

Aktive Einbindung der Anspruchsgruppen – Vom Beobachter zum Akteur

In dem oben aufgeführten Prozess wird deutlich, dass unterschiedliche Anspruchsgruppen einbezogen werden müssen und die Gestaltung des Zukunftsbildes viel besser in interdisziplinären, fachübergreifenden Teams erfolgen kann. Es beginnt damit, die notwendige Datengrundlage zu erheben, und die Annahmen für die jeweilige Simulation zu treffen, und endet damit, konkrete Initiativen aus der Analyse der Szenarien abzuleiten und umzusetzen.

Das Planungspuzzle kann also nicht alleine in der HR-Funktion gelöst werden. In dem aufgezeigten Workshop-Konzept werden daher die Perspektiven von Unternehmensentwicklung, Fachbereichen und verschiedenen HR-Disziplinen einbezogen, um gemeinsam getragene Zukunftsbilder zu entwickeln. Das ist besonders relevant mit Blick auf die Umsetzung von konkreten Maßnahmen. Umso wichtiger ist daher, dass in dem Workshop nicht nur Annahmen ausgetauscht werden, sondern interaktiv die Wirkung direkt gemeinsam exploriert wird. Die weiteren Anspruchsgruppen werden so vom Beobachter zum Akteur und können die Zukunftsszenarien selber mitgestalten.

Fazit: Strategisches Workforce Management mit Wirkung

Unsere Nachwuchszielgruppen sind die Mitarbeiter von morgen. Die Betrachtung möglicher Zielfunktionen unserer Auszubildenden im Workforce Management hat uns bereits wertvolle Hinweise gegeben, wie wir die Zukunftsfähigkeit unserer Auszubildenden sicherstellen können. Einerseits werden grundsätzliche digitale Kompetenzen auch in dieser Zielgruppe deutlich wichtiger, damit verbunden aber auch der Umgang mit digitalen Medien im Hinblick auf IT-Sicherheit. Während digitale Tools im Arbeitstag, wie beispielsweise die Nutzung von Tablets in der Berufsausbildung, zunehmen, betonen wir gleichzeitig klassische Kompetenzen zur Gestaltung von Zusammenarbeit und Miteinander.

Auch für Mitarbeiter verändern sich die Anforderungen hinsichtlich überfachlicher Kompetenzen: Durch die zunehmende Vernetzung von Tätigkeiten sind ein ausgeprägtes Schnittstellenverständnis sowie die Fähigkeit zu bereichsübergreifender Zusammenarbeit zwingend erforderlich. In einer zunehmend komplexen Arbeitswelt werden außerdem Veränderungsfähigkeit und ein stabiles Selbstmanagement im Umgang mit Komplexität immer zentraler. Somit richten wir die Kompetenzentwicklung unserer Mitarbeiter bereits jetzt an künftigen Herausforderungen aus.

Als historisch gewachsenes Unternehmen steht die DB vor der Herausforderung, die alte Eisenbahnwelt mit einer neuen digitalen Zukunft zu verbinden: Kompetenzen zu bestehenden Technologien müssen aktuell und zukünftig vorgehalten und gleichzeitig neue Kompetenzen entwickelt und aufgebaut werden. Diese Aufgabe bekommt in sicherheitsrelevantem Umfeld eine besondere Bedeutung und darf im Strategischen Workforce Management nicht außer Acht gelassen werden.

Ein wesentlicher Erfolgsfaktor dieses Frameworks ist die enge Kollaboration zwischen verschiedenen HR-Funktionen und Fachbereichen. Für die szenarienbasierte Herangehensweise ist eine enge Verzahnung zwischen HR und Business entscheidend. Zukunftsgeschichte wird hier gemeinsam geschrieben. In der Konsequenz muss HR nicht nur den Blick auf Veränderungen in der Workforce haben, sondern auch auf die geänderten Anforderungen an HR selbst.

HR muss sich als starker strategischer Business Partner verstehen, der proaktiv Trends erkennt, kritische Anforderungen versteht und gemeinsam mit dem Business bereits auf strategischer Ebene richtungsweisende Lösungen erarbeitet. Hierfür steigen beispielsweise die Anforderungen in Richtung strategischer Fähigkeiten zu Planung, Kompetenz- und Talentmanagement sowie dem Umgang mit unterstützenden Technologien und Methoden. Abschließend bedarf es Umsetzungsstärke in Hinblick auf die abgeleiteten Maßnahmen. Sonst bleibt das Strategische Workforce Management eine Übung ohne Wirkung.

Wir können die Entwicklung eines Unternehmens nicht genau vorhersagen. HR kann aber gemeinsam mit den Fachbereichen die Transformation in eine digitale Zukunft durch ein zukunftsgerichtetes Workforce Management unterstützen. Es geht um einen Beitrag von HR für das Geschäft zur Entscheidungsunterstützung und Umsetzungsbegleitung mit Blick auf die Mitarbeiter. Hier liegt die Zukunft von HR.

Literatur

Bruch, H.; Lohmann, R.; Szlang, J.; Heissenberg, G. (2019): People-Management 2025. www.pwc.de

De Geus, A. (2002): The Living Company: Habits for Survival in a Turbulent Business Environment. Harvard Business School Press.

Hinweise zu den Autoren

Claudia de Andrés-Gayón

Claudia de Andrés-Gayón verantwortet als Bereichsleiterin bei der Deutschen Bahn AG die Personalsteuerung, das Produkt- und Prozessmanagement, den Konzernarbeitsmarkt und die Konzernpersonalservices inklusive HR-IT sowie HR-Data-Analytics. Von 2014 bis 2016 war Claudia de Andrés-Gayón in Nebentätigkeit Mitglied der Abschlussprüferaufsichtskommission (APAK). Als Volljuristin mit Bankausbildung hatte sie vor ihrer heutigen Position verschiedene Leitungsfunktionen im M&A-Bereich und im Finanzcontrolling inne. Aktuell liegen ihre Arbeitsschwerpunkte in der Modernisierung des HR-Bereichs durch verstärkte Nutzung von Technologie und Daten.

Kontaktdaten:
Deutsche Bahn AG, Potsdamer Platz 2, 10785 Berlin, Tel. +49 (0)30 297-61 40 , Mail: claudia.de-andres-gayon@deutschebahn.com, Internet: www.deutschebahn.com

Dr. Katrin Krömer

Dr. Katrin Krömer leitet seit April 2018 die Personal- und Führungskräfteentwicklung der Deutschen Bahn. Zuvor war sie Vorsitzende der Geschäftsführung der DB JobService GmbH, eines Serviceunternehmens der Deutschen Bahn zur Beratung und Unterstützung von Konzerngesellschaften und Mitarbeitern bei personellen Veränderungsprozessen. Von 2009 bis 2015 war sie als Geschäftsführerin bei der Bundesagentur für Arbeit in der Region Berlin-Brandenburg verantwortlich für Personal, Finanzen und Controlling sowie weitere Shared-Service-Funktionen. Knapp zehn Jahre war Katrin Krömer davor als Unternehmensberaterin bei McKinsey & Company tätig, zuletzt als Associate Principal.

Kontaktdaten:
Deutsche Bahn AG, Potsdamer Platz 2, 10785 Berlin, Tel. +49 (0)30 297-61 08 0, Mail: katrin.kroemer@deutschebahn.com, Internet: www.deutschebahn.com

Dr. Kai Berendes

Dr. Berendes ist Experte für die strategische Personalplanung. Als Managementberater in St. Gallen begleitete er über 15 Jahre zahlreiche Projekte im In- und Ausland. Als Mitinhaber des Lösungsanbieters Dynaplan nutzt er dabei Methoden der Managementkybernetik und Szenario-Simulationen, um die heutige Komplexität zu meistern. In seinem Arbeitskreis Strategische Personalplanung mit dem ddn e. V. und als Content Partner der DGFP e. V. entwickelt Berendes seit 2008 das Thema im Zusammenhang mit People Analytics stetig weiter. Darüber hinaus ist er Lehrbeauftragter an der Universität St. Gallen, Schweiz.

Kontaktdaten:
Dynaplan AG, Oberer Graben 3, 9000 St. Gallen (Schweiz), Tel: +41 79 93 45 85 9, Mail: kai.berendes@dynaplan.com, Internet: www.dynaplan.com

Natascha Golz

Natascha Golz arbeitet seit 2008 im DB Konzern, wo sie von 2012 bis 2018 in der Grundsatzabteilung Personalsteuerung verschiedene Projekte zur Weiterentwicklung der Planungs- und Steuerungsinstrumente Personal als Senior-Referentin verantwortet hat. Hierzu gehörte unter anderem die Weiterentwicklung der strategischen Personalplanung und die Konzeption und Implementierung des Strategischen Workforce-Managements.

Kontaktdaten:
Deutsche Bahn AG, Potsdamer Platz 2, 10785 Berlin, Tel. +49 (0)30 297-0,
Mail. natascha.golz@deutschebahn.com, Internet: www.deutschebahn.com

Caroline Schwarte

Caroline Schwarte ist seit 2009 im DB Konzern in verschiedenen HR-Funktionen verantwortlich für die Personalentwicklung von Mitarbeitern, zunächst in internen Trainingsgeschäft des Personenverkehrs, heute in der Grundsatzabteilung der Konzernholding in Berlin. In ihrer aktuellen Tätigkeit verantwortet Frau Schwarte als Senior-Referentin unter anderem das konzernweite Kompetenzmanagement und die Konzeption und Implementierung des Strategischen Workforce-Managements.

Kontaktdaten:
Deutsche Bahn AG, Potsdamer Platz 2, 10785 Berlin, Tel. +49 (0)30 297-60 12 7,
Mail: caroline.schwarte@deutschebahn.com, Internet: www.deutschebahn.com

Konstruktive Unruhestifter – Talententwicklung bei AXA

Dr. Sina Fäckeler, Global Head of Learning, Talent Development, D&I/Wellbeing, AXA Group Operations, Paris, Frankreich

Matthias Hoppenrath, Spezialist für Learning and Development, AXA Konzern AG, Köln

Marcus Pierk, Gesellschafter und Geschäftsführer, Unternehmensberatung macc GmbH, Bonn

Die Versicherungsbranche steht vor tiefgreifenden Veränderungen. Auch bei der AXA Konzern AG ist dieser Wandel spür- und sichtbar. Der Bereich Learning and Development unterstützt diese Transformation mit Initiativen zur Entwicklung von Talenten und Führungskräften, die die Motivation und das Potenzial haben, das Unternehmen nachhaltig zu verändern. Dabei bricht AXA mit etablierten Mustern der Talententwicklung. Wie dies in Design und Format der Programme umgesetzt wird, zeigt der folgende Beitrag.

Am Anfang war der Mensch

Für AXA ist die kulturelle Transformation der wichtigste Schlüssel zur Zukunftsfähigkeit des Unternehmens (siehe Abb. 1).Dabei setzen wir bei abteilungsübergreifenden Kooperationen an möglichst vielen Stellen des Unternehmens an, um Veränderungen voranzutreiben, wie zum Beispiel:

> **Lessons Learned**
> - Experimente lohnen sich, auch wenn am Anfang unsicher ist, ob und wie genau die Formate funktionieren und ob die Teilnehmer sich auf die Offenheit einlassen.
> - Das Vorgehen, die Mehrheit der Organisation in die Hände der Teilnehmer zu legen, hat sich bewährt.
> - Weglassen und eigene Muster brechen fällt schwer, ist aber der wichtigste Erfolgshebel.
> - Freiheit in der Gestaltung eröffnet Raum für neue Netzwerke, Ideen und Lerneffekte, die vorher nicht planbar waren.
> - Die Teilnehmer haben durch die Interaktion, die Projekte und durch gemeinsame Erfahrungen eine Vielzahl individueller Lernpunkte selbst erzeugt.

- die konsequente Veränderung der Zusammenarbeit bei AXA und die Umsetzung von »New Way of Working«,
- die Einführung eines umfassenden, zukunftsorientierten Weiterbildungsangebots für alle Mitarbeiter,
- die Exploration neuer Geschäftsmodelle im Transactional Team oder
- der Aufbau eines Data Innovation Labs.

Doch das allein reicht nicht aus. Wir benötigen überall im Unternehmen Menschen, die in ihrem Umfeld notwendige Veränderungen vorantreiben.

Abb. 1: Ambition 2020, AXA Konzern AG

In der Talententwicklung leisten wir einen entscheidenden Beitrag, dass der »tipping point« in den vielen verschiedenen Unternehmensbereichen erreicht und eine nachhaltige, kulturelle Transformation des Unternehmens möglich wird. Wir suchen und fördern Menschen, die das Unternehmen nachhaltig verändern können und wollen – die mutig und mit langem Atem nicht nur im System, sondern auch am System arbeiten.

Wir unterstützen mit unseren Talentwicklungsinitiativen AXA Explorer, AXA Pioneer und AXA Challenger auf jeder Ebene Querdenker, die auch vor vermeintlich heiligen Kühen keinen Halt machen und andere motivieren, es ihnen nachzutun. Denn nur durch Menschen gelingt nachhaltige Veränderung. Wir suchen, stärken und unterstützen die Veränderer von heute und morgen – ganz nach dem Motto von AXA: »Know you can«.

Die Herzen von Menschen gewinnen – Design-Prämissen

Die Veränderer von heute und morgen gibt es in jeder Organisation. Wir sehen unsere Aufgabe darin, sie zu unterstützen und ihnen eine Plattform zu geben. Das Design und die Struktur unserer Programme sollten daher vor allem Menschen mit Initiative und Verantwortung anziehen und ihnen maximalen Freiraum für ihre eigene Entwicklung geben. Um dieses Ziel zu erreichen, haben wir drei zentrale Prämissen definiert:
1. Wir erzeugen einen echten »Wow-Effekt« bei den Teilnehmern.
2. Jede Talententwicklungsinitiative fokussiert auf einen Unique Selling Point (USP).
3. Wir folgen dem Prinzip »Struktur prägt Verhalten«.

Der Wow-Effekt
Wir möchten Menschen für die Transformation von AXA begeistern. Statt auf typische Trainingsinhalte setzen wir daher in allen Talententwicklungsinitiativen auf möglichst intensive und positive Lernerlebnisse und Lernreisen. Lernen durch Erfahrung, durch Spaß und persönliche Aha-Effekte sind uns wichtiger als die fachliche Qualifizierung in Seminaren. Das Thema Kundenorientierung haben wir beispielsweise im AXA Explorer adressiert, in dem wir Schauspieler in das Serviceteam unseres Caterers integriert haben. Natürlich ohne das die Teilnehmer davon wussten. Die Aufgabe der Schauspieler war es, möglichst schlechten Service zu leisten. Die damit erzeugten Erlebnisse haben neben Spaß vor allem viele sehr individuelle Lern- und Reflexionspunkte hervorgerufen.

Unique Selling Point (USP)
Darüber hinaus ist jede Talententwicklungsinitiative an einem klaren USP ausgerichtet, der möglichst ganzheitlich (Kopf, Herz und Hand) über den Verlauf hinweg adressiert wird. Beim AXA Challenger haben wir uns beispielsweise auf eine zentrale Aufforderung konzentriert: »Seid konstruktive Unruhestifter!« Was nicht zu diesem Fokus passt, lassen wir weg. Bei AXA Explorer fokussieren wir beispielsweise auf die Veränderer-Rolle der Teilnehmer und bieten ganz bewusst keine Trainingsformate zu Projektmanagement oder Ähnlichem an.

Die Teilnehmer arbeiten bei AXA Explorer an realen Problem- und Aufgabenstellungen des Unternehmens, wie sie hierbei jedoch methodisch vorgehen, ist ihnen völlig freigestellt. Entscheidend ist das Ergebnis, der Weg wird selbst gewählt. Wenn Bedarf an einer Weiterbildung zu Projektmanagement oder agilen Methoden besteht, findet sich im Inhouse-Angebot (digital und analog) oder am externen Weiterbildungsmarkt dafür ein passendes Angebot für die Teilnehmer.

Struktur prägt Verhalten
Das Design und die Inhalte der Talententwicklungsinitiativen folgen der Maxime »Struktur prägt Verhalten«. Dass Initiative und Selbstverantwortung im Mittelpunkt

stehen, spiegelt sich auch im Design wider: Die Struktur der Formate lässt viel Raum für eigene Ideen, Initiativen und Verantwortung. Ein stark von Human Resources (HR) gelenktes und inhaltlich durchstrukturiertes Programm erzielt zwar Lerneffekte, jedoch nicht jene, die wir auf der Ebene des Handelns gerne sehen möchten: nämlich Initiative und Mut zu eigenverantwortlichem Gestalten, auch unter unsicheren Bedingungen. Entsprechend legen wir die Ausgestaltung der Inhalte maximal in die Hände der Teilnehmer. Dadurch verändert sich die Rolle von Learning and Development gravierend – vom Macher aller Formate hin zu einem Dirigenten, der den Rahmen der Talententwicklungsinitiativen orchestriert.

Ebenso erwarten wir, dass unsere Mitarbeiter bei ihrer Kompetenzentwicklung selbst den Takt angeben. Jede unserer Talententwicklungsinitiativen enthält einen individuellen Entwicklungsstrang, in dem die Teilnehmer digitale Weiterbildungsangebote nutzen sowie individuelle Maßnahmen zur Weiterentwicklung vereinbaren können.

Auch beim Zuschnitt der Zielgruppen berücksichtigen wir diese Maxime. Wir suchen Menschen, die über Abteilungen, Standorte und Hierarchien hinweg zusammenarbeiten. Dementsprechend gibt es keine standort- oder gesellschaftseigenen Programme mehr, sondern im Sinne einer Netzwerkorganisation konzernübergreifende Initiativen, in denen sich alle begegnen. Dies gilt auch für das Aufbrechen von Rollensilos in der Talententwicklung. So arbeiten in AXA Pioneer angehende disziplinarische Führungskräfte, Product Owner, Lead Experts oder Programmleiter von Beginn an zusammen. Alle üben Führung aus, sind im Unternehmen gleichwertig und werden gleich behandelt.

Abb. 2 gibt einen Überblick, wie wir diese Maximen bei AXA Explorer, AXA Pioneer und AXA Challenger umsetzen.

	AXA Explorer	AXA Pioneer	AXA Challenger
Avisierter Impact/ Output	Change Maker und Vorbild für die AXA Transformation sein („walking the talk"), Klarheit über eigene Ambitionen und nächste Karriereschritte gewinnen, Kompetenzentwicklung zum Arbeiten unter VUCA-Bedingungen	Change Maker und Vorbild für die AXA Transformation sein („walking the talk"), Klarheit über eigene Ambitionen und nächste Karriereschritte gewinnen, Verifizieren der Entscheidung für die Übernahme einer Führungsrolle, Kompetenzentwicklung zu Führung bei AXA	Change Maker und Vorbild für die AXA Transformation sein („walking the talk"), Umsetzen von Veränderungen im eigenen Wirkungsfeld, andere für die AXA Transformation begeistern und inspirieren, Kompetenzentwicklung zu digitaler Transformation
Unique Selling Point	Durch Erleben & Ausprobieren Begeisterung für Transformation wecken („Wow"-Effekt)	Praktisches Erleben der angestrebten Zielrolle Führung & intensive Selbstreflexion	Im bereits vorhandenen Wirkungsumfeld als konstruktiver Unruhestifter wirken
Zielgruppe	Talente jeglicher Art, die sich durch ihr Wirken für die Transformation von AXA positiv hervorgetan haben (keine High Potentials im klassischen Sinne)	Talente mit dem Wunsch, eine Führungsrolle jeglicher Art zu übernehmen (u.a. disziplinarische Führung, fachliche Führung), und die sich durch ihr Wirken für die Transformation von AXA positiv hervorgetan haben	Talente in einer Führungsrolle (oder vergleichbar verantwortlichen Rolle), die sich durch ihr Wirken für die Transformation von AXA positiv hervorgetan haben
Kriterien für Teilnahme	Herausragendes Engagement für die Transformation, Potenzial zur Übernahme weiterführender Aufgaben		
Wichtigste Designprinzipien	Kreieren eines „Wow"-Effekts mit einem hohen Erlebnisfaktor (70-20-10), Struktur prägt Verhalten (hohe Eigenverantwortung der Teilnehmenden), Action Learning (Arbeit an realen Problemstellungen)	Kreieren einer realitätsnahen Erlebnissituation mit maximalem Lernpotenzial, Struktur prägt Verhalten (hohe Eigenverantwortung der Teilnehmenden)	Struktur prägt Verhalten (hohe Eigenverantwortung der Teilnehmenden), Storytelling: Lernen und Entwicklung durch Inspiration
Wesensmerkmale/ Kernelemente unserer Initiativen	Inspiration und Blick nach außen, Arbeit an eigenen Projekten zu zentralen Veränderungsthemen, Spaß am Ausprobieren und Entdecken neuer Themen, Begleitung durch ein digitales Lerncurriculum und individuelle Förderung	Mit einem Reality Training haben wir eine Art „Flugsimulator" für angehende Leader geschaffen, in dem man unter realen Bedingungen sein Verhalten intensiv reflektiert, Begleitung durch ein digitales Lerncurriculum und individuelle Förderung	Praktische Veränderungsarbeit: „live" im Arbeitsumfeld/ Verantwortungsbereich, Auseinandersetzung mit zentralen technologischen und gesellschaftlichen Trends und den Auswirkungen auf AXA, Begleitendes Coachingangebot für alle Teilnehmenden (individuell und in der Gruppe)
Was ist anders als vorher und warum?	Kein Fokus auf Veränderung als bedrohliche Herausforderung, dafür Spaß am Ausprobieren und Mutig sein, Selbststeuerung vieler Lernformate	Keine rein theoretische Auseinandersetzung mit Führung, dafür unmittelbares Erleben einer Führungsrolle → Auf dieser Basis sehr individuelles und intensives Feedback für alle Teilnehmenden, Selbststeuerung fast aller Lernformate	Keine „künstliche" Projektarbeit on top, dafür maximale Relevanz durch intensive Arbeit im eigenen Aufgabenfeld, Kein festgelegter Seminarkanon, dafür maximal individuelle Unterstützung durch Coaching

Abb. 2: Talententwicklung bei AXA – AXA Explorer, AXA Pioneer und AXA Challenger im Überblick

Konstruktive Unruhestifter am Werk: AXA Challenger

Wie lassen sich die dargestellten Prinzipien in der Praxis umsetzen? Im Folgenden wird dies am Beispiel von AXA Challenger gezeigt. Die Darstellung orientiert sich an der Struktur der vorangegangenen Abbildung.

Avisierter Impact und Output

Ziel des Angebots ist es, einen unternehmerischen Vorteil zu erlangen, indem »konstruktive Unruhestifter« identifiziert und bestmöglich dabei unterstützt werden, in ihren jeweiligen Wirkungsfeldern zum Gelingen der digitalen Transformation beizutragen. AXA Challenger soll sie ermutigen und herausfordern, Veränderungsaktivitäten in ihrem Verantwortungsbereich umzusetzen. Neben unternehmerischen Vorteilen durch ihr Engagement als »Change Maker« agieren sie in der Transformation des Unternehmens zugleich als Vorbilder für andere. Sie leben vor, wie Experimente mit neuen Herangehensweisen an Zusammenarbeit und Führung zum Erfolgsfaktor werden können. Ihre Offenheit, ihr Mut, ihre Konsequenz begeistern und inspirieren sowohl Beteiligte als auch Beobachter.

Ein weiteres Ergebnis ist die Kompetenzerweiterung in den technologischen Belangen der digitalen Transformation. Aus der Masse der relevanten Entwicklungen wie Blockchain, Internet of Things, Robotics etc. wird im AXA Challenger vertiefend auf das Thema Künstliche Intelligenz (KI) eingegangen. Die Teilnehmer werden sprachfähig zur Relevanz dieser Entwicklungen gemacht. Sie erkennen das Disruptionspotenzial der »4. Industriellen Revolution« und ihre gesellschaftlichen und wirtschaftlichen Auswirkungen bis in ihren eigenen Verantwortungsbereich hinein. Mit dem daraus entstehenden »Sense of Urgency« geht ein Momentum für Aufbruch und Abenteuer einher, das im Laufe von AXA Challenger genutzt und aufrechterhalten wird.

Unique Selling Point (USP)

Der Großteil der Aktivitäten als »konstruktive Unruhestifter« spielt sich in den jeweiligen Verantwortungsbereichen und Wirkungsfeldern der Teilnehmer ab und nicht in einem separaten Trainingsformat. Sie erhalten persönliche Unterstützung in Form von Coaching und damit eine wertvolle und maximal persönliche Ressource.

Zielgruppe

AXA Challenger richtet sich an Talente mit Führungsaufgaben beziehungsweise vergleichbar verantwortungsvollen Aufgaben (zum Beispiel Experten- oder Projektrollen, Rollen aus dem agilen Umfeld wie Chapter Leads). Die Beschaffenheit der Aufgabe und Funktion im Unternehmen hinsichtlich ihrer unternehmerischen Bedeutung, der Verantwortung und des Einflusses ist dabei unter den Teilnehmern ähnlich ausgeprägt.

Kriterien für Teilnahme

Grundlegendes Kriterium für die Teilnahme ist zunächst, den Anforderungen an die interne Talentdefinition zu genügen. Als Talent gilt – vereinfacht gesagt –, wer neben sehr guten Leistungen in der derzeitigen Tätigkeit das Potenzial zeigt, auch weiterführende Aufgaben erfolgreich bewältigen zu können. Weiteres zentrales Kriterium ist ein herausragendes Engagement für die Transformation: Es genügt nicht, den fortschreitenden Umbau des Unternehmens nur unterstützend zu begleiten oder ihm wohlwollend – doch passiv beziehungsweise reaktiv – gegenüberzustehen. Vielmehr sind Menschen gefragt, die ihn vorantreiben und sich dadurch hervortun, dass sie Neuerungen angestoßen und umgesetzt haben.

Wichtigste Designprinzipien
Das Credo »Struktur prägt Verhalten« war maßgeblich bei der Ausgestaltung des Angebots. Wo Menschen in die Lage versetzt werden sollen, Neuerungen selbstgesteuert voranzutreiben, Risiken einzugehen und sich von aufkommenden Unwägbarkeiten nicht entmutigen zu lassen, reichen ermunternde Appelle und theoretisches Pläneschmieden nicht aus. Das Machen steht im Zentrum. Dadurch sind hohe Autonomie, Eigenaktivität und -verantwortung der Teilnehmer sowohl unverzichtbare Designprinzipien als auch Erfolgsfaktoren des Angebots.

Ein weiteres Designprinzip betrifft Lernen und Entwicklung durch Inspiration. Das Angebot greift diesen Aspekt auf mehreren Ebenen auf. Zunächst sind die Präsenzbestandteile von AXA Challenger in Form und Inhalt so beschaffen, dass ein inspirierendes Erlebnis möglich wird. So gehen beispielsweise in der Auftaktveranstaltung renommierte Fachgrößen der Themengebiete Künstliche Intelligenz und Veränderung in die Interaktion mit den Teilnehmern. In den begleitenden Entwicklungsformaten besteht ebenfalls Gelegenheit zur Horizonterweiterung und neuen Impulsen. Auch die Coaching-Formate sind darauf ausgelegt, zu mutigeren Ideen und zu größeren Umsetzungsschritten anzuregen. Auch werden die Teilnehmer selbst füreinander und für andere Beschäftigte zu einer Inspirationsquelle. Zum einen geschieht dies durch ihre Praxisaktivitäten im Unternehmensalltag gewissermaßen »nebenbei«, indem sie in der digitalen Transformation des Unternehmens auf inspirierende Weise vorangehen. Zum anderen werden sie mit der Technik des Storytellings in die Lage versetzt, auch ihr Umfeld an ihren Erkenntnissen und Erfahrungen teilhaben zu lassen und von neuen Ideen zu begeistern.

Wesensmerkmale und Kernelemente
Herzstück von AXA Challenger ist eine durch Coaching begleitete Praxisphase. Praktische Veränderungsarbeit – »live« im eigenen Fachbereich – ist für die Teilnehmer von maximaler Relevanz und bietet gleichzeitig ein intensives Lern- und Entwicklungserlebnis. Die Praxisphase wird eingerahmt von einem Start- und einem Abschluss-Event und beinhaltet eine Reihe von optionalen flexiblen Entwicklungsformaten, die durch die Teilnehmer selbst ausgestaltet werden (siehe Abb. 3).

Übergeordnetes Ziel des zweitägigen Start-Events ist es, bei den Teilnehmern das »Feuer zu entfachen«, mit Neuerungen zu experimentieren, hemmende Muster konsequent aufzubrechen und ihr Arbeitsumfeld konstruktiv »aufzumischen«. Die Veranstaltung setzt zwei inhaltliche Schwerpunkte. Am ersten Tag setzen sich die Teilnehmenden intensiv mit den Auswirkungen von KI auf Gesellschaft, Wirtschaft und die spezifischen Anwendungsfelder der AXA Deutschland auseinander. Am zweiten Tag dreht sich alles um den persönlichen Beitrag zu Veränderungen und Musterbrüchen im eigenen beruflichen Verantwortungsbereich.

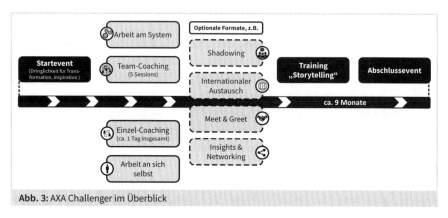

Abb. 3: AXA Challenger im Überblick

Die thematische Brücke zwischen den beiden Schwerpunkten ist die folgende: Um der Radikalität und Geschwindigkeit, mit der die 4. Industrielle Revolution vonstattengeht, erfolgreich begegnen zu können, müssen sich Führung und Zusammenarbeit massiv verändern. Insbesondere gilt dies für die Entschlossenheit und Konsequenz, die bei Neuerungen und Veränderungen an den Tag gelegt wird, die Offenheit beim Experimentieren und das damit verbundene Eingehen von Risiken. Die technologischen Entwicklungen, auf die im Start-Event eingegangen wird, sind daher auch ein Vehikel, um von Entwicklungen im Bereich der Technologie auf Entwicklungsbedarfe im Bereich zwischenmenschlicher Zusammenarbeit überzuleiten.

In der Praxisphase nach dem Start-Event beginnen die Teilnehmer, individuell und als Gruppe beziehungsweise Teilgruppe, die identifizierten Themen durch Experimente zu verändern und notwendige Neuerungen umzusetzen. Diese Aktivität ist das Herzstück von AXA Challenger und – aufgrund der Beschaffenheit der Themen und des Anspruchs, signifikante Veränderungen zu erwirken – besonders herausfordernd.

Beide Aktivitätsstränge, der individuelle und der gemeinsame, werden durch Coaches unterstützt. Die Coaches nehmen im Prozess die Rolle eines konstruktiven Herausforderers gegenüber ihren Coaching-Partnern ein. Das Ausmaß, in dem die Teilnehmer gefordert und ermutigt werden, ist hier sicherlich größer als in anderen Coaching-Konstellationen. Ziel des Coachings ist es, die Teilnehmer nicht nur in der Umsetzung zu unterstützen, sondern sie dazu anzuregen, jeweils noch einen Schritt weiter zu gehen.

Die Ausrichtung der Aktivitäten liegt dabei völlig in der Hand der Teilnehmer. Beispielsweise können sie sich unternehmensinternen Aspekten von Führung, Vertrauen, Kommunikation widmen oder dem Setzen von Prioritäten und der Gestaltung von Prozessen. Auch Impulse, wie ein Kundenerlebnis oder eine Produktinnovation gestaltet werden, sind denkbar. In diesem Sinne erhalten die Teilnehmer mit dem integrierten Coaching-Angebot eine wertvolle Ressource in Form von frei verfügbarer, persönlicher Unterstützung.

Neben den Coaching-Formaten wird die Praxisphase durch eine Reihe optionaler und von den Teilnehmern selbstorganisierte Entwicklungsformate begleitet. Die Begleitangebote beinhalten Shadowing, Begegnungen mit Top Managern und Experten sowie Formate für Networking und internationalen, auch branchenübergreifenden Austausch. Wie eingangs dargestellt, wird hier zugunsten maximaler Individualität bewusst auf thematische Vorgaben verzichtet. Die Formate sind somit als Anstoß und Empfehlung zu verstehen. Die Teilnehmer sind dazu angehalten, die Angebote für sich anzupassen, zu verwerfen oder auszutauschen.

Anspruch erfüllt? Ein Fazit

Haben wir unseren Anspruch erfüllt und unsere Ziele bei den Talententwicklungsinitiativen AXA Explorer, AXA Pioneer und AXA Challenger erreicht? Ja, wir haben sogar die Erwartungen übertroffen. Wir sind stolz auf das, was wir erreicht haben und ziehen ein sehr positives Fazit. Wir arbeiten aber sehr kundenzentriert und iterativ, sodass es selbstverständlich einige Dinge gibt, die wir noch besser machen können und werden.

Was ist anders als vorher und warum?
Wichtigste Veränderung aus Sicht der Teilnehmer ist der hohe Stellenwert, der den Experimenten und dem Brechen von Mustern im eigenen Arbeitsumfeld eingeräumt wird. In vorherigen Programmen dieser Art war stattdessen eine durch das Unternehmen vorgegebene Projektarbeit vorgesehen. AXA Challenger verzichtet auf zugewiesene Projektarbeit.

Eine weitere zentrale Veränderung ist, dass AXA Challenger keinen festgelegten Seminarkanon mehr beinhaltet, wie er in vorherigen Programmen für diese (und andere) Zielgruppen üblich war. Qualifizierungsangebote bestehen zwar nach wie vor, jedoch nach individuellem Bedarf und nicht als vorgegebene Kollektivmaßnahme im Entwicklungsprogramm. Die Entwicklungsbedarfe der Teilnehmer sind zu heterogen, als dass sich bei einer Kollektivmaßnahme ein für alle gleichermaßen positives Lernerlebnis schaffen ließe. Allein diese Veränderung wird von den Beteiligten als Zugewinn erlebt, da sie zugunsten einer maximal individuellen Unterstützung durch Coaching ausfällt.

Erwähnenswert ist auch die neue Beschaffenheit des Mengengerüstes von AXA Challenger, also der Anzahl möglicher Teilnehmer. In der Vergangenheit wurde den Unternehmensressorts in Abhängigkeit von ihrer Größe ein Platzkontingent zugewiesen. Dieser Schlüssel sah vor, dass größeren Ressorts mehr Plätze zustanden als kleineren. Heute ist allein die Eignung der Teilnehmer für die Platzvergabe maßgeblich. Wir halten das Mengengerüst bewusst flexibel, um uns an den vorhandenen Potenzialen im Konzern zu orientieren und diese maximal zu fördern.

Feedback und veränderte Wahrnehmung
Die Teilnehmer aus allen drei Talententwicklungsinitiativen haben uns sehr viel positives Feedback gegeben. Auch die Führungskräfte der Teilnehmer haben uns eine Reihe von positiven Rückmeldungen gegeben Es ist gelungen, echte Begeisterung für die Transformation bei AXA zu entfachen.

Die Verantwortung für ihre Entwicklung in die Hände der Teilnehmer zu legen, hat gleichfalls sichtbare Ergebnisse produziert: So wurden Meetings mit Vorständen selbst organisiert und interne Projekte vorangebracht. Einige Teilnehmer arbeiten auch nach Abschluss der Talententwicklungsinitiativen an Themen ressortübergreifend weiter zusammen.

Auf Vorgaben durch Learning and Development und das Anbieten klassischer Trainingsinhalte zu verzichten, ist uns schwergefallen. Rückblickend war genau das der richtige Weg. Nur durch Weglassen gelingt ein Fokus auf das Wesentliche. Nur durch das Durchbrechen eigener Muster entsteht etwas Neues. Beides werden wir in Zukunft noch verstärken. Hier haben uns die Teilnehmer sogar dazu ermutigt, bei den weiteren Durchführungen ganz auf Leitplanken für die Praxisphase zu verzichten

Damit hat sich auch die Wahrnehmung von Learning and Development sichtbar verändert. Der Bereich wird heute als aktiver Unterstützer der kulturellen Transformation wahrgenommen: Wir ermöglichen Entwicklung und Veränderung. Ganz nach unserem Motto: Mit Begeisterung wachsen. Daraus lernen wir: Wenn wir Raum für Erfahrungen schaffen, kann das die Organisation verändern. Dass Appelle diese Kraft nicht haben, ist uns allen vollkommen klar. Unsere Rolle besteht neben dem Gestalten des Freiraums vor allem darin, Wirksamkeit zu verstärken.

Was machen wir beim nächsten Mal anders?
Neben den positiven Rückmeldungen gab es auch Aspekte, die wir mit den Teilnehmern weiterentwickeln möchten. Der wichtigste Lernpunkt ist: Beim nächsten Mal wagen wir noch mehr Offenheit. Wir planen beispielsweise die Einführung eines Selbstnominierungsverfahrens. Wir wollen nicht mehr allein darauf setzen, dass Führungskräfte geeignete Mitarbeiter benennen. Vielmehr sollen sich diejenigen, die sich angesprochen fühlen und für geeignet halten, selbst für eine Teilnahme nominieren.

Hinweise zu den Autoren

Dr. Sina Fäckeler

Dr. Sina Fäckeler ist Global Head of Learning, Talent Development, D&I/Wellbeing bei AXA Group Operations in Paris. Zuvor war sie Head of Learning and Development/Talent and Performance bei der AXA Konzern AG. In ihrem Verantwortungsbereich lag die Neuausrichtung des Talent und Performance Managements, der Führungskräfteentwicklung, der Diagnostik und der betrieblichen Weiterbildung. Sie verfügt über mehrjährige Praxiserfahrung in moderner, zukunftsorientierter Personalarbeit. Sie ist Gründerin des unternehmensübergreifenden Netzwerks »Corporate Learning and Development«. Sie promovierte an der Universität St. Gallen (Dr. rer. soc. HSG) zu strategischer Personalentwicklung.

Kontaktdaten:
AXA Group Operations, 81 Rue Mstislav Rostropovitch, 75017 Paris 17, Mail: sina.faeckeler@axa.com, Internet: ww.axa.com

Matthias Hoppenrath

Matthias Hoppenrath ist Spezialist für Learning and Development bei der AXA Konzern AG. Er arbeitet schwerpunktmäßig in den Themenbereichen Personal- und Führungskräfteentwicklung, Talentmanagement und Selbstlernende Organisation. Sein Berufsleben begann er als Berater für eine auf Business Coaching und Change Management spezialisierten Managementberatung in Frankfurt am Main. Vor seinem Einstieg bei AXA war er als Personalentwickler für die Kliniken der Stadt Köln tätig. Er ist diplomierter Soziologe (Universität Bielefeld) mit sozialpsychologischem Schwerpunkt.

Kontaktdaten:
AXA Konzern AG, Colonia-Allee 10–20, 51067 Köln, Mail: matthias.hoppenrath@axa.de, Internet: www.axa.de

Marcus Pierk

Marcus Pierk ist Gesellschafter und Geschäftsführer der Unternehmensberatung macc in Bonn. Sein Arbeitsschwerpunkt ist die Begleitung von Unternehmen und Organisationen im Kontext der digitalen Transformation. Dabei geht es ihm vor allem um die Aspekte Haltung und Kultur. Diese übersetzt er mit seinem Team in inspirierende Formate und Methoden, beispielsweise für die Talententwicklung. Neben der Versicherungsbranche ist sein Tätigkeitsschwerpunkt vor allem der Energie- und Telekommunikationssektor sowie die Industrie. Er hat Politikwissenschaft, Soziologie und Öffentliches Recht an der Universität Münster studiert.

Kontaktdaten:
macc GmbH, Markt 23–27, 53111 Bonn, Mail: m.pierk@macc-germany.de, Internet: www.macc-germany.de

Latente Potenziale für die agile Transformation entdecken

Hans-Peter Kleitsch,
Senior Vice President
Human Resources,
MTU Aero Engines AG,
München

Agile Organisationen sind kein Allheilmittel für Unternehmen, die einen Innovationsschub brauchen oder in neue Marktfelder investieren wollen. Auch muss sich keineswegs ein Unternehmen eine agile Organisationsform in Gänze verordnen. Wichtiger ist, dass die agilen Arbeitsweisen und die dafür nötige Grundhaltung auch zum momentanen Stand der Unternehmenskultur passen. Da große Unternehmen aber eine Vielzahl von Mikrokulturen entwickelt haben, können Teilbereiche sehr wohl agil, andere dagegen eher klassisch organisiert sein. Im folgenden Beitrag sollen Chancen, aber auch Hemmnisse, bei der Implementierung agiler Strukturen erörtert werden.

Der Leidensdruck

Es gibt viele Gründe, sich als Unternehmen mit dem Thema Agilität auseinanderzusetzen. Als großer Mittelständler und Global Player haben wir vor allem vier wesentliche Herausforderungen identifiziert, die Gründe bieten, sich intensiv mit agilen Arbeitsformen zu befassen:

Lessons Learned

- Eine gute Möglichkeit, engagierte Mitarbeiter in agilen Projekten einsetzen zu können, ist die Ausschreibung von Profilen für agile Projekte.
- Lohnend ist dies vor allem dann, wenn unter den sich bewerbenden Interessenten »Hidden Talents« vermutet werden.
- Durch das Pull-Prinzip in agilen Teams ist jedes Mitglied gefordert, Aufgaben in eigener Verantwortung zu übernehmen.
- Mitarbeiter sind zum Teil selbst überrascht sind, dass die geforderte fachliche oder organisatorische Expertise in der benötigten Qualität vorhanden ist.
- Eine facettenreiche Zusammensetzung der agilen Teams ist daher ein wesentlicher Faktor für den Projekterfolg.

1. Eine stetig ansteigende Zahl von Projekten, die in sich immer komplexere Sachverhalte beinhalten: Hierbei spielt es keine Rolle, ob diese nur als komplexer empfunden werden oder ob dies tatsächlich so ist.
2. Höhere Anforderungen an die Liefergeschwindigkeit in einem sich immer schneller verändernden Umfeld, bedingt durch die Halbwertzeit präsentierter Lösungen.
3. Ein stärkeres Eingehen auf die Kundenbedürfnisse und -anforderungen: Produktentwicklungen müssen wieder stärker am eigentlichen Nutzen für den Kunden ausgerichtet werden und es darf nicht unter verschwendendem Einsatz zu vieler Ressourcen dem Hauptabnehmer eine Lösung vorschlagen werden, die weder zu bezahlen ist, noch den Anforderungen gerecht wird.
4. Auf dem Bewerbermarkt als attraktiver Arbeitgeber wahrgenommen werden.

Um einer optimalen Einführung von agilen Strukturen gerecht zu werden, wurden zwei Jahre Vorbereitungszeit eingeplant. Dies mag auf den ersten Blick üppig erscheinen, die Zeit war jedoch bitter nötig. Eine positive Beeinflussung der Veränderungsfähigkeit einer Organisation ist kein Selbstläufer. Galt es doch einen Change-Prozess zu etablieren, der über mehrere Standorte der MTU in Deutschland ausgeweitet werden musste.

Die theoretischen Grundlagen der Agilität wurden mit externer Hilfe erarbeitet und erste Pilotprojekte mit agilen Arbeitsmethoden gestartet. Trainings für Mitarbeiter in neuen Rollen (Product Owner, Scrum Master etc.) mussten organisiert und in Projekten vertieft werden. Alle beteiligten Führungskräfte und vor allem Mitarbeiter wurden in Informationsveranstaltungen und Workshops informiert und die Ausgestaltung diskutiert. Werte und Haltungen wurden unter anderem in einem eigenen Leadership-Baustein erarbeitet. Dies alles mündete in einer neu eingeführten Matrix-Struktur.

Das Misstrauen in den gewachsenen Strukturen der MTU war anfangs groß. Die kritische Diskussion entfachte sich nicht an der Einführung neuer Methoden, sondern es fehlte (noch) die positive Wahrnehmung in der betrieblichen Öffentlichkeit.

Herausforderung: Ein neues Mindset entwickeln

Im Rahmen eines Change-Prozesses wurde die Einstellung zu den Themen
- Abarbeitung von Aufträgen,
- Selbstorganisation,
- Eigenverantwortung und
- Führungsverständnis.

bearbeitet. Gingen wir anfangs von einer schnellen Transformation aus, so wurde bald deutlich, dass wir vor einem immerwährenden Prozess mit vielen Reflexionen alter Verhaltensmuster stehen.

Wesentlich ist dabei ein wertschätzender Umgang, der eine Begegnung auf Augenhöhe ermöglicht. Dies gibt den Mitarbeitern erst die Möglichkeit, Verantwortung zu übernehmen. (Fischer/Weber/Zimmermann, 2017) Hierbei ist es nicht ausreichend, das nötige Handwerkszeug wie Scrum oder Design Thinking zu erlernen. Die weitaus größere Herausforderung war, die Veränderungen im Kopf sicherzustellen. Agilität in unserem Kontext heißt vor allem auch, den Change in kleinen Schritten stetig voranzutreiben. Dieses muss professionell vorbereitet sein und erfordert proaktives Verhalten aller Akteure.

Folglich konnten wir Erfolgsfaktoren für ein agiles Mindset definieren:
- Teamerfolg steht über allem,
- gut ausgeprägte Fehlerkultur,
- altruistisches Teilen von Wissen,
- Fähigkeit der Teams zur Selbstreflexion,
- Offenheit für Feedback,
- Wissbegierde der Teammitglieder,
- kontinuierliches Management der Verbesserungen und
- Nutzung von Handlungsspielräumen.

Das Führungsverständnis in agilen Organisationen weicht erheblich vom klassischen Führungsverständnis mit strengen hierarchischen Regeln ab. Es basiert auf einem stärkenorientierten Mitarbeitereinsatz: Die Führungskräfte kennen und schätzen die Qualitäten ihrer Mitarbeiter und haben die Kompetenz, diese angemessen zu fördern, für die Organisation gewinnbringend einzusetzen und weiterzuentwickeln. Wenn dann noch das Element der Selbstorganisation mit einem hohen Freiheitsgrad jedes Einzelnen dazukommt, sprechen wir von Empowerment, einer Grundvoraussetzung für das Funktionieren agiler Organisationen. (Häusling/Kahl/Römer, 2016)

Eigenverantwortlichkeit stärken

Eine gute Möglichkeit, engagierte Mitarbeiter in agilen Projekten einsetzen zu können, ist bei MTU die Ausschreibung von Profilen für agile Projekte. In einer Vielzahl von Projekten haben sich stets genügend Freiwillige zur Mitarbeit gefunden. Doch der Teufel steckt im Detail: In der Regel ist es purer Zufall, wenn sich genau die richtige Anzahl von Mitarbeitern mit entsprechendem Know-how freiwillig meldet, die zur Bewältigung des agilen Projekts nötig sind. Mit einer Ausschreibung ist immanent die Herausforderung verknüpft, dass sich auch die falschen Mitarbeiter melden oder eine zu knappe beziehungsweise zu große Anzahl von Interessierten meldet. In diesem Fall ist es ratsam, dass der Scrum Master in Diskussion mit dem Product Owner Wege der Umsetzung diskutiert. Mitarbeiter müssen dann, wie in klassischen Organisationen auch, offen auf die Problematik angesprochen werden.

Lohnend ist dies vor allem dann, wenn aus der ein oder anderen Beobachtung »Hidden Talents« vermutet werden. Sie kann man mit gutem Gewissen auf den Prüfstand im unbekannten Terrain der agilen Projektlandschaft stellen. Grundsätzlich legen wir Wert darauf, dass in agilen Projekten auch stets Mitarbeiter partizipieren, die mit dem Thema in aller Regel nichts zu tun haben. Hier ist echte Diversität hilfreich. Es werden immer wieder frische Ideen bis hin zu echten Innovationen generiert. Eine facettenreiche Zusammensetzung der agilen Teams ist ein wesentlicher Faktor.

Wirklich reife Teams können sich darin üben, alle an der jeweiligen Projektmitarbeit Interessierten in der Kick-off-Phase einzuladen und im sich selbstorganisierenden Team einen eigenen Weg der Projektorganisation zu finden. Die Aufgabe des Product Owners beschränkt sich dann darauf, die Anforderungen mit den Stakeholdern zu klären, das Backlog aufzubauen, die Akzeptanzkriterien zu formulieren und das Budget einzuhalten. Der Scrum Master sorgt für die Arbeitsfähigkeit des neuen Teams.

Enttäuschung wird es bei solch offenen Prozessen durchaus geben, kennt man anfangs doch nicht die Erwartungshaltung und die Motivation für die Bewerbung. Die Ablehnung von Kandidaten sowie eine Positivauswahl sind Themen, die einer Stellenausschreibung schon immer immanent waren. Auch hier haben wir es mit Verletzlichkeiten und Emotionen zu tun. Man ist also gut beraten, von vornherein einen sehr transparenten, an Kriterien orientierten Auswahlprozess zu gestalten.

Eine Abwägung: Selbstorganisation oder Fremdbestimmung

Grundsätzlich müssen wir davon ausgehen, dass Selbstorganisation, Selbstdisziplin und Selbstmotivation zu erlernende Fähigkeiten sind, die in agilen Organisationen schon immer unverzichtbar waren.

Doch was ist das richtige Maß von Selbstorganisation und Fremdbestimmung? Nach Creutzfeldt ist es unabdingbar, eine Vision von der Zielkultur zu haben. Hier gilt es, die Vision von Eigenverantwortung, maximaler Entfaltung von Einzelpotenzialen und kreativem Dissens so klar wie möglich zu beschreiben, um den Mitarbeitern eine Orientierung zu geben (Creutzfeldt, 2018). Gelingt es den Interessierten, sich selbst zu verorten und für sich zu entscheiden, ob der beschriebene Grad der Selbstbestimmung ausreichend ist, haben wir einen wesentlichen Schritt getan, um das Engagement des Mitarbeiters herauszufordern.

Lust auf Neues sowie Neugierde etwas anderes kennenzulernen, heißt nicht automatisch, dass alle Widerstände verschwunden sind. Gerade die notwendigen Veränderungsprozesse führen häufig zu Irritationen und dem Verlust von Sicherheit in langjährig ausgeübten Tätigkeiten und damit auch dem Verlust von Macht, da man gerade nicht mehr der gekürte Experte ist und sich außerhalb der Komfortzone bewegen muss. Wir sind aber überzeugt, dass die Selbstorganisation der Teams zum »Einrütteln« der Kompetenzen führt. Wenn jemand vorher Experte war, wird das Team das Know-how sicherlich weiterhin wertschätzen.

Die Hierarchiefrage: Wo bleiben die Führungskräfte?

Man muss sich schon sehr früh der Frage stellen, ob eine agile Organisation ganz ohne Hierarchie funktionieren kann. Nur bei einem sehr hohen Reifegrad kann das Team mit gruppendynamischen Prozessen umgehen oder mit Hilfe des Scrum Masters Konflikte nachhaltig lösen. Da in größeren Unternehmen agile Teams neben klassisch organisierten Teams existieren, sind Personen mit Führungsfähigkeiten gefragt, die als Mittler und Übersetzer agieren (Fuhrmann, 2018). In der Realität bilden sich führungsnahe Tätigkeitsfelder aus, und Personen sind gefragt, die diese Funktion übernehmen.

Wir konnten gute Erfahrungen sammeln, wenn wir ehemalige Führungskräfte als Product Owner eingesetzt haben. Dies kann jedoch nicht normativ gesehen werden. Wir können nur dann von einem Erfolgsmodell sprechen, wenn die Betroffenen sich auch dem Team unterordnen konnten und sich nicht in Themen wie Kapazitätssteuerung, Eigenverantwortung der Mitarbeiter und dergleichen einmischten. Auch die fehlende Wertschätzung ist hier ein unüberbrückbares Hindernis. Die Rolle der Führungskraft hin zum Product Owner änderte sich sozusagen von »Steuern« hin zu »Rahmen geben«. Die Rollen, die zum Team-Erfolg führen, sind komplett neu gemischt.

Der Grundsatz »Neugierig machen ist erwünscht, Widerstände brechen nicht« ist in unseren Führungsbeziehungen Pflicht, nicht Kür. Wir haben nicht den Anspruch jeden mitzunehmen, sondern vielmehr die Interessierten. Sonst ist der Überzeugungsaufwand grenzenlos. Auch in noch so agilen Organisationen bleiben genügend Aufgaben, die in klassischen Linienorganisationen abgearbeitet werden können und zum Teil auch müssen. Folglich kommt man auch nicht darum herum, die Mannschaft neu aufzustellen. Interessierte gehören in agile Teams, veränderungsscheue Mitarbeiter in die eher traditionell geführten Bereiche.

Es muss davon ausgegangen werden, dass im Normalfall jeder Mitarbeiter den Wunsch hat, sich stetig weiterzuentwickeln. Der wesentliche Unterschied zu klassischen Organisationen im agilen Kontext bedeutet nicht, die Karriereleiter innerhalb einer Pyramide Schritt für Schritt zu erklimmen. Im Vordergrund steht hierbei die fachliche Weiterentwicklung, um so den eigenen Verantwortungsbereich auszuweiten – ohne disziplinarische Führungsverantwortung zu übernehmen (Häusling/Kahl/Römer, 2016). Bei den Mitarbeitern wird sukzessive eine deutlich breitere Erfahrung für die Aufgabenerledigung notwendig sein. Dieses kann sehr wohl auch einen positiven Einfluss auf die Höhe der Vergütung haben.

Wird allerdings die Übertragung von mehr Verantwortung vom Mitarbeiter als Last empfunden, der sich der Vorgesetzte durch Wegdelegieren gern entziehen will, und nicht als Wertschätzung und Zutrauen weiterführende Aufgaben übernehmen zu können, birgt dies die Gefahr des Scheiterns.

Eine echte Chance: Latente Potenziale bei Mitarbeitern entdecken

Agile Organisationen bieten die Möglichkeit, Mitarbeiter in einem anderen Arbeitskontext erleben zu können, als dies bei üblichen arbeitsteiligen Organisationen möglich wäre. Latente Potenziale der Mitarbeiter werden bei agiler Arbeitsweise leichter erkennbar. Doch woran liegt das?

Das einzelne Teammitglied kann an seine bisherige Funktion angrenzende Aufgaben wählen und so bislang nicht abgerufene Fähigkeiten einsetzen. Durch das Pull-Prinzip ist jedes Teammitglied gefordert, Aufgaben in eigener Verantwortung zu übernehmen – und dies sichtbar für jeden Einzelnen. Dabei wird der Mitarbeiter sich für die Themen entscheiden, denen er sich gewachsen fühlt. Der Scrum Master wird in Abstimmung mit dem Team festlegen, in welcher Zeit die Aufgabe abgeschlossen sein muss. Unsere Erfahrung ist, dass Mitarbeiter zum Teil selbst überrascht sind, dass die geforderte Expertise – sei sie fachlich oder organisatorisch – in der benötigten Qualität vorhanden ist, um ein bestelltes Arbeitsergebnis eigenverantwortlich abliefern zu können. Dieser Motivationsschub ist ein wesentlicher Erfolgsfaktor in agilen Organisationen. Wir halten also fest, dass die intrinsische Motivation die bisher weniger ausgeprägte Leistungsbereitschaft sehr positiv beeinflussen kann.

Es ist somit nicht verwunderlich, dass nun auch Mitarbeiter sichtbar werden, die bislang im Betrieb keine bedeutsame Rolle gespielt haben. Schließlich lernen wir als Führungskräfte Tag für Tag in persönlichen Gesprächen, dass es eine größere Anzahl von Mitarbeitern gibt, die verantwortungsvolle – häufig auch exponierte – Funktionen im privaten Umfeld wie Vereinen, Orchestern, karitativen Verbänden etc. inne haben, die man ihnen im Betrieb nicht zugetraut hätte. Hier haben wir als Führungskräfte schlichtweg das latente Potenzial nicht erkannt.

Es wird uns kaum gelingen, jeden Mitarbeiter aus eigenem Engagement heraus für agile Projekte gewinnen zu können. Häufig ist eine Ursache dafür, dass Mitarbeiter Schwierigkeiten haben, sich in neuen Strukturen zurechtzufinden (Hoitz, 2018). Gab es vorher ein »Oben« und ein »Unten« in der Hierarchie sowie ein eng abgegrenztes

Aufgabengebiet, so arbeiten alle Teammitglieder in agilen Organisationen auf Augenhöhe. Die Zuständigkeiten der Aufgaben wechseln in eigener Verantwortung der Teams häufig. Anerkennung und Feedback laufen nun nicht mehr über die Disziplinarfunktion der Führungskraft. Es fühlen sich gerade deshalb bestimmte Typen von Mitarbeitern angesprochen, die neue Entwicklungsperspektiven wertschätzen und sich stetig weiterentwickeln wollen. Sie sehen in aller Regel Veränderungen als Chance und nicht als Bedrohung.

Auf dem Weg zum Ziel: Die Matrixorganisation

Bei der Einführung einer agilen Organisation gibt es viele Herausforderungen, denen man sich stellen muss. Die methodischen Grundlagen zu vermitteln, ist hier sicherlich nicht das Hauptproblem. Gerade das Umdenken im Kopf kann unter Change-Gesichtspunkten nicht vorgeschrieben werden, sondern muss durch das Heranführen der Mitarbeiter in vielen Iterations- und Reflexionsschleifen sehr gut vorbereitet werden. Wir haben uns deshalb entschlossen, nicht mit einem »Big Bang« in eine agile Organisation zu wechseln, sondern vielmehr einen Zwischenschritt über eine Matrixorganisation einzulegen (siehe Abb. 1).

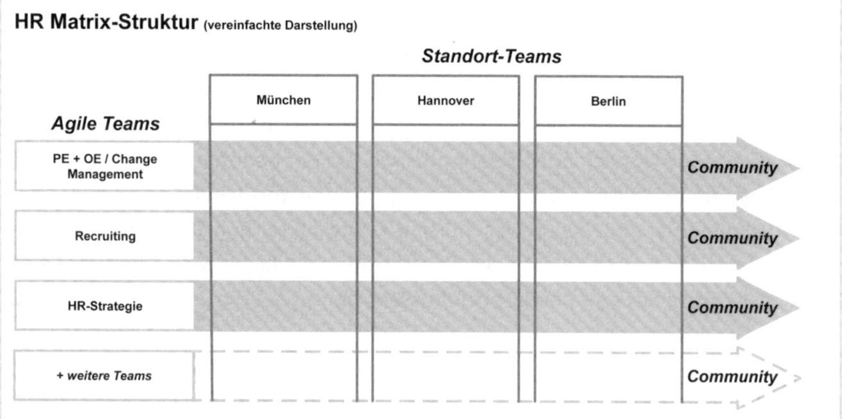

Abb. 1: Die Matrix-Organisation

Die drei deutschen MTU-Standorte haben jeweils traditionell strukturierte Teams mit einem Disziplinarvorgesetzten als Führungskraft. Dies schließt natürlich nicht die Anwendung agiler Methoden aus. Hier werden rund 90 Prozent aller Kundenanforderungen bearbeitet. Parallel dazu gibt es agile Teams, die nach fachlichen Kriterien strukturiert sind. Sie ziehen auftragsbezogen und für eine begrenzte Zeit Mitarbeiter aus allen Standorten zusammen, um konzernweite Themen abarbeiten zu können. Alle agilen Teams sind jeweils fachbezogen über Netzwerke in einer Community zusammengefasst. Innerhalb der Communities finden die Kommunikation und alle Abstimmungsprozesse statt.

Fazit

In voll entwickelten agilen Organisationen sind übliche Show-Stopper per se nicht mehr beobachtbar. Mangelnde Wertschätzung, ein geringer Freiheitsgrad zur Erledigung der Aufgaben und nicht auf Augenhöhe handelnde Disziplinarvorgesetzte gehören der Geschichte an.

Mit zunehmendem Reifegrad im Mindset unserer Mitarbeiter werden wir dem Idealbild einer agilen Human-Resources-Organisation ein Stück näher kommen. Es ist uns allerdings schon jetzt bewusst, dass auch der heute sichtbare Anspruch an eine agile Transformation morgen ein anderer sein wird.

Literatur

Creutzfeldt, P. (2018): (Selbst-)Führen in der Arbeitswelt 4.0, 1. Auflage, Frankfurt am Main: Frankfurter Allgemeine Buch

Fischer, S.; Weber, S.; Zimmermann, A. (2017): Was ist Agilität und welche Vorteile bringt eine agile Organisation? Abrufbar unter https://www.haufe.de/personal/hr-management/agilitaet-definition-und-verstaendnis-in-der-praxis_80_405804.html, zuletzt besucht am 7.8.2019.

Fuhrmann, B. (2018): Agile Teams brauchen starke Führung. Abrufbar unter https://www.springerprofessional.de/agile-methoden/leadership/agile-teams-brauchen-starke-fuehrung/16219520, zuletzt besucht am 7.8.2019.

Häusling, A.; Kahl, M.; Römer, E. (2016): Auf dem Weg zu einem agilen Personalmanagement, Service Agile HR, Eine Publikationsreihe des Bundesverbands der Personalmanager. Abrufbar unter https://www.bpm.de/sites/default/files/bpm_service_agiles_hr_0.pdf, S. 14 f., 26, zuletzt besucht am 7.8.2019.

Hoitz, S. (2018): 5 Mythen über agiles Arbeiten, die sofort aus der Welt geschafft werden müssen. Abrufbar unter https://t3n.de/news/agiles-arbeiten-mythen-1080315/, zuletzt besucht am 7.8.2019.

Hinweise zum Autor

Hans-Peter Kleitsch

Hans-Peter Kleitsch, Senior Vice President Human Resources, verantwortet seit 2006 alle HR-Kernfunktionen des MTU-Konzerns weltweit und ist Vorsitzender des Kuratoriums der MTU Studienstiftung. Zudem obliegt ihm die Führung weiterer indirekter Abteilungen. Durch die Führung aller Personalleiter der MTU Standorte ist es ihm möglich, globale Prozesse in den Themen Leadership Values und selbstorganisierende Teams flächig voranzutreiben. Bevor er 1999 zur MTU kam, war er Personalleiter bei Temic in Nürnberg und Leiter Personalmanagement und Personalentwicklung im Daimler-Benz-Werk in Untertürkheim. Hans-Peter Kleitsch hat seinen Abschluss als Diplom-Kaufmann an der Georg-August-Universität, Göttingen gemacht.

Kontaktdaten:
MTU Aero Engines AG, Dachauer Straße 665, 80995 München, Tel.: +49 (0)89 14 89 45 21, Mail: hans-peter.kleitsch@mtu.de, Internet: www.mtu.de

Der digitale CRM-Ansatz im Recruiting

Nicole Goodfellow,
Director Talent Network,
Talent Marketing &
Talent Management,
Infineon Technologies
AG, München

Martin König, Team
Lead Talent Attraction,
Infineon Technologies
AG, München

Zahlreiche Faktoren wirken auf den Erfolg oder Misserfolg des Recruiting. An einigen Stellschrauben kann ein Unternehmen aktiv drehen, um als attraktiver Arbeitgeber wahrgenommen zu werden. Trotz innovativer Maßnahmen und eines am Kandidaten orientierten Recruiting-Prozesses, fällt es zunehmend schwerer, gewisse Zielgruppen in der nötigen Quantität und Qualität zu finden. Mit dem richtigen Vorgehen gewinnt ein Unternehmen nicht nur hochqualifizierte Kandidaten, sondern auch überdurchschnittlich motivierte Mitarbeiter. Dass die Digitalisierung und die damit verbundenen Technologien wertvolle Hilfsmittel im Recruiting und bei der Zielgruppen-Fokussierung darstellen können, zeigt der folgende Beitrag.

Einleitung

Die Buzz-Words, die jeder Recruiter im Schlaf aufsagen kann, sind: demografischer Wandel, Globalisierung und damit einhergehender »War for Talent«. Mal wird er flächendeckend ausgerufen, mal nur partiell, manche behaupten sogar es würde ihn gar nicht geben (Gaedt, 2014). Jede dieser Aussagen hat ihre Berechtigung, da viele Faktoren auf den Erfolg beziehungsweise Misserfolg des Recruiting wirken. Da wäre zum einen die geografische Lage des Unternehmens, das neue Mitarbeiter sucht. Die Suche nach einem Entwicklungsingenieur beispielsweise gestaltet sich deutlich leichter,

---

Lessons Learned

- Den wachsenden Ansprüchen von Kandidaten nach individueller und persönlicher Ansprache kann mittels Digitalisierung und CRM entsprochen werden.
- Jede neue Technologie ist aber immer nur so gut, wie der Grad ihrer Implementierung sowie die richtige Nutzung im Unternehmen.
- Digitalisierung im Recruiting setzt Prozesse voraus, die den Kandidaten in den Mittelpunkt des Handelns stellen und eine positive Candidate Experience forcieren.
- Der Recruiter wird nicht durch die Digitalisierung verdrängt oder ersetzt, aber sein Rollenverständnis wird sich maßgeblich ändern.
- Er wird vom Prozess Administrator zum internen Consultant für den Fachbereich und zum People Manager für den Kandidaten.

wenn der Firmensitz in einem attraktiven urbanen Zentrum gelegen ist als wenn er sich in einer ländlichen Gegend befindet, die auf den ersten Blick für Auswärtige nicht sonderlich einladend wirkt.

Aber natürlich gibt es auch gravierende Unterschiede in der Verfügbarkeit unterschiedlicher Zielgruppen. Dabei spielt es weniger eine Rolle, wie hoch der jeweilige Abschluss des Kandidaten ist: der oft zitierte IT-Experte wird da genauso zu einer »Engpass-Ressource« wie der Altenpfleger oder der Elektriker (BMVI, 2015). Auf der anderen Seite lässt sich beispielsweise ein promovierter Chemiker verhältnismäßig leicht identifizieren und auch an Hochschulabsolventen mangelt es derzeit (noch) nicht. Einige Probleme sind jedoch auch hausgemacht. Ein marktgerechtes Gehalt, von dem sich leben lässt, faire Arbeitsbedingungen, ein harmonisches Betriebsklima sowie flexible Arbeitszeitmodelle, um sich zum Beispiel für neue Zielgruppen wie Teilzeitbeschäftigte zu öffnen, sind leider längst noch nicht Standard bei allen Unternehmen (Buchwald/Wiener, 2018).

An diesen Stellschrauben kann ein Unternehmen aktiv drehen, um als attraktiver Arbeitgeber wahrgenommen zu werden. Es kann sein Betriebsklima verbessern, attraktive Arbeitskonditionen schaffen und sich kommunikationstechnisch so aufstellen, dass es Aufmerksamkeit am Arbeitsmarkt erzielt. Was ein Unternehmen oftmals nicht beeinflussen kann, ist jedoch der eigene Standort, denn viele Traditionsunternehmen in Deutschland sind fest in ihrer Heimatregion verwurzelt und lassen sich nicht ohne weiteres verlagern. Nicht beeinflussbar sind darüber hinaus die von Unternehmen gesuchten Zielgruppen. Ein Spezialist für Elektronikbauteile benötigt in der Regel Elektroingenieure, unabhängig davon, wie deren derzeitige Verfügbarkeit auf dem Arbeitsmarkt ist.

Ein altbewährtes Mittel war daher bisher, sein Unternehmen und die damit verbundenen (hoffentlich) positiven Attribute aktiv am Arbeitsmarkt kommunikativ zu platzieren und mittels einer Employer Value Proposition (EVP) als attraktives Unternehmen dem Kandidaten gegenüber in Erscheinung zu treten. Bei einem Unternehmen mit einer klaren Ausrichtung hinsichtlich der gesuchten Zielgruppe und/oder einer überschaubaren Größe kann dies auch heute noch das richtige Mittel der Wahl sein. Spätestens dann aber, wenn ein Unternehmen eine gewisse Größe und damit verbunden eine gewisse Diversität sowie Komplexität aufweist, wird es äußerst schwierig, eine solche »one-fits-all« Botschaft an die heterogenen Zielgruppen auszusenden.

Oder anders ausgedrückt: Wo das Gießkannen-Prinzip an seine Grenzen stößt, lautet eines der Zauberwörter Fokussierung. Hier kommt nun ein weiteres Buzz-Wort zum Tragen: die Digitalisierung. Sie und die damit verbundenen Technologien können wertvolle Hilfsmittel im Recruiting im Allgemeinen und bei der Zielgruppen-Fokussierung im Speziellen darstellen.

Unser Candidate-Relationship-Management-Ansatz

Infineon stand vor einiger Zeit vor einer ähnlichen Herausforderung, wie in der Einleitung beschrieben. Wir hatten gut ausgebildete und kreative Recruiter, die bei uns Talent Attraction Manager (TAM) heißen. Wir hatten eine gewisse Marktpräsenz etabliert und ein Bündel an Maßnahmen und (Kommunikations-)Aktivitäten, um neue Mitarbeiter für unsere Standorte in Europa zu gewinnen. Und trotz all dieser Maßnahmen und eines am Kandidaten orientieren Recruiting-Prozesses, fiel es uns zunehmend schwerer, gewisse Zielgruppen in der nötigen Quantität und Qualität zu finden.

Da wir, analog zu den meisten größeren Unternehmen, eine äußerst heterogene Zielgruppendefinition haben, hatten wir bisher versucht, alle Kandidaten mit den gleichen EVPs zu überzeugen. Und das in Zeiten, in denen Kandidaten durch Amazon und Apple an individualisierte Kommunikation gewohnt sind. Kurz: Dieser Ansatz funktionierte für uns in der Form nicht mehr. Für uns war klar: Talent Marketing und Recruiting sind gleichzusetzen mit Marketing und Vertrieb für Produkte – und gehören zusammen. Eines ohne das andere ist schwierig oder zumindest nicht effizient.

Für effektives Talent Marketing mussten wir unsere Zielgruppen segmentieren und unsere Schlüsselfunktionen herausarbeiten: eben jene Funktionen, die strategisch wichtig für unseren Geschäftserfolg sind, von denen wir eine große Anzahl an Stellen jedes Jahr besetzen und für die ein Fachkräftemangel am Markt besteht. Diese Funktionen mussten wir in der Tiefe verstehen, um sodann passende und individualisierte Botschaften erarbeiten zu können, die wir über relevante Kommunikationskanäle aussenden konnten.

Für den Vertriebs- beziehungsweise Recruitingteil orientierten wir uns am Customer-Relationship-Management-Ansatz (CRM-Ansatz). Nur dass unsere »Customer« die Kandidaten sind, die aber analog zu klassischen Kunden ebenfalls unterschiedliche Ansprüche und Erwartungen an einen Lieferanten beziehungsweise Arbeitgeber haben. Dies erreichten wir durch ein CRM-Tool, mit dem unsere TAMs mit den passenden Kunden beziehungsweise Kandidaten in Kontakt bleiben konnten (siehe Abb. 1).

Die Zielgruppensegmentierung
Um die für uns aktuellen wie auch zukünftigen Schlüssel und Engpassfunktionen zu ermitteln, haben wir ein dreistufiges Verfahren angewandt:
- Zunächst haben wir die für Infineon wichtigsten Zielgruppen gemeinsam mit unserer Strategie Abteilung sowie den Human-Resources-Business-Partnern ermittelt. Somit konnten wir zukünftige Trends und Unternehmensentwicklungen antizipieren und in unsere Strategie einfließen lassen.
- Anschließend haben wir eine Marktanalyse erstellt. Dies geschah durch unsere TAMs, die die unterschiedlichen (regionalen) Arbeitsmärkte sehr gut kennen,

HR-Prozesse: Talentmanagement und Neues Lernen

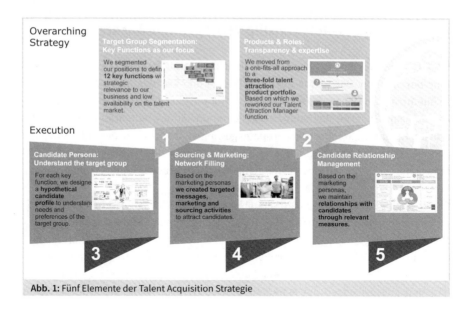

Abb. 1: Fünf Elemente der Talent Acquisition Strategie

sowie durch intensive Gespräche mit Personalberatern, die bereits langjährig mit uns zusammenarbeiten und den Arbeitsmarkt sowie Infineon sehr gut kennen. Diese Marktanalyse haben wir quantitativ angereichert mit Angaben zur Anzahl der Bewerbungen und der »time to hire« für verschiedene Funktionsbereiche. Dies diente uns als Indikator, bei welchen Funktionen wir aktuell sowie zukünftig mit Engpässen auf dem Arbeitsmarkt zu rechnen haben.
- In internen Workshops haben wir diese Ergebnisse zusammengeführt und darauf aufbauend alle Funktionen in eine Matrix zusammengetragen. So konnten wir auf einen Blick sehen, welches die für unseren Geschäftserfolg strategisch relevanten Schlüsselfunktionen sind.

Die Implementierung der Strategie in die Organisation
Eine Strategie ist erst dann erfolgreich, wenn sie auch umgesetzt wird und die in der Theorie beste Strategie ist wertlos, solange es einem Unternehmen nicht gelingt, diese in der eigenen Organisation zu implementieren. Um eine entsprechend erfolgreiche Implementierung unserer Strategie sicherzustellen, sind wir zweistufig vorgegangen.

Unsere TAMs bekamen die Verantwortung für jeweils eine Schlüsselfunktion. Sie bekamen Zeit in ihrem Arbeitsalltag eingeräumt, um sich mit dieser Funktion vertraut zu machen. Aus TAMs wurden somit expertTAMs (eTAMs), die sich mit der ihr anvertrauten Schlüsselfunktion intensiv auseinandersetzen. So konnten wir Expertenwissen innerhalb unserer Recruiting-Abteilung aufbauen, das durch konstanten Aus tausch der Teams auch standort- und länderübergreifend zur Verfügung steht. Die Vorteile, die sich dadurch eingestellt haben: Unsere eTAMs wissen genau, wo ihr Fokus liegt, ihre Arbeitsaufgaben sind abwechslungsreich mit Active Sourcing, CRM und Talent Marketing – und das Expertenwissen hilft ihnen, mit den Fachbereichen auf Augenhöhe zu kommunizieren.

Den Fachbereichen wiederum konnten wir durch die neue Strategie unterschiedliche Service-Levels anbieten, je nachdem wie herausfordernd die Besetzung einer Stelle ist. Hierfür haben wir ein Produktportfolio entwickelt, das alle Funktionen bei Infineon abdeckt. Innerhalb dieses Portfolios unterscheiden wir, welche Maßnahmen bei der Besetzung einer Stelle eingesetzt werden:

1. »Post and Select« für unser »Massengeschäft«: Wir besetzen offene Stellen relativ einfach durch reguläre Ausschreibung.
2. »Special and Confidential« für schwer zu besetzende Positionen, bei denen aber nur sehr wenige Stellen im Jahr dahinterstehen: Wir greifen auf spezialisierte Medien und Kanäle zurück, oder auch mal auf einen unserer präferierten Headhunter.
3. »Network and Sell«, das Produkt für unsere Schlüsselfunktionen: Hier liegt auch der oben genannte Fokus unserer TAMs; zuerst geht es um das Füllen von Candidate Pipelines, also die proaktive Ansprache der jeweiligen Zielgruppe zum Beispiel durch Active Sourcing. Anschließend wird durch kreatives Talent Marketing der Netzwerk-Aufbau initiiert mit dem Ziel, Kandidaten mit den für sie passenden Stellen zusammenzubringen, also für den sogenannten »Perfect Match« zu sorgen.

Der Network-and-Sell-Ansatz unterscheidet sich damit deutlich von unserem bisherigen Recruiting. Es geht nicht nur um die direkte Stellenbesetzung, sondern um den Aufbau systematischer Netzwerke, um passende Kandidaten im richtigen Moment ansprechen und für uns gewinnen zu können.

Candidate Persona
Die Heterogenität von Kandidaten und Funktionen gestaltet das Recruiting deutlich herausfordernder, da verschiedene Zielgruppen unterschiedliche Interessen haben. Während die eine Zielgruppe beispielsweise nach Sicherheit und einem möglichst planbaren Arbeitsalltag sucht, verlangt die andere nach abwechslungsreichen Tätigkeiten und schnellen Aufstiegschancen.

Um an die relevanten Informationen über die von uns definierten Schlüsselfunktionen zu gelangen, haben wir zum einen Experten-Interviews mit Führungskräften und zum anderen Fokusgruppen mit Mitarbeitern aus den jeweiligen Funktionsbereichen durchgeführt. Die Perspektive unserer Führungskräfte war für die strategische Sichtweise der Funktionen wichtig: Wie wird sie sich zukünftig entwickeln und was bedeutet dies für kommende Recruiting-Bedarfe?

In den Fokusgruppen haben sich Mitarbeiter aus demselben Funktionsbereich gemeinsam an Fragestellungen hinsichtlich ihrer Interessen, Präferenzen sowie Meinungen über ihren Job ausgetauscht. Wichtig war es uns, dass die Mitarbeiter für die Fokusgruppen heterogen ausgewählt wurden, das heißt aus unterschiedlichen Tätigkeitsfeldern, mit abweichenden Ausbildungshintergründen, einer differenten Dauer der Betriebszugehörigkeit und selbstverständlich aus allen Geschlechtergruppen.

Das Ergebnis aus beidem war eine Candidate Persona, also ein hypothetisches Kandidatenprofil pro Schlüsselfunktion, das die drei wichtigsten Fragen beantwortet:
1. Wie »tickt« die Zielgruppe?
2. Wo finden wir sie?
3. Wie überzeugen wir sie von Infineon und dem Job?

Mit diesem konkreten Zielgruppenverständnis konnten wir uns anschließend auf die Suche nach den passenden Kandidaten begeben.

Zielgruppengerechtes Talent Marketing & Sourcing
Die jeweilige Candidate Persona diente uns als Orientierungspunkt, um zielgruppengerechte Kommunikations- und Marketingbotschaften sowie Plattformen zu entwickeln. Der Hub aller Maßnahmen ist eine dezidierte Website für jede unserer Schlüsselfunktionen. Inhaltlich ist jeder Job Hub in etwa gleich aufgebaut: Hauptbestandteil ist das Interview mit Mitarbeiter-Testimonials aus den Fokusgruppen, das in Textsowie Videoformat zur Verfügung steht. Wir ermöglichen somit interessierten Kandidaten einen konkreten und vor allem authentischen Einblick in den Job beziehungsweise jeweiligen Funktionsbereich. Uns ist es dabei wichtig, echte Mitarbeiter in ihrer täglichen Arbeitsumgebung zu zeigen. Transparenz und Authentizität war und ist hier unsere oberste Priorität (siehe Abb. 2).

Abb. 2: Job Hub Qualitätsingenieur

Wir haben den Anspruch, dass ein potenziell neuer Mitarbeiter leicht verstehen kann, was der Job im jeweiligen Funktionsbereich bei Infineon ausmacht und der Kandidat somit in die Lage versetzt wird, für sich zu entscheiden, ob unser Angebot mit seinen Vorstellungen »matcht«. Darüber hinaus können sich die Kandidaten einen Überblick über unsere Standorte verschaffen, an denen diese Funktion vorkommt, einschließlich der standortabhängigen Benefits. Selbstverständlich findet die Zielgruppe auch konkret offene und passende Jobs in dem jeweiligen Funktionsbereich inklusive der Möglichkeit, sich initiativ für die jeweilige Schlüsselfunktionen zu bewerben. Eine solche Initiativbewerbung ist zum Beispiel für »Post-and-Select«-Funktionen nicht möglich.

Die Website ist außerdem der zentrale Hub für alle weiteren Talent Marketing Aktivitäten: Programmatic Advertising Kampagnen, aktive Ansprache auf Business Netzwerken wie XING oder LinkedIn, Kandidaten-Newsletter etc. Durch die Kombination der Job Hubs mit einer Vielzahl von Marketing- sowie Sourcing-Maßnahmen sind wir in der Lage, unsere Pipelines in unserem CRM-Tool mit vielversprechenden Kandidaten zu füllen. Die Aufnahme eines Kandidaten in das Tool ist dabei aber nur der erste Schritt.

Netzwerkaufbau und CRM

Im letzten und entscheidenden Schritt kommt es darauf an, einige der Möglichkeiten, die die Digitalisierung im Recruiting bietet, zu nutzen und in konkrete Maßnahmen umzuwandeln. Mithilfe eines professionellen CRM-Tools versetzen wir unsere TAMs in die Lage, ein Netzwerk mit spannenden Kandidaten aufzubauen. Und zwar anders als in der Vergangenheit nicht mittels Massenkommunikation, sondern mit passgenauen Botschaften, die wir durch die vorherigen Datenanalysen gewonnen haben und dank neuester Technologie nun individuell einsetzen können.

Ein TAM wird natürlich immer versuchen, High Potentials und weiteren Top Kandidaten, die sowohl fachlich wie auch vom »cultural fit« her zum Unternehmen passen, zeitnah einen Arbeitsvertrag anzubieten. Jedoch gibt es immer wieder Situationen, in denen es keine passende Stelle gibt oder der Kandidat selbst vielleicht aktuell nicht wechseln will. Und genau in diesem Moment kommt unser CRM-Ansatz ins Spiel: Top Studierende, die sich im Rahmen von Praktika, Werkstudententätigkeit und/oder Abschlussarbeit positiv hervorgetan haben, ehemalige Mitarbeiter, active search Kandidaten oder natürlich auch hochinteressante Kontakte aus dem Netzwerk unserer Mitarbeiter – all diese können wir dank unserer Strategie nicht nur zielführender identifizieren, sondern auch nachhaltiger binden (siehe Abb. 3). Nicht zu vergessen die »2nd-Best«-Kandidaten aus konkreten Bewerbungsprozessen.

Es kann zwar bekanntlich nur eine Einstellung pro Stelle geben, aber das bedeutet ja nicht, dass man den Kontakt zu diesen wertvollen Kandidaten einstellen muss. Durch gelegentliche Anrufe, bei Inhouse Events, durch regelmäßige Mails oder auch persönliche Treffen baut der für die jeweilige Pipeline verantwortliche eTAM eine Beziehung zu dem Kandidaten auf. Das Ziel bei all diesen Bemühungen: dem Kandidaten eine passende Stelle anzubieten, sobald der richtige Zeitpunkt gekommen ist.

Bei diesem Vorgehen gewinnt das Unternehmen nicht nur einen hochqualifizierten Kandidaten, der sowohl fachlich wie auch vom cultural fit zur Firma passt, sondern auch einen überdurchschnittlich motivierten Mitarbeiter, der im Idealfall bereits eine persönliche Beziehung zur Organisation aufgebaut hat und durch die zahlreichen Kontakte entsprechende Wertschätzung erfahren hat. Darüber hinaus verkürzt sich so auch der Aufwand sowie die »time to hire« für die Stelle, auf die ein Pipeline-Kandidat eingestellt wird. Das Investment, welches am Anfang in einen Kandidaten getätigt wurde, zahlt sich so am Ende in mehrfacher Hinsicht aus.

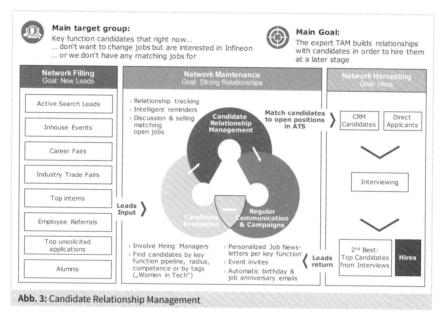

Abb. 3: Candidate Relationship Management

Literatur

Buchwald, C.; Wiener, B. (2018): Employee Branding als neue Personalstrategie. Familienfreundlichkeit als strategischer Vorteil. Nomos, Baden-Baden.

Bundesministerium für Verkehr und digitale Infrastruktur (BMVI) (2015): Sicherung des Fachkräfteangebotes im ländlichen Raum. MORO Praxis Heft 1, Berlin, S. 37 ff.

Gaedt, M. (2014): Mythos Fachkräftemangel. Was auf Deutschlands Arbeitsmarkt gewaltig schiefläuft, Wiley-VCH, Weinheim.

Hinweise zu den Autoren

Nicole Goodfellow

Nach Stationen in Mannheim, London und Stockholm ist Nicole Goodfellow seit acht Jahren in München zuhause und seither bei Infineon. Dort half sie, den Bereich Talent Acquisition von Grund auf aufzubauen und ist außerdem für die Bereiche Recruiting global sowie Talent Marketing und Talent Management in Europa verantwortlich. Sowohl im Studium als auch in den vorigen beruflichen Stationen lag ihr Fokus auf Vertrieb und Marketing.

Kontaktdaten:
Infineon Technologies AG, Am Campeon 1–15, 85579 Neubiberg, Tel: +49 (0)89 234 22 25 8, Mobil: +49 (0)171 22 33 72 3, Mail: Nicole.Goodfellow@infineon.com, Internet: www. infineon. com

Martin König

Nach Stationen als Personalberater in Hannover, Nürnberg und Düsseldorf hat Martin König berufsbegleitend seinen Master im Bereich Kommunikationsmanagement absolviert und sich dabei auf das Thema Internationales Employer Branding spezialisiert. Beide Themenfelder erfolgreich zu vereinen ist der Fokus in seiner jetzigen Funktion als Team Lead bei Infineon. Gemeinsam mit seinem Team an den deutschen und österreichischen Fertigungsstandorten arbeitet er täglich daran, Infineon als Employer of choice zu positionieren und die richtigen Talente für Infineon zu gewinnen.

Kontaktdaten:
Infineon Technologies AG, Am Campeon 1–15, 85579 Neubiberg, Tel: +49 2902 764 23 29, Mobil: +49 170 5789424, Mail: martin.koenig@infineon.com, Internet: www.infineon.com

Mensch und Maschine in der Personalgewinnung

Dr. Florian Mezger,
Head of Talent Attraction, Carl Zeiss AG,
Oberkochen

Nadine Hobler,
Personalrecruiting,
Carl Zeiss AG,
Oberkochen

Digitale Tools versprechen eine Revolution im Recruiting. Schneller und besser soll die Personalauswahl sein. Neben diesen beiden Faktoren basiert der Recruiting-Erfolg aber auch auf Persönlichkeit, Wertschätzung sowie dem Kennenlernen von Führungskraft und Team. Dass hierbei der Mensch zentraler Erfolgsfaktor ist, steht außer Frage. Daher verdeutlicht der folgende Beitrag, wie sich Mensch und Maschine bei der Besetzung von offenen Positionen bestmöglich ergänzen können.

Einleitung

Die Auswahl und Gewinnung zukünftiger Mitarbeiter unterliegt dem Wandel der Zeit. Die Firma Zeiss wurde 1846 in Jena gegründet. Ernst Abbe (1840 bis 1905) hatte als Partner von Carl Zeiss (1816 bis 1888) in den frühen Jahren des Unternehmens Zeiss seine eigene Methode bei der Auswahl zukünftiger Mitarbeiter. Er lud potenzielle Mitarbeiter zum Mittagessen sonntags nach Hause ein, um erstmal zu prüfen, ob diejenigen auch Manieren hatten und mit Messer und Gabel essen konnten. Danach ging er mit ihnen auf einen Spaziergang, unterhielt sich über »Gott und die Welt« und machte ihnen am Ende ein Angebot oder auch nicht. Bei dieser Methode zur Auswahl von Mitarbeitern steht klar der Mensch im Mittelpunkt.

> **Lessons Learned**
>
> - Im digitalisierten Recruiting-Alltag müssen sich Mensch und Maschine im Prozess ergänzen.
> - So lassen sich die Herausforderungen des Recruiting – Einfachheit und Schnelligkeit kombiniert mit Persönlichkeit und Wertschätzung – ideal angehen.
> - Digitale Tools bieten Vorteile bei der Verarbeitung von umfangreichen Daten sowie der Automatisierung von manuell zeitaufwändigen Tätigkeiten.
> - Auch beim Matching helfen digitale Tools, da ein manuelles Vorscreening entfällt, reduzieren die Komplexität und verbessern die Objektivität der Auswahl.
> - Die besten Kandidaten zu gewinnen und einen vertieften Eindruck vom neuen Arbeitsplatz zu vermitteln, ist aber mehr denn je Aufgabe der beteiligten Menschen.

Gut 170 Jahre später ist das Recruiting von Nachwuchskräften heute einem stetigen und auch deutlichen Wandel unterworfen. Dies ist vor allem begründet durch das Wirtschaftswachstum, dem damit verbundenen weltweiten Mangel an Fachkräften – insbesondere wenn man die MINT-Ausbildungsrichtungen (Mathematik, Informatik, Naturwissenschaft und Technik) oder alle Positionen im Digitalbereich betrachtet – sowie sich verändernde Prioritäten der heutigen Absolventen und Young Professionals. Diese Faktoren begründen eine hohe Erwartung an die Kandidatenerfahrung im Bewerbungsprozess und drehen die Rolle von Bewerber und Unternehmen um, denn heutzutage »bewerben« sich letztere bei den gesuchten Kandidaten. Ein weiterer wesentlicher Einfluss ist die Digitalisierung im Recruiting. Entlang des gesamten Recruiting-Prozesses, von der ersten Ansprache bis zum Onboarding nach Vertragsunterschrift, gibt es eine steigende Zahl an digitalen Lösungen und Ansätzen. Anbieter versprechen nicht weniger als eine Revolution im Recruiting, an deren Ende sogar ein komplett digitales, automatisiertes und damit »menschenleeres« Recruiting stehen kann (siehe Abb. 1).

Abb. 1: Technologie und Digitalisierung

Unbestritten können digitale Tools helfen, den Recruiting-Prozess schneller und einfacher zu gestalten. Aus Unternehmenssicht kann technologische Unterstützung sowohl Effektivitäts- als auch Effizienzziele bieten, zum Beispiel:
- objektivierter Abgleich von Kandidatenprofil mit den Anforderungen,
- breitere Kandidatenbasis durch automatisierte Suche,
- Minimierung des administrativen Aufwands,
- Entkopplung der Verfügbarkeit von Kandidat und Interviewer.

Die Kernfragestellung bei der Nutzung digitaler Tools im Recruiting-Prozess sollte dabei immer der Einfluss auf den Einstellungserfolg sein.

Das Erreichen von Einstellungserfolgen

Der Einstellungserfolg lässt sich aus zwei Perspektiven beurteilen. Für das Unternehmen geht es um die schnelle Besetzung offener Positionen durch den bestmöglichen Kandidaten. Hierzu muss sich der Kandidat am Ende aktiv für ein Unternehmen entscheiden. Im geschilderten Kontext ist dies heute wesentlich von einer überzeugenden, positiven Kandidatenerfahrung geprägt, die sich unter anderem durch schnelle, einfache und auch persönliche Recruiting-Prozesse auszeichnet:

- Zwei von fünf Kandidaten haben bereits mindestens einmal den Bewerbungsprozess abgebrochen, weil er zu kompliziert war.
- Rund 40 Prozent aller Kandidaten warten länger als vier Wochen auf eine Rückmeldung, fünf Prozent der Kandidaten bekommen nie eine.
- Mehr als ein Fünftel hat schon einmal eine Stelle abgelehnt, weil sie sich im Recruiting-Prozess nicht ausreichend wertgeschätzt gefühlt haben.

Wertschätzung aus Kandidatensicht umfasst dabei zum Beispiel einen klaren Ansprechpartner, eine persönliche Betreuung und individuelle, nachvollziehbare Aussagen. So wie Unternehmen individuelle Bewerbungen und eine intensive Auseinandersetzung mit dem »Warum diese Firma und Position« seitens der Kandidaten erwarten, haben diese dieselbe Erwartungshaltung an die Firmen. Persönliche Ansprache und Betreuung im Prozess sind für Kandidaten so wichtig, dass sie letztendlich entscheidende Faktoren im Werben um die Nachwuchskraft sind. Am Ende kann nur der Mensch »Menschen für sich (und damit für das Unternehmen) gewinnen«.

Beide Perspektiven betrachtet, muss das Recruiting sowohl schneller und effizienter als auch zielgruppenspezifischer und persönlicher werden. Dies kann nur durch ein Zusammenspiel von Technologie (Maschine) und den beteiligten Führungskräften und Recruitern (Mensch) zustande kommen.

Das Potenzial der Maschinen

Digitalisierung und Automatisierung im Recruiting-Prozess ermöglichen Effizienzgewinne und dienen der Reduktion von Komplexität. Immer wenn ein hohes Datenvolumen existiert, bietet sich der Einsatz von digitalen Tools an. Dieser sollte am Ende sowohl dem Unternehmen helfen als auch dem Anspruch der Kandidaten an Einfachheit und Schnelligkeit Rechnung tragen. Darüber hinaus kann Technologie das »Bauchgefühl« aus dem Recruiting-Prozess nehmen und für eine stärkere Objektivität und Transparenz bei Ansprache, Einschätzung und Feedback sorgen.

Matching von Profilen und Stellen

Das Matching zwischen Kandidatenprofil (basierend auf dem Lebenslauf eines Kandidaten oder dessen Profil in einem digitalen Netzwerk wie XING oder LinkedIn) und einer zu besetzenden Vakanz, stellt eine der grundlegendsten und potenziell mächtigsten Anwendungen der Automatisierung dar. Lernende Systeme beziehungsweise Künstliche Intelligenzen prüfen, wie Ausbildung, Erfahrung und weitere Daten aus dem Werdegang eines Kandidaten zu Stellenprofilen passen – oder umgekehrt.

Aus Kandidatensicht entfällt eine aufwendige Suche mit Stichworten und ähnlichem. Anstelle sich durch eine Vielzahl offener Positionen zu klicken, kann ein Algorithmus das vorhandene Kandidatenprofil mit offenen Stellen abgleichen und direkt Vorschläge für passende Stellen liefern. In Kombination mit einer »One-Click-Bewerbung«, bei der ein Online-Profil direkt an das Unternehmen übermittelt wird, ist dieser Ansatz für Kandidaten einfach und schnell. Heute finden wir diesen Ansatz unter anderem auf Shopping-Plattformen in Form eines »Dies könnte Sie interessieren«. Auch im Recruiting-Umfeld sind solche Technologien bereits im Einsatz. Karriere-Netzwerke wie beispielsweise LinkedIn schlagen ihren Nutzern regelmäßig potenziell passende offene Positionen mit mehr oder weniger Passgenauigkeit vor.

Aus Unternehmensperspektive hat ein solches Matching zwischen Kandidatenprofil(en) und Stelle(n) vor allem zwei Anwendungsfälle. Zum einen kann eine zu besetzende Stelle mit verschiedenen Kandidatenprofilen abgeglichen und ein erster Eindruck zur Passgenauigkeit ermittelt werden (zum Beispiel in Form einer Ja-/Nein-Aussage oder differenzierter als Scoring-Modell). Dies kann mit erhaltenen Bewerbungen (mittels einer klassischen Ausschreibung) ebenso erfolgen wie durch eine automatisierte Suche von möglichen Kandidaten im Rahmen eines Active-Search-Ansatzes. Diese Suche kann sowohl Profile in öffentlich zugänglichen Netzwerken als auch interne Kandidatenpools im Unternehmen umfassen.

Als konkretes Beispiel für letzteren Fall dienen Initiativbewerbungen, die häufig von Unternehmen angeboten werden. Deren Verarbeitung stellt Unternehmen jedoch oftmals vor die eine oder andere Herausforderung. Aufgrund mangelnder Kapazität im Alltag, komplexer Unternehmensstrukturen und einer damit einhergehenden Vielzahl an Vakanzen ist ein manuelles Screenen fast nicht möglich. Ein automatisierter Abgleich zwischen neuen Stellen beziehungsweise Vakanzen und bereits vorhandenen Profilen in Form von Initiativbewerbungen ermöglicht ein »Wiederentdecken« von Kandidaten und hat hierbei großes Potenzial im Kandidaten-Sourcing.

Ein solches digitales Tool ermöglicht somit einen Geschwindigkeitsvorteil, da ein manuelles Vorscreening entfällt und stellt eine Komplexitätsreduktion dar, da aus einer Vielzahl an Profilen passende vorgeschlagen werden. Bei Zeiss zeigen erste Piloten mit solchen Matching-Algorithmen gute Ergebnisse: Basierend auf historischen

Daten werden durch das Tool meist auch die von Recruitern und Führungskräften positiv beurteilten Profile vorgeschlagen. Ein Out-of-the-Box-Kandidat wird jedoch (noch) nicht erkannt.

Stärkung der Objektivierung
Digitale Tools können in der Objektivierung des Recruiting-Prozesses helfen. Doch auch durch den Einsatz maschineller Algorithmen ist man heutzutage nicht vor Fehleinschätzung und Diskriminierung gefeit. Bekanntestes Beispiel ist der Testalgorithmus zur Personalauswahl bei Amazon, der nach ein paar Monaten wieder eingestellt wurde, da systematisch Frauen benachteiligt wurden. Hintergrund war, dass der Algorithmus mit den Profilen der heutigen Amazon-Mitarbeiter (hauptsächlich männlich) trainiert wurde. Dennoch kann Technologie an verschiedenen Stellen unterstützen, um (unterbewusste) Einstellungen, Sichtweisen und (Vor-)Urteile oder Bauchgefühle zu hinterfragen und zu korrigieren.

Ausschreibungstexte sprechen bewusst und unbewusst verschiedene Personenprofile oder Personengruppen besser oder schlechter an. Um einen möglichst großen Kandidatenkreis direkt über die Stellenausschreibung anzusprechen und zu gewinnen, setzt Zeiss auf den Einsatz eines digitalen Tools. Damit werden zum Beispiel folgende Herausforderungen bei der Formulierung einer Stellenanzeige adressiert:
- Komplexe Sätze und Wiederholungen – Kandidaten lesen nicht mehr weiter.
- Maskuline gegenüber feminine Wörter – Männer reagieren auf andere Wörter positiv als Frauen.
- Ansprache von bestimmten Persönlichkeitsprofilen über Schlüsselwörter, beispielsweise Leistungswörter gegenüber Beziehungswörtern.

Ein lernendes Tool unterstützt die Recruiter bei der Formulierung einer optimalen Stellenanzeige. Der Text wird analysiert und auf die oben genannten sowie auf weitere Kriterien geprüft und Alternativvorschläge werden unterbreitet. So kann die gewünschte Zielgruppe von Kandidaten bestmöglich, auch unterbewusst, angesprochen werden. Das Tool entwickelt sich hierbei mittels Künstlicher Intelligenz (KI) immer weiter, so dass die Stellenanzeigen kontinuierlich optimiert werden.

Ein weiterer Ansatzpunkt ist, die Kandidatenevaluation im Recruiting-Prozess nach dem Lebenslauf-Screening zu unterstützen. Während Interviews immer noch die wichtigste Evaluationsmethode darstellen, können hier ergänzende Technologien zusätzliche, objektive Einschätzungen liefern. Relevante Technologien sind hierbei unter anderem:
- klassische Leistungstests – inzwischen meist zu 100 Prozent digital und gegebenenfalls lernend,
- (interaktive) Coding-Tests für Softwareentwickler,

- Sprach- oder Textanalysen sowie
- Videoanalysen.

Alle Verfahren dienen hierbei der Unterstützung bei der Evaluation von Kandidaten in Ergänzung zu persönlichen Interviews. Vorteilhaft ist, dass der Kandidat gegen definierte Kriterien beziehungsweise anhand einer objektiven Skala gemessen wird. Diese Beurteilung von Kandidaten kann möglichen Vorurteilen oder einer Beeinflussung von Teilnehmern des Interviewpanels entgegenwirken. Die persönliche Einschätzung durch Menschen wird durch eine maschinelle Einschätzung ergänzt. Bei Zeiss wird dieser Ansatz über verschiedene Tools seit mehreren Jahren in der Auswahl eingesetzt, zum Beispiel in Zielgruppen wie Auszubildende oder Trainees.

Der Mensch im Vorteil
Der Vorteil des Menschen im Recruiting-Prozess liegt klar in der Stärkung von Persönlichkeit, Individualität und Wertschätzung bei Ansprache, Kennenlernen und dem letztendlichen Gewinnen von neuen Kollegen. Bei Zeiss wurde insbesondere auf die Stärkung dieser Perspektive in den letzten Jahren Wert gelegt, um die hohen Anforderungen der Zielgruppe im MINT- und Digitalbereich zu adressieren. Hierbei ist ein persönliches Engagement von Recruitern und Führungskräften, die gemeinsam Positionen besetzen, unerlässlich.

Kandidaten-Sourcing und erster Kontakt
Während die Identifikation von potenziellen Kandidaten durchaus automatisiert über intelligente, lernende Algorithmen erfolgen kann, ist eine persönliche Ansprache im ersten Kontakt nach wie vor entscheidend. Für das Active Sourcing bei Zeiss steht hier Qualität statt Quantität im Vordergrund. Gerade für Positionen, in denen ein breites Qualifikationsprofil gesucht wird, zum Beispiel Business Development, Produkt Management oder Entwicklungspositionen, fokussieren sich die Recruiter auf grundsätzliche, für das Unternehmen interessante Profile, die auf verschiedene Positionen passen können. Diese Kandidaten werden dann persönlich angesprochen.

Generische Ansprachen, denen man häufig schon ansieht, dass sie mehr als einmal genutzt werden, gehen unter. Nachgefragte Kandidaten erhalten heute oft bereits mehr als eine Anfrage pro Tag. Daher sind individuelle und personalisierte Nachrichten, mit Bezug auf persönliche Situation oder Werdegang, eventuelle (tatsächliche, nicht weit hergeholte) Gemeinsamkeiten, vielleicht auch humorvolle Ansprachen notwendig, um aus der Masse herauszustechen. Dabei lässt sich feststellen, dass Ansprachen durch mögliche zukünftige Führungskräfte oft wirksamer sind, als Ansprachen durch Recruiter. Schließlich lässt dies auf die hohe Wertschätzung und den Fokus der Führungskraft auf das Thema Recruiting schließen. Ebenso wertvoll sind persönliche Verbindungen zu möglichen Kandidaten. Daher ist die persönliche Empfehlung durch Mitarbeiter ein wichtiger Sourcing-Kanal, der im Vergleich zur automatisierten Suche direkt hohe Relevanz und Commitment sowohl auf Kandidatenseite als auch auf Unternehmensseite ermöglicht.

Interviews und Evaluation
Interviews sind die wichtigste Methode, um Kandidaten einzuschätzen. Diese können in verschiedenen Varianten stattfinden, zum Beispiel
- persönlich oder per Telefon/Video,
- offen oder (halb-)strukturiert,
- als Fach- oder Persönlichkeitsinterviews,
- mit Schwerpunkt auf Situationen, Verhalten oder Stärken,
- in Varianten wie Fallstudieninterviews oder Codingcases.

Natürlich geht es darum, den Kandidaten mit den gewünschten Erfahrungen, Eigenschaften sowie seiner Motivation vertieft abzugleichen. Das Interview darf jedoch keinesfalls auf die reine Evaluation des Kandidaten reduziert werden. Vielmehr ist der gesamte Kontext – von der Einladung über die An- und Abreise, das Interview selbst und die Zeit und Umgebung vor Ort – eine Visitenkarte des Unternehmens. Aus Kandidatensicht ist dies einer der wichtigsten Touchpoints, um Unternehmen, Arbeitsumgebung, Kultur und vor allem die Menschen kennenzulernen. Dieser Anspruch muss der Kerntreiber zur Ausrichtung des Interviews sein – somit kann dieser Schritt einzig durch den Menschen geleistet und nicht durch den Einsatz einer Maschine ersetzt werden.

Kandidaten persönlich gewinnen
In der letzten Phase des Recruiting-Prozesses steht im Vordergrund, den Kandidaten zu überzeugen und zu gewinnen. Dies ist und bleibt ein zutiefst persönlicher Aspekt, sowohl auf Unternehmens- als auch auf Kandidatenseite. Für den Kandidaten bietet sich hier die Möglichkeit, das neue Arbeitsumfeld erst einmal kennenzulernen, einzuschätzen und sich ein Urteil zu bilden, ob ein Wechsel (oder Einstieg) sinnvoll ist. Auf dieses Bedürfnis müssen die künftige Führungskraft und Recruiter eingehen, wenn sie diese Phase gestalten. Erster und wichtigster Touch Point sind die im vorherigen Abschnitt geschilderten Interviews. Eine Selbstverständlichkeit ist es, auf die oft vielfältigen Fragen des Kandidaten einzugehen. Darüber hinaus bietet sich im Rahmen mehrerer Interviews auch die Möglichkeit an, nicht nur die Führungskraft, sondern auch künftige Teammitglieder oder andere wichtige Ansprechpartner kennen zu lernen. Weitere Möglichkeiten eines persönlichen Überzeugens ergeben sich zum Beispiel durch
- Werks- oder Büroführungen,
- Produktvorstellungen,
- Teilnahme an Teamrunden oder auch
- Stadtführungen.

Bei Zeiss stehen drei wichtige Aspekte im Mittelpunkt dieser Aktivitäten. Der Kandidat soll die Personen (künftige Kollegen) kennenlernen, einen ersten Eindruck der Unternehmenskultur und Arbeitsweise bekommen sowie die Marke Zeiss erleben. Daher spielt es eine wichtige Rolle, dieses Markenerlebnis auch anhand von einfachen Details zu ermöglichen. Beispielsweise steht Zeiss für höchste Präzision, Interviews sollten daher pünktlich starten. Abschließend bildet diese Phase auch den ersten Schritt in Richtung Onboarding eines neuen Mitarbeiters, da bereits hier Grundlagen für spätere Netzwerke im Unternehmen gelegt werden.

Rolle der Führungskraft
Eine der wesentlichen Führungsaufgaben ist der Aufbau eines exzellenten Teams und damit auch die Einstellung von neuen Mitarbeitern. Der Einstellerfolg setzt ein signifikantes zeitliches und inhaltliches Engagement der Führungskraft im Recruiting voraus. Für Kandidaten ist es sehr wichtig zu erleben, mit wem und für wen sie später arbeiten werden. Dieser Faktor kann nur durch den Menschen abgedeckt werden.

Das Engagement der Führungskräfte und Mitarbeiter bei Zeiss beginnt bereits im Employer Branding und Human-Resources-Marketing. Hier stehen die Mitarbeiter, ihre Arbeit bei Zeiss und, sofern sie es wünschen, auch das Leben darüber hinaus im Mittelpunkt. Beispielhaft zu nennen ist hier eine Serie von Zeitschriftenartikeln mit Mitarbeiterportraits, die neben der Vorstellung ihrer Rolle und Verantwortung im Unternehmen auch den Themenschwerpunkt »Lokale Verwurzelung« hatte. Nahbarkeit und Authentizität waren hierbei Zielsetzung der Artikel. Auch bei Veranstaltungen (wie Karrieremessen oder Hackathons) bieten Mitarbeiter aus den Fachbereichen an, sich gegenseitig auszutauschen sowie Firma, Umfeld und Tätigkeit kennen zu lernen.

Im eigentlichen Recruiting-Prozess ist die Führungskraft neben dem Recruiter die Hauptbezugsperson für Kandidaten. Idealerweise teilen Führungskräfte ihre Entscheidungen sowie das dazugehörige Feedback den Kandidaten persönlich mit. Dies trägt enorm zur Wahrnehmung der Wertschätzung im Recruiting-Prozess bei und ist damit ein wichtiger Faktor für eine spätere Zusage durch den Kandidaten.

Messung des Einstellungserfolgs
Um den gesamten Recruiting-Prozess kontinuierlich hinsichtlich Effektivität und Effizienz zu prüfen, stehen bei Zeiss vier Messdimensionen im Vordergrund. Diese spiegeln sowohl Schnelligkeit als auch die qualitative Wahrnehmung des Recruiting-Prozesses wider und geben somit Einblick in die Wirksamkeit des Zusammenspiels von Mensch und Maschine (siehe Abb. 2).

Für Führungskräfte ist die Time-to-hire, also die Zeit zwischen dem Beschluss eine Stelle zu besetzen, und dem unterschriebenen Vertrag des finalen Kandidaten entscheidend. Diese Kennzahl misst die zeitliche Exzellenz des Prozesses und des Zusammenspiels der oben genannten Ansätze aus Sicht des Unternehmens. Zusätzlich wird hierbei die Zeit bis zum ersten Arbeitstag eines neuen Mitarbeiters erfasst, wohlwissend, dass hier externe Faktoren wie Kündigungsfrist und Wünsche des Kandidaten Einfluss haben. Verschiedene dazwischenliegende Kennzahlen dienen jeweils der Steuerung des Prozesses: Wie lange dauert es, bis eine Stelle ausgeschrieben ist? Wie lange dauert das erste Screening der Kandidaten etc.?

Die zweite Dimension dient der quantitativen Beurteilung des Prozesses aus Kandidatensicht. Wie viel Zeit vergeht zwischen Bewerbungseingang und Rückmeldung? Wie lange dauert es bis zum ersten Interview oder bis zum Vertrag?

Die Dimensionen drei und vier sind qualitativer Natur. Jeweils aus Sicht der Führungskraft als auch der Kandidaten wird die Zufriedenheit mit dem gesamten Recruiting-Prozess abgefragt. Bei den Führungskräften stehen hier Fragen zur subjektiven Zufriedenheit wie Geschwindigkeit, Qualität der Kandidaten und Unterstützung durch den Recruiter im Mittelpunkt. Für die Kandidaten wird ein Net-Promoter-Score erhoben. Abgefragt wird hier Folgendes:
- Wie zufrieden waren Sie mit dem Recruiting-Prozess?
- Würden Sie sich nochmals bewerben?
- Würden Sie das Unternehmen weiterempfehlen?

Ziel eines optimal abgestimmten Recruiting-Prozesses zwischen Mensch und Maschine ist es, alle Dimensionen zu verbessern, und vor allem eine Weiterempfehlung des Unternehmens durch die Kandidaten – auch wenn sie letzten Endes eine Absage erhalten.

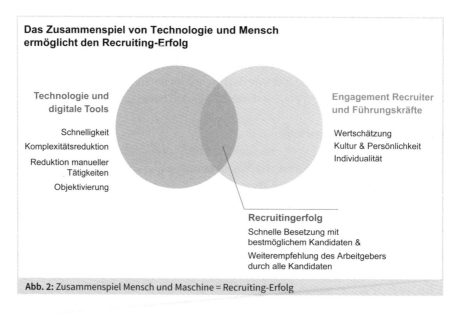

Abb. 2: Zusammenspiel Mensch und Maschine = Recruiting-Erfolg

Hinweise zu den Autoren

Dr. Florian Mezger

Dr. Mezger verantwortet bei der Zeiss Gruppe die globale Gewinnung von Mitarbeitern. Talent Attraction umfasst die strategische Kompetenzplanung, die Personalgewinnung sowie die strategische Positionierung und Vermarktung einer attraktiven Arbeitgebermarke und die Berufsausbildung. Seit Oktober 2016 verantwortete er zunächst den Aufbau des Marketings für das Recruiting von »digitalen Talenten«. Ursprünglich studierte Dr. Mezger Betriebswirtschaftslehre an der Universität St. Gallen und promovierte zu Geschäftsmodellinnovation an der Zeppelin Universität in Friedrichshafen. Anschließend war er mehrere Jahre als Projektleiter und Recruiting Director bei The Boston Consulting Group tätig.

Kontaktdaten:
Carl Zeiss AG, Carl-Zeiss-Straße 22, 73447 Oberkochen, Tel: +49 (0) 7364-20 67 97, Mail: florian.mezger@zeiss.com, Internet: www.zeiss.de

Nadine Hobler

Nadine Hobler arbeitet seit 2008 bei der Zeiss Gruppe. Nach Stationen im Produktionsumfeld, wo sie unter anderem als Projektleiterin tätig war, ist sie seit 2011 im Personalbereich der Carl Zeiss AG tätig. Im Personalmarketing betreute sie verschiedenste Konzernfunktionen als Personalreferentin, bevor sie vor knapp drei Jahren ins Recruiting wechselte. Mittlerweile verantwortet sie das Recruiting der Carl Zeiss AGG in Deutschland über die Standorte Oberkochen, Jena und München. Ursprünglich studierte Nadine Hobler Betriebswirtschaftslehre an der Fachhochschule Neu-Ulm.

Kontaktdaten:
Carl Zeiss AG, Carl-Zeiss-Straße 22, 73447 Oberkochen, Tel: +49 (0)7364 20 72 69, Mail: nadine.hobler@zeiss.com, Internet: www.zeiss.de

Die Rolle des Menschen bei der Digitalisierung im Personalwesen

Barbara Wittmann,
Senior Director Talent
Solutions, Mitglied
der Geschäftsleitung,
LinkedIn, München

Die Digitalisierung verändert unsere Welt in großen Schritten – privat wie beruflich. Während wir uns in unserem persönlichen Umfeld längst an die komfortable Nutzung von Navigations-Apps oder Online-Shopping gewöhnt haben, sind wir im Beruf noch nicht ganz so weit. Die Kombination von Digitalisierung und Personalwesen ruft bei vielen Human-Resources-Verantwortlichen, Mitarbeitern wie Führungskräften, nach wie vor Unsicherheit hervor. Der folgende Beitrag will durch Beispiele aufzeigen, wie digitale Informationen schon heute dazu beitragen können, das Personalwesen nicht nur effizienter und effektiver, sondern letztendlich auch menschlicher zu gestalten.

Einleitung

Die Einführung von digitalen Analysen (zum Beispiel Human Resources Analytics, People Analytics) wird oft mit Mitarbeiterüberwachung beziehungsweise mit der Schaffung des gläsernen Arbeitnehmers assoziiert. Als Folge stehen mehr Datenschutz und ein humanes Arbeitsumfeld mit Verständnis für die individuellen Bedürfnisse und Umstände der Belegschaft weit oben auf der Agenda. Was Analytics im Kontext Human

---

Lessons Learned

- Digitale Tools gestalten das Personalwesen nicht nur effizienter und effektiver, sondern ermöglichen auch, dem Faktor Mensch besser gerecht zu werden.
- Der Einfluss der Digitalisierung beginnt nicht erst beim Recruiting, sondern bereits bei der strategischen Personalplanung.
- Auch bei der Personalgewinnung bieten datengestützte Ansätze wie Active Sourcing und Pipeline Nurturing neue Möglichkeiten.
- Neue Mitarbeiter können mit einer personalisierten Onboarding Roadmap für den Verbleib im Unternehmen begeistert werden.
- Das Mitarbeiter-Engagement kann durch moderne Tools wie beispielsweise regelmäßige Kurzumfragen gesteigert werden.

Resources (HR) bedeutet, wer Verantwortung trägt und wie der Themenkomplex eigentlich aufgeschlüsselt werden kann, ist oft unklar. Die Digitalisierung des Personalwesens ist für viele weiterhin eine Black Box.

Folgende Fragen stehen nun im Fokus (siehe Abb. 1):
- Welche digitalen HR-Tools lassen sich heute schon nutzen, um bessere und fundiertere Entscheidungen zu treffen?
- Welche Rolle spielt hier der Einsatz von Tools basierend auf Künstlicher Intelligenz (KI)?
- Welchen Einfluss haben digitale Medien bei der Verbreitung von Inhalten und Interaktion im Kontext HR mit einem Fokus auf Recruiting?

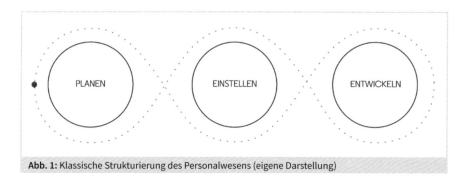

Abb. 1: Klassische Strukturierung des Personalwesens (eigene Darstellung)

Startpunkt Personalplanung

Der Einfluss der Digitalisierung beginnt nicht erst beim Recruiting, sondern bereits bei der strategischen Personalplanung. So stehen immer mehr Informationen zur Verfügung, um zum Beispiel die Standortplanung datengestützt zu optimieren – mit Zahlen zu vorhandenen Kandidaten in der präferierten Region oder der Wettbewerbssituation vor Ort. Auch Frühwarnsysteme für eine Überalterung der Belegschaft in bestimmten Abteilungen oder ein Mangel an Diversität sind gute Beispiele für eine zielführende Anwendung von Analytics im Personalwesen.

Datengestützt den passenden Standort für Unternehmen und Mitarbeiter finden
Steht ein Unternehmen vor der Aufgabe, einen neuen Standort zu eröffnen, so spielen eine Vielzahl von Faktoren eine Rolle, wie technische Infrastruktur, Verkehrsanbindung und Nähe zu Zulieferern und Kunden. In Zeiten, in denen sich der Erfolg von Unternehmen immer mehr über die Verfügbarkeit der richtigen Mitarbeiter definiert, wird dieser Parameter zu einem immer wichtigeren Kriterium für die Standortwahl. Entscheidende Fragen sind dabei:

HR-Prozesse: Talentmanagement und Neues Lernen

- In welchen Städten oder Regionen finden sich genügend Mitarbeiter mit den Kenntnissen und Fähigkeiten, die für den neu zu eröffnenden Standort erfolgsentscheidend sind?
- Wie steht es um die Konkurrenz am Markt?
- Ist in eben diesen Städten und Regionen mit einem »War for Talents« zu rechnen?

Datengestützte Tools geben mit Hilfe aggregierter Datenauswertungen Antworten. Mit wenigen Klicks lassen sich anonymisierte und aggregierte Kandidatenpool-Berichte erstellen, die eine klare Aufschlüsselung bieten, welche passenden zukünftigen Mitarbeiter verfügbar sind und wie sie auf dem Arbeitsmarkt nachgefragt werden. Diese Reports weisen auch »Hidden Gem« Locations aus – Städte und Regionen, in denen ausreichend Talente vorhanden sind, diese aber noch zum Teil weniger stark vom Wettbewerb umworben werden (siehe Abb. 2).

Abb. 2: LinkedIn Talent Insights »Kandidatenpool-Bericht«

Die datenbasierte Herangehensweise ist gleichermaßen vorteilhaft für Unternehmen wie auch für potenzielle Mitarbeiter. Letztere profitieren an ihrem Wohnort von neuen beruflichen Möglichkeiten und vermeiden Umzüge oder lange Pendelstrecken.

Ein Beispiel ist die Talentsuche eines großen Softwareunternehmens in den USA: Das Unternehmen suchte nach mehreren Cybersicherheits-Experten für die Firmenzentrale. Angesichts eines begrenzten Kandidatenpools vermutete der verantwortliche Recruiter jedoch, dass es in anderen Städten mehr verfügbare Talente mit diesen Fähigkeiten geben könnte. Mithilfe eines HR-Tools konnte er datengestützt das Potenzial eines anderen Unternehmensstandorts belegen und so das Management überzeugen, nicht am Hauptsitz, sondern an einem anderen Standort nach passenden Kandidaten zu suchen.

Ein weiteres Beispiel ist ein Tech-Unternehmen aus dem Silicon Valley, das auf strukturierte Art und Weise die Kündigungsgründe innerhalb der eigenen Belegschaft untersuchte. Es zeigte sich, dass die »Pendeldistanz« als Variable signifikant hervorstach. Das Unternehmen reagierte und eröffnete Satelliten-Büros an weiteren, zentraler gelegenen Orten, was nachhaltig dazu beitrug, die Kündigungsrate zu senken.

Insights zeigen, wo man die Aufmerksamkeit von Talenten gewinnen kann
Moderne Talent Analytics Tools können nicht nur für die Standortsuche, sondern auch im Bereich Marketing und Kommunikation hilfreich sein, indem sie Personalverantwortlichen eine Übersicht über Angebot und Nachfrage bestimmter Talente und Jobgruppen liefern. In hart umkämpften Bereichen, in denen weniger Talente verfügbar sind als nachgefragt werden, kann diese Information den entscheidenden Wettbewerbsvorteil bringen, um beispielsweise zu entscheiden, wo Employer-Branding-Kampagnen sinnvoll platziert werden. So fand ein großer Halbleiterhersteller bei der Suche nach neuen Talenten in Polen heraus, dass sich die potenziellen Kandidaten in Krakau auf wenige Unternehmen konzentrierten, während sie in Warschau viel stärker verteilt waren.

Diese Insights unterstützen die HR-Abteilung dabei, eine fundierte Recruiting-Strategie zu entwickeln und eine Employer-Branding-Plakatkampagne in Krakau vor den Gebäuden der aktuellen Arbeitgeber der potenziellen Kandidaten zu starten, um diese auf sich aufmerksam zu machen. Denjenigen, die nicht aktiv nach einer neuen Herausforderung suchen, aber neuen Möglichkeiten gegenüber aufgeschlossen sind, wurde ein Wechsel damit leicht gemacht.

Einstellung von Mitarbeitern

Betrachtet man Personalgewinnung im Kontext datengestützter Ansätze, zeigt sich eine Vielzahl relevanter Ansatzpunkte. Besonders Active Sourcing, Pipeline Nurturing, Chancengleichheit und Kandidatenzentrierung stehen dabei im Fokus. Im Folgenden sollen diese Begriffe näher beleuchtet werden. Dabei wird die Perspektive der HR-Verantwortlichen widergespiegelt, da der Mehrwert für neue Mitarbeiter auf der Hand liegt. Datenbasierte Analysen liefern den Mehrwert, neue Chancen auf dem Silbertablett präsentiert zu bekommen.

Der persönliche Kontakt zählt – Active Sourcing und Pipeline Nurturing helfen dabei
Besonders in Märkten mit geringer Arbeitslosigkeit, wie Deutschland, Österreich oder Schweiz, ist Active Sourcing, also die proaktive Suche und Kontaktaufnahme von Recruitern mit potenziellen passiven Kandidaten, längst eine Notwendigkeit. Oft suchen nur noch sehr wenige Kandidaten aktiv nach einer neuen Position, wobei weltweit etwa 90 Prozent aller Arbeitnehmer auf LinkedIn angeben, an passenden Jobangeboten interessiert zu sein, selbst wenn sie mit ihrer aktuellen Position zufrieden sind.

Active Sourcing eröffnet Recruitern einen viel größeren Pool an potenziellen Mitarbeitern. Eine zielgenaue, mit diversen Filtern konkretisierte Suche nach Kandidaten, speziellen Fähigkeiten oder expliziter Berufserfahrung ermöglicht es zudem, nur solche Kandidaten anzusprechen, die zwingend notwendige Kriterien bereits erfüllen. Zudem bietet sich in beruflichen Netzwerken wie LinkedIn die Möglichkeit, Kandidaten individuell und persönlich anzusprechen und so die Distanz zwischen Unternehmen und Bewerber abzubauen. Der potenzielle Bewerber hat die Möglichkeit, unkompliziert mit dem Unternehmen in Kontakt zu treten und Fragen zu stellen.

Schnelles Feedback und unkomplizierte Kommunikation sind besonders wichtig, andererseits ist eine strukturierte Herangehensweise unerlässlich. Selbst wenn Kandidaten sofort verfügbar sind, kann sich der Rekrutierungsprozess oft in die Länge ziehen. Erfolgsversprechend ist es daher, aktives »Pipeline Nurturing« zu betreiben und über Online-Netzwerke Alumni oder spannende Kandidaten durch persönliche Kontakte an sich zu binden. Zwar erfordert die Pipeline-Pflege einen gewissen Aufwand, doch dieser kann durch Automatisierung unterstützt werden und die investierte Zeit wird meist um ein Vielfaches im späteren Rekrutierungsprozess eingespart.

Diversity by Design – Wie KI dabei hilft, vielseitige Teams zu bilden
Was Diversität anbelangt, suchen viele Unternehmen nach Unterstützung im Bereich Talent Intelligence. In hart umkämpften Märkten, in denen Innovationszyklen immer kürzer werden, ist eine vielseitige Belegschaft zwingende Voraussetzung für Innovation und den Unternehmenserfolg. Es ist allerdings nicht immer einfach, Diversity-Schwachstellen im eigenen Unternehmen zu erkennen oder passende Kandidaten im Recruitment-Prozess zu identifizieren. Hilfe können an dieser Stelle smarte HR-Tools leisten, die dem Prinzip »Diversity by Design« folgen. Dieser integrale Grundsatz stellt sicher, dass Geschlechterverteilungen bei der Kandidatenpool-Sichtung real angezeigt werden.

Sucht ein Recruiter etwa nach Ingenieuren und die Geschlechterverteilung gestaltet sich hier in der Realität mit dem Verhältnis 9:1 (also auf neun männliche Ingenieure kommt ein weiblicher Ingenieur), so ist auch auf den Ergebnisseiten mindestens jeder zehnte Kandidat weiblich. Dies hilft sicherzustellen, dass besonders bei stark ungleicher Geschlechterverteilung nicht ein Geschlecht übermäßige Sichtbarkeit bekommt.

Smarte HR-Tools können auch Hinweise darauf geben, in welchen weiteren, inhaltlich verwandten Branchen Recruiter gute Chancen haben, beispielsweise mehr Frauen zu rekrutieren. Auch spiegeln sie wider, welche Job-Anzeigen oder Formen der Direktansprache besonders gut bei Frauen oder Männern ankommen.

Candidate first – Mit digitalen Tools den Bedürfnissen der Bewerber gerecht werden
In den Ländern beziehungsweise Regionen sowie Branchen, in denen ein »War for Talents« herrscht, befinden sich die verfügbaren Talente nicht mehr in einem Arbeitgebermarkt, sondern in einem Arbeitnehmermarkt. Dementsprechend ist die Haltung, sich Kandidaten aussuchen zu können, überholt – vielmehr müssen diese heute kontinuierlich und mit einem immer längeren Vorlauf überzeugt werden. Dazu gehört neben umfassenden Employer Branding-Maßnahmen auch ein kandidatenzentrierter Rekrutierungsansatz. Dieser kann von neuen technischen Lösungen profitieren.

Ziel ist es, mit der Zeit der Kandidaten wertschätzend umzugehen. So können beispielsweise mit Bewerbungen auf Knopfdruck die im Profil hinterlegten Daten des Bewerbers direkt ins HR-System des Unternehmens übertragen werden. Dadurch wird der Zeitaufwand für die Bewerbungserstellung erheblich verkürzt. Auch Job Interviews per Videokonferenz aufzusetzen, erspart zeitaufwändige An- und Abreisen. Daneben werden Video-Interview-Verfahren immer beliebter, bei denen der Kandidat sein Bewerbungsgespräch per Video zu einem flexiblen Zeitpunkt durchführen kann.

Als hilfreich hat es sich außerdem erwiesen, wenn der Recruiter seine Rolle weniger als Facilitator versteht, sondern vielmehr als Coach, der dem Kandidaten nach jeder Interview-Runde Rückmeldung und spezifische Hinweise gibt. Auch ist es sinnvoll, Informationen zum Unternehmen oder zur Stelle proaktiv zur Verfügung zu stellen. Wenn passive Kandidaten rekrutiert werden, sollten Personalverantwortliche keine Eigenrecherche erwarten.

Darüber hinaus ist es ratsam, vor allem sehr spezifische Anforderungsprofile auf Erfolgschancen aktiver Bewerber zu überprüfen. Für besonders anspruchsvolle Stellenprofile sind Kandidatenpools oft viel zu klein. An dieser Stelle sollten die oben beschriebenen Planungs-Tools zu Rate gezogen werden, um zu sichten, ob eine alternative Profilanforderung (zum Beispiel durch Umformulierung erforderlicher Fähigkeiten und Berufserfahrung) für die ausgeschriebene Position sinnvoll wäre und ein deutlich größerer Kandidatenpool angesprochen werden könnte.

Das Beispiel eines Software-Unternehmens aus dem Bereich digitales 2D- und 3D-Design zeigt, dass Bereichsverantwortliche häufig ihre Anforderungen nicht sinnvoll auf die vorhandenen Bewerber abstimmen. Die beauftragte Recruiterin sollte einen Software Engineering Manager finden, der elf Kriterien aufzuweisen hatte. Sie vermutete bereits, dass diese Erwartungen nicht zu erfüllen sind. Eine Analyse in Bezug auf die Größe des potenziellen Kandidatenpools zeigte, dass ihr Bauchgefühl von Daten gestützt werden konnte. Weltweit gab es tatsächlich weniger als 300 Personen, die mit den Anforderungen übereinstimmten. Also wurden die Auswahlkriterien angepasst und so die Time-to-Hire beschleunigt.

Auch Bewerber profitieren von »realistischen« Stellenprofilen, da sich viele – insbesondere Frauen – davon abhalten lassen, sich auf eine Stelle zu bewerben, wenn sie nicht alle geforderten Kriterien erfüllen.

Mitarbeiterentwicklung ab dem ersten Tag

Im Hinblick auf die Entwicklung der Mitarbeiter innerhalb des Unternehmens zeigen sich ebenfalls zahlreiche Ansatzpunkte. Hier eröffnen sich neue Möglichkeiten in nahezu allen Aspekten der Mitarbeiter-Journey: Vom Onboarding über die persönliche und fachliche Entwicklung, bis hin zu Fragen der Führung, der Mitarbeiterbindung und des -engagements. Top Talente finden, begeistern und einzustellen ist zeitaufwändig und teuer, aber noch wichtiger ist es, diese zu halten und auch weiter zu entwickeln.

Mitarbeiter mit einer personalisierten Onboarding Roadmap begeistern
Es ist weithin bekannt, dass die Zeit des Onboardings, das heißt direkt nach dem Einstieg in einen neuen Job, für neue Mitarbeiter besonders fordernd ist. Diese Zeit, in der die Beziehung zwischen Unternehmen und Mitarbeiter noch ganz frisch ist, ist beidseitig kritisch. Frühfluktuation ist nicht nur für den Mitarbeiter unangenehm, sondern auch für den Arbeitgeber. Es ist verwunderlich, dass das Onboarding in vielen Unternehmen weiterhin stiefmütterlich behandelt wird und sehr stark von der Handhabe in einzelnen Abteilungen abhängt, was häufig zu einem sehr uneinheitlichen Onboarding-Prozess innerhalb eines Unternehmens führt.

Hilfe können auch hier digitale und technische Lösungen bieten. Beispielsweise indem standardisiert regelmäßige Online-Befragungen innerhalb der ersten 100 Tage durchgeführt werden, deren Ergebnisse ermöglichen es nachzubessern, sollten sich negative Entwicklungen abzeichnen. Oder auch, indem dem neuen Mitarbeiter Online-Kurse anhand eines individuellen Lernpfades zur Verfügung gestellt werden – kombiniert mit automatisierten Erinnerungen, diese Kurse zu absolvieren. Häufig haben besonders neue Mitarbeiter Hemmungen (mehrfach) um Hilfe zu bitten. Umso wichtiger sind übersichtlich erstellte Self-Service-Center, in denen sie ganz nach Bedarf die wichtigsten Informationen abrufen können.

Wie die Digitalisierung hilft, Kompetenzlücken zu schließen
Zur Personalplanung können Analytics Tools herangezogen werden, die zeigen, welche Fähigkeiten und Kompetenzen in verschiedenen Unternehmen gefragt und zukünftig gefordert sein werden. Sie geben Aufschluss darüber, in welche Fähigkeiten Wettbewerber investieren. So sehen Unternehmen leicht, welche Kompetenzen in der jeweiligen Branche gefragt sind. Dies bietet der Personalabteilung die Möglichkeit, die eigenen Mitarbeiter frühzeitig auf diese Anforderungen vorzubereiten oder Talente von außerhalb zu suchen.

Zugang zu digitalen Lernangeboten fördert die Weiterbildung der eigenen Mitarbeiter. Ermöglicht der Arbeitgeber, qualitativ hochwertige Online-Tutorials zu unterschiedlichen Kursen in diversen Niveau-Stufen zu nutzen, können Mitarbeiter ihre Entwicklung selbst in die Hand nehmen. Auch wenn an dieser Stelle keine Verschiebung von Verantwortung entstehen sollte, ermöglichen die Kurse dem Mitarbeiter, sich komplett zeitlich flexibel und der persönlichen Interessenslage sowie dem jeweiligen Kenntnisstand angepasst, weiterzubilden.

Wie agiles Feedback Mitarbeiter bindet und motiviert
Auch das Mitarbeiterengagement kann durch moderne Tools gesteigert werden. Regelmäßige Kurzumfragen zeigen den Unternehmen, wie zufrieden ihre Mitarbeiter wirklich sind. Moderne Tools sind auch in der Lage, basierend auf KI die natürliche Sprache zu verarbeiten und aus Kommentaren beziehungsweise detailliertem Feedback Stimmungen zu analysieren. Aggregierte Daten stellen dabei sicher, dass keine Rückschlüsse auf einzelne Personen möglich sind; trotzdem erhalten Unternehmen ausführliche Informationen über die Mitarbeiterzufriedenheit.

Wichtig dabei ist, dass aus den Erkenntnissen auch sinnvolle Maßnahmen abgeleitet werden. Andernfalls können die Bemühungen das Gegenteil bewirken und Mitarbeitern das Gefühl geben, dass ihre Meinung ignoriert wird. Nutzen Unternehmen jedoch die Einblicke und empfohlenen Aktionspläne, um den Bedürfnissen ihrer Mitarbeiter besser gerecht zu werden, können sie Mitarbeiter stärker an sich binden und deren Motivation fördern. Ein Praxisbeispiel dafür liefert ein großes, in den USA ansässiges Ölunternehmen. Dieses konnte durch regelmäßige Befragungen herausfinden, dass Zusammenarbeit und Entscheidungsfindung wichtige Themen für die Finanzabteilung darstellen und beide Themen gleichzeitig auch als Hindernis für eine bessere Performance im Team gesehen werden. Mithilfe von gezielten Schulungen, Workshops und Management-Trainings konnte das Team näher zueinander gebracht und das Ergebnis in den darauffolgenden Umfragen entscheidend verbessert werden.

Mit People Analytics auf dem Weg zu einer besseren Unternehmenskultur
Wohin Mitarbeiter abwandern und wann die Gefahr der Fluktuation am größten ist – auch darüber können Analysen Auskunft geben. Analyse-Tools zeigen, zu welchen Wettbewerbern die meisten Mitarbeiter eines Unternehmens abwandern. Daraus kann die Personalabteilung Schlüsse ziehen, welche Vorteile der Wettbewerber bietet und entsprechend Maßnahmen für das eigene Unternehmen ableiten, um es attraktiver zu machen.

Auch in Hinblick auf die Diversität der eigenen Belegschaft können digitale Tools ohne großen Aufwand Fakten visualisieren. Darüber hinaus können solche Analysen für die Betrachtung von Altersstrukturen hilfreich sein. Zeigt das System beispielsweise eine Überalterung in bestimmten Abteilungen an, so kann frühzeitig reagiert und ein Wissensabfluss abgefedert werden, wenn viele Mitarbeiter in den Ruhestand gehen.

Fazit

Die Digitalisierung spielt in vielen Bereichen des Lebens heute bereits eine große Rolle. In der Mediennutzung oder im Konsumverhalten sind digitale Tools für viele kaum mehr aus dem Alltag wegzudenken. Im Personalwesen bestehen an dieser Stelle aber weiterhin Berührungsängste. Zum einen, weil mit der Nutzung digitaler Tools und digitaler Analysen eine übermäßige Kontrolle der Belegschaft sowie eine Abwertung sozialer Aspekte befürchtet werden. Zum anderen, weil vielen HR-Verantwortlichen der praktische Zugang zu Analyse-Tools fehlt und/oder, weil der klare Mehrwert für sie den Aufwand nicht zu rechtfertigen scheint.

Heute bestehen bereits an fast allen Schnittstellen der Mitarbeiter-Journey Möglichkeiten, digitale Tools einzusetzen. Diese gestalten das Personalwesen nicht nur effizienter und effektiver, sondern bieten auch die Möglichkeit, dem Faktor Mensch besser gerecht zu werden. Technologien, die durch die Digitalisierung im Bereich HR in den letzten Jahren immer häufiger eingesetzt werden, schaffen die Basis, um auch zukünftig wettbewerbsfähig zu bleiben und rechtzeitig die richtigen Mitarbeiter mit den passenden Skills an Bord zu haben. Sie unterstützen Unternehmen dabei, die Arbeitsplätze ihrer Mitarbeiter besser und fairer zu gestalten, Mitarbeiter und deren Engagement zu fördern und diese an sich zu binden. HR-Verantwortliche müssen hierbei dennoch klar kommunizieren, dass es beim Einsatz moderner Talent Intelligence Tools und People Analytics nicht darum geht, einzelne Mitarbeiter oder Personen zu überwachen oder zu durchleuchten, sondern Prozesse zu verbessern, die sowohl dem Unternehmen als auch dem Mitarbeiter oder Kandidaten Vorteile bringen.

Literatur

LinkedIn Talent Insights (2019): Abrufbar unter https://business.linkedin.com/talent-solutions/talent-insights#. Zuletzt aufgerufen am 24.06.2019.

LinkedIn Gender Insights Report (2019) Abrufbar unter https://business.linkedin.com/content/dam/me/business/en-us/talent-solutions-lodestone/body/pdf/Gender-Insights-Report.pdf. Zuletzt aufgerufen am 24.06.19.

Wie Future Skills die Personalarbeit verändern (2018): Abrufbar über file:///C:/Users/jchristo/Downloads/future_skills_diskussionspapier_02_wie_future_skills_die_personalarbeit_veraendern.pdf. Zuletzt aufgerufen am 24.06.19, S. 5.

Mohr, T. S. (2014): Why Women Don't Apply for Jobs Unless They're 100 % Qualifled; Harvard Business Review.

Hinweise zur Autorin

Barbara Wittmann

Barbara Wittmann ist seit Mai 2016 bei LinkedIn Senior Director für den Bereich Talent Solutions im deutschsprachigen Raum und Mitglied der Geschäftsleitung von LinkedIn DACH. Davor war sie Senior Vice President of Sales and Operations bei ImmobilienScout 24 und bekleidete verschiedene leitende Positionen bei Dell. Insgesamt blickt sie auf mehr als 20 Jahre Berufserfahrung zurück.

Kontaktdaten:
LinkedIn Talent Solutions DACH, Sendlinger Straße 12, 80331 München, Tel.: +49 (0)89 244 41 71 45, Mail: bwittmann@linkedin.com, Internet: https://de.linkedin.com/

Die Personalentwicklung dynamikrobuster Unternehmen

Philipp Simanek, Geschäftsführer, Organeers GmbH, Düsseldorf

Annegret Reich, Kulturentwicklerin, Fond of GmbH, Köln

Wenke Trebeljahr, Kulturentwicklerin, Fond of GmbH, Köln

In einer zunehmend verdichteten und vernetzten globalen Ökonomie entstehen Unternehmen, welche sehr wirksam mit der hohen Dynamik und Unsicherheit ihrer Märkte umgehen können. Sie folgen nicht mehr dem klassischen Managementverständnis, sondern suchen bewusst andere Wege der Unternehmensführung. Konsequenterweise wird auch die Funktion der Personalentwicklung anders verstanden. Dieser Beitrag beschreibt und erklärt einen »anderen« Ansatz von Personalentwicklung junger, dynamikrobuster Unternehmen am Beispiel der Fond of GmbH.

Einführung

Dieser Beitrag beschreibt nicht das Ergebnis eines Projekts, sondern ist eine theoretisch fundierte Bestandsaufnahme. Fond of wird als ein Beispiel für dynamikrobuste Höchstleistungsunternehmen (Wohland/Wiemeyer, 2012) verwendet, um die Beson-

---

Lessons Learned

- Dynamikrobuste Höchstleistungsunternehmen nutzen bewusst post-tayloristische Organisationsformen und Führungsmechanismen.
- Die Personalentwicklung dieser Unternehmen unterscheidet sich in zentralen Elementen von klassischer Personalentwicklung.
- Sie gibt den zentralen Steuerungsanspruch auf und erhöht bewusst die Dynamik und Komplexität innerhalb der Organisation.
- Sie nutzt einen systemischen Blick und arbeitet primär an der Organisation, um funktionale Verhaltensmuster zu erreichen.
- Die unzähligen Talente der Mitarbeiter und die Leistungsstärke echter Teams kommen so in dynamischen Umfeldern zur Geltung.

derheiten von deren Personalentwicklung (PE) zu beschreiben. Bei Unternehmen, die in hohem Maße mit komplexen und dynamischen Umfeldern wirksam umgehen, sind sich häufig viele ihrer Stärken und Besonderheiten gar nicht bewusst. Es wird als ihr individueller, natürlicher Weg des sinnvollen Wirtschaftens betrachtet. Durch einen mit Theorie ausgestatteten externen Blick können die funktionalen Muster genauer beschrieben werden.

2010 gründeten vier Freunde in Köln ohne Kenntnis der Marktregeln ein Start-up und brachten unter der Marke ergobag Schultaschen in die Läden, die das Ergonomiekonzept innovativer Trekking-Rucksäcke mit all dem verbinden, was eine Schultasche leisten muss. Inzwischen heißt das Unternehmen Fond of und es sind über 200 Mitarbeiter, sechs weitere Marken sowie ein Umsatz von 69 Millionen Euro (2018) dazu gekommen. Was geblieben ist: Selbstverantwortliche Teams, die immer neue Lösungen entwickeln. Sie sind getrieben von Neugier und haben den Glauben daran, über Design und Innovationen besondere Produkte erschaffen zu können.

Die Erfahrung, in einem völlig unbekannten Terrain mit Ideen und Umsetzungswillen erfolgreich sein zu können, hat das Selbstverständnis geprägt. Das Team sieht sich nicht als Taschen-Unternehmen, sondern als »Plattform für Entwicklungen, Potenzialentfaltung und persönliches Wachstum«. Und auf so einer Plattform können noch ganz andere Dinge entstehen, so der Ansatz.

Wie Fond of mit Marktdynamik umgeht

Das Unternehmen trat als Herausforderer im gesättigten Markt der Schultaschen auf und setzte den Wettbewerb durch Innovation und Geschwindigkeit unter Druck. Ergonomie als ein zentrales Auswahlkriterium von Schultaschen und -rucksäcken einzubringen sowie die ausgeprägte Kundenzentrierung in der Produktentwicklung veränderten die Marktdynamik.

Es befindet sich also nicht in einer Reaktions-Position, sondern hat durch eigene Ideen die Marktdynamik deutlich erhöht. Die Wettbewerber haben die Aktivitäten von Fond of selbstverständlich beobachtet und darauf mit eigenen Anpassungen reagiert. Die besondere Herausforderung für Fond of ist es, in den unterschiedlichen Marktsegmenten, in denen die eigenen Marken positioniert sind, jeweils in hohem Tempo weiterhin Funktionen und Design anzubieten, welche ihre Vorreiterpositionen festigen.

Ein Nachlassen der eigenen internen Komplexität und Dynamik zugunsten von Standardisierungen und Effizienzbestreben würde bald den Erfolg gefährden. Daher darf jedes der sieben Marken-Teams eigenständig handeln. Auf diese Weise haben sie die

Möglichkeit, optimal in ihren Märkten zu agieren. Der Zug des Marktes dominiert über mögliche Standardisierungsbestrebungen.

Industriebasierung der Managementpraktiken
Die meisten klassischen Managementpraktiken, auch die der Personalentwicklung, haben ihre Wurzeln tief in der Industrialisierung. Sie gehen implizit davon aus, dass es im Linien-Management einen Wissensvorsprung gibt, welcher die Steuerung über die Hierarchie zweckmäßig macht. In dynamischen Märkten der aufziehenden Netzwerkökonomie besteht dieser Wissensvorsprung in vielen Entscheidungsfragen im oberen Management gar nicht mehr. Stattdessen haben die Mitarbeiter der Geschäftseinheiten mit ausgeprägtem Marktkontakt einen Wissensvorsprung aufgebaut. Folgerichtig müssen viele Entscheidungen nicht mehr im oberen Management, sondern in den dezentralen, operativen Einheiten gefällt werden. Wenn ein Unternehmen diese wesentliche Erkenntnis nicht umsetzt, kann dauerhaft »Business Theater« (Vollmer, 2016) entstehen. Meetings, Reportings und Frust nehmen deutlich zu, ohne dass die Leistungsfähigkeit der Organisation steigt.

Neben der strukturellen Frage, welche Entscheidungen auf welcher Ebene gefällt werden, ist ein zentrales Element dynamikrobuster Unternehmen das Mitarbeiterverständnis. Mitarbeiter werden nicht als Fähigkeiten-Lieferanten zur Erfüllung von relativ starren Stellen-Anforderungsprofilen verstanden. Der Umgang mit Komplexität und Dynamik fordert den ganzen Menschen mit seinen unzähligen Talenten und seiner Intuition, um in Entscheidungssituationen, die nicht ausschließlich durch Wissen lösbar sind, effektiv zu agieren.

Neben effizienten Prozessen für wissensbasierte Wertschöpfung müssen Unternehmen einen Rahmen schaffen, in dem Mitarbeiter aller hierarchischen Ebenen durch empirische Vorgehensweisen neue Lösungen komplexer Probleme finden können. Mitarbeiter müssen häufiger verantwortungsvolle Entscheidungen unter spürbarer Unsicherheit selbst fällen können (Vollmer 2017; Wohland/Wiemeyer, 2012).

Die Dynamikrobustheit von Fond of basiert demnach unter anderem darauf, dass die Verantwortung für den Erfolg in den Wertschöpfungsteams liegt – und damit auch die Entscheidungsbefugnis. Weiterhin wendet das Unternehmen konsequent das Leitprinzip der Selbstverantwortung an. Das Mitarbeiterverständnis und alle Organisationspraktiken gehen davon aus, dass Mitarbeiter für sich und das Unternehmen verantwortlich handeln können und wollen.

Einführung in die PE dynamikrobuster Unternehmen

Vor diesem Hintergrund ist den Akteuren klar, dass eine standardisierende, zentral steuernde Personalentwicklung keine Hilfe wäre. Sie würde bei Fond of nicht funktionieren. Stattdessen muss die PE auf die Leistungsfähigkeit des Gesamtkonstrukts ausgerichtet sein – und damit den unterschiedlichen Wertschöpfungsströmen Vorrang vor zentralisierenden Impulsen der PE einräumen. Mit anderen Worten: Mitarbeiter aller Ebenen müssen in der Lage sein, selbst mehr und schneller Entscheidungen zu fällen. Dazu gehört auch die Fähigkeit, einschätzen zu können, wer die vorliegende Entscheidung in welcher Weise fällen sollte. Eine passende Personalentwicklung muss diese zentrale Anforderung unterstützen ohne zu bevormunden.

Im Folgenden werden am Beispiel von Fond of fünf Elemente beschrieben, die die Personalentwicklung von Höchstleistern in dynamischen Umfeldern charakterisieren. Es handelt sich nicht um eine Organisationsblaupause oder Best-Practice-Sammlung, welche zur blinden Nachahmung einladen sollen. Vielmehr sind es erste Analyse-Ergebnisse aus post-tayloristischen Unternehmen, die zur Reflexion genutzt werden können.

Element 1: Dominanz des Systemblicks aufs Unternehmen

Verhaltensweisen von Mitarbeitern in Unternehmen kann man entweder den einzelnen Mitarbeitern zuschreiben oder man kann sie dem System selbst zuordnen. Ausgehend von der Annahme, dass menschliches Verhalten sowohl von der jeweiligen Person als auch vom situativen Kontext abhängt, fokussieren dynamikrobuste Unternehmen darauf, einen möglichst funktionalen Kontext zu gestalten. Natürlich verhalten sich Menschen abhängig von ihrer Persönlichkeit, Motivation etc. unterschiedlich. Da man auf die Persönlichkeiten keinen Einfluss hat, lohnt der Blick auf den betrieblichen Kontext.

Folgt man dem systemtheoretischen Ansatz, ist die Bedeutung des Kontextes für Mitarbeiterverhalten erheblich größer als der Einfluss der individuellen Personen. Gerade weil die Mitarbeiter in der Gestaltung ihrer Arbeit hohe Freiheitsgrade benötigen, darf es nur begrenzt hierarchische Steuerungsimpulse geben. Stattdessen müssen die Strukturen, Rollen und Praktiken einen Rahmen schaffen, in welchem sich für den Unternehmenserfolg funktionale Verhaltensmuster etablieren und festigen.

Die Personalentwickler und auch die Geschäftsführung von Fond of folgen dem Verständnis, dass sich Menschen dem System entsprechend verhalten. Darum wurde ein System gestaltet, das der Wertschöpfung dient und zum Unternehmen passt. Wenn Ergebnisse nicht erreicht werden oder sich von der Unternehmensleitung unerwünschte – weil für den Erfolg schädliche – Verhaltensmuster etablieren, werden nicht Schuldige gesucht, sondern die Rahmenbedingungen der Zusammenarbeit hinterfragt. Man geht von einem positiven Menschenbild aus und unterstellt den Mitarbeitern beste Absichten.

Die ständige Weitergestaltung des Systems Fond of wird als zentrale Aufgabe der Unternehmensführung und vieler weiterer Stellen verstanden. Für die Personalentwicklung von Fond of ist der systemische Blick auf die organisationalen Fähigkeiten des Unternehmens eine Hauptaufgabe.

Element 2: Crossfunktionale Verantwortung für die organisationalen Fähigkeiten

Da sich die Personalentwicklung auf die organisationalen Fähigkeiten fokussiert, muss sie eng mit weiteren Unternehmensfunktionen kooperieren, welche ebenfalls notwendig sind, um die Arbeitsbedingungen zu beeinflussen. Dazu können zum Beispiel Organisationsentwicklung, Geschäftsentwicklung, Unternehmensstrategie, interne Kommunikation, IT und Gebäudemanagement zählen. Häusling und Fischer (2018) schlagen in diesem Zusammenhang vor, eine crossfunktionale und interdisziplinäre Einheit für die ganzheitliche Unternehmensentwicklung und Transformation zu schaffen, in welcher die Unternehmensentwicklung (Produkte, Geschäftsmodelle), Organisationsentwicklung (Transformation, Zukunftsfähigkeit der Organisation) sowie Personalentwicklung (Kompetenzentwicklung, Führung) aufgehen.

Bei Fond of kam man ebenfalls zu dem Schluss, dass die Personalentwicklung nur in enger Zusammenarbeit mit weiteren Funktionen »am System« des Unternehmens wirksam arbeiten kann. Es handelt sich letztlich um eine gemeinsame Managementaufgabe. Daher wurden in einem ersten Schritt die Aufgaben der Personalentwicklung (inkl. Führungskräfteentwicklung) und der Organisationsentwicklung in einem Team vereint, welches nur noch den Namen »Organisationsentwicklung« trägt. Eine funktionale Differenzierung innerhalb des Teams gibt es nicht. Das Team ist kein Teil der Organisationseinheit Human Resources (HR), sondern existiert eigenständig daneben.

Im nächsten Schritt wurde das Tiki-Taka-Team gegründet. Es handelt sich dabei nicht um ein Team im Sinne der Aufbauorganisation (Kasten im Organigramm), sondern um die feste, dauerhafte Zusammenarbeit unterschiedlicher Funktionen, die alle gemeinsam die Verantwortung für die organisationalen Fähigkeiten von Fond of übernehmen. Zum Tiki-Taka-Team gehören Vertreter der Teams HR, Organisationsentwicklung, Unternehmenskommunikation, Brand and Marketing und Office and Event (siehe Abb. 1).

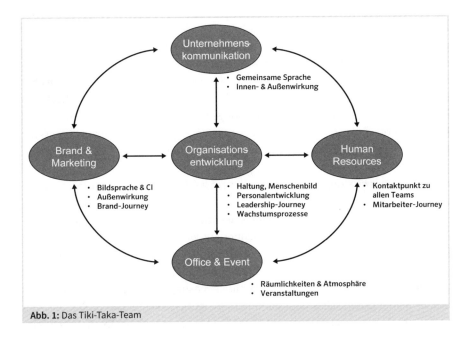

Abb. 1: Das Tiki-Taka-Team

Der Begriff Tiki-Taka kommt aus dem Fußball und bezeichnet einen Spielstil, der charakterisiert wird durch ein permanentes Kurzpassspiel. Fast die gesamte Mannschaft befindet sich fortwährend in Bewegung und lässt den Ball durch ihre Reihen zirkulieren. Fond of wählte diesen Team-Namen, weil es darum geht, sich ständig und schnell die Bälle zuzuspielen. Der Zweck des Teams ist nicht die gemeinsame Realisierung weniger Großprojekte, sondern die ständige Abstimmung und gegenseitige Anregung, um gemeinsam den Erfahrungsraum und die Fähigkeiten von Fond of mit dem Geschäft weiterzuentwickeln.

Element 3: Selbstverantwortung als Leitprinzip

Da das schnelle, eigenständige dezentrale Entscheiden in dynamischen Umfeldern erfolgskritisch ist, müssen Unternehmen hier an den richtigen Stellen hohe Freiheitsgrade für Mitarbeiter schaffen. Die Bedeutung hierarchischer Steuerung nimmt ab, sozial legitimierte, situative Führung nimmt zu. Man könnte auch sagen: Die beste Idee muss sich durchsetzen können, egal von wem sie kommt. Um Selbstverantwortung innerhalb der Wertschöpfung zu fördern, wird Selbstverantwortung als Leitprinzip für die Gestaltung des Systems verwendet. Im Management erinnert man sich im Zweifel gegenseitig daran, dass Mitarbeiter erwachsene Menschen sind, die Verantwortung übernehmen können und wollen. Und man achtet darauf, dass die Praktiken im Unternehmen keinen entmündigenden Charakter bekommen.

Ein Beispiel: In einem Mitarbeitergespräch erhält klassischerweise der Mitarbeiter vom Vorgesetzten eine Rückmeldung zu Leistung und Verhalten. Ein solches Design stärkt das hierarchische Denken und verhindert das Entstehen von »Leistungs-Partnerschaften« (Sprenger, 2012). Im Vergleich dazu wäre ein »Leistungsdialog«, welcher den Namen verdient, ein offenes Gespräch, in welchem beide Parteien ihre Rückmeldungen, Erwartungen und Interessen einbringen können. Das Ziel ist nicht, den Mitarbeiter zu optimieren, sondern die Arbeitsbedingungen zu verbessern und gegenseitig Leistungen und Formen der Zusammenarbeit zu vereinbaren.

Die Personalentwicklung von Fond of agiert auf der Basis eines humanistischen Menschenbildes (siehe McGregor, 1960). Darin ist die Selbstverantwortung als Leitprinzip verankert. Das Fundament wird in einem sechsmonatigen Onboarding neuer Mitarbeiter gelegt. Nur ein umfassendes Orientierungswissen ermöglicht es Mitarbeitern, Verantwortung zu übernehmen. Sie müssen die Instrumente, Werkzeuge und Arbeitsweisen kennen. In sogenannten Werkstätten bieten interne Kollegen Kenntnisse zu allen möglichen Themen an. Auch zu kulturellen Aspekten gibt es Werkstätten. Hier erfährt man Substanzielles über die Unternehmensgeschichte, das Verständnis von Selbstverantwortung und Tipps und Tricks für den Alltag rund um Excel, PowerPoint und sonstige Tools.

Die zentrale Aussage im Onboarding: »Vorhang auf, Bühne frei – jetzt kommst du! Gestalte deinen Weg mit und nimm es gemeinsam mit uns in die Hand.« Das betrifft sowohl die inhaltliche Arbeit als auch die eigene berufliche Entwicklung. Zur weiteren Orientierung erarbeiten alle neuen Mitarbeiter mit ihren Teamverantwortlichen einen individuellen Job-Kompass. Dieser enthält unter anderem die persönliche Job Mission, Hauptverantwortung, wesentliche angestrebte Ergebnisse, benötigte Ressourcen, benötigtes Wissen und Fähigkeiten sowie die Form des Wissenstransfers an einen möglichen Nachfolger.

Der Job Kompass liefert einen Rahmen, in dem der neue Mitarbeiter verantwortlich agieren und entscheiden kann – und ist damit eine wesentliche Voraussetzung für die angestrebte Selbstverantwortung. Neben regelmäßigen 1:1-Gesprächen und dem informellen Austausch im Alltag, wird der Job-Kompass alle sechs Monate im Performance-Dialog durchgeschaut und bei Bedarf aktualisiert, so dass sich Verantwortungsbereiche über die Zeit stark verändern können.

Die Auswahl und Umsetzung von Entwicklungsmaßnahmen liegt ausschließlich in den Händen der Teammitglieder. Die offizielle Personalentwicklung des Unternehmens hat weder eine steuernde, noch eine kontrollierende Funktion. Sie liefert vielmehr den Rahmen, damit unterschiedliche Entwicklungsangebote im Unternehmen entstehen können. So wird der Development Market als Infrastruktur angeboten und weiterentwickelt. Der Development Market ist ein digitaler Marktplatz, auf dem sich jeder auf Basis seiner eigenen Bedarfe und Wünsche Entwicklungsmaßnahmen buchen oder sich für ausgeschriebene Projekte bewerben kann.

Element 4: Fokus auf Teams

In dynamikrobusten Unternehmen werden die Wertschöpfungsteams als die zentralen Leistungszellen verstanden. Die weitere Organisation muss so gestaltet sein, dass die Teams möglichst wenig dysfunktional nach innen und damit vom Markt weg abgelenkt werden. Wenn das gelingt, geht die Leistungsfähigkeit solcher Teams weit über die Summe der Einzelleistungen der Mitglieder hinaus (siehe Sprenger, 2012; Vollmer, 2017).

Der große Entscheidungsfreiraum solcher Teams bezieht sich nicht nur auf die Sachebene der Wertschöpfung, sondern auch auf die Gestaltung der eigenen Zusammenarbeit. Die Teams müssen sich also untereinander deutlich unterscheiden dürfen, um jeweils für sich optimal aufgestellt zu sein. Daher benötigen die Teams regelmäßige Formate, in denen sie über die eigene Zusammenarbeit reflektieren. Hier entstehen Verbesserungsideen für die Teamorganisation und damit die Hebel für eine kontinuierliche Leistungsverbesserung.

Bei Fond of ist man sich der Bedeutung der Teams bewusst. Die HR-Business-Partner sind enge Begleiter und kennen die aktuellen Situationen und Herausforderungen der Teams. Im regelmäßigen Tiki-Taka-Passspiel geben sie der Personalentwicklung Hinweise, wo es Spannungsverhältnisse oder Entwicklungsthemen gibt, zu denen sich ein Beratungsgespräch anbietet. Die Teams bleiben aber frei in der Auswahl möglicher Entwicklungsangebote.

Die Reflexionsformate der Teams sehen bei Fond of unterschiedlich aus, je nach Wertschöpfung. Teams, die nach Scrum arbeiten, nutzen am Ende jedes Sprints eine Retrospektive, um über Verbesserungspotenziale der Zusammenarbeit zu sprechen. Andere Teams haben andere Rhythmen, zum Beispiel entsprechend ihrer Kollektionen. Um Teams in der Reflexion zu stärken, wurden über den Development Market Moderatoren-Ausbildungen angeboten. Die Moderatoren können anschließend Team Labs (Workshops) mit anderen Teams durchführen, um an deren Themen, wie Zusammenarbeit, Beziehungen, Aufgaben, Verantwortung oder Entscheidungsprozessen, zu arbeiten.

Element 5: Ein dynamisches Kulturverständnis

Bei Höchstleistern in dynamischen Umfeldern kann man häufig grandiose Unternehmenskulturen beobachten. Manchmal sind sich die Menschen im Unternehmen ihrer besonderen Kultur (oder Teilen davon) bewusst. Allerdings versuchen sie nicht, die bestehende Kultur zu konservieren. Die Kultur wird verstanden als die Folge sinnvoller Entscheidungen und gemeinsamen Erfolges. Sie hat sich mit dem Geschäft entwickelt und muss sich auch mit dem Geschäft weiterentwickeln dürfen. Es geht also nicht darum, einen irgendwie gearteten »Start-up Spirit« möglichst lange zu erhalten, auch wenn das Unternehmen längst mehrere Hundert Mitarbeiter zählt. Vielmehr ist das Ziel, die Strukturen und Praktiken so weiterzuentwickeln, dass sie zu den Märkten und zum Zweck des Unternehmens passen und Mitarbeiter sinnhaft und wirksam zusammenarbeiten können.

Verändern sich die Verhältnisse, und damit zwangsläufig auch die Kultur ein Stück weit, kann das für Mitarbeiter schmerzhaft sein, die die bisherige Kultur sehr geschätzt haben. Auch Fond of musste mit stetigem Erfolg feststellen, dass nicht mehr »alle um das Lagerfeuer passten«, wie noch einige Jahre zuvor. Überdeutlich wurde dies im Jahr 2016, als über 100 neue Kollegen eingestellt wurden und plötzlich die bisherige Mannschaft in der Minderzahl war. Fond of hat diesen kulturellen Schock genutzt, sich seiner Wurzeln bewusst zu werden. Gemeinsam mit möglichst vielen Kollegen wurde eine riesige Fond-of-Landkarte mit markanten Momenten und Elementen der Unternehmens- und Markenwelt entwickelt. Dies geschah nicht, um einen Status quo zu konservieren, sondern sich seiner Wurzeln bewusst zu werden und sich von dort aus weiterentwickeln zu können. Die Landkarte wird heute zum Beispiel in allen Onboardings genutzt.

Und natürlich gibt es Werte, die bisher alle Veränderungen überstanden haben und den Alltag bei Fond of prägen. So verfolgt das Team unter dem Begriff »Open Kimono« zum Beispiel den Vorrang persönlicher Kommunikation vor anderen Formen, eine große Offenheit für neue Ideen sowie das Wertschätzen und neugierige Erkunden von Unterschiedlichkeit.

Fazit

Die fünf beschriebenen Elemente tauchen als Forderungen oder Anregungen in Studien und theoretischen Konzepten immer wieder auf. In dynamikrobusten Unternehmen können sie allerdings in ihrem Zusammenwirken in der betrieblichen Praxis beobachtet werden. Für Unternehmen oder Unternehmensbereiche, die sich in ihren dynamischen Umfeldern wirksamer aufstellen wollen, können die beschriebenen Elemente eine wichtige Anregung sein, ohne dass sie im Sinne von Best Practice vorgeben, in welcher konkreten Ausformung sie zum eigenen Unternehmen passen.

Literatur

Häusling, A.; Fischer, S. (2018): Kante zeigen! Ein neues Organisationsmodell für HR. In: Personalmagazin (7), S. 52–59.

McGregor, D. (1960): The human side of enterprise, New York: McGraw-Hill.

Sprenger, R. K. (2012): Radikal führen, Frankfurt a. M.: Campus Verlag.

Vollmer, L. (2016): Zurück an die Arbeit. Wie aus Business-Theatern wieder echte Unternehmen werden, Wien: Linde Verlag.

Vollmer, L. (2017): Wie sich Menschen organisieren, wenn ihnen keiner sagt, was sie tun sollen, 2., verb. Auflage, Berlin: intrinsify Verlag.

Wohland, G.; Wiemeyer, M. (2012): Denkwerkzeuge der Höchstleister. Warum dynamikrobuste Unternehmen Marktdruck erzeugen, 3., akualis. u. erw. Auflage, Lüneburg: UNIBUCH Verlag.

Hinweise zu den Autoren

Philipp Simanek

Als Geschäftsführer der Organeers GmbH, der Managementberatung von intrinsify, arbeitet Philipp Simanek mit Unternehmen unterschiedlichster Branchen zusammen, die Höchstleister in dynamischen Umfeldern werden oder bleiben wollen. Seine Arbeitsfelder umfassen Organisation, Führung, Kultur, betriebliches Lernen und HR. Philipp Simanek war zuvor 14 Jahre lang HR Manager in unterschiedlichen Unternehmen und Branchen – zuletzt als Head of Leadership Development and Corporate Learning der ProSiebenSat.1 Group. Er studierte Organisationssoziologie sowie Betriebswirtschaft und lebt heute in Düsseldorf.

Kontaktdaten:
Organeers GmbH, Weyerbergstraße 50, 28359 Bremen, Tel.: +49 (0)421 40 89 36 77, Mail: p.simanek@organeers.com, Internet: www.organeers.com

Annegret Reich

Annegret Reich arbeitet im Bereich Organisationsentwicklung bei der Fond of GmbH. Die Entwicklung des Individuums, der Team Leads, der Teams sowie der Unternehmenskultur liegt in ihrem Fokus. Bereits seit zehn Jahren folgt sie ihrer Leidenschaft für die Themen der Persönlichkeits-, Führungskräfte- und Personalentwicklung. Ihr Weg führte sie durch unterschiedliche Unternehmen und Branchen – zuletzt war sie tätig als People Development Manager bei der OBI Group Holding. Sie absolvierte ein Studium der Betriebswirtschaftslehre und lebt in Köln.

Kontaktdaten:
Fond of GmbH, Vitalisstraße 67, 50827 Köln, Mail: anne.reich@fondof.de,
Internet: www.fondof.de

Wenke Trebeljah

Wenke Trebeljahr arbeitet im Bereich der Organisationsentwicklung und koordiniert das Tiki-Taka-Team. Sie hat bei Fond of als Produktentwicklerin angefangen, sich ins Produktmanagement entwickelt und begleitet heute das Unternehmen in Wachstumsprozessen und Unternehmenskultur. Sie ist Sportgeräte-Ingenieurin mit einer Mastervertiefung in Ergonomie.

Kontaktdaten:
Fond of GmbH, Vitalisstraße 67, 50827 Köln, Mail: wenke.trebeljahr@fondof.de,
Internet: www.fondof.de

s.mile – Wie Coaching Entwicklung erleichtert

Tina Deutsch,
Geschäftsführerin,
Haufe Advisory GmbH,
Wien (Österreich)

Mario Kestler,
Geschäftsführer,
Haufe Akademie
GmbH & Co. KG,
Freiburg im Breisgau

Was passiert, wenn Menschen zwei Jahre lang völlig freien und selbstbestimmten Zugriff auf die vielfältigsten Weiterbildungsangebote haben? Welche Rolle spielt dabei Coaching? Zwar ohne empirische Grundlage, aber dafür sehr anschaulich und lebensecht gibt das Projekt s.mile hierzu tiefe Einblicke. Wenn das Gelingen unternehmerischer Bemühungen zunehmend davon abhängt, dass Menschen und Organisationen veränderungsfähig sind und bleiben, kommt es auf die richtige Unterstützung an. Insbesondere, wenn Zeit und Budget nicht unbegrenzt zur Verfügung stehen.

s.mile – das Projekt

Warum verschenkt die Haufe Akademie in einem Modellversuch ihre Dienstleistungen? Zwei Fragestellungen führten zu diesem einzigartigen Projekt:
- Wie können die Mitarbeiter unserer wachsenden und zunehmend arbeitsteiligen Organisation den Sinn ihrer Arbeit, nämlich Entwicklung zu erleichtern, wieder stärker wahrnehmen?
- Und wie finden wir heraus, was wir noch tun können, damit sich das Nutzenversprechen unseres Unternehmens auch einlöst, außer die richtigen Angebote dafür bereitzustellen?

Lessons Learned

- Allen Teilnehmern im Projekt wurde ein persönlicher Coach an die Seite gestellt.
- Damit eine gelingende Arbeitsbeziehung zwischen Coachee und Coach entstehen kann, ist die persönliche Passung ein entscheidender Erfolgsfaktor.
- In Gesprächen zwischen Coach und Coachee zur Motivlage und Zielklärung stellte sich in vielen Fällen heraus, dass es einer Nachjustierung bedurfte.
- Ohne diese Motiv- und Zielklärungen mit den Coaches hätte das Projekt für einige Teilnehmer einen anderen Verlauf genommen.
- Der Anspruch, den konkreten Nutzen von Coaching messen zu wollen, wird zu Recht weiter steigen.

HR-Prozesse: Talentmanagement und Neues Lernen

Die Antworten zu finden, stellte uns vor zwei Herausforderungen. 320 Mitarbeiter können unmöglich bei 180.000 Kunden jährlich erfahren, inwieweit sie durch ihre Arbeit tatsächlich deren Entwicklung erleichtern. Auch wenn die direkten Teilnehmer-Feedbacks nach Seminaren oder E-Learnings äußerst zufriedenstellend sind, handelt es sich doch auf Dauer um recht nüchterne Kennzahlen. Mit ihrer Hilfe lassen sich Zielerreichungen erfassen. Doch die Zufriedenheit, mit der eigenen Arbeit einen bedeutsamen Beitrag für die Entwicklung von Menschen und Organisationen zu leisten, haben vor allem unsere Berater, Trainer und Coaches, die vor Ort und direkt mit Kunden arbeiten, nicht aber die vielen Kollegen, ohne deren konzeptionelle und organisatorische Leistung im Hintergrund das gar nicht möglich wäre. Doch wie lässt sich hier über die Distanz wieder ein persönlicher Bezug herstellen?

Die zweite Hürde liegt beim Kunden selbst: Angenommen, wir machen unseren Job perfekt und bieten optimale und passgenaue Konzepte, würden unsere Kunden diese auch in dem Maße nutzen können und wollen, wie es nötig wäre, um bestmögliche Entwicklungen zu erzielen? Stehen hier nicht zeitliche und budgetäre Grenzen im Weg? Wie oft hat das Tagesgeschäft Vorrang, wieviel Zeit bleibt, um seine eigenen Entwicklungswünsche mit den betrieblichen Erfordernissen abzugleichen?

Für beide Aspekte drängte sich eine Lösung auf: Für einen ausreichenden, aber überschaubaren Zeitraum schaffen wir ideale Bedingungen, um Entwicklung zu erleichtern. Fünfzehn Menschen erhalten zwei Jahre lang kostenfreien Zugriff auf ein riesiges Angebot an Weiterbildung, bekommen einen persönlichen Coach an die Seite und können sich selbstbestimmt ohne Einfluss ihres Unternehmens oder von anderer Seite ihrer Entwicklung widmen. Diese zwei Jahre begleiten wir mit der Kamera und dokumentieren das Projekt in einem Film und einem Buch. Anschaulich, persönlich und am echten Beispiel wird für unsere Mitarbeiter der direkte Nutzen ihrer Arbeit jenseits von Kennzahlen erfahrbar. Darüber hinaus mag das Ergebnis Menschen und Unternehmen ermutigen, sich der eigenen Entwicklung stärker zu widmen und über die Hürden von Entwicklung neu nachzudenken. Das Projekt s.mile war geboren.

Seinen Namen hat das Projekt übrigens durch Gespräche erhalten, die wir mit Führungskräften und Human-Resources-Managern (HR-Managern) der Unternehmen geführt haben, aus denen die Projektteilnehmer kamen. Die Aufwände für Training und Coaching sollten für die Teilnehmer eben keine Extra-Meile sein. Auch die Unternehmensvertreter sahen in dem Projekt eine Chance, wichtige Erkenntnisse zu sammeln, und sorgten für die notwendigen Freiräume, so dass die Meile nicht extra zu gehen war, sondern sich als »smart mile« (kurz: s.mile) leicht integrieren ließ.

Als Teilnehmer hatten wir uns Menschen mit ganz unterschiedlichen Ausgangslagen und Entwicklungspotenzialen gewünscht:

- Fachleute, die in sich verändernden Unternehmen plötzlich neuen Anforderungen gegenüberstehen;
- Führungskräfte, die mit neuen Einstellungen zu Agilisierung und Selbstorganisation umgehen wollen;
- Rückkehrer ins Berufsleben, zum Beispiel nach der Familienpause;
- Gründer, die sich nach Produkt und Vermarktung nun um Unternehmensstrukturen und Prozesse kümmern müssen;
- Geflüchtete, die in völlig neuer Umgebung ihre berufliche Zukunft aufbauen müssen.

Über Empfehlungen von Mitarbeitern und auch Personalentwicklern aus unserem Kundenkreis erreichten uns Teilnahme-Bewerbungen anhand von Leitfragen zur Motivation, die wir über ein Videoportal gesichtet hatten, bevor das Projektteam über persönliche Gespräche zur Entscheidung kam.

Entwicklung und Coaching

Anfangs war die Idee, den Teilnehmern des s.mile-Projektes Coaching anzubieten, noch vom Gedanken getrieben, unser ganzes Leistungsspektrum neben rund 1.400 Seminaren, Trainings und Lehrgängen zur Verfügung zu stellen – dazu gehört auch Coaching. Gleichzeitig war es ein wesentlicher Anspruch des Projektes, die Hürden möglichst niedrig zu halten. So wollten wir es nicht dem Zufall überlassen, ob überhaupt ein Coach herangezogen würde, sondern haben gleich im ersten Schritt ein konkretes Angebot gemacht, mit welchem Coach jeder Teilnehmer besprechen konnte, wie die zwei Jahre gewinnbringend genutzt werden konnten.

In unserem Projekt war es also der erste Schritt, den 15 Teilnehmern den passenden Coach zu vermitteln. Ein ganzes Team hat sich damit beschäftigt. Aus den Teilnehmer-Bewerbungen für das Projekt ließen sich schon viele Anhaltspunkte ablesen, so dass sich aus unserem Coach-Pool eine Shortlist bilden ließ. Die enge Verbindung zu unseren Coaches und die Erfahrungswerte und Rückmeldungen aus vielen Projekten führten letztlich zu den konkreten Vorschlägen, die wir den Teilnehmern machen konnten. Je nach Aufgabenstellung und Ausgangssituation wurden die fachlich-methodischen Kompetenzen der Coaches betrachtet, denn hier hat jeder unterschiedliche Schwerpunkte.

Damit eine gelingende Arbeitsbeziehung zwischen Coachee und Coach entstehen kann, ist aber, wohl noch stärker als im Training oder Consulting, die persönliche Passung, die »Chemie«, ein entscheidender Erfolgsfaktor. Dazu hat das Team auch den »Typ« des Coaches herangezogen. Denn wo beispielsweise der eine Coachee den fürsorglichen Typ sucht, der behutsam die richtigen Fragen stellt und sonst viel zuhört, erwartet ein anderer Coachee ganz konkret, dass sein Coach fordert, hinterfragt und ihn bis an seine Grenzen bringt. Manche suchen nach analytischen Begleitern, andere erwarten sich einen Coach, der kreative Methoden einsetzt. Unser Team hat jedem Coachee zunächst Profile der vom Team favorisierten Coaches zugesandt. Entscheidend war jedoch die persönliche Begegnung, denn ob die »Chemie« stimmt, spüren letztlich nur Coachee und Coach selbst. In zwei der fünfzehn Fälle hat sich in der Begegnung herausgestellt, dass der persönliche Fit nicht gegeben war. Die jeweiligen Gründe waren so aufschlussreich, dass sehr schnell Coaches vermittelt werden konnten, bei denen die Passung dann als sehr stimmig bewertet wurde.

Motive und Entwicklungsziele
Alle Teilnehmer hatten bei ihrer Bewerbung für das Projekt bereits ihre Ausgangssituation und ihr Entwicklungsmotiv beschrieben. Darauf setzte die Arbeit der Coaches auf. In Gesprächen zur Zielklärung stellte sich in vielen Fällen heraus, dass es einer Nachjustierung bedurfte. Manchmal war die Ausgangslage nicht ausreichend aus verschiedenen Perspektiven beleuchtet, manchmal waren Ziele nicht mutig genug definiert, manchmal zu ungreifbar. Auffällig war, dass Zielbeschreibungen oft nicht einer intrinsischen Motivation heraus entsprangen, sondern der Erfüllung von – teilweise nur vermuteten – Anforderungen aus dem beruflichen oder familiären Umfeld dienen sollten. Bei manchen der Coachees kam erst durch die Zusammenarbeit mit den Coaches das Bewusstsein auf, dass ureigene Entwicklungsmotive genauso legitim sind wie die Anforderungen, die sich aus den Motiven des Unternehmens oder der Familie ergeben. Nur wenige der Teilnehmer haben sich gleich zu Beginn des Projekts für konkrete Seminare und Trainings entschieden.

Es war eine überraschende Erkenntnis für uns, dass diese Motiv- und Zielklärungen mit den Coaches einen so großen Stellenwert eingenommen haben. Im Umkehrschluss durften wir annehmen, dass ohne diese Klärungsgespräche und auch ohne die Ermutigung, den eigenen Motiven nachzugehen, so manches Training entweder gar nicht erst gebucht worden oder womöglich in der Auswahl nicht das wirklich stimmige gewesen wäre.

Messung der Zielerreichung
Für jeden der 15 Teilnehmer hatten sich individuell unterschiedliche Entwicklungsziele abgezeichnet. Doch auch diese haben sich in den zwei Jahren für einige wieder massiv geändert. Unser Versuch, den Fortschritt der Zielerreichung über den ganzen Zeitraum zu messen, darf als gescheitert betrachtet werden. Messbar waren jedoch zeitlich überschaubare Teilziele in den unterschiedlichen Phasen des Gesamtverlaufs, die durch Coaching begleitet wurden.

Drei Beispiele, bei denen eine Zielerreichung über die gesamte Laufzeit aufgrund sich ändernder Rahmenfaktoren nicht möglich war:

- Eine Teilnehmerin ist in das Projekt eingestiegen, um ihre berufliche Selbstständigkeit mit dem Familienleben besser vereinen zu können. Plötzlich erfüllt sich überraschend der Wunsch, noch ein Pflegekind aufzunehmen und die Entscheidung drängt sich auf, aus der Selbstständigkeit in eine Festanstellung in Teilzeit zu wechseln. Schon ändert sich auch die Aufgabenstellung fürs Coaching.
- Ein Teilnehmer will sich anfangs als Restaurantmanager professionalisieren und sieht in einem besseren Zeitmanagement den Weg zu höherer Effektivität. Durch die Reflexion mit seinem Coach erkennt er, dass sein Perfektionsanspruch ihn davon abhält, Aufgaben konsequent zu delegieren und das »Wie« den Mitarbeitern zu überlassen. Im Zusammenspiel mit der für ihn zuständigen Talentmanagerin kommt die Idee auf, dass er als Ausbilder seine eigenen Ansprüche viel besser realisieren und damit auch für das Unternehmen sinnvollere Dienste leisten kann.
- Ein Teilnehmer interessiert sich als Studienabsolvent für so viele Gebiete und berufliche Möglichkeiten, dass er von der Arbeit mit dem Coach Klarheit über seine beruflichen Ziele erwartet, denn er will schnell in die Berufsausübung kommen. Nachdem er mit Hilfe des Coaches entdeckt, was ihn dabei treibt und belastet, gönnt er sich die Zeit, über ein Masterstudium mehr Fokus auf eine selbst gewählte Ausrichtung zu bekommen.

In allen drei Beispielen war es nicht möglich, am Ende der zwei Jahre messen zu wollen, wie weit man mit seiner anfänglichen Zielsetzung gekommen ist. Teilweise führte das Coaching selbst zur Veränderung der Ziele. Aber im gesamten Projekt konnte die langfristige Arbeit im Coaching für hervorragende Orientierung sorgen, damit überhaupt die richtige Richtung eingeschlagen wird. Dazu wurden je nach Phase die richtige Auswahl und auch zeitnahe Durchführung von Trainings sinnvoll koordiniert und reflektiv nachgehalten. Schließlich wurde auch der Transfer, die Anwendung des Gelernten, kontinuierlich kalibriert.

Bedeutung des Netzwerks
Insgesamt nahmen die 15 Teilnehmer in den zwei Jahren 270 Coaching-Stunden in Anspruch und nutzten 150 Trainings, Lehrgänge und E-Learnings. Die Verteilung auf die Teilnehmer war sehr unterschiedlich. Neben der Bedeutung des Coachings für den gesamten Erfolg der 15 Entwicklungswege wurde noch benannt, wie wichtig die Netzwerktreffen gewesen seien. Trotz völlig unterschiedlicher Lernfelder war allein der Austausch über die Art und Weise, wie sich Ziele klären, wie ernsthaft der Weg beschritten wird, aber auch wie verständlich und sinnvoll Abweichungen sein können, für Coachees, Coaches und auch das Projektteam ermutigend und erkenntnisreich. Da wurden gegenseitige Besuche in den Unternehmen vereinbart, Tipps ausgetauscht und auch über Hürden gesprochen, die es einem manchmal schwer machen, sich seiner Entwicklung angemessen zu widmen. Neben Coaching und Training hat also auch informelles Lernen eine große Rolle gespielt.

Coaching bringt Mehrwert

Wie eine von XING großangelegte Coaching-Studie mit 750 Personalentwicklern im deutschsprachigen Raum gezeigt hat, nimmt der erkannte Mehrwert von Coaching in der Gesellschaft zu: Zwei Drittel der Personaler setzen Coaching bereits heute als Instrument der Personalentwicklung ein, von den übrigen plant weit über die Hälfte, es künftig anzubieten (siehe XING, 2019).

Im Bestfall sollte der Coaching-Mehrwert so wie jedes andere Instrument der Personalentwicklung messbar sein. Um die Wirksamkeit eines Coachings zu messen, können unterschiedliche Analyse-Instrumente eingesetzt werden – das reicht von einfachen Vorher-Nachher-Befragungen über Diagnostiken bis hin zu umfangreichen 360_Grad-Feedback-Prozessen. Natürlich muss die Messung in Relation stehen – doch schon allein die Tatsache, dass vor und nach dem Coachingprozess bestimmte Faktoren betrachtet werden, löst oft eine noch viel aktivere Auseinandersetzung mit den gewünschten Themenstellungen aus.

Für Unternehmen zeigen sich Verbesserungen nach Coachings sehr oft in den Bereichen:
- Produktivität,
- Qualität,
- Zusammenhalt innerhalb der Organisation,
- Kundenservice und Beschwerden,
- Arbeitnehmerbindung sowie
- Kostenreduktion.

Führungskräfte, die ein Business Coaching in Anspruch genommen haben, nennen oft folgende Verbesserungen nach einem Coaching:
- verbesserte Arbeitsbeziehungen zu den direkten Vorgesetzten/Kollegen,
- verbessertes Teamwork,
- mehr Freude/Befriedigung am Job,
- Reduktion von Konflikten,
- Bekennung zum Unternehmen,
- stärkere Beziehungen zu externen Kunden.

Coaching und Digitalisierung

In den nächsten Jahren wird sich auch die Coaching-Branche zunehmend mit der Digitalisierung auseinandersetzen müssen. Die folgenden Trends werden uns ganz sicher begleiten:

Virtuelles Coaching

Während im angelsächsischen Raum virtuelles Coaching schon äußerst üblich ist, ist die Skepsis im deutschsprachigen Raum noch ausgeprägter. Wir erwarten ein immer stärker verschränktes Zusammenspiel zwischen Face-to-Face- und Remote-Coaching (Telefon, Video) und die Anforderung an Dienstleister, die Kombinationsmöglichkeit mit hoher Flexibilität anzubieten. Das reine Anbieten von virtuellen Sessions wird einen großen Teil der möglichen Themen abdecken können – für so manche Anlassfälle und Personen wird es aber nicht ausreichen: So ist beispielsweise eine Konfliktsituation oder die gemeinsame Arbeit am Habitus und Auftreten einer Führungskraft nur schwierig über Video bearbeitbar.

Coaching in Programmen

Nicht mehr ganz neu, aber in der Tendenz stark steigend ist die Kombination aus Training und Coaching im Sinne einer Lernreise, mit Coaching als Transfer-/Verankerungs-Unterstützung, wird weiterhin zunehmen. Regelmäßig sehen wir, wie steil der Impact unterschiedlicher Entwicklungsmaßnahmen ansteigt, wenn Coaching gezielt für die mittelfristige Begleitung eingesetzt wird, um Gelerntes aus Trainings in die Praxis umzusetzen. Auch der abwechselnde Einsatz von (online) Inputs und Wissenselementen auf der einen Seite sowie prozessbegleitenden Reflexionsfragen im Rahmen eines Coachings auf der anderen Seite wird immer stärker zunehmen.

Vorher-/Nachher-Assessments

Der Anspruch in Bezug auf die Messung des konkreten Nutzens von Coaching wird zurecht weiter steigen. Ganz grundsätzlich wird Management by Facts für HR-Manager eine immer höhere Anforderung. Bauchgefühl alleine wird nicht mehr reichen, ob beim Coaching oder in anderen Bereichen. Diverse Formen von Vorher-/Nachher-Analysen beziehungsweise -Befragungen oder Tests (zum Beispiel 360-Grad-Feedback, Self Assessments etc.) helfen, um den Unterschied in beobachtbarem Verhalten abzuleiten und genau aufzuzeigen, welchen Impact Coaching auf individueller sowie organisationaler Ebene hat.

Organisationale Learnings

Anstatt »nur« auf die individuelle Ebene zu blicken, werden Unternehmen immer mehr darauf achten, auch auf Meta-Ebene Learnings für die Personal- und Organisationsentwicklung abzuleiten. Ein Beispiel: Wenn plötzlich die halbe Organisation individuell nach Coaching im Bereich »Umgang mit Veränderungen« bittet, könnte es sein, dass eine Intervention auf organisationaler Ebene sinnvoll wäre. Durch diese Brille bekommt das Thema Coaching nochmals einen ganz anderen strategischen Stellenwert.

Team Coachings
Sowohl Führungskräfte mit ihren Teams, als auch Führungsteams untereinander (zum Beispiel ein gesamter Vorstand) realisieren immer mehr die potenziell großen positiven Auswirkungen eines Team Coachings. Die Arbeit miteinander – begleitet von individuellen Einzelsessions der einzelnen Teammitglieder mit dem Coach – kann dem Team zu völlig neuen Höhenflügen verhelfen. Doch echtes Teamcoaching ist eine eigene Kunst und kann nur von hochausgebildeten Coaches in hoher Qualität wahrgenommen werden.

Fazit – Eines ist sicher

Der Coaching-Markt wird sich in den kommenden Jahren rasant weiterentwickeln. Denn es wird vielen Unternehmen immer klarer: Wenn man Menschen im Unternehmenskontext einen Coach zur Seite stellt, werden sämtliche andere Weiterbildungsmaßnahmen dadurch verstärkt und beschleunigt sowie deren Verankerung erhöht. Um die richtigen Coaches zu identifizieren und mit den Coachees zu matchen, braucht es allerdings Expertise und Zeit. Um eine Vielzahl an Coaching-Anfragen abzuwickeln, eignet sich in der heutigen Zeit im besten Fall eine digital unterstützte Lösung. Am Ende zahlt es sich aus – schließlich sind die Schlüsselpersonen und deren Veränderungsfähigkeit der Haupterfolgsfaktor für den Unternehmenserfolg.

Und letztendlich kommt es heute immer mehr darauf an, als Mensch im Unternehmen an der eigenen Employability zu arbeiten und als Unternehmen mithilfe seiner Menschen veränderungsfähig zu bleiben. Digitalisierung und Demografie sind starke Argumente, langfristig in bestehende Mitarbeiter zu investieren.

Literatur

Kestler, M.; Rump, J. (2019): s.mile – Mit Sinn und Selbststeuerung zur neuen Lernkultur, Freiburg: Haufe.

XING 2019: XING Coaches + Trainer: »Coaching: Erfolgreiches Instrument der Personalentwicklung«. Abrufbar unter https://coaches.xing.com/magazin/whitepaper-coaching-erfolgreiches-instrument-der-personalentwicklung?successfully_logged_in=true

Hinweise zu den Autoren

Tina Deutsch

Tina Deutsch ist Geschäftsführerin von Haufe Advisory, das aus dem von ihr im Jahr 2015 gegründeten Technologie-Start-up Klaiton hervorging und 2018 mehrheitlich von Haufe übernommen wurde. Die Beraterin und Coach hat es sich mit dieser Unternehmensgründung zum Ziel gesetzt, die Welt des Coachings transparenter, innovativer und effektiver zu machen und mehr Menschen einfachen Zugriff zu hochqualitativen Coaches zu ermöglichen, nachdem sie am eigenen Beispiel erfuhr, dass zielgerichtetes Coaching nicht nur persönliche Entwicklung signifikant beschleunigen, sondern ganze Lebensgeschichten positiv verändern kann.

Kontaktdaten:
Tina Deutsch, Haufe Advisory GmbH, Gonzagagasse 15/5, 1010 Wien, Österreich, Tel: +43 (0) 211 40 83 31 00, Mail: tina.deutsch@haufe.com, Internet: https://coaching.haufe.com

Mario Kestler

Mario Kestler ist seit 2001 Geschäftsführer der Haufe Akademie und bereits seit 1986 bei der Haufe Group tätig. Die Bereiche Kommunikation und Marketing treiben ihn besonders um, wobei seine Leidenschaft in der Entwicklung von Menschen und Organisationen liegt. Dank Ausbildung zum systemischen Berater kann er beides aus vielfältigen Blickwinkeln betrachten. Er war Hauptinitiator des s.mile-Projekts, das 15 Teilnehmern für zwei Jahre kostenfreien und unbegrenzten Zugang zum gesamten Qualifizierungsprogramm der Haufe Akademie ermöglichte.

Kontaktdaten:
Mario Kestler, Haufe Akademie GmbH & Co. KG, Munzinger Straße 9, 79111 Freiburg, Deutschland, Tel: 0761 898 – 42 52, Mail: mario.kestler@haufe-akademie.de, Internet: www.entwicklung-erleichtern.de

Digitalisierung, Lernumgebung und betriebliche Qualifizierung im Kontext technologischer Veränderungen

Jan Balcke, Leitung
Human Relations 4.0,
Airbus Operations GmbH,
Hamburg

Analysen aus Wissenschaft und Wirtschaft folgend kommt HR im Prozess der digitalen Transformation hin zu einem technologisch vollständig vernetzten Unternehmen die Rolle von Change Agents zu. Bei der Rollen- und Aufgabenbeschreibung stehen wir noch am Anfang, erste mögliche Themen sind identifiziert, erste Fragestellungen und auch Antworten zur Vorgehensweise erarbeitet. Viele Ansätze zur Lösungsfindung verbleiben jedoch auf einer generischen, abstrakten Ebene und sind in der Regel branchenunspezifisch. Es fehlt an konkreten Settings für das produzierende Gewerbe im Allgemeinen sowie für die Luftfahrt im Speziellen.

Veränderte Beziehungen zwischen Mensch, Organisation und Technologie

Airbus ist ein weltweit führendes Unternehmen im Bereich Luft- und Raumfahrt sowie den dazugehörigen Dienstleistungen und steht heute wirtschaftlich robust da. Der Umsatz betrug 64 Milliarden Euro im Jahr 2018, die Anzahl der Mitarbeiter rund 134.000. Die Luftfahrtbranche insgesamt ist von einem internationalen Duopol (Air-

---

Lessons Learned

- Die Industrie 4.0 induziert grundlegende Veränderungen in den Relationen zwischen Mensch, Organisation und Technologie.
- Cyber-physische Systeme innovieren Produktionsprozesse und Produktentwicklungen in immer kürzeren Zyklen.
- Bewährte Kompetenzkonzepte sowie berufliche Expertise-Modelle erscheinen nicht mehr zeitgemäß und bedingen neue Qualifizierungsansätze.
- Fragen der zukünftigen betrieblichen Mitbestimmung sind ebenso zu klären wie die der Schutzbedürftigkeit persönlicher Daten.
- HR muss zum Change Agent des digitalen Wandels und der digitalen Transformation werden.

bus aus Europa und Boeing aus den USA) im Bereich der Langstreckenflugzeuge, einem großen Auftragsbestand und guten Geschäftsaussichten gekennzeichnet.

Doch in wie weit könnten Einflussfaktoren wie zum Beispiel technologischer Fortschritt, Fachkräftemangel, gesellschaftliche Veränderungen oder staatliche Regulierung das Geschäftsmodell von heute in Frage stellen? Und wie stellen wir sicher, dass unter veränderten Rahmenbedingungen die geeigneten Beschäftigten mitbauen?

Eines ist klar: Die Flugzeugproduktion von morgen wird sich deutlich von jener, die wir heute kennen, unterscheiden. Dies wirft Fragen auf, auf die keine pauschalen Antworten gegeben werden sollten, die aber einer Einordnung in den Gesamtkontext bedürfen:
- Welche heute noch relevanten Qualifikationsprofile werden mittelfristig, also in einer Zeitspanne von circa fünf bis zehn Jahren und darüber hinaus, Bestand haben?
- An welchen Arbeitsplätzen ist konkreter Anpassungsbedarf in Form von Weiterbildungs- und Trainingsmaßnahmen erkennbar?
- Wo wird der Einsatz neuer Technologien die Beschäftigten vor veränderte Rahmenbedingungen hinsichtlich der Interaktion zwischen Mensch, Maschine und der jeweiligen Organisation stellen?
- Werden durch den Einsatz von Künstlicher Intelligenz (KI), oder auch ›Künftiger Informatik‹ und einer vollständig vernetzten Produktion Wettbewerbsfähigkeit, Effizienzsteigerungen und der Erhalt von Arbeitsplätzen in einem Hochlohnland wie Deutschland zu realisieren sein?

Technologische Transformation und die sogenannte Industrie 4.0 induzieren bei Airbus grundlegende Veränderungen in den Relationen zwischen Mensch, Organisation und Technologie. Die Human Resources (HR) sind hiervon in besonderer Weise betroffen:
- Kompetenzmodelle sind für eine Tätigkeit in einer von vernetzten Systemen geprägten Umgebung auf allen Ebenen des Unternehmens neu zu denken;
- Qualifizierungsansätze zum arbeitsplatz-integrierten Lernen sind zu implementieren;
- neue Arbeitsplatzmodelle sind zu entwickeln und zu testen;
- an veränderte Rahmenbedingungen industrieller Arbeit angeglichene Formen der Arbeitsorganisation sind für die ›White-Collar‹-Population (Office Floor) sowie für die ›Blue-Collar‹-Beschäftigten (Shop Floor) zu validieren.

Globaler Stimulus für eine industrielle Welt im Wandel ist das Internet der Dinge, Dienste und Daten. Rahmenbedingungen für den Veränderungsprozess ergeben sich etwa aus der Airbus-Unternehmensstrategie, aus neuen Anforderungen an eine moderne Mitbestimmung, aus dem durch Industrie 4.0 stimulierten Change-Prozess sowie aus der Governance, der Kultur und den Werten des Unternehmens.

Das Projekt Human Relations 4.0 bei Airbus

Mit dem Projekt Human Relations 4.0 (HR 4.0) setzt Airbus den Fokus auf den Schlüsselfaktor und Change Agent in der digitalen Transformation zu einer fortlaufend lernenden und durch Echtzeitdaten gefütterten, im ständigen Austausch miteinander stehenden Produktion: den Menschen. Folgende Leitfragen prägen die innerbetriebliche Diskussion und den Diskurs mit externen Partnern und Institutionen:

1. Wie erfolgt die Qualifikation des Personals der Zukunft von Airbus in einer veränderten industriellen Umgebung? Welche Kompetenzen sind für Blue- und White-Collar erforderlich?
2. Wie sieht der Arbeitsplatz der Zukunft, wie die zukünftige Arbeitsorganisation für eine Industrie 4.0 bei Airbus aus?

Komplexe Antworten sind in einem hochagilen, sich international entwickelnden Umfeld zu erwarten, die sowohl generische als auch luftfahrt-spezifische Anteile umfassen und eine veränderte Haltung von den Beschäftigten auf allen Ebenen bei der Umsetzung erfordern werden.

Drei Teilprojekte werden durch Airbus mit Kernpartnern aus Wissenschaft und Wirtschaft realisiert:

1. Ein Think Tank HR 4.0, der eine interdisziplinäre Wissensumgebung Airbus-spezifischer Konzepte einer zukünftigen Personalentwicklung erdenkt und erarbeitet.
2. Die »Learning and Exploration Factory«: Als kollaborative Austausch- und Explorationsplattform werden neue Erprobungsräume für Vocational Training, Continuing Education und Professional Trainings mit Fokus auf Industrie 4.0 sowie für Airbus-interne Innovations-, Entwicklungs- und Forschungsprojekte zu HR 4.0 mit regionalen, nationalen und internationalen Bezügen initiiert.
3. Das »Human Relations 4.0 Cockpit«: Integration aller Querschnittsthemen wie Projektmanagement, Lenkungskreis Produktion (Gremium besetzt aus Arbeitgeber- und Arbeitnehmervertretern, basierend auf einer Gesamtbetriebsvereinbarung – GBV) und Monitoring über HR-spezifische sowie Technologieprojekte.

HR 4.0 agiert zudem als integraler Partner bei F&E-Anträgen auf europäischer und nationaler Ebene (Bundesministerium für Wirtschaft, Bundesministerium für Arbeit, Bundesministerium für Bildung und Forschung) in Zusammenarbeit mit wissenschaftlichen Institutionen, Verbänden, Klein- und Mittelunternehmen sowie Startups.

Das Projekt HR 4.0 wäre ohne die konzeptionelle und beratende Unterstützung des Berliner Educational Technology Lab des Deutschen Forschungszentrums für Künstliche Intelligenz (DFKI) sowohl in seiner heutigen Ausrichtung, noch in seiner organisatorischen Form, so nicht umsetzbar gewesen.

Die Ausgangssituation

Industrie 4.0 induziert durch den Prozess der digitalen Transformation substanzielle, mitunter grundlegende Veränderungen in den bis dato bestehenden Verhältnissen von Technologie, Organisation und Mensch. Cyber-physische Systeme innovieren Produktionsprozesse und Produktentwicklungen in immer kürzeren Zyklen. Unterstützt durch die Potenziale autonomer, IP-basierter Steuerungsverfahren mit Echtzeit-Daten entstehen für Produktion und Produkt hochflexible, hochagile Szenarien bis zur maximalen Individualisierung (Losgröße 1).

Mensch und Organisation sind hiervon gleichermaßen nachhaltig beeinflusst: bestehende Mensch-Technik-Interaktionen verändern sich und suchen neue Formen; bewährte Kompetenzkonzepte sowie berufliche Expertise-Modelle erscheinen nicht mehr zeitgemäß und bedingen neue Qualifizierungsansätze; bekannte Berufsbilder und Tätigkeitsprofile sind diskussionswürdig; neue Arbeitsplatzmodelle werden erforderlich.

Fragen der zukünftigen betrieblichen Mitbestimmung sind dabei ebenso zu klären wie die der Schutzbedürftigkeit persönlicher Daten und des individuellen Vertrauens in die Entwicklungen bis hin zu heutigen und zukünftigen Werten eines Unternehmens auf dem Weg ins Internet der Dinge, Dienste, Daten. Die Begleitung, Setzung und kritische Reflektion dieser Themen, orchestriert durch die Involvierung der externen Partner und deren Wissen, stehen im Mittelpunkt der Aktivitäten von HR 4.0.

Motivation und Handlungsbedarf

Standen noch vor wenigen Jahren die technologischen Herausforderungen im Zentrum der Debatte zu Industrie 4.0 in Deutschland, kann seit wenigen Jahren eine Verschiebung hin zu Fragen zukünftiger Arbeitsformen und der Gestaltung des Arbeitsplatzes, veränderter Kompetenzanforderungen und Mitarbeiterprofile, neuer Bildungs- und Qualifizierungsformate bis hin zu Fragen der individuellen Autonomie und Selbstbestimmtheit, aber auch Grenzen der Mitwirkung im Prozess der digitalen Transformation beobachtet werden.

Die Human Resources werden zu Change Agents des digitalen Wandels und der digitalen Transformation. Betrachtet man die aktuelle HR-Situation in der Industrie 4.0 genauer, muss festgestellt werden, dass man am Anfang steht – erste Themen wurden identifiziert, erste Fragestellungen erarbeitet. Beispielsweise:
- Wie gestaltet sich die Interaktion von Mensch, Organisation und Technologie?
- Welche Arbeitsplatzmodelle, welche Arbeitsformen wird es zukünftig (noch) geben?
- Wie sieht der Mitarbeiter in der Industrie 4.0 aus und wie verändert sich das Rollenverständnis?
- Welche Kompetenzen werden benötigt?

- Welche neuen Berufsfelder entstehen?
- Welche Angebote in der Aus-, Fort- und Weiterbildung müssen entwickelt, welche neuen Vermittlungsmethoden müssen erprobt werden?
- Wie gelingt es, die digitale Transformation greifbar sowie erlebbar zu machen?
- Wie können Ängste reduziert, Barrieren verhindert, Selbstbestimmung und persönliche Autonomie gefördert werden?

Hinsichtlich der Klärung dieser (und vieler weiterer) HR-Fragen ist man in Wissenschaft und Wirtschaft von praxisrelevanten, handlungsleitenden Antworten derzeit weit entfernt. Viele Ansätze verbleiben auf einer abstrakten, generischen Ebene, sind domain-unspezifisch und dienen Branchen und Unternehmen bestenfalls für eine erste Orientierung. Doch auf dem Shopfloor, in konkreten Settings des produzierenden Gewerbes müssen diese Fragen letztlich beantwortet, Lösungen erarbeitet und erprobt werden, um die prognostizierten Mehrwerte der digitalen Transformation de facto generieren zu können.

Die weltweit wettbewerbsfähigen Produkte der europäischen Luftfahrtindustrie stehen dabei exemplarisch für ein hohes Qualitätsversprechen im Prozess der digitalen Transformation. So stellt die Luftfahrt eine bedeutende Säule der Wertschöpfung sowie Beschäftigung innerhalb des Industriestandorts Deutschland dar. Um diesen Erfolg fortzusetzen, bedarf es einer frühzeitigen Auseinandersetzung mit den Auswirkungen von Industrie 4.0 auf die Luftfahrt sowie insbesondere auf die hier beschäftigten Mitarbeiter.

Airbus Learning and Exploration Factory

Der Wandel, dem Unternehmen in Zeiten und im Zuge globalisierter Wertschöpfungsketten ausgesetzt sind, erfordert gut ausgebildete Mitarbeiter, die in der Lage sind, sich auf neue Situationen einzulassen und kreative Lösungen zu entwickeln. Hierzu ist eine zielführende Weiterbildung der Mitarbeiter erforderlich. Da herkömmliche Lehrmethoden durch die Praxisferne nicht den gewünschten Erfolg erzielten, wurden neue Lernformen entwickelt. Planspiele, wie Unternehmenssimulationen, lieferten den ersten Beitrag, um den Wissenstransfer des Gelernten in die Praxis zu fördern. Hier stellt sich jedoch häufig die Frage, wie die Lehrinhalte explizit auf den eigenen Arbeitsplatz übertragen werden können. Lernfabriken können hier durch die Abbildung realer Produktionsbedingungen einen großen Beitrag leisten und werden daher zunehmend in Industrie und im universitären Umfeld eingesetzt (Abele et al., 2015; Kreimeier, 2014).

Der Begriff ›Lernfabrik‹ ist allerdings nicht einheitlich definiert, da Lernfabriken unterschiedliche inhaltliche Bereiche abdecken und verschiedene didaktische Konzepte verwenden. Jedoch haben alle Lernfabriken gemein, dass Unternehmensprozesse in einer realen Produktionsumgebung abgebildet werden, die einen Transfer für die Lernenden auf ihre eigenen Arbeitsbedingungen fördert (Abele et al., 2015).

Neue Technologien im Zuge des ›Internets of Things‹ und einer vernetzten Produktionsumgebung stellen Industrieunternehmen vor große Herausforderungen. Dies betrifft auch die Vorbereitung ihrer Mitarbeiter auf Industrie-4.0-Lösungen. Infolge dessen erweitern viele Lernfabriken ihr Portfolio um Industrie-4.0-Anwendungen. Hier stehen in Zukunft insbesondere die Mitarbeitersensibilisierung für neue Technologien und die veränderte Rolle des Menschen in der Produktion im Fokus (Krückhans, 2016). Ferner werden Lernfabriken zunehmend als Forschungsfabriken für die Forschung an realen Objekten und als Demonstrationsobjekt für neue Forschungsinhalte genutzt.

Vor dem Hintergrund dieser Entwicklung hat sich Airbus dafür entschieden, am Standort Hamburg eine Learning and Exploration Factory (LEF) aufzubauen. In einem zunehmend von neuen Technologien geprägten Arbeitsumfeld fokussiert sich die LEF vor allem auf die folgenden Fragestellungen: Mit welchen Qualifikationsvoraussetzungen, mit welchen Formen der Arbeitsplatzgestaltung und mit welchen veränderten Rollenanforderungen sehen sich die heutigen und zukünftigen Mitarbeiter und Führungskräfte konfrontiert?

Innerhalb der LEF werden neue Technologien (Smart Wearables, Robotics etc.) erprobt, deren Akzeptanz (im Sinne von Gestaltungsmöglichkeiten) wird gemessen sowie Feedback von den Mitarbeitern eingeholt. Der Fokus liegt einerseits auf forschungsrelevanten Aktivitäten (zum Beispiel der Einsatz von Assistenz- und Wissensdiensten auf der Datenbasis von KI) und andererseits auf den veränderten Anforderungen an die Mitarbeiter innerhalb einer von Manufaktur geprägten Produktion.

Die konzernweit erste LEF innerhalb des Airbus-Konzerns wurde im Dezember 2018 am Standort Hamburg eröffnet und wird seitdem von unterschiedlichen Fach- und Fertigungsbereichen als inspirierendes Explorationsumfeld aktiv nachgefragt. Das Angebot der LEF fokussiert sich auf die Zukunft der Arbeit im Zuge des Flugzeugbaus von morgen und speist daraus ihre hohe Attraktivität. Sie befindet sich in zentraler Lage innerhalb des Werkes in Hamburg und ist somit einfach und barrierefrei für Mitarbeitende aus allen Bereichen zugänglich.

Die Sozialpartner sind sowohl in die Konzeptionsphase, als auch in die konkrete Umsetzung des Projekts im Rahmen der Gesamtbetriebsvereinbarung von Beginn an einbezogen worden. Im Juni 2019 wurde die ›LEF im Rahmen von HR 4.0‹ durch den Bundesverband der Personalmanager (BPM) mit dem BPM-Award in der Kategorie Großunternehmen ausgezeichnet.

Arbeitsplatzmodelle und Mitbestimmung

Im Industrie-4.0-Diskurs stellt die Frage nach den Folgen für Qualifikations- und Kompetenzanforderungen mittlerweile ein wichtiges Thema dar. Die zunehmende Bedeutung von Komplexität oder interdisziplinären Kenntnissen für das Arbeitshandeln ist längst keine Neuigkeit mehr. Die Herausforderung liegt vielmehr darin, diesen Wandel in Bezug auf Arbeit 4.0 zu exemplifizieren.

Vor allem aber ist eines festzuhalten: Es gibt nicht den Anforderungswandel und nicht die Qualifikationen und Kompetenzen, die ein Beschäftigter haben muss, um im digitalen Wandel bestehen und sich beruflich weiter entwickeln zu können. Was sich tatsächlich durchsetzt, ob und inwieweit Veränderungen in den Tätigkeitsstrukturen und Aufgabenprofilen eintreten, hängt neben der Technik, der Branche und dem konkreten Prozess entscheidend vom Setting der Arbeitsorganisation und der Arbeitsplatzmodelle ab.

Bei allen vollmundigen Bekenntnissen zu Autonomie und Dezentralisierung stellt die Arbeitsorganisation indes vielfach eine Leerstelle in der aktuellen Debatte um Arbeit und Bildung 4.0 dar. Damit wird ein zentraler Strukturierungszusammenhang ausgeblendet, der das Handeln von Management und Beschäftigten in der betrieblichen Praxis prägt und dieses in neuer Qualität ermöglichen (Mensch als Entscheider/Steuerer) wie auch restringieren (Mensch als Anhängsel der Maschine) kann (Rogalla/Kurz, 2016; Ittermann/Niehaus/Hirsch-Kreinsen, 2015; Kurz, 2014).

Bei der Gestaltung von Arbeitsorganisation und Arbeitsplatzmodellen im Sinne einer neuen betrieblichen Praxiskultur guter Arbeit 4.0 sind sechs Dimensionen von besonderem Interesse:
1. Neue Aufgabeninhalte und Aufgabenumfänge (Aufgaben- und Funktionsintegration in vernetzten Informations- und Produktionsräumen oder Spezialisierung/Polarisierung);
2. neue Formen der Kooperation von Menschen (in den Prozessen wie auch Prozesse und Wertschöpfungsketten übergreifend);
3. neue Formen der Zusammenarbeit mit Maschinen,
4. neue Formen der Unterstützung (Lehr- und Lernformen) durch Assistenten bei zunehmender Komplexität (»Datafizierung«/Virtualisierung) in Verbindung mit der Erprobung neuer ergonomischer Konzepte;
5. neue Formen von Hierarchie und Steuerung (digital basierte Kontrollsysteme oder Dezentralisierung mit Zugewinn von Handlungsspielräumen und Dispositionsmöglichkeiten insbesondere mit Blick auf den Wandel bei Entscheidungen und Verantwortungen: Mensch-Maschine aber auch Mensch-Mensch) sowie
6. neue Formen räumlicher Entkoppelung, Verhältnis Arbeits- und Freizeit, Arbeitszeitgestaltung.

Ihr eigentliches Potenzial kann die Gestaltung neuer Formen der Arbeitsorganisation erst dann entfalten, wenn sie mitbestimmt und beteiligungsorientiert gestaltet ist. Gerade, weil bei der Gestaltung der Digitalisierung große Wissensdefizite über den möglichen Erfolg oder Misserfolg etwaiger Maßnahmen existieren (Schupp, 2016), braucht Arbeit 4.0 starke Formen der Einbindung von Management, Betriebsrat, betroffenen Beschäftigten und IG Metall. Einschlägige Studien bestätigen (Schwarz-Kocher et al., 2011; Scholl et al., 2013): Eine Beteiligung des Betriebsrats kann den wirtschaftlichen und sozialen Erfolg von Innovationen erhöhen. Letzteres bedeutet nicht nur die Regelung der negativen Folgen, sondern vor allem auch die Durchsetzung eigenständiger Innovationsziele im Sinne der Gestaltung guter Arbeit.

Mitbestimmung und kontinuierliche, institutionell gesicherte Beteiligungsformen können einen konstruktiven Dialog zwischen Betriebs- und Tarifpartnern begründen und auf Basis von betrieblichen und tariflichen Regelungen Leitplanken für eine lernförderliche, humanorientierte Gestaltung der digitalen Arbeitswelt greifbar machen (Kurz, 2014). Es besteht zudem die Chance, eine Praxis- und Umsetzungskultur zu erreichen, in der neue Beteiligungsformen und Leitungsstrukturen (zum Beispiel bereichsbezogene und selbstorganisierte Ausgestaltung von Arbeitsplatzmodellen in betrieblichen Praxislaboren) gemeinsam entwickelt, gestaltet und erprobt werden können.

Die Entwicklung neuer Formen der Beteiligung und nachhaltiger/alternativer Gestaltungsansätze sprengt offensichtlich den Rahmen von Standardaufgaben und erfordert zusätzliche Ressourcen. Vor allem aber müssen solche Aktivitäten auf die sichere Basis von Tarifverträgen und betrieblichen Vereinbarungen gestellt werden, die den Beschäftigten verlässliche Rahmenbedingungen und einen fairen Anteil am erwirtschafteten Wohlstand ermöglichen.

Literatur

Abele, E. et al. (2015): Learning Factories for research, education, and training. In Kreimeier, D. (Hrsg.): 5th Conference on Learning Factories. Procedia CIRP. Volume 32, Bochum. S. 1–6.

Ittermann, P.; Niehaus, J.; Hirsch-Kreinsen, H. (2015): Arbeiten in der Industrie 4.0. Trendbestimmungen und arbeitspolitische Handlungsfelder. Düsseldorf.

Kreimeier, D. et al. (2014): Holistic Learning Factories – A Concept to Train Lean Management, Resource Efficiency as Well as Management and Organization Improvement Skills. In ElMaragy, H. (Hrsg.): Variety Management in Manufacturing – Proceedings of the 47th CIRP Conference on Manufacturing Systems. Elsevier, Procedia CIRP 17, Bochum. S. 184–188.

Krückhans, B. et al. (2016): Learning Factories qualify SMEs to operate a smart factory. In Dimitrov, D.; Oosthuizen, T. (Hrsg.): Proceedings 6th International Conference on Competitive Manufacturing (COMA), S. 457–460. Stellenbosch.

Kurz, C. (2014): Industrie 4.0 verändert die Arbeitswelt. Gewerkschaftliche Gestaltungsimpulse für bessere Arbeit. In Schröter, W. (Hrsg.): Identität in der Virtualität. Einblicke in neue Arbeitswelten und Industrie 4.0, S. 106–112. Mössingen.

Rogalla, I.; Kurz, C. (2016): Industrie 4.0. Arbeit, Aus- und Weiterbildung in den Anwendungsszenarien. Berlin.

Schupp, J. (2016): Handlungsbedarfe und betriebliche Praxislabore aus Sicht der Wissenschaft. Präsentation auf der Abschlusssitzung der Fokusgruppe des BMAS »Orts- und zeitflexibles Arbeiten« am 15.04.2016 in Berlin.

Schwarz-Kocher, M. et al. (2011): Interessenvertretung im Innovationsprozess. Der Einfluss von Mitbestimmung und Beteiligung auf betriebliche Innovation. Berlin.

Scholl, W. et al. (2013): Innovationserfolg durch aktive Mitbestimmung. Die Auswirkungen von Betriebsratsbeteiligung, Vertrauen und Arbeitnehmerpartizipation auf Prozessinnovationen. Berlin.

Hinweise zum Autor

Jan Balcke

Jan Balcke, Diplom-Ökonom, leitet das transnationale und divisionsübergreifende Projekt ›HR 4.0‹ bei Airbus Commercial. Gemeinsam mit dem DFKI hat er 2016 das Strategiekonzept ›Human Relations 4.0‹ geschrieben, deren Roadmap und Einzelprojekte derzeit umgesetzt werden. Zuvor war Jan Balcke Ausbildungsleiter sowie Assistent der Geschäftsführung. Vor seiner Zeit bei Airbus hat er unter anderem als Strategie-Berater gearbeitet. Sieben Jahre war er Mitglied der Hamburger Bürgerschaft.

Kontaktdaten:
Airbus Operations GmbH, Human Relations 4.0, Kreetslag 12, 21129 Hamburg, Tel.: +49 (0)40 743 72800, Mail: jan.balcke@airbus.com, Internet: www.airbus.com

Mit Nudging eine lernfreundliche Organisationskultur gestalten

Dr. Nicole Behringer,
Organizational & Leadership Culture, Daimler Mobility AG, Stuttgart

Beim Nudging werden Menschen sanft zu einem bestimmten Verhalten gelenkt. Dabei wird die Situation so gestaltet, dass sich die Person selbst für ein bestimmtes Verhalten entscheidet – ganz ohne Vorgaben oder Verbote. Nudging findet bislang in unterschiedlichen gesellschaftlichen Bereichen Anwendung wie zum Beispiel in Politik und Gesundheitswesen. In diesem Beitrag wird Nudging auf das Lernen in Organisationen übertragen. Es werden Nudges vorgestellt, mit denen die Lernkultur gestärkt werden kann.

Was steckt hinter dem Begriff Nudging?

Beim Nudging (engl. für Stupsen oder Schubsen) geht es darum, Menschen durch kleine Stupser (sogenannte Nudges) zu einem gewünschten Verhalten zu bewegen, anstatt mit Verboten, Vorschriften und Regeln zu agieren. Nudging geht auf Thaler und Sunstein (2009) zurück, die diesen Ansatz vor allem auf Gesundheits- und Konsumentscheidungen anwenden. Besonders populär wurde Nudging seit Thaler 2017 für diesen Ansatz mit dem Wirtschaftsnobelpreis ausgezeichnet wurde.

Lessons Learned

- Beim Nudging wird eine Entscheidungssituation bewusst gestaltet, so dass ein bestimmtes Verhalten wahrscheinlicher wird.
- Nudging beruht auf unterschiedlichen psychologischen Wirkmechanismen wie Framing, Priming und Salienz.
- Nudging kann helfen, die Kompetenz, selbstorganisiert und selbstgesteuert zu lernen, beim Lernenden zu verbessern
- Das Nudging Konzept eignet sich hervorragend, um die Lernkultur im eigenen Unternehmen aus einem anderen Blickwinkel zu betrachten.
- Durch das gezielte Design unternehmensspezifischer Nudges können informelles Lernen und Wissensaustausch, aber auch formale Lernangebote gefördert werden.

Das zentrale Element beim Nudging ist die bewusste Gestaltung beziehungsweise Optimierung der Entscheidungs- und Handlungssituation, in der ein bestimmtes Verhalten gewünscht ist. Thaler und Sunstein nennen dies die Entscheidungsarchitektur. Diese wird gezielt gestaltet, damit sich Menschen von sich aus für eine Verhaltensänderung entscheiden. Dabei wird nichts erzwungen, stattdessen wird durch eine gezielte Gestaltung der Rahmenbedingungen ein gewünschtes Verhalten leichter und damit wahrscheinlicher gemacht. Wichtig ist hierbei, dass die Entscheidungsfreiheit jedes Einzelnen gewahrt bleibt.

Der Nudging-Ansatz kann auch in Organisationen angewendet werden. Beispielsweise eignet sich Nudging, um Veränderungsprozesse in Organisationen voranzutreiben (Burmester, 2016). Des Weiteren können Nudges dazu beitragen, die Nutzung neuer Technologien zu beschleunigen (Stieglitz et al., 2017) und die Meeting-Kultur effizienter zu gestalten (Ebert/Freibichler, 2017).

Zwei Arten von Nudges
Beim Nudging kommt die Zwei-Prozess-Theorie nach Kahnemann (2011) zum Tragen (siehe Abb. 1). Dabei werden zwei Prozesse der kognitiven Verarbeitung unterschieden:
- System 1 bezeichnet ein automatisches, unbewusstes und schnelles Handeln, das nicht unbedingt mit Lernen und Erfahrungen verbunden ist.
- System 2 beinhaltet kontrolliertes und bewusstes Handeln. Entsprechend benötigen Prozesse in System 2 mehr Zeit, da sie mit einer bewussten Informationsverarbeitung verbunden sind.

System 1: Schnelles Denken	System 2: Langsames Denken
Funktioniert: – automatisch, intuitiv – unbewusst, unterschwellig	Funktioniert: – abwägend – bewusst, reflektierend
Basiert auf: – Emotionen – Gewohnheiten – Kontext	Basiert auf: – Werten / Normen – Überzeugungen – kognitiven Ressourcen

Abb. 1: Schnelles Denken und langsames Denken (Kahnemann, 2011)

Beide Systeme sind grundsätzlich für jeden Menschen verfügbar und werden jeweils in Abhängigkeit von Person und Situation aktiviert. Genau hier setzen Nudges an. Die Nudges vom Typ 1 fokussieren auf das automatische Verhalten, ohne eine bewusste Reflexion auszulösen. Typ 2-Nudges zielen hingegen darauf ab, das Verhalten von Menschen mithilfe von Reflexion zu beeinflussen, indem sie die Aufmerksamkeit steuern und damit verankertes Verhalten auslösen.

Wirkmechanismen und Anwendungsbereiche

Das Nudging-Konzept basiert auf unterschiedlichen psychologischen Prinzipien, von denen eine Auswahl in Abbildung 2 dargestellt wird. Die aufgezeigten Phänomene entstehen zum einen durch unterschiedliche Darstellung von Reizen oder Informationen oder beruhen auf sozialen Einflüssen. Der Wirkmechanismus wird jeweils kurz erklärt und anhand eines Anwendungsbeispiels aus unterschiedlichen gesellschaftlichen Bereichen verdeutlicht.

Nudging Prinzip	Wirkmechanismus	Anwendungsbeispiel
Framing	Framing (Einrahmung) bedeutet, dass eine unterschiedliche Formulierung einer Botschaft – bei gleichem Inhalt – das Verhalten beeinflusst.	**Politik:** Die unterschiedliche Formulierung von Informationen hat Einfluss auf die politische Meinungsbildung: »60 % der Bundesbürger befürworten eine elektronische Gesundheitsakte« vs. »40 % der Bundesbürger sprechen sich gegen eine elektronische Gesundheitsakte aus«
Priming	Durch die Präsenz von Hinweisreizen (Worte, Bilder, Gerüche, Musik) werden Assoziationen hervorgerufen, die Verhalten beeinflussen.	**Innovation:** Lavendelduft wirkt stressreduzierend und hat dadurch einen positiven Einfluss auf Kreativität. Auch warme Getränke können kreativitätsförderlich sein, indem sie zu einer wohligen Atmosphäre beitragen.
Salienz	Salienz (Sichtbarkeit, Auffälligkeit) fördert Aufmerksamkeit.	**Umwelt:** Grüne Fußabdrücke auf dem Boden, die den Weg zu den Mülleimern bzw. Aschenbechern zeigen, erhöhen nachweislich die Sauberkeit.
	Durch Warnhinweise und Erinnerungen wird die Aufmerksamkeit gezielt gelenkt.	**Kommunikation:** Beim Versenden einer Email erscheint automatisch ein Warnhinweis, dass die Betreffzeile noch nicht ausgefüllt wurde. **Gesundheit:** Der App-Nutzer erhält eine Push-Nachricht über das Smartphone: »Schlafenszeit. Um 22.30 Uhr zu Bett gehen, um 8 Stunden Schlaf zu bekommen.«
Zugänglichkeit und Vereinfachung	Menschen entscheiden sich gerne für den einfachsten Weg. Um ein bestimmtes Verhalten zu fördern, sollte dieses erleichtert und alle Hindernisse reduziert werden.	**Ernährung:** Eine prominente Platzierung des Salatbuffets in der Kantine erhöht nachweislich den gewählten Salatanteil. Umgekehrt können zuckerhaltige Desserts oder Getränke in weniger zugänglichen Bereichen angeboten werden.

Nudging Prinzip	Wirkmechanismus	Anwendungsbeispiel
Anker-Effekt	Die Bildung von Ankerkategorien (z. B. Farbcodierungen) hilft bei der Einordnung von komplexen Informationen.	**Datenschutz:** Wenn ein Passwort neu gesetzt wird, erhält der Nutzer unmittelbar Feedback durch Visualisierung der Passwort-Stärke von Rot (= schwaches Passwort) zu Grün (= starkes Passwort).
Status Quo Effekt/ Standard-einstellung	Menschen tendieren dazu, Standardeinstellungen bzw. vorgegebene Strukturen beizubehalten.	**Nachhaltigkeit:** Durch eine Umstellung von Druckern auf »Beidseitig drucken« kann nachweislich viel Papier eingespart werden.
	Opt-In/Opt-Out meint die Frage, ob man sich bewusst für (Opt-In) oder bewusst gegen (Opt-Out) etwas entscheiden muss, um dabei zu sein.	**Organspende:** In Deutschland haben sich derzeit ca. 36 % der Bevölkerung aktiv für eine Organspende entschieden (Opt-In). In Österreich ist jeder Bürger automatisch Organspender, nur 0,5 % sind im Widerspruchsregister eingetragen (Opt-Out).
Soziale Normen und Vergleiche	Soziale Normen unterstreichen, dass das erwünschte Verhalten bereits von einer Mehrheit umgesetzt wird.	**Mobilität:** Der Hinweis, dass 93 % der Bürger einer Stadt öffentliche Verkehrsmittel nutzen, wirkt sich positiv auf die eigene Motivation aus, dies ebenfalls zu tun.
	Menschen vergleichen sich gerne mit anderen. Besonders wirksam ist der Vergleich mit möglichst ähnlichen Menschen (Peers).	**Umweltschutz:** Durch den Versand einer monatlichen Energiebilanz, die den eigenen Stromverbrauch im Vergleich zu den sparsamsten Nachbarn aufzeigt, sinkt nachweislich der eigene Stromverbrauch.
Commitment	Gesetzte Ziele zu erreichen wird wahrscheinlicher, wenn diese schriftlich festgehalten bzw. (gruppen)öffentlich kommuniziert werden.	**Erziehung:** Wenn gemeinsam mit dem Kind schriftlich festgehalten wird, welche Aufgaben es am Nachmittag erledigen soll (Zimmer aufräumen, Hausaufgaben machen, Müll rausbringen, …), wird es dies mit größerer Wahrscheinlichkeit tun.

Abb. 2: Nudging-Prinzipien

Der Einsatz von Nudging Methoden wird insbesondere im politischen Umfeld äußerst kontrovers diskutiert und zuweilen als Bevormundung oder auch Manipulation angesehen. Alle folgenden Überlegungen basieren auf der Prämisse, dass Nudging mit ethischer Verantwortung und zum Wohle beziehungsweise nicht zum Nachteil der Mitarbeiter eingesetzt wird.

Nudging für eine lernfreundliche Organisationskultur

Wie lassen sich die Nudging-Prinzipien nutzen, um das Lernen in Organisationen zu fördern? Welche Nudges eignen sich, um eine lernfreundliche Organisationskultur zu gestalten und die Potenzialentfaltung von Mitarbeitern und Teams zu fördern? Nachfolgend werden Ideen für vier unterschiedliche Aspekte des Lernens vorgestellt:
1. Wissensaustausch und informelles Lernen,
2. Selbststeuerung des Lernens,
3. Formale Lernangebote,
4. Lerntransfer.

Es wird aufgezeigt, wie Wissensaustausch und informelles Lernen, aber auch die Selbstorganisation des Lernens, durch Nudging gefördert werden können. Gleichzeitig können Nudges auch innerhalb formaler Lernkonzepte ihre Wirkung entfalten und dazu beitragen, den Transfer in den Arbeitsalltag zu verbessern.

1. Wissensaustausch und informelles Lernen

Laut einer Umfrage von Jane Hart aus dem Jahre 2017 zählt gerade das informelle Lernen zu den wichtigsten Lerntrends der nächsten Jahre. Informelles Lernen beinhaltet ungeplantes und unsystematisches Lernen, das in Bezug auf Lernziele und Lernzeit nicht strukturiert ist. Eine gezielte Steuerung informeller Lernprozesse ist demnach schwierig. Doch durch eine bewusste Gestaltung von Rahmenbedingungen können informelle Lernprozesse angeregt werden.

Informeller Austausch kann nur stattfinden, wenn das räumliche Umfeld dies ermöglicht (Nudging-Prinzip der Verfügbarkeit). Das erfordert keine großen Umbauarbeiten, sondern ist meist nur eine Frage der Gestaltung von bestehenden Arbeitswelten. Man kann zum Beispiel eine bereits vorhandene Küche etwas gemütlicher einrichten oder andere Ecken so umgestalten, dass diese zum Verweilen einladen, um mit Kollegen ins Gespräch zu kommen. Dabei sollten auch virtuelle Kommunikationsräume mitgedacht werden (Enterprise Social Network), die einen Austausch untereinander vereinfachen.

Der zweite Nudge zielt darauf ab, Formate zu etablieren, die einen Austausch unter Mitarbeitern fördern – kurze Inputs von Kollegen für Kollegen. Hier kommt das Nudging-Prinzip der Standardeinstellung zum Tragen, denn wenn ein Format standardmäßig vorgesehen ist, findet es auch statt. Bei einer Brown Bag Session wird die Mittagspause für informellen Austausch genutzt. Meist startet ein Brown Bag Lunch mit einem kurzen Impulsvortrag. Jeder bringt sein Essen selbst mit und in ungezwungener Atmosphäre wird ein bestimmtes Thema diskutiert. Es ist auch denkbar, kurze Input Sessions zu etablieren, in denen Experten ihr Wissen zu einem bestimmten

Thema weitergeben – praxisorientiert und bedarfsorientiert. Solche Inputs können auch als fester Punkt in die Agenda für das Teammeeting integriert werden.

Ein weiterer Nudge für informelles Lernen ist das »Learning of the Day«, bei dem jeder Mitarbeiter eine persönliche Lernerkenntnis teilt. Hierfür braucht es einen zentralen (virtuellen) Ort. Dort schreibt dann zum Beispiel ein Kollege, dass er ein neues Virtual Reality Produkt ausprobiert hat, das auch für andere Kollegen interessant sein könnte. Es kann sogar sinnvoll sein, das Learning of the Day nicht nur auf arbeitsbezogene Inhalte zu beschränken. Bei diesem Format geht es darum, Austausch unter Kollegen als Norm zu etablieren (Nudging-Prinzip der sozialen Norm).

Bei diesen Formaten des Nudgings kommt dem Personalentwickler eine Kuratorenrolle zu. Sie beinhaltet, Informationen beziehungsweise Lernressourcen zu finden, zu bewerten und auszuwählen, um sie für Mitarbeiter verfügbar zu machen. Zusätzlich zu unternehmensintern produzierten Inhalten werden interessante und frei verfügbare Quellen aus dem Internet wie YouTube Videos, TED Talks, Podcasts, Magazinartikel oder Blog-Beiträge so aufbereitet, dass Mitarbeiter diese Inhalte leicht finden können (Nudging-Prinzip der Verfügbarkeit).

2. Selbststeuerung des Lernens – Die Eigeninitiative der Lerner stärken

Der Trend »Vom Push zum Pull« macht deutlich, dass Lernen nicht mehr »verordnet« werden sollte, sondern dass jeder selbst die Verantwortung für die eigene Weiterentwicklung übernimmt. Das erfordert auf Seiten der Lernenden die Kompetenz, selbstorganisiert und selbstgesteuert zu lernen. Nudging kann dabei behilflich sein, diese Selbststeuerung zu verbessern.

Wenn persönliche Lernzeit reserviert wird, kommt der Nudging-Ansatz der Standardeinstellung zum Tragen. Menschen tendieren dazu, Voreinstellungen beizubehalten. Steht also beispielsweise standardmäßig jeden Dienstag eine Stunde »Lernzeit« im Kalender, wird diese mit größerer Wahrscheinlichkeit genutzt. Nudging basiert immer auf Entscheidungsfreiheit, das heißt es steht jedem frei, diese Zeit trotzdem zum Arbeiten zu nutzen.

Der Nudge »What's in it for me?« zielt darauf ab, den individuellen Nutzen eines Lernangebots transparent zu machen:
- Was habe ich konkret davon, wenn ich das lerne?
- In welchen Tätigkeiten, Situationen oder Problemfeldern werde ich danach kompetenter sein?

Mit dem konkreten Nutzen vor Augen werden sich die Mitarbeiter leichter für ein Lernangebot entscheiden (Nudging-Prinzip der Vereinfachung). Häufig werden bei der Wahrnehmung von Lernangeboten Begründungen platziert, die auf die extrinsische

Lernmotivation einzahlen (Erhalt von Lernzertifikaten, Beförderungsvoraussetzungen etc.). Um Eigeninitiative zu stärken, kommt es jedoch darauf an, Inhaltsrelevanz zu nudgen, um die intrinsische Lernmotivation zu stärken. Entsprechend sollten so oft wie möglich einfache und kurze Informationen darüber platziert werden, worin der konkrete Nutzen für den Lerner besteht.

Reflexionsfähigkeit stärken: Ein weiterer Ansatzpunkt ist die Stärkung der Reflexionsfähigkeit der Mitarbeiter durch den Nudging-Ansatz des Priming. Dabei werden allein durch die Präsenz von bestimmten Sinneseindrücken Assoziationen im Gehirn hervorgerufen, die nachfolgendes Verhalten beeinflussen. Beispielsweise kann der Bildschirmschoner mit wechselnden Fragen oder Zitaten gefüttert werden, die eine Reflexion anstoßen. Oder man kann zum Beispiel neben dem Kaffeeautomat einen Bildschirm installieren, auf dem der »Impuls des Tages« zu lesen ist. Beim Warten auf den Kaffee oder den Aufzug oder an anderen zentralen Orten kann so mit wenig Aufwand die Aufmerksamkeit auf Reflexionsprozesse gelenkt werden.

Ein Growth Mindset etablieren: Obwohl Menschen in ihren Talenten und Begabungen unterschiedlich sind, kann sich jeder verändern und durch Lernen wachsen. Dazu zählt auch, herausfordernde Aufgaben als Chance zu begreifen, etwas Neues dazulernen zu können (Nudging-Prinzip des Framing). Dem gegenüber steht ein »Fixed Mindset«, bei dem unser Charakter und unsere Intelligenz statisch sind und entsprechend nicht verändert werden können. Das Growth Mindset ist eine innere Haltung, die sich auch auf Unternehmen übertragen lässt. Wenn das ganze Unternehmen ein formbares, dynamisches Mindset lebt, bekommen Lernen und Weiterentwicklung einen viel höheren Stellenwert. Ein Growth Mindset kann mit Hilfe von Nudges gefördert werden, die auf Priming basieren. Hier eignen sich zum Beispiel Zitate oder Sprüche, die gut sichtbar im Büro platziert werden (beispielsweise:»Nichts tarnt sich so geschickt als Schwierigkeit wie eine Chance.«).

3. Formale Lernangebote – Der Personalentwickler als Lernarchitekt

Auch wenn informelles und selbstgesteuertes Lernen eine immer wichtigere Rolle spielen, behalten formale Lernangebote wie Präsenzseminare, Blended-Learning-Maßnahmen oder App-basierte Lernprogramme weiterhin ihre Berechtigung. Die Herausforderung besteht darin, diese Angebote bedürfnisorientiert zu gestalten.

Einfacher und schneller Zugang: Der Zugang zum Lernangebot sollte so einfach wie möglich gestaltet sein (Nudging-Prinzip der Zugänglichkeit). Die Mitarbeiter werden mit höherer Wahrscheinlichkeit einen Link anklicken, den sie per E-Mail erhalten, als in einer Kursdatenbank aktiv nach einem Kurs zu suchen. Auch der Download einer Lern-App kann sich für Mitarbeiter schwierig gestalten und wenn dies nicht gleich beim ersten Versuch gelingt, verlieren sie schnell das Interesse. Ist die App endlich erfolgreich installiert, können neue Lernmodule mit Hilfe von Push-Nachrichten beworben werden (Nudging-Prinzip der Aufmerksamkeit). Des Weiteren ist es ratsam, Informationen über ein Lernangebot so prominent zu platzieren, dass es im Alltag wahrgenommen wird.

Kleine Lernhäppchen servieren: Microlearning bedeutet, das zu lernende Wissen in kleine leicht verdauliche Häppchen zu unterteilen (sogenannte Learning Nuggets). Solche Micro-Lerneinheiten nehmen nur wenige Minuten in Anspruch. Dadurch lassen sie sich deutlich einfacher in den Arbeitsalltag integrieren (Nudging-Prinzip der Zugänglichkeit). Kurze Bausteine lassen sich durch variable Zusammenstellung zudem leichter an die individuellen Bedürfnisse anpassen. Beispielsweise braucht ein langjähriger Mitarbeiter mit großem Erfahrungsschatz dann nicht die Basisinhalte zu durchlaufen, sondern schaut sich nur die drei kurzen Videos zur neuen Gesetzgebung an.

Transparenz über Teilnahmequoten: Für manche Lernangebote kann es sinnvoll sein, den Lernern Einblick zu gewähren, wie viele Kollegen das Lernangebot bereits absolviert haben. Der Vergleich mit anderen Lernern (Nudging-Prinzip des sozialen Vergleichs) motiviert ebenfalls nachzuziehen – natürlich nur, sofern dort nicht zu lesen ist, dass zwei Tage vor der Deadline erst drei Prozent aktiv waren.

Lernpartnerschaften etablieren: Im Rahmen von längerfristigen Weiterbildungsmaßnahmen empfiehlt sich die Bildung von Lerntandems beziehungsweise Lernpartnerschaften. Regelmäßige Treffen mit einem Tandempartner oder auch in kleineren Gruppen erhalten die Diskussion zum Thema aufrecht. Die Lernpartner stupsen sich sozusagen gegenseitig an, denn mit dem Termin für das nächste Tandem-Treffen im Hinterkopf bleibt man einfach leichter dran am Thema (Nudging-Prinzip des Commitment).

4. Lerntransfer – Die Umsetzung neuer Lernimpulse

Ein Großteil der Weiterbildungsangebote – ganz gleich ob Präsenzseminare, eLearning Angebote oder auch Blended-Learning-Formate – erzielt kaum nachhaltige Wirkung. Denn – an den Arbeitsplatz zurückgekehrt – gerät das neu Erlernte häufig schnell in Vergessenheit. Mit Hilfe von Nudging kann der Lerntransfer (das Übertragen des Gelernten aus der Lernsituation in die Anwendungssituation) gezielt unterstützt werden.

Konkrete Vorsätze formulieren: Dies erhöht die Wahrscheinlichkeit, dass Ziele tatsächlich umgesetzt werden (Nudging-Prinzip des Commitment). Entscheidend ist dabei, dass das Vorhaben möglichst konkret formuliert wird. Besonders wirksam sind Umsetzungsintentionen, wenn sie als Wenn-Dann-Plan formuliert werden. So würde ein Teilnehmer eines Seminars für Präsentationstechniken beispielsweise planen, dass er bei der nächsten Präsentation im Abteilungsmeeting auf einen festen hüftbreiten Stand auf beiden Beinen achten will.

Digitale Transferimpulse versenden: Online Tools bieten die Möglichkeit, auch über ein Seminar hinaus wirksame Interventionen zu setzen und damit den Lerntransfer aktiv zu unterstützen. Mit Hilfe von digitalen Transferimpulsen wird an die Vorsätze erinnert und eine Reflexion darüber in Gang gebracht, wie gut der Transfer bisher gelungen ist (Nudging-Prinzip der Aufmerksamkeit). Folgende Fragen können zum Beispiel per E-Mail an die Lerner verschickt werden:
- Wie gut ist es Ihnen bisher gelungen, das neu Erlernte anzuwenden?
- Welchen Herausforderungen sind Sie begegnet?
- Was braucht es, um Ihre neu erlernten Fähigkeiten weiterhin anzuwenden?

Alternativ eignet sich auch ein Lerntagebuch, um kontinuierlich eine Reflexion über das Gelernte anzustoßen.

Die Führungskraft als Transfermanager: Die Führungskraft kann ebenfalls gezielt Nudges setzen, um einen Transfer in den Arbeitsalltag zu erleichtern, indem sie die erforderlichen Ressourcen sicherstellt (Nudging-Prinzip der Zugänglichkeit). In den meisten Fällen mangelt es an zeitlichen Ressourcen, das neu Erlernte zu reflektieren und anzuwenden. Die Führungskraft kann nur dann unterstützend wirken, wenn sie ausreichend im Bilde ist über das Erlernte und wie es Anwendung finden soll. Es empfiehlt sich, ein Transferbegleitgespräch durchzuführen, in dem Lerner und Führungskraft gemeinsam reflektieren, wie gut der Transfer bisher gelungen ist und welche weitere Unterstützung benötigt wird.

Fazit

Die aufgezeigten Nudge-Ideen stellen nur eine Auswahl dar, wie organisationales Lernen angeregt werden kann. Es gibt viele weitere Möglichkeiten, die Entwicklung von Mitarbeitern und Teams durch Nudges zu fördern. Entscheidend ist, dass Nudges grundsätzlich basierend auf der Analyse eines spezifischen Problems und einer spezifischen Zielgruppe entwickelt werden (Behringer, 2018). Erfolgreiche Nudges aus einer Organisation lassen sich nicht unreflektiert auf andere Organisationen übertragen.

Lernen wird mit Nudging nicht neu erfunden. Das Nudging-Konzept eignet sich jedoch hervorragend, um die Lernkultur im eigenen Unternehmen aus einem anderen Blickwinkel zu betrachten und damit der Vision einer lernfreundlichen Organisationskultur ein wesentliches Stück näher zu kommen.

Literatur

Behringer, N. (2018): Nudging in der Organisation: Der Nudge Design Prozess. Aufgerufen unter: https://www.wissensdialoge.de/nudging-in-der-organisation-der-nudge-design-prozess/

Burmester, H. (2016): Stupser für die innovative Organisation. Wie Nudging die Organisationsentwicklung bereichern kann. OrganisationsEntwicklung, 16(1), S. 59–65.

Ebert, P.; Freibichler, W. (2017): Journal of Organization Design. Aufgerufen unter: https://jorgdesign.springeropen.com/articles/10.1186/s41469-017-0014-1

Kahneman, D. (2012): Schnelles Denken, Langsames Denken. Siedler Verlag.

Stieglitz, S.; Kroll, T.; Kissmer, T. (2017): Digital Nudging am Arbeitsplatz: Ein Ansatz zur Steigerung der Technologieakzeptanz. HMD Praxis der Wirtschaftsinformatik, S. 54.

Thaler, R. H.; Sunstein C. R. (2009): Nudge. Wie man kluge Entscheidungen anstößt. Econ.

Hinweise zum Autor

Dr. Nicole Behringer

Dr. Behringer ist bei Daimler Mobility im Bereich Organizational & Leadership Culture tätig und gestaltet dort wirksame Learning & Development Frameworks. Bis 2018 war sie bei Daimler Financial Services im Bereich Global Sales Training zuständig für die globale Trainingsstrategie. Nach dem Studium der Psychologie promovierte Nicole Behringer am Leibniz-Institut für Wissensmedien in Tübingen. Als Bloggerin engagiert sie sich seit 2011 bei wissensdialoge.de für den Wissenstransfer zwischen psychologischer Forschung und Praxis. Sie bloggt regelmäßig zu den Themen New Work, Learning & Development und Change.

Kontaktdaten:
Daimler Mobility AG, Siemensstraße 7, 70469 Stuttgart, Tel.: +49 (0)176 30 98 15 87, Mail: nicole.behringer@daimler.com, Internet: www.daimler-mobility.com

Literaturtipps

Beinicke, Andrea (Hrsg.)/Tanja Bipp (Hrsg.): Strategische Personalentwicklung: Psychologische, pädagogische und betriebswirtschaftliche Kernthemen, 231 Seiten, 27,00 Euro, Springer; 1. Auflage 2019, ISBN: 978-3662556887

In diesem Buch beantworten führende Experten aus den Bereichen der Psychologie, Erwachsenenbildung und Betriebswirtschaftslehre praxisbezogene relevante Fragen zur Thematik der beruflichen Weiterbildung in der heutigen Arbeitswelt. Die Leser erfahren mehr zum Thema Personalentwicklung im Wandel der Zeit, verschiedene Weiterbildungssettings und wie Weiterbildungserfolge sichergestellt werden können. Sie erhalten auch wissenschaftlich fundierte Erkenntnisse über Coaching und Mentoring. Dieses Buch richtet sich an Professionals aus der Praxis, die im Bereich Human Resource Development tätig sind.

Bittlingmaier, Torsten: Talent Management erfolgreich implementieren: In 10 Schritten zur nachhaltigen Employee Experience, 194 Seiten, 39,95 Euro, Haufe; 1. Auflage 2019, ISBN: 978-3648123508

In vielen Unternehmen ist Talent Management bereits eingeführt. Richtig angewandt liefert es einen wichtigen Beitrag zu einer positiven Employee Experience. Doch erste Erfahrungen zeigen, dass noch nicht alles rundläuft und in manchen Fällen noch Verbesserungsbedarf besteht. Führungskräfte und Talente sind gleichermaßen unzufrieden mit dem Status Quo. Dieses Buch beschreibt die relevanten Erfolgsfaktoren für die Implementierung nachhaltigen Talent Managements und zeigt, wie sie in der Praxis angewandt und bereits bestehende Maßnahmen optimiert werden.

Braehmer, Barbara: Praxiswissen Talent Sourcing: Effiziente Kombination von Active Sourcing, Recruiting und Talent Management, 262 Seiten, 39,95 Euro, Haufe; 1. Auflage 2019, ISBN: 978-3648120781

Wer mit Talent Sourcing starten, seine Online-Personalsuche professionalisieren oder in seinem Team den Sourcing-Prozess integrieren möchte, findet hier das nötige Knowhow. Unter dem Begriff des Talent Sourcing deckt dieses Buch alle Aspekte der aktiven Talentsuche (Active Sourcing) und der Talent Acquisition mittels algorithmischer Tools (Passive Sourcing) ab – von den Voraussetzungen, der Planung und Auswahl von Tools über die effiziente Durchführung bis zur erfolgreichen Ansprache und Überprüfung der Abläufe. Mit zahlreichen Best-Practice Beispielen und Arbeitshilfen online.

Braun-Höller, Astrid/Pohl, Katharina: Erfolgsrezept Mensch: Talente entdecken, verstehen und nutzen, 160 Seiten, 19,90 Euro, GABAL; 1. Auflage 2018, ISBN: 978-3869368733

Dieses Buch stellt ein Persönlichkeitsmodell vor, das die gängigsten Typen, die uns in unserem Berufsleben begegnen, anhand von 14 Küchengeräten charakterisiert. Sie sind in zwei Gruppen eingeteilt, die eine grundsätzliche Verhaltenstendenz deutlich macht: Die menschenorientierten Hühnersuppenköche und die sachorientierten Faktengarer. Das Modell ist allein oder im Team anwendbar – ohne wissenschaftlichen Bodensatz, aber dennoch mit Substanz. Einfach, spielerisch und sehr intuitiv kredenzt es neben einer großen Portion Selbsterkenntnis die Möglichkeit, Talente zu entdecken, zu verstehen und zu nutzen.

Busold, Matthias (Hrsg.): War for Talents: Erfolgsfaktoren im Kampf um die Besten, 248 Seiten, 48,99 Euro, Springer Gabler; 2., aktualisierte und erweiterte Auflage 2019, ISBN: 978-3662574805

Talente werden knapp auf dem Arbeitsmarkt. Der demografische Wandel und der wirtschaftliche Aufschwung haben die Zahl der auf dem Arbeitsmarkt verfügbaren Fachkräfte stagnieren lassen – und diese Entwicklung verschärft sich, wenn die Generation der geburtenstarken Jahrgänge ab 2020 in Rente geht. Dieses Buch zeigt, was das für Unternehmen bedeutet und erklärt, wie sie sich für den Kampf um die Besten wappnen können. Ausgehend von Prognosen zur Alters- und Qualifikationsstruktur erläutern die Fachbeiträge, in welche Handlungsfelder Unternehmen investieren sollten, um dennoch die besten Mitarbeiter finden zu können.

Bruns, Werner/Bruns, Petra: Reverse-Mentoring: Impuls-Mentoring mit Digital Natives für mehr Innovation, 120 Seiten, 26,00 Euro, Nomos; 1. Auflage 2018, ISBN: 978-3848751778

In einem experimentell angelegten Projekt wurden erstmals Top-Manager mit Schülern eines Gymnasiums zu einem Reverse-Mentoring zusammengebracht. Untersucht wurde, ob Manager relevante Impulse aus einem solchen Format gewinnen können, die Wirkungen auf die Schüler und wie das Format des Reverse-Mentoring angepasst werden muss. Daraus ist ein neues Instrument entstanden: das Impulse-Mentoring. Damit werden gezielt Impulse für einen forcierten Wandel in Unternehmen und Organisationen gesetzt. Das Buch gliedert sich in den Forschungsbericht des Pilotprojektes und das Fieldbook, in dem aus den Forschungsergebnissen ein anpassungsfähiges Projektgerüst mit vielen praktischen Checklisten und Tipps für die Praxis entwickelt wurde.

Geßler, Sarah et al.: Training emotionaler Kompetenzen (EmoTrain): Ein Gruppentraining zur Förderung von Emotionswahrnehmung und Emotionsregulation bei Führungskräften, 51 Seiten, 34,95 Euro, Hogrefe Verlag; 1. Auflage 2019, ISBN: 978-3801727956

Zahlreiche Studien zeigen, dass hoch ausgeprägte emotionale Kompetenzen mit Wohlbefinden und Erfolg von Führungskräften und deren Teams in Zusammenhang stehen. EmoTrain wurde als eintägiges Trainingskonzept zur Verbesserung der Emotionswahrnehmung und Emotionsregulation bei sich selbst und anderen entwickelt. Das Training basiert auf dem Fähigkeitsmodell der emotionalen Intelligenz nach Mayer und Salovey und ist explizit auf den organisationalen Kontext und eine Teilnehmergruppe von zehn bis zwölf Führungskräften ausgerichtet.

Heider-Lang, Jacqueline (Hrsg.)/Merkert, Alexandra (Hrsg.): Digitale Transformation in der Bildungslandschaft – den analogen Stecker ziehen? 325 Seiten, 29,80 Euro, Hampp, R; 1. Auflage 2019, ISBN: 978-3957102409

Um das Potenzial des technischen Wandels auszuschöpfen, sind nicht nur die IT-Ausstattung entscheidend, sondern auch die didaktischen Konzepte und Kompetenzen derer, die sie zu implementieren versuchen.

Erst diese ermöglichen es, mit den rasanten technischen Entwicklungen Schritt zu halten und deren Mehrwert kritisch zu reflektieren. Ziel des Buches ist es, Möglichkeiten digitaler Bildung von der Kita bis zum Berufsleben aufzuzeigen und dabei Theorie und Praxis miteinander in Dialog zu bringen sowie Handlungsperspektiven zu eröffnen.

Hess, Michael/Grund, Sven/Weiss, Wolfgang: Crashkurs Personalentwicklung: Mitarbeiter fördern und binden, 371 Seiten, 34,95 Euro, Haufe; 1. Auflage 2018, ISBN: 978-3648110256

Gute Maßnahmen zur Personalentwicklung (PE) erweitern Wissen und Kompetenzen von Mitarbeitern und binden Leistungsträger langfristig an das Unternehmen. Doch was ist PE überhaupt und welche Rolle nimmt man als »PE-Vertreter« im eigenen Unternehmen ein? Dieser Crashkurs beschreibt Inhalte und Methoden, Herangehensweisen und Instrumente und beantwortet alle wesentlichen Fragen. Die Leser erhalten ein Prozessmodell, das praxisnah und Schritt für Schritt alle entsprechenden Maßnahmen unterstützt: von den PE-Grundlagen über die Analyse des Personalentwicklungsbedarfs bis hin zu Konzeption, Entwicklung und Evaluation von PE-Maßnahmen.

Huber, Hans-Georg: Die Kunst, Entwicklungsprozesse zu gestalten. Erfolgsfaktoren in Coaching, Führung und Prozessbegleitung, 328 Seiten, 49,90 Euro, managerSeminare Verlags GmbH; 1. Auflage 2018, ISBN: 978-3958910379

Huber präsentiert ein Grundlagenbuch speziell für Coachs, Prozessbegleiter und Führungskräfte, die professionell Entwicklungsprozesse bei Einzelpersonen, Teams und Unternehmen begleiten. Der Autor eröffnet dem Leser die »verborgene Welt« der entscheidenden Wirkfaktoren jenseits von Tools und Methoden. Hierzu zählen die eigene Persönlichkeit, eine stimmige Haltung, ein grundlegendes Verständnis von Entwicklungsprozessen, das Erkennen der Prozessdynamik und auf dieser Basis das zielgerichtete Einsetzen von Methoden. Anhand anschaulicher Modelle und vielfältiger Beispiele spannt der Autor den Bogen von der Auftragsklärung über die Dramaturgie bis hin zur konkreten Umsetzung.

Johns, Henry/Vedder, Günther: Organisation von Arbeit und berufsbegleitendem Lernen, 443 Seiten, 37,80 Euro, Hampp, R., 2018, ISBN: 978-3957102195

Die Beiträge dieses Buches beschäftigen sich im ersten Teil sich mit dem Lehren und Lernen in einem berufsbegleitenden Weiterbildungsstudium. Der zweite Teil umfasst Beiträge, die sich mit Lernprozessen außerhalb formal organisierter Lernformen und mit Organisationen als Lernsubjekten auseinandersetzen. Die Beiträge im dritten Teil sind dem Zusammenhang von Arbeit, Gesundheit und demografischer Entwicklung gewidmet. Im vierten Teil geht es um Konzepte und Erfahrungsberichte zu arbeitswissenschaftlichen Handlungsfeldern im Personalbereich. Abgerundet wird der Sammelband im letzten Teil mit Beiträgen zum Verhältnis Arbeit-Individuum-Gesellschaft.

Kanning, Uwe P.: Standards der Personaldiagnostik: Personalauswahl professionell gestalten, 796 Seiten, 79,95 Euro, Hogrefe Verlag; 2., überarbeitete und erweiterte Auflage 2019, ISBN: 978-3801727406

Die professionelle Personaldiagnostik gehört zu den wichtigsten Investitionen in die Leistungsfähigkeit einer jeden Organisation. Diagnostische Methoden werden eingesetzt, um die besten Mitarbeiter für das Unternehmen zu finden und sie ihren Kompetenzen und Neigungen entsprechend optimal zu platzieren. Die Personaldiagnostik hilft zudem bei der Analyse von individuellen und strategischen Entwicklungsbedarfen sowie der professionellen Evaluation von Veränderungsprozessen. In keinem anderen Bereich der Personalarbeit lassen sich Handlungsempfehlungen für die Praxis so fundiert aus der Forschung ableiten wie in der Personaldiagnostik.

Kestler, Mario/Rump, Jutta (Hrsg): s.m.i.l.e – mit Sinn und Selbststeuerung zur neuen Lernkultur, 215 Seiten, 29,25 Euro, Haufe-Lexware, 1. Auflage 2019, ISBN: 978-3-648-13114-5

s.mile ist ein einzigartiges Projekt in der deutschen Weiterbildungslandschaft: 15 Menschen können zwei Jahre lang alle Angebote der Haufe Akademie nutzen, um sich beruflich und persönlich weiterzuentwickeln. Sie werden dabei von einem persönlichen Coach begleitet. Das Buch porträtiert die Teilnehmerinnen und Teilnehmer, ordnet das Projekt in die sich verändernden Anforderungen an Weiterbildung und Entwicklung ein und entwickelt Ideen für die Personalentwicklung der Zukunft auf Grundlage der Erfahrungen aus dem Projekt s.mile

Langheiter, Anna: Trainingsdesign. Wie Sie gut durchdachte, lebendige und passgenaue Weiterbildungskonzepte entwickeln, 352 Seiten, 49,90 Euro, managerSeminare Verlags GmbH; 2. Auflage 2019, ISBN: 978-3958910430

Kreatives, interaktives und nachhaltiges Training erfordert gutes Trainingsdesign. Das beinhaltet das vorausschauende Planen von Training und Transfer sowie dessen systematische Entwicklung und Evaluierung. Dieses Handbuch führt durch sämtliche Prozesse des Trainingsdesigns und vermittelt Bausteine einer detaillierten Bedarfsanalyse. Es bietet Strukturen für ein effektives Vorgehen und Mitdenken bei Planung, Entwicklung, Transfer und Evaluation. Die Autorin präsentiert kreative Ideen und eine Vielzahl von Tools, die in den einzelnen Schritten des Trainingsdesigns unterstützen und die teilweise auch direkt in die Trainings einfließen können.

Lippe-Heinrich, Angelika: Personalentwicklung in der digitalisierten Arbeitswelt: Konzepte, Instrumente und betriebliche Ansätze, 339 Seiten, 29,99 Euro, Springer Gabler; 1. Auflage 2019, ISBN: 978-3658254568

Die Autorin legt den Fokus ihres Buchs über Personalentwicklung in Zeiten der Digitalisierung auf innovative Leitbilder betrieblicher Arbeit 4.0 und vermittelt innovative Ansätze und Instrumente in den Bereichen Personalmanagement und Personalführung. Das Buch richtet sich nicht nur an den Führungsnachwuchs, sondern insbesondere auch an personalverantwortliche Fach- und Führungskräfte in kleinen und mittleren Unternehmen (KMU) und gibt einen Überblick über aktuelle und zukunftsweisende Ansätze und Konzepte einer ganzheitlichen Personalentwicklung sowie eines innovativen, strategischen Personalmanagements.

Michalk, Silke/Ney, Marina: Personalentwicklung als Führungsaufgabe: Mitarbeiter und Unternehmen voranbringen, 395 Seiten, 59,95 Euro, Haufe; 1. Auflage 2018, ISBN: 978-3648072080

Erhöhtes Arbeitsaufkommen, stetiger Wandel der Technik und immer höhere Anforderungen an Arbeitnehmer machen es für Unternehmen unabdingbar, ihre Mitarbeiter gut auszubilden und zu fördern. Zudem werden fähige Mitarbeiter durch kluge Personalentwicklungsmaßnahmen langfristig an das Unternehmen gebunden. Hierbei spielen Führungskräfte eine ganz zentrale Rolle. Dieses Buch bietet das nötige Grundlagenwissen und erklärt die zentralen Konzepte und Instrumente. Die Autorinnen zeigen, wie Unternehmen die Weiterentwicklung von Mitarbeitern ganz gezielt planen und unterstützen können.

Nelke, Astrid/Fischer, Malte: 30 Minuten Employer Branding, 96 Seiten, 8,90 Euro, GABAL; 1. Auflage 2018, ISBN: 978-3869368436

Der demografische Wandel sorgt in Deutschland für Personalknappheit. Arbeitgeber müssen die Right Potentials an sich binden, um sich weiterentwickeln und wachsen zu können – Employer Branding heißt die zentrale Herausforderung des Personalmanagements. Der Aufbau und die Pflege einer attraktiven Arbeitgebermarke helfen, die richtigen Mitarbeiter für das Unternehmen zu begeistern und eine hohe Identifikation der Beschäftigten mit ihrem Arbeitgeber zu schaffen.

Rastetter, Daniela/Jüngling, Christiane: Frauen, Männer, Mikropolitik: Geschlecht und Macht in Organisationen, 96 Seiten, 15,00 Euro, Vandenhoeck & Ruprecht; 1. Auflage 2018, ISBN: 978-3525452509

Kompakt und fokussiert zeigen die Autoren anhand von Fallbeispielen, wie die verschiedenen Dimensionen in mikropolitischen Handlungsfeldern zusammenwirken und Erfolgschancen prägen. Berater brauchen mikropolitische Kompetenz und Genderkompetenz, um auch in Beratung und Supervision mehr Geschlechtergerechtigkeit zu realisieren. Die mikropolitische Perspektive betont, dass unterschiedliche Interessen und Ziele von Einzelpersonen und Gruppen in Organisationen alltäglich sind und Interaktionen beeinflussen. Gender und Merkmale wie Hautfarbe, sexuelle Orientierung, Herkunft, Sprache oder Religion wirken im Kontext der jeweiligen organisationalen »Innenpolitik«.

Rechsteiner, Frank: Recruiting Mindset: Personalgewinnung in Zeiten der Digitalisierung, 150 Seiten, 39,95 Euro, Haufe; 1. Auflage 2019, ISBN: 978-3648123447

Der Arbeitsmarkt hat sich in den letzten Jahren zunehmend zu einem Arbeitnehmermarkt entwickelt. Recruiter und Unternehmen müssen daher neue Methoden zur Personalgewinnung nutzen. Neben neuen Ideen in der Kandidatenansprache und im Employer Branding ist es vor allem wichtig, ein neues Mindset für das Recruiting der Zukunft zu entwickeln. Dieses Buch zeigt, wie sich Human Resources neu aufstellen muss, um beim Recruiting nachhaltig erfolgreich zu sein.

Sammet, Jürgen/Wolf, Jacqueline: Vom Trainer zum agilen Lernbegleiter: So funktioniert Lehren und Lernen in digitalen Zeiten, 140 Seiten, 34,99 Euro, Springer; 1. Auflage 2019, ISBN: 978-3662585092

Dieses Fachbuch zeigt auf, wie sich das Berufsbild des Trainers durch die Digitalisierung ändert und welche Kompetenzen Trainer benötigen, um in der »Learning Revolution« erfolgreich zu sein. Denn: Fachwissen gepaart mit Präsenzdidaktik reichen hier nicht mehr aus. Dieses Buch gibt eine Orientierung im digitalen »Trainerkompetenz-Dschungel«. Praxistauglich und klar verständlich erhalten die Leser sowohl theoretisches Hintergrundwissen als auch praktische Umsetzungsmöglichkeiten für die Modernisierung Ihres Weiterbildungsangebots.

Schröder, Frank (Hrsg.): Auf dem Weg zur digitalen Aus- und Weiterbildung von morgen: Ergebnisse des Berliner Modells »Zusatzqualifikationen für digitale Kompetenzen«, 126 Seiten, 44,90 Euro, wbv Media; 1. Auflage 2018, ISBN: 978-3763912117

Auch in der Industrie 4.0 bleibt der Mensch der zentrale Faktor. Daher braucht die Digitalisierung der Arbeit neue Formen und Inhalte für Aus- und Weiterbildung. Im Berliner Modellprojekt wurden dafür Strategien, ein Kompetenzmodell und Lehr-Lernarrangement erarbeitet. Der Band stellt die Ergebnisse in drei Teilen vor. Der erste Teil ordnet das Projekt in die übergreifende Strategie des Landes Berlin ein. Die Beiträge des zweiten Teils erläutern Ansatzpunkte, Ausgangslage und Handlungsanforderungen in der Berufsbildung. Im dritten Teil stehen der dialog- und beteiligungsorientierte Ansatz des Projektes sowie der Transfer von Ergebnissen in andere Projekte und Handlungsfelder im Mittelpunkt.

Steiner, Ferihan: Das talentierte Unternehmen: Mensch! Talent! Management!, 143 Seiten, 17,90 Euro, Vahlen; Auflage: 1 (2019), ISBN: 978-3800659258

Fachkräftemangel, Demografischer Wandel, Generation Y: Dieses Buch geht auf die großen Veränderungen in der Arbeitswelt ein und verdeutlicht, wie wichtig dabei die Entwicklung und Umsetzung von innovativen Talent-Strategien für den Unternehmenserfolg sind. Die Autorin klärt, was Talent und was Talent-Management eigentlich ist. Sie beschäftigt sich mit den Themen Talent-Entdeckung, Talent-Entwicklung und geht der Frage nach, welche Rolle Human Resource Management spielt. Und sie zeigt die Prognosen und Trends für die Zukunft des Talent-Managements auf.

Ullah, Robindro/Witt, Michael: Praxishandbuch Recruiting: Grundlagenwissen – Prozess-Know-how – Social Recruiting, 389 Seiten, 49,95 Euro, Schäffer-Poeschel; 2. aktualisierte und überarbeitete Auflage 2018, ISBN: 978-3791041612

Das Buch bietet einen kompakten und vollständigen Überblick über das Thema Personalbeschaffung. Verknüpft mit vielen Fallbeispielen beschreibt es anhand eines idealtypischen Recruiting-Prozesses alle anfallenden Aufgaben. In der zweiten Auflage steht besonders das Social Recruiting im Fokus.

Internetlinks

Arbeitskreis Assessment Center – www.arbeitskreis-ac.de
Association for Talent Development (ATD) – www.td.org
Bundesinstitut für Berufsbildung (BIBB) – www.bibb.de
Bundesverband für Employer Branding, Personalmarketing und Recruiting (QUEB) – www.queb.org
Berufsverband für Training, Beratung und Coaching (BDVT) – www.bdvt.de
Center for Evidence-based Management (CEBM) – www.cebma.org
Center for Talent Reporting (CTR) – www.centerfortalentreporting.org
Das Demographie Netzwerk (ddn) (Bundesministerium für Arbeit und Soziales) – www.demographie-netzwerk.de
Employer Brand International – www.employerbrandinternational.com
European Association for Distance Learning – www.eadl.org
European Foundation for Management Development (efmd) – www.efmd.org
European Women's Management Development International Network (EWMD) – www.ewmd.org
Executive Learning Exchange – www.learningexecutive.com
Human Capital Institute – www.hci.org
Human Resource Planning Society (HRPS) – www.hrps.org
International Federation of Training and Development Organizations (IFTDO) – www.iftdo.net
International Research Association for Talent Development and Excellence – www.iratde.org
Kompetenzzentrum Fachkräftesicherung (Bundesministerium für Wirtschaft und Energie) – www.kompetenzzentrum-fachkraeftesicherung.de
MIT Center for Mobile Learning (Massachusetts Institute of Technology) – www.mitmobilelearning.org
New Talent Management Network – www.newtmn.com
Society for Intercultural Education, Training and Research (SIETAR) – www.sietar-deutschland.de
Swiss Center for Innovations in Learning (SCIL) (Universität St. Gallen) – www.scil.ch
Talent Management Alliance – www.the-tma.org
Talent Managers Association – www.talentmanagers.org
Wuppertaler Kreis – www.wkr-ev.de

Studien

Employee Experience: HR als Gestaltende und Strategische Kraft – Deloitte GmbH, München

2019 Global Talent Competitiveness Index: Entrepreneurial Talent and Global Competitiveness – Adecco Germany Holding SA & Co. KG, Düsseldorf/INSEAD, Fontainebleau/TATA Communications (UK) Ltd., London

2019 Global Talent Trends: The 4 Trends Transforming your Workplace – LinkedIn Germany GmbH, München

Decoding Global Talent 2018 – The Boston Consulting Group GmbH, München/Network eG, Düsseldorf

Global Talent Trends 2019: Connectivity in the Human Age – Mercer Deutschland GmbH, Frankfurt am Main

Total Talent Mobility: Strategic Purposes, Barriers, and Best Practices – The Conference Board Inc., New York/Brüssel

Decoding Digital Talent – The Boston Consulting Group GmbH, München/Network eG, Düsseldorf

2019 Trends in Global Employee Engagement – Kincentric /Spencer Stuart & Associates GmbH, München

Employer Brand Research 2019: Global Report – Randstad Deutschland GmbH & Co. KG, Eschborn

Employer Brand Research 2019: Landesbericht Deutschland – Randstad Deutschland GmbH & Co. KG, Eschborn

Winning with your Talent Management Strategy – McKinsey & Company, Inc., Düsseldorf

Die Besten bitte: Wie der öffentliche Dienst als Arbeitgeber punkten kann – McKinsey & Company, Inc., Düsseldorf

The New Freelancers: Tapping Talent in the Gig Economy – The Boston Consulting Group GmbH, München

Owning Success: Six Choices that Empower Underrepresented Talent to Achieve – Korn Ferry International GmbH, Frankfurt am Main

The Inclusive Leader – Optimizing Diversity by Leveraging the Power of Inclusion – Korn Ferry International GmbH, Frankfurt am Main

The CHRO and the Future Organization: Diversity of People and Thought – Boyden International GmbH, Bad Homburg

Fixing the Flawed Approach to Diversity – The Boston Consulting Group GmbH, München

Women in the Workplace 2018 – McKinsey & Company, Inc., Düsseldorf

(Em)Power Women: Wo Chefetagen in Sachen Vielfalt stehen – The Boston Consulting Group GmbH, München/Technische Universität München, München

Effective Leadership Development strategies at Pivotal Points for Women: Chief Human Resources and Senior HR leaders Speak Out – The Conference Board Inc., New York/Brüssel

Studien

The Twin Treats of Aging and Automation – Mercer Deutschland GmbH, Frankfurt am Main/ Oliver Wyman GmbH, München

New Skilling for Growth: Making Big Bets on the Future of Innovation and Learning – Accenture GmbH, Kronberg

Future Skills: Welche Kompetenzen in Deutschland fehlen – McKinsey & Company, Inc., Düsseldorf/Stifterverband für die deutsche Wissenschaft e. V., Essen

Wie Future Skills die Personalarbeit verändern – McKinsey & Company, Inc., Düsseldorf/ Stifterverband für die deutsche Wissenschaft e. V., Essen

Recruiting zwischen Executive Search und Digitalisierung – Deutsche Gesellschaft für Personalführung e. V., Frankfurt am Main/Bundesverband Deutscher Unternehmensberater e. V., Bonn/IUBH Internationale Hochschule, Bad Honnef

Zukünftige Ausrichtung der Personalentwicklung – Deutsche Gesellschaft für Personalführung e. V., Frankfurt am Main

Trends in der Weiterbildung: Verbandsumfrage 2019 – Wuppertaler Kreis e.V, Köln

Leadership Development: CEO's Strategic Powerhouse – Korn Ferry International GmbH, Frankfurt am Main

Future-Proofing the Workforce: Accelerating Skills Acquisition to Match the Pace of Change – Adecco Germany Holding SA & Co. KG, Düsseldorf

Reinventing Workforce Development: Making Job Training More Effective – Deloitte GmbH, München

Lernen Lernen – Randstad Deutschland GmbH & Co. KG, Eschborn

How SMEs can utilise L & D to gain competitive advantage – Skillsoft NETg GmbH, Düsseldorf

Mastering Leadership Development for a Digigal Economy – Skillsoft NETg GmbH, Düsseldorf

2019 Workplace Learning Report – LinkedIn Germany GmbH, München

Weiterbildung für die Digitale Arbeitswelt – Bundesverband Informationswirtschaft, Telekommunikation und neue Medien e. V., Berlin/Verband der TÜV e. V., Berlin

Reimagining Succession Management: Eight Disruptive Ideas to Transform Your Organization's Approach – Korn Ferry International GmbH, Frankfurt am Main

Agile Personalprozesse modellieren: Performance Management – Deutsche Gesellschaft für Personalführung e. V., Frankfurt am Main

Alle Studien finden Sie auch im Internet unter http://mybook.haufe.de.

Stichwortverzeichnis

A

Abschaffung von Hierarchie 33
Achtsamkeit 204
actives Sourcing 411, 419
agile Arbeitsform 197
agile Methode 28, 49
agile Organisation 26, 59, 181
agiles Feedback 423
agiles Handeln 181
agiles Personalmanagement 27
agiles Projekt 390
agile Struktur 38, 389
agile Transformation 38, 133
agile Unternehmensstruktur 100
Agilität 21, 25, 39, 388
Agilitätskompass 32
algorithmische Berechenbarkeit 267
algorithmisches System 99
Algorithmus 107, 258, 410
Ambidextrie 31
Analyse des Lernkontexts 257
Analyseform 275
Analytics Dashboard 257
Analytics Tool 422
analytisches System 306
Anreizsystem 30, 67, 69, 104
Application Programming Interface 40
Arbeitgeberattraktivität 55
Arbeitnehmer-Vertreter 106
Arbeitskondition 398
Arbeitsmarktanalyse 284
Arbeitsorganisation 452
Arbeitsplatz der Zukunft 448
Arbeitsplatzmodell 452
Arbeitspsychologie 300
Arbeitsstruktur 221
Arbeitszeitregelung 62
Art der Entscheidungsfindung 194
Art der Führung 160
attraktiver Arbeitgeber 398
Attraktivität 210

Augenhöhe 235, 390, 394
Ausschreibungstext 410
automatisches Verhalten 456
Autonomie des Einzelnen 52

B

Berater 270
Beratungskompetenz 300
Berechtigungskonzept 326
Berufsbildungskonzept 271
Beschäftigungsfähigkeit 267
betriebliches Gesundheitsmanagement 224
Betriebsklima 398
Betriebsrat 104, 194, 284, 453
Bindung an das Unternehmen 67
Bindung von Spitzentalenten 36
Bottom-up-Prozess 182
Business Impact 295
Business Optimierung 298

C

Candidate Persona 401
Change Management-Intervention 294
charismatische Führungskraft 268
Chatbot 318
cloudbasiertes Core-System 106
Clusterung von Führungskräftetypen 280
Coaching 439, 442, 444
Commitment-Klima 359
Consulting-Kompetenz 300
Crowdsourcing 231
Cultural Fit 284, 287, 403
Customer-Relationship-Management-Ansatz 399

D

Dashboard 332
Data Mining Tool 292
Data-Science-Fähigkeit 300
Datenanalyse 274, 403

datenbasiertes Zukunftsprofil 372
Datenerhebung 273
datengesteuerte Rekrutierungsmethode 99
Daten-Korrektur 325
Datenqualität 321
Datenregulierungsstrategie 262
Datenschutzbeauftragter 106
Daten-Transparenz 323, 325
Datenvisualisierung 275
Deliberately Developmental Organization 236
Demografie 58
demokratisches Instrument 29
Demokratisierung der Organisation 33
derivative Strategiebildung 27
digitale Analyse 416
digitale Erlebniswirtschaft 310
digitale Führung 40
digitale Lernplattform 54
digitaler Transferimpuls 463
digitales Lernangebot 256, 423
digitales Lernformat 105
digitale Transformation 86, 184
Digital Leadership 110
disruptive Innovation 180
Diversität 223, 423
Diversity by Design 420
Diversity im Team 60
DNA-Profil 285
doppelte Digitalisierungsherausforderung 98
Dreischritt der Teamentwicklung 215
Dualismus Mensch-Maschine 265
Dynamik der Digitalisierung 110
dysfunktionales Muster 201

E

effektive Führung 40
Effektivität 210
Eigeninitiative der Lerner 460
Eigenverantwortlichkeit der Mitarbeiter 192
Eigenverantwortung 197
Einstellerfolg 408

Einzelkämpfertum 93
Eisberg-Modell 201
emotionale Intelligenz 58, 81
Emotion als Erfolgsfaktor 81
Empathie 287
Empathy Map 123
Empfehlungssystem 334
Employability der Mitarbeiter 368
Employee-Experience-Design-Ansatz 100
Employer Branding 160
Empowerment 165
Entscheidungsarchitektur 456
Entscheidungsbefugnis 428
Entscheidungsfreiheit 456
Entscheidungsfreiraum 433
Entscheidungskultur 192
Entscheidungsregel 230
Entwicklungsdynamik 212
Entwicklungsmaßnahme 432
Entwicklungsmotiv 440
Entwicklungspotenzial 438
Erfolg des Veränderungsprozesses 65
Ergebnisfokus 212
Ergebniskultur 52
Ethikbeirat HR Tech 283
eUniversity 54
evolutionäre Innovation 186
evolutionäre Veränderung 222
Experten-System 306
externe Datenquelle 275
exzellente Führung 53

F

Fachkräftemangel 220
fachliche Weiterentwicklung 392
Feedback 90, 197, 223, 235, 442
Feedbackinstrument 278
Fehlerkultur 61, 213
Filterblase 334
flexibles Arbeitszeitmodel 52
Fokussierung 398
formales Lernangebot 461
Freiraum für Entwicklung 379
Fremdbestimmung 391

Frühfluktuation 422
Führung 60, 109, 233
Führungsdefizit 231
Führungsentwicklung 236
Führungsersatzbank 36
Führungsfähigkeit 236
Führungsfunktion 213
Führungsinstrumentarium 164
Führungsklima 160
Führungskraft 160, 187, 196, 223, 226, 229, 233, 413
Führungskraft als Unterstützer 52, 67
Führungskultur 161, 166, 225
Führungskulturentwicklung 223
Führungsleitbild 53
Führungsmodell 59
Führungsposition 225
Führungsprinzip 53
Führungsvakuum 164
Führungsversagen 233
Führungsverständnis 196, 268
funktionsübergreifende Erfahrung 42
Funktionsweise von Data Analytics 106

G

ganzheitliche Betrachtungsweise 218
Gefühl der Zugehörigkeit 51
Gesamtbetriebsvereinbarung 448
Gesamtkosten einer Fehlbesetzung 305
Geschäftssinn 299
Gestaltungsspielraum 269
Gesundheit der Beschäftigten 231
Gewinnung von Spitzentalenten 36
Grundbedürfnis 70
Grundsatz der Zusammenarbeit 89
Gruppendynamik 392

H

Hackathon 413
Handlungsempfehlung aus Daten 276
Hidden Talent 391
Hierarchie 21, 59, 192, 392, 428
High-Impact-Team 38
Hochleistungsorganisation 50

Hochleistungsteam 210, 211, 213
humanistische Menschenbild 432
humanorientierte Gestaltung
 – digitale Arbeitswelt 453
hybrides Projektmanagement 134

I

Ideenaustausch 59
Implementierung
 – erfolgreiche Implementierung 400
 – neue Technologie 104
individualisierte Kommunikation 399
individuelle Zielerreichung 70
Industrie 4.0 103, 105, 448, 449
informelles Lernen 256, 459
Initiativbewerbung 409
innerbetriebliches Potenzial 105
Innovationsbremse 59
Innovationshemmnis 36
inspirierendes Erlebnis 383
integrative Kultur 35
integrative Organisation 43
integratives Denken 230
integriertes Instrument 276
Interaktion nachbilden 332
Interaktionsverhalten 335
interdisziplinäre Wissensumgebung 448
Interview 412
intrinsische Motivation 393
Intuition des Menschen 266
Investition in menschliches Talent 266

J

Job Hub 402
Job-Kompass 432

K

Kandidaten-Sourcing 284, 409
kandidatenzentrierter Rekrutierungsansatz 421
Karrieremesse 413
Karriere-Netzwerk 409
Karriereplan entwickeln 270

Stichwortverzeichnis

Kick-off-Meeting 91
KI-gestützter Rekrutierungsprozess 288
kollegiale Fallberatung 94
Kommunikation 94, 182, 301
Kommunikationskampagne 38
Kommunikationskultur 192
Kompetenz 209
Kompetenzanforderung 371
Kompetenzentwicklung 261, 380
Kompetenzerweiterung 382
Kompetenzmodell 224
kontinuierlicher Verbesserungsprozess 122
kontinuierliches Lernen 40, 54, 92
Konversationsschnittstelle 308
Konzept der psychologischen Sicherheit 235
Kulturanalyse 124
Kulturbild, Erfüllung der festgelegten Ziele – 126
Kultur des Ausprobierens 59
Kultur des Kooperierens 59
kulturelles Entwicklungsfeld 223
kulturelle Transformation 72
Kulturveränderung 66
Kulturverständnis 434
Kulturwandel 49, 57, 69, 125, 202
Künstliche Intelligenz 15, 47, 61, 169, 228, 229, 233, 251, 264, 267, 269, 270, 271, 276, 282, 283, 284, 285, 288, 303, 306, 313, 409, 410, 448

L

Laissez-faire-Leadership 163
Leadership Analytics 278
Leadership Development 100
Learning Analytics 256, 259, 331
Learning and Exploration Factory 448
Learning Expedition 62
lebenslanges Lernen 255, 267
lebenslange Weiterbildung 330
Lebenslauf-Screening 410
Lehr-Lern-Prozess 256
Lelharbeit 232

Leistungsdialog 432
Leitbildprozess 67
lernende Organisation 40
Lernerdaten sammeln 336
Lernerfolg 260
Lernfabrik 450
lernförderliche Arbeitswelt 30
Lernfortschritt 257
lernfreundliche Organisationskultur 459
Lernkultur 92, 224
Lernnugget 369, 462
Lernprozess 335
Lernprozess-Monitoring-Projekt 336
Lernreise 443
Lerntechnologie 40
Lerntransfer 462
Lernverhalten 257
Level-5-Leader 235
Linienorganisation 49, 392

M

Management by Facts 443
Mangel an Talenten und Fähigkeiten 36
mangelnde Wertschätzung 231
Marktdynamik 427
Matching 409
Mehrebenen-Modell 31
Mehrwert neuer Technologie 104
Mehrwert von Coaching 442
Menschenbild der Neurowissenschaft 50
menschliche Interaktion 310
menschliche Nachhaltigkeit 231, 235
menschliches Urteilsvermögen 267
menschlich-inspiriertes System 306
Mensch-Maschinen-Prozess 99
Mensch-Technik-Interaktion 449
Messung der Zielerreichung 440
Messung des Einstellerfolgs 413
Methode zur Entscheidungsfindung 92
Microlearning 462
mindere Datenqualität 322
Mitarbeiterentwicklung 422
Mitarbeiterpassivität 70
Mitarbeiterverständnis 428

Mitarbeiterzufriedenheit 423
Mitbestimmung 447, 453
Mitsprache 192
Mobilität von Talenten 38
Modernisierung der Führung 160
modulare Schulung 105
multimodale Daten 262

N
nachhaltiges Mitarbeiterengagement 234
Nachhaltigkeit 70
Nachvollziehbarkeit von Veränderungen 327
Network-and-Sell-Ansatz 401
Netzwerk 59, 394, 441
Netzwerkaufbau 403
netzwerkbasierte Organisationsform 230
Netzwerkökonomie 428
neuronale Netzwerke 316
Neuro-Profiling 285
New Leadership 160, 165, 167
Nudging 455
Nudging-Konzept 457
Nutzenversprechen 437

O
Objektivierung des Recruiting-Prozesses 410
offene Kommunikation 76
One-Click-Bewerbung 409
Online-Recruiting 63
Organigramm 191, 196, 200
organisationale Realität 33
Organisationentwicklung 43, 236
Organisationsdesign-Modell 101
Organisationskultur 71
Organisationsparadigma 140
Organisationsstruktur 191
organisatorisches Silo 205

P
pädagogische Intervention 257
Paradoxon der Digitalisierung 61
Pendeldistanz 419

People Analytics 291, 298, 370, 423
Personalauswahlverfahren 310
Personalberichterstattung 63
Personalbeschaffungsprozess 106
Personalentwickler 460
personalisierte Onboarding Roadmap 422
Personalisierung auf inhaltlicher Ebene 333
Personalmanager 285
Personalstrategie 37
Personalwertschöpfungskette 106
Personendaten mit intelligenten Empfehlungen 308
persönliche Passung 439
persönliche Überzeugen 412
Pipeline Nurturing 420
Planungshorizont 49
Planungsverständnis 370
polarisierte Organisation 100
positives Menschenbild 430
Potenzialdiagnostik 51
Potenzialentfaltung 50, 51, 84
Potenzialnetzwerk 225
praktische Veränderungsarbeit 383
Präsenzkultur 52
Predictive Analytics 321
proaktive Unternehmenskultur 234
Product Owner 392
Product-/Service Owner 135, 136, 140
Produktportfolio 401
Prozessautomatisierung 283
Prozess der Personalauswahl 304
Prozess des Lernens 331
prozessgesteuerte Aufgabe 319
Purpose Team 49

Q
Qualifizierungskosten 105
Qualifizierungsstruktur 101
Qualität von Daten 316
Querdenker 378

R
rechtliche Rahmenbedingung 284
Recruiter als Coach 421

Stichwortverzeichnis

Reflexion 197
Reflexion beeinflussen 456
Reflexionsfähigkeit 461
Reflexionsformat 433
Reflexionsschleife 394
regelkonformes Verhalten 33
Re-Humanisierung 47
Re-Humanisierung von Arbeit 266
Rekrutierungsprozess 220
Reorganisation 202
Retrospektive 92
Roboterinterview 284
Rolle der Führungskraft 232
Rollenklarheit 213
Rollensilo 380
Rollenvorbilder 71

S
Schlüsselqualifikation 232
Schulungsmaßnahme 105
Schwarmintelligenz 192
Scoreboard Management 83
Scoring-Modell 409
Scrum Master 393
Scrum Masters/Team Facilitator 137, 140
Seedlink-Interview 315
Selbstbestimmung 51
Selbsteinschätzung zur Technikaffinität 105
Selbstlernangebote 335
Selbstorganisation 26, 67, 93, 161, 170, 171, 173, 175, 193, 391
selbstorganisiertes Team 90
Selbstreflexion der Führungskraft 78
selbstreguliertes Lernen 261
Selbstverantwortung 427, 428, 431
Selbstwirksamkeit 204
Seniorität 21
Servant Leader 52
Shared Leadership 161, 165
Sichtbarkeit des Erfolgs 214
Sichtbarkeit des Nutzens 214
Silo-Denken 37
Sinn der Arbeit 437
Sinngebung 95

Sinnhaftigkeit 269
sinnstiftendes Element 78
Sinnvermittlung 69
Skill-Anforderung 274
Skill Management 276
Smart-Factory-Element 101
soziale Interaktion 51
soziale Verantwortlichkeit 232
statistische Analyse 276
Statusunterschied 235
Storytelling 69, 383
strategische Ausrichtung 221
strategische Personalplanung 417
strategisches Handlungsprogramm 221
strategisches Workforce Management 369
supervised learning 316
systemischer Blick 430

T
Talent Analytics Tool 419
Talentdefinition 382
Talententwicklung 36, 356, 378
Talentklima 357
Talent-Klima-Index 355
Talentmanagement 361, 363
Talent Marketing 399, 402
Talentmobilität 40
Tarifpartner 453
Teamarbeit 208, 235
Team Coaching 444
Teamentwicklung 215
Teamleistung 213
Tiki-Taka-Team 430
Transformationsdruck auf Unternehmen 120
Transparenz 192, 336, 462
T-Shape-Profil-Idee 91

U
Überarbeitung 231
Umsetzungskultur 453
Unternehmensausrichtung 219
Unternehmensentwicklung 274
Unternehmenskontext 123

Unternehmenskultur 47, 61, 71, 100, 120, 122, 125, 180, 199, 222, 232, 423
Unternehmenswerte 183
unternehmerisches Selbstverständnis 49

V
variable Vergütung 70
Veränderer 378
Veränderungsprozess 65, 68, 70, 76, 203, 391
Veränderung Vorleben 203
Verantwortungsbereich 392
Vereinbarkeit 224
Vergangenheitsbezug 229
Vergütungsstruktur 30
Verhaltensänderung 456
vermenschlichtes System 306
vernetzte Struktur 61
Vertrauen in Personaldaten 323
Vertrauensmechanismus 213
virtuelle Plattform 231
virtueller Kommunikationsraum 459
virtuelles Coaching 443
Visualisierungstool 277
vollautomatisierte Personalauswahl 284
Vollzeitarbeitsplatz 232
Vorbereitung von Daten 279
Vorhersagemodell 310
Vorhersagen 332
Vorrang persönlicher Kommunikation 434

Vorreiterposition 427
VUCA-Prinzip 26, 49, 58, 110, 115, 120, 190, 202, 222

W
Wachstumsbremse 59
Wahrnehmung 204
Walk the Talk 127
Weiterbildungsprogramm 271
Wertebasis 232
Wertschätzung 235, 390, 408
Wertschöpfungsteam 428, 433
Widerstand gegen den Wandel 205
Wissensaustausch 197
Work-on-Demand 231

Z
Zeitanteile der Datenanalyse 279
Zielerreichung 82
Zielgruppendefinition 399
Zielgruppensegmentierung 399
Zielklärung 440
Zielkultur 125, 127, 391
Zielorientierung 212
Zielsetzung von Technologie 267
Zielvereinbarung 30
zukunftsfähige Organisation 37
Zukunftsgestaltung 77
Zukunftsinvestition Bildung 233
Zukunftsszenario 277

Exklusiv für Buchkäufer!

Ihre Arbeitshilfen zum Download:

▶ http://mybook.haufe.de/

▶ Buchcode: CAU-9440